Die politischen Systeme Lateinamerikas

Jürgen Hartmann

Die politischen Systeme Lateinamerikas

Ein Überblick

Springer VS

Jürgen Hartmann
Helmut-Schmidt-Universität
Hamburg, Deutschland

ISBN 978-3-658-14352-7 ISBN 978-3-658-14353-4 (eBook)
DOI 10.1007/978-3-658-14353-4

Die Deutsche Nationalbibliothek verzeichnet diese Publikation in der Deutschen Nationalbibliografie; detaillierte bibliografische Daten sind im Internet über http://dnb.d-nb.de abrufbar.

Springer VS

Lektorat: Jan Treibel

Gedruckt auf säurefreiem und chlorfrei gebleichtem Papier

Springer VS ist Teil von Springer Nature
Die eingetragene Gesellschaft ist Springer Fachmedien Wiesbaden GmbH

Inhaltsverzeichnis

Abkürzungen

AD	Accíon Democrática (Venezuela)
AP	Alianza Paíz (Ecuador)
AP	Alianza Popular (Peru)
APC	Alianza Patriotica para el cambio (Paraguay)
APRA	Alianza Popular Revolucionaria Americana (Peru)
ARENA	Alianza Renovadora Nacional (Brasilien)
ARENA	Alianza Republicana Nacionalista (El Salvador)
ASP	Asemblea por la Soberiana de los Pueblos (Bolivien)
AUC	Autodefensas Unidas de Colombia
Auténticos	s. PRC-A
BIP	Bruttoinlandsprodukt
BR 200	Movimiento Bolivariano Revolucionario 200
CD	Cambio Democrático (Panama)
CEPAL	Comisión Económica para la América Latina y Caribe
CEPAL/ECLAC	Comisión Económica para la América Latina y Caribe/Economic Commission for Latin America and the Caribbean
CNTCB	Confederación Nacional de Trabjadores Campesinos des Bolivia
COB	Central Obrera Boliviana
COMIBOL	Corporación Minera de Bolivia
CONAIE	Confederación de Nacionalidades Indigenas del Ecuador
COPEI	Comité de Organización Electoral Independiente (Venezuela)
CSUTCB	Confederación Sindical Única de Trabajadores Campesinos de Bolivia
ELN	Ejercito de Liberación Nacional
ENA	École Nationale d'Administration
ESG	Escuela Superior de Guerra
EZLN	Ejercito Zapatista de Libercación Nacional
FA	Frente Amplio (Panama)
FA	Frente Amplio (Uruguay)
FA	Frente Amplio por Justicia, Vida y Libertad (Peru)
FARC	Forzas Armadas Revolucionarias de Colombia
FMLN	Frente Farabundo Martí para la Liberación Nacional (El Salvador)

FPV	Frente para la Victoria (Argentinien)
FPV-PJ	Frente para la Victoria-Partido Justicialista (identisch mit FPV)
FREPASO	Frente por un País Solidario (Argentinien)
FSLN	Frente Sandinista de Liberación Nacional (Nicaragua)
GDP	Gross Domestic Product, siehe BIP
ISI	Importsubstituierende Industrialisierung
IU	Izquierda Unida (Peru)
IWF	Internationaler Währungsfonds
LSE	London School of Economics
MAS	Moviemiento al Socialismo (Bolivien)
MAS	Moviemiento al Socialismo (Venezuela)
MDB	Movimiento Democrático Brasilierio
Mercosur	Mercado Común del Sur
MIP	Movimiento Indigena Pachakuti (Bolivien)
MIR	Movimiento de Izquierda Revolucionaria (Bolivien)
MIRA	Movimiento Independiente de Renovación Absoluta (Kolumbien)
MNR	Movimienta Nacionalista Revolucionario (Bolivien)
MORENA	Movimiento de Regeneración Nacional (Mexiko)
MST	Movimiento dos Trabalhadores Rurais sem Terra (Brasilien)
MUD	Mesa de la Unidad Democrática (Venezuela)
MUPP-NP	Moviemiento de Unidad Nacional Pachakutik – Nuevo Paíz (Ecuador)
MVR	Movimiento V – Quinta – República (Venezuela)
NAFTA	North American Free Trade Association
OAS	Organization of American States
OPEC	Organization of Oil Exporting Countries
Ortodoxos	Partido del Pueblo Cubana [Ortodoxo], (Kuba)
PA	Partido Arnulfista (Panama)
PAC	Partido Accíon Ciudadana (Costa Rica)
Pachakutik	siehe MUPP-NP
PAIS	Patria Altiva y Soberana (Ecuador)
PAN	Partido Accíon Popular (Mexiko)
PAN	Partido Autonomista Nacional (Argentinien)
Partido de la U	Partido de la Unidad (Kolumbien)
PCC	Partido Comunista de Chile
PCN	Partido de Conciliación Nacional (El Salvador)
PDA	Polo Democrático Alternativa (Kolumbien)
PDC	Partido Democráta Cristiano de Chile
PDC	Partido Democrático Cristiano (El Salvador)
PDMB	Partido do Movimiento Democrático Brasilieiro
PEMEX	Petroléos Méxicanos
Petrobras	Petroléo Brasilieiro
PJ	Movimiento Primero Justicia (Ecuador)
PJ	Partido Justicialista (Argentinien)
PLC	Partido Liberal Constitucionalista (Nicaragua)

PLD	Partido de Liberación Dominicana (Dominikanische Republik)
PLH	Partido Liberal de Honduras
PLH	Partido Nacional de Honduras
PLI	Partido Liberal Indenpendiente (Nicaragua)
PLN	Partido Liberacion Nacional (Costa Rica)
PLN	Partido Liberal Nacionalista (Nicaragua)
PLRA	Partido Liberal Radiccál Auténtico (Paraguay)
PMDB	Partido do Movimiento Democrático Brasilieiro
PML	Partido Moviemiento Libertario (Costa Rica)
PN	Partido Nacional (Uruguay)
PNH	Partido Nacional de Honduras
PNP	Partido Nacionalista Peruano
PNR	Partido Nacional Revolucionario (Mexiko)
PODEMOS	Poder Democrático Social (Bolivien)
PP	Partido Panameñista (Panama)
PPA	Partido Panameñista Auténtico (Panama)
PPC	Partido Comunista de Cuba
PPK	Peruanos Por el Kambio (Peru)
PRC-A	Partido Revolucionario Cubano – Auténtico (Kuba)
PRD	Partido de la Revolución Democrática (Mexiko)
PRD	Partido Revolucionario Democrático (Panama)
PRD	Partido Revolucionario Dominicano (Dominikanische Republik)
PRE	Partido Roldossista Ecuatoriano (Ecuador)
PRI	Partido Revolucionaro Institucional (Mexiko)
PRIAN	Partido Renovador Institutional Acción Nacional (Ecuador)
PRM	Partido de la Revolución Mexicana
PRN	Partido da Reconstrução Nacional (Brasilien)
PRN	Partido Republicano Nacional (Costa Rica)
PRSC	Partido Reformista Social Cristiano (Dominikanische Republik)
PRSD	Partido Radical Socialdemocráta (Chile)
PS	Partido Socialista de Chile
PSC	Partido Social Cristiano (Ecuador)
PSD	Partido Social Demcrático (Brasilien)
PSDB	Partido da Social Democracia Brasilieira
PSP	Partido Socialista Popular (Kuba)
PSP	Partido Sociedad Patriótica 21 de Enero (Ecuador)
PSUV	Partido Socialista Unido de Venezuela
PT	Partido dos Trabalhadores (Brasilien)
PTB	Partido Trabalhista Brasilierio
PURSC	Partido Unido de la Revolución Socialista de Cuba
PUSC	Partido Unidad Social Cristiana (Costa Rica)
RN	Renovación Nacional (Chile)
SUDENE	Superintendência do Desenvolviomiento do Nordeste
SZ	Süddeutsche Zeitung

SZ/NYT-IW	Süddeutsche Zeitung/New York Times - International Weekly
UCR	Unión Civica Radical (Argentinien)
UDI	Unión Demócrata Independiente (Chile)
UDN	União Democrática Nacional (Brasilien)
UDN	Union Democrático Nacionalista (Bolivien)
UNACE	Unión Nacional de Ciudadanos Éticos (Paraguay)
UNE	Unidad Nacional de Esperanza (El Salvador)
UNE	Unidad Nacional de Esperanza (Guatemala)
UNO	Unión Nacional Oppositora (Nicaragua)
UP	Unidad Popular (Chile)
URD	Unión Republicana Demcorática (Venezuela)
USD	US-Dollar
WHO	Welthandelsorganisation

Tabellenverzeichnis

Einleitung

Lateinamerika ist eine distinkte Region. Nach einer Daumenpeilung ist es gar nicht so falsch durch sein spanisch-portugiesisches Kolonialerbe und durch seine Rolle als exportorientierter Agrarbetrieb, Bergbaustandort und Öl- und Gaslieferant für den Rest der Welt charakterisiert. Der Süden Amerikas ist katholisch geprägt wie das westlich-mediterrane Europa, und er kopiert in vieler Hinsicht die Ideenwelt und die Institutionen Europas und Nordamerikas. Nicht von ungefähr ist Lateinamerika der bevorzugte Tummelplatz einer Demokratieforschung geworden, die unablässig prüft, wie es dem vielversprechenden Patienten geht, den augenscheinlich keinerlei schwer verträgliche religiöse und kulturelle Traditionsfracht daran hindert, zu einer demokratischen Großregion zu werden.

Bei näherem Hinsehen finden sich die in der globalen Schlechtwetterzone alltäglich anzutreffenden Plagen auch in Lateinamerika: Himmelschreiende Gegensätze zwischen Arm und Reich, Rassismus, die Unangreifbarkeit mächtiger Oligarchien, die Missachtung von Recht und Gesetz und last, but not least in vieler Hinsicht eher die Fiktion als die Realität eines staatlichen Gewaltmonopols. Viele Probleme und Konflikte in der Region reimen sich auf Klassengegensätze. Die jüngste Vergangenheit bietet reichlich Anschauung, dass sich seit den Anfängen der Unabhängigkeit wenig daran geändert hat.

Was Lateinamerika dem Weltmarkt bietet, ist starken Preisschwankungen unterworfen. Was es jedoch am Weltmarkt kauft, ist einigermaßen preiskonstant. Währungsschwankungen, die nicht selten wenig mit der Realwirtschaft, umso mehr aber mit den Börsen in New York, London, Frankfurt, Tokio und Schanghai zu tun haben, treffen die exportorientierten Rohstoffökonomien des Subkontinents in besonderer Weise. Zwar wird vieles, was früher einmal aus Nordamerika und Europa importiert wurde, heute in größeren Ländern wie Argentinien, Brasilien und Mexiko selbst hergestellt. Hier ist dann nicht mehr nur die Rechnung für Importe das Problem, sondern die schwache Kaufkraft der inländischen Kunden. Frisches Geld gibt es nur noch zu Bedingungen, die von den internationalen Finanzinstitutionen verlangt werden, und deren Personal hat seit Langem die neoliberale Ideologie verinnerlicht.

Dieses Buch will die lateinamerikanische Politik im historischen, kulturellen und ökonomischen Kontext vorstellen. Im Mittelpunkt stehen die südamerikanischen Länder, aber auch Mittelamerika einschließlich Mexiko und die drei größeren karibischen Inselstaaten werden berücksichtigt.

Das Buch folgt der Idee, eine Balance zwischen länderübergreifender Perspektive und individualisierender Länderstudie herzustellen. Der erste Teil gibt einen generalisierenden Überblick. Die dort angeschlagenen Themen werden in 20 Länderkapiteln wieder aufgegriffen. Diese Länderkapitel schildern in chronologischer Darstellung zunächst die Vorgeschichte des aktuellen politischen Systems. Anschließend werden nach der Zäsur der 1980er Jahre, als die Epoche langjähriger Militärdiktaturen zu Ende ging, die aktuellen politischen Institutionen, insbesondere das Regierungs- und das Parteiensystem vorgestellt und ferner die politischen Kursentscheidungen und Handlungsmöglichkeiten in der Wirtschaftspolitik und bei der Armutsbekämpfung skizziert. Die größeren Länder werden ausführlicher geschildert als die kleinen Republiken im Süden des Halbkontinents, auf der mittelamerikanischen Landbrücke und die drei Karibikstaaten.

Querverweise auf die Ausführungen im allgemeinen Teil erinnern Leserin und Leser daran, vielleicht noch einmal zurückzublättern, um die für ein bestimmtes Land geschilderten Phänomene mit dem gesamtamerikanischen Kontext abzugleichen. Ein Verzeichnis am Anfang des Buches erleichtert das Auffinden der Tabellen.

Bei den Länderporträts stellt sich die Frage: Mit welchem Land beginnen? Gibt es ein „typisches" Land, dessen Kenntnis einen Schlüssel für das Verständnis aller übrigen enthält? Der Autor meint: nein. Jeder Fall will für sich betrachtet sein. Wer vorrangig an Information über ein bestimmtes Land interessiert ist, mag dazu im entsprechenden Länderkapitel nachlesen. Es ist so verfasst, dass es dazu keiner stützenden oder ergänzenden Information bedarf. Wer vergleichende Bezüge sucht, findet sie in Text- und Kapitelverweisen. Bei aller internen Differenzierung des südlichen Amerika gibt es zahlreiche Ähnlichkeiten. Die Leserin und der Leser erschließen diese Ähnlichkeiten am besten, indem sie die Kapitel nacheinander lesen. Um den vergleichenden Blick durch die Abfolge der Länderkapitel zu unterstützen, werden die Länder nicht alphabetisch nach dem Staatsnamen, sondern in einer geografischen Abfolge referiert, aus der sich Gemeinsamkeiten und Unterschiede ganz von selbst ersehen lassen. Die Kapitel arbeiten sich von den nördlichen Ländern Südamerikas über die Hochandenstaaten bis einschließlich Chile vor. Sie wenden sich dann Argentinien, Brasilien Paraguay und Uruguay zu. Es folgen Mittelamerika und Mexiko. Die drei größeren Karibikstaaten werden in der Reihenfolge Haiti, Dominikanische Republik und Kuba abgehandelt. Diese Abfolge lenkt auf das Verstehen der Besonderheiten Kubas hin.

Dieses Buch verweigert sich dem trendigen Gestus der schlanken Analyse. Es wählt vielmehr die dichte Umschreibung mit historischen Fakten: Motive, Praktiken und ökonomische Kontexte. Befasst man sich mit den etablierten Demokratien, hat man es in deren Institutionen mit geronnener Geschichte zu tun. Kennt man diese Institutionen, muss nicht eigens tief in der Entstehungsgeschichte gegraben werden, um zu verstehen, warum Politik dort so und nicht anders funktioniert. Dieser Zugang taugt für Lateinamerika nicht gut. Die politische Geschichte der meisten Länder ist von Turbulenz charakterisiert. Die aktuellen Institutionen sind meist jüngeren Ursprungs. Sie sind volatil und stärker an Personen und Situationen gebunden als in den primär von Institutionen gesteuerten politischen Systemen. Das Buch legt deshalb ein besonderes Augenmerk auf die Rolle der Präsidenten, die jeweils auch kurz als Persönlichkeiten charakterisiert werden, um auf diese Weise Wandlungen im Herkunftsmilieu der politischen Klasse zu verdeutlichen. Ebenso werden Schlüsselereignisse skizziert, welche die Art der politischen Auseinandersetzung, Akteure und typische Konflikte verdeutlichen. Mit Verallgemeinerungen hält sich das Buch zurück, schon um der Vielfalt und Unterschiedlichkeit gerecht zu werden, die sich hinter dem an sich durchaus nützlichen Sammelbegriff Lateinamerika verbirgt.

Die Begriffe Indigene, Indianer und Indios werden bedeutungsgleich verwendet. Der in Lateinamerika gängigen Usance folgend, werden bei der Erstnennung von Namen komplett väterlicher und mütterlicher Nachname nacheinander aufgeführt, danach nur noch der Vatername.

Von der Kolonialisierung bis zur Gegenwart

1

Der Begriff Lateinamerika datiert auf das 19. Jahrhundert. Seine Urheber waren französische Wissenschaftler. Sie konstruierten in den Gemeinsamkeiten der Sprachfamilien gleich ganze Völkerfamilien. Der Begriff konkurriert mit den geografischen Sammelbezeichnungen Ibero- sowie Mittel- und Südamerika. Als Selbstbezeichnung der Länder in der Region ist der Begriff Lateinamerika akzeptiert.

1.1 Frühkoloniale Weichenstellungen

Die spanische Gesellschaft zur Zeit der Eroberung Amerikas: Das zeitgenössische Spanien an der Schwelle zur Neuzeit gibt ersten Aufschluss für die historischen Pfade Lateinamerikas. Das Jahr 1492 markiert den Abschluss der Reconquista: die vollständige Rückeroberung der iberischen Halbinsel von der Herrschaft der muslimischen Mauren. Gleichzeitig steht „1492" für die Entdeckung des fremden Kontinents im Westen der im zeitgenössischen Europa bekannten Welt.

Im Gebiet des späteren, neuzeitlichen Spanien existierten zur Zeit der Reconquista die Königreiche von Kastilien, Léon und Aragón. Kastilien war das größte Herrschaftsgebiet auf der iberischen Halbinsel. Es war auch ein Grenzland und bis zur vollständigen Eroberung der Halbinsel durch die christlichen Herrscher ein Kampfgebiet an der Nahtstelle von christlicher und muslimischer Zivilisation. Beide Reiche waren in einer Personalunion, d. h. durch die Ehe der kastilischen Königin *Isabella* mit dem aragonesischen Königs *Ferdinand* miteinander verbunden.

Bei der Reconquista war Kastilien die treibende Kraft. Es hatte sich über Jahrhunderte in die endgültige Vertreibung der „Ungläubigen" verbissen. Am Ausgang des 15. Jahrhunderts waren die Köpfe voller dumpfer Parolen von den muslimischen Christusverächtern und den jüdischen Christusmördern. Isabella und Ferdinand hatten die Gunst Roms. Auf der iberischen Halbinsel fand gleichsam ein letzter Kreuzzug statt, jetzt zwar nicht

J. Hartmann, *Die politischen Systeme Lateinamerikas*,
DOI 10.1007/978-3-658-14353-4_1

mehr mit dem ehrgeizigen Ziel, das Heilige Land zu erobern, aber die Muslime doch wenigstens vom Boden des christlichen Europas zu vertreiben.

Der Genueser, der sich mit dem latinisierten Namen des Cristopherus Columbus vulgo Kolumbus (1451–1506) in der Weltgeschichte verewigen sollte, hatte bei den gekrönten Häuptern Europas lange vergeblich antichambriert, um eine Expedition über den westlichen Ozean auszurüsten. Schließlich rangen sich die Majestäten in Madrid dazu durch. Die Möglichkeit einer Westpassage für den Handel mit Indien verband sich mit der Hoffnung, Handel und Wandel zu fördern und die leere Staatskasse zu füllen.

Im Reich *Isabellas* und *Ferdinands* hatten viele arme Teufel vom Krieg gegen die Muslime gelebt. Etlichen hatte der Krieg eine Alternative zur Existenz als Knechte und Tagelöhner auf den Gütern der Adelsfamilien eröffnet. Als die Krone für so viele Krieger keine Verwendung mehr hatte, wurden sie zum Problem. Die Entdeckungen auf der anderen Seite des Ozeans, die sich nach der ersten erfolgreichen Expedition *Kolumbus'* herumsprachen, nährten bei manchen die Erwartung, nun dort gebraucht zu werden. Maßlos übertriebene Darstellungen von den Reichtümern, die an fernen Küsten nur darauf warteten, genommen zu werden, fesselten die Fantasie.

An Heiden, die man für sich arbeiten lassen konnte, fehlte es in Amerika nicht. Nach zahllosen Berichten über die Grausamkeiten, die an den Indianern verübt wurden, gab sich die Krone Mühe, dubiose Interessenten von der Fahrt über den Ozean fernzuhalten. Als deutlich wurde, dass es viel mehr europäischer Untertanen bedurfte, um die Eroberungen dauerhaft in Besitz zu nehmen, wurde für die Auswanderung sogar die Werbetrommel gerührt, und zwar besonders in den Armutsgebieten des Reiches, in Asturien, im Baskenland und in Galicien (Konetzke 1965, S. 59–71).

Etliche Auswanderer nach Amerika hatten das Erbe der kastilischen Adelsgesellschaft im Gepäck. Nach Landesbrauch hatten jüngere Sprösslinge der landsässigen Adelsfamilien hinter dem Ältesten, dem Erbbruder, zurückzustehen. Daheim blickten sie einer Zukunft als arme Verwandte entgegen. Die Hidalgos, die Masse des titellosen niederen Adels, versprach sich von Amerika, was ihnen die heimische Adelsgesellschaft verweigerte: Verdienste und Reichtum im Dienst der Krone (Romano und Tenenti 1967, S. 207–210).

Die Konquistadoren, die bekanntesten darunter *Francisco Pizarro* (1476–1541) und *Hernán Cortez* (1485–1547), repräsentierten recht gut die Herkunft und die Motive der Eroberer. Ersterer war ein des Lesens und Schreibens unkundiger Hirt, Letzterer ein Hidalgo aus der spanischen Provinz. Beide zogen eine Spur der Verwüstung und des Mordes durch die indianischen Gesellschaften. In kürzester Zeit vernichteten sie die Großreiche und Hochkulturen im mittleren und südlichen Amerika. Nicht lange vor dem Eintreffen der Europäer hatten Inka- und Aztekenherrscher in diesem Teil der Welt selbst Indianervölker unterworfen. Die Spanier, wie sie hier und im Folgenden bereits genannt werden sollen, fanden in diesen Völkern Verbündete. Auch Rivalitäten in der Führungsschicht der altamerikanischen Völker verstanden die Konquistadoren auszunutzen. Ohne darum zu wissen, hatten sie als schärfste Waffe Krankheiten im Reisegepäck, gegen die sie zwar selbst, aber nicht die vom Kontakt mit anderen Erdteilen isolierten

Indianervölker immun waren. In Massen wurden Indianer von tödlich verlaufenden Infektionen dahingerafft.

Zum ersten Kontakt der hispanischen Europäer mit Amerika kam es in der Karibik. Die weit überschätzten Edelmetallvorkommen der westindischen Inseln waren bald erschöpft. Eingeschleppte Krankheiten, ferner die schwere Schürfarbeit und schließlich, nachdem im Bergbau nichts mehr zu holen war, der Anbau von Zuckerrohr und die ungewohnte schwere Zwangsarbeit auf den Plantagen löschten die einheimische Bevölkerung aus. Sie wurde durch Sklaven aus Westafrika und dem Kongogebiet ersetzt.

Missionierung und Indianerpolitik: König *Ferdinand* und Königin *Isabella* waren Lieblinge des Vatikans. Das Vorhaben, das fremde Land jenseits des großen Ozeans zu erobern, hatte seinen Segen. Nach geltendem Recht und christlicher Lehre gab es aber keinen Grund, mit Feuer und Schwert Gebiete in Besitz zu nehmen, die weder vom katholischen Glauben abgefallen noch jemals, wie die iberische Halbinsel, von Christen bewohnt und dann von Völkern anderen Glaubens erobert worden waren. Das Motiv der Majestäten, ihre Kassen zu füllen, zählte vor der Kirche nicht. Die Kirche wusste Rat. Der Papst erlaubte Landnahme und Unterwerfung, wenn beides dem Zweck diente, die unwissenden Wilden zu Christenmenschen zu machen. Sie waren keine „Bösen" wie Juden und Muslime, die mit dem dreifaltigen Gott nichts im Sinn hatten. Sie galten als „Kinder", d. h. als unwissend-unschuldige Wesen, die bloß darauf warteten, dass ihnen die Frohe Botschaft zugetragen wurde. Von kirchlicher Seite war die Eroberung allein durch diesen Zweck gerechtfertigt. Die Kirche legitimierte es aber nicht, diese harmlosen Heiden umzubringen oder sie zu versklaven. Die Versklavung der Eingeborenen wurde bereits 1500 verboten, für die Haltung afrikanischer Sklaven galt das Verbot nicht.

Um die Indianer vor Missbrauch und Willkür zu schützen, wurde die Institution der Encomienda ins Leben gerufen. Einem Mutterlandskatholiken wurde als Anerkennung im Dienst der Krone eine Zahl von Eingeborenen anvertraut, die er im Christentum zu unterweisen hatte. Der Inhalt der Botschaft war den Völkern – von der lateinischen Ritualsprache einmal ganz abgesehen – so wenig vermittelbar wie mehr als drei Jahrhunderte später Afrikanern und Asiaten, die von europäischen Missionaren katholischer wie protestantischer Konfession bearbeitet werden sollten. Damit der christliche Treuhänder ein Auskommen hatte und seine Schäflein Speis' und Trank sowie ein Dach über dem Kopf, wurde es ihm erlaubt, die Indianer das Land bearbeiten zu lassen, das ihm die Krone zugewiesen hatte. Lediglich die Erträge standen dem Treuhänder zu, das Land blieb im Eigentum der Krone.

Die Entwicklung des Großgrundbesitzes: Es braucht keine Fantasie, um sich auszumalen, was aus dieser Praxis in den Händen von Kriegern und Glücksuchern wurde, die sich vom Rande der spanischen Gesellschaft in die Weiten des Ozeans verabschiedet hatten. Als ruchbar wurde, dass die Encomienda der Ausbeutung und Knechtschaft Tür und Tor geöffnet hatte und als diese Missstände von den für die Missionierung zuständigen Orden der Dominikaner und Franziskaner – exemplarisch der Bischof *Bartolomé de las Casas* – angeprangert wurden, erließ König Karl I. 1542 Gesetze zum Schutz der Indianer. Die Encomienda lief zum Beginn des 17. Jahrhunderts praktisch aus. Schon als die

Ecomienda noch praktiziert wurde, kauften Spanier Land oder sie beanspruchten „herrenloses" Land, das vorgeblich nicht durch indianische Besitztitel geschützt war. Damit schlug die Stunde der Hacienda. Die Indianergemeinden wurden im neuen Regime eines Repartimiento verpflichtet, für eine bestimmte Zeitspanne Arbeitskräfte abzustellen, und zwar nicht nur für Staatsland, sondern auch für die Bewirtschaftung von Privatland, wenn sie zu diesem Zweck angefordert wurden.

Das Repartimiento funktionierte nicht gut. Etliche Indianer entzogen sich der Zwangsarbeit durch die Flucht, andere wanderten aus ihren Gemeinden ab, während immer mehr Land zu Privatbesitz deklariert wurde. An Lohnarbeit führte kein Weg mehr vorbei. Die Entwicklung nahm aber nicht den kostspieligen Weg „Geld für Arbeit", sondern den der Lohnpacht. Pachtbauern hatten zu tun, was der Eigentümer bestimmte. Entlohnt wurden sie mit einem Dach über dem Kopf und der Eigennutzung eines Stücks Land. Diese Form des Großgrundbesitzes breitete sich besonders im Norden Südamerikas und in den Andenstaaten aus. Sie hielt sich bis weit ins 20. Jahrhundert.

Die „Neuen Gesetze" der spanischen Krone schränkten den größten Missbrauch an der indianischen Bevölkerung zumindest der Form nach ein, andere garantierten den Indianern den originären gemeinschaftlichen Lebensraum. Das historische Ergebnis: Obgleich durch die spanische Herrschaft deformiert, überlebten die meisten Indianervölker des südlichen Amerika. Bis zur Unabhängigkeit der spanischen Kolonien und teils darüber hinaus stand ihre Lebensweise unter Rechtsschutz. Das von Indianern in traditioneller Weise kommunal bewirtschaftete Land war für den Erwerb durch Spanier und Kreolen gesperrt. Das Verbot wurde allerdings vielfach durch Manipulation und gewaltsame Aneignung unterlaufen. Dessen ungeachtet kamen die Indianer des Südens glimpflicher davon als die Indianer Nordamerikas. Doch die Konservierung der traditionellen Herrschaftsstruktur der Indianervölker war den spanischen Verwaltern ein Dorn im Auge. Durch administrative Verfügungen verlor die indianische Führungsschicht stückweise ihren Status. In den Anden heizte diese Entwicklung Indianeraufstände an, der größte darunter derjenige des Kaziken *Túpac Amaru II.* (1738–1781) im Jahr 1780.

Zucker war in den Familien des europäischen Adels und reicher Bürger ein begehrter und teurer Luxus. Zur damaligen Zeit ließ er sich allein aus dem im tropischen Klima reifenden Zuckerrohr gewinnen. In Spanisch-Amerika wurde Zucker zu einem großen Geschäft. In der Karibik, in Mittelamerika, in den Küstengebieten des späteren Kolumbiens sowie im pazifischen Küstenstreifen Ecuadors und Perus wuchsen große Zuckerplantagen auf. Für die schwere Arbeit wurden Sklaven eingesetzt. Im Hochland der Anden, wo Schwerstarbeit im Bergbau allein von akklimatisierten Indianern geleistet werden konnte, war der Arbeitszwang, der an das Arbeitsregime der Inkas (Mita) anknüpfte, weiterhin eine wichtige Ressource (Konetzke 1965, S. 173–204).

Die herrschende Klasse der Kreolen: Die Kreolen, d. h. die im Lande geborenen spanischen Landbesitzer und Kaufleute lebten in einer Parallelgesellschaft neben der an die Bürokratie gebundenen Staatsklasse der Mutterlandspanier, der Peninsulares (Prevost und Vanden 2011, S. 33). Die Hacendados und ihre Familien lebten so, wie sie es vom spanischen Landadel kannten. Das Arbeiten überließen sie anderen. In der

Diensthierarchie standen oben die Verwalter, unten das Hauspersonal, Stallknechte und Pächter. Bis auf das Deputat des Lebensnotwendigen ging der Pachtertrag an den Besitzer. Dieser verbrachte seine Zeit mit Besuchen auf den Nachbargütern, in einer Stadtresidenz oder auf Reisen. Die Kinder wurden in der Tradition spanischer Edelleute erzogen, und die Eltern sahen sich nach einer guten Partie für Söhne und Töchter um. Die unproduktive Lebensweise dieser neofeudalen Klasse unterschied sich nicht groß von derjenigen des Adels in Spanien und in anderen Teilen Europas – mit dem kleinen, aber feinen Unterschied, dass auch Reichtum und Erziehung den Makel nicht zu tilgen vermochten, in keinem Adelshaus des Mutterlandes geboren zu sein. Hohe Positionen in Verwaltung, Militär und Rechtswesen waren den Peninsulares, den in Spanien Geborenen, vorbehalten. Die in Amerika geborenen Kreolen standen eine Klasse darunter. Von öffentlichen Ämtern waren sie weitgehend ausgeschlossen.

Der in Spanien lebende, vor seinen Landsleuten privilegierte Edelmann bewegte sich unter Menschen seiner Sprache, ob nun Kastilianisch, Galicisch oder Baskisch. Er mochte mit Bauern, Handwerkern und Edelleuten, die ihm unterwürfig begegneten, im Alltag nicht allzu viel Kontakt haben. Aber der Dialekt und der katholische Trott schufen Gemeinsamkeiten. Mochte es in der Umgebung auch nicht allzu viele Standesgleiche geben, war es doch nicht allzu weit in eine Stadt oder zu Nachbarn gleichen Standes. Der spanisch-amerikanische Landbesitzer, der die Lebensweise des spanischen Adels nachahmte, war indes von Menschen fremden Aussehens und fremder Sprache umgeben. Sie erinnerten fortwährend daran, dass er nicht in Europa lebte: Mischlinge mit erkennbar indianischem oder afrikanischem Blut um ihn herum ließen keine Zweifel aufkommen, dass hier nicht Europa war, mochten diese Menschen auch getauft sein und das katholische Brimborium mitmachen. Um mit diesen Fremden fertig zu werden, auf welche sie ja in wirtschaftlicher Hinsicht existenziell angewiesen waren, war es ratsam, sie so weit wie möglich aus dem eigenen Gesichtskreis zu verbannen, ihnen eine inferiore Stellung zuzuweisen und sie durch Mittler – Verwalter, Aufseher – auf Distanz und falls notwendig, durch die Androhung von Gewalt auf ihrem Platz zu halten.

Die koloniale Verwaltung: Für Spanisch-Amerika war das Verwaltungssystem Kastiliens maßgeblich. In rechtlicher Hinsicht war Amerika aber eigentlich noch keine Kolonie. Es handelte es sich einfach um überseeische Gebiete ein und desselben Reiches. Zwingende Besonderheiten ergaben sich aus der geografischen Distanz. Schiffsreisen zwischen Europa und Amerika dauerten mitunter mehrere Monate. Nachrichten und Anordnungen aus Madrid erreichten Amerika mit entsprechender Verzögerung. Die Reisen auf den langen und unwegsamen Landverbindungen rückten das Hinterland noch einmal ein Stück weiter ab als die Hafenstädte. Bis in die zweite Hälfte des 18. Jahrhunderts wurde der Schiffs- und Handelsverkehr zwischen den europäischen Metropolen und den Überseegebieten über eine Behörde in der Hafenstadt Sevilla abgewickelt, die Casa de la Contratación; später kam die Hafenstadt Cadíz hinzu. Der Handel über die spanischen Grenzen in Amerika war strikt verboten.

Spanisch-Amerika gliederte sich administrativ in Vizekönigreiche und Audiencias (zum Folgenden Pietschmann 1980). Letztere waren die wichtigeren Verwaltungseinheiten.

Eigentlich handelte es sich um Gerichtsbezirke, genauer: um den Zuständigkeitsbereich der kollegialen Obergerichte. Durch ihre Berufungsfunktion für die Rechtsprechung auf der unteren Ebene wurde die Rechtsanwendung in ihrem Geltungsbereich vereinheitlicht. Die Städte, an denen diese Audienzgerichte angesiedelt waren, beherbergten auch die wichtigsten Verwaltungsbehörden. Die meisten Staaten Lateinamerikas wurden weitgehend in den Grenzen der historischen Audiencias unabhängig. Über diese Audiencias war nur noch der Vizekönig gesetzt. Deren gab es am Ende der spanischen Herrschaft vier, in Neu-Spanien (Mittelamerika), Neu-Granada (nördliches Südamerika), Peru (andines Südamerika) und Rio de la Plata (mittleres und südliches Südamerika). Der Vizekönig amtierte für eine festgesetzte Zeit und musste dann nach Spanien zurückkehren. Als Vertreter der Krone war er in seinem Bereich der höchste Zivil- und Militärbeamte. Die Verwaltungsschwerpunkte lagen allerdings auf der Gebietsebene der Audiencias.

1.2 Spätkoloniale Politik und Unabhängigkeit

Der Abstieg Spaniens als europäische Macht: Nach der Eroberung Amerikas wurde Spaniens Status als große europäische Macht vom Zufluss der Edelmetalle abhängig, die im heutigen Mexiko und in der Andenregion abgebaut wurden. Europa brauchte Gold und Silber für seine Geldwirtschaft. Das Königshaus ging 1516 an *Karl I.* von Habsburg, einen Enkel der kinderlosen Majestäten *Isabella* und *Ferdinand,* über. Der Habsburger und seine Nachfahren waren gleichzeitig auch deutsche Kaiser. Kontinuierlich waren sie in Kriege verwickelt, in deren Mittelpunkt nicht einmal der spanische Reichsteil stand. Die Kriege wurden mit dem in Amerika geschürften Edelmetall bezahlt. Silber war das wichtigste Münzmetall der Epoche. Die Förderstätten – der Bergbau als das Hightech-Unterfangen der Epoche schlechthin – mit Schwerpunkten im heutigen Mexiko, Bolivien und Peru waren Staatseigentum.

Spanien pumpte Edelmetalle in eine europäische Wirtschaft, die sich aus den Fesseln der Feudalgesellschaft zu lösen begann. Krone und Staatsverwaltung kassierten mit leichter Hand, was in Amerika erarbeitet wurde. Darüber vernachlässigten sie die spanische Wirtschaft, und sie versäumten es besonders, das Gewerbe im eigenen Land zu entwickeln. Madrid tappte in die typische Falle eines Rentierstaates, der sich darauf verlässt, dass die Quelle seines Reichtums auf immer sprudelt – darin vergleichbar mit so manchem Staat der Gegenwart, der dem Weltmarkt Öl und Gas liefert. Die konkurrierenden europäischen Mächte hatten nichts anderes als ihre bescheidenen natürlichen Ressourcen. Sie machten das Beste daraus, indem sie Handel und Wandel förderten. Vor diesem Hintergrund fiel Spanien rapide hinter aufsteigende Mächte wie Frankreich und England zurück.

Nach einer ersten stürmischen Phase des Gold- und Silberbergbaus waren die leicht abbaubaren Vorkommen erschöpft. Mit den technischen Mitteln der Zeit wurde der Abbau schwieriger und teurer, die Ausbeute fiel geringer aus. England und Frankreich hatten inzwischen im Ackerbau, im Handel und in Manufakturen bessere

Einnahmequellen. Weil immer genug Geld vorhanden war, gab es in der spanischen Oberschicht keinerlei Anreize, die Geldeinkommen in etwas anderes als in den standesgemäßen Konsum zu stecken. Die Krone verhielt sich ähnlich. Alles, was gebraucht wurde, konnte mit Gold und Silber in Europa gekauft werden. In diesem Prozess sank Spanien zum Lieferstaat für die europäischen Münzanstalten herab. Dabei beanspruchte die Sicherung der Seewege hohe Kosten; auch die Verwaltung Amerikas kostete einiges. Das Land verarmte. In kaum mehr als einem Jahrhundert stieg es vom Ende des 16. bis zum Beginn des 18. Jahrhunderts von der beherrschenden europäischen Großmacht zur schwächsten ab.

Die bourbonischen Reformen: Zentralisierung und Merkantilismus: Im Jahr 1700 verstarb der letzte Habsburger auf dem spanischen Thron. Der Krieg um die Nachfolge, der Spanische Erbfolgekrieg zwischen den französischen Bourbonen und den Wiener Habsburgern endete damit, dass der Zweig *Anjou* der weitläufigen Bourbonenfamilie auf den spanischen Thron gelangte. Schon der erste Bourbone auf dem spanischen Thron (*Philip V.* [1700–1746]) wagte sich an Reformen nach dem Bilde des französischen Staates, der als der modernste seiner Zeit bewundert wurde. Spanien ging auch zur merkantilistischen Wirtschaftspolitik über, wie sie in Frankreich und anderswo auf dem europäischen Kontinent praktiziert wurde: Schutz des heimischen Gewerbes und der Landwirtschaft, der Handel als Einkommensquelle eines nach innen wie außen starken Staates! Dieser Kurs, der vom Reformermonarchen *Karl III.* (1758–1788) mit Nachdruck forciert wurde, hatte für die amerikanischen Reichsteile gravierende Folgen. Sie wurden rigoros den Bedürfnissen der spanischen Metropole untergeordnet (Bernecker 2010, S. 49 f.).

Die Staatsverwaltung in Amerika wurde stärker als zuvor zur „echten" Kolonialverwaltung. Kreolen wurden von den wenigen Plätzen verdrängt, die sie hatten einnehmen dürfen. Die Aufrechterhaltung des Verbots für den Handel mit den Antillen und dem Norden Amerikas, das im Zeichen merkantilistischer Politik zwingender war denn je, brachte die Kreolen gegen die Metropole auf. Ungeachtet ihrer politischen Zweitklassigkeit wurden die Kreolen Amerikas aber immer reicher, während die spanische Metropole stagnierte.

Die gewerbliche Produktion in Amerika wurde eingeschränkt. Die Idee dahinter: Auftrieb für Handel und Gewerbe im heimischen Spanien. Weil die Küsten und Wege in Amerika nicht annähernd vollständig überwacht werden konnten, war es für die Kreolen ein Leichtes, die kolonialen Behörden durch Schmuggel ins Leere laufen zu lassen. Mangelnde Regeltreue sollte in das Startkapital für die Unabhängigkeit einfließen (siehe auch Prevost und Vanden 2011, S. 40). Auf den entlegenen Landgütern verkörperte der Patron das Gesetz.

Die spanischen Bourbonen reagierten ferner auf die stärkere Präsenz Großbritanniens in Amerika, das sich 1763 als Folge des französisch-britischen Krieges die französische Kolonie Quebec angeeignet hatte. Es schien geboten, sich für ein britisches Ausgreifen auch nach Süden zu wappnen. Um die Militärkapazität zu stärken, wurden jetzt auch die Kreolen einbezogen. Aus der kolonialen Bevölkerung wurden Milizen rekrutiert, in denen auch Kreolen Offiziersstellen antreten durften (zum Folgenden: Buisson und Schottelius 1980). Ein erster Impuls, sich von der spanischen Herrschaft zu verabschieden, ging von der US-amerikanischen Unabhängigkeit aus, ein zweiter ideell mächtigerer Impuls aber von der Französischen Revolution.

Die Eroberung Spaniens durch Bonaparte: Anstoß für die Unabhängigkeit Spanisch-Amerikas: Die Besetzung Spaniens durch das napoleonische Frankreich (1808) war für Spanisch-Amerika ein einschneidendes Ereignis. Der Bourbonenkönig *Karl IV.* wurde zur Abdankung gezwungen. Ein Verwandter des Franzosenkaisers, *Joseph,* bestieg den spanischen Thron. Lediglich ein kleiner Landstreifen um die Hafenstadt Cadíz entging der Besatzung. In den nicht besetzten Gebieten bildeten sich Juntas als Ersatzautorität für die Bourbonen. Das spanische Bürgertum lehnte die Fremdherrschaft ab, für das Gedankengut der Französischen Revolution war es jedoch aufgeschlossen. Ebenso verhielt es sich mit dem kreolischen Bürgertum Spanisch-Amerikas. Mutterlandspanier kamen 1810 in den freien Gebieten mit Amerikaspaniern zusammen, um über die politische Zukunft des Landes zu beraten. Sie verabschiedeten in Cadíz eine liberale Verfassung vom Format einer konstitutionellen Monarchie (1812).

Für die Dauer der französischen Herrschaft über Spanien, die erst 1813 endete, waren die Kolonien auf sich selbst gestellt. Dank des im großen Stil immer schon praktizierten Schmuggels war Spanisch-Amerika gut gerüstet, um ohne den Europahandel über die Runden zu kommen. Sein Verwaltungsapparat war intakt. Das alte Prinzip, die Mutterlandspanier an der Spitze der Verwaltungen regelmäßig auszuwechseln, um keine allzu starke Gewöhnung an die kolonialen Bräuche reifen zu lassen, war für einige Jahre außer Kraft gesetzt. Noch während in Spanien französische Truppen standen, rebellierten Großgrundbesitzer und Kaufleute 1812 im Vizekönigtum Neu-Granada gegen die spanische Herrschaft, und zwar im Gebiet des heutigen Venezuela. Dieser Versuch scheiterte, die Rebellen gaben auf. Noch war ihr Rückhalt unter den Kreolen zu schwach und das spanische Militär zu stark. Nach der Restauration der Bourbonenherrschaft strömten auch neue Truppen in die Kolonien. Die Verwaltung straffte die Zügel. Die Kreolen aber hatten an Selbstbewusstsein gewonnen. Weiterhin kam es zu Erhebungen. Diese konzentrierten sich zunächst noch in Neu-Granada mit seinen küstennahen Gebieten, die durch Handel und Nachrichtenfluss am stärksten mit Europa und Nordamerika verbunden waren. Die entlegene Kolonie Groß-Peru ließ sich erst später von den Unruhen anstecken. Zum finalen Aufstand der Kreolen kam es 1816. Er zog sich gut zehn Jahre hin und endete mit der Trennung der Kolonien von Spanien. Ab 1823 fiel dann eine Besitzung in Amerika nach der anderen von Spanien ab.

Der portugiesische Nebenpfad zur Unabhängigkeit: Portugal unterhielt in Amerika lediglich Stützpunkte. Eine systematische Kolonialisierung und Besiedlung fand nicht statt. Im Vertrag von Tordesillas (1494) schlichtete der Papst einen Streit um die Grenzen zu den spanischen Besitzungen, indem er einen Längengrad markierte. Von 1580 bis 1640 wurde Portugal, dessen Dynastie der *Avis* erloschen war, in Personalunion von der spanischen Krone mitregiert. In dieser Zeit wurden die spanischen Besitzstände auf dem unpräzisen zeitgenössischen Kartenmaterial nicht mehr so genau genommen.

Portugiesische Siedler drangen ungestört weiter ins Landesinnere vor. Lissabon hatte Interesse zunächst lediglich am Export des begehrten Brasilholzes. Siedler entdeckten später die Möglichkeit, mit dem Anbau von Zucker Geld zu machen. Für die Arbeit auf den Zuckerplantagen wurden afrikanische Sklaven eingeführt. Um die Wende zum 18. Jahrhundert, als im Südosten, im Gebiet des heutigen brasilianischen Teilstaates Minas Gerais, Gold und Diamanten gefunden wurden, strömten in Massen Glücksucher nach Brasilien, solange die Edelsteine ohne große Mühen aus der Erde geholt werden konnten. Mit der Thronbesteigung der Dynastie *Braganza* löste sich Portugal 1640 aus der Union mit Spanien. Mit ihren Kolonien kamen die *Braganzas* in gigantischem Ausmaß an Geld. Es wurde mit vollen Händen ausgeben, um aus Lissabon eine Prachtstadt zu machen und am Hof des Kleinstaates ein so prunkvolles Leben zu entfalten wie an den Höfen der mächtigen Monarchen Europas (Kreutzer 2013, S. 119).

Auch das Verhältnis Portugals zu seiner amerikanischen Kolonie wurde nachhaltig von der europäischen Politik bestimmt. Das traditionell mit Großbritannien verbündete Land wurde 1807 von den Truppen *Napoleons* besetzt. Dem König und seinem Hofe gelang es noch, kurz vor Ankunft der Besatzer in der Hauptstadt nach Brasilien zu entfliehen. In der Folgezeit wurden sämtliche überseeischen Gebiete Portugals von Brasilien aus regiert. Als sich der König neun Jahre nach dem Rückzug der Franzosen aus dem Mutterland (1822) schließlich entschied, nach Lissabon zurückzukehren, wollten die Amerikaportugiesen den eigenen Staat. Die Kreolen riefen 1822 die Unabhängigkeit aus. Der Trennungsprozess verlief ohne nennenswerte Gewaltsamkeiten. Schon 1825 erkannte Lissabon die Unabhängigkeit an.

1.3 Die jungen Republiken

Ideologie: In den neuen Staaten herrschte die kreolische Minderheit über eine Mehrheit von Mestizen, d.h. kreolisch-indianischen Mischlingen und Indianern. Die „Nationen", die hier entstanden, kultivierten – wie in dieser Epoche des europäischen Nationalstaates üblich – Geschichtsbilder und gemeinsame Symbole. Real entstand die neue Nation als eine oligarchisch strukturierte kreolische Teilgesellschaft. Von der übrigen Gesellschaft verlangte sie nichts anderes als Arbeit und Gehorsam. Nicht einmal die Liberalen hatten Mestizen und Indianer als rechtsgleiche Bürger im Kopf. Diese erinnerten mit ihrer bloßen Präsenz im Alltag daran, dass die Kreolen auf einer kulturellen Insel lebten. Die Liberalen traten zwar für die Abschaffung der Sklaverei ein. Die Forderung war ein Abglanz des Gleichheitsideals der Französischen Revolution und nicht zuletzt ein schönes Feldzeichen selbst erklärter Progressivität. Außerhalb der Zucker- und Baumwollanbauplantagen war die Sklaverei im Zeitpunkt der Unabhängigkeit meist schon keine bedeutende Institution mehr. Die nunmehr freien Schwarzen rangierten noch unter den Mestizen am untersten Ende der Rassenhierarchie.

Der einzige heftige Streit in der kreolischen Teilgesellschaft ging darum, welchen der auch in Europa umstrittenen Pfade die nunmehr unabhängige Nation beschreiten sollte, den Weg der christlich-konservativen Tradition oder neue Wege im Einklang mit der wissenschaftlichen Welterklärung. Kampfplätze waren Schule und Familienrecht. Regierten die Liberalen, legten sie sich mit der Kirche an, etablierten sie eine staatliche Schulaufsicht und verbannten sie religiöse Inhalte aus dem Unterricht. Wurden sie von den Konservativen abgelöst, kehrten Verfassung und Gesetzgebung zum Status quo ante zurück. Keine Seite aber setzte sich für ein allgemeines Schulwesen ein, das auch Mestizen und Indianern Platz geboten hätte. Der Analphabetismus störte die Arbeit von Domestiken, Kalfaktoren, Bauern und Landarbeitern nicht. Ganz im Gegenteil: er stabilisierte die Verhältnisse: Unwissen schützte vor der Ausbreitung unerwünschter Ideen.

Großgrundbesitz: Der Abzug der Spanier gab der Ausbreitung des Großgrundbesitzes einen weiteren kräftigen Impuls. Das ehemals spanische Kronland stand zum Verkauf. Zahlungskräftige Kreolen schlugen zu. Dies hatte zwei Folgen: Erstens expandierte damit auch die Lohnpacht. Gerieten die Bauern mit der Pachtleistung in Rückstand oder brauchten sie Geld, hatte sie keine andere Wahl, als sich beim Hacendado zu verschulden. Diese Schulden ketteten den Pachtbauern und seine Familie wiederum unauflöslich an die Hacienda. Zweitens konnten die Ernteerträge im Pachtregime nur durch Zukauf weiterer Ländereien gesteigert werden. Die Schutzbestimmungen für indianisches Land wurden weitgehend kassiert, um es für den privaten Erwerb freizugeben. Landlosen Indios blieb zum Überleben wenig anderes als eine pachtbäuerliche Existenz.

Staatsform und Regierungssystem: Für die Verfassung der neuen Staaten war die Monarchie kein Thema. Nach einiger Zeit sah auch der Klerus ein, dass er seine Interessen in der neuen Staatsform gut wahren konnte, wenn nur eine ihm gewogene Partei regierte. Zu grell strahlte das Modell der US-amerikanischen Republik nach Süden, als dass eine amerikanische Monarchie eine dauerhafte Chance gehabt hätte. Aber keine Regel ohne Ausnahme: Mexiko und Brasilien experimentierten mit konstitutionellen kaiserlichen Monarchien, wobei allerdings auch dort der Akzent weniger auf der Monarchie als auf der gewaltenteiligen Verfassung lag. In beiden Fällen blieb es bei Episoden.

Die Verfassungen etablierten Präsidentenwahlen und Zweikammerparlamente auf der Grundlage rigider Wahlrechtsbeschränkungen. Im Unterschied zur zeitgenössischen US-Verfassung wurde die Amtszeit des Präsidenten auf eine Amtsperiode beschränkt. Etliche Präsidenten lancierten am Ende ihrer Amtszeit vermeintlich pflegeleichte Nachfolgekandidaten, um sich für die Kandidatur in der übernächsten Wahl zu positionieren. Oder ein amtierender Präsident schwang sich zum Diktator auf, der die Verfassung suspendierte. Die meisten Verfassungen sahen bis spät ins 20. Jahrhundert vor, dass für die Präsidentenwahl bereits eine einfache Mehrheit genügte. Als die eine und andere Verfassung dazu überging, eine absolute Wählermehrheit vorzuschreiben, hatten in der eventuellen Stichwahl die Parlamente zu entscheiden.

Die Entscheidung für den Einheits- oder für den Bundesstaat war umstritten. Die Protagonisten des Bundesstaates blickten nach Norden. Die US-Republik entstand als eine Kreation separater Staaten, die schon 1789 in der gemeinsamen Verfassung ein hohes Maß von einzelstaatlicher Autonomie festschrieb. Europa hingegen bot Anschauung für die Tauglichkeit des einheitsstaatlichen Modells. In den ehemals spanischen Kolonien zog man überwiegend Letzteres vor. Wenig erstaunlich, wenn man bedenkt, dass europäische Ideologie und Anschauung in den Köpfen steckte – insbesondere das Ideal der République une et indivisible! Für die Befürworter beider Konzeptionen waren Staatstheorien und Modellstaaten weniger wichtig als handfeste Interessen, die sie besser in der einen oder anderen Staatsform gewahrt vermuteten.

Die Staaten im Gebiet der Anden, Bolivien, Chile, Ecuador und Peru sowie die mittelamerikanischen Republiken entschieden sich für eine zentralstaatliche Verfassung. In Argentinien und Brasilien, schließlich auch in Mexiko setzte sich der Föderalismus durch. Kolumbien und Venezuela wechselten zwischen Bundes- und Einheitsstaat, je nachdem, ob die Liberalen oder die Konservativen dominierten. Man sieht an diesen Beispielen, dass die konstitutionelle Frage nicht überschätzt werden darf. Wichtiger war *erstens* die Tatsache, dass der Arm der Zentralregierung nirgendwo sonderlich weit reichte, und *zweitens* waren weder die konservativen Landbesitzer noch das liberale städtische Bürgertum bereit, ihre materiellen Interessen hinter Verfassung und Gesetz zurückzustellen. Und *drittens* waren sich die Kreolen ungeachtet aller ideologischen Differenzen darin einig, Mestizen und Indios aus der Rechtsgemeinschaft auszuschließen. Zunächst durften nur Vermögende, später allein des Lesens und Schreibens Mächtige überhaupt wählen. Der Wille der Herren über große Ländereien nahm dem Staat die Strafgewalt ab. *Manfred Mols* spricht in diesem Zusammenhang von einer Staatlichkeit mit kreolischen Zügen: Die äußere Form war der europäischen Staatlichkeit abgeschaut. Die staatliche Substanz vollständiger Territorialkontrolle und des staatlichen Gewaltmonopols war defizitär (Mols 1985, S. 41 f.).

Caudillos: Noch in den Kämpfen um die Unabhängigkeit bildete sich der Typus des Politiker-Militärs oder Militär-Politikers, des Caudillos, heraus. Er prägte die lateinamerikanische Politik des 19. Jahrhunderts. Die Aufständischen, die sich mit den Waffen gegen die spanische Herrschaft wandten, waren teils idealistische Freiwillige aus der kreolischen Oberschicht, teils kamen sie aus den kolonialen Miliztruppen, teils aus der im Umgang mit Waffen geübten ländlichen Bevölkerung.

Der Caudillo war die charakteristische Führerfigur der Epoche: Ein volkstümlicher und charismatischer militärischer Führer, der sich auf anfeuernd-pathetische Rhetorik verstand und mit seinem Vorbild die Gefolgschaft überzeugte. Der Prototyp dieses Führers war *Simón Bolívar* (1783–1830), der zum Mythos gewordene Held der Unabhängigkeitskriege im Norden Südamerikas. Die gleichen Eigenschaften zeichneten auch den „Bolivar der La Plata-Region" aus, *José de San Martín* (1778–1850), der den Spaniern die südlichen Regionen des Halbkontinents bis hin zum heutigen Chile abnahm, sowie *Antonio José de Sucre* (1795–1830), der in den Anden Krieg gegen die Spanier führte. Ihre teils untereinander rivalisierenden Unterführer, später auch die ersten Präsidenten der jungen Staaten hatten ähnliches Format. Der – zivile – „Nur-Politiker" hatte keine Macht, er wurde nicht als vollwertig anerkannt. Ebenso wenig konnte sich der „Nur-Militär" auf Dauer behaupten. Der erfolgreiche Politiker brauchte militärische Qualitäten, der erfolgreiche Militärführer politische, galt es doch, Bündnisse zu schließen, Streitigkeiten zu schlichten und die örtliche Bevölkerung zu gewinnen. Charisma, Fingerspitzengefühl und Skrupellosigkeit zählten gleichermaßen.

Scheitern der Föderationsprojekte: Bolivár hatte den Ehrgeiz, einen Staatenverbund auf die Beine zu stellen, wie er in den USA zu besichtigen war. In Spanisch-Amerika waren die Voraussetzungen dafür jedoch ungleich schlechter (zu den historischen Pfaden Nord- und Südamerikas: Krakau 1992). Schon *Bolivárs* Versuch, sämtliche Gebiete Neu-Granadas geschlossen in eine föderative Republik zu überführen, schlug fehl. Zwar setzte er zunächst die Wahl einer Konstituante durch, die ihn zum Präsidenten einer Republik Groß-Kolumbien wählte. Bald kam es in der Führungsriege des Staatsgebildes zu Streitigkeiten. Die Politikergeneräle neideten *Bolivár* den Erfolg. Nachdem es in verschiedenen Teilen Groß-Kolumbiens zu Aufständen gekommen war, trat *Bolivár* 1830 als Präsident zurück. Der kurzlebige Großstaat zerfiel binnen weniger Jahre in die Staaten Kolumbien, Venezuela und Ecuador. In diesem Zerfallsprozess erwies sich der Caudillismo als Hindernis für die Ausbildung funktionierender politischer Institutionen. *Bolivár* selbst war ein Beispiel dafür. Noch 1828 hatte er sich zum Diktator erklärt, weil ihm die Auseinandersetzungen mit dem sperrigen Kongress Groß-Kolumbiens zu lästig wurden.

Der Süden der spanischen Kolonien nahm eine andere Entwicklung. Das von *San Martín* eroberte La Plata-Gebiet umfasste das heutige Argentinien, Uruguay, Paraguay und Chile. In dieser Region hatten es die Kreolen schwer gehabt, eine Existenz aufzubauen. Hinter den wenigen prosperierenden Küstenstädten erstreckte sich kaum besiedeltes Grasland, und die Indianer der Region wehrten sich gegen das Eindringen der Spanier in ihren Lebensraum. *San Martín* steckte seine politischen Ambitionen rasch zurück. Schon bei der Eroberung Perus musste er auf *Bolivárs* Hilfe zurückgreifen. *Bolivár* war aber nicht daran interessiert, das Gebiet nach Groß-Kolumbien einzugemeinden. Das Experiment einer großstaatlichen Föderation im La Plata-Gebiet war ebenfalls von kurzer Dauer. Auch im Süden des Subkontinents bildeten sich – abermals in den Grenzen früherer Verwaltungsgebiete – separate Republiken.

Kleinmaßstäblich spielte sich das Gleiche in Mittelamerika ab. Die Gebiete des Generalkapitanats Guatemala, das heutige Costa Rica, El Salvador, Guatemala, Honduras und Nicaragua sowie der heutige mexikanische Teilstaat Chiapas schlossen sich nach der Trennung von Spanien im Jahr 1821 zunächst Mexiko an. Nach dem Ende des kurzlebigen Kaiserreichs *Iturbide* trennten sie sich 1823 – bis auf Chiapas – von Mexiko und bildeten 1824 eine lockere Konföderation. Diese wurde 1840 offiziell beendet, nachdem sie bereits lange vorher faktisch zerfallen war. Sie zerfiel an den Grenzen der kleinen kolonialen Verwaltungsgebiete, welche die Spanier dort vor Jahrhunderten gebildet hatten – ein Parallelvorgang zum Zerbröckeln der südamerikanischen Föderationsprojekte, nur eben kleinräumiger. Vereinigungs- und Teilvereinigungsprojekte gab es bis ins 20. Jahrhundert hinein immer wieder, sie führten aber zu nichts.

1.4 Auftakt zum Lieferanten der Welt

Industrialisierung und wachsende Kaufkraft in Europa: Die 1870er Jahre läuteten eine Zeitwende ein. Ihre Ursache war der endgültige Wandel des rohstoffarmen West- und Mitteleuropas zur Industriegesellschaft. Die wachsende städtische Bevölkerung verlangte

Brotgetreide und Fleisch, Leder für Schuhe und Stiefel, die Textilindustrie fragte Baumwolle nach. Klimatisch und geologisch bot Lateinamerika für derlei Nachfrage beste Voraussetzungen. Die Erfindung der Konservendose verbilligte und beschleunigte den Rindfleischexport über den Atlantik. Die Erfindung der auf Seeschiffen installierten Kühltechnik, die nach 1870 eingesetzt wurde, erübrigte den Transport von Lebendvieh. Mit der steigenden Massenkaufkraft in Europa stieg die Nachfrage nach Kaffee. Als Folge expandierte in Mittelamerika, Kolumbien und Brasilien der Kaffeeanbau. Um die Wende zum 20. Jahrhundert kamen spezielle „Bananendampfer" in Gebrauch, die es ermöglichten, die empfindliche Frucht vor der Reifung in die Bestimmungshäfen zu transportieren. Die Küstengebiete des tropischen Amerika wandelten sich zu Bananenplantagen.

Der Bau von Eisenbahnen und Maschinen, die Eisen- und Stahlkonstruktion von Schiffen, die Massenproduktion schwerer Waffen, die Stahlbetontechnik, der Strom-, Trink- und Abwasserleitungsbau sowie legierte Metalle in Gebrauchsgütern aller Art nährten in Europa seit dem letzten Quartal des 19. Jahrhunderts eine unersättliche Nachfrage nach Erzen. Ausländisches Kapital, namentlich britisches, investierte in Bergbau, Eisenbahnen und Häfen.

Zur gleichen Zeit gab es eine Welle europäischer Einwanderung. Hauptsächlich Italiener und Spanier, aber auch Osteuropäer und selbst Asiaten emigrierten in das südliche Amerika. Nach dem Zerfall des Osmanischen Reiches kamen Araber hinzu, geprägt durch eine uralte Kommerzkultur. Viele reüssierten später in Mittelamerika und an der Pazifikküste als Unternehmer. Die europäischen Einwanderer siedelten sich vorzugsweise in der gemäßigten Klimazone, in Brasilien, in Uruguay und in Argentinien an. Die Zuwanderung der Europäer war willkommen. In den Andengesellschaften, die sich mehrheitlich aus Indigenen und Mestizen zusammensetzten, wurde sie sogar gefördert, um die Gesellschaften „aufzuhellen" (Beyhaut 1969, S. 101–117).

Die ländlichen Oligarchen und die städtische Oberschicht ahmten in Kleidung, Verbrauch und im Lebensstil weiterhin nach, was in Europa auf der Höhe der Zeit war. War Großbritannien der bevorzugte Blickpunkt, wenn es um Wirtschaft und Technik ging, so Frankreich in Bezug auf Mode und Bildung. Die Imitation europäischer Lebensweise manifestierte sich auch im Baustil der Städte.

Intellektuelle Horizonte: Im Bemühen, sich stets am Standard zu orientieren, der von den vermeintlich fortschrittlichen und gebildeten Zeitgenossen in Europa gesetzt wurde, nahmen die Kreolen liberale Ideen auf. Unter Fortschrittsgläubigen galt *Auguste Comte* (1798–1857) als das Nonplusultra des Wissens vom Wesen der Gesellschaft: Die Gesellschaft funktioniert nach wissenschaftlichen Gesetzen. Es braucht bloß Menschen an der Spitze von Staat und Gesellschaft, von denen diese Gesetze erkannt und angewandt werden. Die Religion hingegen mauert die Menschen in Unwissen und Aberglauben ein. Die Omnipräsenz der Priester und Kirchenleute, das Monopol der Kirche auf die Erziehung, die Geltung des katholischen Familienrechts als staatliches Recht, das Verbot anderer Konfessionen und die Lehre des archaischen Weltbildes leisteten der Überzeugung Vorschub, dass *Comte* seine Zeit treffend analysiert hatte. Die Trennung von Kirche und Staat, vor allem aber die staatliche Kontrolle des Schulwesens waren Kernideen aller Fortschrittsfreunde, wobei zu bedenken ist, dass es in Spanisch-Amerika Schulen hauptsächlich für die Kinder der Kreolen gab. Comte redete einer stratifizierten Gesellschaft das Wort: Die um die Unaufhaltsamkeit des Fortschritts wissenden Reichen und Mächtigen sind dazu bestimmt, die Gesellschaft im Horizont des wissenschaftlich fundierten Fortschritts zu entwickeln, die Übrigen leisten ihren Beitrag zum Fortschritt auf dem ihnen bestimmten Platz.

Diese Ideen berührten sich mit denen *Herbert Spencers,* des in derselben Epoche populärsten Sozialphilosophen der angelsächsischen Welt. In enger Anlehnung an den Darwinismus sah er die bestehenden Machtverhältnisse als Ergebnis eines sozialbiologischen Ausleseprozesses an; er galt als Referenzdenker in der Gründungsepoche der großen US-Industrie- und Bankenimperien. Im südlichen Amerika kam *Spencer* nicht an. Auch andere, tiefgründigere angelsächsische Geistesgrößen wie *John Locke, David Hume* und *Thomas Jefferson* fanden in diesem Teil der Welt keine nennenswerte Resonanz. Das Freimaurertum mit seinem Agnostizismus und Freigeist fand indes großen Anklang.

Modernisierung und Klassenbildung: Um die Wende zum 20. Jahrhundert gab es in den großen Hauptstädten Südamerikas bereits Elektrizität, Straßenbahnen, fließendes Wasser und Telefonnetz. Zeitgleich mit Europa tauchten die ersten Autos im Straßenverkehr auf. Die Alphabetisierung der städtischen Gesellschaft machte das Zeitungsgeschäft profitabel. Die wenigsten hochwertigen Konsumgüter wurden aber weder im eigenen Land noch sonst in Lateinamerika produziert. Auf den transatlantischen Seewegen begegneten die Rohstoff- und Agrarexporte in Richtung Europa einem – schmalen – Gegenstrom von Verbrauchs- und Investitionsgütern (Beyhaut 1969, S. 163–170).

Mit dem anschwellenden Warenumschlag in den Hafenstädten arbeiteten immer mehr Menschen in der Hafenwirtschaft, in Verkehrsbetrieben und in der Verpackungsindustrie. Die Lohnarbeit mit all ihren Folgen machte sich bemerkbar. Nicht nur dort, auch im Bergbau und auf Großplantagen häuften sich Arbeitskämpfe und wurden Gewerkschaften aus der Taufe gehoben, hier und dort bereits Arbeiterparteien. Programmatisch bedienten sie sich aus dem Repertoire des europäischen Sozialismus in seinen radikaleren Varianten. Die Streitkräfte hatten die undankbare Aufgabe, Streiks zu unterdrücken, wenn der Ressourcenfluss ernsthaft bedroht war. Auch die Staatsfinanzierung hing vom Export ab. Exportzölle waren die wichtigste Einnahmequelle des Staates. Im Zuge dieser Entwicklungen wurde es schwieriger, das restriktive Wahlrecht beizubehalten. Stück für Stück wurde Kleinbürgern und Gewerbetreibenden, ferner Angestellten, die im Handel und beim Staat beschäftigt waren, und last, but not least Arbeitern in regulären Beschäftigungsverhältnissen das Wahlrecht eingeräumt. Die Eliten waren allein an sozialer Befriedung interessiert und rückten nicht mehr Mitsprache heraus, als genügte, um die Beschwerden abzustellen. Dort aber, wo die sozialen Eliten alles im Griff hatten, auf dem Lande, ließ das Wahlrecht noch lange auf sich warten.

Anfänge des bürokratischen Staates: Europäische Investoren, die ihr Geld in moderne Grubentechnik, Telekommunikation und Eisenbahnen steckten, und US-Fruchtkonzerne, die Mittelamerika zu einer riesigen Bananenplantage ausbauten, brauchten funktionierende Verwaltungen und kalkulierbare Rechtsverhältnisse. Die Strukturen der Caudillo-Epoche taugten nicht dafür. Nun schlug die Stunde des bürokratischen Staates. Die Técnicos betraten die Bühne: Fachleute. Auch der militärische Amateur trat ab. Die innere und äußere Sicherheit wurde Expertensache, ebenso die Rechtsprechung, das Katasterwesen und die Finanzen. Das chaotische Bild, das chilenische, peruanische und bolivianische Truppen im Salpeterkrieg (1879–1883) abgegeben hatte, war der Anstoß für die Reform der Armeen. Als Aufbauhelfer traten europäische Offiziere auf den Plan. Frankreich und Preußen-Deutschland galten mit Blick auf Militärorganisation und -ausbildung sowie die Waffentechnik als mustergültig.

Die Modernisierung der Armeen beruhigte die häufig turbulente Innenpolitik zunächst. War das Militär aber mit der Politik nicht einverstanden, zögerte es nicht, die Regierung dies wissen zu lassen. Gelegentlich putschte es, um eine Regierung loszuwerden, überließ das Ruder im Regelfall dann aber wieder einer zivilen Regierung. Solcherlei Interventionen häuften sich nach dem Ersten Weltkrieg. Das Militär begann sich als eine Art Überpartei aufzuführen.

1.5 Importsubstitution, populistische Politik und Politisierung des Militärs

Schon im Ersten Weltkrieg waren die Handelsverbindungen nach Europa massiv gestört. Für die europäische Industrie hatte die Kriegswirtschaft Priorität. Der Export von Kaffee und Bananen kam ins Stocken. Im Laufe der 1920er Jahre renkten sich die Dinge im transkontinentalen Wirtschaftsverkehr scheinbar wieder ein. Doch die Krise hinterließ Spuren in – legalen und illegalen – Gewerkschaften und Parteien, in denen kommunistische Aktivisten Fuß fassten. Die Weltwirtschaftskrise wirkte sich seit 1929 noch gravierender aus als die Zäsur des Ersten Weltkrieges.

Die Staaten reagierten aus der Not heraus mit einer Strategie der importsubstituierenden Industrialisierung (ISI). Es ging darum, sich von industriellen Importen unabhängiger zu machen und für Arbeit zu sorgen. Die bevorzugten Instrumente waren selektive Importzölle und importhemmende Wechselkurse. Zwar kamen die Industrialisierungsbemühungen letztlich über die Eigenproduktion höherwertiger Konsumgüter nicht hinaus. Doch schon das Erreichte veränderte den Zuschnitt der Gesellschaft. Für einen Teil der Gesellschaft, der so gut wie ausschließlich in größeren Städte lebte, wurden nach europäischen Vorbildern erste soziale Sicherungssysteme (Altersrente, Krankheitsfall) eingeführt. Wie beim Wahlrecht blieben die Ärmsten der Armen, Landarbeiter, Tagelöhner und Gelegenheitsarbeiter ausgespart. In dieser Epoche der importsubstituierenden Industrialisierung entstand in den größeren Ländern auch eine Klasse erfolgreicher Unternehmer (Skidmore und Smith 2005, S. 54). Hier und dort wurden erstmals die Einkommen besteuert. Die Staats- und Sozialverwaltungen avancierten zu bedeutenden Arbeitgebern. In der städtischen Bevölkerung, keineswegs den Ärmsten der Armen, entstand unter der bisweilen vormundschaftlich lenkenden Hand des Staates eine Parteien- und Vereinslandschaft, die dem üblichen Zuschnitt der Demokratie glich. In ihrer Staatsnähe hatte sie jedoch korporative Züge.

Nicht viel anders sah es im Bildungssystem aus: Höhere Schulen und Universitäten boten auch dem Nachwuchs der Mittelschicht eine qualifizierte Ausbildung. Das Elementarschulsystem befand sich in einem desolaten Zustand. Die Bedeutung der Universitäten kann in dieser Epoche nicht hoch genug veranschlagt werden: Die Kinder der Eliten, die nicht in Europa – in Mittelamerika auch in den USA – studierten, besuchten heimische Universitäten. Die wichtigste, oft auch einzige Universität befand sich in der Hauptstadt, also auf der bedeutendsten Insel europäischer Lebensweise im betreffenden Land. Enthusiastisch wurden auch marxistische Ideen rezipiert. Ein Rechts- und ein Medizinstudium galten als das Nonplusultra hochwertiger Ausbildung. Der Jurist, der Anwalt, Journalist oder Hochschullehrer galt schon Kraft seines Berufs als qualifiziert für eine politische Karriere.

In den 1930er und 1940er Jahren schälte sich eine lateinamerikanische Spielart des Populismus heraus: Stimmungs- und Situationspolitik. Sie fand ihren Ausdruck in der charismatischen Ausstrahlung einer Persönlichkeit, die unter Nutzung der aufkommenden Massenkommunikation, zunächst des Radios, die rhetorische Klaviatur mit all ihren Übertreibungen und Versprechungen zu bedienen verstand. Exemplarisch waren *Getúlio Vargas* in Brasilien und *Juan Perón* in Argentinien. Sie appellierten gleichermaßen an ein traditionelles, noch ländlich geprägtes Publikum wie auch an die neuen Klassen, die ihr Brot in Büros und Fabriken verdienten.

Die Populisten dieser Epoche, die in den 1950er Jahren allmählich ausgeläutet wurde, hatten die oben erwähnte Arbeitsgesetzgebung, die Legalisierung der Gewerkschaften – unter staatlicher Aufsicht –, und Rentenansprüche im Repertoire (siehe unten Abschn. 3.2). Die Politik des Importersatzes geriet nach dem Zweiten Weltkrieg schon wieder in die Krise. Das Handelsmuster „Rohstoff- und Agrarexporte gegen industrielle Importe“ feierte fröhliche Urständ. Der Umkehrprozess erstreckte sich bis in die 1970er Jahre.

Auf dem Lande machte in dieser Zeit weiterhin weniger der Staat die Ansagen als die Herren über gewaltigen Landbesitz. Pachtbauern blieben auf einem über Generationen aufgehäuften Schuldenberg an einen Hacendado gekettet. Wanderarbeiter erhielten wenig mehr als Essen und Unterkunft. Die Politik sah sich gut beraten, diese Verhältnisse nicht anzutasten.

1.6 Neoliberale Wende

Die Abkehr von der Importsubstitution stand im Zeichen des neoliberalen Paradigmas. Der Neoliberalismus preist Minimalstaat, Freihandel, Verzicht auf Umverteilung und die marktmäßige Organisation selbst öffentlicher Leistungen. Beim Aufschwung des Neoliberalismus wirkten zwei mächtige Kräfte zusammen. Die erste Ursache war eine immense Verschuldung, die den Internationalen Währungsfonds auf den Plan rief. Die zweite Ursache war der Umstand, dass inzwischen eine Klasse lateinamerikanischer Technokraten herangewachsen war, die aus voller Überzeugung in dieselbe Kerbe schlugen (siehe unten, Abschn. 5.2). Sie waren begeistert vom letzten Schrei der wirtschaftstheoretischen Mode – wie die Kopisten eines wissenschaftlichen Liberalismus hundert Jahre zuvor – und wollten vor ihren Lehrmeistern und den bewunderten USA glänzen. Getreu der wirtschaftsliberalen Devise drehten sie die Volkswirtschaften wieder komplett auf das zurück, was die Natur dort zu bieten hat – die alte Rolle als Lebens-, Genussmittel- und Rohstoffexporteur.

In dieser Spur bewegten sich nolens volens auch die häufig so genannten „linken" Regierungen, die in einigen Ländern Lateinamerikas seit der Jahrtausendwende das Bild prägten: Bolivien, Ecuador und Venezuela: Sie verlangten, dass ein größerer Anteil der Erlöse aus dem Verkauf von Öl, Gas und Mineralien im Lande blieb. Hier und dort wagten sie sich bescheiden an innergesellschaftliche Umverteilung heran (siehe unten Abschn. 5.3).

Bei alledem ist zu beachten, dass der rohstoffreiche Subkontinent 1960 noch ein ganz anderes Bild bot als 50 Jahre später. War damals neben Mexiko noch Venezuela der einzige Ölstaat Südamerikas, so kommen heute mit ihren amazonischen Territorien Ecuador, Kolumbien und Peru hinzu, ferner Brasilien mit großen Offshore-Reservoirs und selbst Argentinien mit Vorkommen auf dem Festland. Waren die Exportschlager Argentiniens, Paraguays und Uruguays jahrzehntelang Viehzucht und Weizen, ist diese Produktpalette seit Langem vom Soja und Ölsaaten überschattet: Breitbandprodukte für die Verwendung in der Lebensmittel-, Futtermittel- und Kosmetikindustrie.

1.7 Lateinamerika als Interventionsraum der USA

Bis in die jüngste Vergangenheit war Washington in der lateinamerikanischen Politik präsent. Die berühmte Monroe-Doktrin (1823), außeramerikanische Mächte hätten in der westlichen Sphäre nichts zu suchen, war zu Beginn des 19. Jahrhunderts noch eine Phrase. Die USA waren noch keine Regionalmacht, bloß ein junges Staatsgebilde an der östlichen Peripherie Nordamerikas. Mit Beginn des 20. Jahrhunderts, als aus dem Randstaat ein Koloss geworden war, häuften sich Interventionen in der westlichen Hemisphäre. Sie konzentrierten sich auf Mittelamerika und die Karibik. Die Motive waren strategischer Art. Es ging darum, das Vorfeld des gerade fertiggestellten Panamakanals zu stabilisieren, aber auch um die Geschäftsinteressen US-amerikanischer Konzerne, die in das Fruchtgeschäft und die Infrastruktur (Eisenbahnen, Telefon, Elektrizität) investiert hatten. Das Interesse am südamerikanischen Halbkontinent erwachte mit dem weltweit ersten Massenmarkt für Automobile. Die Fahrzeugproduktion in den USA kurbelte in Venezuela die Ölförderung an. Im Amazonasraum gezapfter Naturkautschuk bediente die Nachfrage nach Reifen für Autos, Motorräder und Fahrräder.

Der Zweite Weltkrieg wurde zur Zäsur. Lateinamerika wurde zum Schauplatz der Weltmachtkonkurrenz im Kalten Krieg. Mit dem weltpolitischen Konflikt zwischen Ost und West gerieten die kommunistischen Parteien in aller Welt in den Deutungsrahmen eines von Moskau betriebenen Weltbeherrschungsplans. Den Zeitgenossen stand die Umwandlung der von der Sowjetunion besetzten Länder Europas in Satellitenstaaten vor Augen. Die Kommunistischen Parteien Lateinamerikas hatten in dieser Zeit – wie auch später – lediglich bescheidenen Anhang. Am stärksten zogen sie kritische Studierende, Intellektuelle, Arbeiter und Gewerkschafter an, die sich in den herkömmlichen Parteien und in den staatlich dirigierten Gewerkschaften nicht repräsentiert sahen. In den 1940er und 1950er Jahren hagelte es in Lateinamerika Verbote kommunistischer Parteien und Organisationen.

Die meisten Regierungen akzeptierten Washington ohne großes Zögern als politischen Wegweiser. Was hätten sie sonst tun können? Im Horror vor der Politisierung der unteren Klassen lagen die herrschenden Kreise mit den USA auf einer Linie. Gelegentlich aufflammende Elendsaufstände, Begleitereignisse der langen Geschichte des Kontinents, bekräftigten die Entschlossenheit, den Anfängen zu wehren. Meist gingen sie von den verachteten Indios und den in Armut lebenden Mestizen aus. Hinzu kam die Angst vor einer von außen betriebenen Subversion. Die Revolutionäre um *Fidel Castro* stürzten 1959 das korrupte Regime des kubanischen Diktators *Fulgenicio Batista* (siehe Kap. 25). Kuba sollte mit der Revolution nun wirklich souverän werden. Dazu gehörte nach Ansicht der Revolutionäre auch die symbolträchtige Verstaatlichung US-amerikanischer Konzerne. Dieser Schritt, für Washington ein untrügliches Merkmal kommunistischer Politik, führte zum Bruch.

Castros Weggefährte *Che Guevara* gedachte den anti-imperialistischen Kampf in den Amazonasdschungel zu tragen. In Bolivien, Peru, Kolumbien und Venezuela wurden in den 1960er Jahren Guerillas aktiv. In Washington eskalierte die Befürchtung, der Subkontinent könnte seinem Einfluss entgleiten. Die Guerillatrupps hatten zwar kein Augenmaß für die ungünstigen Voraussetzungen, um den kubanischen Erfolg auf dem Festland zu wiederholen. Kaum weniger überschätzten die strategischen Köpfe und Militärs der USA die Gefahr, die von den revolutionären Guerillas ausging. Ihre Wahrnehmung war vom gleichzeitig eskalierenden Vietnamkrieg bestimmt. Zu solchen Verwicklungen sollte es im Süden Amerikas gar nicht erst kommen (dazu und im Folgenden detailliert: Brands 2010).

Die US-amerikanische Lateinamerikapolitik zog aus der Situation zweierlei Konsequenzen. Erstens den richtigen Befund, dass Armut, Ausbeutung, mangelnde Bildung und ein schwacher Staat gute Nährböden für den Erfolg einer bewaffneten Opposition sind. Politische Reformen sollten diese Ursachen vorbeugend ausschalten. Zweitens aber sollten, wo es für die Prävention bereits zu spät war, Subversion und Aufstände polizeilich und militärisch bekämpft werden – mit der Ausbildung im Anti-Guerilla-Kampf, mit geeigneter Ausrüstung, mit Gegenpropaganda und mit brauchbaren paramilitärischen Verbündeten.

Beide Schlussfolgerungen standen einander im Wege. Der ernsthafte Kampf gegen Armut und Perspektivlosigkeit verlangte willige Partner in den herrschenden Eliten, nicht zuletzt deren Bereitschaft, sich auf Umverteilung und Landreform einzulassen. Als mit Peru schließlich ein Land ernst damit machte (1968), geriet es umgehend in einen schweren Konflikt mit Washington. Das militärisch-politische Programm zur Bekämpfung des Kommunismus in Lateinamerika stand unter dem Motto der nationalen Sicherheit. Sicherheit wurde hier als innere Sicherheit verstanden. Ihr Feindbild waren alle Kräfte, welche die Axt an die Wurzel der vorhandenen Ordnung legen wollten. Sämtliche Militärputsche und die langjährigen Diktaturen der 1960er und 1970er Jahre wurden mit der Sorge um die nationale Sicherheit gerechtfertigt.

Als der Kalte Krieg Mitte der 1980er Jahre abflaute und sich danach verflüchtigte, gab es keinerlei Grund mehr, die militarisierte Innenpolitik fortzuführen. Eines nach dem anderen, meist eher unfreiwillig und stets dank eigener Inkompetenz, traten die Militärregime ab. Mittelamerika wurde sich selbst überlassen, die dortigen Diktaturen schlossen irgendwann ihren Frieden mit den Befreiungsbewegungen. Die Militarisierung der Innenpolitik hielt vielerorts an. Die militärisch-polizeilichen Sondervollmachen, insbesondere in den ländlichen Räumen, segelten unter der neuen Flagge des Kampfes gegen die Drogen. Auch hier erwiesen sich die USA als eine treibende Kraft.

1.8 Kampf gegen die Drogen

In den Anden ist die Kokapflanze fester Bestandteil der indigenen Kultur. Anbau und Konsum konzentrierten sich in den Schluchten des Hochlandes und am Hochlandsaum zum amazonischen Urwald. Die Pflanze wird gekaut, um die Arbeit in der sauerstoffarmen Gebirgsluft erträglich zu machen und Hungerempfindungen zu bekämpfen; sie wird als heilig verehrt. Koka ist der Grundstoff für die Droge Kokain. Die wichtigsten Produzentenländer sind Kolumbien, Peru und Bolivien. Im mexikanischen Bergland werden Cannabis und Mohn angebaut, die Ausgangsstoffe für Marihuana und Heroin.

Als Konsumentenregion für Drogen steht Lateinamerika trotz einer seit einigen Jahren steigenden Tendenz noch weit hinter den reichen Ländern im Norden Amerikas und in Europa zurück. Nirgendwo in der Welt ist der illegale Drogenkonsum größer als in den USA. Dank der Nachfrage nach Kokain übersteigt die Anbaufläche für Kokablätter das für den traditionellen Eigenverbrauch benötigte Areal bei weitem. Mangelnde wirtschaftliche Alternativen und die generelle Schwäche des Staates in den Anbaugebieten, bei denen es sich durchweg um vernachlässigte Peripherien handelt, kommen der Expansion des Koka-Anbaus entgegen. Arme Bauern erschließen sich mit dem Anbau Einnahmequellen.

Die Konkurrenz um den Aufkauf der Koka-Ernte sowie um den Vertrieb des zur Droge veredelten Kokains wird mit harten Bandagen ausgetragen. In den Anbauländern finanzieren sich auch linke Guerillas und rechte Paramilitärs mit dem Kokaingeschäft. In Mexiko machen Behörden, Polizei und Politiker mit, indem sie wegschauen, die Hand aufhalten oder sich aktiv am Geschäft beteiligen. Bei den Verteilungskämpfen und zur Einschüchterung sowie bei Aktionen, um die Ernten zu vernichten und den Handel zu unterbinden, kommen großzügig Waffen zum Einsatz. Die Waffenzufuhr ist so schwer kontrollierbar wie der Handel selbst. In den USA sind Waffen frei verkäuflich, die anderswo allein Polizei und Militär vorbehalten sind.

Die legale Verarbeitung von Koka zu Kokain wurde auf Druck US-amerikanischer Drogenbekämpfer in Peru bereits Ende der 1940er Jahre verboten, Anfang der 1960er Jahre folgte Bolivien. Als Folge erhielten die illegale Produktion und Vermarktung Auftrieb. US-Präsident *Richard Nixon* rief 1972 hochoffiziell zum Kampf gegen die Drogen auf (dazu und zum Folgenden: Gootenberg 2012). Eine massive Drogenbekämpfungsoffensive, die mit diplomatischem Druck auf die Produzenten- und Transitländer kombiniert war, trieb die Preise. Kokain war noch keine Droge von der gegenwärtigen Dimension. Der damalige Weltkonsum, auch hier wieder insbesondere in den USA, bediente sich bewährter Schmuggelwege über Chile und Kuba. Die kubanische Revolution (1959) und der chilenische Putsch (1973) verschlossen diese Wege. Jetzt schlug die Stunde kolumbianischer Krimineller. Kokain wurde von Kolumbien aus auf dem Luft- und Seeweg in die USA geschmuggelt. Als die Nachfrage in die Höhe schoss, rief US-Präsident *Ronald Reagan* die Regierungen der Produzenten- und Transitländer Anfang der 1980er Jahre zum verschärften Kampf gegen die Drogen auf. Auch in Kolumbien selbst, bislang ein marginaler Produzent, wurde immer mehr Koka angebaut. Für die Bauern war dies eine gute Sache: sie sahen zwar am wenigsten vom Drogengeld, konnten sich aber auf stabile und steigende Preise verlassen. Die traditionelle Geldpflanze Kolumbiens, der Kaffee, war demgegenüber starken Preisschwankungen unterworfen. In Bolivien stiegen auch in Massen entlassene Bergarbeiter auf eine Existenz als Kokabauern um. In Kolumbien und Peru, zeitweise auch in Bolivien ließen es die Regierungen zu, dass Agenten der US-Anti-Drogenbehörden in der Zusammenarbeit mit heimischen Militärs Anbauflächen aufspürten und die Ernten durch Niederbrennen oder die Besprühung mit Herbiziden vernichteten.

Die bevorzugten Schmuggelrouten führten qua Kurzstreckenflugzeug und Schnellboot durch die Karibik zum Verteilerzentrum Miami. Als diese Route in den 1990er Jahren durch modernste Aufklärungs- und Abwehrtechnik unbrauchbar wurde, lief das Geschäftsmodell aus. Als Ersatzroute spielten sich Schmuggelwege über Mittelamerika und Mexiko ein. In Mexiko selbst bildeten sich Kartelle, die den Transport in die südlichen USA besorgten. Zunächst noch Juniorpartner der Kolumbianer, überflügelten sie diese im Laufe der Zeit. Die Verlagerung der Handelswege hinterließ eine Spur der sozialen Verwüstung, insbesondere in den mittelamerikanischen Armenhäusern Honduras, Guatemala und El Salvador. Dort ist die Kriminalität geradezu explodiert (Pérez 2013). In Mexiko hat sich die Staatsgewalt vielerorts zum Komplizen der Kartelle gemacht.

Theorien über Lateinamerika

2

Nach diesem Überblick über Historie und Gesellschaft ist es an der Zeit, kurz einige Theorien der lateinamerikanischen Politik vorzustellen. Die erste und älteste Theorie setzt bei der Einbindung Lateinamerikas in die Weltwirtschaft an. Sie arbeitet mit dem Bild der Weltgesellschaft und ist der marxistischen Theorie entlehnt. Auf *John A. Hobson* (1968) und *Wladimir Iljtisch Lenin* (1972) geht die These zurück, der Imperialismus, d. h. die Kolonisierung Afrikas und Asiens verkörpere das höchste Stadium des Kapitalismus: Der Rahmen des Nationalstaats wird für das Profitstreben des Industriekapitalisten irgendwann zu eng. In der unerbittlichen Konkurrenz um Märkte sucht das nationale Kapital, unterstützt vom Staat, die Kontrolle über die überseeischen Rohstoffvorkommen. In seiner Extremform wird der Wettlauf um Gebiete und Ressourcen als Krieg ausgetragen.

An diese These sind die Theorien der Weltgesellschaft angelehnt. Ihre bekanntesten Vertreter sind *Immanuel Wallerstein, Dieter Senghaas* und *Johan Galtung* (Wallerstein 1974 ff.; Senghaas 1972; Galtung 1971, 1981). Der Ausgangsbefund lautet: Hier Metropolen, dort Peripherie! Nicht Staaten strukturieren die Weltpolitik, sondern multinationale Konzerne und Banken in den Metropolen sowie Regierungen und Import-Export-Business in den armen Ländern. Der Wohlstand der Industrieländer basiert auf dem Elend der heute so genannten Dritten Welt. Gleichbedeutend ist auch vom Nord-Süd-Gegensatz die Rede (Menzel 2001, S. 22 f.). Industrielle Entwicklung findet im Süden nur so weit statt, wie sie den Exportinteressen der Metropolkapitalisten und dem Wohlergehen der herrschenden Klassen im Süden nützt. Diese Klassen, die auch als bloße „Kompradoren" bezeichnet werden, sind von den Metropolen nicht nur ökonomisch, sondern auch kulturell abhängig. Sie konsumieren so, wie es ihnen die Reichen und Mächtigen der Metropolen vormachen, während die gesellschaftliche Mehrheit in Armut, Hunger und Analphabetismus verharrt. Das Modell der Weltgesellschaft ist auch Kern der im Wesentlichen gleichlautenden Dependenztheorien. Sie gehen auf lateinamerikanische Wissenschaftler zurück. Bekannter Vertreter der marxistischen Variante ist

J. Hartmann, *Die politischen Systeme Lateinamerikas*,
DOI 10.1007/978-3-658-14353-4_2

André Gunder Frank, ein bedeutender Vertreter der nicht-marxistischen Variante *Henrique Cardoso* (Frank 1969; Cardoso und Faletto 1976). Eines haben all diese Theorien gemeinsam: Sie analysieren den Kontinent in seinem weltwirtschaftlichen und internationalen Umfeld. Diese Theorien hatten ihre besten Zeiten in den bewegten 1960er und 1970er Jahren. Heute sind sie bestenfalls sozialwissenschaftliches Bildungsgut.

Darcy Ribeiro analysiert Lateinamerika in kultureller Perspektive. Demzufolge entstand die technische Zivilisation durch Zufall in Europa. Zivilisatorischer Fortschritt wird seither mit der Rezeption europäischer Kultur gleichgesetzt. Nachweislich sei es aber in Ostasien, in Japan – heute wären auch China und weitere Länder hinzuzufügen – gelungen, eine erfolgreiche Synthese der überlieferten Kultur mit der westlichen Zivilisation hinzubekommen. Die Errungenschaften der modernen Zivilisation wurden dort aus dem europäischen Ursprungskontext gelöst und mit Elementen der eigenen Kultur verschmolzen (Ribeiro 1985/1969, S. 616 f.). In Lateinamerika hingegen sei Folgendes geschehen: Die Industrialisierung habe zwar moderne Strukturen installiert, aber erstens nur solche, die für die Ausbeutung der Rohstoffe und Agrarprodukte erforderlich sind. Darüber hinaus bildeten sie zweitens kleine Inseln westlicher Moderne, aber – von den technischen Strukturen abgesehen – in einer antiquierten Variante dieser Moderne, in der sich noch die Werte- und Klassenwelt vergangener Zeiten ausdrückt, namentlich in den Relikten des spanisch und portugiesisch geprägten kolonialen Feudalismus: Eine kleine Zwischenschicht erledigt die ökonomischen Transfers und führt ein gutes Leben nach westlicher Art. Der Rest aber tritt auf der Stelle (Ribeiro 1985/1969, S. 61).

Auch *Laurence Whitehead* wählt die kulturvergleichende Perspektive. Wie in Afrika, dem Orient und Asien hat sich in Lateinamerika eine Anpassung an die westliche Moderne ereignet. Auch in Asien und Afrika entstanden im 19. und 20. Jahrhundert Inseln der Modernität, wo dies für die Versorgung der europäischen Wirtschaft mit Rohstoffen und Agrarprodukten nützlich war. Und auch dort blieb die Ausstrahlung auf ein noch stark nach der Tradition lebendes Hinterland aus. Doch der Orient und insbesondere Ostasien hatten bei aller Anpassung an die westliche Zivilisation einen festen Anker in überkommenen Werten und Bräuchen. Hier der Islam, d. h. eine Lebensweise, die den gesamten Alltag durchdringt, dort die in konfuzianischer Tradition begründete Wertschätzung von Hierarchie und Gelehrsamkeit. Solche Anker in einer alten nichtwestlichen Kultur, so *Whitehead,* gibt es in Lateinamerika nicht.

Die altamerikanischen Kulturen wurden mit der Eroberung Mittel- und Südamerikas vernichtet. Zwar trifft dies weitgehend auch auf die alten afrikanischen Kulturen zu. Aber das postkoloniale Afrika hatte in der britischen oder französischen Kolonialvergangenheit immerhin einen Kompass vor Augen, ganz davon abgesehen, dass jetzt Afrikaner über Afrikaner herrschten. Demgegenüber wurden die Indigenen im lateinischen Amerika zu Hilfsvölkern degradiert, zu einer amorphen Masse von Dienstboten, Arbeitern und Bauern. Sie durften sich glücklich schätzen, von ihren spanischen und portugiesischen Overlords aus ihrer Kulturlosigkeit ans Licht der Zivilisation geführt worden zu sein. Die Nachfahren der Spanier und Portugiesen hatten nichts anderes als die europäische Abstammung, um Überlegenheit vor den Eingeborenen zu reklamieren.

Die zahlreichen arrivierten Mestizen taten es ihnen gleich. Die Werte einer verblichenen Feudalgesellschaft werden konserviert, während gleichzeitig allzu begierig die äußeren Attribute und wechselnden Moden der westlichen Moderne kopiert werden, um zu demonstrieren, dass man mit der Zeit geht. Verschieben sich im Westen die Leitkulturen, etwa von England und Frankreich auf die USA, gehen die besser situierten Klassen Lateinamerikas mit. *Whitehead* spricht bildhaft von einem „Mausoleum der Modernitäten" (Whitehead 2006, S. 2–6). Kurz, und um es in *Antonio Gramscis* Idee der kulturellen Hegenomie als Herrschaftsstrategie auszudrücken (Gramsci 1967, S. 196, 382 f.): In Lateinamerika waltet eine Hegemonie des westlichen Gesellschaftsmodells, im Orient und in Asien lediglich die Hegemonie einer wissenschaftlich-technischen Moderne mit ihrem historischen Ausgangspunkt in Europa und Nordamerika. Im Resümee wird auf diese Theorien kurz zurückzukommen sein.

Klassenstrukturen und Identitäten 3

3.1 Klassen

Die Klassenstruktur Lateinamerikas kann zunächst grob in zwei Sektoren unterschieden werden. Hier lässt sich zunächst a) die konsumfähige Bevölkerung ausmachen, die in der einen oder anderen Weise in die Geldwirtschaft eingebunden ist, d. h. ein Geldeinkommen aus selbstständiger oder unselbstständiger regulärer Arbeit bezieht (Tab. 3.1). Daneben gibt es b) den informellen Sektor. Dort befinden sich unter anderem Menschen, die Gelegenheitsarbeit verrichten, die sich naturalwirtschaftlich selbst versorgen, die mangels regulärer Arbeit nicht in die Sozialsysteme einzahlen und von dort auch keine Leistungen beziehen, und die sich schließlich zum Teil mit krimineller Aktivität über Wasser halten.

In diesem Schwarz-Weiß-Bild lassen sich bei differenzierterer Betrachtung a) die Eliten, b) die Mittelschicht, c) die relative Unterschicht und d) die absolute Unterschicht darstellen. Die Letztgenannte ist mit dem oben genannten informellen Sektor identisch. Die Autoren eines Standardwerks teilen die lateinamerikanische Sozialpyramide wie folgt ein: fünf bis zehn Prozent Elite, d. h. obere Klassen, meist Weiße, ferner eine Mittelklasse zwischen zehn und 25 %, und schließlich 65 bis 80 % untere Klassen, meist Menschen afrikanischen und indigenen Ursprungs: Mestizen und Mulatten (Prevost und Vanden 2011, S. 119, Abb. 2).

Die Elite: Zur Elite zählen im Einzelnen Kaufleute, Industrielle, Banker, die ländliche Oligarchie, also der Großgrundbesitz, ferner die Manager ausländischer Firmenniederlassungen, schließlich die Spitzenbürokraten und die höheren Offiziere der Streitkräfte. In den ersteren Gruppen kommen hoher Status und hohes Einkommen mit einer ökonomischen Ausbildung zusammen, die heute vorzugsweise an US-amerikanischen Universitäten oder an heimischen Universitäten stattfindet, die mit US-Institutionen zusammenarbeiten. Der Großgrundbesitzer ist nicht mehr so sehr der Patron alter Zeiten, der so wirtschaftet, wie es schon seine Vorfahren getan haben, etwa mit dem Pachtsystem, sondern vielmehr ein betriebswirtschaftlich geschulter Unternehmer oder Manager,

J. Hartmann, *Die politischen Systeme Lateinamerikas*,
DOI 10.1007/978-3-658-14353-4_3

Tab. 3.1 Arbeitsbevölkerung nach Sektoren 2014 (in v. H.). (Quelle: CEPAL/ECLAC: Statistical Yearbook for Latin American and the Caribbean 2015, Social Statistics, Tab. 1.2.4)

	Landwirtschaft	Bergbau	Industrie	Dienstleistungen I[a]	Dienstleistungen II[b]
Kolumbien	15,9	1,0	12,0	51,0	20,4
Venezuela[c]	7,4	1,3	11,3	48,3	31,4
Ecuador	24,4	0,8	11,3	45,4	18,1
Peru	26,0	1,2	9,5	45,7	17,7
Bolivien[c]	29,5	2,2	10,4	39,7	17,5
Chile[c]	9,2	2,8	11,3	48,4	26,8
Argentinien	1,5	0,4	13,9	44,9	39,5
Brasilien	14,2	0	12,3	46,4	26,3
Paraguay	22,1	0	11,4	43,4	23,0
Uruguay	8,1	0,2	11,6	48,3	32,4
Panama	15,7	0,2	7,4	52,6	24,0
Costa Rica	10,4	0,1	11,4	48,4	28,5
Nicaragua[d]	33,5	0,5	11,5	35,5	19,6
Honduras[e]	36,2	0,2	12,9	35,3	15,0
Guatemala[f]	30,6	0,1	16,4	44,1	15,8
El Salvador	19,1	0,1	14,9	45,2	20,6
Mexiko[e]	14,3	0,5	15,8	38,8	30,1
Dom. Rep.	14,4	0,2	9,9	49,7	23,8

[a]Bau, Handel, Transport, Stromversorgung, Finanzdienstleistungen
[b]Sonstige Dienstleistungen
[c]2013
[d]2009
[e]2010
[f]2006

der mit hohem Kapitaleinsatz und agrotechnisch versiertem Personal arbeitet. Jede Regierung ist hier recht, welche die Eigentumsrechte respektiert und ihre Finger aus dem Exportgeschäft heraushält.

Diese Elite verzeichnet auch den politikaffinen Typus des Técnico: den wissenschaftlich geschulten Bürokraten, Wissenschaftler oder Wirtschaftsberater mit sozialtechnologischer oder ökonomischer Kompetenz. Er dient sein Wissen der Politik an, verortet Ursachen und plant Prozesse, um zielgerichtet Ergebnisse zu produzieren (Mols 1985, S. 77). Charakteristisch für die aktuelle Generation dieser Técnicos ist die neoliberale Wirtschaftsphilosophie. Ihre Kredos sind Privatisierung, unbeschränkte Auslandsinvestitionen und öffentliche Leistungen durch Private.

Werfen wir noch kurz einen Blick auf die Struktur der Unternehmen. Die meisten größeren heimischen Unternehmen befinden sich im Familienbesitz. Die

Unternehmerfamilien nennen typischerweise eine Vielzahl von Firmen in den verschiedensten Branchen ihr Eigen, die reichsten Familien auch die eine oder andere Zeitung und/oder eines oder mehrere TV-Unternehmen. Etliche Familiengruppen gleichen Firmensammelsurien. Es wird dazu gekauft, wo sich eine günstige Gelegenheit bietet. Mit einigen Ausnahmen (Chile, Mexiko) ist der Unternehmensbereich schwach organisiert, seine Verbände lassen es an Repräsentativität vermissen (dazu allgemein: Schneider 2004).

Früher einmal war Paris der Blickpunkt dieser Eliten. Wer es sich leisten konnte und etwas auf sich hielt, machte Bildungsreisen nach Europa und studierte in den europäischen Metropolen. Nach 1945 verblasste die Ausstrahlung Europas. Wer es sich leisten kann, nennt heute ein Anwesen in Florida oder Kalifornien sein Eigen, oder er fliegt dorthin, um zu shoppen, und wenn die Mittel eben reichen, studieren die Kinder an einer teuren und angesehenen US-Universität (Mols 1985, S. 39 f.).

Die Elite konsumiert auf hohem Niveau und findet nichts dabei, dies weithin sichtbar zu tun. Sonst aber zieht sie sich in ihre von privater Security geschützten Domizile zurück. Das Ideal ist der Señor. Gesellschaftlicher Aufstieg in die begüterten Kreise wird gern mit dem Erwerb oder Bau eines Landguts dokumentiert (Wiarda und Kline 2014, S. 13; Mols 1985, S. 93–105). Familienbande gehen vor Recht.

Die Mittelschicht: Die Mittelschicht umfasst Anwälte, Ärzte, Techniker, Handwerker, kleine Familienunternehmer, Einzelhändler, Lehrer, die Masse der Staatsbediensteten und die Beschäftigten bei den Verkehrs- und Versorgungsunternehmen. Mittelschicht bedeutet hier eigentlich nichts anderes, als dass sich der soziale Status und der Lebensstandard auf eine selbstständige oder eine regelmäßige abhängige Arbeit und auf die Verabreichung qualifizierter Dienstleistungen stützen. Die große Masse der Selbstständigen steht für kleinste Familienbetriebe. Viele darunter arbeiten im informellen Sektor, zahlen keine Steuern und entziehen sich den gewerblichen Regularien. Die Hälfte der Beschäftigten arbeitet nach Schätzungen im regulären privaten Sektor und dort in Betrieben mit weniger als fünf Arbeitern oder Angestellten (Karcher und Schneider 2012, S. 274 f.).

Die relative Unterschicht: Die nächste Kategorie, die relative Unterschicht, setzt sich hauptsächlich aus Kleinbauern – „Campesinos" – sowie aus an- und ungelernten Arbeitern zusammen. Kommerzielle Landwirte, die für einen lokalen oder regionalen Markt produzieren, sind eine Klasse für sich. Eine signifikante politische Größe sind sie nicht.

Die Marginalisierten: Die Marginalisierten, weithin gleichbedeutend: der informelle Sektor, sind Landpächter, Kleinbauern, Straßenhändler, Boten und Wanderarbeiter. Typisch für die Stadt sind Händler, die ihre Ware auf der Straße feilbieten, Schuhputzer, Losverkäufer, Dealer, Hehler, Parkwächter, Taxifahrer, Gelegenheitshandwerker, Kinderfrauen und Hauspersonal. Prekäre Jobs dieser Art gibt es überall auf der Welt. Im Gesamtbild der in kaum einem halben Jahrhundert geradezu explosionsartig gewachsenen Großstädte sind sie fest verankert. Nach Schätzungen machen diese Marginalisierten zwischen einem Drittel und der Hälfte der Gesamtbevölkerung aus. Noch zwischen 1950 und 1980 entstanden 80 % aller neuen Jobs im formellen Sektor, d. h. als reguläre Beschäftigung mit allem, was arbeits- und sozialrechtlich dazu gehört. Nach der neoliberalen Politikwende in den 1980er und 1990er Jahren wurden nur mehr 20 % aller Beschäftigten in reguläre Arbeitsverhältnisse aufgenommen (Portes und Hoffmann 2003).

Das Maß der Unterbeschäftigung, die den informellen Sektor charakterisiert, ist aussagekräftiger als die offiziell registrierten Arbeitslosen. Der Anteil der Unterbeschäftigten variiert mäßig (Tab. 3.2). Der Anteil derjenigen, die keine Arbeit haben und offiziell als Arbeit suchend registriert sind, liegt stabil bei maximal einem Zehntel der Arbeitsbevölkerung und damit auf einem Niveau, das sich hinter manchem europäischen Land nicht verstecken muss (Tab. 3.3). Das Problem der Armut und des prekären Lebensunterhalts liegt nicht dort, sondern in den zahlreichen Menschen im informellen Sektor, die sich mangels Ausbildung und Chancen, aufgrund von Herkunft, Wohnadresse (z. B. in einem Armenviertel) oder rassischer Diskriminierung gar nicht erst als arbeitslos registrieren lassen, zumal sie ohne vorherige reguläre Beschäftigung keinen Anspruch auf Lohnersatzleistungen haben.

Die Eliten und auch die Mittelschicht empfinden keinerlei Gemeinsamkeiten mit diesen Marginalisierten. Nationale Identität, so *Benedict Anderson* (1983), ist ein Konstrukt, ein Wir-Gefühl, das religiöse und Klassenunterschiede überwölbt und sich auf gemeinsame Hochsprache, Mythen, Lebensgewohnheiten und historische Narrative stützt. Davon kann in den wenigsten lateinamerikanischen Ländern die Rede sein (Mols 1985).

Tab. 3.2 Anteil der Beschäftigten im Sektor geringer Produktivität an der Arbeitsbevölkerung – informeller Sektor – 2014[a] (in v. H.). (Quelle: CEPAL/ECLAC: Statistical Yearbook for Latin America and the Caribbean 2015, Social Statistics, Tab. 1.2.7)

	Insgesamt	Kleinstunternehmen[b]	Hauspersonal	Ungelernte Arbeiter
Kolumbien	56,3	13,9	3,7	38,8
Venezuela	49,4	13,3	1,5	34,5
Ecuador	56,4	18,9	3,8	33,8
Peru	57,2	17,1	2,9	37,3
Bolivien	57,6	18,3	2,9	36,5
Chile	29,2	11,1	3,9	14,1
Argentinien[c]	37,0	15,9	5,6	15,5
Brasilien	37,9	11,8	6,9	19,2
Paraguay	50,6	20,5	8,1	22,0
Uruguay	36,8	16,5	2,6	17,7
Panama	32,8	10,3	5,0	17,6
Costa Rica	37,8	16,3	6,8	14,6
Nicaragua			4,6	38,8
Honduras	50,8	16,0	4,0	30,8
Guatemala	55,1	19,7	3,9	31,4
El Salvador	53,6	19,0	4,3	30,2
Mexiko	42,3	26,1	3,5	12,7
Dom. Republ.	48,4	8,9	5,7	33,8

[a]Keine Daten für Kuba und Haiti
[b]Selbständige Mikrounternehmer und Lohnempfänger in Kleinstunternehmen

Tab. 3.3 Arbeit suchende Arbeitslose (in v. H. der Arbeitsbevölkerung). (Quelle: Data.worldbank.org/indicator, Unemployment, total (% of labor force))

	2014	2013	2012	2010	2000
Kolumbien	10,1	9,6	10,6	12,0	16,6
Venezuela	8,6	7,5	8,1	8,6	13,2
Ecuador	4,6	4,2	4,1	5,0	7,2
Peru	4,2	4,0	3,6	4,0	6,4
Bolivien	2,7	2,6	2,7	3,3	4,8
Chile	6,4	6,0	6,4	8,1	9,2
Argentinien	8,2	7,1	7,2	7,7	15,0
Brasilien	6,5	6,5	6,1	7,9	9,5
Paraguay	4,5	5,0	4,9	5,7	7,6
Uruguay	7,0	6,6	6,5	7,2	10,7
Panama	4,3	4,1	4,0	6,5	13,5
Costa Rica	8,3	7,5	7,8	7,3	5,1
Nicaragua	5,3	5,3	7,1	8,0	6,2
Honduras	3,9	3,9	4,0	4,8	3,9
Guatemala	2,9	3,0	2,9	3,7	1,4
El Salvador	6,2	5,9	6,1	7,0	7,0
Mexiko	4,9	4,9	4,9	5,2	2,6
Kuba	3,3	3,2	3,2	2,5	5,4
Haiti	6,8	6,8	7,0	8,1	7,4
Dom. Republik	15,0	26,0	14,7	12,4	14,2

Das Bild wird noch klarer beim Anteil armer Bevölkerung, der nach den Kriterien der nationalen Statistik bestimmt wird. El Salvador, Guatemala, Haiti, Honduras, Mexiko, Nicaragua und Paraguay ragen als Träger eines traurigen Dauerrekords heraus. Uruguay, Chile und Argentinien haben den geringsten Anteil von Armen, auch Brasilien und Costa Rica weichen vom Rest Lateinamerikas zum Besseren ab (Tab. 3.4).

Länder mit einer größeren und konsumstarken Mittelschicht wie Argentinien, Chile, Costa Rica, Panama und Uruguay – in Brasilien gilt dies vor allem für den dominanten südlichen Landesteil – haben die kleinste arme Bevölkerung. Seit Jahren verzeichnen sie auch die höchsten Prokopf-Einkommen. Dieser Vorsprung ist trotz beträchtlicher Veränderungen bei den absoluten Einkommenszahlen gleich geblieben (Tab. 3.5).

In der ersten Dekade des 21. Jahrhunderts verzeichneten fast alle Länder des südlichen Amerika eine eindrucksvolle Steigerung der Durchschnittseinkommen. Viele Menschen, die einmal als arm klassifiziert waren, wurden über die Armutsschwelle gehoben. Mochte es vielen in den unteren Einkommensetagen besser gehen, so in gleicher Weise der Mittelschicht, die ihren Standard halten oder verbessern konnte (Tab. 3.5, 3.6 und 3.7).

Tab. 3.4 Anteil armer Bevölkerung 2013 (in v. H.). (Quelle: CEPAL Statistical Publications, Country Profiles, Poverty and Income Distribution; Data.worldbank.org/indicator, Poverty Headcount Ratio at National Poverty Lines (% of Population))

	Insgesamt	Arm, Stadt[a]	Arm, Land[a]	Sehr arm, Stadt[a]	Sehr arm, Land!
Kolumbien	30,7	27,0	43,8	6,0	19,2
Venezuela	32,1	47,3	58,9	19,7[b]	32,3[b]
Ecuador	33,6	33,5	33,7	10,9	14,3
Peru	23,9	16,1	48,0	4,7	16,0
Bolivien[c]	36,3	29,6	55,4	9,2	38,1
Chile	7,8	8,0	6,7	2,5	2,8
Argentinien[d]		4,3		1,7	
Brasilien	18,0	15,7	31,1	4,5	13,6
Paraguay	40,7	35,2	48,8	12,0	29,7
Uruguay	5,6	5,7	2,0	0,9	0,3
Panama	23,2	12,4	44,6	3,6	29,3
Costa Rica	17,7	16,6	19,5	5,7	9,6
Nicaragua[d]	58,3	52,9	65,4	20,9	40,9
Honduras[f]	69,2	56,9	79,5	26,5	61,4
Guatemala[g]	54,8	42,0	66,5	14,8	42,4
El Salvador	40,9	36,2	48,7	9,4	17,5
Mexiko[d]	37,1	33,2	43,5	9,8	21,5
Haiti[d]	58,5				
Domin. Republ.	40,3	38,8	18,2	44,7	24,2

[a]Anteil am Gesamt der armen Bevölkerung
[b]1997
[c]2011
[d]2012
[e]2009
[f]2010
[g]2006

3.2 Soziale Sicherung

Die Sozialpolitik spiegelt das Schichtungsbild wider. Die im Zuge der importsubstituierenden Industrialisierung wachsende Mittelschicht der Arbeiter und Angestellten war der Nährboden für Parteien und Interessengruppen. Auf sie waren die ersten Sozialgesetze gemünzt. Es handelte sich um den Import europäischer, meist beitragsfinanzierter Modelle, die Altersrenten und ein gewisses Spektrum medizinischer Versorgungsleistungen garantierten. Die bis in die Mitte des 20. Jahrhunderts noch überschaubare Zahl der

Tab. 3.5 BIP je Einwohner 1990–2014 (inflationsbereinigt in Kaufkraftparität zum USD, Basisjahr 2011). (Quelle: Data.worldbank.org/indicator, GDP per capita PPP (current international $ und current US$))

	2014	2013	2012	2000	1990
Kolumbien	12.910	12.240	11.560	6440	4620
Venezuela		17.000	17.450	11.290	9190
Ecuador	11.190	10.820	10.350	5400	4450
Peru	11.440	11.080	10.330	5010	3400
Bolivien	6290	5900	5540	3400	2280
Chile	21.580	21.110	20.280	9490	4160
Argentinien[a]	12.509	14.443	14.537	7669	4318
Brasilien	15.550	15.490	15.010	8600	6470
Paraguay	8470	8010	6940	4170	
Uruguay	20.220	19.320	18.220	10.180	6130
Panama	19.930	19.590	16.890	7540	4610
Costa Rica	14.420	13.940	13.440	6990	4550
Nicaragua	4790	4550	4330	2650	570
Honduras	4570	4410	4310	2670	1900
Guatemala	7250	7030	6800	4740	3270
El Salvador	8000	7770	7570	4990	2850
Mexiko	16.640	15.620	15.770	10.090	5820
Kuba		6798	6448	2749	2707
Haiti	740	766	810	462	
Dom. Republ.	5820	5697	5598	2802	984

[a] Nicht inflationsbereinigt

Tab. 3.6 Einkommensanteile der untersten und – erweitert – der zweituntersten 20 % der Bevölkerung der Bevölkerung (in v. H.). (Anmerkungen und Quelle, siehe Tab. 3.7)

	2013	2010	2000	1990
Kolumbien	3,4–19,6	3,2–18,7	1,9–18,1	3,5–19,5[h]
Venezuela		4,6–22,3	3,5–21,4[f]	3,7–22,4[h]
Ecuador	4,6–20,6	4,1–21,4	3,1–18,1	3,8–20,9[i]
Peru	4,4–21,9	4,2–21,6	3,4–20.9	
Bolivien	3,4–21,7	2,9–21,4[d]	0,8–18,5	5,6–22,0
Chile	4,6–18,3	4,3–18,3[d]	3,7–17,8	3,4–17,3
Argentinien	4,8–23,0	4,4–22,4	3,2–21,3	4,6–21,5[h]

(Fortsetzung)

Tab. 3.6 (Fortsetzung)

	2013	2010	2000	1990
Brasilien	3,3–19,3	3,2–19,2[d]	2,5–18,0[f]	2,3–17,9
Paraguay	4,3–20,8	3,6–19,5	2,9–19,7[f]	5,8–22,3
Uruguay	5,1–22,4	4,9–21,4	4,7–21,9	5,8–21,8[h]
Panama	3,4–20,1	3,3–20,1	1,7–19,9	0,8–20,9[h]
Costa Rica	4,1–20,7	4,5–20,3	3,9–21,5	3,8–22,5
Honduras	3,1–19,9	3,2–20,2	3,1–20,1[g]	2,8–18,9
Guatemala	3,9–19,2[a]	3,1–19,1[c]	3,4–18,4	2,2–18,8[j]
El Salvador	5,5–20,7	4,7–21,6	3,3–20,5	
Mexiko	4,9–19,5[b]	4,7–19,8	3,9–19,2	3,6–18,6[k]
Haiti	2,0–18,6[b]			
Dom. Rep.	4,0–20,0[a]	4,7–20,8	3,7–19,9	4,2–19,9[h]

Tab. 3.7 Einkommen der obersten zehn und – erweitert – der obersten zwanzig Prozent der Bevölkerung 1990–2014 (in v. H.). (Quelle: Data.worldbank.org/indicator, Poverty, Income Shared by Highest 10 %, First, Fourth and Lowest 20 %)

	2013	2010	2000	1990
Kolumbien	41,9–58,8	44,3–60,0	47,0–62,3	42,3–58,0[h]
Venezuela		34,1–50,7[c]	36,3–52,7[f]	33,0–49,5[h]
Ecuador	36,5–52,7	38,4–54,4	45,9–60,7	38,4–54,4[i]
Peru	33,4–49,7	34,8–51,0	38,5–55,0	
Bolivien	35,6–52,2	37,1–53,4[d]	49,0–65,3[f]	31,7–48,2
Chile	41,5–56,7	42,8–57,7[d]	45,3–60,6	47,1–62,5
Argentinien	30,6–47,2	32,4–49,4	37,7–55,2	34,4–50,5[i]
Brasilien	41,8–57,4	42,5–58,3[e]	47,0–69,3	48,1–64,6
Paraguay	37,6–53,2	41,1–56,3	42,1–58,6[f]	30,8–47,1
Uruguay	31,0–47,5	34,4–50,9	33,1–49,7	32,2–48,1[h]
Panama	40,0–56,2	40,1–56,4	43,7–60,8	42,9–61,0[h]
Costa Rica	37,3–54,4	37,1–53,8	35,7–52,1	33,0–49,6
Honduras	41,5–57,7	41,0–57,6	41,9–59,0[g]	45,5–61,2
Guatemala	41,8–57,2[a]	43,6–59,1[c]	44,4–59,7	46,8–62,9[j]
El Salvador	34,4–49,8	33,7–50,0	38,9–55,6	34,4–

(Fortsetzung)

Tab. 3.7 (Fortsetzung)

	2013	2010	2000	1990
Mexiko	38,9–54,1[b]	38,4–53,9	41,1–56,8	43,6–59,2[k]
Haiti	48,2–64,3[b]			
Dom. Republ.	37,4–53,1	36,5–52,8	40,7–56,7	39,8–55,5[h]

[a]2011
[b]2012
[c]2006
[d]2009
[e]2009
[f]1999
[g]1998
[h]1989
[i]1987
[j]1984
[k]1985

Tab. 3.8 Sozialausgaben 2013 (Anteil am BIP, in v. H.). (Quelle: CEPAL Statistical Publications, Country Profiles, Poverty and Income Distribution. (http://interwp.cepal.org/cepalstat/Perfil_Nacional_Social. Zugegriffen 11.2.2016))

Kolumbien	13,7	Uruguay[c]	24,2
Venezuela[a]	21,2	Panamá[d]	7,9
Ecuador[a]	8,3	Costa Rica[a]	23,1
Peru	9,5	Nicaragua[b]	13,0
Bolivien[a]	11,5	Honduras	8,7
Chile	14,7	Guatemala	7,6
Argentinien[b]	27,8	El Salvador	6,9
Brasilien[b]	26,6	Mexiko[a]	10,7
Paraguay[a]	17,9	Dom. Republ.[c]	7,1

[a]2012
[b]2009
[c]2011
[d]2008

Marginalisierten, die in den Städten lebten, ging leer aus – genauso wie die Landarbeiter. Für beide Gruppen gab es nicht einmal eine soziale Grundsicherung. Später spülte die Landflucht eine große Masse von Menschen in die städtische Gesellschaft, die auf eine Grundsicherung angewiesen gewesen wären. Für das Staatsbudget und die Sozialkassen waren sie aber praktisch nicht existent. In den 2000er Jahren wurden auch für diese Zielgruppe bescheidene Grundsicherungsleistungen eingeführt.

Bei den Ausgaben für soziale Zwecke liegen Argentinien, Brasilien, Costa Rica, Uruguay und Venezuela mit teils deutlich über 20 % an der Spitze, die übrigen mittelamerikanischen Republiken und die Dominikanische Republik am unteren Ende (Tab. 3.8). Bei den Ersteren handelt es sich um dieselben Länder, in denen es – statistisch gemessen – relativ weniger Armut gibt als in den übrigen Ländern. Ebenfalls in den 2000er Jahren verzeichneten sämtliche Länder einen ungeheuren Sprung mit Blick auf das Sozialprodukt. Der Kuchen, der zur Verteilung stand, wurde damit größer, einiges davon kam auch unten an. Die Verteilung selbst, die Kuchenstücke, veränderten sich indes kaum (Tab. 3.6 und 3.7).

3.3 Verstädterung

Die Masse der lateinamerikanischen Bevölkerung lebt in Städten. Aber was heißt das? Was eine Stadt ist, bestimmt sich nach Kriterien, die von den nationalen Behörden definiert werden. Wirkliche Urbanität beginnt erst ab einer bestimmten Bevölkerungszahl und Lebensqualität. Präziser als Stadt-Land-Unterscheidungen sind Aufgliederungen, die Megastädte ausweisen. Selbst diese würfeln in Lateinamerika klassisches Stadtleben und Armensiedlungen in den Grenzen großflächiger Kommunen zusammen.

Ein Stadtleben dürfte sich am ehesten in Großkommunen mit mehr als einer Million Einwohner finden, die zumeist auch die Hauptstadt beherbergen. Brasilien, Kolumbien und Mexiko zählen mehrere große Ballungsräume, Costa Rica und seit geraumer Zeit auch Bolivien deren zwei (Tab. 3.9).

In den großen Städten leben ein Drittel der Bevölkerung und mehr in Slums: Favelas, Barrios und Poblaciones genannt. Viele Haushalte haben kein fließendes Wasser, der Strom wird illegal abgezapft, es kommt keine Müllabfuhr, viele sind vom öffentlichen Nahverkehr abgehängt (Prevost und Vanden 2011, S. 14). Hinzu kommt, dass es sich oft um gefährliche Gegenden mit den doppelten Plagen der Kriminalität und Polizeiwillkür handelt. Bei der Aussicht auf nichts Besseres als einen Gelegenheitsjob lockt die Aussicht auf Geld durch Klein- und Drogenkriminalität (Gay 2012, S. 203). Die Mittelschicht fürchtet sich vor diesem „Prekariat" (Munck 2013). Wer es sich eben leisten kann, wohnt in abgeschlossenen Vorortsiedlungen oder in Apartment-Türmen, über deren Sicherheit private Sicherheitsfirmen wachen (Rey 2011, S. 57–59).

Tab. 3.9 Gesamtbevölkerung und städtische Bevölkerung 2015

	Gesamtbevölkerung (in Mio.), 2015[a]	Städtische Bevölkerung (in Mio.), 2014[b]	Größte Stadt bzw. Ballungsraum (in Mio.)[c]
Kolumbien	48.2	36,3	7,7[d]
Venezuela	30.5	27,9	3,6[e]
Ecuador	16.1	10,1	2,6[f]
Peru	31.3	24,2	8,4[g]
Bolivien	10.7	7,1	1,4[h]

(Fortsetzung)

Tab. 3.9 (Fortsetzung)

	Gesamtbevölkerung (in Mio.), 2015[a]	Städtische Bevölkerung (in Mio.), 2014[b]	Größte Stadt bzw. Ballungsraum (in Mio.)[c]
Chile	18.8	15,8	6,4[i]
Argentinien	43.2	39,3	13,4[j]
Brasilien	207.7	176.0	21,0[k]
Paraguay	6.6	3,8	1,9[l]
Uruguay	3.4	3,2	1,3[m]
Panama	3.9	2,5	0,4[n]
Costa Rica	4.8	3,6	1,1[o]
Nicaragua	6.0	3,5	0,9[p]
Honduras	8.0	4,3	1,0[q]
Guatemala	16.3	8,1	0,9[r]
El Salvador	6.2	4,0	1,6[s]
Mexiko	124.6	99,0	21,2[t]
Kuba	11.4	8,7	2,1[u]
Haiti	10.7	6,0	0,8[v]
Dom. Repub.	10.5	8,1	2,5[w]

[a]Quelle: CEPAL/ECLAC: Statistical Yearbook for Latin America and the Caribbean 2015, Social Statistics, Tab. 1.1.1
[b]Quelle: Data.worldbank.org/indicator, Urban Population
[c]Quelle: Fischer Weltalmanach 2016
[d]Bogotá, Stadt (2014)
[e]Caracas (2011), Ballungsraum
[f]Guayaquil (2010), Stadt
[g]Lima/Callao (2007), Ballungsraum
[h]Santa Cruz de la Sierra (2012), Stadt
[i]Santiago de Chile (2012), Stadt
[j]Buenos Aires (2010), Ballungsraum
[k]Sao Paolo (2014), Ballungsraum
[l]Asunción (2005), Ballungsraum
[m]Montevideo (2011), Stadt
[n]Panama (2010), Stadt
[o]San José (2011), Ballungsraum
[p]Managua (2005), Stadt
[q]Tegucigalpa (2009), Stadt
[r]Guatemala (2002), Stadt
[s]San Salvador (2007), Ballungsraum
[t]Ciudad de Mexico (2014), Ballungsraum
[u]Havanna (2013), Stadt
[v]Stadt Port-au-Prince (2009), Stadt
[w]Santo Domingo (2010), Stadt

3.4 Ethnie und Identität

Die Bevölkerung besteht in der großen Mehrheit – mit Ausnahme Argentiniens, Costa Ricas und Uruguays – aus Mestizen (zum Folgenden allgemein: Johnson 2012, siehe auch Tab. 3.10). Die Oberschicht hatte damit lange ein Problem. Für sie waren Indios oder Cholos keine Rechtsgleichen, keine Bürger, sondern Vertreter einer deformierten Kultur von minderem Wert. Wie aber mit Arbeitern, Büroangestellten, Lehrern und Polizisten umgehen, die sich in Sprache, Kleidung und Lebensgewohnheiten an die Kreolen assimiliert hatten?

Den Eliten blieb im Laufe der Zeit nichts anderes übrig, als sich mit der Tatsache abzufinden, dass den vielen arrivierten Mestizen der Bürgerstatus nicht verwehrt werden konnte. In dem Maße, wie der Analphabetismus nachließ, funktionierte auch der alte Exklusionstrick nicht mehr, politische Partizipation allein Bürgern vorzubehalten, die des Lesens und Schreibens mächtig waren. Bei aller rechtlichen Gleichstellung änderte sich an der kreolischen Exklusivität im sozialen Umgang, vor allem in den Heiratspraktiken und in der Vermögensverteilung nichts. Auf dieser wichtigen Ebene wirkt das frühe Leitbild einer weißen Siedlergesellschaft nach (Gott 2007). Wer schlecht oder gar kein Spanisch spricht, ist zum Beispiel in den Andenstaaten ein Cholo, ein wenig schmeichelhaftes Synonym für den Mestizen (in Mittelamerika, vor allem Guatemala als Ladino bezeichnet). Mestizen, die zu Reichtum gelangen, ahmen den kreolischen Lebensstil nach. Sie sind schon keine Cholos mehr. Besser noch, sie heirateten eine Kreolin und hellen auf diese Weise ihren Nachwuchs auf (Ribeiro 1985, S. 457 f.). Reicht es beim Aufsteiger für ein Stadthaus oder für ein Landgut, übt er einen angesehenen Beruf aus und erwirbt er gar akademische Meriten, bleibt nur noch der Stammbaum, der den Mestizen vom alteingesessenen Kreolen unterscheidet. Dieser Assimilierungsprozess bahnte den Weg für die Konstruktion einer nationalen Identität, in der Kreolen wie Mestizen gleichermaßen Platz fanden: das „Mestizentum" (Mestizaje).

Die Fiktion etwa einer mestizischen Nation Kolumbien oder Bolivien ließ die Frage offen, wie viel weiße bzw. europäische und wie viel indianische Kultur in den Mestizen hineininterpretiert werden sollte, afrikanische übrigens – mit Ausnahme Brasiliens – so gut wie überhaupt nicht. Der staatliche Schul- und Kulturbetrieb deutete lange und unwidersprochen die Hegemonie der europäisch-westlichen Kultur hinein (dazu: Telles 2013; siehe auch Huarcaya 2014, S. 69–72). Der Mestize, der sich aus Gewohnheit oder mangels Chancen nicht an diese Kultur assimiliert, ist eben rückständig. Und wer sich erfolgreich assimiliert, bei dem ist es weniger wichtig, ob Gesichtsschnitt, Körpergröße oder Pigmentierung indianische Vorfahren erkennen lassen. Wer indes traditionelle Kleidung bevorzugt, wer erkennbar zu den Armen gehört, keine oder nur geringe Schulbildung besitzt und in einfachen Berufen arbeitet, macht sich zum Cholo, zum Farbigen.

Die indigenen Völker pflegen unterschiedliche Sprachen und Traditionen und wirtschaften auf höchst unterschiedliche Weise, hier bäuerliche Bergvölker, dort Regenwaldnomaden, die in und von einer urwüchsigen Natur leben. Eines haben die Indigenen Lateinamerikas gemeinsam: In der Vergangenheit kamen sie in den nationalen Geschichtsdarstellungen, wenn überhaupt, allenfalls verschämt vor, oder sie wurden wie die Schmuddelkinder schlicht ignoriert.

Tab. 3.10 Ethnischer Status. (Quellen: Fischer-Weltalmanach 2016; www.laenderdaten.de: Überblick über ethnische Gruppen in allen Ländern der Welt)

	Weiße	Mestizen	Indigene	Afrikaner
Kolumbien[a]	29	58	3	11
Venezuela[b]	15–20	75–80	1,5	3–5
Ecuador[c]	10	45	35	10
Peru[d]	10	37	45	10
Bolivien[e]	20	30	49	
Chile[f]	37	55	5	
Argentinien[g]	68	5	1,6	
Brasilien[h]	50	43[i]	0,4	6
Paraguay[j]	2	90	1,6	
Uruguay[k]	88	8		
Panamá[l]	10	70	6	14[a]
Costa Rica[m]	94		1	3
Nicaragua[n]	17	69	5	9
Honduras[o]		90	7	2
Guatemala[p]	2	55	43	
El Salvador[q]	9	90	1	
Mexiko[r]	10	60	30	
Kuba[s]	37	51[i]		11
Haiti[t]		5[i]		95
Dom. Repub.[u]	15	75[i]		11

[a]2005
[b]2011
[c]2010
[d]2007
[e]2012
[f]2012
[g]2010
[h]2010
[i]Afrikanisch-europäisch (Mulatten)
[j]2002
[k]2011
[l]2010
[m]2011
[n]2005
[o]2001
[p]2002
[q]2007
[r]2010
[s]2012
[t]2003
[u]2010

Seit einigen Jahren treten die Indigenen aus dem Schatten heraus, in den sie von der Amtssprache und vom regierungsamtlichen Geschichtsbild verbannt waren. Damit wankte das Bild einer mestizischen Nation. Unter dem Logo der „Indigenen" wurden die Indianervölker als Kollektiv rekonstruiert. Diese Vereinfachung wird zwar der tatsächlichen Vielfalt der indigenen Lateinamerikaner nicht gerecht. Wichtiger aber: Die Indigenen verabschieden sich, um im Bilde zu bleiben, vom kreolischen Erbteil des Mestizen. Umso mehr stärker heben sie die in ihrer Alltagskultur noch erkennbaren Momente altamerikanischer Kultur hervor, und zwar mit allem, was daraus für den Selbstwert folgt, etwa dem Gebrauch einer indianischen Umgangssprache und einem neuen Geschichtsbild. Als Gegenentwurf zur mestizischen Mehrheitsgesellschaft kommt der Kollektivität, die unter anderem in der bäuerlichen Kollektivwirtschaft – Aylluh – verkörpert ist, besondere Bedeutung zu (Villalbal 2013, S. 1429–1433). Auch die westliche Zivilisation fließt in das indigene Selbstverständnis ein. Sie ist nun einmal da und gibt die Umwelt vor, in der sich die Nachfahren der alten Indianervölker behaupten müssen. Schon der artifizielle Sammelbegriff des Indigenen ist der westlichen Zivilisation entlehnt, die klare Adressen und Verallgemeinerungen verlangt. Im kurzen Rückblick eines Vierteljahrhunderts hat sich diese Art der Identitätsbildung als erfolgreich erwiesen (dazu ein Überblick: Van Cott 2010).

Das politische Potenzial der Indigenen zeigte sich erstmals im Ecuador der 1990er Jahre. Noch stärker veränderte das Auftreten indigener Politiker und Parteien das politische System Boliviens (Lucero 2012, S. 288). Beide Länder, auch Peru, durchweg Gesellschaften mit großen Anteilen indigener Bevölkerung, bezeichnen sich heute als „plurinationale" Republiken – ein hochoffizieller Abschied vom alten Bild der Einheitsnation.

Ein Fall für sich sind die in Brasilien, Kolumbien, Kuba, Venezuela und in der Dominikanischen Republik anzutreffenden Minderheiten der Afro-Amerikaner und Mulatten, durchweg Nachfahren früherer Sklaven. Rechtlich zwar vollständig gleichgestellt, werden sie selbst in Brasilien, wo die sozialen Kontakte zwischen Schwarzen und Weißen recht unbeschwert vonstattengehen, diskriminiert. Bei gleicher Qualifikation erhalten dort Weiße oder arrivierte Mestizen den Job. Im Büro, auf der Straße oder in Bars und Cafés mag man zwanglos miteinander umgehen. Aber ein schwarzer Vorgesetzter, gar die Heirat der Kinder mit Afro-Amerikanern und Mulatten markieren Grenzen. Die Tatsache, dass es schwarze Lateinamerikaner schwerer haben als ihre Landsleute, aus einem Leben in Armut und gesellschaftlicher Geringschätzung herauszukommen, bestätigt eingefleischte Vorurteile. Absolute Armut ist auch in Lateinamerika schwarz, Schwarze stellen unter Straftätern einen weit höheren Anteil, als ihrem Bevölkerungsanteil entspricht. Hier wirkt der gleiche Teufelskreis, der die Schwarzen im nördlichen Amerika ausgrenzt.

Den stärksten Anteil von Indigenen weisen Bolivien, Ecuador, Guatemala und Peru auf. Aber allein Bolivien und Ecuador kennen die Indigenen als politisch bedeutende Kraft. In Costa Rica, Argentinien und Uruguay leben um die 90 % Menschen europäischen Ursprungs. Während aber Costa Rica und Uruguay als Leuchttürme politischer Stabilität in der Region herausragen, war die politische Geschichte Argentiniens bis in jüngere Zeit von Turbulenz und Diktatur gekennzeichnet. Der ethnische Zuschnitt besagt anscheinend nicht mehr, als dass dort, wo es kaum Indigene gibt, auch keine indigene Politik reifen kann.

3.5 Religionen

Immer noch ist Lateinamerika ein römisch-katholischer Kontinent. In wenigen Ländern wagten es die Regierungen, sich mit der Kirche anzulegen (zum Folgenden: Hartmann 2014, S. 145–154). Dies war vorübergehend in Kolumbien und nachhaltig und mit weit größerer Dauer im revolutionären Mexiko der Fall. Die Gliedkirchen bieten kein einheitliches Bild. Einige halten zur politischen Rechten, den Privilegierten und den Besitzenden. Andere ergreifen Partei für die Armen und Rechtlosen. Auch in den konservativeren Gliedkirchen kam es zu einer Differenzierung: In einigen Ländern hielten sich Priester und Ordensleute an die Haltung ihrer konservativen Bischöfe, in anderen brachen sie aus der Kirchendisziplin aus und engagierten sich für die Benachteiligten.

Vielerorts unterstützten die Kirchen seit den 1970er Jahren die Kräfte, die auf einen demokratischen Wandel drängten. Das Zweite Vatikanische Konzil (1962–1965) integrierte Demokratie und Menschenrechte in den katholischen Wertekanon. Es gab den moralpolitischen Standpunkt der Kirche aber keineswegs auf. In Sachen Sexualmoral, Scheidung, Homosexualität und Abtreibung herrscht in der urbanen Bevölkerung Lateinamerikas heute eine überwiegend andere Einstellung, als sie von der Kirche gelehrt wird. Im Prinzip treffen wir damit eine ähnliche Konstellation an wie in den katholischen Ländern Europas. *Die* lateinamerikanische Kirche gibt es nicht (mehr), sondern hier Gliedkirchen, die in moralpolitischer Hinsicht konservativ auftreten, dort wieder Gliedkirchen, die in sozial- und wirtschaftspolitischer Hinsicht Kritik an den bestehenden Verhältnissen üben (Hagopian 2008, S. 151 f., 158).

Mit den nord- und mitteleuropäischen Einwanderern fassten protestantische Kirchen Fuß auf dem südlichen Kontinent. Die obrigkeitlich gestimmten Lutheraner und die etablierten calvinistischen Konfessionen der Baptisten, Methodisten und Mennoniten blieben Randerscheinungen in der Konfessionslandschaft. Umso erfolgreicher waren die evangelikalen Kirchen, von denen viele ihren Ursprung in US-amerikanischen Pfingstkirchen haben. Die Missionstätigkeit US-amerikanischer Prediger trug reiche Früchte, und zwar besonders bei Menschen am breiten unteren Rand der Gesellschaft. Mittelamerika verzeichnet den größten Anteil von Protestanten, hauptsächlich Evangelikalen (Tab. 3.11). Zeitgleich mit der Niederlassung US-amerikanischer Fruchtkonzerne wurde es bereits seit Anfang des 20. Jahrhunderts von US-Missionaren bearbeitet. Die Konvertiten suchten persönliche Hoffnung und Trost in den Heilsversprechen charismatischer Prediger In Mittelamerika treten die Konfessionslosen so deutlich hervor wie sonst nur in Argentinien, Brasilien, Chile und Uruguay mit ihren etablierten bürgerlich-liberalen und linken Subkulturen.

Die Pfingstler sind eigentlich apolitisch. Eingeschworen auf ein Wortverständnis der Bibel, treten sie moralpolitisch strikt konservativ auf – Sexualverständnis,

Tab. 3.11 Religionszugehörigkeit. (Quelle: Fischer-Weltalmanach 2016)

	Katholiken	Protestanten	Religionslos
Kolumbien[a]	80–90	10–15	
Venezuela[b]	90	8	
Ecuador[c]	80	11	
Peru[d]	85	13	
Bolivien[e]	78	16	
Chile[e]	67	17	12
Argentinien[c]	75	8	
Brasilien[c]	65	23	8
Paraguay[e]	90	6	
Uruguay[b]	75		
Panamá[c]	86	10	
Costa Rica[b]	63	23	10
Nicaragua[a]	59	24	16
Honduras[f]	47	36	
Guatemala[e]	59	36	4
El Salvador[d]	51	33	14
Mexiko[c]	84	8	
Kuba[g]	60–70	5	
Haiti[h]	80	16	1
Dom. Rep.[c]	69	18	11

[a]2005
[b]2011
[c]2010
[d]2007
[e]2002
[f]2001
[g]2012
[h]2003

Schwangerschaftsunterbrechung, Homosexualität, Alkoholgenuss. Die Armen unter den Anhängern der Pfingstkirchen sind für die Illusion einer wundersamen Belohnung im Jenseits empfänglich, wenn sie in ihrer Alltagsmisere nur ein frommes Leben führen (Kearney 2006, S. 159 f.). Der Appell an die Emotion, der formlose Gottesdienst mit feuriger Predigt, Wunderversprechen und Wunderzeichen und auch die Anpassung an das örtliche Kolorit trugen maßgeblich zum Erfolg der Pfingstler bei. Viele kleine Pfingstgemeinden halten ihren Gottesdienst immer noch in einfachen Gebäuden ab, die sich in eine von Armut geprägte Umgebung einpassen. Etliche evangelikale Kirchen setzten neue Akzente mit dem Gospel of Prosperity, der Lobpreisung von Erfolg und

Wohlstand als Zeichen göttlicher Gnade. Gern zeigen sie Glaubensgenossen vor, die es zu etwas gebracht haben: als Ansporn für die anderen, es ihnen gleichzutun (zum politischen Potenzial am Beispiel Brasiliens: Reich und Dos Santos 2013, S. 7). Inzwischen gibt es eine von findigen Köpfen betriebene Kommerzialisierung der Botschaft, die sich unter anderem in Groß- und Megakirchen manifestiert. Spenden und Abgaben der Gläubigen halten das Geschäft mit der Religion in Schwung (SZ, 16.4.2016 und 17.4.2016, S. 13–15; SZ, 23.7.2013, S. 2; Werz 2013, S. 188). Die neuen Kirchen sind Stützen der gegebenen Verhältnisse. Die katholische Kirche passt sich im Milieu und Stil einer Praxis an, mit der die evangelikale Konkurrenz so erfolgreich ist, ohne freilich ihre sozialkritische Haltung zu kompromittieren (Stark und Smith 2012).

Das politische System

4

4.1 Die Verfassung

In vielen Ländern ist die schiere Anzahl der Verfassungen bemerkenswert (siehe Tab. 4.1). Den Rekord halten die Dominikanische Republik, Haiti und Ecuador mit 20 und mehr Verfassungen seit der Staatsgründung. Und selbst dort, wo nicht mehr Verfassungen verbraucht wurden als etwa im für europäische Verhältnisse wechselfreudigen Frankreich, fällt die Nonchalance im Umgang mit der Verfassung auf. Sie reicht von offener Missachtung durch die Verfassungsorgane bis hin zum kleinen und großen Putsch von Militärs und Zivilpolitikern. Die neuen Verfassungen beließen das hergebrachte republikanische Institutionengerüst meist intakt. Der Aufstieg politischer Außenseiter wie *Hugo Chávez* in Venezuela, *Evo Morales* in Bolivien, *Rafael Correa* in Ecuador und *Alberto Fujimori* in Peru brachte neue Motive für den Verfassungswechsel ins Spiel: geeignete Regelwerke, um ein politisches Programm ins Werk zu setzen (Carreras 2014, S. 83–87). Selbst Diktatoren bzw. Militärpräsidenten halten sich technisch meist an die Amtszeitbegrenzung einer Verfassung. In Mittelamerika wird ihr geradezu wie einem Fetisch gehuldigt (Tab. 4.2). Häufig stellten sich ehemals autoritär regierende Militärs und Zivilisten nach einiger Zeit, als wäre nichts gewesen, später im regulären politischen Prozess zur Wahl.

In der Staatsform ist durchweg das Vorbild des westlichen Verfassungsstaates zu erkennen. Im gleich bleibenden Rahmen der Republik gab es in der Vergangenheit immer wieder einen Wechsel von autoritärer zu konstitutioneller Herrschaft, aber eben auch die Durchbrechung der Konstitution, wenn es ums Eingemachte ging: um Geld, Status und Klassenprivilegien.

Putsch und Diktatur haben sich im Repertoire politischer Korrekturen verbraucht (Tab. 4.3). Die Putschereignisse konzentrierten sich in den 1930er und 1940er sowie in den 1960er und 1970er Jahren. Die ältere Serie verzeichnete etliche reformfreudige

J. Hartmann, *Die politischen Systeme Lateinamerikas*,
DOI 10.1007/978-3-658-14353-4_4

Tab. 4.1 Anzahl der Verfassungen[a]

Erste Verfassung	Insgesamt	Vor-vorletzte	Vorletzte	Letzte
Kolumbien, seit 1823	9	1863	1886	1991
Venezuela, seit 1830	10	1953	1961	1999
Ecuador, seit 1830	20	1978	1998	2008
Peru, seit 1821	10	1933	1979	1993
Bolivien, seit 1826	7	1961	1967	2009
Chile seit 1812	8	1833	1925	1980
Argentinien seit 1826	2		1826	1853
Brasilien seit 1824	6	1934	1946[b]	1988
Paraguay seit 1813	5	1940	1967	1992
Uruguay seit 1830	6	1942	1952	1967
Panama seit 1904	4	1941	1946	1972
Costa Rica seit 1825	15	1869	1871	1949
Nicaragua seit 1826	13	1950	1976	1987
Honduras seit 1825	10	1957	1965	1982
Guatemala seit 1851	6	1945	1954	1986
El Salvador seit 1824	9	1950	1962	1983
Mexiko seit 1824	5	1843	1857	1917
Kuba seit 1901	4	1934	1940	1976
Haiti seit 1821	20	1971	1983	1987
Dom. Republik seit 1844	38	1994	2002	2010

[a]Ohne Berücksichtigung teils umfassender Verfassungsänderungen
[b]Eine Militärverfassung von 1967 ist nicht berücksichtigt

Militärpräsidenten, die Infrastrukturprogramme, Importsubstitution und Sozialprogramme auf den Weg brachten. Die zweite, in den 1960er Jahre beginnende Serie folgte dem Rechtfertigungsmuster der Subversionsabwehr und der Kommunismusbekämpfung (Abschn. 1.8). Sie war durchweg rechtsgerichtet, was sich auch darin zeigte, dass anfänglich linke Militärpräsidenten in Bolivien und Peru nach einiger Zeit von rechten Kameraden aus dem Amt geputscht wurden. Diese Diktaturen segelten vor den Winden des Kalten Krieges. Als die Blockkonfrontation abebbte, endete auch diese Serie (Tab. 4.4).

4.2 Der Präsident und das Parlament

In der Staatsgründungsphase stand das Beispiel der USA vor Augen. Es wurde allerdings nicht eins zu eins kopiert. Die letzten Schranken für das Wahlrecht, insbesondere der Nachweis der Lese- und Schreibfähigkeit, fielen erst in den 1940er und 1950er Jahren,

Tab. 4.2 Anzahl der Präsidenten[a]

	Insgesamt	1931–1960	1961–1980	1981–2000	2001–2015
Kolumbien, seit (1861)[b]	51 (63)[b]	8	5	5	2
Venezuela seit 1830	69	11	4	7	5
Ecuador seit 1830	80	10	8	9	4
Peru seit 1821[c]	66	7	2	5	4
Bolivien seit 1825[c]	64	9	10	8	5
Chile seit 1826	40	7	3	3	4
Argentinien seit 1854[c]	57 (68)[d]	12	10	7	5
Brasilien seit 1891	39	8	10	5	2
Paraguay seit 1811	64	12	1	5	4
Uruguay seit 1830[e]	78	13	9	4	4
Panama seit 1903	49	17	6	9	3
Costa Rica seit 1825	63	10	5	5	4
Nicaragua seit 1854[f]	51	10	6	3	2
Honduras seit 1839	67	5	3	5	5
Guatemala seit 1847[g]	43	11	5	7	6
El Salvador seit 1841	66	10	5	5	3
Mexiko seit 1824[g]	86	7	3	3	3
Kuba seit 1902	30	23	2	1[h]	2[i]
Haiti seit 1821	40	8	1	15	5
Dom. Rep. seit 1844	53	6	5	4	3

[a]Ohne regierende Juntas und Regierungschefs, die auf den Titel des Präsidenten verzichteten. Mit Unterbrechungen amtierende Präsidenten werden mehrfach gezählt
[b]In Klammern mit Republik Neu-Granada
[c]Militärpräsidenten und Juntavorsitzende sind nicht berücksichtigt
[d]In Klammern mit den Vereinigten Provinzen von La Plata, bis 1854 Präsident von Buenos Aires
[e]Einschließlich der Präsidenten eines Regierungskollegiums
[f]Seit Geltung der Präsidialverfassung
[g]Mit Ausnahme des Bürgerkriegs, des Zweiten Kaiserreichs und eines Interregnums 1914/1915
[h]Seit 1976 Fidel Castro
[i]Bis 2006 Fidel Castro, danach Raúl Castro

ebenso das exklusive Männerwahlrecht (Tab. 4.5). In den meisten Ländern gibt es eine Wahlpflicht, in aller Regel für Erwachsene bis zum 70. Lebensjahr. Meist wird sie „weich" implementiert, d. h. das Nichtwählen wird nicht mit Geld- oder gar Haftstrafen verfolgt (Tab. 4.6).

Lange war es lateinamerikanischer Standard, dass ein früherer Präsident nur mit Unterbrechung einer Amtsperiode erneut kandidieren durfte. Vor nicht einmal 20 Jahren

Tab. 4.3 Erfolgreiche Staatsstreiche

	1930–1960	1961–1980	1981–2000	2001–2015
Kolumbien	2			
Venezuela	2			
Ecuador		3		
Peru	2	3		
Bolivien	3	3		
Chile		1		
Argentinien	3	2		
Brasilien	2	1		
Paraguay	7		1	
Uruguay	1	1		
Panama	1	1		
Costa Rica	1			
Nicaragua	1			
Honduras	2	2		1
Guatemala	3		2	
El Salvador	3	2		
Kuba	3			
Haiti	3	1	1	1
Dom. Republ.		1		

wurde aus dieser Regel eine Ausnahme (Tab. 4.7 und 4.8). Von den größeren südamerikanischen Republiken halten heute nur noch Chile, Mexiko und Peru am Verbot der Anschlusskandidatur fest. Bis heute allerdings klammert sich Mittelamerika geradezu daran (dazu im Einzelnen: Carey 2003). In Kolumbien und Peru wurde das Wiederwahlverbot vorübergehend aufgehoben, dann aber restauriert. Versuche, die mehrmalige Anschlusskandidatur in der Verfassung zu verankern, stoßen auf wenig Gegenliebe. Erst im Februar 2016 scheiterte in Bolivien eine entsprechende Parlamentsinitiative in einem Referendum. In Ecuador war sie kurz zuvor beschlossen worden.

Präsidenten, die der Verfassung gehorchen und nach einer Amtsperiode ausscheiden, sind keineswegs „verbrannt." Im Unterschied zu den ehemaligen US-Präsidenten, die sich auf die Rolle eines „elder statesman" zurückziehen, streben frühere Präsidenten selbst nach dem Abdienen zweier Legislaturperioden nicht selten die Rückkehr ins Amt an. Gern werden Ehefrau, Verwandte oder vertraute politische Weggefährten animiert, um die Sperrzeit mit einer eigenen Kandidatur zu überbrücken und ein Comeback vorzubereiten.

Tab. 4.4 Militär- und Zivildiktaturen seit 1930

	Frühere	Letzte
Kolumbien		1953–1957
Venezuela		1948–1957
Ecuador	1961–1966	1972–1976
Peru	1930, 1947–1950	1968–1979
Bolivien[a]	1943–1946	1964–1979
Chile		1973–1990
Argentinien[a]	1930–1958, 1966–1973	1976–1983
Brasilien	1930–1945	1964–1985
Paraguay[a]	1936–1949	1954–1989
Uruguay	1933–1939	1976–1985
Panama		1968–1981
Costa Rica		1948–1949
Nicaragua		1936–1979
Honduras		1932–1948
Guatemala[a]	1931–1944, 1957–1963	1982–1986
El Salvador	1932–1944, 1945–1949	1977–1980
Mexiko		1917–1988
Kuba[a]	1952–1959	1961–[b]
Haiti[a]	1957–1986	1991–1994
Dom. Republik.	1930–1960	1963–1965

[a]Kurze Unterbrechungen der konstitutionellen Politik sind nicht berücksichtigt
[b]Sozialistisches Einparteiregime

Bis in die 1980er Jahre war in den meisten Ländern noch vorgesehen, dass das Parlament oder ein Elektorenkollektiv als Wahlkörper in Funktion trat, wenn in der Volkswahl kein Kandidat die erforderliche Mehrheit erreichte. Oder für die Wahl galt von vornherein die relative Mehrheit, sodass sich eine Stichwahl erübrigte (Tab. 4.9). Mit Blick auf die überschaubare Zahl der Wahlberechtigten legten diese Mechanismen die Letztentscheidung noch in die Hände der politischen Klasse. Was im präsidialen System der USA der Super-GAU wäre, die Aktivierung des Parlaments als Präsidentenwahlorgan – seit bald 200 Jahren (1824) nicht mehr vorgekommen –, war im südlichen Amerika bis in die jüngere Vergangenheit nichts Besonderes. Vom erfolgreichen Kandidaten wird heute als Regelfall ein Quorum zwischen mindestens 40 bis 50 % der Stimmen verlangt (Tab. 4.7).

Als Notsicherung für den Fall eines eklatanten Amtsmissbrauchs sehen die Verfassungen, wie in der internationalen Verfassungslandschaft üblich, die Präsidialanklage vor.

Tab. 4.5 Erweiterung des Wahlrechts

	Männer allg.	Frauen	Analphabeten
Kolumbien	1853	1957	
Venezuela	1858[a]	1946	1946
Ecuador	1861[a]	1929	1978
Peru	1931[a]	1955	1979
Bolivien	1839[a]	1952	1952
Chile	1925[a]	1949	1970
Argentinien	1912	1947	
Brasilien	1891[a]	1932	1988
Paraguay	1870	1961	
Uruguay	1919	1934	
Panama	1904	1941	
Costa Rica	1913	1948	
Nicaragua	1955	1974	
Honduras	1894	1954	
Guatemala	1879[a]	1946	1946
El Salvador	1883	1939	
Mexiko	1912	1954	
Kuba	1940	1940	
Haiti	1950	1950	
Domin. Republik	1865	1942	

[a]Ohne Analphabeten

Tab. 4.6 Wahlpflicht, Stand 2015

Kolumbien		Brasilien	X	Honduras	(x)[a]
Venezuela		Paraguay	X	Guatemala	
Ecuador	X	Uruguay	X	El Salvador	(x)[a]
Peru	X			Mexiko	(x)[a]
Bolivien	X	Panama	(x)[a]	Kuba	
Chile		Costa Rica	(x)[a]	Haiti	
Argentinien	X	Nicaragua		Dom. Republ.	(x)[a]

[a]Wahlpflicht per Gesetz, wird aber nicht erzwungen bzw. Nichtwählen wird nicht sanktioniert

Sie führt im Erfolgsfall zur Amtsenthebung. Es handelt sich um eine parlamentarische Funktion. Die Opposition ruft schnell nach der Amtsanklage, wenn der Präsident beim Volk in Ungnade fällt und zu allem Überfluss noch seine parlamentarische Mehrheit

Tab. 4.7 Wahlverfahren für den Präsidenten, Stand 2016

	Direkt mit einfacher Mehrheit	Direkt mit absoluter Mehrheit	Stichwahl zwischen den Bestplatzierten
Kolumbien		X	X
Venezuela	X		
Ecuador	X[a]	X[b]	X[c]
Peru		X	X
Bolivien	X[a]	X[b]	X[c]
Chile		X	X
Argentinien	X[a]	X[b]	X[c]
Brasilien		X	X
Paraguay	X		
Uruguay		X	X
Panama	X		
Costa Rica	X[d]		X[d]
Nicaragua	X[e]		X[e]
Honduras	X		
Guatemala		X	X
El Salvador		X	X
Mexiko	X		
Haiti		X	X
Dom. Rep.		X	X

[a]In Argentinien, Bolivien und Ecuador mit 40 % bei einem Abstand von mehr als zehn Prozent auf den zweitstärksten Kandidaten, in Argentinien darüber hinaus mit 45 %, wenn kein anderer Kandidat auf so viele Stimmen kommt
[b]Mit 50 % bei einem Abstand von weniger als zehn Prozent
[c]Beim Versagen der vorgenannten Verfahren
[d]Mindestens 40 %, sonst Wahlwiederholung
[e]Gewählt mit 35 % der Stimmen, wenn der Abstand auf den nächststärkeren Kandidaten mindestens fünf Prozent beträgt. Sonst Stichwahl, bei der die relative Mehrheit zählt

verliert. Die behaupteten Verfehlungen lauten meist gleich: die Veruntreuung von Haushaltsmitteln. Der Vorwurf wird in einem von Korruption geprägten Umfeld allzu gern geglaubt, mag es sich im Einzelfall auch anders verhalten.

Das Amt des Vizepräsidenten spielt eine größere Rolle, als von dieser Position zu vermuten wäre. Seine Bedeutung erklärt sich aus der Tatsache, dass ein Vizepräsident – wie die folgenden Länderstudien illustrieren – häufig aus seiner Reservestellung heraustreten muss, sei es, weil der gewählte Präsident sein Amt aus freien Stücken aufgibt, sei es, weil er zum Aufgeben gezwungen wird. Dies geschah meist in einer Szene von Massenprotesten oder Korruptionsvorwürfen oder auf Druck des Militärs. Der Vizepräsident

Tab. 4.8 Zulässigkeit der unmittelbaren Wiederwahl des Präsidenten

Kolumbien	(X)[a]	(Seit 2005)[a]
Venezuela	X	seit 1999
Ecuador	X	seit 2008
Peru	–	–
Bolivien	X	seit 2009
Chile	–	–
Argentinien	X	seit 1994
Brasilien	X	seit 1998
Paraguay	–	–
Uruguay	X	seit 2010
Panama	–	–
Costa Rica[b]	–	–
Nicaragua	X	seit 2014
Honduras	–	–
Guatemala	–	–
El Salvador	–	–
Mexiko	–	–
Haiti	X	seit 1987
Domik. Republik	X	seit 2002

[a]Nach einer Verfassungsänderung, die ab 2018 wirksam wird, darf ein amtierender Präsident grundsätzlich nicht wiedergewählt werden

[b]Wahl für eine Amtsperiode; der Amtsinhaber darf erst nach zwei Amtsperioden wieder kandidieren

amtierte dann für den Rest der Amtsperiode. Tritt der Vizepräsident in die Regierungsfunktion ein, ist keineswegs gewiss, dass er die Politik des Vorgängers fortsetzt. Er mag eine andere Partei repräsentieren, die der Hauptkandidat als künftigen Koalitionspartner im Blick hatte. Allein Chile verzichtet bis heute auf einen Vizepräsidenten. Peru und einige mittelamerikanische Länder kennen deren sogar zwei.

Die Ausübung des Wahlrechts war bis in die jüngere Zeit eingeschränkt, insbesondere durch den Nachweis der Schreib- und Lesefähigkeit. Die beabsichtigte Wirkung: Er hielt die unteren Schichten von politischer Beteiligung fern. Dessen ungeachtet wird der Wert des Wahlrechts durch Armut relativiert. Kandidaten und ihre Helfershelfer werben mit nützlichen kleinen Geschenken vom Haushaltsutensil bis zu einigen Säcken Zement für die Ausbesserung der örtlichen Schule oder mit der Übernahme ausstehender Ratenzahlungen oder schlicht mit dem Zustecken von Bargeld (dazu und im Folgenden: Rinke und Stüwe 2008a). Wo die Wahlpflicht erzwungen wird, erspart sie Parteien und Kandidaten die Mühen, die Wähler an die Urnen zu bringen (Tab. 4.6).

Tab. 4.9 Wahlverfahren für den Präsidenten, Stand 1980

	Indirekte Wahl	Direkt mit weniger als 50 %	Direkt mit absoluter Mehrheit	Indirekte parlamentarische Stichwahl
Kolumbien		X		
Venezuela		X		
Ecuador		X[a]		
Bolivien		X[b]	X[c]	X[c]
Peru		X		
Chile			X[d]	X[d]
Argentinien	Mehrheit[e]			
Brasilien		X[f]		
Paraguay		X		
Uruguay		X		
Panama		X		
Costa Rica		X		
Nicaragua			X	X
Honduras		X		
Guatemala			X	X
El Salvador			X	X
Mexiko		X		
Dom. Rep.		X		

[a]Bis 1978
[b]Bis 1952
[c]Von 1956 bis 2005
[d]Von 1925 bis 1970, Militärdiktatur
[e]Durch Elektoren, von 1853 bis 1989, Ausnahmen 1957, 1973
[f]Von 1891 bis 1961, von 1967 bis 1985 indirekte Wahl

Die gleichzeitige Wahl von Präsident und Parlament ist die Regel (Tab. 4.11). Für die Wahl des Parlaments gilt in den meisten Ländern eine Variante der Verhältniswahl (Tab. 4.10). Die Präsidenten haben es durchweg mit schwachen Parlamenten zu tun. Diese besitzen zwar alles Zubehör, das von einem modernen Parlament zu erwarten ist: Ausschüsse und Unterausschüsse. Sie haben sogar das recht großzügig gefasste Recht, ein Veto des Präsidenten gegen Kongressbeschlüsse außer Kraft zu setzen. So kann in Argentinien und Chile schon eine Zweidrittelmehrheit der anwesenden Parlamentarier ein Veto zurückweisen. Anderswo genügt sogar nur die Mehrheit der gesetzlichen Mitglieder oder die Mehrheit der Anwesenden. Lediglich Ecuador schreibt vor, dass ein Veto mit Zwei Dritteln der gesetzlichen Mitglieder überwunden werden muss. Das Veto kann sich – im Unterschied zum präsidialen Veto in den USA – auf ein Gesetz als Ganzes oder nur Teile davon beziehen.

Tab. 4.10 Wahlrecht für das Parlament, Stand 2015

	Abgeordnetenhaus	Senat
Kolumbien	Verhältniswahl	Verhältniswahl
Venezuela	Verhältniswahl[a]	
Ecuador	Verhältniswahl[a]	
Peru	Verhältniswahl[a]	
Bolivien	Mischsystem[b]	Verhältniswahl
Chile	Verhältniswahl[c]	Verhältniswahl[c]
Argentinien	Verhältniswahl[d]	Verhältniswahl[d]
Brasilien	Verhältniswahl	Mehrheitswahl
Paraguay	Verhältniswahl	Verhältniswahl
Uruguay	Verhältniswahl	Verhältniswahl
Panama	Mehrheitswahl[a]	
Costa Rica	Verhältniswahl[a]	
Nicaragua	Verhältniswahl[a]	
Honduras	Verhältniswahl[a]	
Ecuador	Verhältniswahl[a]	
El Salvador	Verhältniswahl[a]	
Mexiko	Mischsystem[b]	Mischsystem[b]
Haiti	Indirekte Wahl	Indirekte Wahl
Dominik. Republik	Verhältniswahl	Mehrheitswahl

[a] Keine zweite Kammer

[b] Ein Teil der Abgeordneten bzw. Senatoren wird über Listen, ein weiterer Teil direkt gewählt

[c] Verhältniswahl in Kleinstwahlkreisen, ab 2017 Listenwahl

[d] Das Verhältniswahlprinzip greift bei der Zuteilung der Mandate nach der Parteizugehörigkeit der direkt gewählten Abgeordneten und Senatoren

Die in langer parlamentarischer Tätigkeit erworbene Expertise, die etwa europäische Parlamente und den US-Kongress charakterisiert, ist in Lateinamerika rar. Die Abgeordneten bzw. Senatoren sehen sich nicht im Métier fachpolitischer Tüftelei. Umso mehr Zeit und Energie fließen in ein Kontaktmanagement, das unter anderem dem hehren Zweck dient, den Aufstieg in ein Ministeramt vorzubereiten.

Das tatsächliche Gewicht des lateinamerikanischen Präsidenten ergibt sich aus dem Zwang zum Arrangement mit den Parteien (Jones 2012, S. 27–29). Der Wechsel der Fraktionszugehörigkeit ist kein ungewöhnliches Ereignis. Der Präsident darf sich nicht zu schade sein, mit einzelnen Abgeordneten zu verhandeln. Die Parlamentarier sind weniger am Anschieben aufwendiger Projekte interessiert, die viele Jahre bis zur Vollendung brauchen. Weit mehr zählt die Inszenierung eines zeitlich passenden Bauabschlusses mit Kamerabegleitung, prominenten Gästen zur Einweihung und einem Volksfest, bei dem sich der Abgeordnete bildträchtig unter seine Wähler mischt.

Tab. 4.11 Wahlintervalle für Präsident und Parlament, Stand 2016

	Gleichzeitig	Zeitlich versetzt	Amtsdauer Präsident	Mandatsdauer Parlamentarier[a]
Kolumbien	X		4 J.	4 J.[a]
Venezuela		X	6 J.	5 J.[b]
Ecuador	X		4 J.	4 J.[b]
Peru	X		4 J.	4 J.[b]
Bolivien	X		5 J.	5 J.[a]
Chile	X		4 J.	4 J.[c]
Argentinien		X	4 J.[d]	6 J.[d]
Brasilien	X[e]		4 J.	8 J.[e]
Paraguay	X		5 J.	5 J.[a]
Uruguay	X		5 J.	5 J.[a]
Panama	X		5 J.	5 J.[b]
Costa Rica	X		4 J.	4 J.[b]
Nicaragua	X		5 J.	5 J.[b]
Honduras	X		4 J.	4 J.[b]
Guatemala	X		4 J.	4 J.[b]
El Salvador		X	5 J.	3 J.[b]
Mexiko		X[f]	6 J.	3 J.[f]
Haiti	X		4 J.	4 J.
Domin. Republ.		X	4 J.	4 J.[e]

[a]Zweikammerparlament
[b]Einkammerparlament
[c]Alle vier Jahre die Hälfte der Senatoren
[d]Die Wahl der Hälfte der Abgeordneten und ein Drittel der Senatoren werden zeitgleich mit dem Präsidenten gewählt
[e]Abwechselnd ein Drittel bzw. Zwei Drittel der Senatoren werden zeitgleich mit dem Präsidenten gewählt
[f]Das Abgeordnetenhaus wird alle drei Jahre zeitlich abwechselnd zeitgleich mit dem Präsidenten und zur Mitte der präsidialen Amtsperiode, der Senat zeitgleich mit dem Präsidenten gewählt

Weil die Partei des Präsidenten oft keine parlamentarische Mehrheit hat, führt an Koalitionsregierungen kein Weg vorbei. Angelpunkt der Koalitionsbildung ist das Kabinett. Der Präsident vertraut ausgesuchten Vertretern anderer Parteien ein Ministerium an (Levitsky 2012, S. 94). Die Koalitionspartner wählen Ressorts, in denen die Interessen einer Klientel bedient werden können, und zwar bevorzugt mit Personal- und Sachentscheidungen, die Freunde und Gönner als Regierungsaufträge und nützliche Regelwerke auf ihr Konto buchen können. Hier geschieht im Grunde genommen nichts anderes als das, was auch im europäischen Koalitionsbetrieb üblich ist.

Das Kabinett und die Minister haben Verfassungsrang (zum spärlichen Forschungsstand über die Organisation der Regierungsarbeit: Bonvecchi 2014). Um diese Regierungsmitglieder hat sich eine vom parlamentarischen Regierungssystem her bekannte Praxis eingespielt. Recht häufig kam es in der Vergangenheit, gelegentlich kommt es auch heute noch vor, dass einem Minister per Misstrauensbekundung das Amt entzogen wird. Zwar brauchen weder Präsident noch die Regierungsmitglieder das förmliche Vertrauen der Parlamentsmehrheit. In diesem Punkt sind die Buchstaben der Verfassungen eindeutig. Die förmliche Grundlage für eine quasi-parlamentarische Verantwortung, die sich de facto herausgebildet hat, ist die Amtsanklage: ein Institut des englischen und US-amerikanischen Verfassungsrechts.

Die klassische Amtsanklage ist auf Rechtsverfehlungen und groben Amtsmissbrauch gemünzt. In der über zweihundertjährigen Geschichte der USA ist sie überhaupt erst zweimal so weit vorangebracht worden, um einen amtierenden Präsidenten zu gefährden (1868, 1974). In den europäischen Verfassungen steht die Amtsanklage gegen das Staatsoberhaupt auf dem Papier, in der Staatspraxis spielt sie keine Rolle. In Lateinamerika hält man förmlich an der US-Variante der Amtsanklage fest. Seitdem das Militär als Überpartei – seit den 1980er Jahren – nicht mehr zur Verfügung steht, setzt die Opposition bisweilen auch auf die Amtsenthebung des Präsidenten, um eine missliebige Regierung zu stürzen. Der in der Amtsanklage implizierte Vorwurf des Fehlverhaltens ist im Laufe der Zeit vom eigentlich gemeinten strafwürdigen Verhalten auf das blanke politische Missfallen ausgedehnt worden. Mag die Rechtskonstruktion einer behaupteten Amtspflichtverletzung eine andere Sache sein als das parlamentarische Misstrauensvotum, kommt sie diesem in der lateinamerikanischen Praxis doch sehr nahe.

Diese Kurzrevue zeigt, dass weder die Verfassungen noch die politischen Realitäten viel für das Bild eines Superpräsidenten hergeben, das der Demokratiebeobachter *Guillermo O'Donnell* in das Bild einer delegierten Demokratie gefasst hat (O'Donnell 1994). Doch er hat Recht, wenn man ihn so versteht, dass sich der politische Betrieb ganz auf die Person des Präsidenten konzentriert. Beherrscht die Partei des Präsidenten nicht mit satter Mehrheit das Parlament, muss sich der Präsident Koalitionszwängen beugen, oder aber er verkantet sich – wie der US-amerikanische Präsident in vergleichbarer Lage – in einen Deadlock mit einem Parlament, das ihm bei jeder sich bietender Gelegenheit Knüppel in die Beine wirft. Präsidenten, die kontroverse Projekte in Angriff nehmen, müssen damit rechnen, dass die Opposition alle Register zieht, um – auch mit Obstruktion – dagegen zu halten.

So trifft denn das lateinamerikanische Präsidialsystem tatsächlich eine Intention der Gewaltenteilungsidee: Vor die parlamentarische Ermöglichung sind große Hürden gesetzt, vor die Verhinderung fast keine. Aus diesem Grund haben populäre, links orientierte Präsidenten in jüngerer Zeit verfassungsrechtlich angreifbare Wege gewählt, um das Volk über neue Verfassungen abstimmen zu lassen. Zweck dieser Reformen: Die konstitutionellen Prozeduren so zu reformieren, dass sie nicht mehr denen in die Hände spielen, deren teuerstes Anliegen das Zementieren des Status quo ist.

In der Konstruktion der Judikative waltet ebenfalls die Anschauung der US-amerikanischen Verfassung. Die Obersten Gerichte sind durchweg als Verfassungsgerichtsbarkeit ausgestaltet. Und etliche Höchstgerichte finden auch den Mut, Entscheidungen zu treffen, die den Präsidenten und regierenden Parteien missfallen. Doch der Respekt vor der Justiz ist gering. Ganz nach politischer Opportunität werden zusätzliche Richter ernannt, um dafür zu sorgen, dass die amtierenden Mitglieder des Kollegiums keine missliebige Entscheidung treffen, oder falls dies bereits geschehen ist, dass sie eine frühere Entscheidung revidieren.

4.3 Die Bundesstaaten

Argentinien, Brasilien, Mexiko und Venezuela sind als Bundesstaaten verfasst. Diese Bundesstaaten ähneln stärker dem arbeitsteiligen, in Europa anzutreffenden Föderalismus als dem US-Modell. In den USA hat sich aus der rechtlichen Konstruktion eines Trennsystems mit strikt separierten Zuständigkeiten seit gut hundert Jahren eine Politikverflechtung auf der Basis zweckgebundener Bundeszuschüsse entwickelt. Ihr Ziel ist die Nivellierung der einzelstaatlichen Politik in strategisch wichtigen Politikbereichen. Der Form nach beruht sie auf freiwilliger Kooperation, in der Substanz geht sie jedoch auf die unterlegene Finanzkraft der Staaten zurück.

Demgegenüber ist der europäische Föderalismus von vornherein als ein Verbundsystem modelliert. Unabhängig davon, wie groß der Anteil des Bundes am gesamtstaatlichen Aufgabenspektrum bemessen ist, unterhält der Bund hier lediglich bescheidene Eigenverwaltungen, und er lässt seine Gesetze – wie im deutschen Bundesstaat – überwiegend von den Regierungen der Teilstaaten ausführen. Der Verwaltungspflicht der Länder oder Teilstaaten steht die Verpflichtung des Bundes gegenüber, die gesamtstaatlichen Steuereinnahmen mit den Gliedstaaten zu teilen. Der lateinamerikanische Föderalismus ist von dieser Art. Er wird allerdings in einem anderen Kontext wirksam.

Das Leistungsprogramm des lateinamerikanischen Gesamtstaates ist ungleich schmaler als das der europäischen Wohlfahrtsstaaten, und die Staatswirksamkeit ist ungleich geringer, obwohl der Staat mit Problemen weit größeren Ausmaßes – zum Beispiel Armut und Kriminalität – konfrontiert ist. Ein Bundesstaat mit seiner Vielzahl von Regierungen, Behörden und Beamten hat ungleich mehr Potenzial, eine Klientel bei der Stange zu halten, als ein Einheitsstaat. Auch für die Opposition hat er seine Vorteile. Mag die nationale Politik auch von einer anderen Partei beherrscht werden, dürfte sich die Opposition doch immerhin in einigen Staaten und Provinzen halten.

In den unitarischen Staaten Lateinamerikas fährt der Zug heute in Richtung Dezentralisierung. In den letzten 20 Jahren haben einschlägige Gesetze die Verwaltungsbezirke und Gemeinden gestärkt, sei es durch die Direktwahl der Verwaltungschefs und Bürgermeister, sei es durch Kompetenzübertragung und bessere Finanzausstattung. Für die oppositionellen Parteien entstanden damit Schulen der Selbstverwaltung und Demokratie (Eaton 2012).

4.4 Die politische Landschaft: Politische Kultur, Parteien, Medien

Die politische Kultur Lateinamerikas lässt sich wie folgend charakterisieren: 1) Ein schwacher Staat, der Recht und Gesetz nicht flächendeckend und oft zum Nutzen und Frommen der Reichen und Mächtigen anwendet. 2) In den oberen Klassen und bis in die Mittelschicht Unbehagen, Misstrauen und Angst vor den Habenichtsen und den Indigenen, die sich zu einer Kultur bekennen, die ihnen fremd ist und die sie für minderwertig halten. 3) Geringes Vertrauen in Institutionen; Familienmitglieder, Freunde und Unterstützer gehen davon aus, dass ein Geschäft, ein Job oder irgendein Vorteil herausspringt, wenn einer der ihren in ein politisches Amt gelangt. 4) Die Persönlichkeit zählt mehr als die Partei, das politische Programm oder die politische Richtung. 5) Politische Rivalen und Widersacher sind keine Gegner, für die irgendwelche Fairness- und Anstandsregeln gelten, sondern eher Feinde, die es zu besiegen und abzuwehren gilt.

Vor dem Hintergrund einer sonst üppigen politikwissenschaftlichen Literatur über die kulturelle Textur politischer Systeme ist es bemerkenswert, wie wenig darüber im Fall Lateinamerikas publiziert ist. Dabei ist dieses scheinbare Manko durchaus plausibel: Lateinamerikanische Politik vollzieht sich in ausgeprägten Klassengesellschaften, wobei Menschen indigener Kultur fast durchweg zur Masse der Armen gehören (exemplarisch Wiarda und Kline 2014, S. 12–14; Mols 1985, S. 127–132).

Seit der Unabhängigkeit gehören Parteien zum Bild des politischen Betriebs. Oberflächlich gibt es eine Reihe von Ähnlichkeiten mit europäischen Parteien. Sie bieten ein politisches Spektrum von rechts bis links, Konservative, Liberale, Christliche Demokraten, Sozialdemokraten und Kommunisten. Bei all diesen Parteien handelt es sich fast ausschließlich um den Typus der Honoratiorenpartei. Zahlende Mitglieder gibt es kaum, Statuten und Programme haben keine Bedeutung (allgemein zu den Parteien: Werz 2013, S. 249–267). Allein in Brasilien und Chile treffen wir Parteiensysteme mit dauerhaften Hauptakteuren an. Sonst aber hat sich die Parteienszene in die Gegenrichtung entwickelt:

Über lange Strecken bewerben sich dieselben Persönlichkeiten um das Präsidentenamt. Dies geschieht häufig unter wechselndem Parteienlogo oder mit einer ad hoc gegründeten Partei oder in variierenden Parteienbündnissen, die eine Kandidatur unterstützen. Falls der von ihnen gestützte Kandidat das Rennen macht, erwarten die Juniorpartner als Gegenleistung eine Regierungsbeteiligung (Roberts 2012, S. 53).

Die Parteien gleichen Wahlvereinen. Politik ist eine Sache vermögender und gebildeter Leute. Sie zeichnen sich nach der berühmten Formulierung *Max Webers* durch ihre „Abkömmlichkeit“ für die Politik aus: Anwälte, Mediziner, Großagrarier, Inhaber großer Familienunternehmen, Publizisten, Literaten – keine typischen Berufspolitiker in dem Sinne, dass sie Politik für ihre materielle Existenz bräuchten. Dies gilt besonders für die zentristischen und rechten Parteien, die meist auch keine nennenswerte Infrastruktur besitzen. Familientradition, Reputation als Anwälte und Bekanntheit als Journalisten sowie familieneigene Firmen, darunter Zeitungen und TV-Sender, bieten gute

Voraussetzungen, um selbst eine „alte“ Partei nicht nur zu repräsentieren, sondern auch deren Richtung und Gangart zu bestimmen. Dieselben Ressourcen erlauben es, dass ein Politiker, der seine Ambition in keiner etablierten Partei ausleben kann, eine eigene Partei gründet (Barndt 2014). Auf der Linken sieht es anders aus. Die wichtigsten Ressourcen sind dort eine brauchbare, landesweit verzweigte Infrastruktur und der Rückhalt gesellschaftlicher Organisationen wie Gewerkschaften und bäuerliche Organisationen, hier und dort auch Umweltbewegungen. Doch auch auf der Linken zählt eine Persönlichkeit, die bei den Menschen „ankommt.“

Regiert die Linke, kommt es oft zu Konflikten mit Pressehäusern und TV-Produzenten, die im anderen Lager stehen. Ob links oder rechts, alle Parteien haben ein überragendes Interesse, die Wahlen für das Bürgermeisteramt der Metropolen – meist gleichbedeutend mit der Hauptstadt – zu erobern, in den Bundesstaaten auch die Regierung bevölkerungsreicher Teilstaaten. Bürgermeister und Gouverneure dirigieren personalstarke Verwaltungen, die sich zum Vorteil der Partei lenken lassen, und sie verschaffen den Amtsinhabern Publizität und Sichtbarkeit und damit das Startkapital für eventuelle Präsidentschaftsambitionen.

Es kommt vor, dass eine junge Partei oder ein Wahlbündnis, dessen Kandidatin oder Kandidat die Präsidentenwahl gewinnt, im Parlament lediglich schwach vertreten ist. Die Parlamentskandidaten pflegen unabhängig von der präsidialen Politik ihre eigenen lokalen Netzwerke. Deshalb sind oft die „älteren“ Parteien in den Parlamenten noch vertreten, während sie in der Präsidentschaftswahl nur noch mit „Zählkandidaten“ in Erscheinung treten.

Die Parlamentsabgeordneten der zentristischen und rechten Parteien haben keinerlei Interesse, die Gesellschaft zu verändern. Weil sie aber nun einmal die Stimmen vieler Menschen brauchen, die fernab von der eigenen Lebenswelt existieren, legen sie die immer gleiche Platte mit den Themen der Staatsreform, der sozialen Gerechtigkeit und des Kampfes gegen die Korruption auf. In einem gesellschaftlichen Alltag von Armut und Entbehrung, Unsicherheit, untätigen Behörden und prekärer Beschäftigung treffen viele Wähler ihre Entscheidung mit dem Kalkül auf eine Gegenleistung. Diese Erwartung, das Unterfutter jeglichen Klientelismus, verschafft selbst Kandidaten, die es mit der Zementierung des Status quo halten, Stimmen aus der ärmeren Bevölkerung.

Das Hauptproblem der Parteien ist die Schwierigkeit, den Spagat über die Klassen hinzubekommen. Die meisten fischen in der Mittelschicht, und jene Parteien, denen es gelingt, unterschiedliche Milieus anzusprechen, segeln üblicherweise auf populistischem Kurs. Insofern gleicht der Populismus dem Versuch, Unvereinbares auf einen Nenner zu bringen. Die lateinamerikanische Variante des Populismus ist geradezu die Antithese zur politischen Partei (Weyland 2001). Die Ära der neoliberalen Politik (Abschn. 5.2) hat das Entstehen einer linken Variante des Populismus begünstigt. Ihr Treibstoff: Das Herausfallen aus regulärer Beschäftigung, Rückzug des Staates aus öffentlichen Dienstleistungen, Währungsturbulenzen und drohender Statusverlust (Roberts 2006). Der erfolgreiche Populist hat ein Gespür für die vielen Dinge, die ein heterogenes Publikum hören will. Stilmittel sind die radikale Rhetorik, die Geißelung des unfähigen Establishments und die Identifikation mit den Nöten der kleinen Leute. Das Repertoire ist reichhaltig und diffus, in den Einzelpunkten aber für jede einzelne Zielgruppe im breiten Publikum plausibel und attraktiv.

Mit der Schwäche der Parteien korrespondiert die Konturlosigkeit der Weltanschauungen. Das meiste, was herkömmliche Politiker und Parteien in Wort und Tat von sich geben, hält sich im Rahmen des liberalen Wirtschaftsmodells. Die Eigentumsordnung ist sakrosankt. Lediglich Sozialisten, die wirklich links stehen, und Christliche Demokraten messen die Verhältnisse an der Idee sozialer Gerechtigkeit. Der populistische Zampano mag irgendwann das Zeitliche segnen, aber es finden sich immer wieder Epigonen, welche die Tonlagen des Vorbilds schlecht oder recht imitieren. Exemplarisch ist der Peronismus in Argentinien. Mit dem Präsidenten *Menem* brachte er gar ein Exemplar hervor, das den alten *Perón* stilistisch virtuos zu kopieren verstand, politikinhaltlich aber geradezu konterkarierte.

Der Typus eines Populisten, der im Grunde genommen ganz ohne eine Partei auskommt, befindet sich im Aufwind (Crabtree 2000). Es braucht keine Partei mehr für ambitionierte Bewerber um das Präsidentenamt, um die entlegensten Winkel und Behausungen der Ärmsten zu erreichen. Fernsehauftritte erreichen die Analphabeten im hintersten Winkel des Landes (Boas 2005). In Mexiko gab es bereits am Ende der 1990er Jahre dreimal so viele Fernseher wie telefonische Festnetzanschlüsse. Allenthalben sind Verleger und Medienunternehmer gewichtige politische Spieler hinter den Kulissen (Pérez-Liñan 2007, S. 74–78, 85).

Die Kehrseite dieser Entwicklung für die Parteien: Die Beliebtheit eines Präsidenten bleibt für sie selbst ohne Folgen. Dies gilt umso mehr dort, wo die Verfassung keine Anschlusskandidatur erlaubt. Darf ein als Volkstribun begabter Präsident nicht mehr kandidieren und findet sich kein Nachfolgekandidat von vergleichbarer Qualität, fällt seine Partei auf die Kernwählerschaft zurück. So geschehen etwa mit der Partei des langjährigen kolumbianischen Präsidenten *Uribe* und mit der argentinischen Präsidentin *Fernández de Kirchner*. Der Einsatz eines populären Vorgängers mag hilfreich sein, wie im Fall der brasilianischen Präsidentin *Rousseff* (2010). Sie profitierte zeitweilig vom Nimbus ihres Mentors und Vorgängers *Lula da Silva*.

Vitaler und beständiger als die Parteien sind Interessengruppen, die dem Protest vernachlässigter Gruppen eine Stimme geben. Dies gilt insbesondere für die Bewegungen der Indigenen in den Andenländern wie für die bäuerlichen Gewerkschaften in Bolivien. Von den überkommenen Parteien wurden ihre Zielgruppen jahrzehntelang vernachlässigt (Madrid 2008). In Bolivien und Ecuador trugen solche Gruppen maßgeblich zur Gründung neuer Parteien bei. Das bolivianische MAS entstand ähnlich wie die Partei Pachakutik in Ecuador als der politische Arm kleinbäuerlicher und indianischer Genossenschaften; die brasilianische Arbeiterpartei (PT) ging aus Selbsthilfeorganisationen und illegalen Gewerkschaften in der Zeit der Militärherrschaft hervor.

Der Ursprung all dieser Bewegungen war die Gegnerschaft zu einer Gesellschaftswelt, von der sie zuerst ignoriert und dann wie Fremdkörper behandelt wurden. Selbst die linken Parteien machten „dicht“, wenn es um indigene Belange ging. In ihrer Fixierung auf die Klassenstruktur hatten sie keinerlei Blick dafür, dass Indios nicht einfach nur gesellschaftlich unten waren, wie die Armen im amorphen informellen Sektor, sondern vielmehr eine eigene Kultur besaßen, die in das westlich geprägte Gesellschaftsbild so wenig hineinpasste wie in das liberale oder katholisch-konservative (Van Cott 2006, S. 49 ff.). Nach der lateinamerikanischer Klassenzuordnung sind die Gewerkschaften überwiegend Mittelschichtenphänomene. Sie repräsentieren Menschen in regulären Jobs, für die der Arbeitsplatz auch ein Paket sozialer Sicherungen beinhaltet. Linke Präsidenten und Parteien, die auf die Masse der Armen und Randständigen blicken, riskieren, wenn sie für diese Zielgruppen etwas tun, auch schon einmal, die Gewerkschaften vor den Kopf zu stoßen.

Die Rechte wird im Parteiensystem nicht ihrer gesellschaftlichen Bedeutung entsprechend abgebildet. Hinter der Rechten, die durchweg eine „harte Rechte“ verkörpert, steht das politische Gewicht der Geschäftswelt, der Agrarier und der Verleger, in Mittelamerika auch noch die offene Sympathie der Militärs (Bowen 2011, S. 113–115). Liberale und Konservative sind heute austauschbar. Ihre historischen Streitpunkte, die Rolle der Kirche in Staat und Gesellschaft, Föderalismus oder Einheitsstaat, ländliche versus städtische Oligarchie, haben sich längst erledigt. Die generelle Disposition der Präsidentenwahlen auf Persönlichkeiten bietet der Rechten die Chance, mit begabten Politikern die Hoffnungen und Erwartungen einer vom Abstieg bedrohten Mittelschicht, ja selbst der Arbeiteraristokratie zu treffen. Wenn diese Rechte dann reüssiert und zum Regieren aufgefordert ist, kommt sie freilich – wie die Linke – nicht umhin, Farbe zu bekennen. In beiden Fällen ist das Ergebnis nicht selten eine Politik, die den Versprechungen im Wahlkampf Hohn spricht.

Wie in aller Welt ist Medienpräsenz das A und O politischer Kommunikation. Hier liegt ein Grund für die Konflikte linker Präsidenten mit den Medien ihres Landes. Das Rede Globo in Brasilien, die Grupo Clarín in Argentinien, die gleichzeitig im Bereich der Print-Medien stark auftritt, Venevisión in Venezuela und Televisa in Mexiko beherrschen die nationalen TV-Märkte. Hinter ihnen stehen mächtige Eigentümerfamilien, *Ernestina Herrera de Noble* (Clarín), *Gustavo Ciscnero* (Venevisón), *Carlos Slim* (Mexiko) und die Brüder *Marinho* (Globo). Für die Opposition bieten sich diese Medien als Plattform an, um die Regierung anzugreifen. Sie müssen dazu nicht erst ermuntert werden. Regiert die Linke, stehen die Verleger für gewöhnlich auf der Seite der Opposition. Ihr Geld steckt in vielen anderen, nicht-medialen Unternehmen, deren Interessen gewahrt sein wollen – und die Redaktionen wissen, was von ihnen erwartet wird! Medien sind ein Geschäft wie jedes andere mit Auflagen, Einschaltquoten, Werbung und zuschauerstarken Telenovelas. Erstarkt die Linke, regiert sie gar, schaltet das Management auf Attacke. Dies war in den letzten Jahren vor allem in Bolivien, Ecuador und Venezuela der Fall. In Argentinien, Ecuador und Venezuela kam es in den letzten Jahren zu Regierungskampagnen gegen die Medienhäuser. In diesen Ländern konterte die regierende Linke auch mit staatlichen Sendern, teilweise auch mit dem Einkauf des Staates in Print-Medien. Es wurden auch Gesetze beschlossen und Aufsichtsbehörden eingerichtet, die erkennbar allein dem Zweck dienten, die Medien als Verbündete der Opposition zu disziplinieren. Linke Präsidenten wie *Correa*, *Kirchner* und auch *Morales* kopierten in der einen oder anderen Variante ein Format, das der Venezuelaner *Chávez* – Aló Presidente – aus der Taufe gehoben hatte: eine eigene Sendung zur Kommunikation des Staatschefs mit seinem Volk (Kitzberger 2012). Etliche Medienunternehmen sind in Mischkonzerne mit Geschäftsinteressen in Handel, Industrie und Landwirtschaft eingebettet, insbesondere in Mittelamerika.

4.5 Der schwache Staat

Fragen wir jetzt nach der Staatswirksamkeit, also der Fähigkeit zur Durchsetzung der Rechtsordnung. Ihr sensibelster Bereich ist die öffentliche Sicherheit. Die Gewaltkriminalität verzeichnet ein stetiges Wachstum. Als Hauptursachen gelten die Drogenwirtschaft, aber auch die gesellschaftlichen Verwerfungen, die eine neoliberale Politik geschaffen hat. Lateinamerika ist Spitzenreiter in der weltweiten Gewaltkriminalität. Weil so viele Menschen davon betroffen sind, die Politik aber bei der Prävention und Ahndung versagt, leidet darunter auch die Legitimität des politischen Systems (Carreras 2013, S. 99–102).

Blicken wir zunächst auf eines der Milieus, die sich dem Zugriff des Staates am stärksten entziehen. Hier handelt es sich um die Siedlungen meist am Rand der großen Städte. Sie entstanden früher einmal, als die große Landflucht einsetzte, als irreguläre Siedlungen, die von den Behörden einfach nur geduldet wurden. Obgleich im Ursprung illegal, haben einige dieser Viertel durch die nachträgliche Anerkennung der Behörden und den Anschluss an die kommunalen Versorgungsnetze den Charakter des Provisoriums verloren. Andere existieren weiterhin illegal. Sie rangieren in der Baulichkeit von Primitivbehausungen bis zu Hütten mit bescheidenem Komfort. Viele sind wie zum Hohn auf Standfestigkeit und Brandschutz errichtet. Die Bewohner leben von prekären Jobs in der eigentlichen Stadt, viele auch von krimineller Aktivität: Diebstahl, Drogenhandel, Hehlerei und Raub. Im Alltag meidet die Polizei diese Orte (Werz 2013, S. 244–247; Waldmann 2002, S. 135–141).

Am heftigsten wütet die Kriminalität im nördlichen Südamerika und im oberen Mittelamerika. Die Zahl der Mordopfer auf 100.000 Einwohner ist lediglich in Argentinien, Costa Rica, Ecuador und Uruguay einigermaßen konstant geblieben, auf deutlich höherem Niveau auch in Brasilien, das bereits zu den Ländern mit hoher Tötungskriminalität zählt. Venezuela, Honduras und Guatemala verzeichnen bei den Tötungsdelikten seit je Rekorde. In Mexiko ist ihre Zahl geradezu explodiert. Bei Tötungsdelikten sind meist Schusswaffen im Spiel (Tab. 4.12).

Tab. 4.12 Morde je 100.000 Einwohner, 2012 und 2000. (Quelle: UNODOC: Global Study on Homicide 2013: Trends, Contexts, Data. Statistical Annex, Vienna, S. 126 f.)

	2012	2000		2012	2000
Kolumbien	30,8	66,5	Panama	17,2	9,8
Venezuela	53,7	32,9	C. Rica	8,5	6,4
Ecuador	12,4	14,6	Nicarag.	11,3	9,3
Peru	9,6	5,0	Honduras	90,4	50,9
Bolivien	12,1		Guatem.	39,9	25,9
Chile	3,1	3,2[b]	El Salva.	41,2	39,3
Argentinien	5,5[a]	7,2	Mexiko	21,5	10,3
Brasilien	25,2	23,5[c]	Kuba	4,2	
Paraguay	9,7	18,6	Haiti	10,2	
Uruguay	7,9	6,4	D. Repub.	22,1	14,0

[a]2011
[b]2003
[c]2007

Die Polizei selbst ist ein Sicherheitsproblem. Unterbezahlt und neidisch, was sich die besser Situierten, aber auch freilaufende Kriminelle materiell alles leisten können, lassen sich Polizisten gern schmieren. Derlei gibt es überall auf der Welt, namentlich in den armen Gesellschaften Afrikas und Asiens. Dies zeigt aber nur, dass Lateinamerika in dieser Hinsicht ein Teil der Dritten Welt ist. Die Opfer der Polizeigewalt sind meist einfache Bürger, vor allem die Armen darunter. Gutsituierte, an Kleidung, Autotyp, Adresse und Beruf leicht erkennbar, hemmen die Beißwut. Bei ihnen ist damit zu rechnen, dass sie Beziehungen spielen lassen, dass umgehend ein cleverer Anwalt auf der Matte steht und die lokale Zeitung oder ein TV-Sender einen Polizeiskandal beschreit (Waldmann 2002, S. 143–167). Hier stellt sich die Frage, wozu die Polizei eigentlich gut ist. Die Antwort liegt auf der Hand. Sie hat dafür zu sorgen, dass die Einkaufsstraßen einigermaßen sicher bleiben und die Geschäfte laufen. Und natürlich wird die Polizei gebraucht, um Demonstrationen aufzulösen, Amtsgebäude zu sichern und hin und wieder Landflüchtige zu vertreiben, die sich illegal auf kommunalem Boden angesiedelt haben.

Von denen da oben werden Polizisten verachtet und von denen ganz unten gefürchtet und gehasst. Für Sicherheit in gehobenen Etablissements und in den Wohngettos der Reichen sorgt nicht die Polizei, sondern private Security. Nach den USA entstanden die nächsten großen Gated Communities der Welt im Umfeld der lateinamerikanischen Metropolen. Umzäunte Villensiedlungen beherbergen alles, was zum täglichen Leben und Vergnügen benötigt wird, von der Sportanlage bis zum Supermarkt. Sie sind mit neuester Sicherheitstechnik bestückt. Die Eigentümer leben dort ganz unter sich. Der Kontakt zur Welt der kleinen Leute beschränkt sich auf den Taxifahrer, den Pförtner im Bürogebäude, den Kellner im Restaurant und das Personal im Klub oder auf den Sportanlagen. Für den Tapetenwechsel gibt es vielleicht noch ein Luxushaus oder ein Apartment im nächstgelegenen Seebad. Zum Shoppen fliegt man nach Miami. Die Kinder besuchen eine private Schule mit Englisch als Unterrichtssprache. Weiter geht es mit deren Ausbildung dann irgendwo an einer Business oder Medical School in den USA, um die Gesellschaft einige Jahre später als Manager oder als Privatarzt für eine solvente Klientel beglücken zu können. An nichts sind diese Kreise weniger interessiert als am Umgang mit dem Rest der Gesellschaft. Gibt es Ärger mit Polizei und Justiz, treten smarte Anwälte in Aktion oder die Sache erledigt sich mit dem Anruf bei einem Mitgolfer mit guten Verbindungen in die Politik.

Wenden wir uns der Präsenz des Staates im ländlichen Milieu zu. Mag die traditionelle Hacendado- bzw. Fazendeiro-Landwirtschaft zwar weithin von einer modernen Agro-Industrie überflügelt sein, die von kühl kalkulierenden Managern geleitet wird, ist doch eines gleich geblieben: die faktische Unantastbarkeit der Verhältnisse. Der örtliche Polizeiposten schreitet zur Tat, sollte es Aktivisten aus der Stadt und aufmüpfigen Landlosen von außerhalb einfallen, Land zu besetzen und zu bearbeiten, das als Produktionsreserve brach liegt. Weichen die Störer nicht oder kommt es gar zu Rangeleien, bleibt schon einmal die Dienstpistole stecken und wird das Schnellfeuergewehr in Anschlag gebracht, um den sozialen Frieden wiederherzustellen. Oder aber Paramilitärs, ehemalige Soldaten und bezahlte Raufbolde erledigen den Job mit einer Härte und Opferzahl, die sich in der Gegend herumspricht und Nachahmer ins Grübeln bringt. Eigentlich braucht es hier die Vertreter des Staates überhaupt nicht. Schwierig wird es erst wieder, wenn sich eine linke Regierung dazu versteigen sollte, Land enteignen zu wollen. Lassen sich die Betroffenen von der gezahlten Entschädigung nicht besänftigen, werden sie – früher, als der Putsch noch eine politische Option war, beim Militär, heute bei der Rechten in den Parlamenten – alle Strippen ziehen, um dem Spuk ein Ende zu machen, beispielsweise mit einem Amtsenthebungsverfahren.

4.6 Das Militär

Disziplin wurde der Truppe vor langer Zeit von europäischen Militärinstrukteuren eingeimpft. Im historischen Rückblick war es oft nicht weit her damit. In der Epoche nach dem Ersten Weltkrieg sahen sich viele Offiziere an der Spitze des Fortschritts. Sie waren glühende Anhänger der Lehren *Comtes*, teils begeisterten sie sich sogar am intellektuellen Dissens der Freimaurerlogen mit der privilegierten römisch-katholischen Kirche. Sie verstanden sich als Sozialingenieure und trauten sich zu, besser regieren zu können als die Zivilisten. Hier lag ein Grund für zahlreiche Meutereien und Putschversuche, die vom Protest gegen die Politik und teils auch gegen die eigene Militärführung motiviert waren.

Ungeachtet solcher Unterschiede sah sich das Militär lange in der Rolle des Wächters über die Integrität der Nation. Es war vorgeblich keinem Interesse verpflichtet wie die Parteien, es hatte das Ganze im Auge, und es sorgte für Ruhe und Ordnung, wenn

Parteienkämpfe, Streiks und Demonstrationen ins Chaos abglitten. Hin und wieder war es an der Zeit, die Dinge gerade zu rücken und die Politik zu einer Auszeit zwingen, in der sie sich neu sortieren mochte. Oder aber Offiziere überzeugten ihre Kameraden, die Politiker auf Dauer von der Regierung fernzuhalten. Zwischen 1930 und 1980 gerierte sich das Militär wie eine Überpartei – teils auch ganz wie eine Partei mit diversen Strömungen.

Guillermo O'Donnell fand starke Beachtung mit seiner These eines bürokratischen Autoritarismus (O'Donnell 1973). Seine Idee: Das Militär herrscht als Institution. In diesem Regime spielt es keine Rolle, wer gerade die Insignien des Staatspräsidenten verwaltet. Die Institution hat ein kollektives Interesse, sie ist bürokratisch-rational organisiert und glaubt sich damit der Politik überlegen. Sie weiß aber auch um ihre Grenzen. Für das Wirtschaftsmanagement sind Offiziere nicht ausgebildet. Also arbeiten sie mit Wirtschaftstechnokraten zusammen, die darin geschult sind zu tun, was in Kenntnis der ökonomischen Gesetze zu tun ist.

O'Donnell entwickelte seine These an den Beispielen Argentiniens und Brasiliens. Sie war brauchbar, um die lateinamerikanischen Militärdiktaturen der 1970er und 1980er Jahre zu verstehen. Die letzte lange Epoche dauerhafter Militärregime erbrachte am Ende den Beweis, dass die Generäle keineswegs besser zu regieren verstanden. Um die eigene Institution zu reparieren, die beim Versuch, den politischen Betrieb zu ersetzen, Schaden genommen hatte, halten sich Militärs seither aus der Politik heraus (Koenings und Kruijt 2003, S. 376).

Das Militär ist die Ultima Ratio, wenn die Polizei vor inneren Unruhen versagt (Isacson 2011, S. 64). Gelegentlich wird es auch auf die Straße beordert, wenn die Polizei für bessere Löhne und Arbeitsbedingungen streikt. Wird die Polizei selbst zum Unruheherd, besetzen Polizeieinheiten gar Regierungsgebäude, kommt es auch schon einmal zu Schießereien zwischen den bewaffneten Armen des Staates, so in der jüngeren Vergangenheit in Bolivien und Peru geschehen. Die Offiziere mögen polizeiliche Aufgaben nicht (Call 2002). Auch sonst sind die Beziehungen zwischen Polizei und Militär nicht die besten.

Der Polizeidienst gilt als Schmutzjob, und die oft miserabel bezahlten Polizisten neiden den Militärs ihre Privilegien. Das Berufsethos der Militärs kreist um die Landesverteidigung. In Anbetracht der geringen realen Bedrohungslage genügten für die Sicherung der Grenzen eigentlich Streitkräfte vom Format eines Grenzschutzes (Tab. 4.13). Tatsächlich unterhalten die Staaten aber Truppen mit Kampfpanzern, Kampfjets und hochseetauglichen Marineschiffen, mit Gerät, das meist zwar nicht dem allerletzten Schrei der Rüstungstechnologie entspricht, für das es aber auch beim noch am ehesten vorstellbaren Szenario einer Anti-Guerillakriegsführung im Hochgebirge und in den Wald- und Flussgebieten des Amazonas keine Einsatzmöglichkeit gäbe. Die Streitkräfte messen sich an den modernen Militärapparaten Europas und Nordamerikas, und die Politik bewilligt mit Blick auf eine Vergangenheit, in der sich das Militär allzu oft in die Politik eingemischt hat, was die Militärführung wünscht. Militärs weigern sich heute eher diskret, Folge zu leisten, wenn ihnen die Politik eine Aufgabe überträgt, die ihnen nicht passt (Pion-Berlin und Trinkunas 2010). Kein Regierungspolitiker legt sich

Tab. 4.13 Personalstärke der Streitkräfte

	Personalstärke	Wehrpflicht
Kolumbien	285.600[a]	X
Venezuela	113.558[b]	X
Ecuador	37.448[b]	
Bolivien	31.500[a]	X[j]
Chile	77.300[a]	
Argentinien	102.300[c]	X[j]
Brasilien	318.480[d]	X
Paraguay	10.650[e]	X
Uruguay	29.710[f]	
Panama	Keine Streitkräfte	
Costa Rica	Keine Streitkräfte	
Nicaragua	15.200[g]	
Honduras	18.800[g]	
Guatemala	15.000[g]	X
El Salvador	17.000[g]	X
Kuba	49.000[h]	X
Haiti	Keine Streitkräfte	
Domin. Republik	24.500[i]	

[a]2009
[b]2012
[c]2004
[d]2010
[e]2012
[f]2013
[g]2014
[h]2015
[i]2003
[j]Die Wehrpflicht ruht, solange sich genügend Freiwillige finden

aber sehenden Auges mit der Militärführung an. Die linken Regierungen des Subkontinents, Bolivien, Ecuador und Venezuela, waren aber schnell bei der Hand, die Kommandeure auszuwechseln, wenn sie den Eindruck hatten, dass es an Loyalität mangelte. Hier liegt auch die Bedeutung der Verschiebung des Oberkommandos von den höchsten Militärs auf den Präsidenten. Sie stellt Ernennungen, Beförderungen und Entlassungen ins Ermessen der Politik. Sonst aber ist das Interesse der Politik an militärischen Dingen gering (Bruneau 2013).

5 Wirtschaftspolitik und Ressourcenmanagement

5.1 Importsubstituierende Industrialisierung

Wie es ein Buchtitel älteren Datums einmal ausdrückte, muten die lateinamerikanischen Länder wie ein Spielball der Mächtigen an (Bollinger 1972). Lange war die Produktion auf die nord- und transatlantische Welt ausgerichtet, wo die Rohstoffe und Agrarerzeugnisse nachgefragt wurden, die der südliche Kontinent zu bieten hatte. Die üblichen Wachstumsdellen in den Industrieländern machten sich dort ohne große Verzögerung bemerkbar, bis der nächste Aufschwung wieder eine bessere Zeit brachte.

Die große Depression an der Wende zu den 1930er Jahren war ein tiefer Einschnitt: Die dramatische Arbeitslosigkeit in Europa und Nordamerika trocknete die Märkte für Kaffee, Zucker, Bananen und Fleisch sowie die Nachfrage nach Zinn, Eisen und Kupfer aus. Die gewohnten Importe vom Auto bis zum Bohrhammer und Lkw, vom Telefon, dem Hafenkran und der Lokomotive bis zu Medikamenten fraßen die nachlassenden Exporterlöse auf.

Bis zum Anbruch dieser Krise schien die weltwirtschaftliche Ordnung durch *David Ricardos* Theorie vom Nutzen komparativer Kostenvorteile im Handelsverkehr gerechtfertigt. Hier die Industrieländer, die ihre Rohstoffe kaufen, wo sie zu günstigen Preisen zu haben sind, dort der Rest der Welt, für den es unvernünftig wäre, zu hohen Kosten industriell herzustellende Güter selbst zu produzieren, die zu weitaus günstigeren Preisen importiert werden können.

Dieser Hintergrund ist beim Konzept der importsubstituierenden Industrialisierung (ISI) zu bedenken. Sie wurde für eine ganze Generation zum Leitbild lateinamerikanischer Wirtschaftspolitik. Westeuropa und Nordamerika suchten in der Weltwirtschaftskrise der 1930er Jahre den Ausweg darin, ganz im Sinne des bekanntesten Ökonomen der Zeit, *John Maynard Keynes,* mit Staatsausgaben private Investitionen anzuschieben, für Arbeit zu sorgen und die Binnennachfrage zu stärken. In Lateinamerika aber ging

J. Hartmann, *Die politischen Systeme Lateinamerikas,*
DOI 10.1007/978-3-658-14353-4_5

es darum, überhaupt erst Impulse für den Aufbau eigener Industrien zu geben. Die Ideen des schwäbischen Ökonomen *Friedrich List* standen hoch im Kurs. *List* hatte im 19. Jahrhundert dafür plädiert, den deutschen Wirtschaftsraum durch Schutzzölle auf industrielle Importprodukte abzuriegeln, um Industrien entstehen zu lassen. Bekanntester akademischer Vertreter der ISI war der argentinische Wirtschaftswissenschaftler *Raúl Prebisch:* Wird im südlichen Amerika selbst hergestellt, was bisher im industrialisierten Norden gekauft wurde, entstehen Arbeitsplätze, und das Geld, das bisher für Importe verausgabt wurde, bleibt im Land. Die Substitution der Importe kann aber nur gelingen, wenn die Verteilungsordnung so verändert wird, dass auch die Armen ein Geldeinkommen erzielen und als Konsumenten auftreten – und nicht nur dies, sondern dass sie auch dazu befähigt werden, ihren Lebensunterhalt mit qualifizierter Arbeit zu bestreiten.

Prebisch stand im Einklang mit dem vorherrschenden wirtschaftspolitischen Paradigma seiner Zeit, hatte dabei aber auch eine lateinamerikanische Sicht auf die Wirtschaftswelt: Lateinamerika als Wirtschaftskolonie der großen Industrieländer (Love 1980)! Damit stand er keineswegs allein. Vom Imperialismustheoretiker *John A. Hobson* bis hin zu älteren und modernen marxistischen Analytikern zieht sich durch die Beurteilung Lateinamerikas und der übrigen Dritten Welt die Auffassung, dass Gesellschaften, die dem Rest der Welt nichts als Rohstoffe und Agrarprodukte liefern, falsch entwickelt sind (siehe oben Kap. 2). Ein marxistischer Dreh war *Prebisch* indes fremd. Mit den marxistischen Analytikern stimmte er im Befund aber so weit überein, dass Lateinamerika durch seine komplementäre Rolle in der Weltwirtschaft daran gehindert war, auf eigenen Beinen zu stehen. Der Kontinent musste resistent gegen Wirtschaftskrisen werden, deren Ursachen außerhalb seiner selbst lagen.

Prebischs Idee flossen in die offizielle Politik der Vereinten Nationen für Lateinamerika ein. Die UN-Wirtschaftskommission für Lateinamerika (Comisión Económica para la América Latina y Caribe, CEPAL) erhob die Importsubstitution zum Leitbild der wirtschaftlichen Entwicklung. Der so genannte „Cepalismo" hatte seine beste Zeit in den 1950er und 1960er Jahren. Heute ist die CEPAL-Doktrin dem offenen Markt angepasst, ohne allerdings das Ziel der Verteilungsgerechtigkeit aufzugeben.

Die Anstrengungen zur Importsubstitution waren nicht vollständig erfolglos. Vielerorts wuchsen Konsumgüterindustrien auf. In einigen Ländern, insbesondere in Argentinien und Brasilien, sollten sich auf Dauer sogar Branchen der herstellenden Industrie behaupten. Im Rahmen der Entwicklungspolitik wurde mit der Erschließung des für ausländische Wirtschaftsinteressen belanglosen Landesinneren begonnen. Autogerechte Fernstraßen, der Ausbau der großen Flüsse zu Wasserstraßen sowie Plätze für den inländischen Flugverkehr sollten die Voraussetzungen für einen größeren Binnenmarkt schaffen. In einigen Ländern wurden sogar die im Bergbau und im Ölgeschäft tätigen ausländischen Unternehmen verstaatlicht. Die Nachrangigkeit der Verbrauchsgüterproduktion im Europa und Nordamerika des letzten Weltkrieges war für die Importsubstitution eine Starthilfe. Den gleichen Effekt hatte noch der Wiederaufbau Europas nach dem Kriege. Mehr Menschen in Lateinamerika als je zuvor erzielten Einkommen aus nichtlandwirtschaftlicher Arbeit. Lateinamerika war in den 1950er und 1960er Jahren noch die einzige Region der Dritten Welt, in der sich Menschen in nennenswerter Zahl die Attribute eines westlichen Lebensstandards leisten konnten.

Als die materiellen Kriegsfolgen in Europa überwunden waren, fiel Lateinamerika wieder zurück. Der steigende Gebrauchsgüterkonsum auf den europäischen und nordamerikanischen Märkten erlaubte es, mit dem Kostenvorteil großer Stückzahlen zu produzieren, dabei einen guten Schnitt zu machen und bei erschwinglichen Preisen auch die Auslandsmärkte noch mitzubedienen. Die Erholung der vom Krieg vorübergehend schwer geschädigten europäischen Ökonomien setzte die lateinamerikanische Produktion unter Preisdruck. Zwar gab es überall Schutzzölle. Aber dieses Instrument durfte nicht überreizt werden. Andernfalls drohte die Sanktion steigender Importzölle auf lateinamerikanische Exportgüter. Diese konkurrierten inzwischen ohnehin stärker als zuvor mit Produkten aus den unabhängig gewordenen asiatischen und afrikanischen Kolonien, z. B. Zinn aus Malaysia, Kupfer aus Südafrika, Malawi, Sambia und dem Kongo, Kaffee aus dem ostafrikanischen Hochland sowie Nitraten aus Marokko und Tunesien. Die Terms of Trade bewegten sich wieder auf die altvertrauten Koordinaten zurück.

Gleichzeitig blieb der lateinamerikanische Staat in der Gesellschaft aktiver und präsenter denn je. Verwaltungen und Personal kosteten viel Geld. Von der Konkurrenz bedrohte heimische Industrien verlangten Schutz, und die Renten- und Krankenversicherung funktionierten nur in der Symbiose mit regulärer und beitragspflichtiger Beschäftigung. Kam es zu einem Einbruch der Exporte, gab es wenig, mit dem die wegfallenden Einnahmen hätten kompensiert werden können. Landreformen mit dem Ziel, aus Landarbeitern, Pächtern und Subsistenzbauern für den Markt produzierende Farmer zu machen, waren in Anbetracht des zu erwartenden Widerstands der Großagrarier keine Option. Das Gleiche galt für eine Steuerreform, welche die Großverdiener stärker zur Kasse gebeten hätte. Der Verzicht auf die Besteuerung hoher Einkommen oder aber darauf, solche Steuerforderungen ernsthaft einzutreiben, zog der Staatswirksamkeit von vornherein enge Grenzen. Die sozial degressiven Verbrauchssteuern sind weit stärker noch als in Europa das Rückgrat der Steuereinnahmen (Smith 2014).

Die heimische Industrie gelangte nirgendwo so weit, um vollständig die Nachfrage nach Investitions- und hochwertigen Konsumgütern bedienen zu können. Küchengeräte, Fernseher, Bürotechnik und der private Pkw waren nicht mehr nur für die wirklich Reichen erschwinglich. Inzwischen gab es eine Mittelschicht, die so leben und konsumieren wollte wie ihresgleichen in Nordamerika und Europa. Unverzichtbare Importe, etwa für Maschinen, Ersatzteile, Treibstoff, Arznei- und Lebensmittel wurden durch Subventionen, Zollnachlässe und separate Wechselkurse künstlich verbilligt. Einnahmenverzicht und Preissubventionen auf Lebensmittel und Treibstoff drückten auf die Staatshaushalte. Einnahmen durch stärkere Umverteilung, d. h. die Besteuerung großer Einkommen und Vermögen, waren politisch nicht durchsetzbar (siehe oben). So begann die Finanzierung der öffentlichen Haushalte durch Kredite.

An willigen Kreditgebern, die lateinamerikanische Staatspapiere kauften, herrschte zunächst kein Mangel. Nach dem Yom-Kippur-Krieg (1973) setzten die Öl produzierenden arabischen Länder das Öl nicht mehr nur als Waffe ein, um die Unterstützung Israels durch den Westen zu bestrafen. Einige Jahre später ging es schon darum, Kasse zu machen. Es kam zum massiven Anstieg der Ölpreise. Unmengen von Dollars schwemmten in die arabischen Staatskassen. Auf der Suche nach profitablen Anlagen vagabundierten sie durch die Staatenwelt. Lateinamerikanische Staatspapiere lockten mit hoher Verzinsung – die Regierungen brauchten Geld. In der Erwartung, dass eine langfristige Staatsfinanzierung gesichert wäre – es gab immerhin die Pfänder der Rohstoffvorkommen und Agrarflächen – nahmen lateinamerikanische Regierungen munter weitere Kredite auf.

Der zweite Ölpreisschock, eine drastische weitere Drehung der arabischen Prozenten an der Ölpreisschraube (1978), schlug Ende der 1970er Jahre auf die Produktionskosten der Industrieländer durch und verursachte in Lateinamerika selbst steigende Energiekosten. Die Verschuldung erreichte dort Schwindel erregende Höhen. Irgendwann war der Zeitpunkt erreicht, dass nicht einmal die laufenden Kredite bedient werden konnten. Mit der Erklärung seiner Zahlungsunfähigkeit eröffnete Mexiko 1982 den düsteren Reigen der Länder, die unter der Last ihrer Staatsschulden zusammenbrachen. Schwer betroffen waren auch die beiden anderen großen Länder des Subkontinents, Argentinien und Brasilien.

Vielerorts trieben Militärregime, die sich viel auf ihre technokratische Kompetenz zugute hielten, die Schuldenpolitik auf die Spitze. Sie hinterließen den demokratischen Nachfolgeregierungen lodernde Brände, die nicht anders als mithilfe der internationalen Finanzfeuerwehr des IWF gelöscht werden konnten. Dort aber war der Neoliberalismus mittlerweile das Evangelium: Weniger Staat, weniger Regulierung, Privatisierung, Investitionsanreize für private Investoren.

5.2 Neoliberale Politik und Washington-Konsens

Der neoliberale Entwurf entstand als ein akademisches Konstrukt, als eine ökonomische Idealwelt. Sie wurde mit dem größten Nachhall von den Ökonomen *Friedrich v. Hayek* und *Milton Friedman* propagiert: Am Markt zählen Kräftemessen, Erfindungsgeist, Kapital und die unablässige Suche nach Gelegenheit zum Geldverdienen. Für den Staat hat die neoliberale Ideologie nicht mehr übrig, als dass es für den funktionsfähigen Markt eben eine Instanz braucht, die Eigentumsrechte und Wettbewerbsregeln definiert, die Verstöße dagegen ahndet und die Verteidigung organisiert, um gegen eventuelle äußere Feinde gewappnet zu sein. Der Staat hat auch dafür zu sorgen, dass die Bürger eine nützliche Bildung erwerben, um als Marktteilnehmer zu reüssieren. Wie der Staat diese Aufgabe implementiert, mit eigenen Behörden oder mit beauftragten Firmen, ist seine Sache. Am besten tut er jedoch daran, sich selbst wie ein Marktteilnehmer zu verhalten, stets zu prüfen, ob es kostengünstiger ist, sich mit einer Aufsicht zu begnügen und die eigentliche Arbeit einem privaten Anbieter zu überlassen, der in einem kompetitiven Verfahren das beste Angebot macht. Steuern sind auf das absolute Minimum zu beschränken. Ein schlanker Staat ist ein guter Staat. Er verhält sich marktneutral und lässt die Finger von jeglicher Umverteilung, die etwas anderes bezweckt, als lediglich Polizei, Justiz, Schulen und Verteidigung zu bezahlen. Der wichtigste Einzelakteur des Staates ist die Notenbank. Sie ist idealiter als unabhängige Institution auszugestalten. Die im Marktgeschehen entstehende Verteilung ist per se legitim; sie drückt die Auslese der Tüchtigen aus. Staatsintervention verzerrt den Markt.

Was bleibt da noch für die Politik? Viel darf es nicht sein, weil sich der Staat ja aus dem Marktgeschehen heraushalten soll. Für den politischen Rahmen empfiehlt sich als ideale Form der demokratische Rechtsstaat. Er setzt kalkulierbare Rahmendaten für den Markt und schreibt mit dem Mandat auf Zeit ein Verfallsdatum für die aktuell Regierenden vor. Er leitet schließlich politische Prozesse durch ein gewaltenteiliges Schleusensystem von der parlamentarischen Beratung und Entscheidung über die aufgaben- und sachgerechte Verwaltung bis hin zur Letztbeurteilung durch unabhängige Gerichte.

In diesem Bild ist unschwer die historische Konkretion des atlantischen Kapitalismus zu erkennen. Nach dem Motto „so viel Markt wie möglich, so viel Staat wie nötig" bauten seit Beginn der 1980er Jahre konservative Regierungen – *Margaret Thatcher* – in Großbritannien den Sozialstaat und – *Ronald Reagan* – in den USA die bescheidenen wohlfahrtsstaatlichen Strukturen zurück. Gut zehn Jahre später erreichte die neoliberale Politik Kontinentaleuropa. Das neoliberale Paradigma verfestigte sich als neue Orthodoxie. Nach dieser Schablone wurden bald auch in Lateinamerika geschützte Arbeitsverhältnisse, soziale Transferleistungen und Steuern und Abgaben als Wettbewerbshindernisse definiert.

Die CEPAL und ihr Spiritus Rector *Prebisch* waren US-amerikanischen Wirtschaftswissenschaftlern ein Dorn im Auge. Sie organisierten bereits in den 1960er Jahren Stipendienprogramme für lateinamerikanische Wirtschaftsstudenten. Beharrlich arbeiteten sie daran, an den alteingesessenen Universitäten des Südens ein modernes Wirtschaftsstudium nach den Fachstandards der USA zu etablieren. Nach ihrem Empfinden krankte die lateinamerikanische Wirtschaftswissenschaft nicht nur an Methodenschwäche, sie war in ihren Augen auch zu stark dem soziologischen Denken verhaftet und vom kapitalismuskritischen Impuls der katholischen Soziallehre durchdrungen. Eines ihrer Zentren war die Katholische Universität im belgischen Löwen, die bis in die lateinamerikanische Universitätslandschaft ausstrahlte.

Die bedeutendste Universität Lateinamerikas war die Katholische Universität in Santiago de Chile. Santiago war auch Sitz der CEPAL, und schließlich war Chile ein Land mit einer starken linkskatholischen Partei, den Christdemokraten, die sogar für die Reform der ländlichen Eigentumsverhältnisse etwas übrig hatten (Kap. 11). Es gelang den US-Sponsoren, an dieser Universität einen Brückenkopf „wissenschaftlicher" Wirtschaftsanalyse zu errichten. Schlanke Theorie und Methoden standen im Mittelpunkt. Die theoretische Richtung wurde von der Universität Chicago vorgegeben, wo mit *Friedman* einer der kommenden Ökonomiepäpste lehrte. Bald gab es auch Ableger an den Hochschulen der Nachbarländer. Harvard und Yale ließen sich nicht lumpen und organisierten im Laufe der Jahre Seminare und Fortbildungen für lateinamerikanische Führungskräfte.

Angetan vom American Way of Life und wie ihre Väter und Vorväter allzu gern bereit, zu übernehmen, was anderswo als Krone des Fortschritts galt, reifte eine lateinamerikanische Ökonomenriege der skizzierten Denkungsart heran. Im Laufe der Jahre gelangten sie in die Führungsetagen der Wirtschafts- und Finanzministerien (Corrales 2012, S. 136). Einige Adepten schafften es bis in höchste politische Ämter, den meisten darunter gebrach es an politischem Instinkt und Urteilsfähigkeit (Domínguez 1997). Mit dem Segen einer Militärdiktatur wurde Chile (seit 1973) von neoliberalen Ökonomen geradezu umgekrempelt und als Paradebeispiel des erfolgreichen Paradigmenwechsels vorgezeigt.

Dem Wirtschaftswissenschaftler *John Williamson,* der in den 1990er Jahren für die Weltbank arbeitete, kam bei diesem Paradigmenwechsel eine Schlüsselrolle zu. Er prägte 1990 den Begriff des Washington-Konsenses. *Williamson* war eng mit neokonservativen Denkfabriken wie der Mont Pélerin Society, der Heritage Foundation und dem Cato Institute verbandelt, die sich prominenter Sponsoren wie *Milton Friedman, Barry Goldwater, Ronald Reagan* und *Margaret Thatcher* rühmten (Rey 2011, S. 93). Die Bedeutung des Washington-Konsenses als wirtschaftstherapeutisches Rezept für Lateinamerika kann nicht hoch genug eingeschätzt werden. Dieser Konsens kam unter dem Eindruck der Staatsverschuldung in den größeren lateinamerikanischen Ländern zustande. Damals gab es Befürchtungen, das internationale Kreditsystem nähme Schaden, sollte es nicht gelingen, die Schuldenländer zu größerer Ausgabendisziplin zu zwingen. In institutioneller Hinsicht war der Washington-Konsens eine Übereinkunft des IWF mit der Weltbank. Er bestimmte die Eckpunkte, nach denen sich die Gläubigerbanken überzeugen ließen, Schulden zu erlassen, sie zu strecken und Neukredite in Aussicht zu stellen.

Die erste und überragende Komponente des Washington-Konsenses war die knappe Botschaft: Schuldenabbau vor neuen Krediten (Corrales 2012, S. 137 f.). Was nach dieser Devise im Einzelnen zu geschehen hatte, wurde in einem maßgeschneiderten Strukturanpassungsprogramm festgelegt. Generelles Merkmal dieser Programme: Weitere Kredite nur unter den folgenden Voraussetzungen: 1) Ausgabendisziplin, 2) Steuerreform bzw. Steuersenkungen, 3) Konzentration der Staatsaufgaben auf Bildung, Gesundheit und Infrastruktur, 4) ein an den Markt angepasstes Zinsniveau, 5) Liberalisierung des Außenhandels, 6) Öffnung für ausländische Direktinvestitionen, 7) Bürokratieabbau und 8) Schutz des privaten Eigentums. Von sich aus fügte die Weltbank noch 9) das Kriterium des Regimes hinzu, ob demokratisch oder nicht, ferner Good Governance und schließlich eine auf diese Ziele abgestimmte Struktur wirtschaftspolitischer Prozesse. Für das stark auf den Export angelegte Lateinamerika bedeutete dies alles ein hochoffizielles Zurück zum Imperativ der komparativen Kostenvorteile.

Keiner Regierung blieb anderes übrig denn als Gegenleistung für Schuldenschnitte und Neukredite wenigstens einige neoliberale Rezepturen zu verabreichen (Silva 2009, S. 24–59). Wo die Regierungen den Washington-Konsens implementierten, kam es zu einer scharfen und dauerhaften gesellschaftlichen Polarisierung (Corrales 2012, S. 140 f.). Die Aussicht, dass die Wähler jede Regierung strafen würden, von der die

Tab. 5.1 Ausgaben des öffentlichen Sektors 1990–2012 (Anteil am BIP, in v. H.). (Quelle: Data.worldbank.org/indicator, Public Sector, Expense (% of GDP))

	2012	2000	1990
Kolumbien	25,1	20,6[a]	
Venezuela	25,1[b]	24,1[c]	19,9
Ecuador			7,3
Peru	17,9	18,4[c]	20,0
Bolivien	21,8[d]	28,1[e]	
Chile	20,4	19,9[e]	
Argentinien	20,6[f]	19,7[e]	
Brasilien	24,8	21,1	*34,2*
Paraguay	21,2	15,1[b]	
Uruguay	30,5	27,3	21,9
Panama		21,3[c]	23,4
Costa Rica	27,1		
Nicaragua	15,3	12,7	23,7[c]
Honduras	23,5	20,9[a]	
Guatemala	13,0	10,9	9,1
El Salvador	20,6	17,9[e]	
Mexiko			16,8
Dom. Republik	14,0[g]		

[a] 2003
[b] 2005
[c] 2001
[d] 2007
[e] 2002
[f] 2010
[g] 2011

neoliberale Kur verabreicht würde, lag auf der Hand. Es kam zu einer gigantischen Privatisierungswelle, in der sich die Regierungen von staatlich dirigierten Produktions- und Infrastrukturbetrieben trennten. Wo es für größere Teile der Bevölkerung bereits ein soziales Leistungsprogramm gab, wurde es zurückgeschnitten. Betroffen von alledem waren vor allem Rentner und Menschen mit kleinen Einkommen. In den 1990er Jahren gingen die öffentlichen Ausgaben am Inlandsprodukt deutlich zurück (Tab. 5.1).

Weil soziale Leistungen in der Region nach dem Sozialversicherungsprinzip auf Beiträgen fußen, gab es mit den Beschäftigungsverlusten im regulären Sektor (Tab. 3.3) weniger Einzahler. Ein Großteil der Arbeitsbevölkerung bestreitet seine Existenz im informellen Sektor (Tab. 3.2). Bei ihm greift das von den europäischen Wohlfahrtsstaaten kopierte Sozialversicherungssystem ins Leere. Noch 1980 galten 40,5 % der lateinamerikanischen Bevölkerung als arm. Dieser Anteil stieg bis 1990 auf 43,8 und in der neoliberalen Dekade bis 2000 noch einmal auf 48,3 % (Huber 2004, S. 152, 160; siehe auch Tab. 3.4). Vermögende konnten es sich weiterhin leisten, private ärztliche Leistungen zu bezahlen. Die Polizei und kleine Staatsbedienstete verzeichneten sinkende Einkommen. Sie wirkten wie Anreizprogramme für informelle Zweit- und Drittjobs und eine Einkommensaufbesserung durch Korruption. Kurz: Die neoliberale Politik war ein Treibsatz für soziale Empörung und Proteste. Alte Hoffnungen auf die Neuordnung des Landbesitzes wurden enttäuscht und der Raubbau an der Natur weiter begünstigt. Heimische Industrien verschwanden vom Markt, reguläre Arbeitsplätze wurden vernichtet.

Am Grundproblem Lateinamerikas vermochte die neoliberale Politik nichts zu ändern: die Abhängigkeit von maximal einem Dutzend Produkten, die entweder gar nicht oder nur geringfügig für den Export weiterverarbeitet werden, also ohne größeren Wertschöpfungseffekt bleiben, dazu meist Bodenschätze und Feldfrüchte, die je nach der Weltkonjunktur mal stärker, mal schwächer nachgefragt werden! Rohöl, Kupfer- und Eisenerze und landwirtschaftliche Produkte machen allein mindestens die Hälfte der Exporte der Länder des Subkontinents aus (siehe Tab. 5.2).

Angesichts einer wachsenden Weltbevölkerung und des unverminderten Fleischappetits der wohlhabenden Länder auf der Nordhalbkugel hat die Bedeutung der Landwirtschaft keineswegs nachgelassen. Weizen-, Soja- und Rindfleischproduktion brauchen Fläche. Für die Ökologie ist die vorherrschende großlandwirtschaftliche Bewirtschaftungsform keine gute Sache. Betriebswirtschaftlich ist sie optimal. Nicht zuletzt hat sie den Vorteil, dass in Zeiten fallender Preise Land aus der Produktion genommen werden kann, um es dann, wenn die Preis wieder anziehen, als Produktionsreserve zu aktivieren. Umfassende Landreformen, die heute weniger denn je zur Debatte stehen, würden dieses System in schwer kalkulierbarer Weise belasten, zumal gewiss sein dürfte, dass ein beträchtlicher Teil für die bäuerliche Subsistenzwirtschaft in Anspruch genommen würde.

Demgegenüber hat der Import von Maschinen, Elektronik, Fahrzeugen und Chemie einen Gesamtanteil von teils weit über 50 % (Tab. 5.3). Allein im industriell höher entwickelten Argentinien und Brasilien ist dieser Anteil geringer. Der Preis für importierte Ausrüstungen, industrielle Vorprodukte und hochwertige und notwendige Konsumgüter wird vom Lebensstandard der produzierenden Länder und seinen Voraussetzungen – hohe Löhne, aufwendige Infrastruktur, Steuern, Sozialleistungen – bestimmt. Daran änderte sich vorübergehend einiges, als mit China und den südostasiatischen Newcomern Handelspartner auftraten, die mit preisgünstigeren Angeboten aufwarteten. Doch hier handelte es sich lediglich um den Wechsel der Lieferanten, im Prinzip ändert sich dadurch nichts: Auch der steigende Lebensstandard in China und Südostasien schlägt auf die Preise durch.

In Zeiten starken Wachstums ist das Exportgeschäft eine schöne Sache: Die Regierung kann es sich leisten, das eine oder andere Transferprogramm aufzulegen, um etwas für Rentner oder Arme zu tun oder aber Infrastrukturprogramme auf den Weg zu bringen (Tab. 5.1). Sie lässt sich in einer günstigen Konjunkturphase auf dauerhafte Kosten ein.

Tab. 5.2 Anteil der Primärgüter am Export 1970–2014 (in v. H.). (Quelle: CEPAL/ECLAC: Statistical Yearbook for Latin America and the Caribbean, 2015, Exports Primary Products as of Total Exports, Tab. 3.3.2.1)

	2014	2010	2000	1990	1980	1970
Kolumbien	82,4	76,1	67,5	72,9	71,7	81,4
Venezuela	98,2[a]	98,3	90,9	89,6	98,3	98,6
Ecuador	93,8	90,2	90,1	97,7	97,0	98,3
Peru	85,3	86,1	79,7	81,6	83,2	98,6
Bolivien	96,4	93,6	71,1	95,5	97,1	97,0
Chile	85,9	87,4	83,8	88,7	90,9	95,7
Argentinien	67,9	66,8	67,5	70,9	76,9	86,1
Brasilien	65,2	62,9	41,6	48,1	62,8	86,8
Paraguay	90,5	92,6	81,1	90,1	88,2	91,1
Uruguay			58,1	61,2	62,1	80,0
Panama	85,4		84,1	83,0	91,1	96,4
Costa Rica			34,4	73,3	71,7	81,4
Nicaragua	53,7	92,9	91,4	91,5	81,9	82,2
Honduras	60,3	74,7	78.8	90,7	87,5	91,9
Guatemala	60,8	57,3	68,0	75,5	75,8	72,0
El Salvador	24,2	27,2	51,6	64,5	64,6	71,4
Mexiko	21,3	24,0	16,5	56,5	88,1	67,5
Kuba		74,9[b]	90,6			
Haiti			16,0[c]			
Dom Republik	37,9	32,3	65,8[d]	22,2[e]	76,4	96,0[f]

[a]2013
[b]2006
[c]1997
[d]2001
[e]1992
[f]1971

Laufen die Dinge gesamtwirtschaftlich wieder schlechter, wird es politisch schwierig, sie zurückzuschneiden, ohne am Wahltag krachende Niederlagen in Kauf zu nehmen, zumal linke Regierungen die Verbesserung des Loses der Ärmsten der Armen auf ihre Fahnen geschrieben haben.

Im Unterschied zu den volatilen Preisen für Rohstoffe und Agrarprodukte sind die Preise für strategisch wichtige Importe wenig elastisch. Die Mittelschicht hat ihre Konsumgewohnheiten, und die heimischen Produzenten sind auf Einfuhren angewiesen, um ihre Anlagen zu erhalten und zu erneuern. Gegen den Kursverfall der

Tab. 5.3 Die wichtigsten Importgüter 2014 (in v. H.). (Quelle: Fischer Weltalmanach 2016)

	Chem. Prod.	Erdöl	Maschinen	Kfz.u. Autoteile	Elektronik	Lebens- mittel
Kolumbien	17	11	11	9	10	
Venezuela	19		20			16
Ecuador	15	21	12	8		7
Peru	14	15	13	11	8	
Bolivien	13	12	20	11		
Chile	10	17	11	11	8	
Argentin.	16	7	14	19	9	
Brasilien	20	15	13	8	9	
Paraguay	16	15	10	9	13	
Uruguay	17	18	11	10		9
Panama	9	20	10	9		10
Costa Rica	11		24			

lateinamerikanischen Währungen ist kein Kraut gewachsen (Tab. 5.4). Hier geht er schleichend voran, dort in schnellen Trab. Wie auch immer: Die Ursache ist stets die Gleiche – die Differenz zwischen den Primärgüterlieferanten mit kurzen und den Technologieproduzenten mit langen Wertschöpfungsketten. Wie die Zahlungsbilanzen zeigen, verzeichnen sämtliche Länder mit Ausnahme weniger Jahre einen Negativsaldo (Tab. 5.5). Er zwingt je nach Volumen und Schwankung zur Anpassung, wenn der Kapitalabfluss einen kritischen Punkt erreicht, wenn die Notenpresse einige Touren zulegt, um laufende Rechnungen zu bezahlen, und wenn Neukredite bei ausländischen Banken nur noch mit Risikoaufschlägen zu haben sind (Tab. 5.5).

Um den Nominalwert der Landeswährung zu halten, trotzdem aber den Preisauftrieb zu dämpfen, spielen Regierungen und Notenbanken gern auf der Zins- und Wechselkursklaviatur. In der noch gar nicht so lange zurückliegenden Epoche der importsubstituierenden Industrialisierung wurde zu diesem Zweck gern mit Lohn-Preis-Kontrollen gearbeitet. Dieses Mittel gehört der Vergangenheit an. Heute werden eher Preissubventionen für strategische Produkte wie Treibstoffe und Lebensmittel gestrichen, wo es sie noch gibt, um Kaufkraft abzuschöpfen. Vor allem aber wird gern mit dem marktkonformeren Leitzins gearbeitet, sei es, um eine sich schneller drehende Inflationsspirale durch steigende Kreditkosten zu verlangsamen, sei es, um die Geldschleusen wieder zu öffnen, wenn die Investitionen allzu arg nachlassen und Arbeitsplätze auf dem Spiel stehen (Tab. 5.6). In Brasilien gab es in den vergangenen Jahren schon Zinsniveaus um die 40 bis 50 %.

Tab. 5.4 Wechselkurse, Landeswährung in Relation zum US-Dollar 2001–2015. (Quelle: Diverse Jahrgänge des Fischer-Weltalmanachs)

	2015	2014	2010	2001
Kolumbien	2257	1907	1972	2305
Venezuela	6,30	6,30	4,30	2,15[a]
Ecuador	1,11	1,37	1,23	0,85
Peru	3,16	2,77	2,85	3,55
Bolivien	6,96	6,96	7,07	6,61
Chile	617,45	584,94	529,23	631,90
Argentinien	8,99	8,08	3,93	1,0
Brasilien	3,18	2,24	1,82	2,30
Paraguay	5129	4425	4750	4026
Uruguay	26,78	22,91	19,15	13,74
Panamá[b]	1,0	1,0	1,0	1,0
Costa Rica	542,46	559,88	545,72	328,28
Nicaragua	27,14	25,85	21,27	13,57
Honduras	22,03	21,01	19,03	15,67
Guatemala	7,67	7,79	8,0	7,80
El Salvador[c]	8,75	8,75	8,75	8,75
Mexiko	15,39	12,86	12,93	9,08
Haiti	48,11	5,36	39,79	24,37
Dom. Rep.	44,89	43,35	36,85	17,71
Kuba	1,03	1,03	0,96	1,0

[a]2008, erstes Jahr des Bolivar Fuerte
[b]Dollarparität
[c]Dollarbindung

Der Neoliberalismus hat ordnungspolitisch zerklüftete Landschaften hinterlassen (siehe auch Kaltwasser 2011). Wo die Importsubstitution vor der neoliberalen Ära einigermaßen erfolgreich war, indem sie lebensfähige Industrien hat entstehen lassen, ist die Neigung gering, sie heute nur deshalb dem Wettbewerb zu opfern, weil die herrschende Wirtschaftsideologie dies verlangt (Corrales 2012, S. 150). Die meisten Länder – mit der Ausnahme Venezuelas – verzeichneten in den vergangenen 15 Jahren dank der Beherzigung liberaler Essentials nur noch Inflationsraten im einstelligen Bereich. Auch die Auslandsverschuldung ist nach dem Höchstständen der Vergangenheit deutlich reduziert (siehe Tab. 5.7).

Tab. 5.5 Zahlungsbilanz 1980–2014 (Saldo in Mio. USD). (Quelle: CEPAL/ECLAC: Statistical Yearbook for Latin America and the Carribbean 2015, External Sector, Tab. 2.2.1.1: Balance of Payments)

	2014	2010	2000	1990	1980
Kolumbien	−19.580	−8662	794	542	−205
Venezuela	−7579	−8812	−11.853	−8279	−4728
Ecuador	−589	−1586	952	−360	−641
Peru	−8030	−3544	−1545	−1419	−101
Bolivien	26	765	−446	−198	−6
Chile	−2995	3769	−897	−484	−1971
Argentinien	−5876	−1466	−8980	4552	−4774
Brasilien	−104.076	−75.759	−20.224	−3387	−12.739
Paraguay	−116	−57	−247	390	−277
Uruguay		−2538	−732	−566	−709
Panama	−5280	−3076	−627	209	−328
Costa Rica	−2161	−1179	−690	−424	−663
Nicaragua	−838	−780	−935		
Honduras	−1444	−681	−508	−51	−316
Guatemala	−1386	−563	−1049	−232	−163
El Salvador	−1199	−532	−430	−260	33
Mexiko	−24.036	−4853	−18.752	−7451	−10.442
Kuba		488[a]	−692	−2545	
Haiti	−769	−101	−114	−21	−101
D. Republik	−2025	−4006	−1026	−279	−719

[a]2007

5.3 Spielräume einer post-neoliberalen Wirtschaftspolitik

Vor dem geschilderten Hintergrund haben die Regierungen des südlichen Amerika in der Wirtschaftspolitik drei hypothetische Optionen. Die erste ist weltwirtschaftlich und die letzte innenpolitisch blockiert:

1. Die Ablösung des Marktes durch Verstaatlichung und Preisregulierung: Beides wird seit der Jahrtausendwende in Venezuela versucht. Aufgrund der Exportabhängigkeit führte dieser Weg nicht weit. Er verschließt die Augen vor den Unwägbarkeiten des Weltmarktes, hier insbesondere vor den Schwankungen des Ölpreises.
2. Die Kombination von Währungs- und Sparpolitik: Der Staat verordnet den Tausch der alten durch eine neue Währung, die dann möglichst an eine Hartwährung gekoppelt

Tab. 5.6 Bankzins für den privaten Sektor im Vergleich 2001–2014 (in v. H.). (Quelle: Data.worldbank.org/indicator, Lending Interest Rate (%))

	2014	2013	2012	2010	2001
Kolumbien	10,9	11,0	12,6	9,4	20,7
Venezuela	17,2	15,9	16,4	18,3	22,5
Ecuador				9,8[a]	16,2
Peru	15,7	18,1	19,2	19,0	25,0
Bolivien	9,7	11,1	1,1	9,9	20,1
Chile	8,1	9,3	10,1	4,8	11,9
Argentinien	24,0	17,1	14,1	10,6	27,7
Brasilien	32,0	27,4	36,6	40,0	57,6
Paraguay	21,2	19,3	17,2	26,0	28,3
Uruguay	15,5	12,4	11,2	10,3	48,6
Panama	6,8	6,6	6,9	7,7	11,0
Costa Rica	14,9	15,2	14,2	17,1	23,8
Nicaragua	13,5	15,0	12,0	13,3	18,6
Honduras	20,6	20.1	18,5	18,9	23,8
Guatemala	13,8	13,6	18,5	13,3	10,0
El Salvador	k. A.	k. A.	k. A.	k. A.	k. A.
Mexiko	3,6	4,2	4,7	5,3	12,8

[a]2006

Tab. 5.7 Auslandsverschuldung 2014 (Anteil am BIP [in v. H.]). (Quelle: CEPAL/ECLAC: Statistical Yearbook for Latin America and the Caribbean 2015, Total External Debt as Percentage of GDP, Tab. 3.3.4.5)

Kolumbien	24,8	Panama	25,8
Venezuela	28,7[b]	Costa Rica	37,7
Ecuador	22,8	Honduras	38,6
Peru	31,3	Guatemala	31,0
Bolivien	23,8	El Salvador	54,3
Chile	53,2	Mexiko	21,5
Argentinien	27,0	Kuba	19,8[a]
Brasilien	14,4	Haiti	17,6[b]
Paraguay	17,2	Dom. Rep.	24,5
Uruguay	42,2	Kuba	k.A.

[a]2009
[b]2013

wird. Um den Haushalt zu entlasten, werden öffentliche Transferleistungen reduziert und öffentliche Beschäftigung abgebaut. Öffentliche Unternehmen werden privatisiert, kostensparende Verwaltungsreformen in Angriff genommen und der Arbeitsmarkt liberalisiert. Dieses Maßnahmenbündel entspricht weitgehend dem Rezept des Washington-Konsenses.

3. Als letzte Option käme noch die Veränderung der Vermögensverhältnisse infrage: also Landreform und wirksame Besteuerung der hohen Einkommen und großen Vermögen. Würden entsprechende Entscheidungen getroffen, könnten sie nur langfristig wirken. Sie würden im günstigen Fall, der allerdings von außenwirtschaftlichen Voraussetzungen abhängig wäre, dazu führen, dass selbstständige Bauern für den Markt produzierten und binnenwirtschaftlich generiertes Geld für medizinische Versorgung, Schule und Ausbildung vorhanden wäre. Doch gerade der Eingriff in die Verteilungsordnung ist ein politisches Tabu.

Das Steuersystem greift ins Leere, wo es verlangt, Einkommen und Vermögen zu deklarieren. Die höheren Kreise wälzen die Abgabenlast durch notorischen Steuerbetrug auf die Mittelschicht ab. Steuerhinterziehung ist international mehr oder weniger üblich. Hier wird sie schärfer, dort lockerer und vielerorts überhaupt nicht verfolgt. In Lateinamerika wurden erst in den 1930er Jahren Einkommensteuern eingeführt. Im internationalen Vergleich sind sie bescheiden bemessen. Wer seine Steuerpflicht durch Selbstmitteilung wahrnimmt, mogelt allzu gern, zumal die Steuerbehörden keinerlei Eifer zeigen, diese Praxis zu bekämpfen. Andernfalls würden sie sich mit den politischen Vorgesetzten und reichen Familien anlegen, die im selben gesellschaftlichen Milieu Umgang pflegen (Waldmann 2002, S. 12). Weil der große Betrug ein offenes Geheimnis ist, zögern auch kleine Selbstständige nicht (dazu am Beispiel Argentiniens: Sanchez 2012). Wie überall, wo im großen Stil Steuerbetrug geübt wird, so etwa in den mediterranen Ländern Europas, nehmen die Regierungen ihre Zuflucht zu verbrauchsbasierten Steuern. Es handelt sich um die ungerechteste, gleichzeitig aber um die einzige Art der Besteuerung, die im Sinne der Erfinder halbwegs greift. Diese Konstellation lenkt in Lateinamerika das Augenmerk einer Politik, die etwas für die Menschen auf der Schattenseite der Gesellschaft tun will, ganz von selbst darauf, die Mittel dafür durch das Abgreifen eines größeren öffentlichen Gewinnanteils am ökonomischen Hauptgeschäft, insbesondere dem Export von Öl, Gas und Mineralstoffen zu beschaffen.

Bolivien, Chile und Ecuador zählen weniger als 20, Peru an die 30, Argentinien um die 40 und Kolumbien um die 50 Mio. Einwohner. Allein Brasilien kommt mit 200 Mio. Einwohnern – mehr als Russland! – auf das Potenzial für einen großen Binnenmarkt, ebenso Mexiko mit seinen 120 Mio. (Tab. 3.9). Die Einwohnerzahl an sich besagt nicht allzu viel. Wichtiger ist die Einkommensverteilung. Sie erlaubt es nur einer mehr oder weniger großen Minderheit, hochwertige und für das Existenzminimum nicht benötigte Produkte zu konsumieren. Schon im großen Brasilien, das in einen wohlhabenden und in einen bettelarmen Landesteil gespalten ist, dürfte sich der Binnenmarkt für gewisse Produkte auf die Hälfte der Einwohnerzahl reduzieren. Für internationale Konzerne, die ihr Hauptgeschäft auf den konsumstarken Märkten Europas und Nordamerikas, inzwischen auch Asiens machen, ist es ein Leichtes, die lateinamerikanischen Märkte nebenbei zu bedienen, und dies noch zu Preisen, bei denen inländische Konkurrenten nicht mithalten können.

Lateinamerika ist zwar ein großer Wirtschaftsraum. Er unterscheidet sich von anderen Großräumen darin, dass die Produktpalette der Teilnehmerländer einander kaum ergänzt. Ein nennenswerter Handel mit industriellen Produkten hat sich allein zwischen Argentinien und Brasilien entwickelt. Bolivien, das Öl und Gas für ihren Energiebedarf liefert, sowie Paraguay und Uruguay, durchweg Länder mit geringer industrieller Eigenproduktion, sind eng mit der brasilianischen Wirtschaft verzahnt. Die mittelamerikanischen Republiken exportieren in größerem Umfang in die eigene Region, und sie sind enger mit dem US-amerikanischen als mit dem südamerikanischen Wirtschaftsraum verzahnt. Mexiko hat die differenzierteste Wirtschaftsstruktur im südlichen Amerika überhaupt; es liefert auch Fertigprodukte und Komponenten in die USA. Die mittelamerikanischen Staaten sind dabei, es Mexiko in dieser Hinsicht gleichzutun (Tab. 5.8).

Tab. 5.8 Innerregionale Exporte (Lateinamerika und Karibik) 2014 (in v. H. am Gesamtexport). (Quellen: CEPAL/ECLAC: Statistical Yearbook for Latin America and the Caribbean 2015, Intraregional Exports by Country of Origin, Tab. 2.2.2.6 Fischer Weltalmanach 2016)

Kolumbien[a]	27,6	Panamá[i]	22,4
Ecuador[b]	30,8	Costa Rica[j]	27,5[k]
Peru	25,6	Nicaragua[k]	38,1
Bolivien[c]	69,7	Honduras[l]	21,2
Chile[d]	17,6	Guatemala[m]	41,1
Argentinien[e]	39,7	El Salvador[n]	46,3
Brasilien[f]	19,6	Mexiko	6,4
Paraguay[g]	52,9	Kuba	20,4[o]
Uruguay[h]	35,5	Dom. Republik	23,7

[a]Panama: 7 %
[b]Chile: 9 %, Peru: 6 %, Panama: 6 %, Kolumbien. 4 %
[c]Brasilien: 30 %, Argentinien: 20 %, Peru 4 %
[d]Brasilien: 5 %
[e]Brasilien: 21 %, Venezuela: 3 %, Uruguay: 2 %
[f]Argentinien: 6 %, Chile: 2 %
[g]Brasilien: 31 %, Argentinien: 7 %, Chile: 7 %
[h]Brasilien: 19 %, Argentinien: 5 %, Venezuela: 5 %
[i]Costa Rica: 9 %
[j]2013
[k]2014: Panama: 5 %, Nicaragua: 4 %, Guatemala: 4 %
[l]2012
[m]El Salvador: 11 %, Honduras: 8 %, Nicaragua: 5 %, Mexiko: 5 %, Costa Rica: 4 %
[n]Honduras: 14 %, Guatemala: 13 %, Nicaragua: 6 %, Costa Rica: 4 %
[o]2006

Tab. 5.9 Exportanteil US – China 2000–2014 (in v. H.). (Quelle: Fischer Weltalmanach, diverse Jahrgänge)

	USA				China			
	2014	2013	2006	2000	2014	2013	2006	2000
Kolumbien	26	32	40	50	11	18	–	–
Venezuela	25	23	57	49	13	17	–	–
Ecuador	44	45	50	38	–	–	–	–
Peru	18	14	32	27	18	17	11	–
Bolivien	16	15	21	27	3	–	–	–
Chile	12	25	17	17	25	13	–	5
Argentinien	6	5	11	11[a]	7	–	8	–
Brasilien	6	10	18	24	18	19	7	2
Paraguay	–	–	–	8[b]	–	–	–	–
Uruguay	4	3	13		14	7	–	
Panama	20		38	49[b]	9		–	–
Costa Rica	37	38	13	28[b]	7	5	–	–
Guatemala		38	46	27[b]		–	–	–
El Salvador		47	61	65[b]		–	–	
Mexiko	80	79	85	88	2	2	–	–

[a]1999
[b]2001

Lateinamerika wuchert mit den Pfunden, welche ihm Klima und Natur zugeteilt haben: Rohstoffe, fossile Energien und Cash Crops. Der europäische Markt ist unverändert wichtig. Nach wie vor sind auch die USA ein wichtiger Abnehmer und Importeur. Die Koordinaten der weltwirtschaftlichen Verflechtung haben sich in den letzten Jahren allerdings dramatisch nach Asien verschoben. Auch die historisch recht neuen ostasiatischen Märkte bekräftigen Lateinamerikas historische Rolle als Rohstoff- und Lebensmittellieferant.

China macht sich erst seit einigen Jahren als Investoren- und als Konsumentennation bemerkbar (Corrales 2012, S. 149 f.). Es verarbeitet Rohstoffe für seine wachsende Industrie, und es verbraucht Energie in einem Ausmaß, das die landeseigenen Ressourcen überfordert. Es hat die USA beim Handel mit Südamerika teils sogar überholt. Dieser Prozess ging in rasantem Tempo und hauptsächlich im südlichen Lateinamerika vonstatten (Tab. 5.9 und 5.10). Politisch ist China ein bequemer Partner. In Beijing ist man zufrieden, wenn die Geschäfte gut laufen, in den südamerikanischen Hauptstädten ebenso. Regimefragen spielen in den Beziehungen keine Rolle. Hier vertritt der ostasiatische Riese den klassischen Standpunkt der Nichteinmischung in die inneren

Tab. 5.10 Importanteil US – China 2000–2014 (in v. H.). (Quelle: Fischer Weltalmanach, diverse Jahrgänge)

	USA				China			
	2014	2013	2006	2000	2014	2013	2006	2000
Kolumbien	28	28	28	34	18	18	8	0
Venezuela	24	23	30	41	15	17	7	0
Ecuador	28	25	23	26	17	17	0	0
Peru	20	19	18	30	19	18	8	0
Bolivien	12	0	12	24	17	13	7	0
Chile	20	20	15	21	21	20	9	5
Argentinien	11	12	13	19[a]	15	15	0	0
Brasilien	15	16	16	23	16	15	9	2
Paraguay	8	7	6	14[b]	25	28	27	7[b]
Uruguay	9	20	7	8[b]	17	14	7	5[b]
Panama	25		27	33[b]	8		–	–
Costa Rica	47		20	23[b]	10		5	–
Guatemala		37	35	35[b]		8	5	–
El Salvador		39	43	49[b]		7	–	
Mexiko	49	49	53	71	17	16	10	0

[a]1999
[b]2001

Angelegenheiten, der auch in Lateinamerika geschätzt wird. Der Haken bei der Sache: Verlangsamt sich in China das expansive und Rohstoffe fressende Wachstum (exemplarisch die Branchen Bau und Stahl), bekommen die südamerikanischen Rohstofföknomien dies unmittelbar zu spüren. Im Übrigen verhalten sich chinesische Firmen, die etwa in Peru in den Bergbau, in Ecuador in die Ölförderung investieren, nicht anders als europäische und US-Investoren, die keine Rücksicht auf die Umwelt nehmen und den heimischen Arbeitern geringe Löhne zahlen (González-Vicente 2013, S. 46–72).

Im südlichen Amerika werden immer noch neue Rohstoffvorkommen erschlossen, teils im „alten“ Sektor der metallhaltigen Erze, teils im „neuen“ Sektor der Flüssigbrennstoffe Öl und Gas. Immer mehr Fläche wird für den Anbau der Supernährpflanze Soja bearbeitet, die bei der Nahrungs-, Futtermittel- und Kosmetikindustrie in aller Welt reißenden Absatz findet. Der dramatische Fall der Rohölpreise im Jahr 2015 und ein deutlich langsameres Wachstum der chinesischen Wirtschaft haben unmittelbare Auswirkungen auf Lateinamerika. China Ostküste ist mittlerweile zubetoniert, Baustahl wird weniger nachgefragt, in Anbetracht eines weltweiten Überangebots stehen die Preise im Keller. Die Förderpolitik Saudi-Arabiens schickt den Preis für Rohöl in den freien Fall.

Seine Motive haben mit Lateinamerika nichts zu tun; es geht darum, den Preis unter die Kosten des Fracking zu treiben, das die USA wieder zum Selbstversorger gemacht hat, und dem Iran die wichtigste Ressource zu verderben, mit der er sich nach jahrzehntelangem Boykott wieder in die Weltwirtschaft integrieren will. Lateinamerika ist ein Kollateralschaden dieser Strategie. Der Schaden selbst ist gewaltig. Waren teure Ölimporte in den 1980er Jahren noch einer der Gründe für die Verschuldung lateinamerikanischer Länder, sind viele darunter heute selbst Ölproduzenten. Sie bauen auf hohe Preise, um innenpolitische Reformen finanzieren zu können (Tab. 5.10).

Im Exportgeschäft wird seit einigen Jahren mit neuen Steuer- und Abgabenregimen gearbeitet. Sie leiten zusätzliche Mittel in den Staatshaushalt, ohne die Investoren ganz zu verschrecken. Aber auch bei den linken Regierungen gibt es markante Unterschiede. Brasilien, Bolivien und Ecuador schöpfen die Spielräume zur Armutsbekämpfung aus (Rosales 2013; Birdsall et al. 2012, S. 162 f.). Der Gini-Index verzeichnet dort im Abstand von zehn Jahren keine dramatische, aber doch erkennbare Verringerung der Ungleichverteilung (Tab. 5.11).

Die linke Regierung Venezuelas, nicht ganz so dramatisch auch diejenige Argentiniens, Ersteres ein Ölförder-, Letzteres ein Agrarexportland, ignorierten sehenden Auges

Tab. 5.11 Gini-Index der Einkommensverteilung.[a] (Quelle: CEPAL/ECLAC: Statistical Yearbook for Latin America and the Caribbean 2015, Gini Coefficient, Urban and Rural Areas, Tab. 1.6.6)

Kolumbien	2013	0,536	2002	0,567
Ecuador	2013	0,477	2000	0,559
Peru	2013	0,444	2001	0,525
Bolivien	2011	0,472	2000	0,643
Chile	2013	0,509	2000	0,564
Argentinien[b]	2012	0,544	2000	0,475
Brasilien	2013	0,553	2001	0,639
Paraguay	2013	0,522	2001	0,558
Uruguay[b]	2013	0,383	2000	0,447
Panama	2013	0,527	2001	0,555
Costa Rica	2013	0,512	2000	0,474
Nicaragua	2009	0,478	2001	0,579
Honduras	2010	0,573	2001	0,577
Guatemala	2006	0,585	2002	0,542
El Salvador	2013	0,477	2000	0,531
Mexiko	2012	0,492	2000	0,542
Dom. Republik	2013	0,544	2002	0,537

[a]Hypothetisch absolute Ungleichverteilung bei 1,0.
[b]Nur städtische Bevölkerung

ihre Abhängigkeit vom Weltmarkt. Weil sie in der Konfrontation mit den Investoren – in Venezuela ausländische Mineralölkonzerne, in Argentinien kapitalkräftige Agro-Unternehmer – Rechtsunsicherheit produzierten, wurden Investitionen zurückgehalten und blieben Kapazitäten ungenutzt (Corrales 2012, S. 145, 147). Gut gemeinte und kostspielige Sozialprogramme, die dazu bestimmt waren, die Unterschiede zwischen Arm und Reich zu verringern, verpufften dort in zweistelligen Inflationsraten und Versorgungsengpässen (Birdsall 2012, S. 170).

Die Ressourcenabhängigkeit linker Regierungen, die einen großen Staatsanteil am Rohstoffgeschäft reklamieren, verschärft alte und generiert neue Konflikte. Der Bergbau sowie die Öl- und Gasförderung dringen in Gebiete vor, in denen Kleinbauern und indigene Völker leben. Sie belasten Böden und Gewässer mit Chemikalien. Der Landverbrauch für die Exportpflanzen engt traditionelle Lebens- und Wirtschaftsräume ein. Dem expandierenden Sojaanbau in Brasilien fallen – oft illegal – wertvolle Waldflächen zum Opfer. Nicht genug damit, braucht es für neue Produktionsanlagen und die Ausdehnung der Agrarflächen Straßenverbindungen zu den Küsten. Neue Verkehrsverbindungen locken Siedler aus anderen Regionen an – mit allem, was sie mit sich bringen, Bars, Spielhallen, Drogen. Stück für Stück sägt dieses Modell an dem Ast, an dem seine Früchte wachsen. Irgendwann sind die Mineralvorkommen und fossilen Brennstofflager erschöpft und verdorren die Agrarflächen. Schon jetzt führt die Vernichtung des Regenwaldes zu geringeren Niederschlägen (dazu ausführlich: Burchardt und Dietz 2014).

Die Zeiten, in denen der Staat einfach anordnete und Widerstand mit Polizei und Militär gebrochen hat, sind zwar nicht passé. Aber Bauern und Eingeborene haben gelernt, sich zu wehren und mit Protesten die Aufmerksamkeit der Weltöffentlichkeit zu wecken. Linke Regierungen geraten in das Dilemma, sich entscheiden zu müssen: Entweder absolute Priorität für die extraktive Wirtschaft mit dem Ergebnis, dass hier Mittel für die Armutsbekämpfung und minimale Sozialstandards erwirtschaftet werden. Oder aber der Schutz der Landschaft, der indigenen Lebensräume und der bäuerlichen Existenzen und damit der Verzicht auf die Erschließung weiterer exportrelevanter Ressourcen, mit denen die Armutsbekämpfung letztlich bezahlt wird (Haarståd 2012, S. 6). Die Hauptbetroffenen der durchweg gewählten ersten Option, Bauern und Landbewohner, machen das Beste daraus. Wo es Landschaft und Klima hergeben, beliefern die Bauern der Andentäler den internationalen Markt mit dem Grundstoff für Kokain.

Der Konflikt zwischen Minderheiten, Umwelt und Ressourcenausbeutung wird sich in den nächsten Jahrzehnten fortsetzen. Um 2010 waren bereits 55 % des peruanischen Hochlandes als Konzessionen an internationale Konzerne vergeben, mehr als zwei Drittel davon allein im kurzen Zeitraum zwischen 2002 und 2007. Im peruanischen Amazonasgebiet mit seinen Öl- und Gasvorkommen stieg die Konzessionsfläche in nur vier Jahren von 14 auf 70 %. Auf Reservate und Naturparks wird keinerlei Rücksicht genommen. Im ähnlich strukturierten Amazonasgebiet Ecuadors sind bereits 65 % der Fläche für Investoren reserviert (Rebbington et al. 2012, S. 23).

In welcher Rechtsform die Ausbeutung der Bodenschätze vonstatten geht, wird bei alledem überschätzt. Die populären Verstaatlichungsmaßnahmen – ein Signum linker Politik – lassen den ausländischen Kapitalgesellschaften genügend Luft zum Atmen. Ob das Eigentum am Bohrloch und oder an den erzhaltigen Gesteinsschichten nun bei einem ausländischen Investor verbleibt oder ob es durch Verstaatlichungsgesetze an die Regierung übertragen wird, macht keinen dramatischen Unterschied. Die aufwendigen Bestands- oder Erweiterungsinvestitionen in Förderanlagen sowie die Vermarktung in einem weltweiten Verteilernetz können allein von privatem Kapital geleistet werden.

Ebenso verhält es sich mit Gesetzen, die den Großgrundbesitz in die Schranken weisen, indem sie nicht genutztes Spekulationsland zur Umverteilung an Landarbeiter oder Kleinbauern freigeben. Die Subsistenzlandwirtschaft ist für landlose Arbeiter und Kleinbauern eine sinnvolle Sache. Es handelt sich aber erstens lediglich um Retuschen an der Eigentumsordnung, und diese bringen zweitens das Ermessen von Behörden und Beamten ins Spiel, die bei der Implementierung der Gesetze für die Winke der Reichen und Mächtigen empfänglich sind. Was die Verstaatlichung der Infrastruktur betrifft, auch sie ein Merkmal linker Reformpolitik, holte sich der Staat bloß die Verfügung über die vormals öffentliche Elektrizitätsversorgung, Telekommunikation und Wasserversorgung zurück.

Blicken wir zuletzt noch auf Mittelamerika und die Karibik. Hier liegt manches anders als in Südamerika. Die wirtschaftspolitischen Spielräume sind deutlich geringer, die wirtschaftliche Verflechtung in der Region selbst und die Verflechtung der Region mit dem US-amerikanischen Wirtschaftsraum sind aber größer (Tab. 5.8). Bergbau, Öl, Gas haben geringe Bedeutung. Umso wichtiger sind immer noch Agrarprodukte wie Zucker, Bananen und der besonders arbeitsintensive Kaffee. Doch heute prägen nicht nur diese Produkte das Bild. Im nördlichen Dreieck Mittelamerikas, in El Salvador, Guatemala und Honduras gibt es seit Jahren heftige Konflikte, die sich am Landbesitz entzünden und bereits jahrzehntelange Bürgerkriege mit angeheizt haben (Edelman 2013, S. 1698 f.). Einige dieser Staaten, Costa Rica, Guatemala und Honduras haben seit Beginn des 21. Jahrhunderts die wirtschaftlichen Chancen des afrikanischen Palmöls entdeckt. Sie zählen inzwischen zu den fünf größten Erzeugern in Lateinamerika und den 20 größten weltweit (Edelman 2013, S. 1700). Armut und Gewalt plagen insbesondere das nördliche Staatendreieck Mittelamerikas. El Salvador, Guatemala und Honduras, die jahrzehntelang den volatilen Weltmarktpreisen für Genussmittel und Tropenfrüchte ausgesetzt waren, haben sich auf eine Ressource besonnen, die im Überfluss vorhanden ist: Billige Arbeit! Die Teilmontage und Komponentenfertigung für internationale Konzerne, die dazu noch in einem gewerkschaftsaversen politischen Milieu stattfindet, schließen die mittelamerikanischen Ökonomien mittlerweile an den großen nordamerikanischen Markt an. Mit einigem Erfolg tut es ihnen die Dominikanische Republik gleich, mit geringerem Erfolg auch das absolute Armenhaus Lateinamerikas, Haiti. Eine große Zahl von Honduranern, Guatemalteken, Salvadorianern und Haitianern leben im nördlichen Amerika. Ihre Rücküberweisungen an die Familien daheim entlasten die

Tab. 5.12 Rücküberweisungen an inländische Familien 2014 (Anteil am BIP in v. H.). (Quelle: Data.worldbank.org/indicator, Personal Remittances Received (as % of GDP))

Kolumbien	1,1	Panama	1,6
Venezuela[a]	0	Costa Rica	1,2
Ecuador	2,4	Nicaragua	9,7
Peru	1,3	Honduras	17,4
Bolivien	3,6	Guatemala	9,9
Chile	0,1	El Salvador	16,8
Argentinien	0,1	Mexiko	1,9
Paraguay	1,6	Kuba	3,8
Brasilien	0,1	Haiti	22,7
Uruguay	0,2	Dom. Republlik	7,5

[a]2012

Zahlungsbilanzen im Umfang von zehn bis zwanzig Prozent des Inlandsprodukts. In der Bilanz der besser aufgestellten mittelamerikanischen Nachbarn Panama und Costa Rica, von Südamerika ganz zu schweigen, spielen Auslandsüberweisungen kaum eine Rolle (Tab. 5.12).

Gleichzeitig wachsen, wie der Anteil der innerregionalen Handelsbeziehungen zeigt, die mittelamerikanischen Staaten selbst stärker zusammen (Tab. 5.8, Anmerkungen). Ein Freihandelsabkommen mit den USA untermauert diese Entwicklung.

6 Kolumbien

Kolumbien kommt mit 50 Mio. Einwohnern auf Rang drei der bevölkerungsreichsten Länder im südlichen Amerika. Landschaftlich, klimatisch und wirtschaftsräumlich umfasst es die Tropen, den Regenwald, die nordöstlichen Anden, und mit der Hauptstadt Bogotá sowie den Metropolen Medellín, Cali, Barranquilla und Cartagena zählt es gleich mehrere große Städte. Schließlich ist es reich an Bodenschätzen. Die Schwierigkeit, diese Vielfalt politisch zu integrieren, zieht sich bis in die Gegenwart durch die Geschichte des Landes. Geld und Macht konzentrieren sich im knappen Drittel der weißen Kolumbianer (Tab. 3.10).

6.1 Geschichte

6.1.1 Die frühe Republik: Parteienkonflikte, Exportwirtschaft

Der gescheiterte Versuch, im nördlichen Südamerika einen Bundesstaat Groß-Kolumbien aus der Taufe zu heben, gab dem heutigen Kolumbien seinen Namen (Abschn. 1.3). Die Republik Kolumbien entstand in den Grenzen der früheren Audiencia Bogotá. Bis 1886 trug das Land noch den Namen einer Neu-Grenadinischen Föderation.

Im frühen Kolumbien trieb der Caudillismo üppige Blüten. Die wichtigsten politischen Kräfte waren die Militärführer in den Einzelstaaten. Der Zentralregierung des zunächst föderalistisch gegliederten Staates mangelte es an Autorität (König 2008, S. 74–77). Erst als es gelang, eine leistungsfähige Bundesarmee auf die Beine zu stellen, konnte von veritabler Staatlichkeit die Rede sein. Bis 1886 erstarkte die Zentralgewalt so weit, dass es die nunmehr regierenden Konservativen wagen konnten, den Bundesstaat aufzulösen und einen Einheitsstaat an seine Stelle zu setzen. Auf der politischen Bühne spielten weiterhin allein die Liberalen und die Konservativen. Die Siegerpartei wurde auf der Grundlage eines extrem restriktiven Wahlrechts ermittelt. Sie tauschte die Anhänger

J. Hartmann, *Die politischen Systeme Lateinamerikas*,
DOI 10.1007/978-3-658-14353-4_6

der Verliererpartei in der Verwaltung rigoros durch eigene Parteigänger aus (Palacios 2006, S. 25–27, 97).

Wie überall in Lateinamerika repräsentierten die Konservativen die Großlandwirtschaft und die Liberalen eher die städtische Ökonomie. In beiden Parteien gab es aber ländliche und städtische Honoratioren. Ohnehin saßen beide Elitenfraktionen auf demselben ökonomischen Ast. Umso stärker kultivierten die Parteien ihre ideologischen Gegensätze. Die Konservativen standen fest zur Kirche, die Liberalen machten sich für die Trennung von Staat und Kirche stark. Streitthemen waren das Familienrecht und die Kontrolle des Schulsystems. Die Liberalen entzogen der Kirche in den 1830er Jahren ihren Besitz und verfügten die strikte Trennung von Staat und Kirche. Nach einem Parteienkrieg gewannen 1876 die Konservativen die Oberhand. Umgehend ließen sie eine neue Verfassung ausarbeiten und restaurierten die Kirchenprivilegien. Mit dem Vatikan wurde 1887 ein Konkordat ausgehandelt. Es versprach der Kirche Entschädigungszahlungen, erklärte die Doktrin der Kirche zur Richtschnur für das Erziehungswesen und übertrug das gesamte Personenstandswesen, Ehe, Geburten, Sterbefälle und Friedhöfe in die Zuständigkeit der Kirche.

Im Jahr 1899 kam es zu einem weiteren Parteienkrieg. Beide Parteien mobilisierten die Landbevölkerung, um sie auf den Gegner zu hetzen. In dieser Auseinandersetzung zogen die Liberalen abermals den Kürzeren (1902). Als sie dann schließlich 1930 wieder Mehrheitspartei wurden, machten sie die Zugeständnisse an die Kirche rückgängig (König 2008, S. 100–105).

Bis ins späte 20. Jahrhundert hatte das Land das Standardformat des lateinamerikanischen Präsidialsystems: Ein Präsident, der sein Kabinett zusammenstellte, eine Zweikammerlegislative, das Verbot der Anschlusskandidatur für den amtierenden Präsidenten, ein präsidiales Veto und das Recht des Parlaments, missliebige Minister oder gar den Präsidenten im Wege der Amtsanklage abzulösen. Seit 1910 wurde der Präsident direkt gewählt, allerdings auf der Basis eines weiterhin sehr restriktiven Wahlrechts. Auf das Amt eines Vizepräsidenten wurde verzichtet.

6.1.2 Weltwirtschaftskrise und Importsubstitution (seit 1930)

Bereits vor der Wende zum 20. Jahrhundert veränderten Kaffee und Bananen den Zuschnitt der Wirtschaft. Bis in die 1970er Jahre behauptete sich der Kaffee als nunmehr wichtigstes Exportprodukt.

Hacendados, meist Viehzüchter, waren die maßgebliche Macht auf dem Lande – unabhängig davon, ob die Mächtigen nun auf der liberalen oder konservativen Seite standen. Auf den Küstenplantagen gaben die Verwalter großer US-Fruchtkonzerne den Ton an. Im Alltagsleben hatten die verfeindeten Parteien keine Bedeutung. Politik war Sache der Eliten in der Hauptstadt. Unruhen, Streiks und Proteste von Landarbeitern und in der Hafenwirtschaft wurden mit harter Hand unterdrückt (König 2008, S. 116–118).

Die große Depression an der Schwelle zu den 1930er Jahren brachte eine Zäsur. Erstmals seit fast sechs Jahrzehnten wurde mit *Enrique Olaya Herrera* 1930 wieder ein Liberaler zum Präsidenten gewählt (1930–1934). Auf diesen folgte wiederum der Liberale *Alfonso López Pumarejo* (1934–1938, 1942–1945). Die liberalen Regierungen quittierten die sinkenden Einnahmen im Exportgeschäft mit Schutzzöllen und Industrieförderung, also mit Importsubstitution. In der Folge entstand eine bescheidene Konsumgüterindustrie. Ferner legalisierten die Liberalen die Aktivität der Gewerkschaften; die Kirchenprivilegien wurden kassiert und der Besuch staatlicher Schulen zur Pflicht gemacht. Eine überarbeitete Verfassung (1936) flankierte diese Politik. Die von der politischen Arena ausgesperrten Klassen, Bauern, Transportarbeiter und Landarbeiter, nutzten die neuen Freiheiten. Den meisten Liberalen war so viel Bewegung und Unruhe in den unteren Klassen nicht geheuer. Die Reformpolitik kam zum Stillstand (König 2008, S. 128–135).

Präsident *López* kam kurz vor Ende seiner zweiten Amtszeit zu Fall. Die Umstände waren so kurios, dass sie kurz skizziert werden sollen. Sie illustrieren, wie viel Inaktivität das damalige politische System zu verkraften vermochte. Zwischen 1943 und 1944 überließ der Präsident das Land für ein halbes Jahr sich selbst, um bei seiner kranken Ehefrau in einer US-amerikanischen Klinik zu weilen. Dann kam er zurück und kündigte an, bald wieder zurückzufahren. Der Kongress, der nach der Verfassung jede Auslandsreise zu genehmigen hatte, sprach ein Verbot aus, er nahm aber auch das Rücktrittsangebot des Präsidenten nicht an. Den Militärs riss der Geduldsfaden. Nach einem Putschversuch gab *López* 1945 das Amt auf.

6.1.3 Die Violencia (seit 1948)

Die Konservativen gewannen in den Wahlen des Jahres 1945 das Präsidentenamt und die Mehrheit im Kongress zurück. Der Grund war die Spaltung der Liberalen. Ihr sozialkonservativer Hauptstrom hatte den Arzt und nachmaligen Außenminister *Gabriel Turbay* zum Präsidentschaftskandidaten nominiert. Die Gewinner der liberalen Reformära, insbesondere Landarbeiter und Gewerkschafter, fürchteten um ihre Errungenschaften. Der bei Bauern, Arbeitern und Gewerkschaftern populäre Reformer *Jorge Eliézer Gaitán* trug diese Nominierungsentscheidung seiner Partei nicht mit. Er kandidierte stattdessen selbst. *Gaitán* kam aus einer Professorenfamilie; er war zunächst Anwalt, dann Juraprofessor. Von 1936 bis 1944 war er in verschiedenen Funktionen, unter anderem als Hauptstadtbürgermeister sowie als Kultur- und Arbeitsminister maßgeblich für die Reformpolitik der liberalen Ära verantwortlich gewesen.

Als *Gaitán* 1948 bei einer Kundgebung in der Hauptstadt ermordet wurde, kam es zu einem Volksaufstand (Bogotázo). Das Blutvergießen löste eine Gewaltorgie aus. Sie dauerte über ein Jahrzehnt an. *Gaitáns* Anhänger nahmen Rache an den Konservativen, die – wie sich erst viel später herausstellte: fälschlich – für das Attentat verantwortlich gemacht wurden. Inmitten einer von Gewalt geprägten Szene und wegen der Zerstrittenheit der Liberalen wählte das Land 1950 einen konservativen Präsidenten.

Der Mord an *Gaitán* war der Auftakt zur so genannten „Violencia." Dieser Bürgerkrieg forderte Zigtausende Opfer, spielte sich aber weitgehend ohne Beteiligung von Polizei und Militär und hauptsächlich in den Landgebieten ab. Vielerorts hatte er nicht einmal einen politischen Hintergrund. Dörfer, die sich jahrzehntelang unter den Schutz eines Patrons gestellt hatten, der es mit der einen oder anderen Partei hielt, sahen die eigene Existenz bedroht, wenn ihr Schutzherr beseitigt würde (Rojas und Tubb 2013, S. 132). So wurden auch einfache Menschen in der Nachbarschaft zu Feinden. Das Ganze erinnerte zunächst an archaische Stammesfehden. Die Überlebenden der Gemetzel nahmen Rache für die Toten. Bald schalteten sich linke Gruppen in die Kämpfe ein, um den Auseinandersetzungen eine politische Richtung zu geben. Auch Kriminelle machten sich die Gesetzlosigkeit zunutze.

Die kollektive Gewalt erfasste nicht das ganze Land. Die Küstenregion mit ihrer gut organisierten Arbeiterschaft blieb ausgespart. Betroffen waren hauptsächlich die Landesteile mit bäuerlichen Strukturen. Die Violencia begünstigte das Entstehen staatsfreier Räume (Krumwiede 1980, S. 136–147).

6.1.4 Die Nationale Front (seit 1958)

Vertreter beider Parteien forderten 1953 die Streitkräfte auf, den Bürgerkrieg zu beenden. General *Gustavo Rojas Pinilla* wurde grünes Licht gegeben, sich zum Präsidenten zu erklären. *Rojas* war kein klassischer Soldat, sondern Militäringenieur. Bevor er zum Präsidenten aufstieg, diente er als Minister. Als Präsident ließ er großzügig bauen. Er trat – wie so viele seiner uniformierten Präsidentenkollegen bereits in den 1930er Jahren – als Modernisierungsagent auf. Zwar regierte er autoritär und bemühte sich trotz seines autoritären Regierungsstils nicht ohne Erfolg um die Gunst des einfachen Volkes. Es gab sogar Anzeichen, dass er nach dem Vorbild des Argentiniers *Perón* (Abschn. 12.1.3) eine auf ihn eingeschworene Massenbewegung ins Leben zu rufen gedachte. Spätestens damit machte er sich der Oligarchie als potenzieller Konkurrent verdächtig. Sie servierte ihn 1957 ab.

Konservative und Liberale verständigten sich anschließend, die Macht für die nächsten 16 Jahre auf allen Staats- und Verwaltungsebenen in einer „Nationalen Front" zu teilen. Die Präsidentschaft sollte alternierend – und unabhängig vom Wahlergebnis – einmal den Liberalen, dann wieder den Konservativen überlassen werden; Mandate und Verwaltungsämter wurden paritätisch von beiden Parteien besetzt. Dieses Parteienkartell setzte die Präsidentenwahl praktisch außer Funktion. Es funktionierte aber so gut, dass nach dem Auslaufen der Vereinbarung zwar die Konkurrenz um das Präsidentenamt wieder auflebte, die unterlegene Partei im gegenseitigen Entgegenkommen aber weiterhin an den Regierungs- und Verwaltungsämtern beteiligt wurde (König 2008, S. 136–143). Für gesellschaftliche Veränderungen war das liberal-konservative Kartell nicht empfänglich. Es folgte einfach der Devise, alles beim Alten zu lassen. Weniger politisch als polizeilich blieb das Militär jedoch ein unverzichtbarer Partner des Kartells.

6.2 Guerillas, Paramilitärs und das Landproblem

In der Gewaltorgie der Violencia agierten nicht mehr nur wie seit je die großen Grundbesitzer, es entstanden auch politische Guerillagruppen, die unter der unzufriedenen Landbevölkerung agitierten. Sie profitierten von der Unzugänglichkeit der peripheren Regionen des Hochlandes und des Regenwaldes, aber auch von der in vielen Landstrichen schwachen Präsenz des Staates. Die Landbesitzer wiederum engagierten Bewaffnete, die Vorläufer der späteren Paramilitärs, um ihr Eigentum zu schützen und die Guerillas auf Distanz zu halten.

Armut und Rechtlosigkeit gaben der Guerilla Auftrieb. Intellektuelle, vereinzelt sogar engagierte Priester wurden initiativ, um die Zustände mit den Waffen zu verändern. Sie waren von den Ideen *Maos Zedongs* und *Che Guevaras* inspiriert, die Regierungsmacht von der ländlichen Peripherie her zu erobern (Abschn. 1.8). Einige Guerillagruppen, der ELN (Ejercito de Liberación Nacional, gegründet 1964) und die FARC (Forzas Armadas Revolucionarias de Colombia, ebenfalls 1964 gegründet) verschrieben sich mit marxistisch inspirierten Konzeptionen dem bewaffneten Kampf. In den von ihnen kontrollierten und schwer zugänglichen Gebieten unterhielten sie gut bewaffnete Streitkräfte, Sozialeinrichtungen, Sendestationen und sogar ein primitives Steuersystem. Es handelte sich um Varianten eines Quasi-Staates, wie er heute in vielen Teilen der früher so genannten Dritten Welt anzutreffen ist.

Die größere Guerillabewegung waren die FARC. Sie operierten in unwegsamen und grenznahen Urwaldregionen mit Rückzugsmöglichkeiten nach Ecuador und Venezuela, wo ihnen die regulären Streitkräfte nichts anhaben konnten. Überfälle, Entführungen und Erpressung füllten die Kassen. Viele arbeits- und perspektivlose Kolumbianer stießen zur Guerilla. Vorübergehend schlossen sich auch Studierende an. Zunächst operierten die Guerillas in den Landgebieten. Radikale Gruppen schlugen in den 1980er und 1990er Jahren mit gezieltem Terror auch in den Städten zu. Hohe Beamte und Richter wurden ermordet, Regierungsgebäude und Kasernen angegriffen. Die Regierung schlug mit aller Härte zurück, das Militär erhielt freie Hand. In den 2000er Jahren gelang es, den auf die Städte zielenden Terror zu besiegen. Im Hinterland der großen Städte wurden die Guerillas nur langsam zurückgedrängt, ohne dass es gelang, sie militärisch vollständig zu bezwingen.

Der ideologische Impuls der Guerillabewegungen erlahmte im Laufe der Zeit. Die Guerillas hielten sich, weil sie ihren Kämpfern und Anhängern eine Lebensgrundlage boten. Immer noch besser als Arbeitslosigkeit und prekäre Beschäftigung (Gray 2014, S. 163)! Mit dem Abklingen der jugendlichen Begeisterung für Marxismus und Revolution stießen kaum noch Kinder der gehobenen Klassen zur Guerilla. Kriminelle Aktivitäten, darunter Erpressung und Entführung, einst lediglich Mittel zum Zweck, um die Kassen einer revolutionären Bewegung zu füllen, traten immer stärker neben den ideologischen Impuls. Der Drogenhandel wurde zur wirtschaftlichen Hauptstütze der Guerillas.

Im Kampf gegen die überbordende Gewalt wandte sich die die Regierung zunächst einer neuen Bedrohung, der organisierten Drogenkriminalität, zu (Abschn. 1.9). Auch die Drogenkartelle – mit ihren Schwerpunkten in Medellín und Calí – trugen Gewalt in die Städte. Politiker und Justizbeamte, die gegen sie vorgingen, wurden ermordet. Es gibt die organisierte Drogenkriminalität nach wie vor, aber die mächtigsten Kartelle wurden bis Ende der 1990er Jahre zerschlagen. Danach wurde der Kampf gegen die Guerillas wieder intensiviert. Vor Bürgerrechtsverletzungen durch das Militär, die im Schatten weitreichender Sondervollmachten vonstatten gingen, verschloss die Regierung die Augen. Allein der militärisch-politische Erfolg zählte. Am Ende der 2000er Jahre waren die Guerillas auf ihre Kerngebiete an den Peripherien des Landes zurückgedrängt.

Ein neuer Präsident, *Santos* (seit 2010), machte sich Ideen zu Eigen, die Guerillas zum Niederlegen der Waffen zu bewegen (Bouvier 2009). Im September 2015 wurde ein Abkommen zwischen den FARC und der Regierung ausgehandelt, demzufolge sich die FARC entwaffnen und auflösen sollen. Ferner wurde den FARC in Aussicht gestellt, künftig als Partei auftreten zu dürfen. Der ELN verweigerte sich noch lange und bot erst im März 2016 Gespräche an (SZ, 31.10.2015 und 1.11.2015, S. 7). Der ursprünglich avisierte Waffenstillstand für März 2016 konnte nicht eingehalten werden, weil noch kein Konsens über die Modalitäten und die Zusage strafrechtlicher Verschonung erzielt werden konnte.

Ein weiterer Gewaltakteur waren die Paramilitärs. Sie entstanden als Schutztruppen für Landbesitzer, die sich von Guerillas und Kriminellen bedroht sahen. Als die Regierung ihre Kräfte sammelte, um die Guerillas zu vertreiben, boten sie sich als nützliche Verbündete an. Im AUC (Autodefensas Unidas de Colombia) schlossen sich die Paramilitärs 1997 sogar zu einem Verband zusammen. Informell kooperierten sie mit den Militäreinheiten. Militärische Auseinandersetzungen mit den Guerillas führten sie aber kaum. Sie säuberten hauptsächlich und sicherten Gebiete, aus denen die Armee die Guerillas vertrieben hatte. Dabei machten sie ihren Schnitt, indem sie sich Land aneigneten, dessen Besitzer vor dem Bürgerkrieg geflohen waren. Weil sie den Antiguerillakampf im Munde führten, hatten sie die Sympathien der oberen Klassen (Tate 2011, S. 199).

Präsident *Álvaro Uribe Velez* wurde 2002, auf dem Höhepunkt der Guerillaaktivität, gewählt. Er trat mit dem Versprechen an, die Guerillas militärisch zu besiegen. Die Kooperation mit den Paramilitärs gedieh bis zu logistischer und medizinischer Unterstützung durch die Streitkräfte. Paramilitärs erledigten aber nicht nur die Schmutzjobs für die Truppe. Ähnlich wie die Guerillas selbst gewannen sie mit der Kontrolle ganzer Landstriche die Möglichkeit, am Drogenhandel mitzuverdienen. Sie stiegen auch ins Geschäft mit Rohstoffen – u. a. mit illegal betriebenem Bergbau – ein (Holmes und Gutierrez de Pinero 2006, S. 110). Nach Schätzungen kontrollierten Paramilitärs im Zeitpunkt ihrer förmlichen Selbstauflösung ein Drittel des Staatsgebiets, vor allem in ländlichen Gebieten. Eine der paramilitärischen Gruppen herrschte bis 2007 gut dreißig Jahre lang über ein Gebiet von 5000 km^2. Sie baute Straßen, installierte ein Elektrizitätsnetz, betrieb einen eigenen Radiosender und kassierte Steuern von Geschäftsleuten und Landbesitzern – ebenfalls eine Art Quasi-Staat (Robinson 2013, S. 47).

Auf Drängen der Regierung beschlossen die im AUC organisierten Paramilitärs, sich ab 2006 aufzulösen. Ihre kriminellen Aktivitäten waren zur Belastung geworden, und jetzt, da die Guerillas auf ihre grenznahen Basisgebiete zurückgeworfen waren, wurden sie nicht mehr gebraucht. Die förmliche Auflösung bedeutete nicht viel. Ehemalige Paramilitärs – von Regierungsseite als kriminelle Banden bezeichnet (Bakrims) – haben sich in diversen Gruppen neu formiert, widmen sich weiterhin kriminellen Geschäften, namentlich im Drogenhandel, und bieten sich als Dienstleister an, um Arbeitskämpfe zu unterdrücken. In letzter Zeit steigern sie ihre Aktivitäten wieder. Sie bereiten sich darauf vor, Gebiete unter ihre Kontrolle zu bringen, die beim Inkrafttreten des Friedensabkommens von den FARC geräumt würden Die politische Flankensicherung der Paramilitärs besorgen Abgeordnete. Wie 2010 im sogenannten Parapolitico-Skandal bekannt wurde, hatten Paramilitärs 70 Abgeordnete des Nationalkongresses in der Tasche, darüber hinaus noch ein geschätztes Drittel der Bürgermeister und Gouverneure. Dabei haben die Paramilitärs nicht einmal eine politische Agenda. Sie sind Geschäftsleute. Ihre parlamentarischen Agenten tun sich mit anderen Abgeordneten zusammen, die zwar sonst mit den Paramilitärs nichts zu tun haben, aber für dieselben Geschäftsinteressen unterwegs sind (Dugas 2012, S. 211; Tate 2011, S. 195, 197). Ein Beispiel ist das parlamentarische Abwehrfeuer gegen Pläne, den illegalen Landerwerb in den Bürgerkriegsgebieten rückgängig zu machen. Bisher sind alle politischen Initiativen dazu gescheitert. Damit kommen wir zu einem weiteren Dauerproblem der kolumbianischen Politik.

Meist illegal oder auf andere dubiose Weise eigneten sich die verschiedensten Interessenten Land an. Hier handelte es sich einmal um etablierte Landbesitzer. Sie verscheuchten kleine Pachtbauern, die ihnen lästig werden konnten, weil die von ihnen jahrelang geleistete Bodenbearbeitung zu förmlichen Eigentumsansprüchen hätte führen können. Profiteure waren des Weiteren Drogenbarone, schließlich auch Paramilitärs, die mit den vorgeblichen Kosten landwirtschaftlicher Tätigkeit Geld aus krimineller Tätigkeit waschen. Die Agrarflächen werden in produktiver Hinsicht schlecht, teils auch gar nicht genutzt, so lediglich fünf Prozent des Bodens, der für den Anbau von Feldfrüchten geeignet wäre, und lediglich 35 % des Landes, das sich für die Weidewirtschaft eignet (dazu und im Folgenden: Richani 2012).

Wie überall auf dem Kontinent verleiht Landbesitz Prestige, er zeigt die Zugehörigkeit zur Elite an. Land ist ein Spekulationsobjekt, es wartet einfach auf seine Wertsteigerung. Der traditionelle Anbau, der einmal Nahrungsmittel produzierte, weicht Produkten, die durch Subventionen begünstigt sind oder die sich als Cash Crops auf den internationalen Märkten absetzen lassen. Hinzu kommt die flächenzehrende Rinderzucht, die keinen großen Kapitaleinsatz verlangt. Kolumbien ist ein Fall des agrarischen Rentenkapitalismus. Die Kehrseite der Medaille: Um die sieben Millionen Menschen haben die ländlichen Regionen verlassen, weit über die Hälfte davon Bauern. Heute leben sie in den ausufernden Städten und dürfen froh sein, wenn sie die Familie mit Gelegenheitsjobs über die Runden bringen.

6.3 Die Drogenwirtschaft

In Kolumbiens Andengebieten wird Koka angebaut. Unter den Produzentenländern steht Kolumbien mit Peru zurzeit wieder an der Spitze; an dritter Stelle steht Bolivien. In den 1980er Jahren avancierte Kolumbien zur Drehscheibe des Welthandels mit Kokain. Der erste Grund: Der Verfall des Kaffeepreises schmälerte die Einkommen der kleinbäuerlichen Produzenten. Viele kleine Kaffeebauern stiegen – teils als Zusatzgeschäft – in den Anbau der profitableren Drogenpflanze ein (Holmes und Gutierrez de Pinero 2006, S. 107). Etwa 60 % der Produktion liegen heute in den Händen von Kleinbauern (Richani 2012, S. 60). Zweiter Grund und Ursprung der Nachfrage: Das Kokain ist die bevorzugte Droge der sogenannten Leistungsträger. „Koks" macht Laune und bekämpft die körperliche und geistige Ermüdung. Durch das Versetzen reinen Kokains mit billigen anderen Substanzen, z. B. Backpulver, kann es zu „Crack" gestreckt werden, das von Drogensüchtigen am unteren Ende der Gesellschaft konsumiert wird. Dritter Grund: Die Erfolge bei der Bekämpfung des Schmuggels des in Südostasien und im Mittleren Osten produzierten Heroins (French Connection) ließen den Preis nach oben schnellen. Drogenkonsumenten stiegen auf Kokain um. Die in Bolivien und Peru geernteten Kokablätter wurden in kolumbianischen Labors verarbeitet. Durch Züchtungserfolge gelang es, den Koka-Strauch auch im Tiefland und im Dschungel anzubauen. Pflanzungen in Waldgebieten erschweren die Luftaufklärung. Die im Amazonasgebiet verlaufenden Staatsgrenzen waren kein Problem. Mit den linken Guerillas – auch die FARC beteiligen sich am Drogengeschäft – konnte man sich einigen. Kolumbien mit seinen Atlantikhäfen und der Nähe zum Panamákanal eignete sich für den Schmuggel auf Überseeschiffen (siehe oben, Abschn. 6.2). Die Erträge werden wie in diesem Métier üblich in legalen Geschäften gewaschen und in sicheren Werten angelegt. Nach Schätzungen nennen Drogenbosse gegenwärtig zwölf Prozent des nutzbaren Landes ihr Eigen (Tate 2011, S. 194).

Die Drogenkartelle korrumpierten Politiker und Verwalter. Staatsanwälte, Richter und mutige Abgeordnete, die ernsthaft gegen sie vorzugehen gedachten, wurden bedroht und nicht selten auch ermordet. Der spätere Präsident *César Gaviria* (1990–1994), ein Journalist, der kritisch über die Drogenkartelle berichtet hatte, wurde 1988 vom Medellín-Kartell entführt, dann aber wieder freigelassen. Den Journalisten und aussichtsreichen liberalen Präsidentschaftskandidaten *Luis Carlos Galán,* einen wortmächtigen Kritiker der Drogenwirtschaft, ließ der Boss des Kartells von Medellín, *Pablo Escobar,* 1989 auf offener Straße ermorden.

Die Aktivität der Drogenkartelle zog auch die USA in die kolumbianische Politik hinein. Das Übel der Drogenkriminalität sollte in den Erzeugerländern und möglichst unter Leitung und Mitwirkung US-amerikanischer Stellen bekämpft werden. Das Projekt wurde als „Plan Colombia" bekannt. Per Luftaufklärung wurden Koka-Pflanzungen verortet und dann abgebrannt oder mit Herbiziden besprüht. Die Anti-Drogen-Offensive schadete den betroffenen Bauern, vermochte den Anbau aber allenfalls zu drosseln. Das größte Drogenkartell, nach seinem Zentrum in der Stadt Medellín benannt, wurde 1993 zerschlagen.

6.4 Eine Kultur der Gewalt

Geld, Landbesitz und soziale Reputation konzentrieren sich seit je bei einer kleinen weißen Elite. Die exklusive Lebenswelt dieser Teilgesellschaft wird kompromisslos verteidigt (siehe auch Ribeiro 1985/1969, S. 367). Während den Kindern dieser Happy Few die besten Schulen und Universitäten offen stehen, ist am unteren Ende des Sozialgefüges noch Analphabetismus anzutreffen (Gray 2014, S. 159). Die seit Generationen alltägliche Erfahrung der Gewalt hinterlässt ihre Spuren in einer hohen Gewaltkriminalität (Tab. 3.12; Waldmann 2002, S. 201–223). Die Jahrzehnte des Bürgerkrieges, der Guerillaaktivität und des Vorgehens gegen die Drogenwirtschaft hatten gravierende demografische Folgen. Bauernfamilien, die vor der Gewalt flohen, suchten eine sichere Existenz in den großen Städten, insbesondere in der Hauptstadt. Im Wildwuchs irregulärer Siedlungen fanden sie ein meist kümmerliches Zuhause. Das heute recht gut geschützte politisch-administrative Nervenzentrum der Kernstadt Bogotá stieg zum Lieblingsplatz ausländischer Investoren auf. Heute wird allein dort ein Viertel des Bruttoinlandsprodukts erwirtschaftet (Zuber 2014, S. 88–90).

Der Sicherheitsapparat, der in den letzten 25 Jahren massiv ausgebaut wurde, um Guerilla und Drogenkriminalität zu bekämpfen, arbeitet weiter. Politisch mobilisierte Bauern und Landarbeiter, die sich gegen die Macht der großen Landbesitzer wenden, und Gewerkschafter, die unter den Arbeitern im Kohletagebau und auf Plantagen Mitglieder werben oder zu Arbeitskämpfen aufrufen, leben gefährlich. Nirgendwo sonst in Lateinamerika werden so viele Gewerkschafter ermordet wie in Kolumbien (Robinson 2013, S. 45; Bustamente und Chakel 2008, S. 79). Die Täter sind oft Polizisten, Militärs und frühere Paramilitärs.

Die politische Klasse rühmt sich der konstitutionellen und putschfreien Tradition des Landes. Die Kehrseite: Es ist das einzige unter den größeren Ländern Südamerikas, in dem es bis heute weder starke soziale Bewegungen noch kampferprobte Gewerkschaften noch bedeutende linke Parteien gibt.

6.5 Das politische System seit 1991

6.5.1 Verfassung und Regierungssystem

Im Jahr 1991 trat eine neue Verfassung in Kraft. Von der Aufwertung des Präsidentenamtes sahen die Verfassungsgeber ab. Der Präsident hat gleichwohl das Recht zur Gesetzesinitiative. Er legt den Haushalt vor und darf sein Veto gegen Parlamentsbeschlüsse einlegen. Dieses Veto kann vom Parlament bereits mit einfacher Mehrheit kassiert werden. Im konstitutionellen Format zählt der Präsident nicht zu den starken Staats- und Regierungschefs. Der erfolgreiche Kandidat für das Amt wird per Direktwahl ermittelt, er braucht die absolute Stimmenmehrheit. Wird diese verfehlt, kommt es zur Stichwahl. Mit dem Argument, dass ein Präsident die Chance haben müsse, seinen Kurs über einen längeren Zeitraum zu verfolgen, betrieb Präsident *Álvaro Uribe Velez* eine Verfassungsänderung. Seit 2005 durfte sich mit *Uribe* ein Präsident erstmals nach Ablauf der Amtszeit um ein Anschlussmandat bewerben. Ein Referendum über diese Frage war zuvor gescheitert; eine Parlamentsinitiative gleichen Inhalts führte zum Erfolg. Auf ebenfalls parlamentarischem Wege wurde das Wiederwahlverbot 2015 restauriert und noch weiter dahin verschärft, dass kein künftiger Präsident jemals wieder kandidieren darf. Vizepräsident, Minister, Gouverneure, Bürgermeister, Armeechef, Richter und hohe Beamte dürfen erst ein Jahr nach dem Ausscheiden aus ihrer Funktion für die Präsidentschaft kandidieren. Darüber hinaus schreibt die Verfassung vor, dass künftig allein ein Referendum oder eine Verfassunggebende Versammlung die Wiederwahl des Präsidenten beschließen darf. Diese superstrenge Regelung ist auf den umstrittenen früheren Präsidenten *Uribe* gemünzt, der nach der alten Regelung im Jahr 2018 erneut hätte kandidieren dürfen.

Erstmals in der Geschichte des Landes wurde dem Präsidenten 1994 ein Vizepräsident an die Seite gestellt; er wird nach dem gleichen Verfahren gewählt wie der Präsident selbst. Das Instrument eines Misstrauensvotums gegen einen Minister, der lateinamerikanische Standard, wurde beibehalten.

Durch Anschlussgesetze zur Verfassung erhielten zunächst die Großstädte, später auch die Departements größere Autonomie. Die Bürgermeister und Gouverneure werden gewählt, nicht mehr ernannt. Eine unmittelbare Wiederwahl ist unzulässig. Die Departements haben das Recht auf eigene Steuern. Im Rückblick sind die Großstädte und deren Bürgermeister die größten Gewinner dieser Dezentralisierung. Über 40 % der Kolumbianer leben und arbeiten heute in großen Städten mit über einer Million Einwohner (Tab. 3.9). Was dort geschieht, passiert vor ihren Augen. Bei der Wahl entscheiden sich die Bürger für bekannte Persönlichkeiten, deren politische Performance belohnt oder bestraft wird. Die Großstadtbürgermeister spielen in der nationalen Politik eine bedeutende Rolle (Faletti 2010, S. 122–149). Der Übergang vom zentralistischen zum dezentralisierten Staat trug der ausgeprägten Verschiedenheit der Landesteile Rechnung (Jones 2012, S. 43).

6.5.2 Parteien, Medien, Militär

Parteien: An die Stelle des vergangenen Parteienkartells der Konservativen und Liberalen trat kein neues Parteiensystem mehr (Dargent 2011a). Die Landoligarchen, das althergebrachte Rückgrat der Konservativen und Liberalen, sind noch da, ihre Macht ist aber geschrumpft (Posada-Carbo 2007, S. 217). Die zahlreichen Parteien, die es heute gibt, bilden flüchtige Bündnisse. Sie wechseln häufig ihre Namen, einige verschwinden nach kurzer Zeit sang- und klanglos von der Bühne (Gray 2014, S. 173–177).

Die Kandidaten für das Parlament sind politische Individualunternehmer, die mit dem papiernen Konstrukt einer Parteiliste antreten. Viele verstehen sich als Boten ihrer Wähler, um ein gewünschtes Anliegen auf die parlamentarische Tagesordnung zu bringen. Ein krasses Beispiel sind die zahlreichen Abgeordneten aus verschiedenen Parteien, die als parlamentarische Interessenvertreter früherer Paramilitärs auftreten (Bustamante und Chakel 2008, S. 80 f.; König und Schuster 2008, S. 348). Bevorzugt reüssieren

Tab. 6.1 Parlamentswahlen: Kolumbien 2006–2014 (Abgeordnetenhaus Ergebnisse in v. H., in Klammern Sitze)

2014	Abgeordnetenhaus
Partido de la U	16,0 (39)
Liberale	14,1 (37)
Konservative	13,1 (27)
Cambio Radical[a]	7,7 (16)
Centro Democrático	9,4 (12)
Partido Verde	3,3 (6)
Opción Ciudadana[b]	3,2 (6)
Polo Democrático	2,9 (3)
MIRA[c]	2,9 (3)
Sonstige	3,1 (1)
2010	**Abgeordnetenhaus**
Partido de la U	25,9 (47)
Liberale	19,3 (37)
Konservative	21,4 (37)
Cambio Radical[a]	7,7 (15)
Partido de la Integracíon Nacional[b]	7,4 (12)
Partido Verde	3,0 (3)
MIRA[c]	3,3 (3)
Polo Democrático	5,9 (4)
Sonstige	6,5 (7)
2006	**Abgeordnetenhaus**
Partido de la U	16,7 (29)
Liberale	19,0 (30)
Konservative	15,8 (30)
Cambio Radical[a]	10,7 (20)
MIRA[c]	2,7 (1)
Polo Democrático	8,2 (9)
Sonstige	12,8 (35)

[a]Liberalkonservativ
[b]Rechtskonservativ, vorher Partido de la Integración Nacional
[c]Movimiento Independiente de Renovación Absoluta, eng mit der neo-evangelikale Kirche Iglesio de Dios verbunden

Kandidaten, die Erfahrung in der nationalen Politik mitbringen, vielleicht sogar schon einmal dem Parlament angehört haben. Auch frühere Bürgermeister mit ihrem Bekanntheitsgrad im städtischen Milieu haben gute Chancen, die zwar wichtigen, öffentlich jedoch als grau und fern wahrgenommenen Gouverneure der Departements jedoch deutlich geringere (Moreno und Escobar-Lemmon 2008, S. 139–141) (Tab. 6.1).

Mehrere Parteien formieren sich üblicherweise zu einer Wahlallianz, um einen Kandidaten für das Präsidentenamt zu unterstützen. Auch hier haben Kandidaten einen Vorteil, die mit Erfahrung in der nationalen Politik oder mit kommunaler Bekanntheit aufwarten (Taylor et al. 2008, S. 275). Die Präsidentschaftskandidaten stehen vor einer schwierigen Aufgabe. Sie müssen den Spagat über die traditionell kleinstädtisch-ländlichen Milieus, in denen der Klientelismus noch Trumpf ist, in die großstädtischen Milieus schaffen. Dort haben sie es mit einer Wählerschaft zu tun, die eher Programme zur Kenntnis nimmt und Problemlösungen erwartet (Taylor et al. 2008, S. 272). Selten halten präsidiale Wahlbündnisse länger als bis zum Wahltermin, es sei denn, ihr Kandidat gewinnt und sie bleiben im Boot, um den Lohn für ihre Unterstützung zu kassieren (dazu und im Folgenden König und Schuster 2008, S. 347–353).

Als Rekrutierungspool für künftige Präsidenten spielen Konservative und Liberale keine Rolle mehr. Im Parlament halten sie sich besser. Die parlamentarisch stärkste Partei ist seit 2014 der „Partido de la U" (Partido de la Unidad) (Tab. 6.1). Sie wurde 2005 von Dissidenten der Liberalen Partei gegründet, welche die Politik des Präsidenten *Uribe* unterstützten. Außer der Ambition ihrer Gründer trennt sie von den traditionellen Liberalen so gut wie nichts. Seitdem *Uribe* nicht mehr Präsident ist, unterstützt der Partido de la U den amtierenden Präsidenten *Santos*. Um im politischen Spiel zu bleiben, betrieb sein Vorgänger *Uribe*, der nach zwei Amtsperioden das Amt hatte verlassen müssen, die Gründung einer neuen Partei, des Centro Democrático (2013). Ihm gehören frühere Anhänger des Partido de la U an, die es mit dem Altpräsidenten halten.

Namentlich liberale Politiker scheren sich seit Langem wenig um ihre Partei und gründen eine eigene, wenn sie sich Chancen ausrechnen, damit erfolgreicher zu sein. Nach dem Rückzug der ersten Guerillagruppen aus der bewaffneten Auseinandersetzung – und gedeckt durch eine Amnestie – gründete sich 1991 die Partei M 19. Anhänger der kleinen M 19 und eine Reihe erfolgreicher und populärer Bürgermeister, darunter auch der damalige Hauptstadtbürgermeister, schlossen sich 2005 zum Alternativen Demokratischen Pol (Polo Democrático Alternativa, PDA) zusammen (Gray 2014, S. 173–175). Auch eine evangelikale Kleinpartei, MIRA (Movimiento Inpendiente de Renovación Absoluta) schafft es regelmäßig ins Parlament (Abschn. 3.5). Zum Regieren sind die Präsidenten auf Koalitionen angewiesen. Sie haben die Auswahl zwischen einer Vielzahl von Parteien, darunter auch eine Grüne Partei, die 2014 sogar einen eigenen Kandidaten in die Präsidentschaftswahl geschickt hat. Im Rahmen der Verhandlungen über einen Frieden mit den FARC war von der Überführung dieser Guerillaorganisation in eine politische Partei die Rede.

Medien: Vermögende Familien und Persönlichkeiten beherrschen die Medienlandschaft, in der die Grupo Valorem herausragt. Der Medienkonzern befand sich bis 2007 im Alleinbesitz der Familie *Santo Domingo* mit ihrem Konzern Grupo Domingo. Die Familie zählt zu den reichsten im Lande und ist traditionell mit der Liberalen Partei verbunden. Der spanische Medienkonzern PRISA ist heute Miteigner. Valorem ist zugleich einer der größten privaten Medienkonzerne Lateinamerikas. Die nunmehrige Konzerntochter hat den größten TV-Sender „Caracol Televisión" und eine Vielzahl von

Zeitungen, Magazinen und Rundfunksendern im Bestand. Eher untypisch für Lateinamerika, hält es der Konzern nicht mit der Rechten. Die größte und bedeutendste Tageszeitung, der liberale El Tiempo, befand sich bis 2007 im Besitz der Familie *Santos,* welcher der gegenwärtig regierende Präsident *Santos* entstammt. Dann wechselte die Zeitung an einen anderen Mehrheitseigner; sie gehört seit 2012 zu über 80 % dem Milliardär *Luis Carlos Sarmiento.* Er gilt als reichster Kolumbianer und hat sein Vermögen im Bankgeschäft gemacht. Die zweitgrößte Zeitung El Espectador ist die älteste Zeitung des Landes: ein liberales, meinungsstarkes und regierungskritisches Blatt. Es wurde von der Gründerfamilie 1997 an die besagte Grupo Santo Domingo verkauft, wird aber von einem Urenkel des Gründers herausgegeben.

Militär: Geradezu einzigartig für Lateinamerika, mischt sich das Militär in die Politik des Präsidenten nicht ein, und die Politik überlässt es dem Militär, nach Gutdünken seinen Auftrag zu erledigen. Die Sympathien des Militärs gelten gleichwohl der Rechten. Im Unterschied zu den Nachbarländern gab es im kolumbianischen Offizierskorps nie linke Strömungen, die nicht nur die Symptome der inneren Gewalt, sondern auch ihre gesellschaftlichen Ursachen hätten bekämpfen wollen (Avilés 2009a, S. 64–68). Dem in weiten Bevölkerungskreisen verhassten Ex-Präsidenten *Uribe* gewährten die Streitkräfte noch Jahre nach seinem Ausscheiden aus dem Amt komfortablen Unterschlupf in einer gut bewachten Militäreinrichtung, bis sein Nachfolger *Santos* anordnete, *Uribe,* der sich auf seinen privaten Landsitzen nicht sicher wähnte, möge sich eine andere Bleibe suchen.

Die Militärs rühmen sich engster Zusammenarbeit mit den USA, wie sich auch die kolumbianische Regierung selbst als engsten Verbündeten Washingtons auf dem Subkontinent betrachtet (Avilés 2008, S. 419–421). Ihr Ruf ist freilich angeschlagen. So wurde aufgedeckt, dass sie behauptete Erfolge im Kampf gegen die Guerillas lediglich vorgetäuscht hatten, indem sie Jugendliche aus den Elendsvierteln der Metropolen entführt, ermordet, als getötete Kämpfer vorgezeigt und dafür Ehrungen und Beförderungen kassiert hatten. Auf Anordnung von *Santos* mussten viele hohe Offiziere ihren Abschied nehmen.

6.5.3 Die Präsidenten: Amtsinhaber, Kandidaten, Politik

Ein Blick auf den Wechsel im Präsidentenamt dokumentiert die Ausnahme des Staatsstreichs in der kolumbianischen Politik (Tab. 6.2). Wenn es um das Rennen für die Präsidentschaft geht, zählt, wie oben erläutert, nichts mehr als die Person. Werfen wir kurz einen Blick auf die Präsidenten der letzten Jahrzehnte.

Beginnen wir mit *Belisario Betancur Cuartas* (1982–1986), einem Konservativen. Außer in Ministerämtern war er vor seiner Wahl als Journalist, Verleger und Vertreter der kolumbianischen Banken (Gründer des Bankenverbandes) tätig. Sein Nachfolger *Virgilio Barco Vargas* (1986–1990), auch er ein Liberaler, kam aus reichem Hause und zählte hohe Militärs zu seiner Verwandtschaft. *Andrés Pastrana Arengo* (1998–2002) war der

Tab. 6.2 Konstitutionelle und außerkonstitutionelle Abfolge der Präsidenten Kolumbiens seit 1930

		Konstitutionell gewählt	Konstitutionell abgelöst
E. Olaya	1930–1934	X	X
A. López	1934–1938	X	X
E. Santos	1938–1942	X	X
A. López	1942–1946	X	X
M. Ospina	1946–1950	X	X
L. E. Castro	1950–1953	X	
G. Rojas	1953–1957		
A. Lleras	1958–1962	X	X
G. Valencia	1962–1966	X	X
A. Lleras	1966–1970	X	X
M. Pastrana	1970–1974	X	X
A. López	1974–1978	X	X
J. Turbay	1978–1982	X	X
B. Betancur	1982–1986	X	X
V. Barco	1986–1990	X	X
C. Gaviria	1990–1994	X	X
E. Samper	1994–1998	X	X
A. Pastrana	1998–2002	X	X
A. Uribe	2002–2010	X	X
J. Santos	*seit* 2010	X	

Sohn eines früheren Präsidenten – *Pastrano Borrero* (1970–1974) – und betätigte sich unternehmerisch als Journalist, Zeitschriftenverleger und Gründer eines TV-Senders. Mit einer ad hoc gegründeten Partei verfehlte er 1994 knapp die Wahl zum Präsidenten, um vier Jahre später dann schließlich knapp zu gewinnen.

Álvaro Uribe Vélez, ein Absolvent der Harvard Law School, wurde 2002 als unabhängiger Kandidat gewählt. Er war Sohn eines schwerreichen Landbesitzers in der Region Medellín; der Vater wurde unter ungeklärten Umständen ermordet. Medellín war in den 1980er und 1990er Jahren die gesetzloseste Metropole des Landes und Sitz des gleichnamigen Drogenkartells. Der gänzlich uncharismatische *Uribe* wurde bis weit in die Mitte der Gesellschaft gleichwohl populär, weil es ihm gelang, die Sicherheitslage zu verbessern (Dugas 2003, S. 1127–1134). *Uribe* gewann seine erste Wahl auf einer Law & order-Plattform. Den Militärs gab er freie Hand im Kampf gegen die Guerillas.

Wirtschaftspolitisch fuhr der konservative *Uribe* einen neoliberalen Kurs. Für beides wurde er von der einen Hälfte der Kolumbianer gehasst, von den anderen gefeiert.

Derjenige Teil der Öffentlichkeit, der es mit Letzteren hielt, sah über die Härten seiner Amtsführung, auch über die zahlreichen dabei begangenen Rechtsverletzungen hinweg. Sie galten vom Kampf gegen die Guerillas gerechtfertigt. In der zweiten Amtszeit (ab 2006) trat der Sicherheitspolitiker *Uribe* in den Hintergrund. Die Bedrohung durch die Gewalt der Guerillas hatte inzwischen merklich nachgelassen. Umso stärker rückten Probleme der Verteilungsgerechtigkeit in den Vordergrund.

Das Interessengeflecht von Geschäftswelt, Landbesitzern und politischem Establishment, in das *Uribe* persönlich eingebunden war, wirkte sich jetzt zu seinem Nachteil aus, nicht zuletzt durch Verbindungen zum Milieu der Paramilitärs. Am Ende seiner Amtszeit war *Uribe* nur noch bei Kolumbianern populär, die auf der Sonnenseite der Gesellschaft lebten. Vermutlich nicht ganz zu Unrecht rechnete sich *Uribe* Chancen für eine dritte Amtszeit aus. Seine parlamentarische Mehrheit verabschiedete 2010 ein Gesetz, das ein Referendum darüber zugelassen hätte. Das Verfassungsgericht erklärte es für unzulässig.

Als feststand, dass *Uribe* selbst nicht mehr kandidieren durfte, meldete 2010 sein vormaliger Verteidigungsminister *Juan Manuel Santos* die Kandidatur an. Als Minister war *Santos* ein Hardliner gewesen. Er hatte wesentlichen Anteil an der erfolgreichen militärischen Bekämpfung der Guerillas. *Santos* ist ein typisches Produkt der Oberklasse von Bogotá mit einer Ausbildung als Wirtschaftswissenschaftler unter anderem in den USA. Er besitzt Abschlüsse der LSE und von Harvard. Sein Cousin *Francisco Santos de Caldéron* hatte zeitgleich mit *Uribe* als Vizepräsident amtiert. *Santos'* Vater war 50 Jahre lang Eigentümer und Verleger der größten Zeitung des Landes El Tiempo, bis diese verkauft wurde (siehe oben: Medien). Nach dem Studium arbeitete *Santos* im elterlichen Verlag.

Erst einmal gewählt, nahm *Santos* ernsthafte Friedensverhandlungen mit den FARC auf. Sie wurden auf Kuba geführt. In der Art von Koalitionsverhandlungen stellte die Regierung Zugeständnisse in Aussicht, darunter das Versprechen einer Amnestie, bauernfreundliche Landreformen und die Repatriierung der vor der Drogen- und Bürgerkriegsgewalt in die großen Städte abgewanderten Kleinbauern (SZ, 23.3.2014). *Santos* handelt nach der Devise, dass sich eine innenpolitische Beruhigung letztlich nicht mit militärischen Mitteln, sondern allein damit erreichen lässt, dass der Guerilla ein Weg eröffnet wird, die Waffen niederzulegen und sich in das politische Spiel zu integrieren (SZ, 21.5.2014, S. 8). Regierung und FARC unterzeichneten im Herbst 2015 eine Friedensvereinbarung. Sie bedarf noch der Sanktionierung durch ein Referendum. Selbst wenn sie gebilligt werden sollte, wird sich erst zeigen, ob sie auf dem Lande, wo die FARC und inoffiziell auch die Paramilitärs noch aktiv sind, tatsächlich die erhoffte Wirkung erzielen (SZ, 9.3.2016, S. 7). *Santos'* Versöhnungspolitik war und ist nicht nur in der politischen Klasse hochumstritten. Politiker des Centro Democrático, *Uribe* selbst und sein früherer Vizepräsident setzten sich an die Spitze der Gegner. Vordergründig geht es um eine Amnestie, also die Entkriminalisierung früherer Kämpfer, in der Sache

Tab. 6.3 Präsidentenwahlen: Kolumbien 2002–2014 (Bewerber mit den meisten Stimmen in v. H.)

2014, 1. Wahlg.		
Santos Partido de la U	*Zuluaga* Centro Democrático	*Ramirez* Partido Conservador
25,7	29,2	15,5
Stichwahl		
Santos Partido de la U	*Zuluaga* Centro Democrático	
50,9	45,0	
2010, 1. Wahlg.		
Santos Partido de la U	*Mockus* Partido Verde	*Vargas Leras* Cambio Radical
46,7	25,5	10,1
Stichwahl		
Santos Partido de la U	*Mockus* Partido Verde	
69,1	27,4	
2006		
Uribe Vélez parteilos	*Gaviria Díaz* Polo Democrático	*Serpa Uribe* Partido Liberal
62,2	22,0	11,8
2002		
Uribe Vélez Primero Colombia	*Serpa Uribe* Partido Liberal	*Eduardon Garzón* Polo Democrático
53,0	31,8	6,1

jedoch darum zu verhindern, dass die illegale Landnahme in den Bürgerkriegswirren zum Thema wird.

Im Vorfeld der Präsidentenwahl von 2014 lancierte *Uribe* seinen früheren Finanzminister *Oscár Iván Zuluaga* (1959-) als Kandidaten, um *Santos'* Wiederwahl zu verhindern; im ersten Wahlgang hatte *Zuluaga* sogar die Nase vorn (SZ, 21.5.2014, S. 8). *Santos* gewann die zweite Amtszeit erst in der Stichwahl (Tab. 6.3). *Santos'* Wahlsieg bekräftigte die Spaltung der Gesellschaft in nahezu zwei gleichstarke Lager (SZ, 23.10.2014). Für diese zweite Amtszeit war er mit dem Versprechen angetreten, die Verfassung wieder dahin zurückzukorrigieren, dass kein amtierender Präsident erneut kandidieren darf. Nach heftigen parlamentarischen Auseinandersetzungen fasste das Parlament im Juni 2015 einen entsprechenden Beschluss (siehe oben Abschn. 6.5.1). Ein Vorschlag aus den Reihen von *Uribes* Centro Democrático, für den ehemaligen Präsidenten eine Ausnahme zu machen, wurde von der Mehrheit abgebügelt.

6.6 Wirtschafts- und Sozialpolitik

Im Regierungsapparat sind Wirtschaft und Finanzen die Domäne einer technokratischen Elite mit wirtschaftswissenschaftlicher Ausbildung (Dargent 2011b). Dies mag ein Grund sein, warum sich das Land trotz aller innenpolitischen Turbulenzen mit Blick auf Wachstum und Verschuldung als wirtschaftlich stabil erwiesen hat (Tab. 6.4 und 6.5).

Diese Technokraten, die seit den 1960er Jahren an den neuen Wirtschaftsfakultäten ausgebildet wurden, drängten die von jeher dominierenden Juristen beiseite. Sie schwimmen im breiten Strom des neoliberalen Wirtschaftsdenkens und finden wie ihresgleichen überall keinerlei Gefallen an Sozial- und Umverteilungspolitik. (Uribe Mallarino 2014). Dabei ist zu bedenken, dass die meisten Präsidenten in jüngerer Zeit entweder selbst Unternehmer waren oder aber führende Positionen in Unternehmensverbänden innehatten (Schneider 2004, S. 148–150).

Die Inflation erreichte in den krisenhaften frühen 1990er Jahren, als Drogenkriminalität und Terror das Land lähmten, Höchststände: 1990: 29,1 %, 1991: 30,4 %, 1992: 27 % und 1994: 22,8 %. Abrupt wurde sie ab 1995 auf 20 % und weniger heruntergebremst. Seit 2000 liegt sie konstant unter zehn Prozent. Seither ist sie eine der niedrigsten in ganz Lateinamerika (Tab. 6.6).

Die großen ökonomischen Plagen des Subkontinents haben Kolumbien verschont. In gut 25 Jahren hat ein dramatischer Wandel in der Exportstruktur stattgefunden. Noch bis 1980 wurden 60 % aller Exporteinnahmen mit Kaffee erzielt. Heute sind es nur noch gut vier Prozent, wobei das Land als Kaffeeproduzent weltweit immer noch an vierter Stelle steht. Auch

Tab. 6.4 Anteil der Auslandsschulden am BIP: Kolumbien 2005–2014 (in v. H.). (Quelle: CEPAL/ECLAC: Statistical Yearbook for Latin America and the Caribbean 2015, External Sector, Tab. 2.2.4.5)

2014	2013	2012	2011	2010	2009	2008	2007	2006	2005
24,8	24,2	21,3	22,6	22,6	23,1	19,0	21,5	24,7	26,3

Tab. 6.5 Wachstum des BIP: Kolumbien 2006–2015 (in v. H.). (Quelle: Indicators/Data – The World Bank, Inflation, GDP Growth (annual %). FÜR 2015: Das Statistik-Portal http://de.statista.com/statistik/daten/studie/321157/-umfrage/wachstum. Zugegriffen 16. März. 2016)

2015	2014	2013	2012	2011	2010	2009	2008	2007	2006
2,5	4,6	4,9	4,0	6,6	4,0	1,7	3,5	6,9	6,7

Tab. 6.6 Inflation: Kolumbien 2006–2015 (Verbraucherpreise, in v. H.). (Quelle: Data.worldbank.org/indicator, Inflation, Consumer Prices (annual %). Für 2015: Das Statistik-Portal http://de.statista.com/statistik/daten/-studie/321157/umfrage/inflation. Zugegriffen 16. März. 2016)

2015	2014	2013	2012	2011	2010	2009	2008	2007	2006
4,3	2,9	2,0	3,2	3,4	2,3	4,2	7,0	5,5	5,9

Tab. 6.7 Die wichtigsten Exportprodukte: Kolumbien 1971–2014 (in v. H. am Gesamtexport). (Quelle: CEPAL/ECLAC: Statistical Yearbook for Latin America and the Caribbean 2015, External Sector, Tab. 2.2.2.22)

	Rohöl	Kohle	Kaffee
2014	48,4	12,1	4,7
2013	48,9	12,8	3,4
2000	30,5	6,6	8,1
1990	22,8	7,9	20,9
1980	0	0	59,8
1971	6,6	0	57,4

Tab. 6.8 Wechselkurs Kolumbien: Peso: US$ 2006–2015. (Quelle: Fischer Weltalmanach, diverse Jahrgänge)

2015	2014	2013	2012	2011	2010	2009	2008	2007	2006
2557	1907	1892	1828	1818	1972	2191	1756	1931	2483

der Export von Schnittblumen und Edelsteinen ist von Bedeutung. Während Öl und Kohle unter den Exportprodukten 1970 noch überhaupt nicht vorkamen, kam es in Folgejahren zu einer raschen Steigerung. Beide Produkte erreichen heute allein über die Hälfte des Exportvolumens (Tab. 6.7). Hauptabnehmer sind mit über 50 % die USA und China (Tab. 5.9).

Die größten im Tagebau ausgebeuteten Kohlevorkommen der Welt befinden sich in Kolumbien. Die ausländischen Betreiber halten die Gewerkschaften aus ihrer Belegschaft heraus. Sie tricksen bei den eigentlich fälligen Steuern und Abgaben, zerstören mit der Expansion der Fördergruben reihenweise Dörfer und Siedlungen und ruinieren mit Staub und Abgasen die Gesundheit der Anrainer. Ehemalige Paramilitärs arbeiten als Wachschutz und machen Beschwerdeführer in der Nachbarschaft mundtot. Die Regierung lässt es geschehen. Hier zeigt sich ein Phänomen, das sich in den Wachstumsstrategien der übrigen südamerikanischen Länder wiederholt: der politische Primat der devisenstarken Exportbranche. Kolumbien reiht sich seit über 20 Jahren in die großen Rohstoffökonomien des Kontinents ein. Darin liegt aber auch der ökonomische Schwachpunkt: verlangsamtes Wachstum und Wertverlust der Landeswährung, wenn Nachfrage und Preis sinken, wie zuletzt 2015 geschehen, als die Energiepreise in den Keller gingen (Tab. 6.8). Auf der Importseite verzeichnet Kolumbien wie nahezu sämtliche Nachbarstaaten weit über die Hälfte technologisch anspruchsvolle Industrieprodukte (Tab. 5.3).

Hinter den Makrodaten steht eine unveränderte, selbst für die Verhältnisse der Region extrem ungerechte Verteilung (Tab. 3.6, 3.7 und 5.11). Präsident *Santos* versuchte mit den internationalen Konzernen immerhin neue Abgabenregelungen auszuhandeln, um mehr finanzpolitischen Spielraum für Reformen zu gewinnen. Die Vergabe neuer Förderkonzessionen wurde bis 2012 gestoppt. Die Sozialpolitik ist noch sehr stark auf regulär Beschäftigte ausgelegt. Die vorhandenen Gesetze zur Armutsbekämpfung im informellen Sektor sind unterfinanziert und mit zu großen Implementationsmängeln behaftet, um etwas zu bewirken. Sozialpolitisch rangiert das Land weit unter dem Niveau der Nachbarländer.

7 Venezuela

Das landschaftlich und klimatisch vielfältige Venezuela gliedert sich in den karibischen Raum, ferner in die dünn besiedelte Savanne und schließlich in die Amazonasregion. Die Kernregion, in der sich die Wirtschaftstätigkeit und die Ölvorkommen konzentrieren, erstreckt sich von der bis an die Karibikküste reichenden nordöstlichen Andenkette, an der die größten Städte liegen, über das westlich davon gelegene ölreiche östliche Tiefland bis bis zur Andengrenze zu Kolumbien. Die Bevölkerung besteht weit überwiegend aus Mestizen und Mulatten (Tab. 3.10).

7.1 Geschichte

7.1.1 Frühe Republik, Caudillismo, Exportwirtschaft

Venezuela war – wie Kolumbien – einst Teil des spanischen Vizekönigreichs Neu-Granada. *Simon Bolivár* führte das Gebiet als Groß-Kolumbien in die Unabhängigkeit. Die kleinere Republik Venezuela entstand beim Zerfall des kurzlebigen Neu-Granada in den Grenzen der früheren Audiencia Caracas (Abschn. 1.3). Wie die meisten jungen Republiken war Venezuela zunächst ein Turnierplatz rivalisierender Caudillos. Der Sieger in den Machtkämpfen klebte sich ein Parteilabel auf und spulte weltanschauliche Phrasen ab, um sein Treiben mit hohen Idealen zu verkleistern. Das Neben- und Gegeneinander der Caudillos wurde von einer bundesstaatlichen Verfassung mit hochgradig autonomen Einzelstaaten begünstigt. Wie in Kolumbien beherrschte der Landbesitz das Hinterland und das Bürgertum die Küstenstädte. An der karibischen Küste bestimmten zunächst Zuckerplantagen und Sklavenarbeit das Bild (Zeuske 2007a, S. 111–123).

Ungeachtet der wechselnden Verfassungen blieben die für das lateinamerikanische Präsidialsystem typischen Merkmale des Wiederwahlverbots für den amtierenden Präsidenten und das Zweikammerparlament gewahrt, dessen eine Kammer, der Senat, als

J. Hartmann, *Die politischen Systeme Lateinamerikas*,
DOI 10.1007/978-3-658-14353-4_7

Staatenvertretung ausgestaltet war. Für die Wahl des Präsidenten war lediglich die einfache Mehrheit verlangt. Wie in Lateinamerika üblich, gab es die Möglichkeit, den Präsidenten durch parlamentarische Initiative vorzeitig aus dem Amt zu entfernen.

Die Ära des Caudillismo neigte in den 1870er Jahren ihrem Ende zu. Im Bergland begann der Kaffeeanbau. Fortan bestimmten die Andinos, die Hochlandeliten, Politik und Wirtschaft. Mit Präsident *Antonio Guzmán Blanco,* auch er noch vom Format eines Caudillo, begann der Aufstieg der von seinem Vater gegründeten Liberalen Partei. *Guzmán* amtierte dreimal als Präsident (1870–1877, 1879–1884, 1886/1887). Mit diplomatischem Geschick und militärischer Härte stellte er die zentrale Kontrolle über das Staatsgebiet her. Der Kaffeeboom spielte ihm in die Hände. Ursprünglich hatten die Einzelstaaten Anspruch auf die Zolleinnahmen und damit auf die wichtigste Einnahmequelle des Landes. *Guzmán* stellte die regionalen Führer vor die Wahl, entweder die Zollhoheit auf den Zentralstaat zu übertragen und sich eine feste Quote des Zollaufkommens garantieren zu lassen, oder aber den militärischen Konflikt mit der Zentralregierung zu riskieren (Rodriguez 2009, S. 104–106). Die Staatenvertreter gaben nach.

Mit den Mitteln, die der Präsident jetzt zur Verfügung hatte, wurden Straßen und Eisenbahnen gebaut. Das gesellschaftliche Leben der Kreolen konzentrierte sich stärker auf die Hauptstadt. Landbesitzer im Hinterland bauten Stadthäuser, um daran teilzuhaben. Die Hauptstadt selbst wurde, wie in dieser Epoche überall üblich, nach dem Vorbild europäischer Prachtmetropolen baulich erneuert und erweitert. Inmitten einer überwältigenden Mehrheit von Mestizen, Mulatten und Afrikanern, die zu dieser Zeit noch mehrheitlich auf dem Lande lebte, baute die überschaubare kreolische Teilgesellschaft ihre Kulisse für die Illusion, wie in der Alten Welt zu leben (Zeuske 2007a, S. 124–137).

Mit *Guzmáns* Tod fand diese Periode erfolgreicher Staatsmodernisierung ein vorläufiges Ende. Belastbare politische Institutionen gehörten nicht zum Erbe des Verstorbenen. Die Rivalitäten der Regionalführer lebten wieder auf. Im Jahr 1899 eroberte der Caudillo *Cipriano Castro* (1899–1908), auch er ein Andino und der letzte Politiker vom Format des klassischen Caudillo, gegen den Widerstand der regulären Armee und anderer Caudillos die Hauptstadt. Als Vorwand nahm er einen Parlamentsbeschluss, der die Autonomie der Einzelstaaten einschränken sollte. *Castro* war politisch unerfahren und regierte dilettantisch. Er häufte Schulden bei europäischen Banken an, lehnte es schließlich aber ab, dafür Zinsen zu zahlen. In einem grotesken Stück Kanonenbootpolitik blockierten daraufhin die Gläubigerstaaten, unter anderem Deutschland und Frankreich, die Häfen und beschossen die Verteidigungsanlagen (1902). Die USA vermittelten. Als *Castro* 1908 im Ausland weilte, wurde er von den eigenen Anhängern gestürzt. Mit *Castro* verschwanden die Caudillos endgültig von der Bildfläche. Vizepräsident *Juan Vicente Gómez* aus einer Offiziersfamilie, auch selbst Offizier, trat an seine Stelle.

Gómez erwies sich in seinen 27 Regierungsjahren (1908–1935) als durchsetzungsstarker Modernisierer. Pro forma setzte er die Präsidentschaft kurzfristig aus, um der Amtszeitbegrenzung Rechnung zu tragen. Dann übernahm kurz ein gefügiger Nachfolger, nur um das Amt bald wieder niederzulegen, sodass *Gómez* erneut kandidieren durfte. Die Ablösung des Einnahmequelle Kaffee durch das in der Küstenregion entdeckte Erdöl trug dazu bei, *Gómez*"Herrschaft zu stabilisieren. Seit Anfang der 1920er Jahre ist die politische Entwicklung vom Öl bestimmt. Die Umrüstung der Schiffsaggregate von Kohle auf Öl, vor allem aber die wachsende Bedeutung des Autos sorgte für stetige Nachfrage und entsprechende Einnahmen. Mit den jetzt verfügbaren Mitteln des Zentralstaates wurde die Armee in eine moderne und schlagkräftige Truppe umgebaut. Es gelang der Regierung sogar, die Kontrolle über das weite Hinterland herzustellen – eine Leistung, die der Regierung im benachbarten Kolumbien bis heute nicht vollständig gelungen ist.

In der Ära *Gómez* geriet der öffentliche Raum zum Selbstbedienungsladen der Hauptstadtelite. Ihr überragendes Interesse war das Funktionieren der Ölwirtschaft. Der vor knapp hundert Jahren entstandene Petrostaat drängte die Hacendados des Hinterlandes ins Abseits. Selbst ihr Eigentum verlor den gewohnten Schutz. Manchem Hacendado presste die Regierung, assistiert von Polizei und Verwaltung, sein Besitztum ab: Ein kleptokratischer Staat, wie er heute in vielen Teilen der Welt existiert (Rodriguez 2009, S. 110–116; Zeuske 2007a, S. 138–148)! In der Ölwirtschaft mitsamt der vor- und nachgelagerten Infrastruktur (Bahnen, Häfen, Straßen, Häfen, staatlichen Verwaltungen) wuchs die übliche Klasse von Arbeitern und kleinen Angestellten heran. Ein sehr restriktives Zensus-Wahlrecht verweigerte ihnen die Mitsprache. Streiks und Proteste wurden rigoros unterdrückt. Eine nennenswerte importsubstituierende Industrialisierung fand aber nie statt. Die Ära *Gómez* endete im Jahr 1935 mit seinem Tod.

7.1.2 Die Öffnung des politischen Systems (seit 1935)

Die auf *Gómez* folgenden Präsidenten betrieben eine vorsichtige Öffnung des politischen Systems (zum historischen Hintergrund: Zeuske 2007a, S. 149–171). Ab 1941 durften sich die Accíon Democrática (AD), eine sozialdemokratische Partei, ferner im COPEI (Comité de Organización Politica Electoral Independiente) eine christliche Mitte-Links-Partei sowie schließlich eine im liberalen Spektrum angesiedelte Radikale Partei betätigen. Die Gründung der linksliberalen AD geht auf *Rómulo Ernesto Betancourt Bello* zurück. *Betancourt,* der das Land zweimal als Präsident regieren sollte (1945–1946, 1959–1964), hatte Jura studiert, war in seiner Jugend Kommunist und wurde ins Exil verbannt. Bei Gründung der AD stand ihm das Beispiel der peruanischen APRA vor Augen (Abschn. 9.1). Der vom späteren Präsidenten *Rafael Caldera* (1969–1974) mitgegründete COPEI war ein Konkurrenzprojekt. *Caldera* war Adoptivkind einer reichen Familie und Hochschullehrer für Recht und Soziologie. Er appellierte an die Mittelschicht, lehnte sich aber nicht nur zur Arbeiterschaft herüber, sondern wollte ganz im Sinne der katholischen Soziallehre eine klassenübergreifende Partei (Rodriguez 2009, S. 116 f.). Die URD (Unión Repúblicana Demorática) entstand schließlich als bürgerlich-liberale Partei. Schon das eingeschränkte Wahlrecht legte diese Parteien auf eine Konkurrenz um die Stimmen der Mittelschicht fest. Von der Öffnung des politischen Systems zu den arbeitenden Klassen hatte die AD am meisten zu gewinnen. Aus naheliegenden Gründen waren die übrigen Parteien dagegen.

Einige AD-Politiker und Armeeoffiziere putschten 1945 den amtierenden konservativen Präsidenten *Angarita* aus dem Amt. Auch der spätere Diktator *Marcos Pérez Jimenéz,* der einem Klub gleichgesinnter Offiziere angehörte, war bereits an diesem Putsch beteiligt (dazu und im Folgenden: Myers 2014a, S. 210–215). In der anschließenden Wahl, in der jetzt erstmals alle Erwachsenen wählen durften, trug der AD-Kandidat *Rómulo Betancourt* den erwarteten Sieg davon. *Betancourt* fasste umgehend die Neuordnung der ländlichen Besitzverhältnisse ins Auge und versprach, die Rechte der Arbeiter zu verbessern. Damit handelte er sich den vereinten Widerstand der Landbesitzer und Unternehmer ein. Auch die Führung der Armee war nicht einverstanden. Sie wartete bis zur nächsten Präsidentenwahl ab. Gewählt wurde 1948 der AD-Kandidat *Rómulo Gallegos,* ein Literat von tadelloser Gesinnung. Es mangelte ihm jedoch an Begabung und Eifer zum Regieren. Nach nur sieben Monaten im Amt musste er den Militärs weichen.

Für die Militärs kam die Rückkehr zur konstitutionellen Politik jetzt nicht mehr infrage. *Pérez Jimenéz,* ein Aufsteiger aus einfachen Verhältnissen, Drahtzieher auch dieser Militärintervention, trat 1952 aus dem Schatten einer Offiziersjunta heraus und übernahm selbst das Präsidentenamt. Mit Parteienverboten und insbesondere der Verfolgung Oppositioneller wurde das politische Leben abgeschaltet. Als *Pérez'* präsidiale Amtszeit 1957 ablief, manipulierte er eine Wahl herbei, die ihn im Amt bestätigte. Damit aber provozierte er heftigen Widerstand. Auch ein Teil der Offiziere kündigte ihm die Gefolgschaft auf. *Pérez* sah ein, dass er sich nicht mehr halten konnte und setzte sich 1958 ins Exil ab. Die Regierung gelangte wieder in die Hände gewählter Politiker. Wir erkennen in diesen Ereignissen bereits die Streitkräfte – im Unterschied zu ihrem kolumbianischen Counterpart – als eine politisierte Truppe.

7.1.3 Das Punto Fijo-System (seit 1958)

Die drei wichtigsten Parteien AD, COPEI und URD verständigten sich 1958 in einem – nach dem Tagungsort benannten – Pakt von Punto Fijo, künftig gemeinsam zu regieren, für welchen Kandidaten sich die Wähler auch entscheiden mochten. Selbst die Unternehmerverbände und die Gewerkschaften wurden in diesen Pakt mit einbezogen. Für die Parteien handelte es sich um einen Beteiligungspakt, politikinhaltlich kam er einem Stillhaltepakt gleich. Nichts, was zwischen den Parteien umstritten war, sollte in Angriff genommen, und nichts, was Unternehmern und Gewerkschaften wichtig war, geändert werden. Zwar breiter angelegt, ähnelte dieser Pakt in mancher Hinsicht dem Burgfrieden zwischen Konservativen und Liberalen im benachbarten Kolumbien.

Beim Punto Fijo handelte es sich um einen Pakt zwischen den Spitzen der politischen Organisationswelt, d. h. Abgeordneten, Gouverneuren und Funktionären. Er funktionierte unter den folgenden Voraussetzungen:

1. Solange die Ölrente verlässlich sprudelte und der Ölpreis stieg oder hielt, funktionierte das politische System so, wie man es aus anderen Öl produzierenden Staaten kennt.
2. Die Ölrente hielt unter anderen die kleinen Selbstständigen und die regulär beschäftigten Arbeiter und Angestellten bei der Stange. Menschen im informellen Sektor gingen indes leer aus. Sie waren eine politisch tote Masse. Würde diese Masse mobilisiert, drohte Gefahr für das Kartell.

Das Punto Fijo-Kartell wurde von der Preisentwicklung auf dem globalen Ölmarkt der 1970er Jahre gesprengt. Zunächst profitierte das Land von der Preispolitik der arabisch dominierten OPEC. Die nahöstlichen Produzenten hatten 1973/1974 das Öl als Preiswaffe eingesetzt, um die Unterstützung des Westens für die israelische Sache – Yom-Kippur-Krieg – zu bestrafen. Bei der zweiten Ölpreissteigerung 1978 ging es der OPEC schon darum, den Ölpreis zu treiben. Die nicht kalkulierte Folge: Unter den steigenden Energiekosten brach die Weltkonjunktur ein. Die Nachfrage nach Öl ging zurück, und die mit dem Öl verdienten Dollars, die arabische Regierungen in europäische und US-amerikanische Unternehmen investiert hatten, warfen dort nicht die erhoffte Rendite ab. Stattdessen schickten die nahöstlichen Regierungen ihre Öldollars auf die Suche nach profitableren Anlagemöglichkeiten und glaubten sie häufig in den hoch verzinsten lateinamerikanischen Staatsanleihen zu finden.

Den arabischen Produzenten machte es nicht viel aus, dass ihre Preispolitik in den Industrieländern das Wachstum und auch die Nachfrage nach Rohöl drosselte. Bei Venezuela war dies nicht der Fall. Das Land hatte den Ruf eines zuverlässigen Lieferanten, es hatte keine politischen Aktien im Nahostkonflikt. Um die Einnahmen aus dem Ölverkauf im Land zu halten, wurde die Ölindustrie 1976 verstaatlicht. Das Punto-Fijo-Kartell hatte sich daran gewöhnt, die Ölrente vollständig zu konsumieren. Vorübergehende Preisstürze waren in der Vergangenheit mit Auslandskrediten ausgeglichen worden, bis sich die Preise wieder erholten. Doch in den 1980er Jahren blieb die Weltwirtschaft für längere Zeit auf Talfahrt. Die Regierung nahm neue Kredite auf, während sie noch auf einem Berg von Altschulden saß. Mexiko steckte in der gleichen Klemme. Es erklärte 1982 seine Zahlungsunfähigkeit. Für die nunmehr insgesamt als gefährdet geltenden lateinamerikanischen Länder, die bereits eine hohe Kreditlast trugen, waren frische Kredite nur mehr mit hohen Risikoaufschlägen zu haben. Schon 1983 wusste sich die Regierung in Caracas nicht anders zu helfen, als die Landeswährung abzuwerten, um die Importkäufe zu dämpfen. Auf Importe war das Land aber vital angewiesen. Ausländische Ölgesellschaften durften ab 1996 wieder investieren.

In der zweiten Präsidentschaft des AD-Kandidaten *Carlos Andrés Pérez* (1974–1979, 1989–1993), Sohn eines Kaffeepflanzers und weltweit angesehener, lupenreiner Sozialdemokrat, implodierte das seit 30 Jahren regierende Kartell. Das Land war hoffnungslos überschuldet. Auf Umschuldung und frisches Geld durfte es nur noch hoffen, wenn es sich den vom Washington-Konsens verlangten neoliberalen Remeduren beugte

(Abschn. 5.2). Schon wenige Wochen nach Amtsantritt war *Pérez* gezwungen, den Bürgern mit Steuererhöhungen in die Tasche greifen. Für die Gesellschaft war dies eine schmerzhafte neue Erfahrung. Die deftige Steigerung der Verbrauchssteuern, unter anderem auf Medikamente, löste in der Hauptstadt einen Volksaufstand aus, das so genannte „Caracazo"; auch in anderen großen Städten des Landes kam es zu Massenprotesten. Punto Fijo war am Ende.

Nach langer Zeit machte sich jetzt auch wieder das Militär als politischer Akteur bemerkbar. Ein Generationswechsel hatte Meinungsverschiedenheiten unter den Offizieren entstehen lassen. Etliche Subaltern- und Stabsoffiziere, die schon nicht mehr – wie in der Vergangenheit üblich – aus den höheren Kreisen rekrutiert worden waren, hatten eine kritische Einstellung. Sie beklagten die verbreitete Korruption und die Armut, die sie in den Garnisonsorten hautnah erlebt hatten (Trinkunas 2002). Die Generäle hingegen waren saturiert und mit Privilegien verwöhnt (Hellinger 2003, S. 41).

Linke Offiziere einer Fraktion, die sich Bolivarische Bewegung (Movimiento Bolivariano Revolucionario 200 – BR 200) nannte, darunter der spätere Präsident *Hugo Chávez*, putschten im Februar 1992. Der Putsch misslang. Noch im November desselben Jahres unternahmen Offiziere einen weiteren Putschversuch – ebenfalls vergeblich. Der Senat klagte *Pérez* 1993 mit den Stimmen von AD und COPEI des Amtsmissbrauchs an. Das Oberste Gericht befand die Anklage für stichhaltig, und das gesamte Parlament enthob ihn des Amtes. Die fadenscheinige Begründung lautete auf die Veruntreuung von Geldern. In der Sache war *Pérez* ein Bauernopfer, um das angeschlagene Punto Fijo-System mit einem neuen Staatschef noch zu retten.

Zum Nachfolger von *Pérez* wurde 1994 der COPEI-Mitgründer und Ex-Präsident *Rafael Caldera Rodríguez* (1969–1974) gewählt, ein linkskatholischer Intellektueller von hohem Ansehen (siehe oben). Der COPEI hatte sich geweigert, die Kandidatur dieses prominenten Christdemokraten zu unterstützen. Daraufhin hatte *Caldera* dem COPEI den Rücken gekehrt und als Unabhängiger kandidiert. Seine Wahl zeigte, dass die alten Parteien den Zugriff auf das politische Geschehen einzubüßen begannen. Doch auch *Caldera*, der mit hohen Erwartungen gewählt wurde, blieb nichts anderes übrig, als in den vom IWF gesteckten wirtschaftspolitischen Parametern weiterzumachen.

Die Wahlen des Jahres 1998 besiegelten den Bankrott des Parteienkartells. Der COPEI entschied sich in einer innerparteilichen Vorwahl für *Irene Sáez*. Die ehemalige Beauty Queen – Miss Venezuela und Miss Universe – war zuvor Bürgermeisterin von Chacao, dem edelsten Stadtteil der Hauptstadt, dann Gouverneurin eines kleinen Teilstaates gewesen. Gegenkandidat war der frühere Putschist *Hugo Chávez*. Er war seit Langem ein unerbittlicher Kritiker des Systems. Auf der Basis des BR 200 hatte er 1997 die politische Plattform des MVR (Movimiento V – Quinta – República) ins Leben gerufen. *Chávez* war dermaßen populär, dass der COPEI seine Kandidatin noch vor dem Wahltag fallen ließ und stattdessen die Wahl des Außenseiters *Enrique Salas Römer* empfahl, eines Yale-Ökonomen, der erst im reiferen Alter in die Politik seines Landes eingestiegen war. *Römer* war mit einer eigenen Partei „Proyecto Venezuela" angetreten. Aber auch mit der Unterstützung von AD und COPEI hatte *Römer* keine Chance. Die überkommenen Parteien waren schlicht diskreditiert. Hier lag die Chance des begnadeten Populisten *Chávez* (Hawkins 2010, S. 5 f.; Morgan 2007; Hellinger 2003, S. 30–35). Am Wahltag erhielt er sogar Stimmen aus den oberen und mittleren Klassen (Barraca 2007, S. 143). Sie erwarteten ebenso wie Teile der Geschäftswelt, die seine Wahlkampagne unterstützte, dass *Chávez* das innenpolitische Chaos so bald wie möglich beenden würde (Brading 2014, S. 54–56).

7.1.4 Ära Chávez (seit 1999)

Chávez war Sohn eines Dorfschullehrers, dessen Eltern noch Landarbeiter waren. Er schlug die Offizierslaufbahn ein und eignete sich in Studium und Selbststudium gesellschaftspolitisches Wissen an. *Chávez* verkörperte den Typus des modernen populistischen Politikers. Ein Kardinalziel war die stärkere Staatskontrolle über die Wirtschaft. Als die staatliche Ölgesellschaft aufgefordert wurde, größere Gewinnanteile abzuführen, sperrte das Management um die Jahreswende 2002/2003 die Arbeiter aus und brachte die Produktion zum Stillstand. Das alte Management wurde durch Chávez-Loyalisten ersetzt. Preiskontrollen und ein garantiertes Mindesteinkommen für alle zielten auf die Bekämpfung der Armut, also auf Menschen, die von den Präsidenten der Altparteien vernachlässigt worden waren. Die Autonomie der Notenbank wurde aufgehoben. Durch Kompetenzübertragung an den Zentralstaat verloren die Staaten und kommunalen Verwaltungen weiter an Bedeutung (Myers 2014a, S. 216).

Chávez ignorierte die Strukturanpassungsvorgaben des IWF, begann aber eine enge Zusammenarbeit mit Kuba. Diese Geste war populär. Seine Verachtung für die Gralshüter des neoliberalen Kredos traf eine verbreitete Stimmung. Rasch verflüchtigten sich aber in der Unternehmerschaft und in bürgerlichen Kreisen die anfänglichen Sympathien für *Chávez*, der sich als radikaler Volkstribun gab. Die Oppositionsparteien und die Kirche, die oberen Klassen ohnehin, keilten mit harten Bandagen zurück. Als die Polizei die Kontrolle über die Straßendemonstrationen der Chávez-Gegner zu verlieren drohte, verweigerte sich die Militärführung *Chávez'* Befehl, sich für einen Einsatz bereitzuhalten.

Mit tatkräftiger Unterstützung des Unternehmerverbandes Federcameras versuchten einige Armeeoffiziere 2002 einen Putsch. Er wurde stümperhaft ausgeführt und scheiterte. Positive Resonanz fand er in den oberen und mittleren Klassen (Barraca 2007, S. 143). Auf den Straßen hingegen wurde gegen die Putschisten demonstriert. Loyale Armee-Einheiten nahmen die Putschisten fest (Pion-Berlin und Trinkunas 2010, S. 406 f.). *Chávez'* Bolivarischer Sozialismus war in oppositionellen Kreisen inzwischen nicht einfach nur ein Angriff auf Besitzstände, sondern auch eine Attacke auf die kulturelle Hegemonie der Kreolen und der assimilierten Mestizen, kurz: auf das „weiße" Venezuela. Der erkennbar mestizische *Chávez* wurde jetzt auch zur Zielscheibe einer Medienoffensive mit rassistischen Untertönen.

Die Ereignisse bestärkten *Chávez* in der Überzeugung, den eingeschlagenen Kurs fortzusetzen. Gleichzeitig nährten sie sein Misstrauen gegen die Streitkräfte. An den Gegenkundgebungen für *Chávez* hatten sich namentlich die Ärmsten der Armen beteiligt. Mit dem gescheiterten Putsch avancierte *Chávez* endgültig zum Idol der Massen. Versuche, *Chávez* zu demontieren, gab es auch in der Zeit danach. In den Jahren 2003 und 2007 drosselten Unternehmer die Produktion, um die unvermeidlichen Versorgungsmängel, die vor allem *Chávez'* Klientel zu spüren bekamen, der Inkompetenz des Regimes anzulasten (Ellner 2013, S. 67).

Ein Versuch der Opposition, *Chávez* mit der Initiative für ein Referendum zur Amtsenthebung zu stürzen, schlug 2004 fehl. Umgekehrt gelang es *Chávez* aber auch nicht, eine Verfassung nach seinen Vorstellungen verabschieden zu lassen. Die Opposition mit ihrer Sperrminorität legte sich quer. Auch ein weiteres Anliegen des Präsidenten kam nicht voran: die Möglichkeit der Wiederwahl. Nach der erst seit 1999 geltenden Verfassung bedurfte es dazu einer Volksabstimmung. Ein erstes Referendum über diese Frage scheiterte 2007 mit 49 zu 51 %. Als dem Volk die Frage ein zweites Mal vorgelegt wurde, kam mit 54 % Zustimmung bei 30 % Enthaltungen eine knappe Mehrheit zustande (Myers 2014a, S. 216 f.). Die Organisationen, die sich bei diesen Kampagnen für *Chávez* stark machten, fusionierten 2007 zu einer Art Regimepartei, der Vereinigten Sozialistischen Partei (Partido Socialista Unido de Venezuela, PSUV). Sie war die Nachfolgeorganisation des gleichzeitig aufgelösten MVR.

Nachfolger des 2013 im Amt verstorbenen *Chávez* wurde der Vizepräsident und frühere Gewerkschaftspräsident *Nicolas Maduro Moro*. In einer links orientierten Arbeiterfamilie aufgewachsen, war er zunächst Busfahrer und arbeitete sich zum Chef der Transportarbeitergewerkschaft hoch. Von den schwierigen wirtschaftlichen Verhältnissen abgesehen, die dem Regime schwer zu schaffen machten, entfiel für die PSUV damit das politische Kapital, das *Chávez'* Charisma hatte auf die Waage bringen können (Rosales 2013, S. 1148). In der Wahl kam *Maduro* nur knapp über 50 %. *Maduro* ist eine Funktionärsgestalt; jegliche Volkstümlichkeit geht ihm ab. In seiner kurzen Regierungszeit driftete das politische System stärker als zuvor ins Autoritäre.

Dessen ungeachtet gehört Venezuela im Rückblick zu denjenigen Ländern Südamerikas, in denen Putsch und Militärpräsidenten die Ausnahme waren. Das Punto Fijo System mochte oligarchisch sein, mit der Verfassung ging es einigermaßen pfleglich um (Tab. 7.1).

Tab. 7.1 Konstitutionelle und außerkonstitutionelle Abfolge der Präsidenten Venezuelas seit 1930

		Konstitutionell gewählt	Konstitutionell abgelöst	Interimspräsident
J. Gómez	1931–1935[a]			
E. López	1935/1936			X
E. López	1936–1941	X	X	
I. Medina	1941–1945	X		
R. Betancourt	1945–1948	X		
R. Gallegos	1948	X		
C. Delgado	1948–1950			
G. Suárez	1950–1952			
M. Pérez	1952–1958			
W. Larrazábal	1958			X
E. Sanabria	1958/1959			X
R. Betancour	1959–1964	X	X	
R. Leoni	1964–1969	X	X	
R. Caldera	1969–1974	X	X	
C. Pérez	1974–1979	X	X	
L. Herrera	1979–1984	X	X	
J. Lusinchi	1984–1989	X	X	
C. Pérez	1989–1993	X	XA[b]	
O. Lepage	1993			X
R. Velásquez	1993/1994			X
R. Caldera	1994–1999	X	X	
H. Chávez	1999–2013	X	XV[c]	
N. Maduro	Seit 2013	X		

[a]De facto seit 1908, mit Unterbrechung durch Platzhalter, die nach kurzer Zeit wieder zurücktraten
[b]Amtsenthebung
[c]Im Amt verstorben

7.2 Das politische System

7.2.1 Verfassung und Regierungssystem

Zu der von *Chávez* betriebenen Ablösung der Verfassung von 1999 kam es nicht. Förmliche Verfassungsänderungen und verfassungsrelevante Gesetze haben die geltende Verfassung jedoch stark verändert. Beginnen wir mit dem Präsidenten. Auf dem Papier ist er keine sonderlich starke Figur. Seit 2009 ist die unbegrenzte Neukandidatur eines amtierenden Präsidenten erlaubt. Wie in den meisten Präsidialsystemen üblich, steht ihm ein Vizepräsident zur Seite. Schon *Chávez'* Vorgänger hatten sich vom Kongress weitreichende Vollmachten übertragen lassen, die den Verfassungsrahmen arg strapazierten.

Das ehemals repräsentative Partizipationsmodell der früheren Verfassung gehört der Vergangenheit an. Plebiszitäre Verfassungselemente überwölben die parlamentarischen Strukturen. Zwar kann das Parlament schon mit einfacher Mehrheit ein Veto des Präsidenten zurückweisen. Doch ein Referendum kann jedes Gesetz annullieren. Per Volksbegehren darf einem Parlamentarier sein Mandat aberkannt werden, sobald die Hälfte der Legislaturperiode überschritten ist. Die zweite Parlamentskammer wurde abgeschafft Die Parteien haben sämtliche Privilegien verloren (Kestler 2008, S. 589).

Das von der Staatspartei kontrollierte Parlament dankte unter *Chávez"* Nachfolger praktisch ab. Es erlaubte dem Interimspräsidenten *Maduro* wiederholt – obgleich befristet –, ohne parlamentarische Beteiligung zu regieren (SZ, 17.3.2015; SZ, 16./17.11.2013, S. 10). Zwar ist das Land förmlich immer noch eine Föderation von 25 Staaten. Doch der Zugriff des Zentralstaates auf sämtliche wichtigen Politikbereiche hat sie als politische Akteure vollständig entwertet (Myers 2014b, S. 240). Die Verfassung ist im gegenwärtigen Zuschnitt eine links gewirkte Novität in der lateinamerikanischen Verfassungslandschaft.

7.2.2 Parteien, Medien, Militär

Parteien: Chávez' Parteischöpfung PSUV war lange differenzierter, als der Gründer weismachen wollte und seine Gegner behaupteten (dazu und im Folgenden Ellner 2013). Da gab es zum einen die pragmatische Strömung, Sie unterstützte die von *Chavez* eingeleitete Umverteilungspolitik, wünschte sie aber professionell verwaltet und mit Rücksicht auf die wirtschaftliche Leistungsfähigkeit durchgeführt. Im Regierungsgeschäft hatte diese Strömung Gewicht. Ferner gab es noch Anhänger, die sich für ein staatssozialistisches Modell begeisterten, also am liebsten alle Kompromisse mit Privatwirtschaft und mit internationaler Wirtschaftswelt über Bord werfen wollten. *Chávez* war klug genug, diese Fraktion mit Floskeln abzuspeisen. Dann war da schließlich noch die revolutionäre Fraktion – für *Chávez* wie für viele lateinamerikanische Linke eine Herzenssache: Die Mobilisierung der Armen und Entrechteten.

Die meisten und wichtigeren Oppositionsparteien entstanden um die Jahrtausendwende kurz vor und nach der Wahl, die *Chávez* ins Amt brachte. Sie muten bis heute wie ein Zubehör ihrer Gründer an. Hinter dem 1999 gegründeten Proyecto Venezuela steht *Enrique Salas Römer,* der im selben Jahr als Präsidentschaftskandidat das zweitbeste Ergebnis erzielte. Die sozialdemokratische Un Nuevo Tempo, die im selben Jahr gegründet wurde, hatte ihre Basis in Zulia, dem bevölkerungsstärksten Einzelstaat. Primero Justicia wurde im Jahr 2000 vom späteren Präsidentschaftskandidaten *Capriles Radonski* mitgegründet, der zunächst eine kommunalpolitische Karriere im bevölkerungsstarken Staat Miranda machte. Voluntad Popular ist eine Gründung von *Leopoldo López,* später Bürgermeister des reichen Hauptstadtbezirks Chacao. Seit 2009 kandidieren diese

Tab. 7.2 Präsidentenwahlen: Venezuela 1993–2013 (Bewerber mit den meisten Stimmen [in v. H.])

2013		
Maduro Gr. Polo Democrático[a]	*Capriles,* Mesa de la Unidad Democrática[b]	*Mendez* Neue Vision
50,6	49,1	0,1
2012		
Chávez Gr. Polo Democrático[a]	*Capriles,* Mesa de la Unidad Democrática[b]	*Reina Sequera* Arbeitermacht[c]
55,1	44,3	0,5
2006		
Chávez Mov. V. República	*Rosales* Neue Ära	*Reyes*
62,8	36,9	0,04
2000		
Chávez Mov. V. República	*Arias Cardénas* La Causa R[c]	*Fermin* Encuentro Nacional
59,7	37,5	2,7
1998		
Chávez Mov. V. República	*Salas Römer* Proyecto Venezuela	*Sáez* IRENE[d]
56,2	39,9	2,8
1993		
Caldera Converg. Nacional	*Fermin* AD	*Álvarez Paz* COPEI
30,5	23,6	22,7

[a]Nachfolgebündnis Bewegung V. Republik
[b]Zusammenschluss linker und zentristischer Oppositionsparteien um den PJ
[c]Aus Dissidenten der Unterstützerkoalition für Chávez hervorgegangen
[d]Das Wahlkampflogo der Kandidatin Irene Sáez

Parteien mit vielen anderen Kleinparteien und gemeinsamen Kandidaten als Mesa de la Unidad Democratica (MUD) (Tab. 7.2).

Medien: Private Print- und TV-Unternehmen unterstützen die Opposition. Sie diabolisieren die Regierenden geradezu, arbeiten unterschwellig mit rassischen Vorurteilen und erklären die Wähler für manipuliert und dumm. Staatliche und kommunale Sender halten dagegen (Lupien 2013, S. 230–238; Buxton 2005, S. 343). Die Wirkung ist schwer abzuschätzen: Ein TV-Empfänger steht noch in der ärmsten Hütte, deren Bewohner außerstande sind, einfache Texte zu lesen. Schon *Chávez* stand im Dauerkonflikt mit den privaten Medien.

Trotz einer Reihe staatlicher Sender, die als Sprachrohr der Regierungspartei auftreten – bis 2010 wuchs ihre Zahl auf zehn –, schalten über 80 % der Fernsehkonsumenten auf Programme der vier größten privaten TV-Anbieter, der größte darunter die Grupo Cisneros mit dem Netzwerk Venevisión. Diese Mediengruppe, die auch in den Nachbarländern aktiv ist, wird vom Milliardär *Gustavo Cisneros,* dem Sohn des Firmengründers geleitet. Er macht keinen Hehl aus seiner Gegnerschaft zu *Chávez* bzw. *Maduro.* Vier Fünftel aller Zeitungsleser bevorzugen die großen privaten Tageszeitungen. Sie haben zwar geringere Verbreitung als Radio und TV. Ihre Meinung bildende Bedeutung ist für Venezuelaner, die überhaupt Zeitungen lesen, umso größer (Lupien 2013, S. 227 f.). Die auflagenstärkste Zeitung Últimas Noticias gehört zum Familienkonzern Grupo Cadenas Capriles; sie wird vom Sohn des Firmengründers *Capriles* geleitet. Eigentümer und Herausgeber der zweitgrößten Zeitung El Nacional ist *Miguel Henrique Otero.* Er rief 2007 die Oppositionsbewegung 2D ins Leben und unterstützt die Oppositionsfront MUD (siehe oben). Die dritte große Zeitung El Universal schlägt seit ihrem Verkauf an eine spanische Finanzgruppe im Jahr 2014 regimefreundliche Töne an.

Militär: Als ehemaliger Offizier wusste *Chávez,* dass die Loyalität der Streitkräfte ihre Grenzen hat. Schließlich hatte er 1992 selbst einen Putschversuch inszeniert. Vielen Offizieren schmeckte es nicht, wie von *Chávez* befohlen, in den Armenvierteln als Sozialhelfer (siehe unten, Abschn. 7.3) eingesetzt zu werden (Myers 2014a, S. 219). Als *Chávez* eine Volksmiliz aus der Taufe hob, die in den Armenvierteln rekrutiert wurde, konnte dies den Offizieren nicht gefallen (Avilés 2009b, S. 1559–1561). Sie lasen daraus Misstrauen gegenüber den regulären Streitkräften. Dessen ungeachtet gab sich *Chávez* Mühe, die Streitkräfte in den Bolivarischen Sozialismus zu integrieren. Die Hälfte der Gouverneure und ein Drittel der Kabinettsressorts wurden mit noch aktiven oder mit pensionierten Offizieren besetzt. Die Zahl höchster Offiziere ist immens: allein 1200 Generäle bei einer Truppenstärke von 120.000 Mann (Latin American Weekly Report, 27, 10 July 2014, S. 5).

7.2.3 Die Präsidenten: Amtsinhaber, Kandidaten, Politik

Chávez gelang es, die Strömungen in seiner Partei gegeneinander auszutarieren, erstens dank seiner Persönlichkeit und zweitens dank seiner Fähigkeit, eine linkspopulistische Politik zu betreiben, die jeder Strömung symbolisch oder materiell etwas zu bieten hatte. Der kritische Punkt des Regimes war und ist die ökonomische Hauptressource: ein hoher Ölpreis. *Chávez* war ein begnadeter Populist und sein größtes Kapital ein Charisma, das in leidenschaftlichen Reden und in einfacher Sprache über das Fernsehen transportiert wurde. Seinem Nachfolger *Maduro* gehen all diese Qualitäten ab.

Nach *Chávez* Tod kam es zu einem Richtungsstreit. Der noch von *Chávez* designierte *Maduro* entschied ihn für sich (Corrales 2013, S. 61 f.). Er hatte das Pech, ein Politikmodell zu erben, dessen ökonomische Möglichkeiten längst ausgereizt waren. Auf die lauter werdende Kritik an den schlechten Lebensbedingungen reagierte *Maduro* mit

Einschüchterung, Verboten und willkürlicher Verhaftung. Er setzte wilde Verschwörungstheorien in die Welt. In der Manier eines Diktators, der sich um Regeln nicht zu kümmern hat, ließ er Kritiker verhaften, so 2014 aus heiterem Himmel *Leopoldo López*, den früheren Bürgermeister des Hauptstadtbezirks Chacao, dem Finanzzentrum und bevorzugten Wohnviertel der weißen Elite (SZ, 21./22.2.2015, S. 9). Im Wahljahr 2015 ereilte *Antonio Ledezma*, den amtierenden Bürgermeister der Hauptstadt, auch er ein führender Kopf der Opposition, das gleiche Schicksal. Der Präsident warf ihm eine Verschwörung vor, um die Regierung abzulösen.

López kommt aus einer der ältesten und reichsten Familien Venezuelas. Sie mischt seit je in der Politik des Landes mit. Er besuchte ein College in den USA und studierte anschließend in Harvard. Schon 2002 trat er beim Putschversuch gegen *Chávez* hervor. Seine weitere Bestätigung im Bürgermeisteramt wusste *Chávez* mit einer konstruierten juristischen Begründung zu verhindern. *López* war auch an den Protesten der „besseren Gesellschaft" von Caracas im Jahr 2014 prominent beteiligt. Anlass war der Mord an einer bekannten Beauty Queen – Miss Venezuela –, die wegen einer Panne auf der Schnellstraße hatte halten müssen. Das Ereignis ließ die Ressentiments der gut situierten Klassen explodieren. Bei Demonstrationen kam es zu ungeklärten Schießereien mit der Polizei. *López'* Inhaftierung, die allen rechtstaatlichen Maßgaben zuwiderlief, verriet die Absicht, einen Politiker auszuschalten, dessen telegenes Äußeres, reicher Hintergrund und korruptionsfreie politischen Karriere ihn zum gefährlichen Regimegegner machten.

Auch *Henrique Capriles Radonski, Chávez'* und *Maduros* unterlegener Herausforderer in den letzten Präsidentenwahlen, wurde von der Justiz behelligt. Seiner Familie gehört das Medienunternehmen Grupo Cadena Capriles (siehe oben). Durch seine zweite Ehefrau *Mitzy Ledezma Capriles* ist auch der Maduro-Gegner *Ledezma* (siehe oben) mit dieser Familie verwandt. *López* zog 2012 seine Kandidatur für die Präsidentschaft zugunsten von *Capriles* zurück. Bereits *Manuel Rosales*, der uncharismatische Herausforderer *Chávez'* in der Wahl von 2007, ein Anhänger des AD, gelernter Lehrer und ebenfalls ein Sympathisant des gescheiterten Putsches gegen *Chávez* (2002), wurde – ob zu Recht oder Unrecht – mit Korruptionsvorwürfen überzogen. Er hielt es für ratsam, Sicherheit im Exil zu suchen.

Ein Schwachpunkt der Opposition ist der Umstand, dass sie von den vom Regime umworbenen Armen mit den oberen Klassen bzw. dem „weißen Venezuela" identifiziert wird. Jugendliche der Mittelklasse, die Garimbas, errichteten im Protestfrühjahr 2014 Barrikaden, zerstörten öffentliche Einrichtungen und attackierten kubanische Ärzte (die überall im südlichen Amerika als ebenso tüchtige wie billige Mediziner tätig sind, um in Gegenden mit Ärztemangel auszuhelfen); etliche Polizisten kamen ums Leben. Die mit den Protesten beabsichtigte Initialzündung eines Massenaufstands schlug fehlt. Zu weit sind die Lebenswelten der wohlhabenden und privilegierten Klassen und die der Armenviertel voneinander entfernt.

Die Kritik an der autoritären Wende *Maduros* erreichte schließlich auch die Staatspartei (SZ, 17.2.2014, S. 7). Im Mai 2015 kündigte eine Gruppe von Abgeordneten an, bei

Tab. 7.3 Parlamentswahlen: Venezuela 2000–2015 (in v. H., in Klammern Sitze)

2015	
Gran Polo Democrático[a]	40,9 (55)
Mesa de la Unidad Democrática[b]	56,2 (109)
Andere	(2)
2010	
PSUV[b]	48,3 (96)
Mesa de la Unidad Democrática[c]	47,2 (64)
Patria para todos[d]	3,1 (2)
Andere	1,4 (3)
2005	
Movimiento por la V. República	60,0 (116)
Por Democrácia Social[d]	8,2 (18)
Patria para todos[e]	6,8 (10)
Kommunisten	2,7 (7)
Accíon Democrática (AD)	0,2 (0)
COPEI	0,2 (0)
Sonstige	22,3 (13)
2000	
Movimiento por la V. República	44,3 (91)
Accíon Democrática (AD)	16,1 (33)
COPEI	5,1 (6)
Proyecto Venezuela	6,9 (6)
MAS	5,0 (6)
Sonstige	22,4 (0)

[a]Parteienbündnis um die PSUV
[b]Vorher Movimiento por la V República
[c]Zusammenschluss linker und zentristischer Oppositionsparteien
[d]Linke Oppositionspartei
[e]Linke regionale Oppositionspartei

der nächsten Parlamentswahl mit eigenen Kandidaten anzutreten. Ihr Vorwurf: *Maduro* ersticke die innerparteiliche Auseinandersetzung und lasse der Korruption freien Lauf (SZ, 5.5.2015, S. 8). Sämtliche Oppositionsparteien, auch die untereinander verfeindeten von links bis rechts, schlossen sich im Vorfeld der Parlamentswahl des Jahres 2015 zur Wahlallianz MUD zusammen (SZ, 29.7.2015, S. 8). Das MUD eroberte eine Zweidrittelmehrheit (Tab. 7.3). Im März 2016 verabschiedete das Parlament ein Amnestiegesetz für Venezuelaner, die seit Beginn der Ära *Chávez* wegen Protesten gegen die Regierung verurteilt worden waren. Das Oberste Gericht erklärte das Gesetz für verfassungswidrig. Als das Oppositionsbündnis eine Volksabstimmung über die Amtsenthebung *Maduros* initiieren wollte, erklärte dasselbe Gericht drei Parlamentsmandate für ungültig, so dass keine Zweidrittelmehrheit zustande kam. Ersatzweise betrieb die Opposition ein Volksbegehren zum selben Zweck. Für das Begehren kam das Zehnfache der erforderlichen Stimmen zusammen. Die Regierung aber behauptete Formfehler und schloss eine Abstimmung vor dem bevorstehenden Präsidentenwahljahr aus (SZ, 17.5.2016).

7.3 Wirtschafts- und Sozialpolitik

Chávez und seinen Mitstreitern ging es anscheinend zunächst ehrlich darum, die elenden Lebensbedingungen vieler Landsleute zu verbessern. Den staatlichen Behörden traute der Präsident nicht viel zu, und das mit Recht. Sie kannten nichts anderes als die Verwaltung eines seit Jahrzehnten verfestigten Status quo, waren von Parteipatronage durchsetzt und korrupt. Ihre sozialpolitische Funktion erschöpfte sich darin, für die Mittelschicht zu sorgen. Die Armutsbekämpfung sollte nunmehr neuen Institutionen anvertraut werden, in denen die Betroffenen selbst mitwirken konnten. In den ersten Jahren der Chávez-Präsidentschaft schwächelte noch die Nachfrage nach dem im Lande geförderte Öl. Ab 2003 stieg sie, wie es der Zufall wollte, massiv an. *Chávez* bekam jetzt die Mittel in die Hand, um seine Anhänger in einer wachsenden Staatsverwaltung zu platzieren und in den Armenvierteln seine Sozialoffensive zu forcieren (Myers 2014b, S. 244). Dort wurden ab 2004 so genannte Bolivarische Stützpunkte eingerichtet. Es handelte sich um nachbarschaftliche Einrichtungen. Ihnen wurde die Realisierung so genannter „Missionen“, zum Beispiel Wohnungen, Impfungen, Grundversorgung und elementare Schulbildung übertragen (Ellner 2013, S. 76 f.). Auch Soldaten wurden eingespannt (siehe oben Abschn. 7.2), um diese Vorhaben auf den Weg zu bringen (Hellinger 2003, S. 44).

Das Problem dabei: Bei allem guten Willen fehlte es den Chávistas an Kompetenz, um Programme dieser Art professionell vorzubereiten und sie zu managen (Myers 2014b, S. 239 f.). Dessen ungeachtet machten diese Programme *Chávez* populär. Dass diese Bolivarischen Stützpunkte dann zu Basiszellen des Chávez-Lagers und später der Regimepartei avancierten, sollte nicht weiter erstaunen. Am Grundproblem der Armut, dem Mangel an regulärer Arbeit, änderten freilich auch diese Missionen nichts. Die Verteilungsrichtung verschob sich allerdings. Jetzt hatten auch Menschen am Rande der Gesellschaft etwas davon. Aber nicht einmal die übliche Begleiterscheinung extremer Armut wie die Straßenkriminalität ließ nach. Vor allem die Armen selbst leiden darunter. Das Risiko, einem tödlichen Verbrechen zum Opfer zu fallen, erreicht in Venezuela das Niveau der am stärksten mit Kriminalität geschlagenen Länder des Subkontinents (Tab. 4.12).

Immer noch bestreitet Venezuela den größten Teil seiner Exporte mit der Ölförderung (siehe Tab. 5.2 und 7.4). Weil versäumt wurde, mit all den Öldollars der vergangenen Jahrzehnte selbst eine bescheidene Konsumgüterindustrie aufzubauen, werden fast alle Güter des täglichen Bedarfs importiert. Wie die übrigen linken Regierungen

Tab. 7.4 Exportanteil des Rohöls in Venezuela 1971–2013 (in v. H.). (Quelle: CEPAL/ECLAC: Statistical Yearbook for Latin America and the Caribbean 2015, External Sector, Tab. 3.3.2.38)

2013	85,1
2010	66,0
2000	59,9
1990	79,7
1980	63,5
1971	61,9

des Subkontinents, die ein Zeichen gegen die Fremdbestimmung ihrer Wirtschaft setzen wollen (Kap. 8 und 10), erfand *Chávez'* Regierung neue Rechtskonstruktionen für die Gewinnaufteilung des geförderten Öls. Seit 2004 beansprucht der Staat bei allen im Land tätigen Tochtergesellschaften multinationaler Ölkonzerne einen Kapitalanteil von 60 %. Der Förderzins wurde auf 33,3 % und die Gewinnbesteuerung von 34 auf 50 % erhöht. Zwei internationale Gesellschaften, Total und ENI, waren nicht einverstanden. Sie wurden kurzerhand enteignet.

In der Wirtschaftspolitik walten Sprunghaftigkeit und Inkompetenz. *Chávez* und sein Bolivarischer Sozialismus legitimieren sich aus der Kritik am Kapitalismus. Als Ölproduzent für den Weltmarkt bewegt sich das Land aber im kapitalistischen Kerngeschäft. Gab es Schwierigkeiten, war der Rat orthodoxer bzw. liberaler Ökonomen tabu. Stattdessen wurde der Rat kubanischer Spezialisten eingeholt. Doch was konnten diese schon raten, war ihre Expertise doch aus der staatssozialistischen Erfahrung gewonnen, während Venezuela, ob es ihm gefiel oder nicht, nun einmal in die kapitalistische Weltwirtschaft eingebunden war? Der Ölreichtum war auch eine wichtige Grundlage der Beziehungen zu Kuba, das mit dem Zerfall der Sowjetunion den wichtigsten Energielieferanten verloren hatte. *Chávez* belieferte Kuba zu Vorzugsbedingungen.

Der Bolivarische Sozialismus wird vom Öl geschmiert. Das gesamte Importprogramm hängt weiterhin an der Ölwirtschaft. Sämtliche mit großem Know-how und Kapitaleinsatz herzustellenden Produkte werden importiert (Tab. 5.3). Um die Ärmsten zu schonen, werden Lebensmittel und Medikamente subventioniert. Die Phase hoher Ölpreise ging um 2010 wieder einmal zu Ende. Die Weltfinanzkrise machte sich in sinkender Nachfrage bemerkbar. Auch die wachsende Förderung in den USA – durch Fracking – hatte ihren Anteil am Preisverfall.

Prompt geriet auch der Chávez-Sozialismus wieder in die Krise. Die Erwartung, der Ölpreis werde eine vorübergehende Unwucht schon wieder ausgleichen, war jahrzehntelang nicht enttäuscht worden. Jetzt aber dauerte die Durststrecke fallender Preise an, die Einkommen aus dem Ölexport blieben weit hinter den Erwartungen zurück. Dazu waren die Ausgaben jetzt, mit mehr Staatspersonal und expandierten Sozialbudgets, noch größer als unter den Vorgängern. Die Petro-Ökonomie stellte *Chávez* die gleiche Falle, in die schon seine Vorgänger geraten waren.

Tab. 7.5 Inflation: Venezuela 2009–2015 (Konsumentenpreise in v. H.). (Quelle: siehe Angaben zu Tab. 6.6)

2015	2014	2013	2012	2011	2010	2009
159,0	62,2	40,6	21,1	26,1	28,2	27,1

Tab. 7.6 Anteil der Auslandsschulden am BIP: Venezuela 2005–2014 (in v. H.). (Quelle: siehe Angaben zu Tab. 6.4)

2013	2012	2011	2010	2009	2008	2007	2006	2005	2004
28,7	30,3	30,9	35,1	21,3	16,9	23,2	24,4	31,9	38,8

Tab. 7.7 Wachstum des BIP: Venezuela 2006–2015 (in v.H.). (Quelle: siehe Angaben zu Tab. 6.5)

2015	2014	2013	2012	2011	2010	2009	2008	2007	2006
−10,0	−4,0	1,3	5,6	4,2	−1,5	−3,2	5,3	8,8	9,9

Im ersten Jahrzehnt des 21. Jahrhunderts war Venezuela das einzige Land Lateinamerikas, in dem sich schon die offizielle jährliche Inflation zwischen 20 und 30 % bewegte – von der realen Entwertung ganz zu schweigen. Dabei ist allerdings zu berücksichtigen, dass Venezuela von jeher eine dauerhaft höhere Inflation verzeichnet als die Nachbarländer. Sie erreichte vor *Chávez* einmalig einen dreistelligen Wert – 1996: 115 % – und lag sonst mit Schwankungen bei etwa 20 % (Tab. 7.5). Die Gründe liegen im ungleichmäßigen Wachstum, das die Schwankungen der Weltkonjunktur bzw. die Ölpreise widerspiegelt (Tab. 7.6). In unregelmäßigen Abständen schrumpft das BIP, 2002 und 2003 um drastische 8,9 und 7,8 %, 2015 sogar um 10 % (Tab. 7.7).

Die Verteilungspolitik des Regimes pumpt unablässig Geld, das umgehend für Basisbedürfnisse konsumiert wird. Es unterscheidet sich nicht darin vom Vorläuferregime des Punto Fijo, wohl aber im vermeintlich sozialistischen Verteilungsmodus. Die Unternehmerschaft hielt sich im Zeichen hoher Abgabenbelastung und gelegentlicher Verstaatlichungslaunen der Regierungspolitiker mit Investitionen zurück – ausländische Investoren ohnehin! Wie im volkswirtschaftlichen Bilderbuch stellten sich alsbald Versorgungsmängel und explodierende Preise ein! Alle Versuche, dieses Feuer mit administrierten Preisen zu löschen, funktionierten nicht besser als in anderen Ländern, die nach demselben Löschplan vorgingen. Der Wertverfall der Landeswährung spricht Bände.

Allein von 2001 auf 2002 sank der Wechselkurs des alten Bolivar von 719 auf 1352 im Verhältnis zum USD. Im Jahr 2005 stand er bei 2150 Altbolivar zum USD. Im Jahr 2008 wurde ein Währungsschnitt mit einem Tauschverhältnis des Neuen zum Alten Bolivar von 1:1000 verordnet. Im Hintergrund machte sich die Weltfinanzkrise bemerkbar. Die Umsätze der staatlichen Ölgesellschaft gingen um mehr als 50 % zurück. Gewonnen war mit dieser Währungsoperation nicht viel. Auch der Ausgangswert des Neuen Bolivar

Tab. 7.8 Wechselkurs Venezuela: Bolivar Fuerte: US $ 2006–2015 (seit 2008, bis dahin alter Bolivar). (Quelle: Fischer Weltalmanach, diverse Jahrgänge)

2015	2014	2013	2012	2011	2010	2009	2008	2007	2006
6,30	6,30	6,30	4,30	4,30	4,30	2,15	2,15	2150	2150

ließ sich nicht lange halten (Tab. 7.8). An Sparmaßnahmen führte kein Weg mehr vorbei. Vor dem Hintergrund der wachsenden Unzufriedenheit in der ureigenen Klientel, die für die Regierung eine neue Erfahrung war, gab *Chávez* den Startschuss für seine erste Kampagne gegen die privaten Medien. Der Bote schlechter Nachrichten wurde geprügelt, um davon abzulenken, dass man sich in einem Dilemma verfangen hatte, das schon das Vorgängerregime zu Fall gebracht hatte.

Chávez schied 2013 an einer Erkrankung aus dem Leben. Seinem Nachfolger *Nicolás Maduro* fiel nichts anderes ein, als wieder Geld an die Zielgruppen seiner Partei zu schaufeln, um den Kaufkraftverlust auszugleichen. Was hätte er sonst tun sollen, etwa seine Machtlosigkeit gegenüber der Weltwirtschaft erklären, in der ein sozialistischer Sonderweg schlicht unmöglich war? *Maduro* hob den gesetzlichen Mindestlohn um 45 % an und verordnete Preissenkungen für bestimmte Konsumgüter, um Arbeiter und Angestellte bei Laune zu halten. Dies war nichts anderes als der üblich-hilflose Versuch ratloser Regierungen, sich für die nächsten paar Tage Luft zu verschaffen – in der Sache so sinnvoll, wie ein Feuer mit Benzin zu löschen!

Hinzu kam die Beimischung von Moral und Schuldzuweisung. Für steigende Preise, leere Supermärkte und Schlangen vor den Geschäften wurden Produzenten und Handel verantwortlich gemacht (SZ, 25.2.2014, S. 7). Funktionsträger des Regimes durften wie weiland im sowjetischen Nomenklatursystem zu Vorzugsbedingungen und ohne Wartezeit einkaufen – ein Aspekt des kleptokratischen Systems, der sich vor der Klientel des Chavismus in den Warteschlangen nicht verbergen ließ. Mit großem Tamtam ließ *Maduro* Lieferbetriebe verstaatlichen und die Eigner einiger Handelsketten verhaften (SZ, 3.2.2015, S. 7).

An der Überbewertung auch des Neuen Bolivar wurde trotz sukzessiver Anpassungen nicht gerüttelt, schon um nicht noch mehr für die Importe bezahlen zu müssen. Um die Verbraucher dennoch zu entlasten, wurde ein gespaltener Wechselkurs eingeführt. Im Jahr 2014 galten drei Wechselkurse in einer Relation von 6:1 USD, von 10:1 USD und 49:1 USD – dies alles bei einem Schwarzmarktkurs von 72:1 USD. Für Lebensmittel und Medikamente gilt seit Februar 2016 ein Kurs von 10:1, für alles Übrige seither die offizielle Parität von 6:1. Der reale Wechselkurs ist undurchschaubar. Für die Bezahlung in Dollars ist alles zu haben. Der Schwarzmarkt für Devisen blüht. Wer große Summen in Landeswährung besitzt, tauscht sie zum offiziellen Kurs in Dollar und verkauft diese mit hohem Gewinn zum Schwarzmarktpreis, um die Bolivars dann wieder ganz legal in Dollars zu tauschen. Bereits 2014 stand die Inflation bei 40, Anfang 2015 bereits bei 63 % – extrem hohe Werte selbst für dieses inflationsgewohnte Land (SZ, 3.2.2015, S. 7). Nach Schätzungen des IWF belief sich die reale Geldentwertung 2015 auf 275 %

– nach der immer noch beschönigenden Zählung der Zentralbank auf 180 %. Für 2016 prognostizierte der IWF über 700 %. Gleichzeitig schrumpfte das Inlandsprodukt nach Angaben des IWF 2015 um zehn Prozent (http://wsj.com/articles/venezuela-says-inflation-rose-to-180-9-in-2015-1144816. Zugegriffen: 16.3.2016).

Preisauftrieb und Versorgungsmängel werden mit Kontrollexzessen beantwortet. Eine Preisaufsichtsbehörde kümmert sich um faire Preise. Seit 2015 werden Güter des täglichen Bedarfs nur gegen Vorlage des Personalausweises und bei Kontrolle des Fingerabdrucks ausgegeben (Blasberg 2015a, S. 100; Latin American Weekly Report, 21 August 2014, 33, S. 6). Zu alledem kommt noch die hohe Kriminalität, die sich in der Ära *Chávez* weiter verschärft hat. Wurden 1999 im ganzen Land noch 4000 Menschen ermordet, stieg die Zahl bis 2013 auf 24.763 (SZ, 9.1.2014, S. 7; siehe auch Tab. 4.12).

Das chavistische Venezuela verfolgt im Prinzip keine andere Politik als die linken Regierungen im übrigen Südamerika: größerer politischer Anteil am Rohstoffverkauf und Armutsbekämpfung! Der große Unterschied aber zu anderen linken Regierungen in der Region: Das Bolivarische Regime ignoriert sehenden Auges die Grenzen des wirtschaftlich Machbaren.

8 Ecuador

Die Geografie prägt auch Ecuadors Wirtschaft und Politik. Neben der Sierra, dem Hochland mit der Hauptstadt Quito, steht die Costa, das Küstengebiet mit der bedeutenden Hafen-, heute auch Industriestadt Guayaquil. Erst seit gut 40 Jahren hat der Oriente, die ursprünglich dünn besiedelte, von der Regierung vernachlässigte Amazonasregion, zur Bedeutung von Sierra und Costa aufgeschlossen. Ein Drittel der Bevölkerung sind Indigene aus der Sprachfamilie der Quetschua (Tab. 3.10).

8.1 Geschichte

8.1.1 Frühe Republik, Caudillismo, Exportwirtschaft

Das spätere Ecuador war ursprünglich ebenfalls Bestandteil der ambitionierten großkolumbianischen Republik (Abschn. 1.3). Als dieses Projekt scheiterte, wurde das Gebiet 1830 in den Grenzen der früheren spanischen Audiencia Quito unabhängig. Bis weit ins 20. Jahrhundert war die Politik vom Konflikt zwischen Costa und Sierra bestimmt. Die Sierra einschließlich des Gebiets um die Hauptstadt war das Dorado großer Landbesitzer, die Indianer für sich arbeiten ließen. Diese waren rechtlich frei, aber als Pachtbauern wie Leibeigene an den Landbesitzer gebunden. Die Küstenebene war durch Plantagenwirtschaft – Zuckerrohr – charakterisiert. Dort, in der Costa, entstand um das Exportgeschäft das übliche Gemenge von Hafenwirtschaft, Banken und Handelshäusern, Guayaquil stieg zur Wirtschaftsmetropole auf. Demgegenüber sank die Hauptstadt Quito hoch in den Anden zum Verwaltungszentrum herab. Der Oriente, d.h. das Amazonasgebiet war einmal der flächengrößte Landesteil. Als Folge eines Krieges mit Peru verlor das Land 1941/1942 etwa die Hälfte des Staatsgebiets. Betroffen war ausschließlich die Amazonasregion. Der verbleibende Oriente wurde auch in der Zeit danach vernachlässigt. Dünn besiedelt und unwegsam, setzte die Entwicklung der Region erst ein, als

J. Hartmann, *Die politischen Systeme Lateinamerikas*,
DOI 10.1007/978-3-658-14353-4_8

1967 klar wurde, dass sich dort große Ölvorkommen befinden. Ein weiterer Grenzkrieg (1995) um ein kleines Stück Land im Gebiet der Ölvorkommen endete mit einem für den Angreifer Peru günstigen Frieden.

Das Regierungssystem hielt sich bis zur großen Verfassungsänderung im 21. Jahrhundert an die lateinamerikanische Norm: ein Zweikammersystem und ein Präsident, der nicht unmittelbar wiedergewählt werden durfte, aber durch Amtsanklage vorzeitig abgelöst werden konnte. Als Präsident war der Kandidat mit der einfachen Stimmenmehrheit gewählt. Analphabeten waren noch bis 1978 vom Wahlrecht ausgeschlossen. Im Übrigen war das Land zentralistisch organisiert.

Wie überall in Lateinamerika repräsentierten die Parteien im 19. Jahrhundert ausschließlich die weiße Oligarchie. Die Sierra war die Hochburg der Konservativen, in der Costa dominierten die Liberalen. Die konservative Ära ging 1895 mit einem Putsch des liberalen Caudillo *José Eloy Alfaro Delgado* zu Ende. Nach dem Staatsstreich ließ er sich von einer Verfassunggebenden Versammlung legitimieren. *Alfaro* hatte bereits 1878 die Liberale Partei gegründet. Zweimal amtierte er mit der von der Verfassung gebotenen Unterbrechung als Präsident (1895–1901, 1906–1911). *Alfaro* lässt sich am besten als Berufspolitiker, Putschist und Parteigründer in einer Person beschreiben. Als um die Wende zum 20. Jahrhundert in den Industrieländern Schokoladenprodukte für breitere Schichten erschwinglich wurden, stieg das Land in die Kakaoproduktion ein. Im Interesse des Exports ließ *Alfaro* neue Verwaltungen schaffen, die Armee reformieren und Straßen und Hafenanlagen bauen.

Alfaro regierte im Rahmen der Präsidialverfassung. Er mochte sich nicht damit abfinden, dass er nach seiner ersten Amtszeit von der Präsidentschaft zurücktreten musste. Mit seinem handverlesenen Nachfolger *Leonidas Plaza Gutiérrez* (1901–1905, 1912–1916) war er ursprünglich befreundet. Dieser regierte auch ganz im Sinne *Alfaros*. Zwischen beiden kam es aber zu einem persönlichen Zerwürfnis – mit dem Ergebnis, dass *Plaza* gegen Ende seiner ersten Präsidentschaft nicht etwa *Alfaro*, sondern *Licado García* für die Nachfolge empfahl, der dann auch gewählt wurde. *Alfaro* akzeptierte den gewählten Kandidaten nicht. Schon ein Jahr später wurde *García* auf sein Betreiben gestürzt (1907). Eine Verfassunggebende Versammlung bekam den Auftrag, ein neues Verfassungsdokument zu beschließen – das zwölfte in der Geschichte des Landes. Von dieser Konstituante ließ sich *Alfaro* auch gleich zum Präsidenten ausrufen.

Dann wiederholte sich die frühere Posse. *Alfaro* schlug 1911 als Nachfolger *Emilio Estrada* vor. Kaum war dieser gewählt, wollte ihn *Alfaro* schon wieder zum Rücktritt veranlassen, um dann abermals – nach den Buchstaben der Verfassung förmlich korrekt – selbst zu kandidieren. *Estrada* sträubte sich, und die Militärs erzwangen *Alfaros* sofortigen Rücktritt. *Alfaro* setzte sich nach Panama ins Exil ab. Als *Estrada* nach nur wenigen Monaten im Amt verstarb, unternahm *Alfaro* erneut den Versuch, im Wege einer regulären Wahl wieder Präsident zu werden. Bei seiner Ankunft in Ecuador wurde er verhaftet. Das Gefängnis, in dem er einsaß, wurde von einem aufgebrachten Mob gestürmt und *Alfaro* gelyncht. Ungeachtet der Geschehnisse um *Alfaro* hielten die Liberalen bis in die 1920er Jahre die Zügel. Immer wieder kam es zu gewaltsamen Protesten, Streiks,

Bauernaufständen und Erhebungen der Indianervölker. Es entstanden auch – umgehend für illegal erklärte – Gewerkschaften (Gerlach 2003, S. 13).

Die liberale Ära ging 1925 mit einem Putsch jüngerer Offiziere zu Ende. Bis 1934 wechselten sich sieben Präsidenten, die meisten darunter Interimspräsidenten, an der Staatsspitze ab. Keiner machte es den Militärs recht und jeder wurde nach kurzer Zeit aus dem Verkehr gezogen. Dabei waren die Militärs Freunde weder der Konservativen noch der Liberalen. Sie erwarteten Staatsreform und eine soziale Politik. Selbst regieren wollten sie nicht. Kaum warfen sie einen missliebigen Präsidenten aus dem Amt, ließen sie gleich anschließend neu wählen.

8.1.2 Populismus und Reformpolitik (seit 1934)

Mit *José Maria Velasco Ibarra* wurde 1934 ein großer Populist Präsident. Bei seiner Wahl war *Velasco,* promovierter Jurist aus dem Mittelschichtmilieu, einer der bedeutenden Publizisten seines Landes. Er wurde noch weitere vier Male zum Präsidenten gewählt, führte aber lediglich eine einzige Amtsperiode regulär zu Ende (1934–1935, 1944–1947, 1952–1956, 1960–1961, 1968–1971). Mal wurde er von einer Koalition der Liberalen und Konservativen, mal von den linken Parteien unterstützt. *Velasco* war ein erklärter Verächter der Oligarchie, die ihn dreimal vor Ablauf der Amtszeit zu Fall brachte. Allein zwischen 1925 und 1948 wurden 26 Präsidenten verschlissen, keiner beendete seine reguläre Amtszeit. In dieser Zeit änderte sich auch das exportwirtschaftliche Geschäftsmodell. Gegen Ende der 1940er Jahre wurde der Kakao vom Bananenanbau als wichtigstem Devisenbringer überholt. Zeitweise war Ecuador der weltweit größte Bananenexporteur (Hoffmann 2008a, S. 200).

Unzufrieden mit den Politikern, denen sie das Regieren überließen, führten die Militärs von 1961 bis 1966 und dann, als *Velasco* 1968 ein letztes Mal gewählt worden war, von 1972 bis 1976 selbst für längere Zeit die Regierung. Ihre Politik bewegte sich deutlich links von der Mitte (Avilés 2009b, S. 1552). Mit moderaten Landreformen beschnitten sie 1964 und noch einmal 1973 den Großgrundbesitz in der Sierra. Arbeitslose Landarbeiter bekamen Parzellen im Gebiet des Amazonas zugeteilt. Die Militärs erweiterten ferner die wirtschaftlichen Regulierungsbefugnisse und räumten den Gewerkschaften größere Rechte ein. Mit der Erschließung der Ölvorkommen hatten sie zuletzt auch genügend Mittel in der Hand, um enteignete Grundbesitzer zu entschädigen, das Schulwesen auszubauen und sozialstaatliche Leistungen einzuführen. Die Militärs räumten von sich aus das Feld, wenn sie glaubten, ihre politischen Korrekturen seien auch bei den wieder zu wählenden Politikern eingerastet. Ihr Modernisierungsprogramm vermochte die grundlegende Fehlverteilung von Einkommen und Vermögen zwar nicht zu ändern, verbesserte aber für viele doch den Lebensstandard.

8.1.3 Innenpolitische Turbulenz und Neoliberalismus (seit 1979)

Anfang der 1970er Jahre begann im Amazonasgebiet die Ölförderung. Bis zur zweiten Ölkrise funktionierte das Modell der vom Öl finanzierten Politik. Allerdings gingen bereits die Militärs dazu über, Auslandskredite aufzunehmen, um die Haushaltslücken zu schließen, die trotz der Exporteinkünfte noch blieben. Die Ölreserven und die Weltnachfrage nach Ölprodukten schienen hinreichende Sicherheiten zu bieten. Das Kalkül ging nicht auf. Die Zeche zahlten gewählte Regierungen, die nach den Militärs kamen. Gerade als die Ölförderung voll in Schwung gekommen war, brach am Ende der 1970er Jahre die Weltkonjunktur ein. Der Hoffnungsträger *Jaime Roldós,* Anwalt und Hochschullehrer, wurde 1979 in der Erwartung gewählt, er werde sein Versprechen einlösen, den Ölreichtum des Landes zur Bekämpfung der Armut zu verwenden. Es war ihm nicht vergönnt, den Worten Taten folgen zu lassen. Er starb 1981 bei einem Unfall.

Das Land tappte in dieselbe Falle wie das benachbarte Ölexportland Venezuela (Abschn. 7.3). Auch Ecuador produzierte selbst zu wenig von dem, was es konsumierte und für den Erhalt seiner Infrastruktur brauchte. Importe aber wurden in US-Dollar abgerechnet. Weil die erwarteten Dollareinnahmen infolge der weltweiten Konjunkturschwäche ausblieben, wuchs die Schuldenlast. An der Wende zu den 1990er Jahren gab es neue Kredite nur noch zu den Bedingungen der Stabilisierungsprogramme des Washington-Konsenses (Abschn. 5.2). Sie kamen einer Vollbremsung der bisherigen Politik gleich. Staatliche Leistungen wurden gestrichen und der Verwaltungsapparat zurückgebaut. Die Einschränkung der Staatsausgaben stieß auf heftigen Widerstand und führte zur dauerhaften Mobilisierung der Gesellschaft. Als Folge der Strukturanpassungen ging es den meisten Ecuadorianern schlechter als in den Vorjahren. Auch das Militär regte sich erneut.

Rodrigo Borja (1988–1992) von der Demokratischen Linken, Anwalt, Professor und Journalist, trat das Präsidentenamt an, als die Wirtschaftslage den Lebensstandard bereits drückte. Für seine Wähler war er eine Enttäuschung. Mehr als eine Verlangsamung des von den Kreditgebern verlangten Strukturanpassungsprogramms vermochte er nicht zu erreichen. Der von der konservativen Opposition kontrollierte Kongress warf ihm fortlaufend Knüppel in die Beine. Die tief gespaltene Gesellschaft wählte 1992 den Konservativen *Sixto Durán Ballén* (1992–1996), einen Architekten, der seine Jugend in den USA verbracht und dort auch studiert hatte. *Durán Ballén* exekutierte den Washington-Konsens mit voller Überzeugung. Er fuhr die Staatsausgaben zurück, gab dem privaten Sektor mehr Raum und ließ das Land der WHO beitreten. Die Inflationsrate, die bei seinem Amtsantritt (1992) bei 54 % stand, ging im Laufe seiner Regierungszeit um die Hälfte zurück. Für die Reaktion der Gesellschaft spielte dies keine Rolle. Sie zahlte für den Kurs mit Arbeitsplatz- und Einkommensverlusten. Die Gewerkschaften, die Bauern und nicht zuletzt die sozialen Bewegungen, darunter auch die der Indigenen, liefen Sturm. Als neue Kraft traten dabei die Organisationen der Indianervölker des Hoch- und Tieflandes auf. Sie hatten sich bereits 1986 im Dachverband CONAIE (siehe unten) zusammengeschlossen. Die Landreformen der 1960er und 1970er Jahre gaben dabei wichtige Impulse: Sie erforderten komplizierte Verhandlungen mit Behörden und Vorbesitzern, die sich am besten mit der Assistenz von Vereinen und Genossenschaften bewältigen ließen (Schaefer 2009, S. 409).

Duran Balléns Nachfolger lavierten zwischen den Erwartungen des IWF und dem Widerstand der weiter verarmenden Gesellschaft. Allein symbolpolitisch gab es Fortschritte. Eine neue Verfassung definierte Ecuador 1998 als plurinationale Gemeinschaft. Sie erkannte die legitime Existenz indigener Sprachen und Kulturgemeinschaften an und verabschiedete sich als erste in Südamerika vom Mythos einer Nation assimilierter Mestizen (Abschn. 3.4).

Über die extreme Arbeitslosigkeit und Unterbeschäftigung, ferner über das Straucheln inländischer Banken sowie über drastische Budgetkürzungen verschlissen sich allein zwischen 1996 und 1998 drei Präsidenten. *Abdalá Bucaram* (1996/1997), der letzte Präsident in dieser Serie, entstammte einer libanesischen Einwandererfamilie; sein Vater *Assad Bucaram* war Bürgermeister der Hafenmetropole Guayaquil gewesen. *Abdalá Bucaram* hatte einige Jahre zuvor die politische Karriere seines im Amt verstorbenen Schwagers *Jaime Roldós* (siehe oben) organisiert und nach dessen Unfalltod 1983 den PRE (Partido Roldossista Ecuatoriano) ins Leben gerufen. Der PRE ist bis heute ein politischer Betrieb der Familie *Bucaram.*

Bucaram gewann die Präsidentenwahl 1996 mit linkspopulistischen Parolen, indem er sich auf die politische Botschaft des Schwagers *Roldós* berief, der noch in positiver öffentlicher Erinnerung war. Er machte sich auch die Tatsache zunutze, dass der IWF in der Bevölkerung als vermeintliche Wurzel allen Übels tief verhasst war. Kaum im Amt, betrieb *Bucaram* dann aber die Privatisierung der Staatsunternehmen und der Sozialversicherung; er ließ auch die Rechte der Gewerkschaften einschränken. Straßendemonstrationen bekräftigten die Entschlossenheit der Bevölkerung, den wortbrüchigen Präsidenten alsbald wieder loszuwerden. Das Parlament enthob ihn kurzerhand des Amtes. Mit der Abwahl vollstreckten die Parlamentarier den Willen einer breiten Koalition von den Indigenen bis zur Geschäftswelt. *Bucaram* flüchtete sich vor der Volkswut in die panamaische Botschaft und beantragte Asyl. Zwei aufeinander folgende Interimspräsidenten füllten die Zeit bis zur nächsten regulären Wahl aus. Der Niedergang der Wirtschaft setzte sich unterdes fort.

Dem 1998 gewählten *Fabian Alarcón Jamil Mahuad* erging es nicht besser. Der Anwalt war zuvor Manager eines Staatsunternehmens, Bürgermeister der Hauptstadt und Minister gewesen. Der als kommunaler Administrator geachtete *Mahuad* hatte sich am Sturz des Vorgängers beteiligt. Die Inflation stand 1999 bei über 50 %. Groß war die Empörung, als die Banken des Landes mit großen Beträgen aus der Staatskasse vor dem Kollaps bewahrt wurden. Dank einer in den Vorjahren gelockerten Bankenaufsicht hatten sie sich verspekuliert. Zu allem Überfluss wurde noch bekannt, dass die größte Bank *Mahuads* Wahlkampf mit Millionenbeträgen finanziert hatte (Collins 2014, S. 294). Seine christdemokratischen Partner im Parlament verweigerten sich einer verlangten Steuererhöhung, mit denen die Bankenrettung finanziert werden sollte. Die Zentralbank flutete die Wirtschaft mit Geld, um die Banken herauszuhauen; sie löste damit eine Hyperinflation aus. Der Sucre, die Landeswährung, sank 1999 auf 25.000:1 im Verhältnis zum USD. Unterdes setzte Kapitalflucht ein. Die Konten wurden eingefroren. Kleinsparer sahen sich um ihre Guthaben betrogen. Taxi-, Bus- und Lkw-Fahrer traten in den Streik und legten das Land lahm. Bei diesen Protesten war die CONAIE, die sich mit den Gewerkschaften verbündete, eine treibende Kraft.

Hilflos vor diesen Herausforderungen, kündigte *Mahuad* Ende 1999 die Dollarisierung der Landeswährung an: den Verzicht auf ein landeseigenes Zahlungsmittel. Die Öffentlichkeit fasste dies als Kapitulation vor dem Internationalen Währungsfonds auf. Demonstranten stürmten im Jahr 2000 das Kongressgebäude. Der Präsident des CONAIE, ein hoher Richter und einige Armeeoffiziere erklärten den amtierenden Präsidenten für abgesetzt. Für 24 Stunden übernahm eine Junta die Regierungsgewalt. An ihrer Spitze stand der Putschoffizier *Lucio Edwin Gutierrez Borbúa.* Die Armeeführung missbilligte diese Aktion. Auch die Nachbarregierungen protestierten. Sie hielten nichts vom Wiederaufleben der Militärregime in der Region. Die USA drohten mit dem Stopp aller Investitionen (Barraca 2007, S. 147, 149). Die kurzlebige Junta überließ interimistisch Vizepräsident *Gustavo Noboa* das Präsidentenamt.

Für die nächste reguläre Präsidentenwahl im Jahr 2002 kandidierte der Putschist *Gutiérrez,* ein Aufsteiger aus armen Verhältnissen, der eine Armeekarriere eingeschlagen hatte. Er kandidierte auf der Plattform einer von ihm selbst gegründeten Partei, des Partido Sociedad Patriótica 21 de Enero (das Datum im Parteinamen verweist auf den Putsch des Jahres 2000). *Gutiérrez* hatte dabei die Unterstützung der wichtigsten sozialen Bewegungen des Landes, darunter der CONAIE und ihres inzwischen gegründeten politischen Arms, der Partei Pachakutik (MUPP-NP, Moviemiento de Unidad Nacional Pachakutik – Nuevo Paíz). Auch *Gutiérrez* enttäuschte seine Anhänger. Er kooperierte mit dem Internationalen Währungsfonds und ließ sich wie seine Vorgänger auf Tilgungspläne und Ausgabenkürzungen ein. Der Pachakutik blieb konsequent. Er distanzierte sich vom Präsidenten und betrieb ein Amtsenthebungsverfahren. Dieses scheiterte, obgleich sich der Oberste Gerichtshof, was die Zulässigkeit des Verfahrens betraf, auf die Seite der Ankläger gestellt hatte. Das Scheitern des Verfahrens war anscheinend das Ergebnis eines Deals mit den Anhängern des exilierten Amtsvorgängers *Bucaram,* der sein Comeback für die Zeit nach *Gutiérrez* plante.

Gutiérrez revanchierte sich für die Rettung mit einer dreisten Manipulation. Mit den Stimmen der rechten Parteien, darunter wieder des PRE, der Partei *Bucarams,* wurden 27 der 31 Richter am Obersten Gericht ausgewechselt. *Bucaram* hatte vom neu besetzten Gericht nichts mehr zu befürchten. Es erklärte alle Vorwürfe, die 1997 zu seiner Amtsenthebung geführt hatten, für gegenstandslos. Umgehend kehrte *Bucaram* aus dem Exil zurück und erklärte seine Kandidatur für die nächste Präsidentenwahl. Bei seiner Ankunft in Guayaquil (2005) beteiligte sich sogar die Mittelschicht an Protesten. Alle Versuche, die Demonstrationen zu unterdrücken, schlugen fehl. Schließlich entzog das Militär *Gutierrez* seine Unterstützung. Der Kongress erklärte den parteilosen Vizepräsidenten *Alfredo Palacio* zum Nachfolger, bevor noch der amtierende Präsident förmlich des Amtes enthoben war. *Gutierrez* suchte Asyl in der brasilianischen Botschaft. Es folgte ein Gezerre zwischen *Palacio* und dem Parlament. *Palacio* hätte gern die Verfassung geändert, allerdings unter Umgehung des Parlaments, scheiterte aber am Obersten Wahlgericht des Landes. Unterdessen streikten die Ölarbeiter und demonstrierten Kleinbauern und Studenten. *Palacio* setzte die Armee ein, um Straßenblockaden zu beenden. Die Perspektivlosigkeit im eigenen Land hatte mittlerweile ein Zehntel der Bevölkerung zur Auswanderung nach Spanien und in die USA veranlasst.

8.1.4 Der Aufstieg Correas (seit 2006)

Für die nächste reguläre Präsidentenwahl im Jahr 2006 kandidierte *Rafael Correa,* ein politischer Nobody. Er hatte 2005 kurz als Wirtschaftsminister amtiert. In bescheidenen Verhältnissen aufgewachsen, studierte er Ökonomie, unter anderem im belgischen Löwen, einer Hochburg katholischer Soziallehre, und an der University of Illinois. Anschließend lehrte er Wirtschaftswissenschaft an einer Privatuniversität in Quito. Mit ihm kandidierten alte Bekannte aus der chaotischen Innenpolitik der letzten Jahre. *Correa* wurde von der Parteienallianz Alianza Paíz (AP) unterstützt, der sich auch die Gewerkschaften und die Pachakutik angeschlossen hatten. Sein stärkster Mitbewerber war der reiche Unternehmer und frühere Interimspräsident *Álvaro Noboa.*

Noboa ist Sprössling der reichsten Familie des Landes. Sie nennt Unternehmen in den verschiedensten Wirtschaftsbereichen ihr Eigen. Ihr Standbein sind Bananen; die „Grupo Noboa" beherrscht ein knappes Zehntel des internationalen Bananenmarktes und hält Anteile am US-Fruchtkonzern Chiquita (früher United Fruit), der für die miserablen Arbeitsbedingungen seiner Beschäftigten berüchtigt ist. Als Sprungbrett in die Politik gründete *Noboa* 2002 den Partido Renovador Institutional Acción Nacional (PRIAN). Die Partei stellte vorübergehend das größte Abgeordnetenkontingent im Parlament (Tab. 8.1). Im ersten Wahlgang erreichten 2006 weder *Correa* noch *Noboa* die erforderliche Stimmenzahl. Die Stichwahl entschied *Correa* dann für sich (siehe Tab. 8.2).

Umgehend schlug *Correa* ein Referendum vor, um eine Verfassunggebende Versammlung einzuberufen. Bei der parlamentarischen Beratung über eine Verfassunggebende Versammlung stellte sich der oppositionelle PRIAN quer. *Correas* Anhänger stürmten daraufhin das Parlament. Eine Mehrheit für *Correas* Vorschlag kam erst zustande, als die Wahlbehörde entschied, 57 Abgeordnete der Opposition dürften ihr Mandat nicht ausüben. Das Verfassungsgericht kassierte diese Entscheidung. Daraufhin besetzen *Correas* Anhänger das Verfassungsgericht. Der Rumpfkongress mit seiner kupierten Opposition enthob neun Verfassungsrichter ihres Amtes und fasste den vom Präsidenten gewünschten Beschluss, dem Volk die Wahl einer Konstituante zu empfehlen. Über 80 % der Abstimmungsberechtigten stimmten diesem Vorschlag in einem Referendum zu.

Correas AP gewann auch eine bequeme Mehrheit in der Konstituante. Als diese ihre Arbeit beendet hatte, stand die Billigung durch ein Referendum an. Der Verfassungsentwurf wurde mit einer Mehrheit von 63 % angenommen (2008). Die ersten

Tab. 8.1 Parlamentswahlen: Ecuador 2009–2013 (in v. H., in Klammern Sitze)

2013	
AP[a]	53,3(100)
Creando Opportunidades[b]	11,4(11)
Partido Social Cristiano	9,0(6)
PSP[c]	5,6(5)
Unidad Plurinnacional Izquierdas[d]	4,72(5)
PRE[e]	4,5(1)
Sonstige	11,44(9)
2009	
AP[a]	45,8(59)
PSP [c]	14,8(19)
Partido Social Cristiano	13,6(11)
PRIAN[f]	5,7(7)
Pachakutik (MUPP-NP)	(4)
PRE[e]	4,1(3)
Sonstige	20(21)

[a]Partei Präsident Correas
[b]Partei des früheren Präsidentschaftskandidaten Lasso
[c]Partei des früheren Putschisten Gutierrez, gegr. 2002
[d]Bündnis von Pachakutik und Linksparteien
[e]Partei des früheren Präsidenten Bucaram
[f]Partei des früheren Präsidentschaftskandidaten Noboa

Präsidenten- und die Parlamentswahlen unter der neuen Verfassung gingen allerdings nicht zur Zufriedenheit der AP aus. *Correa* musste sich einem zweiten Wahlgang stellen, und die AP verfehlte die Parlamentsmehrheit.

Den Präsidenten schmerzte das nicht weiter, er profitierte von den Vorteilen der neuen Verfassung. Sie weist dem Präsidenten weit gefasste Befugnisse in der Wirtschafts- und Sozialpolitik zu und macht ihn unabhängiger vom Parlament. *Correa* hatte nunmehr freie Fahrt, das Programm abzuarbeiten, mit dem er in den Wahlkampf gezogen war. Seit 2013 regiert er sogar mit einer verfassungsändernden parlamentarischen Mehrheit (Tab. 8.1). Nachdem er eine dritte Amtszeit lange ausgeschlossen hatte, beschloss diese Mehrheit Ende 2015 eine Verfassungsänderung, die eine unbegrenzte Wiederwahl des Präsidenten erlauben würde. Das Vorgehen wurde vom Obersten Gericht für zulässig erklärt. Zwar relativierte *Correa* anschließend, persönlich wolle er 2017 nicht erneut kandidieren. Es sei aber nicht auszuschließen, dass er es dennoch tue, sollte sich das Land dann in einer schwierigen Lage befinden.

Der Überblick zeigt bis hier, dass Politik in Ecuador mit denkbar harten Bandagen ausgetragen wurde. Erst seit gut 20 Jahren pendelt sich ein politisches Spiel ein, in dem der Putsch keinen Platz mehr zu haben scheinen (Tab. 8.3). Im weiter gefasst

Tab. 8.2 Präsidentenwahlen: Ecuador 1998–2013 (Bewerber mit den meisten Stimmen [in v. H.])

2013		
Correa AP	*Lasso*, Creando Opportunidad	*Gutiérrez* PSP
57,2	22,7	6,7
2009		
Correa AP	*Gutiérrez* PSP	*Noboa* PRIAN
52,0	28,2	11,4
2006, 1. Wahlg.		
Noboa PRIAN	*Correa* AP	*Gutiérrez* PSP
26,8	22,8	17,4
Stichwahl		
Noboa PRIAN	*Correa* AP	
43,3	56,7	
2002, 1. Wahlg.		
Gutiérrez PSP-MUPP-NP[a]	*Noboa* PRIAN	*Roldo* PS-AFP[b]
20,6	17,4	15,4
Stichwahl		
Gutiérrez PSP-MUPP-NP[a]	*Noboa* PRIAN	
54,8	45,2	
1998, 1. Wahlg.		
Mahuad DP-UDC[c]	*Noboa* PRE	*Borja Cavallos* ID[d]
34,9	26,6	16,1
Stichwahl		
Mahuad DP-UDC[c]	*Noboa* PRE	
51,2	48,8	

[a]PSP, unterstützt von Pachakutik
[b]Partido Socialista-Frente Amplio de Ecuador
[c]Democracia Popular-Unión Democráta Cristiana
[d]Izquierda Demócratica

Tab. 8.3 Konstitutionelle und außerkonstitutionelle Abfolge der Präsidenten Ecuadors seit 1930

		Konstitutionell gewählt	Konstitutionell abgelöst	Interimspräsident
I. Ayora	1926–1931	X		
Junta[a]	1931–1934			
J. Velasco	1934/1935	X		
Junta[b]	1935–1938			
M. Borreo	1938			X
A. Mosquera	1938/1939	X	XV[c]	
C. Arroyo				X
A. Cordova	1939/1940			X
J. Moreno	1940			X
C. Arroyo	1940–1944	X		
J. Velasco	1944–1947	X		
C. Mancheno	1947			
M. Suárez	1947			
C. Arosamena	1947/1948			
G. Plaza	1948–1952	X	X	
J. Velasco	1952–1956	X	X	
C. Arosamena	1961–1963	X		
Junta	1963–1966[d]			
O. Amenarosa	1966–1968	X	X	
J. Velasco	1968–1972	X		
Junta[d]	1972–1979			
J. Roldos	1979–1981	X	XV[c]	
O. Hurtado		X		X
L. Febres	1984–1988	X	X	
R. Borja	1988–1992	X	X	
S. Durán	1992–1996	X	X	
A. Bucaram	1996/1997	X	XA[e]	
F. Alarcón	1997	X		X
R. Artega	1997	X		X
F. Alarcón	1997/1998	X		X
J. Mahuad	1998–2000	X		
G. Noboa	2000–2003	X		X

(Fortsetzung)

Tab. 8.3 (Fortsetzung)

		Konstitutionell gewählt	Konstitutionell abgelöst	Interimspräsident
L. Gutiérrez	2003–2005	X	XA[e]	
A. Palacio	2005–2007	X		X
R. Correa	seit 2007	X		

[a]Sechs interimistische Präsidenten aus den Reihen einer Militärjunta
[b]Drei interimistische Präsidenten aus den Reihen einer Militärjunta
[c]Im Amt verstorben
[d] Zwei interimistische Präsidenten aus den Reihen einer Militärjunta
[e]Amtsenthebung

historischen Rückblick sind Recht und Verfassung weniger Regulative als Trophäen im Machtkampf gewesen. Persönliche Ambition und der Wille zur Machtbehauptung überlagern die Erwartungen und Versprechungen, mit denen sich Kandidaten ins Amt wählen lassen. Arbeiter, Bauern und Indigene, die organisierte gesellschaftliche Mehrheit, sind sich ihrer Macht bewusst und gehen ggf. auf die Straße, um die Regierenden loszuwerden. Im Richtungsspektrum haben die Kräfte links von der Mitte die besseren Karten. Sonst beobachten wir in diesen Vorgängen Parallelen mit Venezuela: Rentenökonomie, Schuldenkrise, neoliberale Rezepte zur Krisenbewältigung, soziale Proteste und den Aufstieg eines linken Politikers, der diese Proteste aufgreift.

8.2 Das politische System

8.2.1 Verfassung und Regierungssystem

Die seit 2008 geltende Verfassung ist die 20. in der Geschichte des Landes. Am längsten hielt die Verfassung des Jahres 1979. Bedeutsam war diese Verfassung darin, dass jetzt auch Analphabeten das Wahlrecht erhielten und für die Wahl des Präsidenten eine absolute Mehrheit verlangt wurde. Diese Verfassung wurde bereits 1998 von einer weiteren abgelöst. Eine bemerkenswerte Errungenschaft wiederum dieses Dokuments war der offizielle Abschied von der Fiktion einer ethnisch kompakten Nation. Indigene Sprache und Kultur wurden dem Spanischen gleichgestellt.

Die kurze Lebensdauer der Verfassungen erklärt sich aus den groben Machtspielen der politischen Eliten. Der Sieger im Machtkampf lässt eine neue Verfassung ausarbeiten. Die in den wechselnden Verfassungen verankerten politischen Institutionen sind jedoch im Wesentlichen gleich geblieben: Ecuador ist eine zentralistisch organisierte Präsidialrepublik.

Auch *Correa* initiierte eine neue Verfassung. Die Rechte des Präsidenten wurden in dieser seit 2008 in Kraft befindlichen Verfassung massiv gestärkt. Einmal in der

Legislaturperiode darf der Präsident das Einkammerparlament auflösen, um Neuwahlen zu veranlassen. Eine weitere Innovation ist das Recht des Präsidenten, das Volk über eine Frage abstimmen zu lassen. Der Präsident darf also versuchen, ein Parlament, das ihm nicht folgt, mit dem Volksvotum ausmanövrieren. Ferner räumt ihm die Verfassung eine weitreichende Verordnungsgewalt ein. Ergänzend ließ sich *Correa,* als seine Parteienallianz 2013 erstmals die absolute Mehrheit im Parlament gewonnen hatte, das Recht genehmigen, bis zu 15 % des Haushaltsvolumens abweichend vom Haushaltsgesetz zu verwenden. Die Verfassung erlaubt die einmalige anschließende Wiederwahl des Präsidenten. *Correa* wurde erstmalig nach der älteren Verfassung gewählt und durfte deshalb 2013 korrekt für eine dritte Amtszeit kandidieren (zum Wahlmodus: Tab. 4.7). Mit überwältigender Mehrheit beschloss das Parlament im Dezember 2015 eine Verfassungsänderung, die eine unbegrenzte Wiederwahl erlaubt. Verliert der Präsident seine Amtsfähigkeit, übernimmt bis zur nächsten regulären Wahl ein Vizepräsident seine Aufgaben. Steht der Vizepräsident nicht zur Verfügung, wählt das Parlament einen Interimspräsidenten nach.

Dieser deutlich gestärkte Präsident kann letztlich zwar nicht ohne das Parlament regieren. Das Parteiensystem macht es aber nicht allzu schwer, Mehrheiten zu organisieren. Der zentralistische Staatsapparat bietet zahlreiche Handhaben, um die Abgeordneten mit materiellen Lockungen zum gewünschten Votum zu veranlassen (Hoffmann 2008a, S. 203–213).

Die Medien spielen in *Correas* Präsidentschaft eine Schlüsselrolle. Mit regelmäßigen TV-Ansprachen gibt sich *Correa* den Anstrich des Populisten. Er verzichtet aber auf populistische Werbung mit einer Wundertüte, die jedem etwas bietet. Er regiert in den Grenzen der Belastbarkeit des Staatshaushalts und hält auf Verwaltungsqualität. Ein Autor umschreibt diesen Stil als Technopopulismus (Torre 2013).

8.2.2 Parteien, Medien, Militär

Parteien: Die Parteienlandschaft lässt zwei Konstanten erkennen. Das Hochland und das Amazonasgebiet wählen links. Die Wahlen entscheiden sich in der Costa, der bevölkerungsreichsten Region, sowie in der Hauptstadtregion (Hoffmann 2008a, S. 211–213). Die größten Parteien sind nichts anderes als bloße Plattformen eines Amtsinhabers oder Herausforderers, dem Chancen eingeräumt werden, eine Präsidentenwahl zu gewinnen (Tab. 8.2). Dies gilt nicht nur für *Correas* AD, sondern auch für den PRIAN des Bananenmagnaten *Noboa* (siehe oben Abschn. 8.1.4) und ebenso für das Parteienbündnis „Creando Opportunidad“, für das 2013 der Mehrheitseigner der Banco de Guayaquil, *Guillermo Lasso,* als Präsidentschaftskandidat auftrat. In der Gesellschaft sind diese Parteien kaum verankert. Ihr Zusammenhalt ist schwach und ihre parlamentarische Disziplin schwer kalkulierbar. Allein die Gewerkschaften, die Bauern- und seit geraumer Zeit auch die Indigenen- und Umweltverbände haben feste Wurzeln in der Gesellschaft. Daraus leitet sich die Bedeutung nahestehender Parteien her. Der Pachakutik (MUPP-NP) steht wie seine Mutterorganisation CONAIE (Confederación de Nacionalidades Indigenas del Ecuador) für die Campesinos und die Indigenen. Dann gibt es noch eine sozialchristliche Partei (PSC, Partido Social Cristiano). Ihre Bedeutung hat stark nachgelassen, seitdem sie mit *León Febrés Cordero* (1984–1988) einen Präsidenten gestellt hat (Becker 2008). Auch der PRE (Partido Roldosista Ecuatoriana) des früheren Präsidenten *Bucaram* und der PSP (Partido Sociedad Patriótica 21 de Enero) des früheren Putschobersten *Gutíerrez* sind nur noch spärlich im Parlament vertreten (siehe auch oben Abschn. 8.1.4). Die gewerkschaftsnahe Demokratische Linke (IU) ist parlamentarisch und in der präsidialen Politik ohne Bedeutung. Auch die Pachakutik ist keine bedeutende parlamentarische Kraft. Beide aber sind außerparlamentarische Kräfte mit dem Potenzial, die Regierung mit Streiks und anderen Protesten unter Druck zu setzen.

Die Gewerkschaften und die Demokratische Linke haben ihre Basis in der Hauptstadt und der Costa. Die Schwerpunktgebiete des CONAIE und des MUPP-NP sind das Hochland und das Amazonasgebiet. Beider Themen sind auch die Lebensbedingungen der Amazonasvölker. Die internationalen Konzerne, die dort das Öl fördern, nehmen wenig Rücksicht auf die Natur und verweigern sich einer schadstoffarmen Produktion. Das politische Geschäftsmodell nimmt die Naturzerstörung in Kauf.

In der Costa und in Quito, wo die Mehrheit der Bürger lebt, kommt *Correas* Sozialpolitik an. Der CONAIE-Komplex opponiert nicht gegen die Armutsbekämpfung, wohl aber gegen die Lebensraum- und Naturzerstörung. Seitdem er *Correa* in den Sattel geholfen hat, ist das Verhältnis gestört. Spontane Streiks gehören zum Alltag. Mit Arbeitskämpfen, insbesondere im öffentlichen Sektor, stehen auch die Gewerkschaften den Plänen des Präsidenten im Weg. Personalkosten schmälern die Haushaltsmittel, die für andere Zwecke vorgesehen sind. Dessen ungeachtet unterstützen sowohl CONAIE als auch die Gewerkschaften *Correas* Pläne, die Besteuerung der Erbschaftsvermögen künftig bei 35.000 statt bei 68.000 USD anzusetzen und Spekulationsgewinne, insbesondere beim Landbesitz, zu besteuern. Die Ober- und Mittelschicht organisierten Mitte 2015 – teils gewalttätige – Proteste gegen das Projekt. Ihre Sprecher warfen der Regierung vor, sie für ihr Vermögen zu bestrafen zu wollen.

Medien: Die Opposition zieht alle erlaubten Register. Ihre stärkste Waffe sind die privaten Medien. Die Regierung quittiert die Kampfpose der Presse mit gleicher Geste. Die größte Zeitung El Universo, ein kritisch-liberales Blatt, wechselte mehrfach den Besitzer. Zurzeit gehört sie den Brüdern *Perez*. Sie stehen im Dauerkonflikt mit der staatlichen Medienaufsicht. Die Eigentümer und Herausgeber der Zeitung wurden auf Initiative des Präsidenten verklagt und zu Haftstrafen verurteilt, dann aber *von Correa* begnadigt, als sich ein internationaler Proteststurm über das Ereignis entlud. Auf dem Wege eines Referendums wurde 2013 gar ein Gesetz „zur Verhinderung medialer Lynchjustiz" verabschiedet. Es verbietet Berichte, die eine Wahl beeinflussen könnten. Zur Überwachung wurde eine Aufsichtsbehörde eingerichtet (Latin American Weekly Report, 24 July, 2014, 29, S. 6 f.). Die Pressefreiheit ist in der Substanz eingeschränkt. Gegen kritische Berichte hagelt es Strafanzeigen und Strafzahlungen.

Bereits 2007 wurde ein staatliches Netzwerk mit inzwischen vier öffentlichen Sendern aus der Taufe gehoben. Nach wie vor beherrschen aber die Privaten mit etwa 80 % Einschaltquote den Markt. Das größte private TV-Netzwerk Teleamazonas wechselte mehrfach den Besitzer. Als die Gründerfamilie *Granada Centeno* aus wirtschaftlichen Gründen verkaufen musste, erwarb *Fidel Ergas Grijalva* den Sender. Er ist Eigner der Grupo de Pichincha, eines Geschäftsimperiums, das sich um die Banco de Pichincha, das größte Bankhaus des Landes, gruppiert. *Ergas* durfte den Sender nicht behalten, weil ein Verfassungsverbot gegen die Verbindung von Banken- und Medienunternehmen geltend gemacht wurde. Die Eigentumsrechte gingen an die Belegschaft, an persönliche Freunde von *Ergas* und an die linksliberale peruanische Mediengruppe „La República" (siehe unten Abschn. 9.4.2). Das Netzwerk steht nach wie vor in Opposition zu *Correa*.

Militär: Das Militär wird als Ressourcenpolizei eingesetzt, um gewaltsam Streiks in der Ölindustrie und Umweltproteste niederzuschlagen. Häufig kommt es vor, dass Indigene die Förderanlagen blockieren oder sabotieren, um auf das Problem der Naturzerstörung aufmerksam zu machen. Die ungestörte Förderung genießt höchste politische Priorität. Eine wirksame Landesverteidigung, die dem Militär adäquate Aufgabe, könnten die Streitkräfte kaum leisten. Doch klassische militärische Bedrohungslagen – sieht man von gelegentlichem Grenzgerangel in den Ölfördergebieten ab – gibt es nicht. Umso stärker rivalisieren die Streitkräfte mit der Polizei. Die Polizei steht in geringem Ansehen. In einigen Landesteilen nehmen Soldaten sogar polizeiliche Aufgaben wahr, ohne sich mit der eigentlichen Polizei zu verständigen (Jaskoski 2012, S. 133, 136, 140–142). Die heikelsten Spannungen des Militärs zur Politik ergeben sich heute – wie in den Nachbarländern – aus Klagen über Sold und Status (Kap. 9 und 10). Im September 2010 besetzten Polizei und Militäreinheiten das Parlamentsgebäude und den Flughafen. Sie sistieren zeitweise sogar den Präsidenten, bis er von einer Spezialeinheit befreit werden konnte. Der Grund für diese Rebellion: die Streichung von Besoldungsprivilegien.

8.2.3 Die Politik des Präsidenten

Bei der ersten Parlamentswahl nach der neuen Verfassung (2009) wurden *Correas* Partei AP und ihre Verbündeten zwar stärkste Kraft, sie verfehlten aber die parlamentarische Mehrheit. Doch jetzt ging *Correas* Kalkül auf, mit dem Rekurs auf ein Referendum lasse sich mehr bewegen als mit parlamentarischen Beschlüssen. In einem Mehrpunktereferendum sanktionierte das Volk im Jahr 2011 gleich zehn Großprojekte, darunter eine Justizreform, ein Mediengesetz und ein Gesetz zur Kontrolle der Banken (Collins 2014, S. 296 f.; Becker 2013, S. 52). Seit 2013 hat *Correas* Hauspartei AP im Parlament eine verfassungsändernde Mehrheit.

Die neue Verfassung spricht den Bürgern das Recht auf soziale Absicherung, freie Gesundheitsvorsorge, menschenwürdige Wohnung, saubere Umwelt und Rechtsberatung zu. Ferner garantiert sie die kulturelle Identität der Indigenen. Die Regierung *Correa* investierte intensiv in Sozialprogramme und Bildung. Straßen- und Wohnungsbau verbesserten die Lebensbedingungen (Collins 2014, S. 299). Mit harten Maßnahmen zur Steuerehrlichkeit werden die Reichen zur Kasse gebeten. Nadelstiche gegen die Hegemonialmacht USA kommen wie überall in der Region gut an. *Correa* brach hier – ähnlich wie Venezuelas Präsidenten *Chávez* und *Maduro* – mit allerlei Tabus. Ecuadorianische Offiziere wurden aus der US-amerikanischen Kaderschmiede für mittel- und südamerikanische Offiziere abgezogen, ferner die Unterzeichnung eines fertig ausgehandelten Freihandelsabkommens mit den USA verweigert, eine US-Militärbasis gekündigt und die in Ecuador erzielten Gewinne ausländischer Banken hoch versteuert (Becker 2013, S. 47 f.).

Mit großem Hallo kündigte *Correa* bereits 2007 die Anerkennung des internationalen Schiedsgerichts, das als private Gerichtsbarkeit über Investitionsschutz und Schadensersatz entscheidet. Er zog das Land aus dem IWF zurück und stellte 2008 den Schuldenabtrag mit dem Hinweis ein, die Kredite seien illegal, da von einer Militärregierung aufgenommen. Im Jahr 2011 wurde gar der US-Botschafter zur unerwünschten Person erklärt. *Correa* gewährte 2013 dem Wikileaks-Gründer *Julian Assange*, der in den USA als Staatsfeind gilt, in seiner Londoner Botschaft Asyl.

8.3 Wirtschafts- und Sozialpolitik

Wirtschaftspolitik: Bis zur Entdeckung der Ölvorkommen vor 45 Jahren besaß Ecuador keine ökonomisch verwertbaren Bodenschätze, nicht einmal im Hochland der Anden, das weiter südlich, in Bolivien, Peru und Chile üppige Vorkommen aller möglichen Erze aufweist. Der positive Aspekt dieser Tatsache: Die indigenen Hochlandbewohner Ecuadors blieben von den Folgen eines industriellen Rohstoffabbaus verschont und ihre Lebenswelt intakt! Erst mit der Förderung von Öl stieg das Land zum Rohstoffexporteur auf. Öl ist neben dem Traditionsprodukt Bananen gegenwärtig die Milchkuh der Wirtschaft (Tab. 8.4). Noch im Jahr 1971 exportierte das Land kein einziges Barrel Öl, allein Bananen kamen für knapp die Hälfte des Exportvolumens auf; noch heute wird ein Drittel der Welternte in Ecuador produziert. Schon 1972 lag der Exportanteil des Öls bei über der Hälfte. Importiert werden nahezu ausschließlich technologisch anspruchsvolle Konsum- und Investitionsgüter – wie in den meisten Ländern Südamerikas (Tab. 5.3).

Seit 2001 gilt der US-Dollar als Zahlungsmittel. Der Wechselkurs ist seither relativ stabil (Tab. 8.8). Wie die relativ geringe Inflation zeigt, fährt das Land nicht schlecht damit. Nach einem Höchststand von 96 % (2000) sank sie bereits ein Jahr später auf knapp 38 %, um sich seither unter zehn Prozent einzupendeln (Tab. 8.5). Die Auslandsverschuldung, die 2000 und 2001 80 bzw. 70 % des BIP erreichte, wurde in der Ära *Correa* deutlich zurückgeführt (Tab. 8.6). Hauptsächlich als Folge sinkender Ölpreise lässt das Wachstum nach. Seit 2015 zeigt sich der Nachteil der Dollarbindung (Tab. 8.7). Der Dollar wird zu hart für die ecuadorianische Wirtschaft, die Option einer Abwertung ist aber verbaut. Von daher ist es wenig erstaunlich, dass der Präsident mittlerweile seinen Frieden mit der internationalen Bankenwelt sucht.

Tab. 8.4 Die wichtigsten Exportprodukte: Ecuador 1970–2014 (in v. H. am Gesamtexport). (Quelle: CEPAL/ECLAC: Statistical Yearbook for Latin America and the Caribbean 2015, External Sector, Tab. 2.2.2.26)

	2014	2013	2000	1990	1980	1972	1970
Rohöl	52,3	54,8	44,5	46,4	55,4	18,2	0
Bananen	10,5	9,5	17,0	17,4	7,9	40,1	44,3
Meeres-früchte	10,4	7,3	5,7	12,6	2,9	4,3	2,2
Fisch	5,0	5,5	4,4	1,1	3,0	0,9	1,8
Blumen	3,2	3,4	3,2	0	0		
Kakao	2,4	1,8	0,8	2,7	0		

Tab. 8.5 Inflation: Ecuador 2006–2015 (Verbraucherpreise, in v. H.). (Quelle: siehe Angaben zu Tab. 6.6)

2015	2014	2013	2012	2011	2010	2009	2008	2007	2006
4,0	3,6	2,7	5,1	4,5	3,6	5,2	8,4	2,3	3,0

Tab. 8.6 Anteil der Auslandsschulden am BIP: Ecuador 2005–2014 (in v. H.). (Quelle: siehe Angaben zu Tab. 6.4)

2014	2013	2012	2011	2010	2009	2008	2007	2006	2005
22,8	19,7	18,1	19,2	20,0	21,6	27,4	34,2	36,5	41,5

Tab. 8.7 Wachstum des BIP: Ecuador 2006–2015 (in v. H.). (Quelle: Siehe Angaben zu Tab. 6.5. Für 2015: Das Statistik-Portal (http://de.statista.com/statistik/daten/studie/321157/umfrage/wachstum. Zugegriffen: 16. März 2016.))

2015	2014	2013	2012	2011	2010	2009	2008	2007	2006
−0,6	3,7	4,6	5,6	7,9	3,5	0,6	6,4	2,2	4,4

Tab. 8.8 Wechselkurs Ecuador: US$ (Ecuador) : US$ (USA) 2006–2015. (Quelle: Fischer Weltalmanach, diverse Jahrgänge)

2015	2014	2013	2012	2011	2010	2009	2008	2007	2006
1,11	1,37	1,30	1,27	1,45	1,23	1,41	1,36	1,36	1,27

Die Regierung *Correa* agiert in den Machbarkeitsgrenzen verteilungspolitischer Ambition. Seit 2015 wird die jahrelang verweigerte Tilgung bestimmter Auslandsschulden wieder aufgenommen. Auf nachlassendes Wachstum und sinkenden Ölpreis antwortet die Regierung *Correa* mit konventioneller Wirtschaftspolitik.

Mit Beginn der Präsidentschaft *Correa* wurde das Rohstoffgeschäft so organisiert, dass es die Mittel für Sozial- und Infrastrukturpolitik erwirtschaftet. Produzenten riskieren eine Strafsteuer von 99 % auf jegliche Fördermenge, die das mit der Regierung vereinbarte Niveau überschreitet. Im Jahr 2011 erklärte sich der Staat zum Eigentümer des gesamten geförderten Öls. Die Anlagen bleiben Eigentum der Betreiber. Diese kommen für Unterhaltung und Investitionen auf und kassieren den mit dem Staat ausgehandelten Gewinnanteil, der an eine staatliche Holding fließt. Die Ölgesellschaften fördern zwar im Auftrag der Regierung. Sie machen aber weiterhin Kasse und – was mehr zählt als der Eigentumstitel auf alles, was aus dem Bohrloch kommt – sie kontrollieren die Vertriebswege. Die in Ecuador angelegten Investitionen zahlen sich immer noch aus, mag der Staat dort auch mehr Gewinne abgreifen als vorher. Doch auch das schönste Abgabenregime nützt wenig, wenn die Weltnachfrage nach Rohöl nachlässt. Die Achillesferse der Ökonomie ist die extreme Abhängigkeit von diesem einen Wirtschaftsgut. Sie macht sich seit 2015 schmerzhaft bemerkbar (Tab. 8.7): Der Ölpreis befindet sich im freien Fall, die USA sind mit der Fracking-Technik zum Selbstversorger aufgestiegen.

In den Beratungen über die aktuelle Verfassung wurde eine Klausel diskutiert, den indigenen Völkern ein Veto gegen Eingriffe in ihren Lebensraum einzuräumen. *Correa* selbst intervenierte, um sie aus dem Verfassungstext herauszuhalten (Collins 2014, S. 297 f.). Bauern protestierten 2009 unter anderem mit Straßenblockaden gegen den massiven Wasserverbrauch für die Ölförderung und agroindustrielle Zwecke. Dem Präsidenten fiel nichts Besseres dazu ein, als die Demonstranten und ihre Führer zu beschimpfen und sie lächerlich zu machen (Becker 2013, S. 57; Kennemore und Weeks 2011, 275 f.).

Nach 2010 vergab die Regierung im Amazonasgebiet großzügig Ölkonzessionen. Die im CONAIE vertretenen Verbände liefen Sturm. Der Pachakutik kündigte *Correa* seine Unterstützung auf und zog seine Minister aus der Regierung zurück. Lediglich der Yasuni-Nationalpark sollte von der Förderung verschont bleiben. Voraussetzung: Die westlichen Regierungen sollten den Einnahmenverzicht durch Einzahlungen in einen internationalen Ausgleichsfonds ausgleichen. Die erwarteten Mittel für den Treuhandfonds kamen nicht zustande. Also billigte das Parlament in Quito 2013 auch dort die Förderung. Die Amazonasvölker wehren sich mit Straßenblockaden, Demonstrationen und der Besetzung der Förderanlagen. Gern wird bei solchen Ereignissen das Militär herbeibefohlen, um die Protestierenden zu vertreiben.

Die Einnahmen, die der Staat aus dem Öl erwirtschaftet, fließen in die Hauptstadtregion und die Costa. Die Politik handelt nach Nullsummenkalkül: die Indianervölker werden dabei zum Opfer der Interessenabwägung. Respektiert die Regierung den Lebensraum der Indianer, riskiert sie, dass die Ölförderung weniger Einnahmen generiert. Die Folgen bekäme die große Mehrheit der Landsleute zu spüren, denen *Correas* Sozial- und Armutsbekämpfungspolitik zugute kommt. Die Regierung nimmt es in Kauf, dass das empfindliche Ökosystem, also das Biotop, das die Indianervölker zum Leben brauchen, von Pumpstationen, Ölarbeitercamps, Schmutzwasser und Chemikalien zerstört wird. Der Widerstand der Betroffenen wird mit aller Härte gebrochen, sobald er das Geschäft mit dem Rohstoff zu beeinträchtigen droht (Becker 2013, S. 42–55; Rebbington et al. 2012, S. 29, Guzmán-Gallegos 2012). Die gleiche Konfliktlage, mag sie in der Rücksichtnahme auf die Betroffenen auch variiert sein, treffen wir in Bolivien an (Kap. 10): Der Primat der Ressourcenausbeutung wirkt als Spaltpilz einer gesellschaftlichen Koalition, die in den Grenzen des Möglichen eine gerechtere Verteilung will!

Sozialpolitik: Correas bevorzugte Zielgruppen sind die prekär Beschäftigten und die kleinen Selbstständigen. Auch Menschen, die einer Arbeit im informellen Sektor nachgehen, haben heute Anspruch auf eine bescheidene soziale Grundsicherung. Der Mindestlohn wurde in *Correas* Amtszeit um 80 % erhöht, die Anzahl der Armen ist um eine Million gesunken. Zurzeit wird an der Einführung einer allgemeinen Sozialversicherung gearbeitet. Den meisten Ecuadorianern geht es seit *Correas* Präsidentschaft merklich besser als in der Vergangenheit (Tab. 3.5). Dafür kassierte Ecuador Anfang 2016 sogar ein Lob der Vereinten Nationen. Die Einkommensverteilung hat sich zum Besseren verändert (Tab. 5.11). Bislang haben es die Ecuadorianer ihrem Präsidenten an den Wahlurnen gedankt (Tedesco und Diamint 2014, S. 36–39).

Peru

9

Peru gliedert sich landschaftlich und demografisch ganz ähnlich wie Ecuador. Die meisten Peruaner leben in der Costa, schon deutlich weniger im Hochgebirge der Sierra, und noch sehr viel weniger, darunter die Tieflandindianer, in den von Wasserläufen durchzogenen Regen- und Nebelwaldgebieten des Amazonas, die hier als Selva bezeichnet werden. Eines ist grundlegend anders als in Ecuador. Die peruanische Sierra birgt reiche Erzlagerstätten. Sie werden bereits seit der frühen Kolonialzeit ausgebeutet. Im Amazonasgebiet nahe der ecuadorianischen Grenze werden darüber hinaus seit Jahrzehnten Öl und Gas gefördert. Auch die Fischerei ist ein wichtiger Wirtschaftszweig. In Lima konzentrieren sich Industrie, Verwaltungen, Banken und Medien. In der Metropolregion Lima mit der großen Hafenstadt Callao lebt heute ein Viertel der Gesamtbevölkerung (Tab. 3.9). Das übrige Peru ist politisches und wirtschaftliches Hinterland. Knapp die Hälfte der Bevölkerung sind Indigene (Tab. 3.10). Sie zählen weit überwiegend zum Volk der Quetschua, ein kleiner Teil, etwa ein Zehntel sind Aymara, die im südlichen Peru leben.

9.1 Geschichte

9.1.1 Frühe Republik, Parteienkämpfe, Exportwirtschaft

Vor der Unabhängigkeit war Peru ein Vizekönigtum der spanischen Krone. Es erstreckte sich über das Gebiet der mittleren und südlichen Anden bis in den Südwesten des Subkontinents. Im späten 18. Jahrhundert musste es große Gebiete an ein neu gegründetes Vizekönigtum La Plata im südlichen Teil Südamerikas abgeben. Die Kreolen Perus waren zunächst weit weniger geneigt als diejenigen anderer Kolonialgebiete, Spanien den Rücken zu kehren. In einer wirren Ereignisfolge, die hier nicht geschildert werden soll, eroberte zunächst der „Bolivár des Südens", *José de San Martín*, das heutige

J. Hartmann, *Die politischen Systeme Lateinamerikas*,
DOI 10.1007/978-3-658-14353-4_9

Peru. Dieses Unternehmen gelang nicht vollständig. Deshalb wurde *Bolivár* gebeten, die Sache zu Ende zu führen. *Bolivár*, der bereits Präsident von Groß-Kolumbien war, lehnte zunächst ab. Erst als *San Martín* als Präsident des 1821 unabhängig gewordenen Peru zurücktrat, griff *Bolivár* mit groß-kolumbianischem Militär ein. *Antonio José de Sucre* wurde beauftragt, Hoch-Peru, das spätere Bolivien zu erobern. *Bolivár* legte keinerlei Wert auf die angebotene peruanische Präsidentschaft. Er übte sie nur einige Jahre aus und zog sich dann wieder nach Caracas zurück. Das frühere Hoch-Peru spaltete sich 1825 als Republik Bolivien – die Namensgebung zu Ehren *Bolivárs* – ab. Bei den Grenzziehungen gaben abermals die früheren spanischen Audiencias den Ausschlag. Peru beerbte das Gebiet der früheren Audiencia Lima, Bolivien dasjenige der Audiencia Charcas. Die beiden ethnisch wie geografisch ähnlichen Staaten schlossen sich 1836 wieder zusammen. Sie wurden jedoch 1839 von Chile und Argentinien gezwungen, die Union rückgängig zu machen.

Von einem durchsetzbaren staatlichen Gewaltmonopol konnte lange keine Rede sein. Das ganze 19. Jahrhundert hindurch kämpften die üblichen kreolischen Fraktionen, hier Civilistas, d. h. Liberale, dort Konservative um die Vorherrschaft. Die den Indianergemeinden noch von der spanischen Krone gewährten Garantien waren bereits in der Kolonialzeit ausgehöhlt worden. In der jungen Republik waren sie sturmreif. Landbesitzer griffen hemmungslos auf Indianerland zu, um ihre Besitztümer zu erweitern. Im Stil der Epoche traten die Parteiführer als Caudillos auf. Ihre Machtkämpfe arteten bisweilen in Kleinkriege aus. Bei allen weltanschaulichen Unterschieden war sich die kreolische Oligarchie darin einig, Mestizen und Hochlandindianer auf Abstand zu halten. Traditionelle Kleidung, gebrochenes Spanisch sowie der Gebrauch des Quetschua oder Aymara als Umgangssprache grenzten die indigene Bevölkerung aus. Im Hochland kam es zu Aufständen der Indianervölker.

Bis in die 1990er Jahre blieb das ursprüngliche, in der Zeit der Unabhängigkeit geschaffene Regierungssystem unverändert: ein Präsidialregime nach US-amerikanischem Muster auf der horizontalen Ebene, mit Zweikammerparlament, Vetorecht des Präsidenten, dem Kontrollmoment der Amtsanklage und der lateinamerikanischen Note des Wiederwahlverbots. In der Vertikalen war Peru als zentralistischer Staat verfasst.

Pleiten, Pech, Pannen und Kriege begleiteten die Republik noch Jahrzehnte nach ihrer Gründung. Im Pazifischen Krieg, dem sogenannten Salpeterkrieg (1879–1885), verlor Peru seine südlichen Provinzen an Chile. Der Krieg richtete in den Küstengebieten schwere Zerstörungen an. Für den wirtschaftlichen Wiederaufbau wurde ausländisches Kapital eingeworben. Großbritannien war der wichtigste Geldgeber. Die Innenpolitik blieb instabil. In rascher Folge lösten die Präsidenten einander ab. Kaum einer amtierte bis zum regulären Ende seiner Amtszeit (Tab. 4.2). Die Streitigkeiten zwischen den Parteien steigerten sich 1894/1895 sogar zu einem ausgewachsenen Bürgerkrieg. Nachdem die Streitkräfte nach europäischen Vorbildern modernisiert waren, traten die Militärs als Vollstrecker auf, wenn es den Eliten in Lima angebracht erschien, eine legale Regierung loszuwerden.

Hatte Peru der Weltwirtschaft im 19. Jahrhundert zunächst nur Rohrzucker und Naturdünger (Guano) zu bieten, wurde es mit der Industrialisierung in Europa als Rohstofflieferant interessant. Auch die Selva gewann vorübergehend als Rohstofflieferant an Bedeutung: Naturkautschuk war als Grundstoff für Luftreifen und Isoliermaterial gefragt, solange es noch keine synthetischen Herstellungsverfahren gab. Der Kautschukboom endete – wie im angrenzenden Amazonasgebiet Brasiliens – in den 1920er Jahren. In der Selva war bereits zu Beginn des 20. Jahrhunderts Öl entdeckt worden. Es wurde aber noch nicht in nennenswertem Umfang gefördert. Anders stand es mit dem Abbau von Kupfer, Silber und anderen Erzen. Sie werden seit mehr als hundert Jahren unablässig nachgefragt. Die großen, wie regional üblich im Pachtregime betriebenen Haciendas im Hochland waren für den Export nicht relevant. Sie lieferten Fleisch für die körperlich extrem belasteten Minenarbeiter und Wolle für die heimische Textilindustrie.

Mit der Entwicklung der Rohstoffwirtschaft kam es zu neuen Konflikten. Die Arbeiter in der Bergbau- und Hafenindustrie forderten Rechte ein, ebenso Kleinbürger und Studenten. Die Oligarchie indes blieb stur. Das Wahlrecht blieb ihnen vorenthalten. Streiks erzwangen für Lese- und Schreibkundige einige Verbesserungen; die meisten Arbeiter waren indes Analphabeten. Um die Wende zum 20. Jahrhundert trugen Teile der Elite dem aufgestauten Reformbedarf Rechnung. *Guillermo Enrique Billinghurst Angelo*, ein millionenschwerer Geschäftsmann und Bürgermeister von Lima, unterstützte 1912 einen Generalstreik. Die Unruhen ereigneten sich gerade zur richtigen Zeit, um die absehbare Wahl des offiziellen Kandidaten der eigenen Civilista-Partei zum Präsidenten zu verhindern. Anschließend ließ sich *Billinghurst* selbst zum Präsidenten wählen. Er fasste ernsthaft Reformen ins Auge. Unter anderem legte er die Basis für eine moderne Arbeitsgesetzgebung. Dem mehrheitlich konservativen Kongress ging *Billinghurst* mit seinem Werben um die arbeitende Bevölkerung zu weit. Die Parlamentarier strengten ein Amtsenthebungsverfahren an. *Billinghurst* konterte mit der Drohung, die Arbeiter zu bewaffnen und den Kongress mit Gewalt aufzulösen. Ein Militärputsch vertrieb ihn 1914 aus dem Amt.

Zum Nachfolger wurde *José Pardo y Barreda* (1914–1918) gewählt; er war zuvor schon einmal Präsident (1904–1908) gewesen. Bereits sein Vater *Manuel Pardo* (1872–1876), der Gründer der Civilista-Partei, hatte als Präsident amtiert. Ein großer Streik erzwang 1919 den Achtstundentag. Kurz vor Ablauf seiner Amtszeit wurde *Pardo* von *Augusto Bernardino Leguía y Salcedo* aus dem Amt geputscht. *Leguía*, Sohn aus schwerreichem Haus, hatte lange in den USA gelebt und im Versicherungsgeschäft ein Vermögen gemacht. Auch er hatte das Land schon einmal regiert (1908–1912). *Leguía* verzichtete darauf, sich durch eine Wahl bestätigen zu lassen und regierte fortan als Diktator (1919–1930).

9.1.2 Putsche und Gegenputsche (seit 1930)

Von 1823 bis heute wurde Peru unter acht Verfassungen regiert. Bis 1912 konsumierte die turbulente Innenpolitik 66 Präsidenten (Tab. 4.2). Der Präsident wurde per Direktwahl bestimmt. Analphabeten war das Wahlrecht vorenthalten. Für die Wahl des Präsidenten galt bis 1985 die Regel, dass der Kandidat mit den meisten Stimmen gewählt war.

Eine Trias von Industriellen, Agrariern und Generalität – die eigentliche Macht im Lande – ließ *Leguía* als Diktator gewähren. Angesichts der Herausforderungen der Wirtschaftskrise zweifelten sie dann aber an seiner Fähigkeit, das Land auch unter schwierigen Bedingungen zu regieren. Offiziere unter Führung von *Luis Miguel Sánchez Cerro* putschten ihn 1930 aus dem Amt. Auch *Sánchez* gedachte als Diktator zu regieren. Er wurde von seinen Mitputschisten jedoch gezwungen, sich 1931 einer Wahl zu stellen.

Als Mitbewerber um das Präsidentenamt trat in dieser Wahl erstmals der Sozialist *Haya de la Torre* auf (siehe unten Abschn. 9.2). Er war Chef der größten Oppositionspartei APRA (Alianza Popular Revolucionaria Americana). Sie machte sich zur Sprecherin der Arbeiterschaft. Bevor *Torre* als maßgeblicher Mitgründer der APRA von sich reden machte, war er ein linker Studentenpolitiker. *Sánchez* ließ ihn nach der zu seinen Gunsten manipulierten Wahl verhaften. *Torre* wurde nach längerer Haft des Landes verwiesen. Im Exil blieb er ein mächtiger Gegner der Oligarchie.

Präsident *Sánchez* regierte mit harter Hand. Die Repression richtete sich vor allem gegen die Gewerkschaften und die APRA. Als im nordperuanischen Trujillo 1932 Studenten einen Aufstand wagten, wurde dieser mit aller militärischen Härte niedergeschlagen. *Sánchez* selbst wurde 1933 von einem aufgebrachten Anhänger der APRA ermordet. Der Kongress wählte General *Óscar R. Benavidés* zum interimistischen Nachfolger. Er war in dieser Eigenschaft bereits nach dem Sturz von *Billinghurst* (1914) schon einmal eingesprungen. Sein Mandat, das regulär 1936 hätte enden sollen, wurde um weitere drei Jahre verlängert. Für die nächste Wahl (1939) kandidierte abermals *Haya de la* Torre. Klarer Wahlsieger war *Torre. Benavidés* ignorierte ungerührt das Wahlergebnis, erklärte die APRA für illegal, schickte *Haya de la Torre* erneut ins Exil und amtierte für weitere drei weitere Jahre.

In *Benavides* treffen wir abermals einen Modernisierungsagenten in Uniform an. Ganz im Einklang mit der Strategie der Importsubstitution wurden in seiner Amtszeit Programme zur Verbesserung der Infrastruktur aufgelegt. Auch Wohnungsbau- und Sozialgesetze wurden beschlossen. Es handelte sich um durchsichtige und letztlich fruchtlose Versuche, der APRA mit Gesten staatlicher Fürsorge den Wind aus den Segeln zu nehmen.

Von 1939 bis 1945 amtierte Präsident *Manuel Carlos Prado y Ugarteche*, Spross einer reichen Familie und Sohn eines zweimaligen früheren Präsidenten (*Mariano Ignacio Prado* [1865–1868, 1876–79]). Der sozialkonservative *Prado* legalisierte die APRA und hielt sich peinlich genau an die Buchstaben der Verfassung. Sein Nachfolger *José Luis Bustamante y Rivero* (1945–1948) war ein angesehener Rechtsgelehrter. Er wurde mit Unterstützung der APRA gewählt, die sich mit einigen Ministern an seiner

Regierung beteiligte. Auch er nahm sein Amt im Einklang mit der Verfassung wahr. Die APRA indes, die *Bustamante* falsch eingeschätzt und eine linke Politik erwartet hatte, zog ihre Minister aus der Regierung zurück. *Bustamante* ersetzte sie durch Offiziere. Als die Militärs verlangten, die APRA erneut zu verbieten, machte *Bustamante* nicht mit. Daraufhin wurde er von seinem Innenminister, *Manuel Arturo Odría Amoretti*, einem Heeresoffizier und geschworenen Gegner der APRA, aus dem Amt geputscht. Umgehend wurden alle linken Parteien verboten (1947).

Odría stellte sich 1950 einer regulären Wahl. In einem durch Verbote eingeschränkten Bewerberfeld wurde er gewählt und regierte anschließend de facto als Diktator. Er hielt sich immerhin so weit an die Verfassung, als er nicht länger im Amt zu bleiben versuchte, als von der Verfassung vorgeschrieben. An der nächsten Wahl, in der zum zweiten Mal der Altpräsident *Prado* gewählt wurde, durfte sich die APRA wieder beteiligen (1956). Sie trat sogar mit einigen Ministern in seine Regierung ein. Zehn Tage vor Ablauf der Amtszeit putschten die Militärs 1962 *Prado* aus dem Amt (Carrión und Palmer 2014, S. 184; Levitt 2012, S. 8–12). Die führenden Putschisten waren sich indes nicht grün. Der erste Interimspräsident, *Ricardo Godoy*, gedachte länger im Amt zu bleiben als mit seinem Kameraden *Nicolás Lindley* abgesprochen. Daraufhin wurde er von *Lindley* gezwungen, das Amt an ihn abzugeben.

9.1.3 APRA, Indigenismus und Bürgerkrieg

Die Idee *de la Torres* hinter der APRA war als Rezeptur für ganz Lateinamerika zu verstehen. Danach ist die Hispanität ein Instrument zur kulturellen Unterdrückung. Gut marxistisch erklärt *Torre* Religion, Kultur und Recht zu Ausdrucksformen des grundlegenden ökonomischen Klassenverhältnisses, d. h. zum Überbauphänomen. Der Unterschied dieser Klassenperspektive zum orthodoxen Marxismus: Sie trug der Tatsache Rechnung, dass es sich bei den unterdrückten Arbeiter und Bauern um Indianer oder um Mestizen mit indigenen Wurzeln handelte, während die Oligarchie, der Klassenfeind, seine hispanisch-kreolische Identität kultivierte. Als Partei war die APRA zunächst erfolgreich. Sie bot den Arbeitern auf den Plantagen, in der Industrie und im Bergbau eine politische Adresse. Bis zu seinem Tod im Jahr 1980 waren die APRA und *Torre* praktisch identisch. Kinder und Enkel der ersten APRA-Generation blickten zu *Torre* wie zu einem Evangelisten auf.

Die indigene Identität war für *Torre* lediglich ein Sekundäranliegen, ein Hilfsmittel zum Zweck, Arbeiter und Bauern für den politischen und sozialen Kampf zu mobilisieren (Graham 1992, S. 16–36). Demgegenüber knüpfen die indigenen Bewegungen der Gegenwart an die Tradition altamerikanischer Völker an. Sie konstruieren Identität, indem sie das Leben und Wirtschaften im Kollektiv und im Einklang mit der Natur – „Buen Vivir" – thematisieren (Villalbal 2013). Dort, wo die indianische Identität bis heute am stärksten ausgeprägt ist, in den bäuerlich geprägten Hochlandregionen Perus, fand die APRA selbst in ihren besten Zeiten keine große Resonanz.

Auch *José Carlos Mariatégui*, dem Chefdenker der 1928 von der APRA abgespaltenen Kommunistischen Partei, stand nicht nur Peru, sondern ganz Lateinamerika vor Augen. Im Mittelpunkt seines Denkens stand die Mobilisierung der Bauern des Subkontinents. Diese Idee berührte sich mit derjenigen des in marxistischen Kreisen noch unbekannten chinesischen KP-Führers *Mao Zedong*. *Marx*, *Engels* und *Lenin* zufolge kann die kommunistische Solidarität allein im Industrieproletariat reifen. In den „Ayllus" aber, den Dorfgemeinschaften der Andenvölker, ist das solidarische Kollektiv ein Traditionsgut (zu dieser Gemeinschaftsform informativ: Lessmann 2010, S. 26–35). Deshalb bedarf es hier keiner industriellen Entwicklung, die den historischen Pfad der kapitalistischen Metropolen nachholt. Die Sozialromantik ist hier mit den Händen zu greifen. Sie sollte Jahrzehnte später in der Ideologie des Sendero Luminoso Wirkung entfalten.

Bereits in den 1960er Jahren wurden in der Peripherie marxistische Gruppen aktiv. Sie waren von der kubanischen Revolution inspiriert, wurden aber noch nicht groß als Sicherheitsproblem wahrgenommen. Die erste bedeutendere Guerillabewegung war die Revolutionäre Bewegung Túpac Amaru. Sie trat ab 1970 auf und machte sich die Anliegen der indigenen Hochlandbevölkerung zu eigen. Im Gegenzug für eine Amnestie machte sie 1994 ihren Frieden mit der Regierung und löste sich auf. Die bedeutendste Guerillabewegung, die einen ausgewachsenen Bürgerkrieg auslöste, war der Sendero Luminoso. Es handelte sich um eine Bewegung, die sich von den Ideen *Mariatéguis* (siehe oben) inspirieren ließ. Sie fasste zunächst im ländlichen und notorisch vernachlässigten Departement Ayacucho Fuß (Palmer 1985/1986). Ihr Spiritus Rector war *Abimael Guzmán*, ein Philosophieprofessor. Er hatte sich das Bild einer Gesellschaft zurechtgezimmert, die sich mit strikter Ablehnung der westlichen Zivilisation zum Besseren verändern lasse. Zuerst eroberte der Sendero entlegene Gebiete, in denen der Staat seit je kaum Präsenz zeigte. Seine bevorzugten Opfer waren Honoratioren, Bürgermeister, Lehrer und Priester, aber auch Bauern, die sich weigerten, mit den Guerillas zusammenzuarbeiten oder ihnen ihr Eigentum zu überlassen.

Binnen weniger Jahre, mit dem Höhepunkt in den 1980er Jahren, erreichte der Terror des Sendero sogar die Hauptstadt. In den vom ihm kontrollierten Gebieten, zuletzt sogar in den Armensiedlungen am Rande der Hauptstadt, fand der Sendero vorübergehend sogar Anerkennung. Er sorgte für Sicherheit, bestrafte Kriminelle und verteilte Lebensmittel. Am Ende war der Sendero freilich genauso verhasst wie das Militär. In paranoider Manier witterte er allenthalben Verräter und Kollaborateure. Wo sich der Sendero zeigte, ließ das Militär nicht lange auf sich warten. Dieses wiederum ließ seine Gewalt an allem aus, was ihm insbesondere an den Bergbewohnern fremd war und verdächtig erschien. Was Wunder, dass sich das Hochland in dieser Zeit weiter entvölkerte! Die vom Terror und Gegenterror geschürte Unsicherheit im öffentlichen Raum bewirkte – neben den spürbaren Folgen der neoliberalen Politik –, dass die Regierungen immer stärker an Rückhalt in der Bevölkerung einbüßten, weil ihnen über Jahrzehnte Erfolge bei der Bekämpfung des Sendero versagt blieben.

9.1.4 Bürgerliche und militärische Reformer (seit 1962)

Im Jahr 1962 wurde *Fernando Belaúnde Terry* (1963–1968, 1980–1985) zum Präsidenten gewählt. *Torre*, der sich abermals um das Amt bewarb, hatte das Nachsehen. *Belaúnde* hatte erst 1956 die Partei AP (Alianza Popular) gegründet, für die er jetzt als Kandidat angetreten war. Er kam aus einer der alten Familien Limas, hatte in Frankreich die Schule besucht und dort wie auch in Texas Architektur studiert. Danach schlug er in Lima eine Hochschulkarriere ein. Schon Vater, Großväter und Urgroßväter hatten Ministerämter bekleidet. Die AP als Partei der weltanschaulichen Mitte mit einem zunächst starken linken Reformerflügel erzielte dort Erfolge, wo die APRA in der Vergangenheit wenig Anklang gefunden hatte: in der Sierra und in der südlichen Costa (Carrión und Palmer 2014, S. 184 f.).

Belaúndes Regierung baute die Infrastruktur aus, sie kurbelte einen sozialen Wohnungsbau an, erweiterte den Kreis der Anspruchsberechtigten für Krankenversorgung und Renten und verbesserte den rechtlichen Status indianischer Gemeinden. Der Präsident stürzte über eine öffentliche Kontroverse, ob die Regierung für die Verstaatlichung der Ölförderanlagen des US-Konzerns Standard Oil – ein nationalistisches Herzensanliegen – eine Entschädigung zahlen sollte. Die Opposition, die im Parlament die Mehrheit hatte, war strikt dagegen. Als bekannt wurde, dass der Standard Oil entsprechende Zusagen bereits gemacht worden waren, brach ein Sturm öffentlicher Empörung los. Zuerst trat das Kabinett zurück. Dann wurde noch kurz vor dem Ende seiner Amtszeit *Belaúnde* selbst aus dem Amt geputscht (1968).

Die Putschisten unter Führung des Generals *Juan Velasco Alvarado* hatten nicht vor, sich nach dem Sturz des Präsidenten wieder zurückzuziehen (George 2013). *Velasco* kam aus einer armen Familie ganz im Norden der Costa. Seinen Aufstieg verdankte er der Entscheidung für eine militärische Karriere. Mit Bestleistungen hatte er vor Kameraden aus den besser situierten Milieus geglänzt. *Velasco* wurde rasch befördert, stand aber stets zu seiner Herkunft. Seine Regierung nahm ein linkes Reformprogramm in Angriff. Es mutete wie von der APRA kopiert an. Vom Dienst in entlegenen Standorten kannten *Velascos* Mitstreiter das Elend in der Provinz. Etliche Offiziere waren inzwischen am Institut für Höhere Militärische Studien, einer Vorzeigeinstitution, mit der sozialen Komponente des Konzepts der nationalen Sicherheit (Abschn. 1.8) vertraut gemacht worden (Carrión und Palmer 2014, S. 185 f.; Graham 1992, S. 40).

Velascos Regierung enteignete den Großgrundbesitz und nahm die Presse in öffentliche Regie. Es ging ihr offenbar darum, die APRA als einzige Partei zu demontieren, die dem Organisationspotenzial des Militärs das Wasser reichen konnte (Robert 1998, S. 211–215). Im Schwerpunkt wurden die Zuckerplantagen der Costa mit ihren Massen von Landarbeitern sowie die gewerkschaftlich organisierten Industriebetriebe enteignet. Die Latifundien wurden unter Landarbeiter und Kleinbauern aufgeteilt. Die Verteilungsaktion setzte indes viele Menschen frei, die jetzt keine Arbeit mehr hatten und in die großen Städte strömten, um dort eine tragfähige Existenz zu suchen. Im Hochland, das nie eine Hochburg der APRA war, fiel der Biss der Landreform schwächer aus. Die verstaatlichen Fabriken sollten von Repräsentanten der Arbeiterschaft verwaltet werden. Die Idee dahinter: Gewerkschaften und Arbeitskämpfe würden damit überflüssig. Die restlichen Ölgesellschaften wurden komplett verstaatlicht. Die Hochland- und Amazonasindianer gingen im Programm der Militärs leer aus (Robert 1998, S. 212 f.; Graham 1992, S. 40–42).

Das Programm der Generäle, ein spätes Gewächs der importsubstituierenden Industrialisierung, wurde in Windeseile in Angriff genommen; es war schlecht vorbereitet und krankte an Implementierungsmängeln. Die erhoffte Wirkung blieb aus. Dabei spielten allerdings auch externe Entwicklungen eine wichtige Rolle. Das weltwirtschaftliche Umfeld veränderte sich zum Nachteil (Abschn. 5.1). Peru war kein Petro-Staat wie Venezuela. Steigende Energiekosten und die Inflation in den Ländern, aus denen importiert wurde, brachten die Zahlungsbilanz ins Defizit. Wie so viele Regime in der Nachbarschaft besorgte sich die Militärregierung die fehlenden Einnahmen durch Kredite. Landesweite Proteste gegen steigende Preise und die Verschlechterung der Lebensverhältnisse flammten auf. In Lima trat 1974 die Polizei in den Streik, Studenten gingen mit Sympathiedemonstrationen auf die Straße. Die Militärs ließen die Polizeikaserne mit Panzern und schweren Waffen angreifen – ein untrügliches Kennzeichen, dass die Regenten in Uniform die Kontrolle verloren (Graham 1992, S. 43–60)!

Ein Coup konservativer Militärs um Armeechef General *Francisco Bermúdes Morales* – Urenkel eines früheren Präsidenten (siehe oben Abschn. 9.1.2) – bootete 1975 die Offiziersfraktion um den erkrankten *Velasco* aus. *Bermúdes'* Regierung machte die Reformen des Vorgängers zum größten Teil wieder rückgängig. Sie stellte sich auf die Erwartungen der Internationalen Kreditinstitutionen ein, auf deren Wohlwollen das hoch verschuldete Land mehr denn je angewiesen war. Allein die Landreform hatte Bestand, sodass es in diesem sonst konservativen Land heute keinen nennenswerten klassischen Großgrundbesitz mehr gibt. Nach einigen Jahren wurden die konservativen Militärs des Regierens müde. Sie kamen zum Entschluss, die Regierung besser doch wieder den Politikern zu überlassen. APRA-Chef *Torre* wurde gebeten, als Moderator einer Verfassunggebenden Versammlung die Rückkehr zur zivilen Politik zu begleiten. Die Konstituante schrieb jetzt unter anderem das uneingeschränkte Wahlrecht aller Bürger fest. *Torre* kündigte seine Kandidatur für das Präsidentenamt an, für das ihm gute Chancen vorausgesagt wurden. Er verstarb aber noch vor dem Wahltag. Für die Präsidentschaft kandidierte abermals Altpräsident *Belaúnde*, der 1980 ins Präsidentenamt zurückkehrte. Ihn erwartete die undankbare Aufgabe, hinter den Militärs aufzuräumen.

9.1.5 Politik im Zeichen des Neoliberalismus (seit 1980)

Wie schon seine unmittelbaren Vorgänger in Uniform hatte *Belaúnde* keine andere Wahl, als mit den Internationalen Finanzinstitutionen zusammenzuarbeiten. Priorität hatten ganz im Sinne des Washington-Konsenses (Abschn. 5.2) der Abbau von Subventionen und die Privatisierung öffentlicher Unternehmen (Burt 2007, S. 30; von Oertzen und Goedeking 1996, S. 106; Conaghan et al. 1990, S. 14 f.). Kapitalkräftigen Agrounternehmen wurde der Landerwerb erleichtert, damit dort exportfähige Produkte angebaut werden konnten. Heute produziert Peru Gemüse für den Weltmarkt. Mit niedrigen Lohnkosten wurden Investoren angelockt. Der Import von Konsumgütern wurde liberalisiert. Die Zeche zahlten heimische Produzenten. Sie gingen reihenweise in die Pleite (von Oertzen und Goedeking 1996, S. 207). Als Folge dieser Radikalkur stieg Peru zu einer der offensten Ökonomien des Subkontinents auf. Allein zwischen 1982 und 1985 sank das Gesamteinkommen der Bevölkerung um ein Drittel. Die Stimmung drehte sich zur Linken (Burt 2007, S. 31).

Mit überzeugender Mehrheit machte in der nächsten Präsidentenwahl von 1985 der APRA-Kandidat *Alan García* das Rennen. Noch zu seinen Lebzeiten hatte ihn der verstorbene *Torre* als Nachfolger aufgebaut. *Garcías* Karriere hatte – durchaus typisch für das Milieu der Partei – in der APRA-Jugendorganisation begonnen. Nach dem Studium von Recht und Soziologie, unter anderem in Spanien und Paris, begann, tatkräftig von *Torre* gefördert, sein Aufstieg im Parteiapparat. Ganz ohne Vorankündigung ließ *García* 1987 die Banken verstaatlichen und die Tilgung der Auslandsschuld einstellen. Diese Entscheidungen kamen wie aus heiterem Himmel (Burt 2007, S. 33 f., 36). *García* handelte ganz nach der Seele einer kapitalismuskritischen Partei. Diese Maßnahmen waren populär. Sie trafen eine Stimmung, die das Ausland für die Probleme verantwortlich machte (Mauceri 2006, S. 44; Graham 1992, S. 77–113). Die internationalen Banken quittierten diese Schritte mit der Weigerung, der Regierung frisches Geld zu leihen. Die Folgen waren so absehbar wie unvermeidlich: Die Verknappung des Importangebots, mehrstellige Inflationsraten und ein weiterer dramatischer Verfall des ohnehin geringen Lebensstandards (siehe unten Abschn. 9.3). Die Inflation stieg 1988 von 26 auf 667, 1989 auf über 3000 und im letzten Amtsjahr dieses Präsidenten auf sagenhafte 7749 %. In allzu später Einsicht ging *García* auf Gegenkurs. Die Schuldentilgung wurde wieder aufgenommen. Das Inlandsprodukt aber schrumpfte noch einmal kräftig (Burt 2007, S. 33 f., 37). *Garcias* Kurswechsel kam der Kapitulation vor dem Weltfinanzsystem gleich. Als er 1990 das Amt verließ, war die APRA diskreditiert. Das Parteiensystem, dem *Belaúndes* AP und *Torres'* APRA mehr als 30 Jahre lang Kontur gegeben hatten, begann sich aufzulösen. Wie ein Beobachter vermerkte, blieben Politiker ohne Parteien und Parteien ohne Politiker übrig (Taylor 2007).

9.1.6 Das autoritäre Regime Fujimoris (seit 1990)

Zum Nachfolger *Garcías* wurde 1990 *Alberto Fujimori* gewählt, ein politischer Nobody. *Fujimori*, ein Kind japanischer Einwanderer, hatte die Hochschullaufbahn eingeschlagen und war zuletzt Rektor der Agraruniversität. Daneben moderierte er eine TV-Show. Mit populistischen Appellen, die für jeden etwas im Angebot hatten, volkstümlichem Auftreten, ferner unter geschickter Nutzung des Fernsehens und nicht zuletzt dank vieler

Spenden aus der Geschäftswelt, die sich nichts sehnlicher wünschte als Stabilität, stellte *Fujimori* alle Konkurrenten um das Präsidentenamt ins Aus. Die rasch zurechtgezimmerte Plattform Cambio 90, auf der er auftrat, war nichts anderes als eine von ihm selbst, seiner Familie und engen Vertrauten aufgebaute Parteikulisse.

Fujimori verfolgte eine konsequent neoliberale Politik mit ihren charakteristischen harten Einschnitten ins Budget, denen vor allem die Sozialausgaben zum Opfer fielen. Die internationalen Geldgeber waren zufrieden. Die liberal geprägten Wirtschafts- und Finanztechnokraten im Regierungsapparat hatten freie Hand (Mauceri 2006, S. 55). Als Folge der Austeritätspolitik schrumpfte der private Konsum allein in *Fujmoris* erstem Amtsjahr um ein Drittel. Aus Protest gegen die weitere Verschlechterung des schmalen Lebensstandards trat 1991 abermals die Polizei von Lima in den Streik. Das soziale Elend wurde allein von der Kirche und von wohltätigen Organisationen ein Stück weit aufgefangen.

Fujimori „putschte" sich in einer kuriosen Aktion 1992 selbst zu noch größerer Präsidialmacht. Er suspendierte den Kongress und schanzte sich Sondervollmachten zu. Damit freilich waren die USA und die übrigen lateinamerikanischen Regierungen nicht einverstanden. Rückfälle in die Diktatur sollte es in der Region nicht mehr geben. *Fujimori* gab nach und holte einen Plan B heraus. Eine Verfassunggebende Versammlung wurde einberufen. Sie verabschiedete eine neue Verfassung, die 1993 in Kraft trat. Neben der Stärkung des Präsidentenamtes erlaubte sie erstmals in der Verfassungsgeschichte des Landes die einmalige anschließende Wiederwahl des Präsidenten. Der Verfassungsentwurf wurde in einem Referendum mit knapper Mehrheit angenommen.

Fujimori intensivierte den Kampf gegen den Sendero (siehe oben Abschn. 9.1.3). Die Armee erhielt grünes Licht, alles zu unternehmen, um den jahrelangen Bürgerkrieg zu beenden. Übergriffe wurden ihr nachgesehen und alles gewünschte militärische Material bewilligt. In der stillen Regie des Innenministers entstand ergänzend eine paramilitärische Szene (Burt 2007, S. 46–49). Landesteile, in denen die Guerillas operierten, wurden unter Kriegsrecht gestellt. Das Vorgehen der Armee war brutal und differenzierte nicht groß zwischen den Kämpfern und der einfachen Landbevölkerung. Offiziere und Mannschaften kamen meist aus der urbanisierten Küstenregion und lebten ihr Ressentiment gegen Bauern aus, die nicht einmal Spanisch sprachen (Burt 2007, S. 58 f.). Im Jahr 1992 wurde schließlich *Gúzman*, der Kopf des Sendero, festgenommen. Nach einigen Jahren in Haft befahl er seinen Anhängern, den Kampf einzustellen. Die meisten, aber keineswegs alle Kämpfer legten die Waffen nieder. Der Sendero ist in den alten Hochburgen auf kleiner Flamme noch aktiv (SZ, 5.8.2015, S. 6). Er hält sich heute mit der Beteiligung am Drogenhandel über Wasser. Der militärische Erfolg im Bürgerkrieg trug *Fujimori* breite Zustimmung ein. Eine zunehmend ins Autoritäre gleitende Amtsführung höhlte diese Zustimmung allmählich wieder aus.

Wie schon sein Vorgänger *Garcia* war *Fujimori* ein Amateur im Regierungsgeschäft. Beraten von neoliberalen Experten, galt er bei in- und ausländischen Investoren und bei den Gläubigern jedoch als berechenbar. Mit einer extrem liberalen Konzessionspolitik wurden Bergbaukonzerne eingeladen, die Rohstoffe abzubauen. Der dazu erforderliche

Landerwerb wurde notfalls durch Enteignung erleichtert. Beim Umgang mit dem erworbenen Land erhielten die Käufer freie Hand. Bis zur Amortisation ihrer Investitionen waren sie von Steuern und Abgaben befreit.

Die Streitkräfte behielten ihre Privilegien. Entlassungen und Beförderungen im Offizierskorps wurden jetzt aber so gesteuert, dass die Loyalität zum Präsidenten den Ausschlag gab (Avilés 2009a, S. 70, 77). Der Sicherheitsdienst SDI wurde aufgewertet. Er agierte nunmehr unabhängig von der Armee und übernahm Aufgaben, die bis dahin von Dienststellen der Streitkräfte wahrgenommen worden waren. Zum Generalmanager der Regierung bestellte *Fujimori* seinen Mitarbeiter *Vladimiro Montesinos*. Dieser bekleidete kein öffentliches Amt, leitete de facto aber den Geheimdienst und übermittelte den Willen des Präsidenten in den Regierungsapparat. Die Minister sanken zu Komparsen herab.

Die Wähler belohnten *Fujimori* 1995 mit einer zweiten Amtszeit. Danach wurde das Klima für den Präsidenten rauer. Kritik wurde laut, dass die Notstandsgesetze und Sondervollmachten für Polizei und Geheimdienst auch nach der Bezwingung des Sendero noch aufrechterhalten wurden. Gerüchte über Korruption im Umfeld des Präsidenten zehrten am Ansehen des Präsidenten. Gegen Ende dieser zweiten zweiten Amtszeit eröffnete *Fujimori* verfassungspolitische Scharmützel, die auf eine Anschlusskandidatur zielten. Verfassungsrechtlich gab es dafür Spielraum. Unter der neuen Verfassung hatte *Fujimori* erst eine Amtszeit hinter sich. Seine Umgebung übte Druck auf die Medieneigner aus, eine kritische Berichterstattung abzustellen. Als ruchbar wurde, dass *Fujimoris* graue Eminenz *Montesinos* für eine genehme Berichterstattung bezahlte und die Geldübergabe heimlich dokumentieren ließ, schwoll die Kritik zum lauten Protest an. Zwar wurde *Fujimori* im Jahr 2000 tatsächlich ein drittes Mal gewählt. Bei der Wahl war behördliche Manipulation im Spiel. Ein Spaziergang war diese Kandidatur trotzdem nicht. Von seinem Herausforderer *Alejandro Toledo* wurde *Fujimori* in die Stichwahl gezwungen. Das Maß der Empörung war schließlich voll, als Beweisvideos auftauchten, auf denen *Montesinos* Abgeordnete bestach, um ihr Votum für eine Verfassungsänderung zu erkaufen, die noch eine weitere Anschlusskandidatur des Präsidenten erlaubt hätte. Mit stillschweigender Zustimmung des Militärs enthob das Parlament *Fujimori* seines Amtes (Burt 2007, S. 181–217). *Fujimori* selbst setzte sich vor den Justizbehörden in die japanische Heimat seiner Eltern ab. Nach seiner Amtsenthebung wurde die Verfassung umgehend dahin zurückkorrigiert, dass ein Präsident für lediglich eine Amtszeit kandidieren darf.

9.2 Das politische System

9.2.1 Verfassung und Regierungssystem

An dieser Stelle endet die chronologische Schilderung. Konstitutionelles Regieren war, wie ein Blick auf den konstitutionellen Machtwechsel zeigt, bis tief ins 20. Jahrhundert eher die Ausnahme. Insofern „lief" das Land sozusagen im Gleichtakt mit den vom

Staatsstreich geplagten Ländern des südlichen Subkontinents (Tab. 9.1). Seit immerhin 40 Jahren hat es keinen Militärputsch mehr gegeben. Seit 23 Jahren gilt die aktuelle Verfassung. Nach *Fujimori* ist sie im Großen und Ganzen auch respektiert worden. Parteien spielen im politischen System kaum noch eine Rolle. Bis in die 1980er Jahre gab es neben kleineren Parteien noch die Traditionsparteien der AP und der APRA sowie die kommunistische IU (Izquierda Unida). Die Gründe für die Auflösung des Parteiensystems liegen in den oben beschriebenen Ereignissen, aber auch in der seit über 30 Jahren vom Neoliberalismus geprägten Wirtschaftspolitik (Taylor 2007, S. 20 f.).

Tab. 9.1 Konstitutionelle und außerkonstitutionelle Abfolge der Präsidenten Perus seit 1930

		Konstitutionell gewählt	Konstitutionell abgelöst	Interimspräsident
A. Leguía	1919–1930	X		
L. Sánchez	1930	X		X
Junta[a]	1930/31			
L. Sánchez	1931–33	X	XV[b]	
O. Benavides	1933–1939	X	X	
M. Prado	1939–1945	X	X	
J. Bustamante	1945–1948	X		
M. Odria	1948–1956			
M. Prado	1956–1962	X		
Junta[c]	1962/63			
F. Belaúnde	1963–1968	X		
J. Velasco[d]	1969–1975			
F. Morales[d]	1975–1980			
F. Belaúnde	1980–1985	X	X	
A. Garcia	1985–1990	X	X	
A. Fujimori	1990–1995	X		
A. Fujimori	1995–2000	X	XA[e]	
V. Pariagua		X		X
A. Toledo	2001–2006	X	X	
A. Garcia	2006–2011	X	X	
O. Humala	2011-2016	X		

[a]Vier Präsidenten einer Junta
[b]Im Amt ermordet
[c]Zwei Präsidenten einer Junta
[d]Chef einer Militärjunta
[e]Amtsenthebung

Mit der AP und der APRA ging es abwärts, als ihre Parteigründer *Belaúnde* bzw. *Torre* abtraten. Die AP ist fast vollständig von der Bildfläche verschwunden, die APRA ein blasser Schatten ihrer selbst. Dank der Projektionsfähigkeit des Fernsehens und der neuen Medien punkten beim Werben um die Wähler die zugkräftige Persönlichkeit, ein brauchbares Wahlkampfteam und gute Medienberater – und last, but not least Spendengeld. Die Parteikulisse, die darum errichtet wird, ist zweitrangig.

Die aktuelle Verfassung von 1993 steht in der Tradition der Vorgängerverfassungen. Der Kongress ist eine formal sehr starke Institution. Die Zweite Kammer wurde mit der geltenden Verfassung abgeschafft. Der Präsident wird für lediglich eine Amtszeit gewählt, kann vom Parlament aber vorzeitig des Amtes enthoben werden. Nach einer Unterbrechung darf er sich erneut zur Wahl stellen. Ihm sind ein Regierungschef und Fachminister an die Seite gestellt. Der Präsident hat ferner ein suspensorisches Veto. Er darf Parlamentsbeschlüsse retournieren, beide Kammern müssen anschließend in gemeinsamer Sitzung über die Einwände beraten. Bestätigen die Parlamentarier ihren Beschluss mit einer Mehrheit von zwei Dritteln der anwesenden Mitglieder, muss dieser vom Präsidenten in Kraft gesetzt werden. Die förmliche Haushaltshoheit liegt beim Parlament.

Die aktuelle Verfassung, eine Fujimori-Verfassung, stärkte die Rechte des Präsidenten. Der Präsident wird wie schon seit Jahrzehnten direkt vom Volk gewählt. Seit 1979 gilt ein erhöhtes Quorum. Erreicht kein Kandidat die absolute Mehrheit, kommt es zu einer Stichwahlentscheidung. Zusammen mit dem Präsidenten werden gleich zwei Vizepräsidenten gewählt. Wie die Vorgängerverfassungen schreibt das Verfassungsdokument vor, dass der Präsident einen Regierungschef ernennt, und dieser wiederum bestimmt die Ressortminister. Dieser Premierminister hat nicht annähernd die Statur eines parlamentarischen Premiers. Laufen die Dinge nicht zur Zufriedenheit des Präsidenten, schwillt die Kritik an der Regierungspolitik an, wechselt der Präsident den Premier aus, um der Öffentlichkeit einen Neubeginn zu signalisieren.

In der Vergangenheit war die Regierung – wie in vielen Nachbarländern – ein Behelf, um weitere Parteien mit eigenen Ministern in eine Regierungskoalition einzubinden. Der Zusammenbruch des Parteiensystems hat die parlamentarische Bindekraft der Minister entwertet.

Eine einfache Mehrheit der Abgeordneten darf den Regierungschef oder einen Minister mit der dem Vorwurf des Amtsmissbrauchs aus dem Amt zwingen. Dieses Instrument, das dem Impeachment der US-amerikanischen Verfassung nachgebildet ist, hat sich in der Praxis zu einem politischen Misstrauensvotum entwickelt, wie es parlamentarische Systeme charakterisiert. In der Vergangenheit hat das Parlament mit diesem Instrument nicht gegeizt. Die aktuelle Verfassung postuliert aber: Macht der Kongress von diesem Instrument mehr als einmal Gebrauch, darf der Präsident das Parlament auflösen und neu wählen lassen. Das peruanische Präsidialsystem ist damit ein Stück an semi-präsidiale Systeme herangerückt.

Mit einer weit gefassten Verordnungsmacht hat der Präsident die Möglichkeit, den Kongress zu überspielen (Mücke 2008, S. 501). Die Parteien sind kein berechenbarer parlamentarischer Faktor mehr. Deshalb ist die Basis für Koalitionsbildungen, die dem Präsidenten das Regieren erleichtern könnten, schmaler geworden (Carranza 2012, S. 52). Umso wichtiger sind individuelle Deals mit den Abgeordneten, die auf Leistung und Gegenleistung basieren.

Die dauerhafte Alltagsregierung hinter Präsident und Ministern wird wie in aller Welt von den Ministerialbeamten besorgt. Der wichtigste Teil dieser Beamtenelite – Wirtschaft und Finanzen – ist politikinhaltlich Partei. Ein Generationswechsel brachte liberale Ökonomen ins Amt. Sie waren in den USA ausgebildet und mit der dortigen Geschäftskultur vertraut. Schon in den 1980er Jahren lösten sie die Planer und Experten ab, die den wirtschaftspolitischen Regierungsapparat noch im Geiste der CEPAL geleitet hatten (Dargent 2011b).

9.2.2 Präsidenten und Kandidaten: Ihre Parteien und ihre Politik

Präsidenten und Kandidaten: Mit *Aljandro Toledo* gewann 2001 abermals ein Außenseiter die Präsidentenwahl. Sein organisatorisches Sprungbrett war die 1994 von ihm selbst gegründete politische Formation Perú Posible. *Toledo* kam aus ärmsten Verhältnissen, verrichtete in seiner Jugend einfachste Arbeiten, schaffte es auf die Universität und erlangte diverse wirtschaftswissenschaftliche Abschlüsse an renommierten US-Universitäten. Seine indianische Herkunft und seine Biografie weckten bei Mestizen und Indigenen hochgespannte Erwartungen. Wie sehr sich die weiße Oberschicht an diesem Kandidaten stieß, wurde an der Gegenkandidatin *Lourdes Flores Nano* deutlich, einer erfolgreichen Wirtschaftsanwältin. Sie kandidierte auf der Liste des rechten Parteienbündnisses Unidad Popular und schlug im Wahlkampf auch rassistische Töne an.

Als Präsident enttäuschte *Toledo* auf ganzer Linie. Ohne erkennbare Abstriche führte er die neoliberale Politik seiner Vorgänger fort. Mit luxuriösem Lebensstil und einer belgischen Ehefrau, die munter und ungefragt ihre Ansichten zum Besten gab, sowie mit einem umstrittenen Beraterkreis, darunter etliche Familienmitglieder, verspielte er in Rekordzeit politischen Kredit. Noch im Wahlkampf hatte er Sympathien mit Demonstranten in Ayacucho bekundet, die gegen die Privatisierung der Elektrizitätsversorgung protestierten. Kaum im Amt, schritt die Privatisierung voran, und *Toledo* zog die Gegner des Projekts ins Lächerliche (Barr 2003, S. 1163–1170; von Oertzen und Goedeking 1996, S. 132–134).

Für die Präsidentenwahl des Jahres 2006 traten der an Lebensalter noch junge Altpräsident *García*, der jetzt erneut kandidieren durfte, für die Rechte abermals *Flores* und mit *Ollanta Humala* ein neuer Außenseiter an. *Humala*, ein Kind der Sierra, hatte eine Offizierskarriere absolviert und im Jahr 2000 erfolglos einen Putsch gegen *Fujimori* versucht. Nach dessen Absetzung wurde er rehabilitiert.

Humala gab sich volkstümlich und sprach in besonderer Weise die Menschen in den indianisch geprägten Großregionen der Sierra und der Selva an. Als Plattform für die Kandidatur diente die von ihm selbst gegründete Partei PNP (Partido Nacionalista

Perúano). Erst mit seiner Kandidatur wurden die Indigenen als politische Kraft richtig wahrgenommen. *Flores* und *Garcia* erhielten ihre Stimmen in der Costa und im Einzugsbereich der Hauptstadt, *Humala* seine Stimmen hauptsächlich in der Peripherie. Im ersten Wahlgang verfehlte *Humala* nur knapp die Mehrheit. Die zahlreichen kleinen Parteien und die unterlegenen Kandidaten appellierten daraufhin an ihre Wähler, sich in der Stichwahl für *García* zu entscheiden. So avancierte *García* zum Kandidaten auch der weißen und vermögenderen Peruaner, um den linken Gegenkandidaten *Humala* zu verhindern. Die Stichwahl entschied die Sache für den Kandidaten der APRA.

Wie von der Verfassung vorgeschrieben, räumte *García* 2011 den Präsidentenpalast. Abermals trat *Humala* als Präsidentschaftskandidat an, jetzt aber auf einer neuen politischen Plattform, der Gana Perú, einem Bündnis seiner PNP mit kleineren linken Parteien. Die APRA war inzwischen so zerstritten, dass es ihr nicht einmal mehr gelang, einen Gegenkandidaten aufzustellen. Mit *Humala* bewarben sich ferner der Altpräsident *Toledo,* Fujimoris Tochter *Keiko Fujimori,* als Kandidat der Rechten *Luís Castañeda,* ein Repräsentant des elitären weißen Peru, sowie der Ökonom und mehrfache frühere Minister *Pedro Pablo Kuczynski.*

All diese Kandidaten traten unter dem Label einer von ihnen selbst ins Leben gerufenen Partei an. In die Stichwahl schafften es allein *Humala* und *Keiko Fujimori.* Um *Humala* zu verhindern, warben die Geschäftswelt und die Medieneigner mit aller Macht für die *Fujimori*-Tochter. Dabei machte die mit einem US-Amerikaner verheiratete *Keiko*, die nach der Trennung ihres Vaters von seiner Frau die First Lady gegeben hatte, keinen Hehl aus ihrer Vorliebe für eine autoritäre Gangart. *Keiko Fujimori* hatte unter anderem in New York und Boston studiert, wo sie akademische Grade in Business Administration erwarb.

Humala hatte aus seiner letzten Wahlniederlage gelernt. In Habitus und Rhetorik gab er nicht mehr den wilden Kerl aus den Bergen, der es denen in Lima zeigen will. Mit denkbar knapper Mehrheit und abermals mit starker Unterstützung aus dem Hochland und dem Amazonasgebiet entschied er 2011 die Stichwahl für sich. Die Doppelstadt Lima-Callao und die relativ prosperierenden Küstengebiete wählten mehrheitlich *Keiko Fujimori*, wie sie bereits fünf Jahre zuvor in der Stichwahl *García* die Stimme gegeben hatten. Die regionale Spaltung bestätigte sich damit als Konstante der peruanischen Politik.

Mit *Toledo*, *García*, *Humala* sowie *Alberto* und *Keiko Fujimori* traten Kandidaten bzw. Kandidatinnen auf, die schon nicht mehr das weiße Peru repräsentierten. Die Ethnie als solche ist kein Hindernis mehr für politischen Erfolg. Wichtiger sind Ausbildung und Karriere, wie sie in den höheren Klassen geschätzt werden: ökonomisches Studium, Ausbildung und Karrierestationen in den USA. Die APRA stürzte 2011 auf lediglich vier der insgesamt 130 Parlamentsmandate ab, fünf Jahre gewann sie kein einziges mehr. Die einst so bedeutende Traditionspartei AP erreichte 2016 gerade noch fünf Mandate (Tab. 9.2). Alle anderen Parteien sind mehr oder weniger lockere Bündnisse, die sich um eine Leitfigur mit populistischem Appeal bilden (Tab. 9.3).

Tab. 9.2 Parlamentswahlen: Peru 2006–2016 (in v. H., in Klammern Sitze)

2016	
Fuerza Popular[a]	35,6 (78)
PPK[b]	15,5 (27)
Fente Amplio	14,4 (12)
Alianza para El Progreso	9,8 (12)
AP[c]	7,2 (5)
Peru Posible[c]	2,3 (–)
Sonstige	8,8 (–)
2011	
Gana Perú[d]	25,3 (47)
Fuerza 2011[e]	23,0 (37)
Perú Posible[f]	14,8 (23)
Alianza Gran Cambio[g]	14,4 (12)
Alianza Solidaridad[h]	10,2 (9)
APRA	6,4 (2)
Sonstige	12,2 (0)
2006	
Unión por el Perú[i]	21,1 (45)
APRA	20,6 (36)
Alianza por el futuro[j]	13,1 (13)
Frente del Centro[g]	7,0 (5)
Perú Posible[f]	4,1 (2)
Sonstige	19,0 (29)

[a]Partei der Präsidentschaftskandidatin Keiko Fujimori
[b]Partei des Präsidentschaftskandidaten Kuczynski
[c]Partei des früheren Präsidenten Belaúnde
[d]Wahlbündnis um die nationalistische Partei PNP des amtierenden Präsidenten Humala
[e]Partei der Präsidentschaftsbewerberin Keiko Fujimori
[f]Bündnis um den früheren Präsidenten Toledo
[g]Wahlbündnis um den Präsidentschaftskandidaten Kuczynsiki
[h]Wahlbündnis um den Präsidentschaftskandidaten Castañeda
[i]Wahlbündnis von Parteien, die mit dem früheren Präsidenten Fujimori verbunden waren
[g]Wahlbündnis um die AP des früheren Präsidenten Belaúnde
[h]Partei des früheren Präsidenten Toledo
[i]Wahlbündnis mit dem Kern der nationalistischen Partei PNP des amtierenden Präsidenten Humala
[j]Wahlbündnis von Parteien, die mit dem früheren Präsidenten Fujimori verbunden waren

Tab. 9.3 Präsidentenwahlen: Peru 2001–2016 (Bewerber mit den meisten Stimmen [in v. H.])

2016, 1. Wahlg.[a]		
Keiko Fujimori Fuerza Popular[a]	*Kuczynski* PPK[b]	*Mendoza* FA[c]
39,7	21,0	18,8
2011, 1. Wahlg.		
Humala Gana Perú[d]	*Keiko Fujimori* Fuerza 2011[e]	*Kuczynski* Gran Cambio[f]
31,7	23,5	18,5
Stichwahl		
Humala Gana Perú[d]	*Keiko Fujimori* Fuerza 2011[e]	
51,4	48,5	
2006, 1. Wahlg.		
Humala Unión por Perú[f]	*Garcia* APRA[g]	*Flores Nano* Unidad Popular[h]
30,6	24,3	23,8
Stichwahl		
Humala[f] Unión por Peru	*Garcia* APRA[g]	
47,4	52,6	
2001		
Toledo Peru Posible[h]	*Garcia* APRA[g]	*Lourdes Flores* Unidad Nacional[i]
36,5	25,8	24,3
Stichwahl		
Toledo Peru Posible[h]	*Garcia* APRA[g]	
53,1	46,9	

[a]In der Stichwahl am 5.6.2016 erzielten Kuczynski 50,1 und K. Fujimori 49,9% der abgegebenen Stimmen
[b]Neu benanntes Wahlbündnis für die Kandidatin, siehe Anm. 5
[c]Wahlbündnis für den Kandidaten, siehe auch Anm. 5
[d]Vom Kandidaten mitgegründetes Wahlbündnis, siehe Anm. 6
[e]Vom Kandidaten gegründete Partei
[f]Wahlbündnis für die Kandidatin, siehe Anm. 1
[g]Umbenanntes, vom Kandidaten mitgegründetes Wahlbündnis, siehe Anm. 4
[h]Linke Traditionspartei, siehe diese Abschn. 9.1.3

Für die Wahl zum Präsidenten präsentierten sich unter den Kandidaten im April 2016 bekannte Gesichter: *Keiko Fujimori, Pablo Kuczynski, Alan Garcia*. Neu war die Bewerberin *Véronica Mendoza*. Nach dem Studium in Madrid und Paris – durch die Eltern ist sie auch französische Staatsbürgerin – wurde sie 2011 für *Humalas* Partei Gana Perú ins Parlament und an die Spitze der Fraktion gewählt. Schon ein Jahr später verließ sie mit drei weiteren Gana-Abgeordneten die Fraktion. Der Grund: Protest gegen die

Durchsetzung eines Bergbauprojekts gegen die Widerstände der lokalen Bevölkerung. Zusammen mit den übrigen Dissidenten gründete sie die Linkskoalition Frente Amplio por Justicia, Vida y Libertad (FA), der sich im Vorfeld der Präsidentenwahl auch *Humalas* Allianz Gana Perú anschloss. Nach einem stark polarisierten Wahlkampf gewann *Keiko Fujimori* im ersten Wahlgang die Stimmenmehrheit, ihre Partei sogar die Parlamentsmehrheit, *Kuczynski* kam auf den zweiten Platz. Als überzeugte Wirtschaftsliberale sind beide politikinhaltlich nicht weit auseinander. *Mendoza*, deren Kandidatur anfänglich nicht ernst genommen wurde, erreichte im ersten Wahlgang überraschende 18 %. Denkbar knapp gewann in der Stichwahl *Kuczynski*. *Mendoza* hatte ihren Wählern zuvor empfohlen, für *Kuczynski* als das „kleinere Übel" zu stimmen.

9.2.3 Indigene, Medien

Eine starke indigene Bewegung gibt es nicht. Die Indigenen aus den Kulturen der Aymara und Quetschua verstehen sich in erster Linie als Bauern, als Campesinos. Lediglich im Amazonasgebiet regen sich indigene Bewegungen. Die Amazonasindianer sind jedoch gering an Zahl. Dieser Kontext hat es der Hauptstadtelite ermöglicht, die Symbole der großen Inka-Vergangenheit zu kapern und sie in die Selbstinszenierung des Landes als plurinationale Gemeinschaft zu integrieren. Damit dürfte es schwierig werden, sie noch zum Identifikationskern einer ethnisch basierten Opposition zu machen (Lucero 2012, S. 290).

Die Medienlandschaft gleicht einem Monopol. Der Medienkonzern Grupo Commercio, der unter anderem die größte Zeitung des Landes, Commercio, sein Eigen nennt, befindet sich im Besitz der Familie *Miro Quesada*. Durch Zukauf erreichte die Mediengruppe 2013 einen Anteil von knapp 80 % am Zeitungsmarkt. Das weit vor dem staatlichen Sender größte private TV-Netzwerk América Televisión, in das sich ein Drittel des Fernsehpublikums einschaltet, ist ein Gemeinschaftsunternehmen der Grupo Commercio und einer Verlagsgruppe um die gleichnamige Zeitung La República. Bei dieser Zeitung mit der zweitgrößten nationalen Leserschaft im Lande handelt es sich um ein linksliberales Blatt. Zeitungen und Sender stürzen sich üblicherweise nicht ins politische Kampfgetümmel. Das Unterhaltungs- und Werbegeschäft geht vor.

9.3 Wirtschafts- und Sozialpolitik

Wirtschaftspolitik: Die wichtigsten wirtschaftlichen Ressourcen konzentrieren sich im Gebirge und im Amazonasgebiet. Die meisten Menschen leben in der Küstenregion. Durch die Auflösung der Großplantagen kamen in den 1970er Jahren zwar viele Pachtbauern zu Land. Die bäuerliche Wirtschaft war jedoch außerstande, die Masse ehemaliger Landarbeiter zu absorbieren. Diese suchten ihr Glück in den Städten, und das heißt im Wesentlichen: in Lima und der angrenzenden Hafen- und Industriestadt Callao. Jahr für Jahr entstanden, von den Stadtgrenzen an den nahen Fuß der Anden vorrückend, neue Außenbezirke. Diese Poblaciones jovenes hatten weder öffentliche Verkehrsanbindungen noch eine reguläre Strom-, Wasser- und Elektrizitätsversorgung. Später strömten auch Menschen aus den Bürgerkriegszonen in die vermeintliche Sicherheit der Stadt. Der Großraum Lima ist ein Siedlungsgigant, in dem allein ein Viertel aller Peruaner lebt und wo etwa die Hälfte des Bruttoinlandsprodukts erwirtschaftet wird. Geschäfte werden in Lima gemacht. Für die Provinzstädte ist der Sog der Hauptstadt ein Fluch. Dort stieg die Arbeitslosigkeit, weil örtliche Firmen auf der Suche nach größeren Märkten ihre Produktion in die Hauptstadtregion verlagerten (Tab. 9.4).

Die politische Grundrichtung ist seit Beginn der neoliberalen Ära konstant. Gemessen am Außenwert des Sol (Tab. 9.8) und an der Geldentwertung ist sie sogar relativ erfolgreich. In den Krisenjahren erreichte die Inflation zuletzt nahezu 7500 % (1990), um dann mit der brachialen Anti-Inflationspolitik *Alberto Fujimoris* von 1991 bis 1995 auf sukzessive 409, 73, 48, 23 und elf Prozent abgebremst zu werden. Seit 1999 liegt sie konstant im niedrigen einstelligen Bereich (Tab. 9.5). Der Schuldenstand hat sich seit 2003 weit unter 50 % stabilisiert (Tab. 9.6). Bis auf kleine Dellen, die in einer stark vom Rohstoffverkauf abhängigen Ökonomie unvermeidlich sind, verzeichnet Peru ein alles in allem recht gleichmäßiges Wachstum (Tab. 9.7). Wie in den übrigen lateinamerikanischen Rohstoffökonomien macht sich auch hier allerdings der Abwertungsdruck einer sinkenden Weltmarktnachfrage bemerkbar (Tab. 9.8).

Die Früchte des Wachstums sind ungleichmäßig verteilt (Tab. 3.4). Gleichwohl ist die Ungleichverteilung zwar hoch, aber doch rückläufig (Tab. 5.11). Die Regierenden folgen der Logik einer kleinen Ökonomie, die weltwirtschaftlich nicht weiter ins Gewicht fällt. Sie halten das Land zum Rest der Welt weit geöffnet und setzen vor allem auf den Erlös der Ausbeutung wertvoller Rohstoffe (Carranza 2012, S. 58). Bei der weltweiten Produktion von Silbererz steht das Land heute an erster, bei Kupfer und Zinn an dritter, bei Blei an vierter und bei Gold an fünfter Stelle. Was die Handelspartner betrifft, liegt Peru im lateinamerikanischen Trend, dass China gegenüber den USA stark aufgeholt hat (Tab. 5.9 und 5.10).

Die Bedeutung des Erzabbaus im Exportmix ist im Laufe der Zeit immer stärker gewachsen (siehe Tab. 9.4). Gut 21 % des Staatsgebiets sind inzwischen als Konzessionen an internationale Rohstoffkonzerne vergeben. Diese dürfen darauf nach Belieben wirtschaften und lassen dabei jegliche Rücksicht auf die Natur und die Lebensqualität der dort lebenden Menschen vermissen (Arce 2014, S. 71; Arce 2008, S. 54 f.). Bei Konflikten ergreift die Regierung Partei für die Firmen (Carrión und Palmer 2014, S. 197). Präsident *Humala* verfügte zwar, dass im Vorfeld großer Projekte die betroffenen Kommunen konsultiert werden müssen. Die Option, für die Reparatur von Naturschäden freiwillig in einen Meliorationsfonds einzuzahlen, wird von den Firmen jedoch kaum wahrgenommen (Arce 2014, S. 74 f.).

Die Präsidenten *Toledo*, *García* und *Humala* blieben in der rohstoffpolitisch von *Alberto Fujimori* gezogenen Spur. In den ländlichen und armen Hochlandregionen wird

Tab. 9.4 Die wichtigsten Exportprodukte: Peru 1970–2014 (in v. H. am Gesamtexport). (Quelle: CEPAL/ECLAC: Statistical Yearbook for Latin America and the Caribbean 2015, External Sector, 2.2.2.35)

	2014	2013	2000	1990	1980	1970
Kupfer[a]	27,8	28,7	15,5	16,0	11,3	8,6
Gas	2,8	4,7	0[b]	0	0	0
Fleisch[c]	4,1	4,1	15,3	11,0	5,3	28,1
Blei	3,1	3,4	0	4,5	8,5	4,3
Zink	3,6	3,1	6,1	9,8	4,9	0
Eisen	2,0	2,5	0	0	2,4	6,3
Textilien	2,0	2,1	5,8	0	0	0
Kaffee	2,2	2,8	3,9	3,0	4,3	4,3

[a]Und verarbeitetes Kupfer
[b]Angaben erst seit 2010
[c]Und Fischprodukte

Tab. 9.5 Inflation: Peru 2006–2015 (Verbraucherpreise, in v. H.). (Quelle: Siehe Angaben zu Tab. 6.6)

2015	2014	2013	2012	2011	2010	2009	2008	2007	2006
3,2	3,2	2,8	3,7	3,4	1,5	2,9	5,1	2,8	2,0

Tab. 9.6 Anteil der Auslandsschulden am BIP: Peru 2005–2014 (in v. H.). (Quelle: Siehe Angaben zu Tab. 6.4)

2014	2013	2012	2011	2010	2009	2008	2007	2006	2005
31,3	30,3	30,8	27,9	29,6	29,1	29,0	32,5	32,0	37,3

Tab. 9.7 Wachstum des BIP: Peru 2006–2015 (in v. H.). (Quelle: Siehe Angaben zu Tab. 6.5)

2015	2014	2013	2012	2011	2010	2009	2008	2007	2006
2,4	2,4	5,8	6,0	6,5	8,5	1,0	9,1	8,5	7,5

Tab. 9.8 Wechselkurs Peru: Neuer Sol: US$ 2006–2015. (Quelle: Fischer Weltalmanach, diverse Jahrgänge)

2015	2014	2013	2012	2011	2010	2009	2008	2007	2006
3,16	2,77	2,73	2,71	2,77	2,85	3,00	2,85	3,18	3,30

Bergbau in Enklaven betrieben, die sich von der örtlichen Gesellschaft isolieren. Die Einheimischen beklagen sich über Wasserverschmutzung und Wasserverknappung. Der moderne Bergbau hat keinen großen Beschäftigungseffekt mehr (Tab. 3.1). Er geht wie die Öl- und Gasförderung hochtechnologisch vonstatten und kommt mit einer überschaubaren Zahl qualifizierter Spezialisten aus. Sobald ein Vorkommen erschöpft ist, was bei den wertvollsten Metallen wie Gold und Silber oft schon nach wenigen Jahren der Fall ist, hinterlassen die Betreiber eine verwüstete Landschaft, die mit giftigen Scheidesubstanzen wie Zyanid und Quecksilber belastet ist.

Präsident *Toledo* hatte die Idee, die Akzeptanz des Bergbaus durch Ausgleichsmaßnahmen zu steigern. Die „Rohstoffdepartements" erhielten 2002 den Status von Canons. Es handelt es sich hier um transfertechnische Einheiten. 50 % der Steuersumme, welche die Zentralregierung im betreffenden Departement von den Betreiberfirmen kassiert, werden an das Departement zurücküberwiesen. Dort verteilt die Verwaltung diese Mittel an Unterverwaltungen und Gemeinden weiter, und zwar mit dem Auftrag, sie in die Infrastruktur zu investieren. Die finanzielle Bedeutung dieser Innovation lässt sich daraus ersehen, dass der Anteil der Zentralregierung an den gesamtstaatlichen Steuereinnahmen von 58 % vor dem Inkrafttreten des betreffenden Gesetzes auf heute nur mehr 29 % gesunken ist (Arce und Arce 2014, S. 71). In der Folge hatten diese meist im Hinterland gelegenen Departements mehr Geld zur Verfügung, als sie überhaupt sinnvoll ausgeben konnten. Es mangelte auch an geschultem Personal, um diese Summen für die vorgegebenen Zwecke zu verwenden. Vielfach landete das Geld bei lokalen Politikern und Verwaltern und schmierte die üblichen Klientelen (Crabtree 2014).

Die Ressourcenausbeutung ist ein existenzieller Eingriff in das Leben der örtlichen Bevölkerung, der sich mit Geld nicht aufwiegen lässt. In der entlegenen Provinz ist der Bergbau die Hauptursache für soziale Proteste, zumal die Unternehmen oft ungestraft das nicht sonderlich restriktive geltende Recht mit den Füßen treten (Ponce 2104).

In der zweiten Präsidentschaft *Garcias* wurde ein Freihandelsabkommen mit den USA geschlossen. Es gibt dem Präsidenten freie Hand, die rohstoffpolitischen Kapitel auf dem Verordnungswege zu implementieren. Indianergemeinden und Kleinbauern wehrten sich gegen die Freigabe ihres Lebensraumes zur Rohstoffausbeutung. Indianer blockierten 2009 die Wasserwege und besetzten im Amazonasgebiet Förderanlagen der Öl- und Gasindustrie. Mit lauen Gesten beschwichtigte die Regierung. Als substanzielle Zugeständnisse ausblieben, machten die Demonstranten erneut mobil. Nunmehr griff die Regierung zur Gewalt. Bei Auseinandersetzungen mit der Polizei gab es Dutzende Todesopfer (Rebbington et al. 2012, S. 23). *Garcia* warf den Demonstranten vor, ihre Aktionen verhinderten Investitionen, die das Land dringend brauche.

Auch *Humala*s Regierung setzte sich – gegebenenfalls gewaltsam – über die Interessen der Bewohner in den Bergbau- und Urwaldregionen hinweg, wenn Großprojekte auf dem Spiel standen. Bereits in der Amtszeit des Vorgängers *García* kam es im Norden des Landes zu heftigen Protesten gegen das umweltbelastende Goldminenprojekt La Conga im Departement Cajamarca. *Humala* bekannte sich ausdrücklich zur Vollendung des Vorhabens. Er verhängte 2012 den Ausnahmezustand über drei Departements und ließ das Militär einrücken, dem es erlaubt wurde, Verhaftungen vorzunehmen und Festgenommene für 60 Tage in Gewahrsam zu nehmen. *Humalas* Premierminister und weitere Kabinettsmitglieder traten im Protest zurück. Sie wurden durch konservative

Ressortleiter, darunter auch ehemalige Militärs ersetzt (Rebbington et al. 2012, S. 23–25). Ähnliche Proteste gab es 2015 gegen das Kupferminenprojekt Tia Maria im Süden Perus. Hier verbündeten sich die Gewerkschaften mit Vertretern der indigenen Bevölkerung. Ersteren ging es darum, die Mindestlöhne aufzustocken, wenn weitere Großanlagen in Betrieb genommen würden. Die Regierung machte keinen Hehl aus ihrer Entschlossenheit, das Projekt dennoch auf den Weg zu bringen.

Das wirtschaftspolitische Geschäftsmodell der letzten Jahrzehnte polarisiert. Lima verbraucht die Mittel, die das Hinterland erwirtschaftet, während dasselbe Hinterland auf dauerhaften ökologischen Schäden sitzen bleibt. Auch Präsidenten, die mit der Erwartung gewählt wurden, diesen Kurs zu korrigieren, haben enttäuscht. Hier waltet die Logik des vom Export getriebenen Wachstums (siehe Abschn. 5.2 und 5.3). Nicht von ungefähr drängt sich die Parallele mit den Problemen der Rohstoffpolitik in Ecuador auf. Nur dürfte in den Ausführungen über Ecuador deutlich geworden sein, dass diese Politik dort ja immerhin dafür genutzt wird, Mittel für die Armutsbekämpfung zu erwirtschaften. Wie steht es damit in Peru, das seinen Bergbau- und Ölkonzessionären längst nicht so tief in die Tasche greift wie dort?

Sozialpolitik: In *Humalas* Amtszeit wurden drei Programme zur Armutsbekämpfung aufgelegt, die dem Wahlversprechen, etwas für die Ausgegrenzten zu tun, Taten folgen ließen. Eines davon garantiert bedürftigen Menschen im Rentenalter, die keinen Anspruch auf die öffentliche beitragsfinanzierte Rente haben, eine Grundsicherung. Es gewährt Älteren, die ihr Erwerbsleben mit Gelegenheitsarbeiten, ohne Arbeitspapiere oder auf andere Weise im informellen Sektor verbracht haben, ein bescheidenes Einkommen. Auf Gebiete mit extremer Armut sind Programme berechnet, die Kleinkinder betreuen und fördern, wenn die Alternative hieße, dass sie sich selbst überlassen wären. Schließlich werden bedürftige Eltern mit zweckgebundenen Unterstützungszahlungen dazu angehalten, ihre Kinder gesund zu ernähren, sie ärztlich untersuchen zu lassen und sie zur Schule zu schicken. Der Zuschnitt dieser Programme ist bescheiden. Die Programme selbst sind von der Anschauung der Armutsbekämpfungsprogramme in Brasilien inspiriert (Abschn. 13.2.5). *Humala* hatte sich vor seiner Wahl zum Präsidenten von brasilianischen Sozialdemokraten beraten lassen.

9.4 Drogenwirtschaft – ein neues Problem?

Peru ist der zurzeit zweitgrößte Kokaproduzent des Kontinents, zeitweise war es in den letzten Jahren sogar der größte. In den dafür geeigneten Regionen pflanzen die Bauern, was das Zeug hält. Mit keinem anderen Produkt könnten sie annähernd gut verdienen. Die Anbaufläche überstieg 2010 sogar diejenige in Kolumbien, wo die polizeilich-militärischen Kampagnen gegen den Anbau Wirkung zeigten. Als der Bürgerkrieg mit den Guerillas des Sendero Luminoso in den 1990er Jahren auf kleine Flamme herunterbrannte, nahm der Anbau der Pflanze weiteren Aufschwung. Die Regierung kooperierte mit US-amerikanischen Behörden, um den bescheidenen legalen Anbau zu überwachen und illegale Pflanzungen aufzuspüren und zu zerstören. Die Bauern protestierten (Arce 2008, S. 44–48). Die Anti-Drogenpolitik der Regierung wird mit wenig Nachdruck betrieben. Sie wird auch durch die Zusammenarbeit der Abnehmer mit korrupten Beamten sowie durch Mordanschläge auf Beamte und Strafverfolger unterlaufen, die partout nicht wegschauen wollen. Drogenbosse sponsern inzwischen sogar einige Parlamentskandidaten (Latin American Weekly Report, 22 May 2014, 20, S. 4). Etabliert ist die Drogenwirtschaft inzwischen allemal.

Bolivien 10

Bolivien ist das am stärksten indigen geprägte Land Südamerikas. Auch hier ist ein Blick auf die Geografie instruktiv. Der Erzreichtum des Altiplano, der zwischen den Andenketten liegenden Hochebene, hat Bolivien zu einem der wichtigsten Bergbauländer der Welt werden lassen. Ein Großteil der Bevölkerung lebt auf einer Linie La Paz, Cochabamba und Sierra Cruz de la Sierra. Neben dem Altiplano und der Hauptstadt ist das Tieflanddepartment Santa Cruz die zweite Zentralregion des Landes. Seit erst gut 50 Jahren richtig erschlossen, ist sie in kurzer Zeit zur reichsten Region des Landes aufgestiegen. Knapp die Hälfte aller Bolivianer sind Indigene, ein Drittel Mestizen (Tab. 3.10). Die Unterscheidung von Weißen und Mestizen besagt nicht allzu viel. Assimilierte Mestizen sind schon vor Generationen zu Geld und Bildung gekommen. Sie haben sich von ihren indigenen Wurzeln gelöst und konsumieren und leben wie die privilegierten weißen Bolivianer; sie blicken auf Landsleute herab, die erkennbar arm sind, sich traditionell kleiden und ihr Geld als Arbeiter oder Bauern oder im informellen Sektor verdienen. Die indianischen Vorfahren sind längst vergessen (Klein 2003, S. xii). Nicht wenige Bolivianer kaschieren ihre indigene Herkunft (Albro 2005, S. 434). Menschen, die an Kleidung und Umgangssprache als Indigene erkennbar sind, leben zumeist in Armenvierteln, Dörfern und Arbeitersiedlungen. Sie werden von den besser situierten Landsleuten als Bewohner einer anderen, schmutzigen und irritierenden Welt wahrgenommen. Bolivien ist eine Klassengesellschaft mit einer weitgehend deckungsgleichen ethnisch-kulturellen Hierarchie. Drei Millionen Indigene gehören zum Volk der Quetschua und zweieinhalb Millionen zu demjenigen der Aymara.

J. Hartmann, *Die politischen Systeme Lateinamerikas*,
DOI 10.1007/978-3-658-14353-4_10

10.1 Geschichte

10.1.1 Frühe Republik, Parteienkämpfe, Exportwirtschaft

Das ehemalige Hoch-Peru wurde 1825 in den ungefähren Grenzen der Audiencia Charcas als Republik Bolivien unabhängig. Im Pazifischen Krieg – Salpeterkrieg – verlor es seinen Meereszugang (dazu Abschn. 11.1.1). Schon in der frühen Kolonialzeit war Bolivien eine Domäne des Silberbergbaus. Noch bis in die 1880er Jahre war die Silberproduktion das wirtschaftliche Rückgrat der Republik. In den ersten Jahrzehnten der Unabhängigkeit kam es zu ähnlichen Entwicklungen wie in Peru: Gutsbesitzer eigneten sich Indianerland an, das eigentlich noch unantastbar war. In den 1870er Jahren wurde der Rechtsschutz für das von den Indianern bewirtschaftete Land auch förmlich kassiert (siehe oben Abschn. 1.1 und 1.2). Indianischen Bauern und ihren Nachkommen blieb nichts anderes übrig, als auf den Latifundien kreolischer Eigentümer zu arbeiten (Klein 2003, S. 147 f.). Auf der politischen Bühne tummelten sich die üblichen Politiker-Militärs der Epoche. Sie hechelten nach der Schärpe des Staatspräsidenten, putschten Mal um Mal und bemäntelten ihr Tun mit den Phrasen christlich-konservativer Werte oder säkularer Fortschrittlichkeit.

Seit 1826 kommt Bolivien mit vergleichsweise bescheidenen sieben Verfassungen aus, blickt aber auf 64 Präsidenten zurück, davon die Hälfte allein seit 1931 (Tab. 4.2). Sonst entsprach das „alte" Regierungssystem, an dem sich bis 2008 nicht viel ändern sollte, dem lateinamerikanischen Standard: eine Präsidialrepublik mit einer Zweikammerlegislative und dem Wiederwahlverbot für den amtierenden Präsidenten. In administrativer Hinsicht war das Land ein Einheitsstaat. Entsprechend war das politische Leben in der Hauptstadt konzentriert. Nach der Verfassung ist die förmliche Hauptstadt Sucre. Tatsächlich beherbergt Sucre nur noch das Oberste Gericht. Die Hauptstadtfunktionen wurden im Zuge des Niedergangs der Silberwirtschaft, die im nahen Potosí konzentriert war, nach La Paz verlagert, der seither „eigentlichen Hauptstadt." Den Analphabeten blieb das Wahlrecht bis 1952 versagt. Betroffen war hauptsächlich die indigene Bevölkerungsmehrheit. Weiterhin galt aber: Erreichte kein Kandidat diese Mehrheit, trat ersatzweise das Parlament in Funktion, um einen der zwei oder drei Kandidaten mit den besten Ergebnissen zu wählen.

Findige Minenbesitzer, die ihr Startkapital im Handel und in der Landwirtschaft erworben hatten, machten im 19. Jahrhundert Vermögen im Silbergeschäft (Klein 2003, S. 124 f.). Als die Banknote dem Münzgeld Konkurrenz machte, geriet die Silberwirtschaft in die Krise. Nach dem damaligen Stand der Grubentechnik gaben auch die Lagerstätten nicht mehr viel her. Zur gleichen Zeit wurde weltweit umso stärker Zinn als Legierungsmetall nachgefragt, etwa für Bleche verschiedenster Art. Die Konservendose eröffnete neue Möglichkeiten für die dauerhafte Lagerung und den Transport leicht verderblicher Güter. Zinnvorkommen waren in Bolivien reichlich vorhanden. Das wirtschaftliche Zentrum verlagerte sich von Potosí, dem Zentrum des Silberbergbaus, in die zinnreichen Regionen um La Paz und Oruro. Neu aufwachsende Arbeitersiedlungen erschlossen den heimischen Agrarproduzenten größere Märkte. Eine auf den Export orientierte Landwirtschaft ließ aber noch bis ins späte 20. Jahrhundert auf sich warten. Die Agraroligarchie war mit dem Aufstieg der Silber- und Zinnbarone unzufrieden. Die Konservativen verlangten Reformen zum Schutz der Landwirtschaft. Den Liberalen waren die Sorgen der Gutswirtschaft herzlich gleichgültig. Für sie zählte allein der ungestörte Fortgang der Geschäfte mit den weltweit begehrten Erzen.

Weil keine Seite nachzugeben gedachte, eskalierte der Konflikt 1899 zum Bürgerkrieg. Durch Abmachungen mit Vertretern der Hochlandvölker ließen die Liberalen Indianer für sich kämpfen. Die Konservativen verließen sich auf die Armee. Die indigenen Verbündeten der Liberalen hatten gute Gründe, sich an den Zwistigkeiten zwischen den Herren des Landes zu beteiligen. Sie hatten noch Rechnungen mit den konservativen Hacendados des Hochlandes offen, die indianische Bauern zu quasi-leibeigenen Pächtern und Landarbeitern erniedrigt hatten. Die Indio-Kämpfer erlitten in diesem Krieg immense Verluste. Kaum hatten die Liberalen aber gesiegt, hetzten sie die Armee auf die einstigen Indio-Verbündeten. Als Vorwand nahmen sie Racheakte der Indianer an den Großgrundbesitzern (Klein 2003, S. 157 f.). Die Nachbarstaaten nutzten die inneren Kämpfe aus. Das vom Krieg ermattete Land wurde 1903 bzw. 1904 gezwungen, große Gebiete an Brasilien bzw. Chile abzutreten, insgesamt etwa die Hälfte des damaligen Staatsgebiets. Diese Territorien waren allerdings kaum besiedelt, und damals wurde ihnen noch kein wirtschaftlicher Nutzen zugeschrieben.

Seit Beginn des 20. Jahrhunderts regierte eine bunte Abfolge von Zivil- und Militärpräsidenten. Die eigentliche Macht im Lande waren die „Zinnbarone" der Familien *Patiño, Aramayo* und *Hochschild.* Die Regierung hatte hauptsächlich notarielle und polizeiliche Funktionen: den Bau von Eisenbahnen abzusegnen, Transitabkommen für den Seetransport zu schließen und die Armee einzusetzen, wenn es zu Unruhen kam. Immer wieder flackerten Aufstände der Hochlandindianer auf. Die elenden Arbeitsbedingungen in den Minen wurden häufig mit Streiks quittiert. Die Standardantwort der Regierung war stets dieselbe: die Feuerkraft regulärer Truppen.

Durch den Ersten Weltkrieg kam die Zinnwirtschaft in Nöte. Alte Abnehmer fielen aus, die Handelswege über See wurden unsicher. Mit Lohnkürzungen zahlten Grubenarbeiter die Zeche. Sie wehrten sich. Die Unruhen legten sich erst wieder, als nach Kriegsende und Erholung der Krieg führenden Länder die Nachfrage wieder anzog. Mit der Weltwirtschaftskrise ging die Nachfrage abermals dramatisch zurück. Es kam hinzu, dass bolivianisches Zinn allmählich seine Wettbewerbsfähigkeit verlor. Es wurde technisch aufwendiger und teurer, die tief liegenden Adern zu schürfen. In den britischen und niederländischen Kolonien Südostasiens (heutiges Malaysia und Indonesien) wurde bereits Zinn mit größerem Reinheitsgrad gefördert. Um das Schlimmste zu verhindern, handelte die Regierung mit London und Den Haag eine Mengenquotierung aus. Ein Zinnkartell sollte den Preisverfall richten. So wurde zwar ein ruinöser Wettbewerb vermieden. Die goldenen Zeiten der Zinnwirtschaft waren aber vorbei (Klein 2003, S. 164–171). Wie der Zufall es wollte, verhieß eine neu entdeckte Ressource im menschenleeren Osten des Landes eine weitere Geldquelle: das Öl.

10.1.2 Staatskonsolidierung (seit 1934)

In der Erkenntnis, dass im Zeitalter der Verbrennungsmaschine mit der Erschließung von Ölvorkommen viel Geld zu verdienen war, vergab die Regierung im Chaco-Gebiet, im äußersten Süden des damaligen Staatsgebiets, munter Förderkonzessionen. Aus Motiven, die bis heute nicht recht geklärt sind, provozierte Präsident *Daniel Salamanca Urey* (1931–1934) im Jahr 1932 einen Krieg mit Paraguay.

Es fehlte nicht an Warnungen der Militärs, bevor der Präsident diesen Krieg vom Zaun brach. Den Anlass gab die Lappalie eines Grenzzwischenfalls, wie er im Chaco-Gebiet des Öfteren vorkam. Den Preis für dieses Abenteuer, das paraguayische Truppen schließlich bis ans Vorgebirge der Anden führen sollte, zahlten abermals die Indianer Boliviens. Sie wurden zum Militärdienst gepresst, schlecht ausgebildet und miserabel ausgerüstet. Als Hochlandbewohner in dünner, kalter Luft waren sie physisch denkbar schlecht konditioniert, sich im heißen, sumpfigen Tiefland zu bewegen, das dem paraguayischen Gegner bestens vertraut war. Ihre Opfer waren immens. Bolivien zahlte für diesen Krieg mit Gebietsverlusten an Paraguay.

Das Chaco-Abenteuer war eine Zäsur. *Salamanca* wurde 1934 von Offizieren gestürzt, die sich über die Inkompetenz der politischen Führung empörten (Klein 2003, S. 174–184). Der Offizier *Germán Busch Becerra* (1937–1939) stürzte 1937 den letzten in einer Reihe schwacher Präsidenten, die auf *Salamanca* folgten. Anschließend ließ er sich vom Parlament als Präsident bestätigen. *Busch* nahm ein Modernisierungsprogramm in Angriff – auch hier treffen wir wieder auf die Figur des uniformierten Modernisierungsagenten der Epoche! Eine neue Verfassung erlaubte der Regierung Eingriffe in die Wirtschaft (Klein 2003, S. 194 f.). Die Nationalbank wurde in staatliche Regie überführt, die US-Gesellschaft Standard Oil enteignet und die Bergbauunternehmen erstmals einem Abgabenregime unterworfen. Ferner wurden die Arbeitsverhältnisse gesetzlich reguliert. Kurz: Dieser Präsident setzte wie so viele andere seiner Zeit auf Importsubstitution (siehe Abschn. 5.1). Kurz nachdem *Busch* 1939 erklärt hatte, das Land künftig als Diktator führen zu wollen, kam er unter ungeklärten Umständen ums Leben.

Die Epoche brachte auch neue Parteien hervor, so den MNR (Movimienta Nacionalista Revolucionario), eine nationalistische Partei. Sie war anfänglich von der Anschauung des europäischen Faschismus beeinflusst, schlug bald aber einen eigenen Weg ein. Ihr Feindbild waren die Eigner der Zinngruben, denen sie den Ausverkauf bolivianischer Interessen vorwarf. Dem MNR schwebte eine Allianz der Mittelschicht mit der Arbeiterschaft vor. Teile des Offizierkorps sympathisierten mit dieser Idee. Ein erklärtes Ziel des MNR war die Verstaatlichung der Zinnwirtschaft. Zu den Parteigründern zählten unter anderem die späteren Präsidenten *Estenssoro* und *Siles*.

Unterstützt von konservativen Offizieren, kehrte die Rechte 1940 an die Regierung zurück. Die von *Busch* betriebene Politik wurde unterbrochen. Der MNR stärkte den Gewerkschaften den Rücken, die sich mit Streiks und Protestaktionen gegen die Rechtsregierung wandten. Im Jahr 1943 putschte sich der Offizier *Gualberto Villaroel López* ins Präsidentenamt. Er nahm den Faden der *Buschschen* Reformpolitik wieder auf, beteiligte den MNR an der Regierung, legalisierte die Gewerkschaften, führte eine Altersrente – für den überschaubaren Kreis regulärer Arbeiter und Angestellten – ein und verbot die noch gängige Praxis der unentgeltlichen Arbeit. Die Oligarchie lief Sturm dagegen. Sie ließ nichts unversucht, um die Regierung zu Fall zu bringen. Die Antwort der Regierung war Repression. Schließlich gelang es 1946 der nunmehr oppositionellen Rechten, in der Hauptstadt Menschenmassen auf die Straße zu bringen. Sie verlangten den Rücktritt des Präsidenten, belagerten dessen Amtssitz und bahnten sich, während *Villaroel* bereits seinen Rücktritt erklärt hatte, in Feuergefechten einen Weg ins Palastinnere. Dort ermordeten sie den Präsidenten, warfen ihn aus dem Fenster und knüpften ihn an einem Laternenpfahl auf.

Bis 1951 folgte eine Reihe von Präsidenten, hinter denen dieselben Kräfte der weißen und vermögenden Elite Regie führten, die *Villaroel* zu Fall gebracht hatten. Streiks und Proteste, die wieder vom MNR und den Gewerkschaften getragen wurden, rissen nicht ab. Das Militär setzte 1950 sogar Panzer und Flugzeuge ein, um Unruhen zu unterdrücken (Klein 2003, S. 203–206).

10.1.3 Revolution und Backlash (seit 1952)

In den Wahlen des Jahres 1952, die wieder regulär vonstatten gehen sollten, erhielt *Víctor Paz Estenssoro,* der Kandidat des MNR, die erforderliche einfache Mehrheit. *Paz Estenssoro,* Sohn eines einfachen Landwirts, der später Anstellung bei einer Bank fand, hatte durch die Lebensverhältnisse der Eltern engen Kontakt mit der armen Land- und Arbeiterbevölkerung. Er war ein enger Mitarbeiter des verstorbenen Militärpräsidenten *Busch* und dann Minister in der linken Militärregierung *Villaroel* gewesen. Im Zeitpunkt seiner Wahl hielt er sich noch im Exil auf. Der amtierende Präsident erklärt statt seiner den Armeechef *Hugo Ballivián* zum Präsidenten. Daraufhin organisierte *Hernan Siles Suazo,* ein Mitgründer des MNR und Sohn des Altpräsidenten *Hernan Siles Reyes* (1926–1930), also ein Spross der mächtigen Familien des Landes, Straßenproteste. Zuvor hatte er sich insgeheim der Unterstützung des Polizeiministers *Antonio Selemes* vergewissert. Die Beteiligung des kampfstarken Gewerkschaftsbundes COB (Central Obrera Boliviana) verlieh der Empörung ihre Wucht. Regierungsloyale Truppenteile wurden überrannt. Demonstranten bedienten sich in den geöffneten Waffendepots, bewaffnete Bergarbeiter blockierten die Zugangswege zur Hauptstadt und brachen nach blutigen Auseinandersetzungen den Widerstand der Truppenteile, die noch auf das Kommando der Armeeführung hörten. Danach konnte *Paz* sein Amt antreten.

Die von *Paz* initiierten Reformen krempelten das Land um. Nach den Ereignissen hatte die Oligarchie keine Schonung mehr zu erwarten. Der Bergbau wurde komplett verstaatlicht und in eine nationale Gesellschaft COMIBOL (Corporación Minera de Bolivia) überführt. Die Wahlrechtsbeschränkungen wurden aufgehoben und der Großgrundbesitz im Altiplano zerschlagen. Die Landreform fand großen Beifall, ging aber ohne Plan, turbulent und teilweise gewaltsam vonstatten (Klein 2003, S. 215). Das

Tiefland um Santa Cruz wurde von den Enteignungen ausgenommen. Der Grund: Diese Gegend war noch kaum besiedelt. Wer dort überhaupt Landbau betrieb, galt noch als Pionier der Landesentwicklung. Planvoll betrieb die neue Regierung die Kolonisierung des Gebiets. Weitere Reformen machten als Ankündigungen Eindruck, entfalteten aber kaum Wirkung. Dies galt insbesondere für das Schul- und das Gesundheitssystem. Für die Realisierung der Reformbeschlüsse fehlten die Mittel und qualifiziertes Personal. Neben den Streitkräften avancierten fortan die im reorganisierten Gewerkschaftsbund COB vertretenen Minenarbeitergewerkschaften zu einem Machtfaktor ersten Ranges. Die Regierung förderte auch die gewerkschaftsförmige Organisation der Bauern und Landarbeiter (CNTCB). Arbeiter und Bauern hatten beizutreten, um Anspruch auf Staatsleistungen bzw. Land geltend zu machen. Nach Lage der Dinge handelte es sich um Verbände, denen hauptsächlich indigene Bolivianer angehörten. Den Initiatoren ging es zum einen um eine Organisationswelt, die an das regierende MNR gebunden wäre. Als ideologischer Überbau stand ihnen dabei zum anderen die Integration der indigenen Bolivianer in die „Mestizaje" vor Augen (Haarstad 2009, S. 10 f.), d. h. die Abkehr vom indianischen Erbe (siehe oben Abschn. 3.4).

Eine dritte bedeutsame Entwicklung der Regierungsära *Paz* war die Armeereform. Die alte, der Oligarchie verpflichtete Truppe wurde professionalisiert, und die Rekrutierung des Offizierskorps berücksichtigte stärker die Bevölkerungsmehrheit der Indigenen und Mestizen. Wie es der Zufall wollte, gelang zwar die Professionalisierung der Streitkräfte. Zum Leitbild der Offiziere wurde aber der bewaffnete, politisch gebildete Technokrat, der sich dem Politiker überlegen wähnt (Abschn. 1.8). In politischer Hinsicht waren die Militärs der reformierten Armee allerdings kaum weniger gespalten als in der Vergangenheit. Dies bedeutete für die nächsten Jahrzehnte Wechselbäder von Offizieren, die es – wie *Velasco* in Peru (Abschn. 9.1.5) – eher mit sozialen Reformen unter militärischer Anleitung und Überwachung hielten, und konservativen Offizieren, die Stabilität im Rahmen der gegebenen Besitzverteilung anstrebten.

Die Gewerkschaften waren nach 1952 so stark wie nie zuvor. Gegen den COB konnte praktisch nicht mehr regiert werden. Dies machte vor allem *Paz'* Nachfolger und Parteifreund *Siles* (1956–1960) zu schaffen. Auf *Siles* folgte 1960 wieder *Paz,* der nach der Sperrzeit erneut kandidieren durfte. *Paz* geriet in einen Dauerkonflikt mit dem einstigen Verbündeten COB. Der staatseigene Zinnkonzern COMIBOL machte Verluste und belastete das Staatsbudget. Die Bergarbeiter hingegen sahen die Regierung in der moralischen Pflicht, ihre Arbeitsplätze und ihr bescheidenes Einkommen zu sichern. Kurz bevor *Paz'* zweite Amtszeit regulär endete, wurde er 1964 vom Militär gestürzt. Dieses hatte dafür keinen anderen Grund anzubieten, nur mit harter Hand könne das Land zur Ruhe gebracht werden.

10.1.4 Ein Karussell der Militärregierungen (seit 1964)

Die Zeit der Militärregierungen dauerte mit kurzen Unterbrechungen bis 1982. Sie gliederte sich in zwei Phasen. In der ersten Phase steuerten die Militärs einen linken Kurs. Es handelte sich um Offiziere, denen erst *Paz'* Militärreform den Aufstieg aus armen Verhältnissen ermöglicht hatte. Die beherrschende Figur der ersten Militärjunta war der Luftwaffengeneral *René Barrientos Ortuño* (1964–1969). Kurioserweise war er ein langjähriger Vertrauter des abgesetzten Präsidenten *Paz*. Die Auflösung und Neuverteilung des Großgrundbesitzes wurde weitergeführt. *Barrientos* war indigener Herkunft, sozialer Aufsteiger aus armen Verhältnissen, volkstümlich und des Quetschua mächtig. Bei der bäuerlichen Bevölkerung war er populär (Pampuch und Echalar 2009, S. 66 f.). Gegen die Gewerkschaften ging *Barrientos* mit aller Härte, auch mit dem Einsatz seiner Truppe vor. Trotz aller linken Neigung war den regierenden Offizieren die militante und kampferprobte Arbeiterschaft ein Dorn im Auge: eine Konkurrenzmacht. Weder *Barrientos* noch seinen Nachfolgern in Uniform gelang es freilich, die Bergarbeiter, den Kern der Gewerkschaftsbewegung, zu domestizieren. Eine zweite Priorität der Militärs war die Bekämpfung der kommunistischen Guerillas in den unwegsamen Randgebieten des Landes. In diesem Punkt waren sie erfolgreich. Das Experiment der von *Ché Guevara* geführten Kämpfer, die Landbevölkerung zu einer Erhebung anzustiften, scheiterte bereits im Ansatz (Abschn. 25.1). Im Feuergefecht mit einer Militärpatrouille geriet *Che Guevara* 1967 in Gefangenschaft und wurde ermordet.

Barrientos verstarb 1969 beim Absturz eines von ihm selbst geflogenen Hubschraubers. Der nationalistisch gesinnte Nachfolgepräsident *Alfredo Ovanda Candia* (1969/1970) ließ das Eigentum der Gulf Oil verstaatlichen. Offenbar war er von den linken Militärs im benachbarten Peru inspiriert. Ermüdet von der nicht enden wollenden Konspiration im Offizierskorps, überließ *Ovanda* 1970 sein Amt dem Offizierskameraden *Juan José Torres* (1970/1971). Unter den politisierten Offizieren stand Letzterer am weitesten links. Nur knapp ein Jahr im Amt, verfügte er weitere Verstaatlichungen im Bergbausektor. Sie trafen insbesondere US-Unternehmen. Die Löhne der Bergarbeiter wurden erhöht und die US-Entwicklungshelfer des Peace Corps des Landes verwiesen. Ermuntert von *Torres'* anti-imperialistischen Gesten, fasste eine Konferenz von Gewerkschaftern und Bauernaktivisten den Plan, eine Art Räteherrschaft einzuführen und das Volk zu bewaffnen, falls sich ein in der Luft liegender Rechtsputsch ereignen sollte. Dies ging denn auch *Torres* zu weit (Pampuch und Echalar 2009, S. 71 f.). Er leitete Bremsmanöver ein. Ihm selbst halfen sie nicht mehr. Nach Ansicht der rechten Offiziersfraktion hatte er die Dinge zu weit treiben lassen.

Bereits 1970 hatte der rechte Offizier *Hugo Banzer Suárez* – noch vergeblich – den Versuch unternommen, *Torres* zu stürzen. Ein zweiter Putsch im Jahr darauf hatte Erfolg. Geprägt von einer deutschstämmigen konservativen Landbesitzerfamilie, einer Ausbildung an der US-Militärschule für Lateinamerika und von seinen Kontakten als Militärattaché in Washington, verkörperte er den denkbar stärksten Kontrast zu den linken Militärs. Mit *Banzer* (1971–1978) begann die zweite Phase der Militärregierungen

(Klein 2003, S. 228 f.). Zu den Förderern und Freunden seines Putsches zählten der einst so reformfreudige MNR, ferner die kleine, aber mächtige Schar der Deutsch-Bolivianer, der Geldadel in *Banzers* Heimatprovinz Santa Cruz und nicht zuletzt – im Hintergrund – die brasilianische Militärregierung, die sich um den möglichen Funkenflug revolutionärer Entwicklungen beim Nachbarn sorgte.

Mit *Banzer* brach eine Phase harter und repressiver Innenpolitik an. Gewerkschafter wurden verfolgt, die bürgerlichen Rechte wurde mit Füßen getreten; auch linke bzw. Armenpriester wurden Opfer der Repression. Auf Druck der US-Administration *Carter* ließ sich *Banzer* 1978 auf die Rückkehr zu einer gewählten Regierung ein. Zwar kandidierte er nicht selbst, schickte aber einen Stellvertreter, *Juan Perada,* ins Rennen. Gegen die manipulierte Wahl hagelte es Proteste. *Banzer* entschloss sich daraufhin, das scheindemokratische Intermezzo zu beenden und als präsidialer Diktator weiter zu regieren. Der geprellte Schützling *Perada* nahm dies nicht hin, intrigierte gegen *Banzer* und putschte ihn noch im selben Jahr aus dem Amt.

Nach der erzwungenen Ablösung *Banzers* lösten sich bis zum Ende der Militärherrschaft in kurzer Folge allein acht Präsidenten ab. Die bemerkenswerteste Gestalt in dieser Galerie war *Luíz García Meza Tejada.* Er putschte sich 1980 in den Präsidentenpalast. Es wurde gemutmaßt, dass die argentinische Militärregierung ihre Hände im Spiel hatte. Die Repression wurde noch weiter verschärft. Die US-Administration hatte längst genug vom Putschkarussell in Bolivien. Dieser General aber passte ihr am allerwenigsten. Er war eng in die organisierte Drogenwirtschaft verstrickt. Eine von aller Repression nicht zu beeindruckende, gewaltige Demonstrationswelle verdeutlichte den Militärs, dass *Meza* nicht mehr zu halten war. Ein weiterer Uniformträger löste ihn 1981 ab. Ein Jahr später zogen sich die Militärs endgültig vom Regieren zurück. Mit allen personellen Reserven hatten sie sich buchstäblich verbraucht (Pampuch und Echalar 2009, S. 78–81).

10.1.5 Die Restauration konstitutioneller Politik (seit 1982)

Bolivien war am Ende der Militärherrschaft hoch verschuldet. Harte Entscheidungen standen an. Der Altpräsident *Siles* gewann 1982 die erste Präsidentenwahl nach den Militärs, und zwar, wie schon in den Vorjahren üblich, erst in der Stichwahl durch den Kongress. Als Vizepräsidenten umwarb er *Jaime Paz Zamora,* einen entfernten Verwandten *Paz Estenssoros. Paz Zamora*, Sohn eines Admirals, war zunächst in den Redemptoristenorden eingetreten, dann aber vom religiösen Leben zurückgezogen, in Löwen Politik studiert und sich anschließend auf der äußersten Linken engagiert. Ihm war die Aufgabe zugedacht, die kämpferischen Gewerkschaften ruhig zu stellen. *Paz Zamora* war Präsident des von ihm mitgegründeten, radikal linken MIR (Movimiento de Izquierda Revolucionaria), einer Partei, in der sich linke Dissidenten des MNR und Linkskatholiken sammelten. Die inkompetente, zuletzt chaotische Wirtschaftspolitik der Militärs hatte eine unkontrollierbare Inflation in Gang gebracht. Ohnmächtig laborierte die Regierung mit Abwertung und Notenpresse, um sich zwischen Schuldendienst und

Kaufkraftausgleich durchzulavieren. Ihr blieb 1984 nichts anderes übrig, als die Zahlungsunfähigkeit zu erklären. Ein Jahr vor Ablauf der Amtszeit gab *Siles* von sich aus auf und machte seinem Vize *Paz Zamora* Platz.

Für das Präsidentenamt kandidierten 1985 der frühere Militärpräsident *Banzer,* der Interimspräsident *Paz Zamora* und abermals *Paz Estenssoro.* Schöner hätte sich die oligarchische Struktur der politischen Klasse kaum darstellen können. Mit Blick auf die wirtschaftspolitischen Herausforderungen stellte *Banzer* ein Team zusammen, das sich über Auswege aus der Misere Gedanken machen sollte. Es besuchte ein Seminar an der Yale University, zu dem auch der renommierte *Jeffrey Sachs* stieß; er war zu dieser Zeit der bekannteste Entwicklungsökonom. Seine Hauptthese war die heilsame Wirkung einer Schocktherapie von radikalem Wettbewerb und Privatisierung öffentlicher Unternehmen – die gleiche Kur, die er einige Jahre später dem russischen Präsidenten *Boris Jelzin* verkaufen sollte. Zum gleichen Zweck organisierte auch *Paz Estenssoro* ein Team. Er holte sich Rat bei der akademischen Konferenz in Harvard. Seinem Team gehörte auch *Sanchez de Lozada* an. Er wurde später *Paz'* Finanzminister und dann sein Nachfolger (Silva 2009, S. 109; Conaghan et al. 1990, S. 14 f.).

Unter den drei aussichtsreichen Präsidentschaftskandidaten setzte sich in der parlamentarischen Stichwahl *Paz Estenssoro* durch. *Paz'* dritte Präsidentschaft wurde eine scharfe politische Zäsur. Der linke Reformpräsident von einst kehrte der reformistischen Tradition den Rücken. Sein Verwandter und Wahlverlierer *Paz Zamora* tat es ihm gleich; er verließ die linke Linie des MIR. Im Establishment der immer gleichen Namen und Gesichter gab es nunmehr einen neoliberalen Konsens.

Paz Estenssoro erbte 1985 eine Wirtschaft mit 4000 % Inflation. Absolute Priorität hatte die Wiederherstellung der internationalen Kreditwürdigkeit. Nach den Maßgaben der internationalen Finanzinstitutionen – Washington-Konsens (Abschn. 5.2) – lief dies auf nichts anderes hinaus, als den Staat zu verkleinern, d. h. allen vermeintlichen Ballast an öffentlichen Unternehmen und entbehrlichen Behörden über Bord zu werfen. Der MNR vollzog damit eine Kehrtwende. Die Aktiven der eigenen Partei, und auch der COB wurden wohlweislich gar nicht erst gefragt. Stattdessen vergewisserte sich *Paz* vorweg, dass die Rechte um *Banzer* aus dem absehbaren Aufschrei der Betroffenen kein Kapital schlagen würde (Conaghan et al. 1990, S. 18, 21).

Gleich nach Amtsantritt verhängte *Paz Estenssoro* für drei Monate den Ausnahmezustand. Der Kongress billigte ihm weitreichende Vollmachten zu, damit er sein Programm unter Umgehung des komplizierten Gesetzgebungsprozess in Angriff nehmen konnte. Sein Finanzminister *Sanchez de Lozada,* ein in der Wolle gefärbter Neoliberaler, begann daraufhin mit der Privatisierung öffentlicher Betriebe. Er handelte in der zur Mode gewordenen Überzeugung, damit die Initialzündung für einen in der Gesellschaft schlummernden Unternehmergeist auszulösen (Crabtree 2005, S. 18). Mit einer folgenschweren Entscheidung wurden bis 1987 30.000 COMIBOL-Arbeiter entlassen; 7000 blieben übrig (Klein 2003, S. 345). Der Zinnpreis stand schlecht. Die COMIBOL-Beschäftigten verteidigten hart ihre Besitzstände. *Sanchez* gab der COMIBOL dann 1997, als er selbst Präsident war, den Gnadenstoß. Die Gesellschaft wurde aufgelöst, lediglich zehn Prozent der Restbeschäftigten behielten ihre Arbeit. Die Minen, aus denen sich die COMIBOL zurückzog, durften auf Genossenschaftsbasis, d. h. auf eigenes Risiko weiter betrieben werden.

Um die Nachfolge *Paz Estenssoros* bewarb sich 1989 abermals ein Establishment-Kartell: *Banzer, Paz Zamora* und jetzt auch *Sanchez de Lozada.* Schon im Vorfeld der Wahl sah sich *Banzer* von *Paz Estenssoro* um die Gegenleistung für sein Stillhalten in den Vorjahren betrogen. Er hatte fest mit *Paz'* Unterstützung für seine Kandidatur gerechnet. Jetzt kündigte er die Zusammenarbeit mit dem MNR auf. In diesem Zerwürfnis erkannte *Paz Zamora* seine Chance. Er schloss einen Pakt mit *Banzer,* der sein MIR in den 1970er Jahren noch hatte verfolgen lassen. Mit den Stimmen der von Banzer gegründeten UDN (Unión Democrático Nacionalista) erhielt er in der fällig werdenden parlamentarischen Stichwahl die meisten Stimmen. *Paz Zamoras* Präsidentschaft war farblos. Keines der vollmundigen Versprechen an die Wählerklientel des MIR wurde eingelöst. Doch *Banzer* gegenüber hielt *Paz Zamora* Wort. Als seine Amtszeit 1993 ablief, unterstützte er dessen Kandidatur. Trotzdem gewann diese Wahl nicht *Banzer,* sondern vielmehr *Sanchez de Lozada.* Für ihn votierten in der parlamentarischen Stichwahl außer seiner Hausmacht des MNR eine Reihe kleinerer Parteien. Erst 1997 gelang *Banzer* die reguläre Wahl ins Präsidentenamt. Jetzt votierten in der parlamentarischen Stichwahl alle Parteien außer der Vereinigten Linken und dem MNR für ihn. Viel sollte er von diesem Traumziel nicht mehr haben. Todkrank trat er 2001 vorzeitig zurück. Er überließ seinem Vize *Jorge Quiroga Ramírez,* einem in den USA ausgebildeten Ökonomen, der bis 1988 in US-Unternehmen gearbeitet hatte, die Ausübung der Präsidentschaft bis zur nächsten Wahl.

Um das Präsidentenamt bewarben sich 2002 der Altpräsident *Sanchez de Lozada* und der populäre Bürgermeister von Ayacucho, *Manfred Reyes Villa.* Letzterer war eine schillernde Figur mit einer Karriere als Offizier und anschließend als Geschäftsmann in den USA. Der dritte Kandidat war *Evo Morales,* Chef der Kokabauerngewerkschaft, ein Indianer des Aymara-Volkes aus ärmsten Verhältnissen, der gegen den Neoliberalismus wetterte. Als Kind half er in der elterlichen Landwirtschaft, nach der Elementarschule bestritt er mit Gelegenheitsjobs ein technisches Studium, leistete Wehrdienst, kehrte zu den Eltern zurück und zog mit diesen in den Chapare. Mit der Organisation der Kokabauern begann dort seine politische Karriere (siehe oben Abschn. 10.1.6). *Sanchez de Lozada* ließ sich im Wahlkampf von US-amerikanischen Kampagnenmanagern beraten. Im ersten Wahlgang verlor *Morales* nur knapp. Die Stichwahl, in der abermals der Kongress zu entscheiden hatte, ging zugunsten von *Sanchez* aus, dem reichsten Mann des Landes. Er hatte sein Vermögen in verschiedenen Branchen, hauptsächlich als Minenbesitzer gemacht. *Sanchez* war den USA aufgewachsen, sein Vater ein Diplomat, der dort 16 Jahre im Exil verbrachte, nachdem er entlassen worden war. *Sanchez,* der in Chicago Philosophie (!) studiert hatte, war ein Bewunderer des US-amerikanischen Kapitalismus; er sprach er Spanisch mit englischem Akzent. In der Öffentlichkeit hatte er den Spitznamen des „Gringo." *Morales* hingegen hatte im politischen Establishment den Ruf des gefährlichen Linken. Der US-Botschafter warnte gar vor ihm. *Sanchez,* dem die rechte

UDN nicht traute, musste sich parlamentarische Koalitionspartner suchen. Er verbündete sich unter anderem mit dem MIR, das in den 1980er Jahren seine linke Tradition über Bord geworfen hatte.

Sanchez' Präsidentschaft endete 2003 lange vor ihrem regulären Ablauf in einem Hagel gewaltsamer Proteste. Sie entzündeten sich an den Härten der neoliberalen Politik. *Sanchez* floh vor diesen Protesten in die USA. Sein Vize *Carlos Mesa* übernahm, Sohn eines Historikerehepaars, selbst Verfasser historischer Werke, ein bekannter Publizist und Fernsehmoderator. Auch *Mesa* war außerstande, die sozialen Widerstände zu dämpfen, die bereits *Sanchez* zu Fall gebracht hatten, und auch er gab Anfang 2005, noch vor Ablauf seiner Interimspräsidentschaft, das Amt auf. Bis zur nächsten Wahl übertrug das Parlament die Regierungsgewalt dem Präsidenten des Obersten Gerichts.

Als aussichtsreichste Bewerber für das Präsidentenamt traten 2006 *Quiroga,* der frühere Vizepräsident *Banzers,* und *Morales* an. Um seine Chancen zu steigern, trat *Quiroga* eigens aus der UDN aus, die noch mit ihrem Gründer *Banzer* in Verbindung gebracht wurde. Er kandidierte auf der Plattform eines Bündnisses rechter Parteien, PODEMOS (Poder Democrático Social). Dieses gruppierte sich im Kern um die alte UDN; *Quiroga* machte also *Banzers* politisches Unternehmen zu seinem eigenen.

Morales gewann die Wahl gleich im ersten Wahlgang. Seine Präsidentschaft bedeutete das Ende der hier skizzierten alten Politik. Die Vertreter des alten politischen Betriebs hatten allesamt vor dem Großplakat einer Partei posiert. Sie handelten aber durchweg nach der Ambition, sich günstig für eine Präsidentschaftskandidatur zu positionieren, wenn nicht gleich, weil die Verfassung lediglich eine Amtszeit postulierte, so doch für die nächste. Frühere Positionen und Verbündete wurden leichthin über Bord geworfen, falls es nützlich schien. Ging es gar nicht anders, war auch das Bündnis mit Personen und Parteien, ja selbst mit den Militärs recht, die gestern noch Gegner waren.

Im Rückblick erscheint die zivile Politik seit der Revolution von 1952 wie ein Stühlerücken der immer gleichen Personen aus privilegiertem Milieu in den wichtigsten Positionen. Die politische Szene glich einer Bilderbucholigarchie. Der politische Kurs aber blieb bei allem vordergründigen Chaos stabil, namentlich in der Wirtschaftspolitik. Sie ging ganz im Sinne der neoliberalen Rezepturen vonstatten.

10.1.6 Ursachen des Wandels zum aktuellen politischen System

Die Kokabauern: Die traditionellen Anbaugebiete für Koka sind die Yungas, d. h. die Schluchten der Hochanden im nördlichen Bolivien. Die dortigen Kokabauern gehören dem Volk der Aymara an. Ab Mitte der 1970er Jahre verließen etliche Quetschua-Bauern ihre Gebirgsheimat in der Mitte und im Süden des Landes und siedelten am Regenwaldsaum – Chapare – des Departements Cochabamba. Dort pflanzten sie Koka an, das dank der der internationalen Nachfrage nach Kokain bessere Erlöse in Aussicht stellte als die karge bäuerliche Existenz. Einige Zeit später, in den 1980er und 1990er Jahren verloren zunächst mit der Verschlankung, dann mit der Auflösung des staatlichen

Bergbaukonzerns COMIBOL Zehntausende Bergarbeiter ihre Arbeit (siehe oben 10.1.5). Ein Teil suchte eine neue Existenz im immens wachsenden El Alto, der Schwesterstadt von La Paz. Dort leben seit je viele indigene Bolivianer, die sich unter Wahrung ihrer Sprache und Tradition an das Stadtleben assimiliert haben. Andere verließen das Hochland in Richtung Chapare und ließen sich dort ebenfalls als Kokabauern nieder (Sándor-John 2009, S. 232). Diese Neubauern waren überwiegend Aymara. Drei Millionen Bolivianer kauen Kokablätter. Schon in den 1980er Jahren konnte Kolumbien die Nachfrage allein nicht mehr schultern; dem Zukauf aus peruanischer Produktion stand für längere Zeit die Aktivität des Sendero Luminoso entgegen. Die Einkäufer wichen auf Bolivien aus (Abschn. 6.3 und 9.4).

Die US-amerikanische Regierung sagte dem Drogenkonsum in den 1980er Jahren noch einmal drastisch den Kampf an. Es sollte nicht mehr gepflanzt werden als für den traditionellen Eigenverbrauch erforderlich. Nachdem sie zuvor auf Verbote gesetzt hatte, drängte sie jetzt auf das Aufspüren und Vernichten der Kokafelder. Die Regierungen in La Paz kamen dieser Erwartung entgegen. Polizei und Militär wurden in den Anbaugebieten zur Plage (Silva 2009, S. 110–116; Albro 2005, S. 438 f.).

Die behördlichen Attacken auf den Kokaanbau schweißten Aymara- und Quetschua-Bauern zusammen und stifteten damit Konsens über die kulturellen Unterschiede hinweg. Die Pflanze ist Bestandteil der indigenen Kultur und insofern ein Gut von hoher symbolischer Bedeutung (Grisaffi 2010, S. 429–433; Haarstad 2009, S. 14). Die Bauern begannen, sich genossenschaftlich zu organisieren – eine den früheren Bergarbeitern vertraute Form der Interessenverteidigung. *Evo Morales,* selbst ein Migrant aus dem Hochland, gab den Kokabauern Stimme und Gesicht. Die Gewerkschaften im COB solidarisierten sich und leisteten Hilfe beim Aufbau bäuerlicher Genossenschaften (Albro 2005, S. 438). Als Sprecher der Kokabauern wurde *Morales* zur national bekannten Figur. Hinter aller Härte, mit der die Regierung gegen den Kokaanbau vorging, stand auch das weitere Ziel, die sich abzeichnende Entwicklung der Bauerngewerkschaften zu einer politischen Oppositionsbewegung zu bremsen (Barndt 2012, S. 28). Beim versteckten Anbau der lukrativen Pflanze kam es zu einem Katz- und Mausspiel zwischen Bauern und Regierungsbehörden, das die Solidarität unter den Kokapflanzern nur noch stärkte.

Privatisierungs- und Sparpolitik. Die Privatisierung öffentlichen Eigentums fiel in die erste Präsidentschaft *Sanchez'* (1993–1997). Die für die Investoren lukrative Öl- und Gasförderung war bis dahin in der Regie einer staatlichen Gesellschaft betrieben worden. Sie vergab die Lizenzen an ausländische Firmen und kassierte die vereinbarten Gebühren. Privaten Investoren wurde es bereits 1996 erlaubt, Anteile an dieser Gesellschaft zu erwerben. Eigentlich sollte der private Aktienanteil auf maximal 49 % begrenzt bleiben. *Sanchez* ließ sich von den Bieterkonzernen überreden, dieses Limit zu streichen. Der verbleibende Staatsanteil sollte künftig von privaten Pensionsfonds verwaltet werden, die ihre Dividende als Rentenzahlung an ältere Bolivianer zu verwenden hätten (Lehoucq 2014, S. 275 f.; Webber 2011, S. 78). Salopp ausgedrückt, begann die Regierung, die natürlichen Ressourcen an private Interessenten aus dem In- und Ausland zu verscherbeln. Sie lenkte damit in die gleiche Spur wie Peru in der Ära *Alberto Fujimori.*

Der große Unterschied allerdings: *Sanchez'* Politik wurde von gesellschaftlichen Protesten eindrucksvoll ausgebremst, und zwar in zwei Großereignissen, dem Wasserkrieg und dem Gaskrieg. Hier protestierten Menschen, die vielleicht das Spanische beherrschten, sich im Alltag aber der Sprache ihrer Eltern bedienten. Den Politikern der oberen Klassen war diese Lebenswelt fremd. Nie wäre es ihnen eingefallen, sich anders als in der spanischen Hochsprache zu verständigen. Sauberes und verhandlungssicheres Englisch galt als Nonplusultra der Kultiviertheit bzw. der Zugehörigkeit zur zivilisierten Welt.

Die „Ressourcenkriege" markierten Gipfelpunkte in einer schon länger regsamen Protestkulisse. Im Rahmen ihrer Privatisierungspolitik verkaufte die Regierung *Banzer* 1999 die Wasserversorgung im Bezirk Cochabamba an ein Konsortium unter Führung des US-Konzerns Bechtel. Prompt stiegen dort die Wasserpreise bis um das Dreifache. Die Bevölkerung der Region, in der bewässerungsintensive Landwirtschaft betrieben wird, demonstrierte für die Rücknahme der Privatisierung. Nach heftigen und gewaltsamen Protesten und einem Generalstreik, in dessen Verlauf das Kriegsrecht verhängt wurde, nahm die Regierung die Privatisierung ein Jahr später wieder zurück (Albro 2005, S. 435).

Noch stärker wühlte Präsident *Sanchez* gleich zu Beginn seiner zweiten Präsidentschaft im Jahr 2002 viele Bolivianer auf. Dieser Präsident tickte als Ökonom und schwerreicher Unternehmer nicht anders als die Regisseure des Washington-Konsenses. Er ignorierte souverän alle Stimmungen, die statt seiner um Haaresbreite den Mitbewerber *Morales* ins Präsidentenamt gebracht hätten (Weyland 2009, S. 154). Das im Osten des Landes geförderte Gas sollte über ein Leitungsnetz nach Chile gepumpt werden, um es von dort an die US-amerikanische Westküste zu transportieren. Die Anführer der Proteste spielten geschickt mit einem Thema, das klassenübergreifend nationale Emotionen schürte: Das Ressentiment gegen den Nachbarn im Süden, der Bolivien vor 130 Jahren zum Binnenstaat deklassiert hatte.

Dieser „Gaskrieg" schweißte eine mächtige Protestkoalition zusammen: die gut organisierten Gewerkschaften und die Campesinos. Ein Brennpunkt der Proteste war El Alto, die indigen geprägte Großstadt oberhalb von La Paz (Albro 2011, S. 437). Schon in den Vorjahren war die Blockade der Verkehrswege zwischen Hinterland und Hauptstadt zur bewährten Methode geworden, um die Regierung unter Druck zu setzen (zum Folgenden: Van Cott 2006, S. 49–63). Jetzt machten Aktivisten aus El Alto, Aymara-Sprachige, ehemalige Bergarbeiter und Indios, die sich von Berufs wegen im Gebrauch von Sprengstoff auskannten, die Fernstraßen, d. h. die Versorgungsadern der Hauptstadt, unpassierbar (Webber 2011, S. 47). Wurde eine Sperre geräumt, entstand ein Stück weiter die nächste.

In seiner Hilflosigkeit setzte *Sanchez* die Armee in Marsch. Dabei wurde ein Zerwürfnis zwischen der Generalität und den Kommandeuren offenbar. Letztere beteiligten sich nur widerstrebend. Bei Schießereien kam es zu vielen Todesopfern (Pion-Berlin und Trinkunas 2010, S. 404). *Felipe Quispe,* der die Proteste koordinierte, verlangte Bedingungen für die Aufhebung der Blockade. *Sanchez* aber blieb stur. Als ein

Demonstrationsmarsch angekündigt wurde, ließ die Militärführung wissen, sie werde sich neutral verhalten (Pampuch und Echalar 2009, S. 97 f.). Selbst Vizepräsident *Mesa* distanzierte sich vom Präsidenten. *Sanchez* setzte sich daraufhin in die USA ab. In seiner Eigenschaft als Interimspräsident versucht *Mesa* den Gaskonflikt mit einem Referendum zu entschärfen. Bis zur Abstimmung wurde das Gasprojekt ausgesetzt. Die im Osten konzentrierte rechte Opposition mit ihren Hochburgen in den Departements Cochabamba und Santa Cruz, wo das Gas gefördert wurde, rief zum Boykott der Abstimmung auf. Eine überwältigende Mehrheit votierte 2005 jedoch erstens für die Rücknahme des Projekts und eine immer noch deutliche Mehrheit votierte zweitens für den Verkauf heimischer Energie ins Ausland nur unter der Voraussetzung, dass die heimische Versorgung gesichert wäre.

Die Gegner des Projekts setzten sich also durch. Trotzdem ließen die Proteste nicht nach. Sie hatten viele andere Ursachen. Dazu ein Beispiel: Der Plan, eine Steuer einzuführen, die erstmals auch Geringverdiener belasten würde, löste 2003 einen Streik der schlecht bezahlten Polizei aus. Als der Präsidentenpalast aus einer Schülerdemonstration heraus mit Steinen beworfen wurde, blieb die Polizei passiv. Statt ihrer wurde das Militär gerufen. Im Regierungsviertel kam es zu Feuergefechten zwischen Polizisten und Soldaten (Pampuch und Echalar 2009, S. 95). Ungeachtet der Konzessionen im Gasstreit blieb *Mesa* auf der Linie des Washington-Konsenses.

Stärkung des MAS: Der 1998 gegründete MAS (Moviemiento al Socialismo) mit seinem politischen Führer *Morales* ging 2005 auf Distanz zum Interimspräsidenten; er verlangte eine – in der Verfassung nicht vorgesehene – vorgezogene Präsidentenwahl. *Morales* rechnete sich gute Chancen aus. Auf vorzeitige Wahlen wollte sich *Mesa* aber nur einlassen, falls der Kongress der Regierung förmlich das Vertrauen entzog. Der MNR und auch PODEMOS, die damit rechnen mussten, in vorgezogenen Wahlen abgestraft zu werden, verweigerten sich. Der MAS, der jetzt so stark war wie nie zuvor, erhielt in einer Kulisse von Straßenblockaden den Druck auf die Regierung aufrecht. Er verlangte die umgehende Verstaatlichung des ganzen Energiesektors.

Um die Wut in der Gesellschaft zu dämpfen, die sich hier um ein weiteres Vorhaben kristallisieren könnte, in dem es eigentlich um die Ablehnung der diskreditierten politischen Klasse ging, verabschiedete das Parlament ein Verstaatlichungsgesetz. *Mesa* drohte zuerst sein Veto an, machte dann aber einen Rückzieher und bot dem Parlament seinen Rücktritt an. Dieser wurde prompt angenommen. In einem nächsten Schritt änderte das Parlament die Verfassung, um eine vorzeitige Präsidentenwahl zu legitimieren. In diesen Ereignissen war die Entfremdung der Regierenden von der Gesellschaft mit den Händen zu greifen, ebenso das Fehlen verbindlicher Regeln, wie es im beliebigen Umgang mit der Verfassung zum Ausdruck kam.

Identitätspolitik: El Alto, die Schwesterstadt von La Paz, seit je ein Wanderungsziel der Indios, die ihre Gebirgsheimat verließen, verzeichnete mit den Entlassungen im klassischen Bergbau weiteren Zuwachs. Durch die oben geschilderten Ereignisse entstand dort das Zentrum einer Opposition, die nicht nur das arme, sondern auch das indigene Bolivien – beide so gut wie deckungsgleich – zu Gehör brachte (Lazar 2008, S. 20).

Gegen El Alto lässt sich in Bolivien nicht mehr regieren. Der Kampf der Regierungen gegen den Kokaanbau, der auf den Druck der USA reagierte, bedrohte darüber hinaus die mühsam aufgebauten Existenzen der Neubauern bzw. ehemaligen Bergarbeiter. Für die Rechtfertigung des Gelderwerbs mit der Drogenpflanze bot sich das Argument der indigenen Tradition an (Crabtree 2005, S. 35–47). Doch nicht alle Bergbewohner und früheren Bergarbeiter zog es in den Dunstkreis der Metropole oder in den Chapare. Andere ließen sich in der reichen Tieflandprovinz Santa Cruz nieder, einer eher „weißen" Region (siehe unten Abschn. 10.2.3). Im Zuge der Besetzung ungenutzter Flächen, die den großen Agrarunternehmern als Produktionsreserve dienten, kam es dort zu schweren Konflikten.

Die in den vorausgehenden Abschnitten geschilderten Ereignisse spielten die indigene Identität hoch. Handelte es sich doch durchweg um „Cholos", um Mestizen der unteren Klassen, die ihre Identität nicht leugneten, und um Hochlandindios, welche die Regierungen nach der Jahrtausendwende wiederholt zum Nachgeben gezwungen hatten. Auch im spärlicher besiedelten Tiefland und im Amazonasgebiet kam es zur Mobilisierung der Indianervölker. Der Flächenverbrauch der Agro-Industrie, die Entwaldung, die Verstädterung, weit umzäunte neue Gaslagerstätten, Transportwege und Pipelines engten den Lebensraum der mobilen Völker ein. Mit der Zuwanderung der Migranten aus dem Hochland, die ihre Organisationserfahrung als frühere Arbeiter mitbrachten, integrierte sich auch ein Teil der Tieflandindianer in die Indigenenbewegung (Postero 2007, S. 7–47).

Ein unkalkulierter Nebeneffekt der neoliberalen Politik steigerte die Bedeutung der Indigenen. In der ersten Präsidentschaftsära *Sanchez* war die kommunale Autonomie gestärkt worden. Dies geschah durchaus nicht selbstlos. *Sanchez* und das MNR blickten 1993 einer ungewissen Zukunft entgegen. Der Präsident durfte für die nächste Wahl nicht mehr kandidieren, das MNR mochte sich nach der nächsten Parlamentswahl in der Opposition wiederfinden. In den größeren Gemeinden war das MNR recht gut organisiert. Es rechnete sich aus, in aufgewerteten Gemeinden eine Durststrecke in der nationalen Opposition besser überstehen zu können. Deshalb kam es 1994 zu einer Kommunalreform, welche die Zahl der Kommunen auf rund 300 reduzierte (Eaton 2012, S. 37). Später sollte der MAS von dieser Reform profitieren. Als Sammelbecken indigener Bauern und Arbeiter eroberte die gut organisierte Bewegung Bürgermeistereien und Gemeinderäte (Haarståd und Andersson 2009, S. 15; Van Cott 2008, S. 183–185; Madrid 2008, S. 483; Albro 2005, S. 442). Die internationalen Geldgeber hatten nichts dagegen, sie sahen es gern, als die Staaten unter ihrer Kuratel zentralistische Strukturen abwerteten, und zwar nach dem Motto, dass die Ressourcen klüger und effizienter eingesetzt werden, wenn ortsnah über ihre Verwendung entschieden wird. Für die Vertreter der Indigenen entstanden hier Schulen der Selbstverwaltung (Fontana 2014, S. 442 f.; Eaton 2007, S. 80; MacNeish 2006, S. 223, siehe auch 12.1.9).

Je stärker das indigene Moment in der bolivianischen Politik zutage trat, desto deutlicher bildete sich in der nationalen Politik eine eigene indigene Teilarena heraus. In dieser Teilarena kommt den Indigenen der Aymara-Kultur besondere Bedeutung zu. Das

Volk der Quetschua lebt – bis auf eine kleine nördliche Exklave – im südlichen Hochland bis ins östliche Vorgebirge der Anden, die Aymara hingegen recht kompakt in den Bergen und Tälern des nördlichen Bolivien. Ursprünglich beherrschten Aymara-Bauern den Koka-Anbau, Aymara arbeiteten im Zinnbergbau und waren primär vom Niedergang dieser Industrie betroffen, und schließlich waren es Aymara-Aktivisten, die im oben beschriebenen Gaskrieg die Regierung zum Nachgeben gezwungen hatten.

Der COB hatte zunächst Organisationshilfe geleistet, um einer Gewerkschaft auf die Beine zu helfen, in der auch die Kokabauern Platz fanden. Viele Neubauern waren schließlich einmal Bergarbeiter und Gewerkschafter gewesen. Diese neue Gewerkschaft löste die ältere CNTCB ab und konstituierte sich als CSUTCB. Sie trat dem COB bei und wurde mit dem Niedergang des Bergbaus zu einer der wichtigsten Teilgewerkschaften. *Morales* wurde zum führenden Exponenten der Kokabauern. Er schlug zwar das Thema indigener Identität an. Aber er „nahm" es gleichsam nur „mit", weil diese Bauern eben auch indigen waren. Mit einigen Mitstreitern gründete er in den 1990er Jahren die politische Formation des ASP, das sich 1998 in MAS umbenannte.

Im selben Jahr wurde *Felipe Quispe Huanca,* der zweite bedeutende Exponent des indigenen Bolivien, aus der Haft entlassen. *Quispe* war wegen seiner Aktivität in der Guerillabewegung der Kataristen verurteilt worden. Seine Hausmacht war ursprünglich die CSUTBC. Sie repräsentierte Aymara-Bauern. *Morales* hingegen spielte die Unterschiede unter den indigenen Bauern herunter und war auch von den bäuerlichen Quetschua akzeptiert. Über die Zusammenarbeit des CSUTBC mit dem MAS kam es zu einem Machtkampf. *Quispe* lehnte die Kooperation ab. Der CSUTBC wahrte damit seinen Charakter als ethnopolitische Organisation der Aymara. Der MAS umwarb auch andere indigene Völker und gewann so auch den Charakter einer übergreifenden Indigenenorganisation.

Morales war ein gewerkschaftstypischer Pragmatiker, ein demokratischer Sozialist, der – in diesem Punkt wie *Quispe* – wider den Neoliberalismus stritt. *Quispe* trat demgegenüber radikal und militant auf. Sein Wort zählte auch in der Bergarbeitergewerkschaft. *Quispe* war eine Schlüsselfigur bei den im Hochland konzentrierten Protesten und Straßenblockaden, die ein Nachgeben der Regierung im Gaskrieg erzwangen. Maßgeblich auf seine Initiative geht die Gründung des Movimiento Indigena Pachakuti (MIP) im Jahr 2000 zurück; sie ist neben dem MAS die zweite bedeutende Indigenenpartei des Landes (Van Cott 2006, S. 77). *Quispe* hält die Hispanisierung für einen kulturimperialistischen Sündenfall, der alles Elend der Indianervölker verursacht habe. Staat und Kulturbetrieb werteten die Geschichte und Kultur der vorkolonialen Völker ab. Es komme nun darauf an, die Hegemonie des kolonialen Gesellschaftsbildes zu überwinden, sich der eigenen Kultur bewusst zu werden und die Tradition mit modernen Formen des politischen Kampfes zu verbinden (Fontana 2014, S. 438–440). Für *Quispe* ist *Morales* ein assimilierter Indio, ein Weißer im Poncho. Dieser Ansatz fand indes wenig Anklang. Nach seiner großen Stunde, der Führung der Proteste im Gaskrieg, geriet *Quispe* zur Randfigur auf der politischen Bühne (siehe auch Madrid 2012, S. 59 f.).

Gebietspolitik: Noch in den 1940er Jahren war das Departement Santa Cruz ein menschenarmer Hinterhof. Um die Region besser an die Hauptstadt- und Bergbauregion anzubinden, wurde auf der Linie La Paz-Cochabamba-Santa Cruz mit Unterstützung der Interamerikanischen Entwicklungsbank eine Fernstraße gebaut. In den 1960er Jahren folgte eine Bahnverbindung. Unter dem Militärpräsidenten *Banzer,* selbst einem Cruzeño, fanden die Eliten von Santa Cruz offene Ohren. Das Departement wurde mit Geld aus der fernen und ungeliebten Hauptstadt überschüttet (Crabtree 2005, S. 49). Schon die kurzlebigen Nachfolger *Banzers* in Uniform beendeten diese Vorzugsbehandlung. Ihnen war die Einheit des Landes wichtiger. Von da an wandte sich die Stimmung in der Provinz gegen die Hauptstadt.

Die herrschenden Kreise in Santa Cruz liefen Sturm gegen den Kurswechsel (Eaton 2007, S. 77–80). Ihre Foren waren die zumeist rechten Bürgerkomitees (Comités Civicos), die sich als legitime Vertretung der örtlichen Bevölkerung präsentierten (Eaton 2007, S. 76 f.). Bereits zu einer Zeit, da *Banzer* noch als Diktator regierte, waren sie die einzigen wohlwollend geduldeten Stimmen aus der Gesellschaft. Von den Landreformen der 1950er Jahre war die Region ausgespart worden, um sie überhaupt erst einmal stärker zu besiedeln. In Santa Cruz entstanden profitable landwirtschaftliche Großbetriebe. Von den zu Beginn des 21. Jahrhundert in Bolivien registrierten landwirtschaftlichen Betrieben lagen 225.000 im Altiplano, 177.000 in den Tälern der Bezirke Cochabamba, Chuquasca und Tarija, aber nur 57.000 im Tieflanddepartement Santa Cruz, wo allerdings ein Großteil der Pflanzen- und über drei Viertel allein der Rindfleischproduktion erwirtschaftet werden (Webber 2011, S. 28). Die stärksten Treiber des Booms in der Region waren neben der Großlandwirtschaft Öl und Gas (Crabtree 2005, S. 49). Die wirtschaftlichen und politischen Eliten der Region blicken verächtlich auf das arme Bolivien. Die Stadt Santa Cruz de la Sierra wuchs von einem Provinznest zu einer ausgedehnten und autogerechten Metropole heran.

Die Cruzeños stießen sich am stärksten daran, dass die mit der Gasförderung erwirtschafteten Steuern und Abgaben von der Zentralregierung vereinnahmt und umverteilt werden. Die schweren Turbulenzen zu Beginn der 2000er Jahre, namentlich der Gaskrieg, trafen ihr Departement an seinem wunden Punkt. Separatistische Stimmen wurden laut. Der Interimspräsident *Mesa* erlaubte zu allem Überfluss auch noch, dass Zuwanderer und Indianer in der Region Land bearbeiten durften, das als Spekulationsreserve vorgehalten wurde. Aus Sicht der Landbesitzer drohte eine Landbesetzerbewegung wie im benachbarten Brasilien Fuß zu fassen. Die Agro-Unternehmer in Santa Cruz reagierten denn auch nicht anders als ihre Counterparts in Brasilien. Sie ließen Kriminelle und Paramilitärs den Schmutzjob erledigen, die Landbesetzer fernzuhalten oder sie zu vertreiben (Eaton 2007, S. 87). Politiker und Wirtschaftsgrößen der Region ignorierten das Recht der Zentralregierung. Menschen aus besseren Kreisen durften mit Straflosigkeit rechnen, wenn es um Gewalt oder Willkür gegen Angehörige der unteren Klassen ging (Waldmann 2002, S. 233). Auch etwas anderes als Besitz stand auf dem Spiel: die „Bolivianisierung“ einer Region, in der Spanisch gesprochen wurde und traditionelle

Kleidung selten zu sehen war, kurz: die Trübung der schönen Illusion, wenig mit Bolivien als Ganzes zu tun zu haben. Dass die im Selbstverständnis so viel höher stehenden zivilisierten Cruzeños mit der Wahl von *Morales* (2005) nun von Indianern, die sich zu ihrer Kultur bekannten, mochten sie auch gebildet sein, regiert werden sollten, gab dem Separatismus in der Region eine rassistische Note.

Repräsentanten des Departements Santa Cruz beschlossen 2004, noch vor der Wahl von *Morales,* ein Autonomiestatut. Es überließ der Zentralregierung nur mehr die Außenpolitik, Steuerangelegenheiten und Verteidigung. Zwei Drittel der Einkünfte aus Öl und Gas sollten in Santa Cruz verbleiben. In einem nächsten Schritt wählten die Regionalvertreter einen Präsidenten und ein eigenes Parlament. Die Oppositionspartei PODEMOS machte sich das Anliegen der Autonomisten zu eigen (Eaton 2011, S. 95; 2007, S. 47, 80). Mit Drohgesten verhinderte die Armee die Realisierung dieser Beschlüsse. Interimspräsident *Mesa* ließ ein gesamtbolivianisches Referendum zu, ob die Departements tatsächlich autonom werden sollten. 56 % der Abstimmungsteilnehmer lehnten ab.

10.2 Das politische System

10.2.1 Verfassung und Regierungssystem

Die Überarbeitung der Verfassung von 1967 hatte für *Morales* hohe Priorität. Auch die Parteien waren dafür. Freilich hatten Linke wie Rechte höchst unterschiedliche Erwartungen an eine neue Verfassung. Dies machte sich im Streit über die Verfahren bemerkbar. In der Wahl zur Verfassunggebenden Versammlung (2006) gewannen der MAS und seine Verbündeten eine knappe Mehrheit. Der MAS war zu Konzessionen gezwungen, weil beide Parlamentskammern dem Entwurf zustimmen mussten, bevor er in den Volksentscheid ging. In der Zweiten Kammer, dem Senat, hatte die Opposition eine Mehrheit. Die Verfassung trat 2009 mit ihrer Annahme durch ein Referendum in Kraft. Sie stellt die indigenen Sprachen dem Spanischen gleich, auch in den Schulen; sie stellt auch neue sprachliche Anforderungen an Staatsbedienstete. Das Kernstück des plurinationalen Staates ist aber das Recht auf die Autonomie der indigenen Bolivianer.

Die geltende Verfassung ermächtigt den Gesetzgeber zu weit gefassten Eingriffen in die Eigentumsverhältnisse (Lehouq 2014, S. 282 f.). Grundbesitz darf keine 5000 km^2 überschreiten. Alter Besitz, der größer ist, genießt Bestandsschutz. Damit wurden die Besitzverhältnisse im Bezirk Santa Cruz geschont. Der Staat erhält die Kontrolle über die nicht-agrarischen natürlichen Ressourcen. Die frühere Autonomie der Departements wurde wiederhergestellt, diejenige der Gemeinden garantiert. Den Gemeinden wurde es darüber hinaus erlaubt, die Umwandlung in Indigene Autonome Gemeinden zu beantragen. Damit durften sie neben dem staatlichen das traditionelle Recht anwenden und ihre Institutionen in gewissen Grenzen selbst ausgestalten. Ressourcenkontrolle und Autonomiezusage waren auf Konflikt angelegt. Schließlich liegen die ressourcenreichen Gebiete, deren Erträge den Staat überhaupt erst handlungsfähig machen, auf dem

Territorium indigener Gemeinden (Tockman und Cameron 2014). Die Aktualisierung dieses Spannungspotenzials ließ nicht lange auf sich warten (siehe unten Abschn. 10.3).

Die geltende Verfassung behält das präsidiale Regierungssystem bei. Erreicht bei der Wahl des Präsidenten kein Kandidat 40 bis 50 % der Stimmen, kommt es zu einer Stichwahl (zum Wahlmodus Tab. 4.7). Der in der Vergangenheit häufig als Letztentscheider auftretende Kongress ist damit aus dem Spiel. Die zweite Parlamentskammer, der Senat, wurde abgeschafft. Die einmalige Wiederwahl des Präsidenten ist heute erlaubt. Mit dem Inkrafttreten der Verfassung im Jahr 2009 wurden auch Präsident und Parlament neu gewählt. *Morales* selbst war der erste Präsident unter der neuen Verfassung, zugleich auch der erste, der 2014 erneut kandidierte und wiedergewählt wurde. Das Oberste Gericht hatte zuvor festgestellt, dass die erste Amtszeit nicht zählte, weil sie noch unter die ältere Verfassung fiel. Das Parlament änderte die Verfassung 2015 darüber hinaus noch dahin, dass ein amtierender Präsident unbeschränkt wiedergewählt werden darf. Ein Referendum, das diesen Beschluss hätte bestätigen müssen, fiel jedoch mit 60 % Neinstimmen negativ aus.

Der Haushaltsentwurf wird vom Präsidenten vorgelegt. Stimmt das Parlament nicht binnen 60 Tagen zu, wird er ohne parlamentarische Zustimmung Gesetz. Die Regierung bzw. die Minister werden wie in der Vergangenheit vom Präsidenten ernannt und entlassen. Neu ist die Möglichkeit, das Volk in Referenden stärker selbst bestimmen zu lassen. Sie eröffnet einen Weg, um parlamentarische Blockaden zu überwinden.

Der Verfassungsentwurf wurde 2009 in einem Referendum mit 61,4 % angenommen. Das Abstimmungsergebnis brachte noch einmal die Kluft zwischen dem reicheren und dem armen Bolivien zum Ausdruck. Die Departements im Osten des Landes votierten gegen, die ärmeren im übrigen Land für den Entwurf.

10.2.2 Präsidenten und Kandidaten: Ihre Parteien und ihre Politik

Das MAS mit seinem Kandidaten *Morales* gewann die Präsidentenwahl 2005 bereits im ersten Anlauf mit 55 %. Der Altpräsident *Quiroga* kam auf lediglich knapp 29 %. Die drei östlichen Departements, der sogenannte Media Luna einschließlich Santa Cruz, votierten mit großer Mehrheit für *Quiroga,* die übrigen Departements für *Morales.* In Parteien und Mehrheiten ausgedrückt, wird das Hochland vom sozialistischen MAS und *Quispes* radikalem MIP und die Tieflandregion vom Parteienbündnis PODEMOS repräsentiert. PODEMOS ist nichts anderes als ein neuer Mantel für die alte UDN. Wegen der engen Verbindung mit *Banzer* schien es nicht mehr opportun, unter diesem Namen aufzutreten (Webber 2011, S. 52 f.).

Die Präsidentschaftswahlen von 2009 und 2014 bestätigten den Osten als Hochburg der rechten Kandidaten. Das rechte Lager bot 2009 *Reyes* als Gegenkandidaten zu *Morales* auf. *Reyes,* Sohn eines Generals, selbst Offizier, danach erfolgreicher Unternehmensgründer, hatte in den Vorjahren schwere Konflikte mit der Regierung *Morales* vom Zaun gebrochen. Lediglich die Departements Santa Cruz und Beni votierten 2009 mehrheitlich für ihn. In der nächsten Präsidentenwahl (2014) trat neben dem Alt-Vizepräsidenten

Quiroga auch der Neuling *Samuel Doria Medina* gegen den amtierenden Präsidenten an. *Doria Medina,* ein sozialer Aufsteiger, hatte mit Imbissketten und Zementfabriken ein Vermögen gemacht. Er kandidierte auf der üblichen ad-hoc-Plattform der bürgerlichen Kandidaten, hier einer Nationalen Einheitsfront (Unidad Nacional). In den jüngsten Präsidentenwahlen trat sie unter wechselnden Namen und mit kleineren Verbündeten auch als Demokratische Einheit (Unidad Democrática) oder als Vereinte Volksfront (Frente Unidad Popular) auf (Tab. 10.2 und 10.3). *Doria Medina* erreichte 2014 mit 25 % den zweiten Platz. *Quiroga,* politischer Erbe des verstorbenen Ex-Präsidenten *Banzer,* kandidierte 2014 für eine christlich-demokratischen Partei. Sie war nur ein Sprungbrett für die Kandidatur. PODEMOS, eigentlich „seine Partei", verzichtete dieses Mal auf einen eigenen Kandidaten und unterstützte *Quiroga* (Tab. 10.1 und 10.3) .

Tab. 10.1 Konstitutionelle und außerkonstitutionelle Abfolge der Präsidenten Boliviens seit 1930

		Konstitutionell gewählt	Konstitutionell abgelöst	Interimspräsident
H. Siles	1926–1930	X		
Junta[a]	1930–1934			
D. Salamanca	1931–1934	X		
J. Tejada	1934–1936			X
Junta	1936/1937			
G. Busch[b]	1936–1939			
C. Quintanilla[c]	1939/1940			X
E. Peñarada	1940–1943	X		
Junta[d]	1943–1947			
E. Herzog	1947–1949	X		
Junta[e]	1949–1952			
V. Paz	1952–1956	X	X	
H. Siles	1956–1960	X	X	
V. Paz	1960–1964	X		
R. Barrientos[f]	1964–1969			
L. A. Siles[f]	1969			
A. Ovando[f]	1969/1970			
Junta	1970			
J. Torres[f]	1970–1971			
Junta	1971			
H. Banzer[f]	1971–1978			
Junta[g]	1978–1982			

(Fortsetzung)

Tab. 10.1 (Fortsetzung)

		Konstitutionell gewählt	Konstitutionell abgelöst	Interimspräsident
H. Siles	1982–1985	X[h]		
V. Paz	1985–1989	X	X	
J. Paz	1989–1993	X	X	
G. Sánchez	1993–1997	X	X	
H. Banzer	1997–2001	X	XR[i]	
J. Quiroga	2001–2002	X		X
G. Sánchez	2002–2003	X	XR[j]	
C. Mesa	2003–2005	X		X
E. Rodriguez	2005–2006	X		X
E. Morales	seit 2006	X		

[a]Junta und Militärpräsident
[b]Militärpräsident
[c]Vom Militär als Interimspräsident eingesetzt
[d]Drei Präsidenten bzw. Führer einer Militärjunta
[e]Zwei Präsidenten bzw. Führer einer Militärjunta
[f]Militärpräsident
[g]Zwölf Juntas bzw. Militärpräsidenten
[h]Von den Militärs aufgrund des Ergebnisses einer 1980 annullierten Wahl zugelassen
[i]Rücktritt wegen schwerer Erkrankung
[j]Vorzeitiger Rücktritt

Tab. 10.2 Parlamentswahlen: Bolivien 2005–2014 (in v. H., in Klammern Sitze)

2014	
Unidad Nacional[a]	24,2(32)
Partido Democrata Cristiano[b]	9,0(10)
MAS	61,3(88)
2009	
MAS	64,2(88)
Plan Progreso[c]	20,5(37)
Unidad Nacional[d]	5,65(3)
Alianza Social[e]	2,3(2)
Sonstige	1,24(0)
2005	*Abgeordnetenhaus*[f]
MAS	53,4(72)
PODEMOS[g]	28,6(43)

(Fortsetzung)

Tab. 10.2 (Fortsetzung)

2014	
Unidad Nacional[h]	7,8(9)
MNR[i]	65,5(7)
MIP[j]	2,2(0)
Sonstige	1,24(0)

[a]Partei des Präsidentschaftskandidaten Doria Medina

[b]Bündnis rechter Parteien in der Tradition von ADN und PODEMOS

[c]Bündnis rechter Parteien um den Präsidentschaftskandidaten Reyes Villa

[d]Eng verbunden mit der Zementfirma des späteren Präsidentschaftskandidaten Doria Medina

[e]Die Partei entstand im Kampf um das Bürgermeisteramt von Potosí

[f]Die größere Kammer des damaligen Zweikammerparlaments

[g]Im Kern die Partei des früheren Präsidenten Banzer, ADN, jetzt die Partei des Präsidentschaftskandidaten Quiroga

[h]Eng verbunden mit der Zementfirma des späteren Präsidentschaftskandidaten Doria Medina

[i]Die Traditionspartei Paz Estessoros. In der Präsidentschaftswahl desselben Jahres trat Sanchez de Lozada als Kandidat für sie an

[j]Felipe Quispes Partei der Indigenen

Tab. 10.3 Präsidentenwahlen: Bolivien 1997–2014 (Bewerber mit den meisten Stimmen [in v. H.])

2014		
Morales MAS	*Doria Medina* Frente da Unidad Nacional[a]	*Quiroga* PDC[b]
61,4	24,2	9,0
2009		
Morales MAS	*Reyes* PPB-CN[c]	*Doria Medina* Frente da Unidad Nacional[1]
64,2	26,4	5,6
2005[a]		
Morales MAS	*Quiroga* PODEMOS	*Doria Medina* Frente da Unidad Nacional[a]
53,7	28,6	7,8

(Fortsetzung)

Tab. 10.3 (Fortsetzung)

2002[a]		
Sanchez de Lozada MNR-MBL[d]	*Morales* MAS	*Reyes* NFR[e]
22,5	20,9	20,9
1997[a]		
Banzer ADN-NFR-PDC[f]	*Durán* MNR	*Loza Alvarado* CONDEPA-MP[g]
22,2	18,2	17,1

[a]Wahlplattform des Kandidaten aus Accíon Democrática Nacionalista (Vorläuferpartei der UDN), NFR (Anm. e) und PDC (Anm. b)
[b]Partido Democrática Cristiano
[c]Plan Progreso para Bolivia-Convergencia Nacional, Parteienbündnis und Wahlplattform für den Kandidaten
[d]Moviemiento Nacional Revolucionario-Movimiento Bolivia Libre (hervorgegangen aus einer Spaltung des MIR)
[e]Nueva Forza Repúblicana, Regionalpartei in Reyes' Heimatdepartement Cochabamba
[f]Eine Wahlplattform mit der Banzer-Partei UDN
[g]Conciencia de Patria

Die Opposition setzte sich 2016 beim Referendum über die unbegrenzte Wiederwahl des Präsidenten durch. Sie inszenierte die Abstimmung als Kraftprobe mit *Morales*. Das Ergebnis, eine deutliche Niederlage des Präsidenten, zeigte erstmals Risse im Lager der Kräfte um den Präsidenten. Sie hatten sich bereits in der Wahl einer indigenen Oppositionskandidatin zur Bürgermeisterin der früheren MAS-Hochburg El Alto abgezeichnet. Die Bürger im früheren Bergbauzentrum um Potosí stimmten für die Opposition. Dort war es bereits im Sommer 2015 zu Demonstrationen gegen die Regierung gekommen. Auch Indigene kehrten *Morales* im Referendum den Rücken. Sie brachten damit ihren Protest gegen die Erschließung ihrer Reservate für die Ressourcenausbeutung zum Ausdruck (SZ 23.2.2016, S. 7). Umgekehrt erkennen inzwischen sogar einst spinnefeind gesinnte Teile der Geschäftswelt und der Agro-Unternehmer im östlichen Tiefland, was sie an diesem Präsidenten haben. Ihre Geschäfte haben unter dem linken Präsidenten nicht gelitten, ganz im Gegenteil: Er gilt hinter vorgehaltener Hand als Garant der Stabilität, und man hätte es gern gesehen, wäre das Referendum für die Entgrenzung der Amtszeit positiv ausgefallen (https://amerika21.de/analyse/144967/bolivien-waehlt. Zugegriffen: 28.2.2016).

Morales und der MAS hatten einst auf einer Woge gesellschaftlicher Proteste die Regierung erobert. Heute sind sie mit dem kollektiven Lernerfolg dieser Proteste konfrontiert. Die zahlreichen Neinstimmen beim Referendum über die Amtszeitentgrenzung des Präsidenten Anfang 2016 gingen unter anderem darauf zurück, dass etliche

Funktionäre des regierenden MAS – wie noch aller Parteien vor ihnen – im Laufe der Jahre der Verlockung erlegen waren, sich in öffentlichen Ämtern zu bereichern. Die im Lager der Opposition stehende Presse hatte die Festnahme einer Ex-Freundin von *Morales* mit Erfolg so kommuniziert, als seien dem chinesischen Unternehmen, für das sie arbeitete, in unlauterer Weise Regierungsaufträge verschafft worden (SZ 20/21.2.2016, S. 9). Wir begegnen hier wieder dem Phänomen oppositioneller Pressemacht (Abschn. 13.2.1). Mit dem Aufstieg etlicher Bolivianer in die Mittelschicht wächst die Erwartung an „saubere Politik." Darin verbirgt sich zu einem guten Teil die wachsende mentale Distanz sozialer Aufsteiger, darunter auch Indigene, zu den Landsleuten, die noch in Armut leben (SZ/NYT-IW 4.3.2016, S. 3). Mit *Morales'* Ausscheiden aus dem Präsidentenamt wird auch in Bolivien die Frage aktuell, ob die Regierungspartei den Rückzug ihres Zugpferdes verkraften kann und ob der Einsatz des Noch-Amtsinhabers für den Nachfolger bzw. die Nachfolgerin genügen wird, um die Kontinuität der bisherigen Politik zu ermöglichen.

10.2.3 Medien und Militär

Medien: Die großen Zeitungen und TV-Sender sind zuverlässige Verbündete der Rechten. Der Familie *Monasterio* gehört das größte TV-Netzwerk Unitel, es hat eine Verbreitungsquote von 70 %. Ihr Mischkonzern Grupo Monasterio nennt auch große Ländereien in Santa Cruz sowie eine Fluglinie ihr Eigen. Die Familie *Daher* mit Sitz in Santa Cruz de la Sierra ist am Medienkonglomerat Grupo Líder beteiligt. Auch sie besitzt große Ländereien im östlichen Bolivien. All diese Eigner sind eng mit den rechten und neoliberalen Politikern verbunden; von Fall zu Fall ordnen sie publizistisches Sperrfeuer gegen *Morales'* Regierung an. Staatliche TV-Sender und lokale Senderbetreiber stehen im Schatten dieser privaten Medienmacht (dazu: Lupien 2013, S. 228).

Militär: Wie seine Vorgänger profitiert *Morales* vom Rückzug der Militärs aus der Politik. Gleich zu Beginn seiner Präsidentschaft entließ er zwei Dutzend Generäle und überging weitere hohe Offiziere bei der Beförderung (Pion-Berlin und Trinkunas 2010, S. 405). In den bewaffneten Staatsorganen herrscht latente Unzufriedenheit. Sie hat die gleichen Ursachen wie in der Gesellschaft insgesamt. Die Polizei stellte 2012 den Dienst ein, um der Forderung nach besserer Bezahlung Nachdruck zu verleihen. Zwei Jahre später rumorte es unter den Unteroffizieren der Streitkräfte. Auch sie verlangten bessere Bezahlung und darüber hinaus einen respektvolleren Umgang der Offiziere. 700 Unteroffiziere wurden entlassen. Bei der Bezahlung kam man den Beschwerdeführern entgegen. Dieses Zugeständnis an die Militärs veranlasste wiederum die Unteroffiziere der Polizei zur Klage, sie würden im Vergleich zu den Armeedienstgraden schlechter besoldet (Latin American Weekly Report, 16.5.2014, 19, S. 7; 26.6.2014, 25, S. 7).

10.3 Wirtschafts- und Sozialpolitik

Wirtschaftspolitik: Der Anteil von Gas am Exportvolumen steht heute bei bei über 50 %. Silber, Platin, Zink und Zinn, die klassischen Exportprodukte des alten Bergbaus im Hochland, kommen an zweiter Stelle. Ölsaaten, Fleisch und Soja, exportstarke Agrarprodukte, die in den östlichen Departements erwirtschaftet werden, sind der dritte große Exportmotor. Noch 1990 verzeichnete die Exportbilanz weder Gas noch Sojaprodukte (siehe Tab. 10.4). Große Erwartungen hegt die Regierung an die Gewinnung des für die IT-Technologie wichtigen Lithiums. Es wurde in einem Salzsee im Südwesten des Landes, nahe der Grenze zu Chile, entdeckt. Nach Regierungsplänen soll das Vorkommen für die industrielle Produktion hochwertiger Batterien genutzt werden.

Die Ressourcenextraktion hat höchste Priorität, generiert sie doch die Mittel, mit denen die zweite Priorität bedient werden kann: Sozialpolitik und Armutsbekämpfung. Die Basis des Ganzen ist das Staatseigentum an den natürlichen Ressourcen. Sie gibt der Regierung die Handhabe, um den Firmen vorzuschreiben, wie viel sie von ihrem Gewinn abzuführen und was sie an übrigen Abgaben zu leisten haben (Madrid 2011, S. 247–251). *Morales* verschaffte dem Staat im wirtschaftlichen Geschehen wieder Gewicht. Der COMIBOL wurde als staatliches Unternehmen restauriert und einstige Genossenschaftsbetriebe – durchaus nicht konfliktfrei – gegen Entschädigungszahlungen wieder in staatliche Regie genommen. Der COB war zufrieden. Bereits kurz nach der Wahl von *Morales* wurde auch die Gasförderung rückverstaatlicht. Mit den Eignern wurde ausgehandelt, dass 50 % plus ein Anteil ihres Kapitals auf eine staatseigene Dachgesellschaft übertragen wurden. Der Gewinnanteil des Staates an der Förderung wurde für die Dauer von 30 Jahre auf 82 % festgelegt (Webber 2011, S. 80 f.). Mit diesen Regelungen hatte nicht einmal der IWF Probleme (Kennemore und Weeks 2011, S. 271). Das neue Gas- und Abgabenregime stärkt die Zentralregierung.

Tab. 10.4 Die wichtigsten Exportprodukte: Bolivien 1970–2014 (in v. H. am Gesamtexport). (Quelle: CEPAL/ECLAC: Statistical Yearbook for Latin America and the Caribbean 2015, External Sector, Tab. 3.3.2.19)

	2014	2013	2000	1990	1980	1970
Erdgas	52,3	52,4	9,3[a]	24,6	21,5	4,1[b]
Silber[c]	6,3	7,4	4,8	6,7	11,4	0
Zink	8,5	6,5	12,5	15,9	4,0	6,4
Rohöl	5,1	2,9	0	0	0	4,0
Zinn	3,0	4,7	4,8	0	0	0
Sojaöl	2,6	2,4	5,0	0	0	0

[a]Das Jahr fällt in die Zeit der Generalstreiks und Straßenproteste
[b]1972, Exportbeginn
[c]Und Platin

Die Inflation verzeichnet seit 1993 mit Ausnahme weniger Jahre niedrige einstellige Werte. Der historische Schock einer exorbitanten Steigerung von zwölf (1984) auf sagenhafte 11.1749 % (1985) erwies sich als heilsam. Schon kurz darauf sank die Rate auf 14,6 % (1987), 1997 verließ sie die Zone der Zweistelligkeit und hat sich dort gehalten (Tab. 10.5). Die Auslandschulden wurden drastisch reduziert (Tab. 10.6).

Atempausen waren der Regierung *Morales* nicht vergönnt. Der Gewerkschaftsbund COB sah keinerlei Grund, den linken Präsidenten zu schonen. An Anlässen fehlte es nicht. So wurden nach der Wahl von *Morales* weiterhin die Preise für Benzin und Diesel subventioniert. Für Eisenbahnverbindungen ist die Topografie Boliviens kaum geeignet. Straßen tragen die Hauptlast des Personen- und Güterverkehrs. Im Zeichen der Weltfinanzkrise (ab 2008) zehrten die Subventionen an der Substanz des Staatshaushalts. Ungeachtet des hohen Ressourcenexports ereilte die Regierung des reformfreudigen Präsidenten das übliche Dilemma der Rohstoffökonomie: Allzu vieles, was das tägliche Leben, die Infrastruktur und die Rohstoffproduktion in Schwung hält, muss importiert werden. Hier unterscheidet sich Bolivien nicht von den Nachbarstaaten (Tab. 5.3).

Um das Budget zu entlasten, wurden die Treibstoffsubventionen gestrichen, der Markt übernahm die Preisgestaltung. Daraufhin stiegen die Preise für Benzin und Diesel allein im Dezember 2010 um 85 bzw. 72 %. Landesweite Proteste waren die Folge. Die Inflation machte einen drastischen Sprung nach oben (Tab. 10.5). Der kampferprobte COB rief im Februar 2011 zum Generalstreik auf.

Die Gewerkschaften taten dabei nichts anderes als das, was von Gewerkschaften erwartet wird. Ging es darum, die Anhänger bei der Stange zu halten, zählte auch die linke Regierung nicht. Stück für Stück ruderte die Regierung zurück. Ein Streik für mehr Kaufkraftausgleich löste den nächsten ab. Entnervt sprach *Morales* von einer Staatsstreichkulisse. Sogar Teile der Polizei und des Militär traten in den Ausstand. Die Kriminalität zog an und wurde selbst zum Gegenstand weiterer Proteste (Tab. 4.12). Zunächst kam die Regierung Lehrern, Gesundheitsarbeitern, Polizei und Militär mit Einkommensverbesserungen entgegen. Zusätzlich wurde der Mindestlohn angehoben, und schließlich, als der COB im Februar 2011 abermals zum Generalstreik aufrief, kehrte die Regierung zur Stützung der Treibstoffpreise zurück. Schlagartig pendelte sich die Geldentwertung wieder auf das übliche Niveau ein. Bei alledem hielt sich der Wechselkurs dank der konstanten Nachfrage nach den Hauptexportprodukten bemerkenswert stabil (Tab. 10.7).

In diesen Herausforderungen nahm der MAS immer noch keinen Schaden, obgleich es seine Wähler waren, die auf die Straße gegangen waren. Rechtzeitig zum Ablauf von *Morales'* erster Amtsperiode zog die Auslandsnachfrage wieder an. Die Situation entspannte sich. Derzeit hat Bolivien dank des wiederbelebten Geschäfts mit Gas und Soja sogar eine recht konstante Wachstumsrate (Tab. 10.8). Ein Nachlassen der globalen Nachfrage nach bolivianischen Produkten kann die Ökonomie aber binnen kürzester Zeit auf Talfahrt schicken – das Betriebsrisiko des Ressourcenexports!

Seit 2009 stehen die indigenen Völker unter dem Schutz der Verfassung. Mit Blick auf den Primat des Rohstoffverkaufs kommt es unvermeidlich zum Konflikt mit Bürgern, die sich gegen Eingriffe wehren, welche die Landschaft verändern, das Wasser

Tab. 10.5 Inflation: Bolivien 2006–2015 (Verbraucherpreise, in v. H.). (Quelle: Siehe Angaben zu Tab. 6.6)

2015	2014	2013	2012	2011	2010	2009	2008	2007	2006
4,3	5,8	5,7	4,6	9,8	2,5	3,3	14,0	8,7	4,3

Tab. 10.6 Anteil der Auslandsschulden am BIP: Bolivien 2005–2014 (in v. H.). (Quelle: Siehe Angaben zu Tab. 6.4)

2014	2013	2012	2011	2010	2009	2008	2007	2006	2005
23,8	25,3	24,8	26,3	29,9	33,5	35,6	41,2	54,8	80,3

Tab. 10.7 Wechselkurs Bolivien: Boliviano: US$ 2006–2015. (Quelle: Fischer Weltalmanach, diverse Jahrgänge)

2015	2014	2013	2012	2011	2010	2009	2008	2007	2006
6,96	6,96	6,90	6,96	6,99	7,07	7,07	7,31	7,97	8,06

Tab. 10.8 Wachstum des BIP: Bolivien 2006–2015 (in v. H.). (Quelle: Siehe Angaben zu Tab. 6.5)

2015	2014	2013	2012	2011	2010	2009	2008	2007	2006
4,1	5,5	6,8	5,1	5,2	4,1	3,4	6,1	4,6	4,8

verschmutzen und in unbelastete Gegenden eine Lebensweise importieren, die über kurz oder lang diejenige der Alteingesessenen korrumpiert. Bei Konflikten obsiegt in aller Regel das Interesse am Rohstoffverkauf (dazu ausführlich: Tockman 2014). Beispiel: Als *Morales* sein Amt antrat, war der geplante Bau einer Straße von Cochabamba in die östliche Region Pando bereits ein großes Thema. Es ging um die Verbesserung der Verkehrsverbindungen nach Brasilien, dem wichtigsten Handelspartner. Die Trasse sollte ein Indianerreservat und ein Naturschutzgebiet durchqueren. Durchaus begründet fürchteten die dort lebenden Indianer, die Straße brächte auch Neusiedler und dubiose Geschäftemacher; nicht zuletzt wüsste die Drogenmafia eine neue Fernstraße zu schätzen. Die Proteste gegen das Projekt spitzten sich 2011 zu. Die Indianerverbände riefen zu einem Marsch auf die Hauptstadt auf. Mit einem äußerst brutalen Einsatz stoppte die Polizei den Marsch. Der COB rief sogar einen Generalstreik aus, um die Proteste zu unterstützen (Fontana 2014, S. 446; Rebbington 2012, S. 25–28). Erst jetzt setzte *Morales* das Projekt aus, um die Bewohner der Region zu konsultieren und sie dann in einer Volksabstimmung über das Projekt entscheiden zu lassen.

Im Juni 2015 öffnete das Parlament per Gesetz 22 ausgewiesene Naturschutzgebiete für die umweltschonende Ausbeutung der dort befindlichen Öl- und Gasvorkommen durch spanische, brasilianische, venezuelanische und bolivianische Gesellschaften (http://

www.theguardian.com/environment/andes-to-the-amazon/2015/jun/05/bolivia. Zugegriffen: 10.1.2016). Der Schritt wurde mit dem erwarteten Beitrag zur Landesentwicklung und Armutsbekämpfung gerechtfertigt. Er räumte auch ein rechtliches Hindernis für die Errichtung einer gigantischen hydroelektrischen Anlage beiseite, die weite Teile eines der artenreichsten Gebiete der Erde fluten wird. Entsprechende Verträge mit ausländischen Investoren liegen bereits in der Schublade. Wie in Ecuador und Peru zahlen indigene Völker die Zeche. Ein weiteres Beispiel für die Strategie neo-extraktivistischer Entwicklung (Abschn. 5.3)! Die Proteste ließen nicht auf sich warten und fanden sich im Nein wieder, an dem das Referendum zur Entfristung der präsidialen Amtszeit scheiterte.

Sozialpolitik: Die Regierung *Morales* stockte die Mittel für das Schulsystem auf und verbesserte in den bescheidenen Grenzen des finanziell Möglichen die sozialen Leistungen. Um das Profitkalkül aus der Altersversorgung herauszuhalten, wurden die privaten Rentenkassen verstaatlicht. Heute wird an alle Bürger über 60 Jahre eine Renta Dignidad ausgezahlt. Bei Empfängern regulärer Sozialrenten fällt sie um ein Fünftel geringer aus als bei Bürgern ohne Alterssicherung, d. h. ohne eine Erwerbsbiografie mit regulärer Beschäftigung. Ergänzend wurde das Rentenalter der überwiegend körperlich schwer arbeitenden Bevölkerung auf 58 Jahre herabgesetzt. All diese Programme werden aus dem Staatsanteil an den Verkaufserlösen von Gas und Öl finanziert. Das Gleiche gilt für einen unlängst beschlossenen Rentenbonus, für den die Einnahmen aus dem Gasverkauf vorgemerkt sind (Latin American Weekly Report, 4.9.2014, 35, S. 5). Seit 2014 regelt ein Gesetz auch die Kinderarbeit. Aus der Einsicht heraus, dass an der Tatsache der Kinderarbeit in Anbetracht der verbreiteten Armut (Tab. 3.4 und 3.5) ohnehin nichts zu ändern ist, sollen immerhin gewisse Schutzbestimmungen gelten.

Chile 11

Chile ist geografisch betrachtet ein Andenstaat. Mit den oben geschilderten Andenländern hat es geografisch und ethnisch zwar sonst kaum etwas gemeinsam, eines aber doch: die Ressourcenausbeutung als tragende Säule der Wirtschaft! Das Staatsgebiet endet auf der Gipfellinie der Gebirgskette. Die südlichen Ausläufer des Staatsgebiets sind unwegsam und haben mit ihrer Nähe zur Antarktis ein unwirtliches Klima. Das küstennahe Tiefland im Norden Chiles ist Wüste. Über 4200 km in Nord-Süd-Richtung und die durchschnittlich 180 km in Ost-West-Richtung geben dem Land sein kurioses Format. Die Bevölkerung konzentriert sich in der Mitte des Landes auf einer Linie zwischen Santiago, Valparaiso und Valdivia. Nach der letzten Zählung von 2012 waren nahezu alle Chilenen Weiße oder Mestizen (Tab. 3.10). Soweit die amtlichen Zahlen! Soziologische Untersuchungen zeigen indes, dass sich 2005 37 % der Chilen als weiß, 55 % als hispanisch – eine Umschreibung für mestizisch – und fünf Prozent als indigen oder indianisch bezeichneten. Kastilische und baskische Namen genießen größere Reputation als andere (Barandíarán 2012, S. 166 f., 170).

11.1 Geschichte

11.1.1 Frühe Republik, Parteienkämpfe, Exportwirtschaft

Am Gebiet des heutigen Chile zeigten die spanischen Eroberer zunächst wenig Interesse. Gold und Silber gab es dort nicht. Für den Anbau von Zucker und Baumwolle, d. h. die agroökonomischen „Bringer" der Kolonialzeit, war das Klima nicht geeignet. Im Übrigen gelang es weder mit Feuerwaffen noch auf andere Weise, mit überschaubarem Aufwand den Widerstand der Mapuche-Völker im Süden des Subkontinents zu brechen. Es gab zu wenig Lohnendes, um dort in langwierige und kostspielige Eroberungen

J. Hartmann, *Die politischen Systeme Lateinamerikas*,
DOI 10.1007/978-3-658-14353-4_11

zu investieren. Deshalb schloss die spanische Krone einen förmlichen Frieden mit den Mapuche. Er legte den Bio-Bio-Fluss als gemeinsame Grenze fest.

Das unabhängige Chile entstand als Ergebnis der im Süden des Subkontinents von *San Martín* geführten Unabhängigkeitskriege. Die ersten Dekaden der Republik verzeichneten die üblichen Kämpfe zwischen Stadt und Land, Handels- und Agraroligarchie, Liberalen und Konservativen, Zentralisten und Föderalisten. Das Militär hielt sich an eine dienende Funktion. In den ersten Jahrzehnten der Unabhängigkeit beherrschten die Konservativen das politische Leben. Die Präsidenten *Manuel Bulnes Prieto* (1841–1845) und *Manuel Montt Torres* (1851–1861) durften nach der damals geltenden Verfassung beide noch wiedergewählt werden. Beide standen über einen Zeitraum von 20 Jahren an der Spitze des Staates. Sie entschieden die Parteikämpfe mit den Föderalisten zugunsten einer starken Zentralgewalt.

Nach Präsident *Montt* (ab 1861) begann die liberale Epoche. Sie dauerte bis in die 1890er Jahre. In dieser Zeit nahm der Kupferbergbau Fahrt auf. Die Regierung glaubte sich 1861 stark genug, den Frieden mit den Mapuche zu brechen und ihr Land in das Staatsgebiet einzugliedern. Dort kam es einer harten militärischen Besatzung mit jahrelangen Kämpfen. Das Land der Mapuche wurde Offizieren angeboten, ein kleinerer Teil den Mapuche überlassen, die dort fortan Kleinlandwirtschaft betrieben (Faundez 2007, S. 22–25).

Das Land führte im 19. Jahrhundert zwei große Kriege. Der erste große Krieg (1836–1839) wurde geführt, um die Föderation Bolivien-Peru zu zerschlagen (Abschn. 9.1 und 10.1). Die Beziehungen zu Argentinien waren gespannt. Während Chile im Pazifischen Krieg (Salpeterkrieg) mit Bolivien und Peru neues Gebiet an den nördlichen Grenzen eroberte (1879–1883), nutzte Argentinien die Situation aus, um Chile ohne großen Aufwand seine menschenarmen, aber großflächigen Gebiete westlich der Anden wegzunehmen. Die Sicherung und Verteidigung des Eroberten gab dem Militär politisches Gewicht.

Das chilenische Militär war in dieser Zeit – wie im übrigen Lateinamerika – keine Zierde militärischer Professionalität. Immerhin war es stark genug, um konkurrierende bewaffnete Mächte im Inneren gar nicht erst aufkommen zu lassen. Die Schwächen der eigenen Armee im Pazifischen Krieg wurden zwar noch von der Schwäche der Gegner übertroffen, aber sie gaben den Anstoß, die Armee zu modernisieren. Der preußische General *Emil Körner* wurde eingeladen, das Heer zu reformieren. Auch beim Aufbau eines Volksschulwesens hielt man sich an deutsche Vorbilder (Rinke 2007, S. 68 f.; Collier und Sater 2004, S. 178–180). Die Marine, in Anbetracht der langen Küsten des Landes eine wichtige Teilstreitkraft und nach dem Pazifikkrieg die bedeutendste Seestreitmacht im pazifischen Lateinamerika, sah sich seit der Unabhängigkeit ihren britischen Lehrmeistern verpflichtet.

Die Liberalen schwächten die nach der Verfassung vom Jahr 1833 starke Position des Präsidenten mit einer Reihe von Verfassungsänderungen ab. So wurde auch das Verbot einer konsekutiven Wiederwahl des Präsidenten in die Verfassung geschrieben. Ab dem späteren 19. Jahrhundert waren die Präsidenten gut beraten, die Verweigerungsmacht des Parlaments ins Kalkül zu ziehen. Der Kongress war eine Bastion der Konservativen.

Beide Institutionen belauerten einander. In den 1880er Jahren wurden Misstrauensbeschlüsse gegen die Minister zum beliebten Mittel, um den Präsidenten in die Enge zu treiben (Faundez 2007, S. 38–41). In dieser Epoche fanden zwar erbitterte politische Kämpfe in den Institutionen und um die Institutionen statt, aber kein Kampf gegen die gewaltenteilige Institutionenordnung als solche. Rivalisierende Caudillos, die zu dieser Zeit noch eine gesamtamerikanische Plage waren, blieben dem Land erspart. Wie überall in dieser Epoche, stritten sich Liberale und Konservative heftig um das Verhältnis des Staates zur Kirche. Industrielle und Großgrundbesitzer hatten indes gemeinsame wirtschaftliche Interessen. Diese überlagerten letztlich konstitutionelle Streitpunkte wie das angemessene Verhältnis zwischen Präsident und Legislative und die Reform des Wahlrechts (Faundez 2007, S. 22).

Das ökonomische Potenzial des Landes wurde erst um die Mitte des 19. Jahrhunderts offensichtlich. Begünstigt durch die Lage in der gemäßigten Klimazone, entpuppte es sich als Obstgarten, Holzspeicher und Getreidelager für eine ausländische Kundschaft. Die dominierende Produktionseinheit war große Hacienda. Sie befand sich im Besitz eines Patrons, der nur vorübergehend auf seinen Besitztümern, meist aber in der Stadt lebte. Die oberen Klassen bestanden größtenteils aus Abkömmlingen der Kreolenfamilien. Sie beschäftigten Heerscharen von Mestizen, die als Pachtbauern mit Bleibe und Familie praktisch unauflösbar mit der Hacienda verbunden waren (Abschn. 1.2 und 1.3). Bis weit ins 20. Jahrhundert waren die Eigentumsverhältnisse auf dem Lande ein Tabu. Gerieten sie durch eine unliebsame Politik doch einmal in Gefahr, zögerte die Oligarchie nicht, Recht und Ordnung über Bord zu werfen (Collier und Sater 2004, S. 138). Diese Oligarchie war bemüht, den Zuschnitt der Gesellschaft so weit wie möglich „europäisch" zu korrigieren. Der Auswanderungsdruck im Europa des ausgehenden 19. und des frühen 20. Jahrhunderts führte mitteleuropäische Emigranten, darunter viele Deutsche, nach Chile (Collier und Sater 2004, S. 92). Die von ihnen erhoffte Ausstrahlung auf die chilenische Gesellschaft war jedoch zu vernachlässigen. Das vom Großgrundbesitz in Beschlag genommene Zentralchile bot bäuerlicher Landwirtschaft wenig Platz. Willkommen waren europäische Einwanderer als Kolonisatoren im Mapuche-Gebiet.

Zunächst ein kurzer Blick auf die Eckpunkte des historischen politischen Systems. Chile zeichnet sich durch einen sparsamen Verfassungskonsum aus. Bis heute stand es unter acht Verfassungen. Sieht man von der unruhigen Gründungsphase einmal ab, war das Verfassungsgerüst bemerkenswert stabil. Die mehrfach geänderte Verfassung von 1833 hielt bis 1925, und die Verfassung von 1925 bis 1973 (Tab. 4.1). Mit Blick auf Institutionen hält sich Chile an die lateinamerikanische Norm. Seit den 1870er Jahren gilt das Verbot der konsekutiven Wiederwahl für den Präsidenten. Der Präsident wird erst seit 1925 direkt gewählt. Der erfolgreiche Kandidat brauchte seither die absolute Mehrheit der Stimmen. Kam diese in der Volkswahl nicht zustande, wurde das Parlament aktiv, um eine Wahl zwischen den Kandidaten mit den besten Ergebnissen zu treffen. Seit 1874 durften erwachsene Männer wählen, Frauen seit 1949, Analphabeten jedoch erst seit 1970 (Tab. 4.5). Das Parlament hat die üblichen zwei Kammern. Wie unten zu zeigen sein wird, war es eine durchaus mächtige Institution.

Die Nitratvorkommen bescherten dem Land im 19. Jahrhundert den ersten auf Rohstoff gegründeten Boom. Die europäischen Armeen stellten ihre Artillerie auf Sprengstoffgeschosse um, und die Agrarwissenschaft hatte herausgefunden, dass sich mit der Zugabe von Stickstoff bessere Bodenerträge erzielen ließen. Der ernährungswirtschaftliche Vorteil überzeugte umso mehr, als die städtische Bevölkerung Europas nach 1870 stetig wuchs. Die großen Nitratvorkommen befanden sich in der Atacama-Wüste gleich hinter der damaligen chilenischen Nordgrenze. Die Wüste selbst war bis 1879 noch bolivianisches Staatsgebiet. Der bolivianische Staat und bolivianische Unternehmer hatten weder das Kapital noch das Know-how, um aus dem wertvollen Gestein Geld zu machen. Dies besorgten britisches und chilenisches Kapital sowie chilenische Arbeiter.

Im Fördergebiet zeigten bald nur noch die Staatsflagge und einige Beamte an, wem das Gebiet gehörte. In Bolivien kam man schließlich auf die Idee, selbst am Nitratgeschäft zu verdienen. Seine Regierung kündigte die Steigerung der Exportzölle an. Die ortsansässigen Chilenen wehrten sich und machten Stimmung für ein Eingreifen ihrer Regierung. Als chilenisches Militär das Gebiet besetzte, kam es zu einem langen und verlustreichen Krieg mit Bolivien, dem sich das durch einen Beistandspakt an Bolivien gebundene Peru anschloss (1879–1883). Das Ergebnis dieses Krieges am Ende der damaligen Welt: Bolivien musste das Gebiet aufgeben und verlor damit auch gleich seinen Seezugang. Peru hatte darüber hinaus seine südliche Küstenprovinz an Chile herauszurücken. Chile war Kriegsgewinner auf ganzer Linie.

Ausländisches Kapital, darunter auch norddeutsche Unternehmer, bauten die nunmehr chilenische Salpeterproduktion weiter aus. Unverändert verrichteten Chilenen die schwere und ungesunde Arbeit, im superheißen Klima nitrathaltiges Gestein zu sprengen und es zu zermahlen. Inmitten der Wüste entstanden große Arbeitersiedlungen. Das Eisenbahnnetz wurde erweitert, um den Transport in die Häfen sicherzustellen. Typische Folgen waren die Organisation der Arbeiter in – illegalen – Gewerkschaften, harte Arbeitskämpfe und das Sprießen linker Parteien. Daneben wuchs eine städtische Zwischenschicht von Angestellten auf, die in Kontoren arbeiteten, und von Kleinunternehmern, die Alltagsbedarf herstellten oder verkauften. Dies alles brachte, von den eben erworbenen Neugebieten ausgehend, Unruhe in die behäbige Agrargesellschaft. Und diese Unruhe überforderte einen Staat, der sich für wenig mehr in der Verantwortung sah als für die polizeiliche Garantie des Status quo. Die Veränderungen verlangten dringend nach Reformen, etwa staatlicher Regulierung der Arbeitsverhältnisse und öffentlicher Hygiene (Collier und Sater, S. 173–176, 188–196).

11.1.2 Politische Kämpfe und die Politisierung des Militärs (seit 1891)

Präsident *José Manuel Balmaceda* (1886–1891) aus einer reichen Familie war der erste große Reformer Chiles. Auf seine Initiative gingen grundlegende Verbesserungen der Infrastruktur zurück. Er hatte freilich Schwierigkeiten, gegen den Widerstand der

Konservativen und von Dissidenten der eigenen Liberalen Partei Mehrheiten zu bilden. Zweimal missachtete er offen die Rechte des Parlaments, als er die Steigerung des Militärhaushalts verweigerte und ohne Zustimmung der Parlamentarier einen Minister ernannte. Als er 1891 noch vorschlug, die Nitratindustrie zu verstaatlichen, brachte er das Fass zum Überlaufen. Die ausländischen Eigentümer starteten eine Gegenattacke. Sie machten sich den Reflex der Oligarchie zunutze, alles von sich zu weisen, was in die Eigentumsrechte eingriff. Die Parlamentarier warfen *Balmaceda* diktatorisches Gebaren vor.

Die Marine, die stets ein offenes Ohr für britische Interessen hatte, ließ die Häfen besetzen. Marinesoldaten gingen mit der Waffe gegen Arbeiter vor, die sich ihnen in den Weg stellten. Das Land geriet in einen Bürgerkrieg. Das Parlament, das von Teilen des Heeres unterstützt wurde, stellte sich gegen die Anhänger des Präsidenten. Die Parlamentspartei trug den militärischen Sieg davon. *Balmaceda* wählte den Suizid.

Umgehend wurde die Verfassung dahin geändert, dass ein Regieren gegen das Parlament ausgeschlossen war. Künftig hing über jedem Minister das Damoklesschwert einer Laune der Parlamentarier, ihn unter dem Vorwurf der Amtspflichtverletzung aus dem Amt zu schießen (Faundez 2007, S. 56). Als Wahrer der Besitzstände rückten die Konservativen und ein Teil der Liberalen immer enger zusammen. Neben sie trat in dieser Zeit die Radikale Partei. Sie schöpfte aus dem Milieu der neuen Mittelklasse, vernachlässigte aber wie die übrigen Parteien die Arbeiterschaft. Umso stärker gerieten die Arbeiter unter den Einfluss sozialistischer Aktivisten.

Mit der Erfindung künstlichen Stickstoffs (Haber-Bosch-Verfahren) verlor die Salpeterwirtschaft an Bedeutung. Ihr Beitrag zur Exportleistung ließ nach dem Ersten Weltkrieg nach. Die Nitratgewinnung ging zurück, wurde aber durch die wachsende Bedeutung des Kupferbergbaus üppig kompensiert. Präsident *Arturo Alessandri Palma* (1920–1924), ein Liberaler aus der Familie eines reichen Großagrariers, brachte eine nennenswerte Arbeitsgesetzgebung auf den Weg. Er hatte zwar die Unterstützung der Radikalen, stieß aber auf den Widerstand einer Kongressmehrheit. Dringend angezeigte Reformen im Gesundheits- und Bildungssektor ließen auf sich warten. Ungeachtet des Elends um sie herum beschlossen 1924 die Parlamentarier, durchweg Vertreter der privilegierten Klassen, sich für ihre parlamentarische Tätigkeit Diäten zu genehmigen. Teile des Offizierskorps protestierten.

In diesem Faktum zeigte sich ein neues Phänomen: die Politisierung des Offizierskorps. Im Militär hatten inzwischen Kinder aus der Mittelschicht Karriere gemacht. Sie schämten sich der Unterentwicklung ihres Landes. Sie waren gut ausgebildet, aber schlecht bezahlt und auch unzufrieden mit der Ausrüstung. Ihr Meinungsführer war der Chef der Militärakademie sowie spätere Innenminister und Präsident *Carlos Ibañez del Campo* (Faundez 2007, S. 63; Collier und Sater 2004, S. 210–214). Ähnliche Strömungen gab es zur gleichen Zeit im bolivianischen, brasilianischen und venezuelanischen Militär. Genau wie dort war das chilenische Offizierskorps gespalten. Die höheren Offiziere standen zur Oligarchie. Jüngere Offiziere, die sich in einem Klub zusammentaten, wollten Reformen (Rinke 2007, S. 80–82). Letztere präsentierten *Alessandri* 1924 ihre Forderungen, darunter die Verbesserung des Soldes und mehr Geld für die Armee. Nicht willens, dem Druck nachzugeben, gleichzeitig aber mit einem feindseligen Kongress konfrontiert, trat *Alessandri* zurück und ging ins Exil. Rasch sahen die Militärs ein, dass sie außerstande waren, das Land zu regieren. Deshalb riefen sie *Alessandri* aus dem Exil zurück (Faundez 2007, S. 56–65).

Zum Ende seiner Amtszeit gab *Alessandri* noch den Anstoß für eine neue, präsidialfreundliche Verfassung, die auch den Erwartungen der Militärs entsprach. Die wichtigste Innovation dieser seit 1925 geltenden Verfassung war ein Bekenntnis zum Sozialstaat. Die formelle Stärkung des Präsidentenamtes, die in das Verfassungsdokument hineingeschrieben wurde, sollte indes geringe Wirkung entfalten. *Ibañez,* Führer der progressiven Militärfraktion, fand Gefallen an der Rolle des politischen Vetospielers. Künftig war er vor und hinter den Kulissen der eigentliche Regent Chiles. Als 1925 ein Nachfolger für *Alessandri* gesucht wurde, kam *Ibañez* mit den Parteiführern – ohne die Kommunisten – zusammen, um einen Präsidentschaftskandidaten auszuloten, der von den Militärs akzeptiert werden könnte. Die Wahl fiel auf *Emiliano Figueroa Larraín* (1925–1927). *Figueroa* tat de facto nichts anderes, als pro forma *Ibañez'* Willen abzusegnen. *Ibañez* stieg inzwischen zum Heereskommandeur auf. Als zwischen Heer und Marine ein Streit ausbrach, holte *Figueroa* 1927 *Ibañez* als Innenminister in die Regierung. Ohne jetzt noch groß Rücksicht auf den Präsidenten zu nehmen, ging *Ibañez* mit aller Härte gegen Kritiker vor. *Figueroa* war dies zuviel. Er stellte noch im selben Jahr sein Amt zur Verfügung.

11.1.3 Die Ära Ibañez (seit 1927)

Ibañez kandidierte 1927 für das Amt des Präsidenten und wurde gewählt. Noch profitierte Chile vom Nachkriegsboom der 1920er Jahre in Europa. *Ibañez* – die chilenische Ausgabe des uniformierten Modernisierungsagenten – brachte eine Reihe von Reformen auf den Weg. Unter anderem modernisierte er das Arbeitsrecht, er führte rudimentäre soziale Sicherungssysteme – für reguläre Arbeiter und Angestellte, nicht für Landarbeiter – ein und baute eine leistungsfähigere Infrastruktur auf. Für die Gewerkschaften hatte *Ibañez* so wenig übrig wie für die linken Parteien. Es ging ihm bei diesen Reformen darum – wie weiland Bismarck im Deutschen Reich –, der Klientel der Linken das Wasser abzugraben. Auch die Bedürfnisse des Heeres wurden gut bedient: bessere Ausbildung, Ausrüstung und Bezahlung. *Ibañez* gründete 1930 mit der Luftwaffe eine neue Teilstreitkraft und schuf sich auf diese Weise einen Verbündeten gegen die notorisch mit dem Heer rivalisierende Marine. Schon ein Jahr später regneten Bomben auf Kriegsschiffe im Hafen von Valdivia, deren Besatzungen für besseren Sold meuterten. Mit den Carabineros wurde eine kasernierte Nationalpolizei aufgebaut. Sie hatten dem Militär künftig die Schmutzarbeit im Inneren abzunehmen. *Ibañez* legte in den 1920er Jahren ferner den Grundstein für ein innerstaatliches Luftverkehrsnetz, das in Anbetracht der gewaltigen Nord-Süd-Ausdehnung des Landes für Reisen und den Postverkehr immens wichtig wurde (Rinke 2007, S. 85).

Mit dem inneren Frieden und der Reformpolitik war es vorbei, als die Weltwirtschaftskrise auch Chile erreichte. Für die anschwellende Arbeitslosigkeit und Hungerdemonstrationen, schließlich sogar für einen Generalstreik wusste *Ibañez* keinen Rat. Noch vor Ablauf seiner Amtszeit trat er 1931 zurück (Rinke 2007, S. 103). Es folgte das dreimonatige Interregnum einer bizarren und kurzlebigen Linkskoalition (1932). Linke Offiziere taten sich mit einigen Politikern zusammen und versuchten, eine sozialistische Republik aus der Taufe zu heben. Das Experiment scheiterte an Streitigkeiten unter den beteiligten Offizieren (Rinke 2007, S. 99).

Unter den Nitratarbeitern im Norden des Landes war inzwischen eine Kommunistische Partei entstanden, die sich der Kommunistischen Internationale anschloss. Sie verweigerte sich aber der von *Stalin* gegen die Sozialdemokratie verordneten Sozialfaschismus-Linie. Statt wie von Moskau verlangt, mit Priorität die reformistische Linke zu bekämpfen, arbeitete sie mit anderen Parteien zusammen. Erst nach dem gescheiterten Experiment der ultrakurzen sozialistischen Republik schlossen sich linke Gruppen, darunter Trotzkisten und Anarcho-Syndikalisten, zur Sozialistischen Partei zusammen. Sie waren mit der von den Kommunisten geübten Disziplin und deren Verbindungen nach Moskau nicht einverstanden (Robert 1998, S. 86 f.). Sonst aber waren die Kommunisten die legalitätsfreundlichere und moderatere, die Sozialisten aber die radikalere Partei (Oppenheim 2007, S. 17 f.).

Altpräsident *Arturo Alessandri* wurde 1932 abermals zum Präsidenten gewählt. Er regierte jetzt ohne den Reformelan seiner ersten Präsidentschaft (Rinke 2007, S. 216–233). Als *Alessandris* Mandat 1938 ablief, trat *Pedro Aguirre Cerda* als Kandidat an, ein bürgerlich-radikaler Politiker und sozialer Aufsteiger aus einfachsten Verhältnissen, der es zu akademischen Meriten und vorübergehend zum Minister gebracht hatte. Auch der Altpräsident *Ibañez* kandidierte erneut. Er hatte inzwischen Gefallen am Diktaturmodell des deutschen Nationalsozialismus gefunden. Gerüchte über einen Putsch chilenischer Nationalsozialisten machten die Runde. In der Tat kam es zu einem Putschversuch, Truppenteile besetzten öffentliche Gebäude. Dieser Putsch, an dem *Ibañez* unbeteiligt war, scheiterte; die Putschisten stellten sich der Justiz. *Ibañez'* Kandidatur war mit diesem Ereignis gleichwohl erledigt.

Der gewählte Präsident *Aguirre* nahm 1938 neben seiner Hauspartei, den Radikalen, auch Sozialisten und Kommunisten in die Regierung auf. Diese Linkskoalition war neben den französischen und spanischen Regierungen der 1930er Jahre die dritte Volksfrontregierung weltweit. Die Verbesserung der Lebensverhältnisse für die Armen wurde ein Schwerpunkt der Regierungsarbeit. Beim Zusammenbruch der spanischen Republik öffnete *Aguirre* die Türen weit für Flüchtlinge, die Schutz vor der Verfolgung *Francos* suchten. Die Linkskoalition hielt, bis *Aguirre* verstarb (1941).

Für die Nachfolge kandidierte 1942 abermals der Alt- und Militärpräsident *Ibañez*. Er unterlag *Juan Antonío Ríos Morales* von der Radikalen Partei, der mit einem Kabinett von Fachleuten regierte. Wie sein Vorgänger verstarb der neue Präsident noch vor Ablauf der Amtszeit. Aus dem Lager der Radikalen kam auch *Gabriel Gonzáles Videla*. Über eine publizistische Karriere zur Politik gelangt, wurde er 1946 zum Nachfolger gewählt.

Seine Kandidatur wurde von einer breiten Koalition von links bis rechts unterstützt, sogar die Kommunisten waren dabei. Erstmals seit Geltung der Verfassung von 1925 musste die Wahl im Parlament entschieden werden: In der Volkswahl hatte kein Kandidat die erforderliche Mehrheit erreicht. Die Gegensätze der beteiligten Parteien sprengten diese Regierungskoalition.

In der Nachkriegszeit durchlebte das Land eine Serie heftiger Arbeitskämpfe. Die Regierung *Gonzáles* versuchte sie zu unterbinden, stieß dabei aber auf den Widerstand des kommunistischen Koalitionspartners, der sich mit den kämpferischen Gewerkschaften solidarisierte und die Regierung verließ. In einer scharfen Rechtswende verhängte *Gonzáles* 1947 den Ausnahmezustand. Dieser dauerte bis zum Ende seiner Amtszeit an (1952) und gab dem Präsidenten alle Handhaben, um die Gewerkschaften zu schikanieren und die Bildung von Bauern- und Landarbeitergewerkschaften zu verhindern (Faundez 2007, S. 55 f.). Unter *Gonzáles'* Führung ging das Land auf antikommunistischen Kurs – wie nach Beginn des Kalten Krieges alle übrigen Regierungen Südamerikas. Die Kommunistische Partei wurde 1948 verboten – und erst 1958 wieder zugelassen –, ihre führenden Funktionäre inhaftiert.

Im Jahr 1952 kandidierte *Ibañez* ein letztes Mal für die Präsidentschaft. Im ersten Wahlgang gewann er 46 % der Stimmen und erhielt in der Stichwahl die Mehrheit der Parlamentarierstimmen. Den harten Kurs gegenüber Streikenden und Demonstranten setzte er fort, ohne sich groß um die Verfassung zu kümmern. Die wichtigsten Ministerien besetzte *Ibañez* mit Militärs. Offiziere führten nicht nur das Kriegs- und Innenministerium, sondern auch die Ressorts für Bildung, Wirtschaft und öffentliche Arbeiten.

Die Soldaten standen zwar zu ihrem Präsidentenidol. Sie waren sich aber nicht in allem einig. Wie schon in den 1920er Jahren wurden Offizierslogen aktiv. Die Erwartung einer Militärfraktion ging dahin, der Präsident würde als Exponent der Streitkräfte als Institution regieren und die Parteien auf Abstand halten. Eine andere Fraktion, unterstützte *Ibañez* als Person, nicht als Vertreter der Institution, in der er groß geworden war. *Ibañez* beriet sich mit Vertreten der Letzteren, ohne dass die Militärführung davon wusste. Als diese Verbindung bekannt wurde, schlug die Militärhierarchie zurück. Die betreffenden Offiziere wurden disziplinarisch belangt oder für die weitere Karriere kaltgestellt (Faundez 2007, S. 87 f.; Collier und Sater 2004, S. 255). Diese Reaktion war ein Warnschuss für alle Militärs, die glaubten, sich außerhalb der Hierarchie stellen zu dürfen.

Ibañez' Nachfolger wurde 1958 der Sohn des Altpräsidenten, *Jorge Alessandri Rodriguez*. Wie sein Vater gehörte er der Liberalen Partei an und war eng mit der Geschäftswelt seines Landes verbunden. Die große Zahl der Stimmen, die im ersten Wahlgang auf die Gegenkandidaten *Salvador Allende Gossens,* einen Sozialisten, und auf *Eduardo Frei Montalva,* einen Christdemokraten, entfielen, zwang die Wahlentscheidung abermals ins Parlament.

11.1.4 Ära Frei-Allende (seit 1964)

Die christlichen Demokraten waren eine neue Kraft in der Parteienszene. Ihre Ursprünge lagen in der rechten Falange-Partei der Vorkriegszeit. Die Gründung der christdemokratischen Partei PDC fällt in das Jahr 1957. Für Konservative und Liberale waren die Eigentumsverhältnisse seit je tabu, namentlich auf dem Lande. Sie lehnten auch ein stärker umverteilendes Steuerregime ab. Damit standen beide Traditionsparteien aber schon in den 1960er Jahren mit dem Rücken zur Wand. Nicht nur für die Sozialisten, auch für die Christdemokraten, die darin der katholischen Soziallehre folgten, war die Neuordnung der ländlichen Besitzverhältnisse das einzig taugliche Mittel, um die Armut an der Wurzel zu bekämpfen. Insofern gab es hier Übereinstimmung mit den linken Parteien. Die von der Linken bevorzugte Methode allerdings, insbesondere Verstaatlichungen im industriellen und gewerblichen Sektor, lehnten die Christdemokraten ab. Das christlich-demokratische Programm war nicht nur sozialstaatlich motiviert, es verfolgte auch das Ziel, der Linken und vor allem den Kommunisten das Wasser abzugraben. Die Christdemokraten traten durchaus für Arbeiterrechte und freie Gewerkschaften ein, lehnten aber die Zusammenarbeit mit den linken Gewerkschaften ab. Sie stellten eigene christliche Gewerkschaften auf die Beine.

Frei wurde 1964 gleich im ersten Wahlgang mit großer Mehrheit zum Präsidenten gewählt. Er kam aus bescheidenen Verhältnissen; sein Vater war Buchhalter, die Kirche ermöglichte eine höhere Bildung, an die sich ein Jurastudium anschloss. Seit Studententagen war *Frei* politisch aktiv gewesen, zunächst in der Falange, dann als Minister, schließlich als Parteigründer – kurz: er war der Typus eines Berufspolitikers, der in der chilenischen Politik immer stärker hervorzutreten begann. Gegen die wütenden Proteste der Oligarchie realisierte *Frei* die erste nennenswerte Agrarreform in der Geschichte des Landes. Dabei betrieb der Kongress parlamentarische Obstruktion, wo immer sich die Gelegenheit bot. Güter ab einer bestimmten Größe wurden gezwungen, Land abzutreten, auf dem künftig Bauern wirtschaften sollten (Faundez 2007, S. 99–153). Mit den Kupferkonzernen handelte die Regierung eine neue Vergütungsregelung aus. In den Armensiedlungen wurden Nachbarschaftskomitees als institutionelle Hilfe zur Selbstorganisation der Bewohner gefördert (Oppenheim 2007, S. 25; Faundez 2007, S. 162–165; allgemein zur Ära Frei: Rinke 2007, S. 136–143; Nohlen 1973, S. 91–112).

Die Linke beobachtete mit Missbehagen, wie der christdemokratische Präsident Teile des eigenen Programms ins Werk setzte. Ihre Parteien antworteten mit einer Bieterkonkurrenz und beklagten ein Zuwenig und falsche Wege zum richtigen Ziel. Vor allem die Sozialisten schlugen einen scharfen Oppositionskurs ein. Links von den Kommunisten war inzwischen der radikale MIR (Movimiento de Izquierda Revolucionaria) entstanden, der sich am kubanischen Sozialismus begeisterte (Robert 1998, S. 91). Die Amtszeit des ungewöhnlich populären *Frei* endete 1970. Es misslang den christlichen Demokraten, in ihren Reihen einen zugkräftigen Nachfolgekandidaten zu finden.

In dieser Epoche der 1960er Jahre, die vom revolutionären Enthusiasmus unter Studierenden gezeichnet waren, von der Behauptung des Kleinstaates Kuba gegen den hegemonialen Riesen USA und von den Ideen eines realen Sozialismus mit menschlichen Zügen, wie im Prager Frühling, ging es in der linken Szene Lateinamerikas hektisch zu. Die Universitätslandschaft Santiagos sog die gleichen Themen und den gleichen Lifestyle auf, wie er von Berkeley bis Berlin zu beobachten war. Die Regierung *Frei* selbst verärgerte und verschreckte das chilenische Establishment. Aber sie tat nichts anderes als das, was die in Santiago ansässige CEPAL seit Jahren empfahl, um die Armut zu bekämpfen und die Fähigkeit zu einer selbstbestimmten ökonomischen Entwicklung zu verbessern.

In den Präsidentschaftswahlen des Jahres 1970 erzielte der sozialistische Kandidat *Allende* im ersten Wahlgang ein schlechteres Ergebnis als bei seiner letzten Kandidatur, hatte die Nase aber knapp vorn. In der Stichwahl gelang es *Allende* dann, im Parlament die meisten Stimmen auf sich zu vereinigen. Dort hatte er die Unterstützung des Bündnisses der Volkseinheit (UP, Unidad Popular). *Allende* kam aus dem gehobenen Bürgertum, er studierte Medizin und wurde bereits als Student politisch aktiv. Dann machte er in der Sozialistischen Partei Karriere: als Parteisekretär, Abgeordneter und seit 1952 wiederholt als Präsidentschaftskandidat. Wie *Frei,* nur in der linken Variante, verkörperte er den neuen Typ des Berufspolitikers. In der Stichwahl missachtete der linke Flügel der Christdemokraten die Parteidisziplin und entschied sich für *Allende,* um den konservativen Kandidaten *Alessandri Jr.* zu verhindern, der jetzt im Namen ihrer Partei kandidierte (zum Folgenden Faundez 2007, S. 185–200).

Auf ein denkbar schmales Mandat gestützt, nahm *Allende* umgehend ein ehrgeiziges Reformprogramm in Angriff. Die Ungeduld seiner Verbündeten drängte auf Tempo (zum Folgenden Oppenheim 2007, S. 48–75; Rinke 2007, S. 144–158). In der ersten Hälfte seiner kurzen Amtszeit wurde doppelt so viel Landbesitz enteignet wie in der gesamten Präsidentschaft *Freis.* Die Maßnahme war indes schlecht vorbereitet und lief auf dem Lande selbst aus dem Ruder. Unter dem Beifall der radikalen Linken ergriffen Kleinbauern und Landarbeiter die Initiative und nahmen wilde Enteignungen vor. Jahrzehntelang aufgeschoben und verhindert, wurden bäuerliche Genossenschaften und Landarbeitergewerkschaften legalisiert. Angesteckt vom Bruch mit jahrzehntelangen Tabus, wurden auch die Mapuche aktiv, um sich Stammesland zurückzuholen, das ihnen ein Jahrhundert zuvor geraubt worden war.

Nach schwer nachvollziehbaren Kriterien wurden Fabriken verstaatlicht. Nationalisiert wurden auch die Kupferminen, und dies unglücklicherweise zu einem Zeitpunkt, da der Weltpreis für das Metall im Keller stand. Unter den vielerorts chaotischen Umständen ging die Produktion zurück. In unerbittlicher ökonomischer Logik verlor die Landeswährung im Verhältnis zum US-Dollar an Wert, die Inflation schoss in die Höhe. Bei seinem Amtsantritt fand *Allende* noch eine Teuerungsrate von 29 % vor, ein Jahr später stieg sie auf 160 %. Die bürgerlichen Parteien, der Unternehmerverband und die Hacendados bekämpften seine Politik mit Hasskampagnen. In weiten Zügen mutete die politische Szene tatsächlich so an, als sei eine Spielwiese für sozialistische Experimente eröffnet worden, die sich um die Außenwelt nicht zu kümmern hätte.

Aus diesen Fehlern sollten 30 Jahre später die Reformer in den Nachbarländern lernen. *Correa* in Ecuador und *Morales* in Bolivien wussten durchaus um die nach links gezogene Grenze, die in der Innen- und Wirtschaftspolitik besser nicht überschritten werden sollte. Die meisten Reformen der Ära *Allende* wurden im Rahmen korrekt beschlossener Gesetze durchgeführt. Sie ignorierten jedoch die außenwirtschaftliche Verletzbarkeit des Landes. Die Tatsache, dass Chile seit bald vier Jahrzehnten keinen Militärputsch mehr verzeichnet hatte, während inzwischen ein Nachbarstaat nach dem anderen von Militärs regiert wurde, schien in einen chilenischen Exzeptionalismus fehlgedeutet zu werden. Dabei zeigte eine zeitnahe Gestalt wie *Ibañez*, dass es bis in die jüngere Vergangenheit noch eine lediglich verdeckte Militärherrschaft gegeben hatte. Schließlich hatte es *Allende* mit innenpolitischen Gegnern zu tun, die keine politischen Regeln respektierten. Seine Regierung war mit einer brutalen Destabilisierungsoffensive konfrontiert. Diese arbeitete mit dem Argument, die finsteren Kräfte des Kommunismus schickten sich an, in Chile ein zweites, ein „Festlandskuba" auf die Beine zu stellen. Die Enteignung der Kupferminen war für die betroffenen Konzerne und die US-Regierung ein willkommener Vorwand, um mit Beschlagnahmeanträgen den Verkauf chilenischen Kupfers in den europäischen Bestimmungshäfen zum Erliegen zu bringen.

Das Ergebnis von alledem: wachsende Auslandsschulden, Drosselung der Importe, galoppierende Inflation und Versorgungsengpässe. Keine zwei Jahre nach der Wahl *Allendes* verlor die Linke in den Kongresswahlen schon wieder ihre Mehrheit. Parlamentsbeschlüsse, die auf die Torpedierung seiner Politik zielten, quittierte der Präsident mit dem Veto und dem Rekurs auf umstrittene exekutive Sondervollmachten. Die schlechte wirtschaftliche Situation mobilisierte sogar die städtische Mittelschicht. Demonstrierende Hausfrauen, die Pfannen und Töpfe schlagend auf die Straße gingen und in der Metropole den Verkehr zum Erliegen brachten, trugen ihren Teil zum Eindruck bei, die Regierung richte ein Chaos an. Produzenten heizten die Lage an, indem sie die Belieferung des Einzelhandels drosselten. Besonders empfindlich wirkten sich Streiks der Spediteure, meist kleine Geschäftsleute, aus. Im Stückgutverkehr des Landes ist der Lkw ein konkurrenzloses Transportmittel. Als die Regierung trotz allem eine zweite Enteignungswelle in Gang setzte und Gerüchte umgingen, auch das Speditionsgewerbe stehe auf der Liste, kam es zum landesweiten Erliegen des Güterfernverkehrs. In kluger Voraussicht wurden die Transporter fahrunfähig gemacht, um eine Requirierung zu unterlaufen.

11.1.5 Der Putsch von 1973 und Ära Pinochet

Schon bald nach dem Beginn der Präsidentschaft *Allende* begann es im Militär zu brodeln. Die öffentliche Ordnung stand auf dem Spiel. *Allende* entschied, hohe Militärs in sein Kabinett aufzunehmen, so wie es auch sonst üblich war, eine Partei als potenziellen Störfaktor zu neutralisieren, indem sie in die Regierung eingebunden wurde. Das Kalkül, die Militärführung damit zu beschwichtigen, ging nicht auf. Die Generalität zeigte den

Loyalisten in Uniform, die es durchaus gab, die kalte Schulter. Die wenigen Offiziere hingegen, die in die Regierung eingetreten waren und den Korpsgeist höher bewerteten als die Verfassungstreue, zogen ihre Konsequenz aus der vorherrschenden Stimmung in der Truppe und gaben ihre Ministerämter auf. In höchsten Militärkreisen nahm eine Konspiration ihren Lauf. Politiker der Rechten, Unternehmer, große Landbesitzer und die Verbände der Kleinunternehmer, nicht zu vergessen schließlich – wenn auch verdeckt – die US-Administration erwarteten einen Coup und spendeten kräftig Beifall, als im September 1973 Militäreinheiten die Regierung stürzten; *Allende* kam bei Angriffen auf den Präsidentenpalast ums Leben (Collier und Sater 2004, S. 354–357).

Die US-Administration *Nixon/Kissinger* vollendete zu dieser Zeit ihr großes Projekt, die Welt in US-amerikanische und sowjetische Einflusssphären einzuteilen. Lateinamerika war für die USA reserviert. In der US-Administration sorgte man sich, das linke Experiment in Chile könnte einen Spalt erzeugen, durch den schließlich doch sowjetischer Einfluss eindringen könnte. Der Putsch, der die Regierung *Allende* beseitigte, fand in der Regie des Heeresgenerals *Augusto Pinochet* statt (Grandin 2006, S. 59 f.). Er war wie etliche andere Militärs als Soldat aus bescheidenen Verhältnissen aufgestiegen. An Brutalität und mit der Verfolgung eingebildeter und realer politischer Gegner sowie mit Folter und Mord übertraf seine Herrschaft alle Militärregime, die Lateinamerika bis dahin erlebt hatte.

Bei den Gegnern der Volksfront weckte der Putsch die Erwartung, zum Status quo ante zurückzukehren, d. h. die Linke aus der Politik zu vertreiben, aber Verstaatlichungen und Bodenreform rückgängig zu machen und Arbeiter, Kleinbauern und Landarbeiter auf die angestammten Plätze zu verweisen. Zwar nicht in diesen Punkten, aber sonst wurden sie in vieler Hinsicht enttäuscht. Kein korporatives Gebilde entstand, kein Ständestaat, wie ihn die traditionellen Unternehmer wünschten (Rinke 2007, S. 162). Die Putschbetreiber erschienen zunächst ratlos, was sie mit der Macht in genau dem Bereich anfangen sollten, der die Ursache für den Staatsstreich war: die wirtschaftliche Krise mit all ihren Folgeerscheinungen sozialer Destabilisierung.

Die Oligarchie und die Rechtskatholiken boten bekannte Lösungen an. Sie wollten die politische Arena nicht ganz schließen, sondern einfach nur missliebige Teilnehmer daraus vertreiben. Den Streitkräften war der Part des Türstehers und Gewaltdienstleisters zugedacht. Stattdessen schlug die Stunde neoliberaler Ökonomen. In den Vorjahren hatten sie in Chicago oder dessen Dependance in Santiago de Chile studiert und einen Platz in Banken, Unternehmen und an Wirtschaftsfakultäten gefunden (siehe Abschn. 5.2). Ihr Spiritus Rector *Milton Friedman* beeindruckte *Pinochet* bei einem Chilebesuch mit der Idee eines von der Politik unbehelligten Marktes, der von der Regierung nicht mehr erwartet als garantierte Eigentumsrechte und Wettbewerb, für den es aber sonst nicht wichtig ist, wer nun die Regierungsgewalt innehat und wie er zu ihr gekommen ist. Die Militärs, die wenig von Ökonomie verstanden und Politik auf eine Ordnung nach ihrem Geschmack verkürzten, fanden Geschmack an diesem Konstrukt.

In der Regie des Wirtschafts- und späteren Finanzministers *Sergio de Castro Spikula* wurden bis an die Schwelle der 1980er Jahre das öffentliche Gesundheitswesen, die

Schulen, die Universitäten und die Rentenversicherung für die Konkurrenz privater Anbieter geöffnet. Öffentliche Ausgaben für diese Zwecke wurden zurückgefahren, einkommensbasierte Steuern revidiert. Der Gesamteffekt dieser Maßnahmen: Im wohlhabenden Segment der Gesellschaft entstanden neue Betätigungsfelder für private Investoren. Im aufstrebenden Versicherungsgewerbe, bei Banken und Vermögensverwaltungen entstanden gut bezahlte Jobs. Eine neue Klasse von Unternehmern und Angestellten profitierte vom Herunterfahren öffentlicher Leistungen. Die Kluft zwischen Arm und Reich vertiefte sich dramatisch: Die heute geläufige separate Welt abgeschlossener Luxusviertel und Luxussiedlungen machte sich breit, die unteren Ränge der Mittelklasse kämpften gegen den Abstieg in die Niederungen der Armen (Oppenheim 2007, S. 140). Unvermutete Verlierer der Entwicklung waren die zahlreichen Kleinunternehmer, die den Putsch anfänglich begrüßt hatten. Billige Importprodukte im Handel, große Ladenketten, die von kapitalstarken Landsleuten aufgezogen wurden, und die Filialisten ausländischer Konzerne drückten sie aus dem Markt. Die Reprivatisierung des kommunalisierten Agrarlandes brachte den Altbesitzern nicht viel. Eine neu aufkommende Agrarindustrie mit hohem Kapitaleinsatz marginalisierte den klassischen Großgrundbesitz. Das Versprechen, die Inflation einzudämmen, wurde aber eingelöst.

Das Militärregime wandelte sich im Laufe der Zeit von einer korporativen Diktatur der Streitkräfte zu einer neopatrimonialen Diktatur. Verfassungsloyale hohe Offiziere waren gleich nach dem Putsch aus dem Verkehr gezogen, einige sogar liquidiert worden. *Pinochet* beförderte gezielt ihm persönlich ergebene Offiziere, vor allem im Heer, dem Rückgrat des Regimes (Morley und MacGillian 2006, S. 15). Eine Sicherheitspolizei überwölbte die Truppe. *Pinochet* selbst genoss es, als Verkörperung des Regimes aufzutreten. Er inszenierte sich in immer operettenhafter geratender großer Uniform, mit Feldherrnblick, dunkler Brille und mit großem Offiziersgefolge. Für eine persönliche Diktatur, so zeigte sich trotz allem, war die chilenische Gesellschaft bereits zu komplex. Es brauchte Mechanismen, um wenigstens den Teil der Gesellschaft an das Regime zu binden, der ihm nicht prinzipiell feindlich gesinnt war. Hinzu kam noch, dass das Militärregime international unter Druck geriet, als sich die US-Administration *Carter* von den lateinamerikanischen Militärdiktaturen distanzierte.

In der Camouflage einer Partei aufzutreten, lag dem Selbstverständnis der Militärs fern. Es brauchte eine Pufferzone, die davor schützte, für Probleme unmittelbar selbst verantwortlich gemacht zu werden, die es aber gleichwohl erlaubte, bei wichtigen Entscheidungen als Prüf- und Wächterinstanz das letzte Wort zu behalten. Die rechten und die Zentrumsparteien aus der Zeit vor der Diktatur wurden geduldet, aber scharf beobachtet, und die linken Parteien waren verboten. Das Milieu jedoch, in dem die linken Parteien gewachsen waren, war unverändert vital, mochten sich die politischen Führer der Linken, sofern sie nicht inhaftiert oder umgebracht waren, auch im Exil aufhalten.

Vor diesem Hintergrund ließ *Pinochet* eine neue Verfassung ausarbeiten. Sie wurde 1980 einer Volksabstimmung unterworfen und mit einer Mehrheit von zwei Dritteln gutgeheißen. Diese „Pinochet-Verfassung" erweiterte den Rahmen für die Betätigung politischer Parteien und sicherte die mittelfristige Fortdauer des Regimes. Die Zustimmung zur Verfassung erteilte *Pinochet* gleichzeitig bis 1990 ein präsidiales Mandat. 1988 sollte das Volk entscheiden, ob es dann den vom Militär vorzuschlagenden nächsten Kandidaten, lediglich eine Umschreibung für *Pinochet* selbst, wirklich wollte. Das Regime ließ sich also auf ein Verfallsdatum ein. Dessen ungeachtet zeigten sich bereits Risse in den Streitkräften selbst. Die Marine und die Luftwaffe waren ebenso wie das Heer autonome Apparate, auf die *Pinochet* personalpolitisch keinerlei Zugriff hatte. Sie drängten auf die vorzeitige Rückkehr zur zivilen Politik. Die auf den Präsidenten eingeschworene Heeresgeneralität setzte sich jedoch durch (Morley und McGillion 2006, S. 15).

In ökonomischer Hinsicht ging es nach einigen Jahren stürmischen Wachstums auch im Zeichen der neoliberalen Politik bergab. Die Außenwirtschaft erwies sich als die Achillesferse der bisherigen Politik. Nach dem Verkauf des Tafelsilbers gab es keine großen Einnahmen aus Veräußerungen mehr. Die gering besteuerten Reichen trugen wenig zur Staatskasse bei, der Abbau von Schutzbestimmungen und Handelsschranken steigerte das Importangebot. Damit kam der gleiche Automatismus in Gang wie in den Nachbarländern. Als das Exportgeschäft Anfang der 1980er Jahre lahmte, verlor die Landeswährung gegenüber dem US-Dollar an Wert. Die Logik der neoliberalen Ökonomie hätte nun verlangt, die Währung zu stabilisieren, d. h. die Staatsausgaben noch weiter zu kürzen, die Kaufkraft zu drosseln und den Export als Devisenbringer noch stärker anzuheizen. Diese Lehrbuchremedur barg indes absehbare Risiken: den Vorwurf der Ressourcenverschleuderung und das Abkippen weiterer regulär Beschäftigter ins soziale Abseits des informellen Sektors.

An diesem Punkt trennten sich die Wege des Regimes und der Chicago Boys. Finanzminister *Sergio de Castro,* der für die Lehrbuchlösung plädierte, wurde 1982 entlassen. Entgegen der reinen Lehre wurde entschieden, bei internationalen Banken Kredite aufzunehmen, um die Finanzierungslücke zu überbrücken. Es blieb aber dabei, dass zentrale staatliche Aufgaben weiterhin von Privaten erledigt werden sollten. Eine Vielzahl von Verfassungsänderungen schrieb dies sogar für die Zeit nach *Pinochet* fest (Siavelis 2014, S. 37; Weeks 2014, S. 105; Eaton 2004). Der Grund für diese Vorfestlegung lag auf der Hand: Die neoliberale Politik hatte viele mächtige Interessenten reich werden lassen. War das Militär früher von der übrigen Gesellschaft abgeschottet, von den einen respektiert, von den anderen verachtet, aber im Ganzen doch weniger ein Teil der feinen, höheren Gesellschaft, die untereinander Geschäfte machte und ihre Kinder verheiratete, hatten Uniformträger inzwischen ins Establishment gefunden. Hohe Offiziere waren gesellschaftsfähig. Kontakte zu hohen Militärs, die zu Gatekeepern an der Nahtstelle von Politik und Verwaltung avanciert waren, mochten beim Small Talk in exklusiven Klubs, beim Golf oder im Umfeld der Damenbesuche für die Geschäfte nützlich sein. *Pinochet* selbst und seine Kinder wurden steinreich.

In der Opposition kam es im Laufe der Zeit zu grundlegenden Veränderungen. Die Sozialisten, früher einmal spontaner und radikaler als die kühl ihre Gegner und Chancen kalkulierenden Kommunisten, durchlebten im Exil einen Richtungskampf. Er ging zugunsten der Pragmatiker aus. Die Kommunisten hingegen radikalisierten sich kurioserweise in einer Zeit, da es mit dem realen Sozialismus weltweit bergab ging. Sie gingen sogar zum bewaffneten Kampf über; kommunistische Aktivisten verübten Attentate auf die Infrastruktur. Gleichzeitig wurden die Gräben zwischen Christdemokraten und Sozialisten flacher. Bereits 1983, jetzt mit der Verfassungsperspektive auf ein Ende der Diktatur, kam es zu einer Zusammenarbeit (Oppenheim 2007, S. 147–150; Roberts 1995, S. 501–506). Beide Parteien arbeiteten zunächst eng zusammen, um zu verhindern, dass *Pinochet* nach der neuen Verfassung ganz regulär zum Präsidenten gewählt würde. Die Regeln für die politische Arena, welche das Regime in die Verfassung geschrieben hatten, sind zum Teil noch heute gültig. Sie sind darauf angelegt, den Erfolg der linken Parteien so weit wie möglich zu erschweren. Sie werden erst dieser Tage, nach bald 30 Jahren korrigiert. Alles in allem ist das Land in eine Spur zurückgelenkt worden, die es bereits in der Vergangenheit, wie der selten unterbrochene konstitutionelle Präsidentenwechsel zeigt, als einen zumindest formell gut funktionierenden Verfassungsstaat ausgewiesen hat (Tab. 11.1).

Tab. 11.1 Konstitutionelle und außerkonstitutionelle Abfolge der Präsidenten Chiles seit 1930

		Konstitutionell gewählt	Konstitutionell abgelöst
C. Ibañez	1927–1931	X	X
J. Montero	1931/1932	X	
A. Alessandri	1932–1938	X	X
P. Aguirre	1938–1941	X	XV[a]
J. Rios	1942–1946	X	XV[a]
G. Gonzales	1946–1952	X	XV[a]
C. Ibañez	1952–1958	X	X
J. Alessandri	1958–1964	X	X
E. Frei	1964–1970	X	X
S. Allende	1970–1973	X	
A. Pinochet	1973–1990		
P. Aylwin	1990–1994	X	X
E. Frei-Ruiz	1994–2000	X	X
R. Lagos	2000–2006	X	X
M. Bachelet	2006–2010	X	X
S. Piñera	2010–2014	X	X
M. Bachelet	Seit 2014	X	

[a]Im Amt verstorben

11.2 Das politische System

11.2.1 Verfassung und Regierungssystem

Die aktuelle Verfassung geht auf eine seit 2005 wirksame Teilrevision des von den Militärs diktierten Dokuments zurück (zum Folgenden Rinke 2008):

1. Für die Parlamentswahl ist das Land in Zweierwahlkreise eingeteilt. Es gilt eine besondere Variante der Mehrheitswahl. Gewinnt Partei A einen Sitz mit weniger als 66 % der Stimmen, geht der zweite Sitz an Partei B, sofern diese auf über 33,3 % kommt. Kommt Partei A auf über 66,6 %, gehen beide Sitze an sie. Den Parteien der Linken und der linken Mitte ist die Reform dieses so genannten binominalen Wahlsystems ein Herzensanliegen. Lange fehlte die erforderliche Mehrheit, um die Verfassung in diesem Punkt zu ändern. Im September 2015 stimmte allerdings auch die zweite Parlamentskammer für eine Reform, nach der dieses Wahlsystem ab 2017 vom Verhältniswahlsystem abgelöst werden soll. Gleichzeitig soll die Anzahl der Mitglieder beider Kammern erweitert werden.
2. Der Wahlkreiszuschnitt begünstigt die Hochburgen konservativer Parteien. Im nationalen Kongress sind die Metropolen Santiago und Valparaiso unterrepräsentiert. Auch dieser Vorteil wird sich mit dem Übergang zum Verhältniswahlsystem verflüchtigen.
3. Der Präsident wird mit der Mehrheit der Wählerstimmen gewählt. Erreicht kein Kandidat im ersten Wahlgang die Mehrheit, findet – ebenfalls als Volkswahl – eine Stichwahl statt. Das Parlament ist damit auch in Chile als Ersatzwahlkörper aus dem Spiel. Eine Anschlusskandidatur ist nicht erlaubt. Der Präsident hat das Recht, Gesetze zu initiieren, aber auch beträchtliche Verweigerungsmacht. Zunächst kann er das für Präsidialsysteme charakteristische Veto gegen Gesetzesbeschlüsse geltend machen. Es kann nur mit einer Zweidrittelmehr jeweils aller Mitglieder beider Kammern überwunden werden. Der Präsident darf aber auch ein Plebiszit über Vorschläge zur Änderung der Verfassung anordnen, wenn diese vom Kongress abgelehnt werden. Große Gestaltungsmacht besitzt der Präsident im Bereich der Finanz- und Haushaltspolitik. Hier hat er ein Initiativprivileg. Gelingt es dem Kongress nicht, binnen 60 Tagen über den Haushaltsentwurf abzustimmen, tritt dieser automatisch in Kraft. Im Unterschied zu anderen lateinamerikanischen Verfassungen hat der Präsident sonst keine nennenswerte Verordnungsmacht. Sondervollmachten dürfen nur befristet übertragen werden. Einen Vizepräsidenten sieht die Verfassung nicht vor.

Der Präsident ernennt und entlässt die Minister. Die von den Militärs in die Verfassung geschriebene Amtsdauer des Präsidenten von acht Jahren wurde 1994 auf die traditionellen sechs Jahre zurückkorrigiert. Eine weitere Verfassungsänderung reduzierte sie 2005 noch einmal auf vier Jahre. Eine Wiederwahl des Präsidenten ist ausgeschlossen. In diesem Punkt hält Chile einen Standard, den die meisten Nachbarländer aufgegeben haben.

Die Abberufungsmacht des Kongresses ist ein Traditionsgut der alten Verfassung von 1925. Mit der Feststellung, das Amt missbraucht zu haben, darf das Abgeordnetenhaus einen Minister des Amtes entheben. In der historischen Praxis trat der Missbrauchsvorbehalt in den Hintergrund, sodass sich ein politisches Misstrauensvotum entwickelte. Seitdem es ein stabiles Parteiensystem und belastbare Koalitionen gibt, also seit 1990, hat das parlamentarische Misstrauen, das in der alten Republik destabilisierend gewirkt hat, an Bedeutung verloren. Eine Verfassungsänderung des Jahres 2005 begünstigt den Gleichtakt der präsidialen und der parlamentarischen Mehrheit. Der Präsident, das Abgeordnetenhaus und die Hälfte des Senats werden seither gleichzeitig gewählt. Die auf Lebenszeit ernannten Senatoren, ein Herzensanliegen der Pinochet-Verfassung, wurden abgeschafft. Die Bedeutung des Parlaments ist weit größer, als die Lektüre der einschlägigen Verfassungsartikel nahelegt. Der Grund liegt im Parteiensystem, oder genauer: in der Koalitionsstruktur der präsidialen Regierungsmehrheit (Altman 2008, S. 261–263). Der Professionalisierung des Parlaments ist es gut bekommen, dass die Abgeordneten häufig wiedergewählt werden (Rinke 2008, S. 149).

Der von den Militärs in die Verfassung gebrachte Nationale Sicherheitsrat, gedacht als Kontroll- und Mitregierungsinstrument der Streitkräfte, wurde aufgelöst. Den Oberbefehl über die Streitkräfte hat heute der Präsident inne. Er ernennt die Offiziere und entlässt und befördert sie. Die Teilstreitkräfte haben ihren selbstständigen Status verloren. Sie unterstehen gleichermaßen der politischen Führung des Verteidigungsministers und der militärischen Führung eines gemeinsamen Generalstabs (Weeks 2014). In der sensiblen Wirtschafts- und Finanzbürokratie übernahmen die demokratischen Politiker eine technokratische Beamtenelite, von der die Regierung im Sinne neoliberaler Prinzipien beraten wird. Verwaltung und Polizei genießen einen guten Ruf. Nach den Maßstäben der Region ist das Land so gut wie korruptionsfrei.

11.2.2 Parteiensystem, Präsidenten, Medien

Parteien: Die Sozialisten (Partido Socialista de Chile, PS), die Christlichen Demokraten (Partido Democráta Cristiano de Chile, PDC) und die Radikalen Sozialdemokraten (Partido Radical Socialdemocráta, PRSD) schlossen sich im Vorfeld des Plebiszits über die Fortdauer der Präsidentschaft *Pinochets* zur Concertación zusammen. Das rechte Gegenlager tat es ihnen einige Jahre später gleich und gründete die Alianza (Navia und Godoy 2014). Dieses Parteiensystem hat sich als bemerkenswert stabil erwiesen. Das Geheimnis dieses Erfolgs: Die Parteien knüpften an Parteien an, die es unter anderen Namen lange vor der Diktatur gegeben hatte. Die Concertación benannte sich 2013 in Nueva Mayoría um und nahm auch die Kommunistische Partei (Partido Comunista de Chile, PCC) auf. Die Alianza por Chile gründet sich im Wesentlichen auf die UDI (Union Democráta Independiente) und die RN (Renovación Nacional). Erst einmal ist es ihr gelungen, einen Präsidenten zu stellen (Tab. 11.2).

Die Zusammenarbeit der Parteien vollzieht sich auf mehreren Ebenen. Auf der ersten Ebene akzeptieren alle bedeutenden Parteien das Verfassungsgerüst. Die Rechte hat mit der Diktatur nichts mehr im Sinn, und die linken und halblinken Parteien stellen die Eigentumsordnung nicht infrage.

Tab. 11.2 Präsidentenwahlen: Chile 1999–2015 (Bewerber mit den meisten Stimmen in der Präsidentschaftswahl [in v. H.])

2013, 1. Wahlg.		
Bachelet Nueva Mayoría	*Mattei* Alianza	*Enriquez-Ominami*, Si tú quieres, Chile Cambia[a]
46,7	25,0	11,0
Stichwahl 2013		
Bachelet Nueva Mayoría	*Mattei* Alianza	
62,1	37,8	
2009, 1. Wahlg.		
Piñera Alianza	*Frei* Concertación	*Enriquez-Ominami*, Si tú quieres, Chile Cambia[a]
44,1	29,6	20,1
Stichwahl 2010		
Piñera Alianza	*Frei* Concertación	
51,6	48,4	
2005, 1. Wahlg.		
Bachelet Concertación	*Piñera* Alianza	*Hirsch* Juntos Podemos Más por Chile[b]
45,9	25,4	5,4
Stichwahl 2006		
Bachelet Concertación	*Piñera* Alianza	
53,5	46,5	
1999, 1. Wahlg.		
Lagos Concertación	*Lavin* Alianza	*Martin* PCC
48,0	47,5	3,2
Stichwahl 2000		
Lagos Concertación	*Lavin* Alianza	
51,3	48,7	

[a]Wahlkoalition
[b]Wahlkoalition der Humanisten, Kommunisten und Christlichen Linken

Da es bei der ökonomischen Grundrichtung blieb, fiel es der Rechten auch nicht weiter schwer, sich mit den demokratischen Spielregeln anzufreunden (Navia 2012, S. 76). Als Präsident *Sebastián Piñera* von der Alianza (2009–2014) amtierte, nahm er nur wenige ideologische Rechte, dafür umso mehr prominente Unternehmer in sein Kabinett auf (Sigmund 2014, S. 146).

Auf der zweiten Ebene vollzieht sich die Zusammenarbeit in den politischen Lagern. Die beteiligten Parteien einigen sich im Vorfeld der Parlaments- und Präsidentschaftswahlen auf gemeinsame Kandidaten (Tab. 11.2 und 11.3). Das Mitte-Links-Konstrukt der Concertación de Partidos por la Democracía, heute die Nueva Mayoría, lässt die verbündeten Parteien in einer Vorwahl zunächst darüber abstimmen, welcher Bewerber für ein Amt oder Mandat ins Rennen geschickt werden soll. Die Vorwahl ist optional. Entscheidet sich eine Partei für die Vorwahl, ist sie an entsprechende gesetzliche Regelungen gebunden. Wer die Mehrheit der Stimmen bekommt, wird dann von allen Parteien gemeinsam unterstützt.

Die Concertación einigte sich zweimal auf christdemokratische Kandidaten – *Patricio Aylwin Azócar* und *Eduardo Frei Ruiz-Tagle* – und dreimal auf eine sozialistische Kandidatin bzw. einen sozialistischen Kandidaten – *Ricardo Lagos Escobar* und zweimal *Michelle Bachelet.* Komplizierter geht die Verständigung auf die Parlamentskandidaten vonstatten. Hier einigen sich die Bündnisparteien in den 60 Wahlkreisen auf die Quotierung ihrer Kandidaten für die gemeinsamen Listen, mit denen sie antreten. Einige Parteien wenden für die Nominierung ihrer Quote das Instrument der Vorwahl an (Navia 2008, S. 102–111). Allgemein gilt die informelle Maßgabe, einem Mandatsinhaber, der erneut kandidieren will, die Nominierung nicht zu verweigern (Siavelis 2014, S. 24, 26, 32). Ob diese Zusammenarbeit den Übergang zur Verhältniswahl überdauert, wird sich zeigen.

Medien: Die Medienlandschaft zeigt ein für Lateinamerika untypisches Bild. Das führende TV-Netzwerk Televisión de Chile ist kein Staatssender, sondern erfreut sich der Unabhängigkeit einer öffentlich-rechtlichen Anstalt. Den zweiten großen Sender Canal 13 betreibt die Katholische Universität in Santiago. Die größte Tageszeitung El Mercurio, ein konservatives Blatt, bezieht seit der demokratischen Wende gemäßigte Positionen und praktiziert einen seriösen Journalismus. Es gehört zur Grupo Mercurio im Besitz der Familie *Edwards*, zu der auch diverse Banken gehören. Das Konkurrenzblatt Tercera ist Teil des Mischkonzerns Grupo Copesaden, den der Geschäftsmann *Álvaro Saieh* sein Eigen nennt. Auch die Zeitung Tercera steht für Qualitätsjournalismus. Das Erscheinungsbild der Medien fügt sich in die zivilisierte Art der politischen Auseinandersetzung ein, die sich nach dem Ende der Diktatur eingespielt hat.

11.2.3 Die Präsidenten: Amtsinhaber, Kandidaten, Politik

Blicken wir nun kurz auf den Hintergrund der Präsidenten, die seit der Diktatur amtiert haben. *Patricio Aylwin* (1989–1994), ein Rechtsprofessor, engagierte sich schon früh in der jungen christdemokratischen Partei und vertrat diese bis zum Putsch von 1973 im Parlament. *Eduardo Frei Ruiz-Tagle* (1994–2000), ein Sohn des gleichnamigen Präsidenten, war

Tab. 11.3 Parlamentswahlen: Chile 2005–2013 (Abgeordnetenhaus, in v. H., in Klammern Sitze)

2013	
Nueva Mayoría[a]	47,7(67)
– PDC	15,5(38)
– PS	11,1(24)
– PPD[2]	11,0(25)
– PCC	4,11(8)
Alianza	36,1(49)
– UDI	18,9(29)
– RN	14,9(19)
Sonstige	16,9(5)
2009	
Concertación	44,3(57)
– PDC	14,2(19)
– PS	9,9(11)
– PPD[b]	12,7(18)
– PC	2,0(3)
Alianza	43,4(58)
– UDI	23,1(37)
– RN	17,8(18)
Sonstige	12,2(5)
2005	
Concertación	51,7(65)
– PDC	20,7(20)
– PS	10,0(15)
– PDP	15,4(21)
PC	5,1(0)
Alianza	38,7(54)
– UDI	22,3(33)
– RN	14,1(19)
Sonstige	9,5(0)

[a]Vorher Concertación
[b]Partido por la Democracia

gelernter Ingenieur, hatte sich im Wahlkampf seines Vaters engagiert und war in der Endphase der Diktatur ein maßgeblicher Architekt der Concertación. *Ricardo Lagos* (2006–2010) war in verschiedenen Funktionen bei den UN und beim IWF tätig gewesen und in der Diktatur einer der führenden Köpfe der Opposition. *Michelle Bachelet* (2006–2010; 2014–), die Tochter eines verfassungsloyalen Luftwaffengenerals, wurde verfolgt, ging ins Exil in die DDR, wurde Kinderärztin und war Sozial- und Verteidigungsministerin, bevor sie von der Concertación zur Präsidentschaftskandidatin nominiert wurde. *Sebastián Piñera* (2010–2014), ein Wirtschaftswissenschaftler, der unter anderem in Harvard studiert hatte, war einer der Wenigen im rechten Spektrum, die sich öffentlich für das Ende der Diktatur ausgesprochen hatte, auch distanzierte er sich von den Chicago Boys. Als Geschäftsmann in der Luftfahrt- und Medienbranche brachte er es zu einem Milliardenvermögen.

Der vom Gewinnerbündnis nominierte Präsident nimmt Vertreter der beteiligten Parteien in die Regierung auf. Die Regierungsmannschaft spiegelt also das Koalitionsbild wider. Bündnis- und Koalitionsdisziplin werden groß geschrieben. Die im Parlament vertretenen Parteiführer stimmen sich eng mit den Ministern und dem Präsidenten ab; sie sind Schlüsselfiguren des politischen Betriebs (Navia 2008, S. 114 f.). Im Kreise dieser Akteure werden die Gesetze verabredet, die dann – meist vom Präsidenten – förmlich initiiert werden (Siavelis 2014, S. 26 f., 34). Willensbildung und Entscheidung konzentrieren sich also auf eine überschaubare parlamentarisch-politische Elite, und die Parteien stehen und fallen keineswegs mit den Persönlichkeiten, die für Spitzenämter kandidieren. Im Großen und Ganzen treffen wir hier die gleichen Strukturen an, wie sie im Regierungsalltag der europäischen Demokratien zu beobachten sind.

Für das Verhalten der Parteien gilt die Devise: Lagerkonkurrenz im Außenverhältnis, Konkordanz in den Lagern selbst. Alles in allem haben wir es hier mit der seltenen Erscheinung einer lateinamerikanischen Parteiendemokratie zu tun, deren Akteure in den Künsten der Koalition und des Proporzes beschlagen sind.

11.3 Wirtschafts- und Sozialpolitik

Das mit Abstand wichtigste Teilressort der Regierung ist das Finanzministerium; es ist eine Hochburg liberaler Technokraten (López 2014, S. 202 f.). Nach der Diktatur hat sich auch eine enge Konsultation der Regierung mit den repräsentativen Verbänden der Geschäftswelt eingespielt (Schneider 2004, S. 167–170). Die Privatisierung der Renten- und Krankenversicherung, ein Paradestück der von den Militärs protegierten Chicago Boys, ist bis heute ein politisches Tabu. Die Betreiber sind wichtige Investoren. Chile mit seinen gut 15 Mio. Einwohnern bestückt die 600 Positionen umfassende Forbes-Liste der weltweit reichsten Menschen mit elf Einträgen, darunter Banker und Besitzer von Bergwerken und Supermarktketten. Auch der vormalige Präsident *Piñero* zählt zu diesen Superreichen (SZ vom 16./17. 11. 2013).

Bildungspolitik: Die Bildungspolitik ist hochumstritten und insofern Gegenstand einer breit verstandenen Sozialpolitik. Ihr Hauptthema ist die ungerechte Chancenverteilung durch ein kommerzialisiertes Bildungswesen (Navia 2012, S. 75). Seit 2005 flammen immer wieder heftige Schüler- und Studentenproteste auf. Die Studiengebühren gehören zu den höchsten der Welt, Absolventen verlassen die Hochschulen mit einem Berg von Schulden (SZ, 16./17. 11. 2013). Die Ursachen der Misere liegen in der Privatisierung des Schulsektors unter der Diktatur. Seither gibt es eine ausgeprägte Zweiklassenerziehung. Der Geldbeutel der Eltern entscheidet über die Ausbildungsqualität und die beruflichen Chancen. Das von den Militärs geerbte System wurde von den demokratischen Regierungen zwar nicht angetastet. Doch immerhin wurden einige Praktiken korrigiert, die neben die Selektierung durch das elterliche Einkommen noch weitere Ausschlusskriterien wie obligatorische Bewerbergespräche und Vorprüfungen geschaltet hatten (Elaquia und Gonzalez Soto 2014, S. 292–294).

Die Dauerproteste ließen auch nicht nach, als Präsidentin *Bachelet* im Mai 2015 versprach, für 60 % der Studienbewerber die Aufnahmegebühren abzuschaffen. Seit November 2015 sind Studierende aus armen Verhältnissen, etwa 50 %, von den Studiengebühren befreit. Die Befreiung gilt nicht für alle Hochschulen und findet darum auch Kritik (SZ 23. 11. 2015, S. 7). Die Ausstattung des öffentlichen und des privaten Bildungssektors klaffen weit auseinander. Die Geschäftswelt präferiert Absolventen privater Institute. Das zögernde Herangehen an die Wurzel des Übels, die Privilegierung des Nachwuchses reicher Leute, hat seine Gründe in der Friedensformel, auf die sich Linke und Rechte nach der Diktatur stillschweigend verständigt haben: die Tabuisierung des Marktes und der Eigner und Verwalter privaten Kapitals. Zumindest im Bildungsbereich, so zeigt dieses Beispiel, begehrt die Gesellschaft gegen dieses Tabu auf.

Wirtschaftspolitik: Chile hat eine der offensten Volkswirtschaften der Welt. Exportiert werden ein gutes Dutzend Produkte. Der wichtigste Einkommensbringer ist der Bergbau mit den Exportprodukten Kupfer und anderen wertvollen Erzen. Mit einem Drittel der Weltproduktion war Chile 2011 führend im Abbau von Kupfererz (an zweiter Stelle China mit knapp neun Prozent). Exportiert werden ferner Fisch, Obst, Gemüse und Wein sowie Produkte der Forstwirtschaft. Diese Produkte bestimmen auch die Schwerpunkte der verarbeitenden Industrie (Landerretche und Moreno 2014, S. 192). Allein der Export von rohem und vorverarbeitetem Kupfer ist seit 1970 nie unter 40 % gesunken, schwankt über dieser Marke aber beträchtlich (Tab. 11.4). Die rasante Urbanisierung und die zahlreichen Industrieansiedlungen im bevölkerungsreichen Zentralchile haben den für die Landwirtschaft

Tab. 11.4 Die wichtigsten Exportprodukte: Chile 1970–2014 (in v. H. am Gesamtexport). (Quelle: CEPAL/ECLAC: Statistical Yearbook for Latin America and the Caribbean 2015, External Sector, Tab. 3.3.2.21)

	2014	2013	2000	1990	1981	1970
Kupfer[a]	48,3	52,9	41,0	47,8	45,3	41,3
Fisch	6,1	5,0	4,1	6,6	0	0
Zellulose	3,4	3,3	5,3	2,7	2,7	0
Wein	2,4	2,2	2,9	4,3	0	0

[a]Roh und verarbeitet

verfügbaren Boden dermaßen verknappt, dass Agrarunternehmer ihre Aktivität stärker in den Süden, ins Siedlungsgebiet der Mapuche verlagern. Dort haben Obst- und Weinplantagen das herkömmliche Wirtschaftsmilieu verändert (Barton et al. 2012). Seit Jahren gibt es dort heftige, auch handgreifliche Auseinandersetzungen um Land. Auch die linken Regierungen stellten sich hier kompromisslos auf der Seite der Agrarunternehmer.

Die Agrarexporte sind hochwillkommen, nicht nur, weil sie Geld ins Land bringen, sondern auch deshalb, weil sie weniger starken Nachfrageschwankungen unterliegen als Kupfer und andere Edelmetalle. Fisch, Zellulose und landwirtschaftliche Produkte schlagen im Export mit etwa zehn Prozent zu Buche – ein Ergebnis des in der Diktatur eingeleiteten Umstiegs auf nicht-metallische Exportprodukte. Diese Produktgruppen waren bis 1980 in der Exportpalette kaum vertreten. Nice to have – aber quantitativ nichts gegen Kupfer als *das* Exportprodukt schlechthin (Tab. 11.4).

Einzigartig geht Chile mit der Tatsache um, dass die Wirtschaft mit dem Export der Bergbauproduktion steht und fällt. Der vollständige Verzehr des Staatsanteils an den Gewinnen des Rohstoffexports rächt sich, wie das Beispiel der Nachbarländer zeigt, sobald die Weltmarktpreise einbrechen. Haushaltsüberschüsse werden in Chile bei internationalen Banken geparkt oder in die Infrastruktur investiert, aber sehr zurückhaltend für dauerhaft ausgabenintensive Programme verwendet. Hier liegt einer der Gründe für die lediglich inkrementellen Verbesserungen im Leistungsangebot der öffentlichen Gesundheit, der Sozialversicherung und des Bildungssystems. Bei der Tatsache, dass Chile prozentual eher wenig für soziale Zwecke ausgibt (Tab. 3.8), ist zu berücksichtigen, dass es das höchste Prokopfeinkommen in der Region verzeichnet und verglichen mit den übrigen Ländern einen relativ geringen Anteil an Armen aufweist (Tab. 3.3 und 3.4).

Die Produktionsbedingungen sind für die Kupferkonzerne einzigartig günstig. Die Gewinnabschöpfung liegt bei lediglich fünf Prozent. Die Abgabenbelastung der Branche liegt zusammen mit einschlägigen Steuerforderungen bei 18,5 % und damit gerade einmal bei der Hälfte dessen, was dieselben Konzerne in Australien zahlen. In Bolivien werden sogar bis zu vier Fünftel abgeschöpft. Landschafts- und Wasserverbrauch sind gänzlich von Abgaben befreit (López 2014, S. 210).

Um die Haushaltsplanung von den internationalen Preisbewegungen abzukoppeln, die an der Wurzel eines schwankenden jährlichen Wachstums liegen (Tab. 11.5), wurde um die Jahrtausendwende ein Stabilisierungsmechanismus installiert. Er nahm sich das norwegische Management der Erträge aus der Förderung des Nordseeöls zum Vorbild. Der Haushalt wird auf der Basis von Einnahmengrößen wie Steuern, Abgaben und Zöllen sowie der Preisentwicklung preisstabilerer Exportprodukte kalkuliert. Auf fiktiv niedrig angesetztem Niveau fließen auch die erwarteten Preise für Kupfer und Molybdän und das erwartete Wachstum des Bruttoinlandsprodukts in die Kalkulation ein. Läuft das

Tab. 11.5 Wachstum des BIP: Chile 2006–2015 (in v. H.). (Quelle: Siehe Angaben zu Tab. 6.5)

2015	2014	2013	2012	2011	2010	2009	2008	2007	2006
2,2	1,9	4,2	5,5	5,8	5,8	−1,0	3,3	5,2	4,4

Geschäft mit diesen Edelmetallen gut und fließen mehr Einnahmen als erwartet in die Staatskasse, wird der „Überschuss" in zwei unabhängig verwaltete öffentliche Vermögensfonds eingezahlt. Der eine Fonds dient als Rücklage für die öffentliche Alters- und Invalidenversicherung. Der andere Fonds schützt den Haushalt. In guten Zeiten schöpft er Mehreinnahmen ab und legt sie am Kapitalmarkt an. In Zeiten schwachen Wachstums und niedriger Kupferpreise gleicht er eventuelle Haushaltsdefizite aus, tilgt die Staatsschulden und stützt den Rentenfonds (Velasco und Parrado 2012, S. 69–88; Weeks und Borsutzky 2012, S. 110). Dieser Stabilisierungsmechanismus kombiniert den offenen Markt mit makroökonomischem Management à la Keynes (Landerretche und Moreno 2014, S. 180–183). Seine Ergebnisse können sich sehen lassen (Tab. 11.6 und 11.7).

Die im Bergbau Beschäftigten sind den Marktschwankungen ungeschützt ausgeliefert. Als Folge einer länger andauernden Niedrigpreisphase für Kupfer wurden bis 2009 12.000 Bergarbeiter entlassen. Um die Attraktivität für die Investoren nicht zu beeinträchtigen, hält sich die Regierung aus den Arbeitskämpfen in der Branche heraus. Als Kupferproduzent hat Chile global einen so starken Stand, dass länger andauernde Streiks den Weltpreis in die Höhe treiben. Mit einer Inflationsrate, die seit Jahren selten die fünf Prozent überschreitet und seit 2006 lediglich zweimal die Zehnprozentmarke gerissen hat, steht es im lateinamerikanischen Vergleich relativ gut da (Tab. 11.8).

Sozialpolitik: Die klassische Sozialpolitik steht im Schatten der Fiskalpolitik. Das mächtige Finanzministerium plant den Haushalt nach der Maxime, dass sich das kleine und vom Weltmarkt abhängige Land keine größeren sozialen Transfers leisten kann. Nehmen wir einige Beispiele für sozialpolitische Reformen. Das seit 2004 bestehende Programm des Chile Solidario zielt auf Menschen, die in absoluter Armut leben. Sie sollen durch Beratung und Taschengeld überhaupt erst befähigt werden, sich eine Arbeit

Tab. 11.6 Anteil der Auslandsschulden am BIP: Chile 2005–2014 (in v. H.). (Quelle: Siehe Angaben zu Tab. 6.4)

2014	2013	2012	2011	2010	2009	2008	2007	2006	2005
53,2	47,2	44,3	39,4	39,9	43,1	35,8	32,2	32,1	37,1

Tab. 11.7 Wechselkurs Chile: Peso: US$ 2006–2015. (Quelle: Fischer Weltalmanach, diverse Jahrgänge)

2015	2014	2013	2012	2011	2010	2009	2008	2007	2006
614	584	492	517	467	529	564	479	527	531

Tab. 11.8 Inflation: Chile 2006–2015 (Gesamtpreisentwicklung, in v. H.). (Quelle: Siehe Angaben zu Tab. 6.6)

2015	2014	2013	2012	2011	2010	2009	2008	2007	2006
4,3	4,5	1,9	0,9	3,3	8,8	3,9	0,5	4,8	12,8

zu suchen, Familien, die Leistungen in Anspruch nehmen, werden bei der Tagesbetreuung der Kinder, öffentlichen Beschäftigungsprogrammen und Suchttherapien bevorzugt (Sehnbruch 2014, S. 236–239; Pribble 2013, S. 75 f.). Ferner ersetzt seit 2008 ein neues Programm die bis dahin übliche karge Mindestrente durch den steuerfinanzierten Anspruch auf eine Grundrente, die nicht an Einzahlungen gebunden ist, und es verbürgt den Anspruch auf minimale Gesundheitsleistungen (Contreras und Sehnbruch 2014, S. 251–254; Pribble 2013, S. 80). Zielgruppen dieser Grundsicherungen sind die vielen Bürger am Rande der Gesellschaft, die sich im informellen Sektor haben durchschlagen müssen und mangels offizieller Erwerbsbiografie durch die Maschen der beitragsbasierten Leistungssysteme fallen. Mit diesen Programmen nimmt die Sozialpolitik Kurs auf eine Armutsbekämpfung, wie sie in sehr unterschiedlichem Ausmaß auch in Brasilien, Bolivien und Peru betrieben wird.

Die Regie bei der Ausgestaltung dieser Programme führen die mächtigen Finanzbürokraten. Sie sind darauf bedacht, Mehrkosten zu vermeiden und die Finanzierung mit der Einstellung und Zusammenlegung älterer Programme zu bewerkstelligen (Pribble 2013, S. 78, 87 f.). Für Chilenen in regulärer Beschäftigung, ob aktiv oder in bereits in Rente, bringen diese Programme nichts. Für sie gibt es die öffentlichen und und die in der Pinochet-Ära eingeführten privaten Sicherungssysteme. Die Alterseinkommen der Privatversicherten mit einer kurvenreichen Erwerbsbiografie, die nicht lange genug eingezahlt haben, um eine Vollrente zu erhalten, werden öffentlich bis zu maximal 510 US$ bezuschusst (Pribble 2013, S. 80).

12 Argentinien

Als Land von kontinentaler Dimension zeichnet sich Argentinien durch eine große geografische und klimatische Vielfalt aus. Allein ein Drittel der Gesamtbevölkerung lebt in der Hauptstadtregion Buenos Aires. Der Anteil indigener Bevölkerung fällt kaum ins Gewicht (Tab. 3.10).

12.1 Geschichte

12.1.1 Frühe Republik und Caudillismo

Will man die politische Entwicklung Argentiniens auf ein Wort bringen, bietet sich das Bild einer in kurzen Intervallen wiederauflebenden Turbulenz an. In der Kolonialzeit war das spätere Argentinien nichts anderes als ein Hinterhof der Nachbarkolonien, die mit Bergbau und Zucker Geld in die spanische Staatskasse schaufelten. Erst in der späten Kolonialzeit wurde die Gegend überhaupt als hinreichend wichtig empfunden, um sie der Verwaltung des Vizekönigreichs Lima zu entziehen und im Süden des Subkontinents ein Vizekönigreich La Plata zu gründen (1776). Schon in dieser Zeit war Buenos Aires aber ein bedeutender Seehafen. Die Flusssysteme des La Plata, des Rio Paraguay und des Rio Paraná führen weit bis ins Innere des Kontinents. Sie erlaubten es, die Produkte der reichen Nachbarkolonien über See zu transportieren, ohne die schwierigen und gefährlichen Wege um die Südspitze des Kontinents oder über die ferne mittelamerikanische Landenge nehmen zu müssen.

Im Süden des Kontinents, der bis zur Unabhängigkeit nicht von Spaniern erobert oder besiedelt worden war, lebte eine Vielzahl von wehrhaften Indianervölkern, darunter die auch im südlichen Chile lebenden Mapuche, im nördlichen La Plata-Gebiet Guaraní-Völker. Vorkolumbianische Imperien mit unterworfenen und Herrenvölkern wie die der Azteken und Inka gab es in den Wäldern und Steppen des kontinentalen Südens nicht.

J. Hartmann, *Die politischen Systeme Lateinamerikas*,
DOI 10.1007/978-3-658-14353-4_12

Die Weißen im La Plata-Gebiet waren bis weit über die Schwelle zur Unabhängigkeit recht mobil. Hier und dort entstanden kleine Siedlungen. Unablässig kam es zu Scharmützeln mit den Indianern. Insbesondere die von der Kultur der Mapuche beeinflussten patagonischen Indianervölker machten sich mit dem Gebrauch des Pferdes und der Feuerwaffe vertraut und boten den Weißen erfolgreich Paroli. Größere Siedlungen und Militärposten gab es lediglich im weiteren Umkreis der Hafenstadt Buenos Aires.

Der Caudillo *José de San Martin,* der „Bolivár des Südens", hatte bei der Trennung von Spanien leichtes Spiel. Seine bunte Truppe rollte den Süden des Subkontinents bis nach Chile und Peru auf. 1810 erklärte sich der später argentinische Teil des Vizekönigreichs La Plata für unabhängig, und zwar etwa in den Grenzen der früheren Audiencia Buenos Aires. Der unabhängige Staat La Plata entstand zunächst als lockerer Zusammenschluss verschiedener Provinzen. Er hatte eher den Charakter einer Konföderation (Riekenberg 2009, S. 69–85). Uruguay schied bereits 1825 aus der Föderation aus, 1828 auch Paraguay (siehe unten Kap. 14 und 15).

Bis weit ins 19. Jahrhundert gab es im La Plata-Gebiet keinen wirklich spürbaren Staat. Wie im übrigen Lateinamerika wurde der Caudillo zur beherrschenden Figur. Die Funktion der bewaffneten Macht wurde von den Miliztruppen der Mitgliedstaaten ausgeübt. Angelegenheiten, die alle Provinzen betrafen, wurden in der für Konföderationen typischen Weise durch Vereinbarungen und Verträge geregelt. Die stärksten Teilnehmer in diesem Verbund waren die Stadt und die davon zu unterscheidende Provinz Buenos Aires. Die Kreolen im atlantischen Haupthafen des südlichen Amerikas wurden mit Handelsgeschäften reich. Ihr Lebensideal war das übliche einer europäischen Insel in fremder Umgebung. Sie imitierten europäische Mode, Ideen und Architektur. Die herrschende Klasse in Stadt und Land verzweigte sich in dem Maße in städtische und in agrarische Varianten, wie es sich lohnte, im Hinterland Viehzucht zu treiben und Weizen anzubauen. Produzenten wie Handel waren auf den überseeischen Markt ausgerichtet. Der Stadtstaat Buenos Aires, in dem die Liberalen den Ton angaben, kassierte Binnenzölle für Waren, die über den Seehafen verschifft werden sollten. Das Rückgrat der Arbeitsbevölkerung im Hinterland waren Gauchos, die mit dem rauen Landleben gut zurechtkamen. Die Arbeit als Hauspersonal und im Hafen war nicht ihre Sache. Um den steigenden Bedarf für diese Tätigkeiten zu decken, wurden afrikanische Sklaven importiert.

In der Konföderationszeit stand Buenos Aires in der Rolle eines Primus inter pares. Es substituierte mehr schlecht als recht eine Funktion, die in einer Bundesstaatskonstruktion die Sache der Bundesgewalt ist. Zur beherrschenden Figur der Epoche wurde *Juan Manuel de Rosas.* Von 1829 bis 1852 war er politischer Führer der Provinz Buenos Aires. Kategorisch weigerte er sich, Abstriche von den Privilegien seiner Provinz hinzunehmen. Fortwährend stand er in militärischen Auseinandersetzungen mit den Caudillos des Hinterlandes. Politische Gegner wurden gnadenlos verfolgt. Die Nachbarstaaten und die aus dem Exil operierende Opposition brachten *Rosas* zu Fall. Damit erhielten die übrigen Provinzen die Gelegenheit, eine neue gesamtstaatliche Struktur zu beschließen.

Im Jahr 1853 wurde für die jetzt so genannte Republik Argentinien eine bundesstaatliche Verfassung verabschiedet. In den Grundzügen besitzt sie bis heute Gültigkeit. Buenos Aires blieb den Beratungen über die Verfassung fern, und es weigerte sich bis 1859, der Föderation beizutreten. Nach weiteren Geplänkeln, auch militärischer Art, konsolidierte sich die Föderation (Riekenberg 2009, S. 86–94). Kurzlebige Präsidenten, allesamt im Caudillo-Zuschnitt, rotierten durch die Räume der Präsidialresidenz. 1880 wurde die Stadt Buenos Aires zur Hauptstadt des Gesamtstaates bestimmt.

12.1.2 Staatskonsolidierung und Exportwirtschaft (seit 1880)

Blicken wir zunächst kurz auf das historische Regierungssystem: Argentinien hatte das Format eines präsidialen Bundesstaates mit einem Zweikammerparlament, dessen eine Kammer als Vertretung der Staaten (Provinzen) ausgelegt war. Bis 1989 wurde der Präsident nicht direkt, sondern von einem Wahlmännerkollegium gewählt, dessen Mitglieder wiederum vom wahlberechtigten Volk gewählt wurden. Eine anschließende zweite Amtszeit war nicht zulässig. Gewählt war der Kandidat, auf den eine einfache Stimmenmehrheit der Wahlmänner entfiel. Lediglich 1951 und 1973 gab es eine Direktwahl. Das Wahlmännerkollegium hatte die doppelte Anzahl der Mitglieder des Parlaments (Tab. 4.9).

Der wachsende Lebensmittelbedarf des industriellen Europas löste den ersten großen Boom in Argentinien aus. Im letzten Quartal des 19. Jahrhunderts wurden die weiten Flächen im Landesinneren für den Anbau hochwertigen Weizens erschlossen, der an europäische Mühlenbetriebe geliefert wurde. Riesige Rinderherden lieferten Fleisch für europäische Haushalte und Leder z. B. für europäische Schuhfabriken. Der Gebrauch der Konservendose und des Kühlschiffs erübrigte den Transport von Lebendvieh und gab Impulse für eine Verpackungsindustrie. Hafenwirtschaft und die Industrie expandierten, Zubringerbahnen wurden gebaut, eine Dienstleistungswirtschaft kam in Gang, Banken, Versicherungen, Anwälte etc. Wichtigster Handelspartner war Großbritannien. Auch der Aufbau einer Infrastruktur wurde hauptsächlich mit britischem Kapital realisiert. Für europäische Einwanderer standen die Türen weit offen. Die Hauptstadtelite träumte von einem „Europa in Amerika." Millionen Einwanderer strömten ins Land. Sie fanden Arbeit in der Lebensmittelindustrie und in der Transportwirtschaft (Riekenberg 2009, S. 106–110). Überwiegend handelte es sich um Spanier und Italiener, aber auch Osteuropäer, darunter viele Polen, die hier eine Zuflucht vor Armut und Verfolgung in den Heimatländern suchten. Mit der Erfahrung, dass sich Steppen- und Grasland zu Geld machen ließen, erwarben die alte Agraroligarchie, aber auch kapitalkräftige Aufsteiger ohne kreolischen Hintergrund neues Land. Nur die Indianer standen im Weg. Der Landhunger läutete das Ende der Indianervölker ein. Sie wurden in einer Gewalt- und Vernichtungsorgie dezimiert und die Übrigbleibenden assimiliert.

Zwischen 1880 bis 1930 wurde Argentinien reich. Ein restriktives Wahlrecht hielt Arbeiter und Handwerker von der Politik fern. Das politische Leben wurde vom Partido Autonomista Nacional (PAN) beherrscht, einer politischen Agentur der großen

Landbesitzer und städtischen Eliten. Die oppositionellen Liberalen lebten ihre Liberalität mit den üblichen Forderungen auf die Trennung von Staat und Kirche, die Abschaffung des Religionsunterrichts und die Einführung der Zivilehe aus. Wir treffen hier wieder auf die Kirche als markante Projektionsfläche des liberalen Bürgertums. Der Reflex der Konservativen war gegenläufig. Gegen die liberale Wirtschaftsphilosophie hatten sie nichts einzuwenden, aber viel gegen die Abwertung von Religion und Kirche, die den unteren Klassen die Gottgegebenheit der sozialen Ordnung predigten. Den zahlreichen Einwanderern aus den Armutsgebieten Italiens und Spaniens wurden Plätze am unteren Rand der städtischen Gesellschaft zugewiesen. Viele brachten aus ihrer Heimat syndikalistische Traditionen mit und gaben der Gewerkschaftsbewegung Auftrieb.

Im Jahr 1891 schlug die Stunde der UCR (Unión Civica Radical). Sie appellierte an die breiter werdende Schicht der kleinen Selbstständigen, Arbeiter und Angestellten, und sie machte sich für Reformen stark, um dieser Zielgruppe mit Verfassungs- und Wahlrechtsänderungen eine Stimme zu geben. Nach der Jahrhundertwende hielt der regierende PAN dem Druck auf Reformen nicht mehr stand. 1912 wurde das gleiche und geheime Männerwahlrecht eingeführt. Schon 1916 zog mit *Hipólito Irigoyen* erstmals ein UCR-Politiker in den Präsidentenpalast ein (1916-1922). Er war neben seinem Onkel *Leandro Alem* einer der maßgeblichen Parteigründer. *Irigoyen,* der als Lehrer arbeitete, bevor er sich der Politik zuwandte, war ein Vertreter der Mittelklasse, also der Klasse, die durch die Wahlreform überhaupt erst Zutritt zur politischen Arena erhalten hatte. Ganz in der Art einer Parteimaschine, wie sie zu dieser Zeit in den USA in Blüte stand – und die sich auch in ähnlicher Weise als Integrationsmotor für europäische Einwanderer betätigte –, schlug die UCR in der städtischen Bevölkerung Wurzeln. Ein Netz von Parteifunktionären, die ganze Straßenzüge betreuten, karitative Leistungen verabreichten, bei der Jobsuche halfen und nicht zuletzt auch Jobs in den expandierenden kommunalen und staatlichen Verwaltungen vermittelten, sorgte dafür, dass die UCR als Partei der kleinen Leute wahrgenommen wurde. Die Gewerkschaften wurden legalisiert, Landarbeiter blieben indes vom Recht auf Gewerkschaftsbildung ausgenommen Die vielen Gewerkschaften, die aus dem Boden schossen, hatten durchweg eine linke Orientierung im breiten Spektrum von Anarchisten bis hin zu biederen Sozialisten. Mit der marxistischen Weltanschauung hatte die UCR allerdings nichts im Sinn.

Irigoyens Nachfolge trat der von ihm handverlesene *Marcelo Torcuato de Alvear* an (1922–1928). *Torcuato* kam aus der Großbourgeoisie von Buenos Aires. Mit ihm erlebte Argentinien eine gute Zeit. Die Weltwirtschaft boomte, argentinische Produkte fanden reißenden Absatz. Als *Torcuatos* Amtszeit ablief, kandidierte erneut *Hipolito Irigoyen* (1928) und wurde abermals gewählt. Er war erst ein Jahr wieder im Amt, als Argentinien von der Weltwirtschaftskrise getroffen wurde.

Mit Entlassungen und Einkommensverlusten trugen Arbeiter die Hauptlast der Bemühungen, auch in der Krise noch konkurrenzfähig zu sein. Eine Streikwelle rollte durch die großen Städte. Hatte sich die UCR-Regierung im Zeichen einer wachsenden Wirtschaft mit der kämpferischen Arbeiterschaft arrangieren können, war es damit jetzt vorbei.

Ersatz für das schrumpfende Zollaufkommen verschaffte sich die Regierung mit dem Verkauf der Infrastruktur hauptsächlich an britische Kapitalgeber. Nationalistische Kreise begannen zu murren. Die Streiks störten den Ordnungssinn der Militärs. Nach ihrer Auffassung war *Irigoyen* unfähig, die Unruhen mit der gebotenen Härte abzustellen. Unter Führung des Generals *José Felix Uriburu* – dem Neffen des früheren Staatspräsidenten *José Evaristo Uriburu* (1895–1898) – kam es 1930 zu einem Militärputsch. Die Militärs regierten bis 1945, meist mit Zivilisten, die sich zu Marionetten der Generäle hergaben.

Diese Ereignisse waren in dreierlei Hinsicht ein epochaler Einschnitt:

1. Argentinien schwenkte unter den Militärs vom Exportmodell auf die Strategie einer importsubstituierenden Industrialisierung um. Es wurde versucht, einen starken Binnenmarkt zu entwickeln.
2. Dabei kam zu einer starken Binnenwanderung vom Land in die großen Städte. Sie kompensierte den versiegenden Einwandererstrom.
3. Das Militär musste sich der Tatsache einer politisch mobilisierten städtischen Bevölkerung stellen. Loyalität zum Regime und die Erwartung erträglicher Lebensbedingungen waren zwei Seiten derselben Medaille.

12.1.3 Die Ära Perón (1943–1955)

Im ausgehenden 19. Jahrhundert wurde die Professionalisierung der Streitkräfte in Angriff genommen. Das alte Milizsystem wurde ausrangiert. Das Offizierskorps bewunderte das deutsche Militärwesen. Frühere deutsche Berufsmilitärs, für die nach 1919 in der kleinen Reichswehr kein Platz mehr war, boten sich als Berater und Ausbilder an. Aufsteiger aus einfachen Verhältnissen, nicht zuletzt aus den Reihen der zahlreichen italienischen und spanischen Einwanderer machten militärische Karrieren. Entsprechend groß waren hier das Gespür für soziale Fragen und der Wunsch nach einer umfassenden, klassenübergreifenden nationalen Integration. Was lag da näher als das Ideal einer Volksgemeinschaft, in der auch der Geringste sein Auskommen hat? In diesem Ambiente reifte der Peronismus.

Mit Begeisterung registrierten die Offiziere, was sich im faschistischen Italien und im nationalsozialistischen Deutschland tat. Hier wie dort rechtsgerichtete, militärfreundliche Regime, die es verstanden, die unteren Klassen mitzunehmen! Hinzu kam ein Feind, den die oberen Klassen in aller Welt verabscheuten: die Linke. Auch der spanische Bürgerkrieg hinterließ Spuren: Der rechte Putschist *Franco* führte in Spanien die offensive Bekämpfung einer Linken vor, die es gewagt hatte, sich an der auf Respekt vor Eigentum und Kirche aufgebauten Ordnung zu vergreifen. Argentinien blieb bis in die späte Phase des Zweiten Weltkriegs neutral.

Obgleich unter Führung einer deutschfreundlichen Regierung, machte Argentinien mit den Alliierten, die ihre Millionenheere zu versorgen hatten, gute Geschäfte. Die Industrialisierung kam weiter voran. Neben die gewerkschaftlich kampferfahrenen

Nachfahren europäischer Einwanderer, die sich in der städtischen Gesellschaft einen gewissen Status erobert hatten, trat jetzt eine Arbeiterschaft neuen Typs: Sie rekrutierte sich aus Zuwanderern aus dem Landesinneren. Ehemalige Landarbeiter, die sich in der Stadt ein besseres Leben versprachen, ärmlich gekleidet und Analphabeten, trübten das Bild einer von Weißen geprägten Gesellschaft. Die etablierte Arbeiterschaft empfand die Neuzugänge als lohndrückende Konkurrenz:

Offiziere, die sich in einer Offiziersloge zusammengefunden hatten, inszenierten 1943 einen Putsch, um nun nach den Scheinregenten in Zivil ganz offen selbst zu regieren. Sie setzten ihre Karte auf ein dauerhaft autoritär regiertes Land. In diesen Ereignissen schlug die Geburtsstunde des Peronismus. Oberst *Juan Perón* war einer der Köpfe dieses Putsches. Der Putsch selbst war eine Konspiration der Stabssoldaten, der Planer und militärpolitischen Impulsgeber, weniger der Truppenkommandeure. *Perón* kam aus einer Landbesitzerfamilie in der Provinz Buenos Aires; er blickte auf eine militärwissenschaftliche und militärdiplomatische Karriere als Attaché im nationalsozialistischen Berlin und bei einer Militärmission in Italien zurück. In der regierenden Junta übernahm *Perón* das nicht sonderlich prestigereiche Ressort für Arbeit. Mit großem Erfolg umwarb er die Arbeiterschaft. Dies alles missfiel den Generälen. Für das Empfinden seiner Junta-Kameraden wurde er zu dominant.

Nach Kriegsende gab es in der Hauptstadt Demonstrationen für ein Ende der Militärherrschaft. Faschistische Gruppen gingen mit Gegendemonstrationen auf die Straße. Sie verlangten *Perón* als Präsidenten. Der Trubel um *Perón* wurde den regierenden Offizierskameraden zu viel. Sie beschlossen, ihn aus dem Verkehr zu ziehen; er wurde 1945 verhaftet. Daraufhin kam es zu Massendemonstrationen, auf denen *Peróns* Freilassung verlangt wurde. Die Junta gab nach und kündigte für 1946 reguläre Wahlen an. *Perón* kandidierte und gewann auf der Plattform einer eigens gegründeten Arbeiterpartei. Als großes Kapital erwies sich seine spätere Ehefrau *Maria Eva Duarte,* genannt *Evita,* eine Radiosprecherin. Sie verstand es, in der Sprache des einfachen Volkes die Massen zu mobilisieren.

Erst einmal im Amt, regierte *Perón* mit autoritärer Schlagseite. Sie tat seiner Popularität keinerlei Abbruch. In korporativer Manier wurden die Gewerkschaften eng in das Regierungsgerüst eingebunden (zum peronistischen Regime: Waldmann 1974). *Perón* umgarnte die Kirche, schaffte die von den Liberalen vor sechs Jahrzehnten eingeführte Zivilehe wieder ab, und an den Schulen wurde der Religionsunterricht wieder eingeführt. Großzügige Sozialprogramme auch für die Armen hielten die Massen bei Laune; die Infrastrukturbetriebe bis hin zur Eisenbahn wurden rückverstaatlicht. Die Nationalisten klatschten Beifall. Nach dem Krieg blieb die Auslandsnachfrage durch die schlechte Ernährungslage im kriegszerstörten Europa weiterhin stabil. Zeitweise stellte der argentinische Lebensstandard denjenigen größerer europäischer Länder in den Schatten. Nie ging es den Argentiniern so gut wie in den ersten Jahren der Ära *Perón*. Sogar für eine eigene Rüstungsproduktion bis hin zum Kampfflugzeug, die sich die Expertise ehemals deutscher Rüstungstechniker zunutze machte, gab es Geld. Mit stillschweigender

Billigung der Regierung, die beide Augen fest zudrückte, wurde Argentinien zum sicheren Hafen für nationalsozialistische Funktionäre und Kriegsverbrecher.

Bereits um die Wende zu den 1950er Jahren wurden die goldenen Jahre allmählich ausgeläutet. Der Wiederaufbau in Europa zeitigte erste Erfolge. Für Europa war der Marshallplan eine gute Sache, er öffnete aber auch einen neuen Markt für Weizenbauern und Viehzüchter in den USA. Argentinien war weiterhin auf den Import von Investitionsgütern angewiesen. In diesem Punkt hatte die Importsubstitution nicht viel gebracht. Die Exporterlöse Argentiniens brachen ein, und der Lebensstandard begann zu bröckeln. Erste Arbeiterproteste gegen die Politik des einstigen Idols keimten auf. Zu allem Überfluss verstarb 1952 mit *Evita Perón* noch die zugkräftige Propagandistin des Regimes.

Um die dringend benötigten Mehreinnahmen für den aufgeblähten öffentlichen Bereich und die neuen Sozialprogramme zu generieren, plante *Perón* ein staatliches Einkaufsmonopol. Die Agrarproduzenten sollten für ihre Erzeugnisse einen staatlich festgesetzten Fixpreis erhalten. Der Differenzbetrag zum Weltmarktpreis sollte in die Staatskasse fließen. Für die mächtige Sociedad Rural, den Verband der agrarischen Großproduzenten, war dies der Casus Belli. Auch die Kirche kehrte dem Regime den Rücken. Sie nahm Anstoß an der heiligengleichen Verehrung *Evitas* und lehnte *Peróns* Ansinnen ab, sie selig sprechen zu lassen. *Perón* schlug zurück, indem er die laizistischen Gesetze wieder in Kraft setzte, die er einige Jahre zuvor hatte kassieren lassen. Er brachte sogar die Legalisierung der Prostitution ins Gespräch. Schließlich machte er sich auch seine ehemaligen Offizierskameraden zum Feind, als er Kurse in einer arg konstruierten Weltanschauung des Peronismus für die Offiziersausbildung zur Pflicht machte. Es war nur eine Frage der Zeit, bis das Establishment dieser Selbstüberschätzung ein Ende setzte. Der Vatikan hatte genug und exkommunizierte *Perón* (1955). Noch im selben Jahr sprangen Marine und Luftwaffe ab. Sie ließen den Präsidentenpalast bombardieren. Zwar scheiterte dieser erste Putschversuch. Wenige Monate später aber stellten sich die gesamten Streitkräfte gegen *Perón*. Dieser sah die Ausweglosigkeit seiner Situation ein und fand nach einigen Zwischenstationen ein dauerhaftes Exil als Gast des spanischen Diktators *Franco*.

12.1.4 Zivil-militärisches Intermezzo (seit 1955)

Mit *Peróns* Exil lebte die „Legende Perón" auf. *Perón* hatte seinem Land in kurzer Zeit beispiellosen Wohlstand und staatlich organisierte Wohlfahrt gebracht. Beides war das Ergebnis einer günstigen Konstellation. Der mit zahlreichen Behörden aufgeblähte Staat, der *Peróns* Anhänger mit Futterstellen versorgte, und die kostspieligen Sozialprogramme für Menschen an der Basis der Gesellschaftspyramide waren schon nicht mehr bezahlbar, als *Perón* aus dem Amt vertrieben wurde. Die Folgen seiner Wirtschafts- und Sozialpolitik wurden aber erst richtig spürbar, als seine gewählten Nachfolger regierten. Der Niedergang wurde dem Versagen der aktuell Regierenden zugeschrieben.

In der verklärenden Rückschau galt *Perón* bei Arbeitern, Rentnern und kleinen Leuten, je länger seine Nachfolger regierten, desto mehr als ein Volksfreund, dessen Werk von unfähigen Politikern zerstört worden war. Als nostalgisches Gedankengut blieb der Peronismus quicklebendig, nicht zuletzt in den Gewerkschaften, deren Funktionäre unter *Perón* ihre besten Zeiten hatten. Mit dem Anti-Peronismus verhielt es sich ähnlich. Er nährte sich vom Ressentiment der oberen und mittleren Klassen (Seveso 2011, S. 313). Die peronistische Arbeiterpartei blieb nach dem Abgang *Peróns* verboten. Bis 1958 regierten die Putschmilitärs selbst.

Als die Militärs das Regieren wieder gewählten Politikern überließen, demonstrierten *Peróns* Anhänger ihre Treue zum Meister: entweder mit leeren Stimmzetteln oder mit der Wahl von Kandidaten, die als Parteigänger *Peróns* bekannt waren. Als einzige politische Partei mit nennenswertem gesellschaftlichem Fundament war nach dem Verbot der Arbeiterpartei nur noch die UCR übrig geblieben. Die Präsidentenwahl des Jahres 1958 gewann der UCR-Kandidat *Arturo Frondizi* (1958–1962). Er war in den bescheidenen Verhältnissen einer italienischen Einwandererfamilie groß geworden und hatte eine Juristenkarriere eingeschlagen. *Frondizi* hatte sich vor seiner Kandidatur mit *Perón* verständigt. Dieser empfahl seinen Anhängern, für *Frondizi* zu votieren, der als Gegenleistung wiederum die Lockerung des Parteiverbots in Aussicht stellte. Die anhaltende wirtschaftliche Krise überforderte die Regierung. Vor dem Hintergrund heftiger sozialer Proteste und des Wahlerfolgs bekennender Peronisten bei den Gouverneurswahlen beschloss die Militärführung, *Frondizi* abzusetzen.

Sein 1963 gewählter Nachfolger *Arturo Umberto Illia* (1963–1966), ein Armenarzt, der dem linken Flügel der UCR angehörte, engagierte sich mit sozial- und bildungspolitischen Initiativen. Er führte einen Mindestlohn ein, startete eine Alphabetisierungskampagne für dasjenige Zehntel der Bevölkerung, das des Lesens und Schreibens noch nicht mächtig war, und deckelte die Kosten für Medikamente. Ferner hob er eine Entscheidung des Vorgängers auf, das Monopol einer Staatsgesellschaft auf die Ausbeutung der Ölvorkommen aufzubrechen. *Illia* erntete keinen Dank für diese Politik. Die schlechte Wirtschaftslage überschattete alles andere. Das Verbot der peronistischen PJ wurde aufgehoben. Als 1965 ein neues Parlament gewählt wurde, überholten die Peronisten *Illias* UCR mit großem Vorsprung.

Die Militärs sahen sich in der Auffassung bestätigt, die Politik dürfe nicht den Zivilisten überlassen werden. Sie putschten *Illia* 1966 aus dem Amt, um jetzt wieder selbst zu regieren. Sie erstickten den politischen Betrieb aber nicht, sondern zwangen ihn einfach in den Leerlauf. Die Parlamentarier durften debattieren und sich wählen lassen. Das Regieren besorgten Generäle, die zur Abwechslung einmal darauf verzichteten, sich mit Titel und Insignien des Präsidenten zu schmücken.

Drei Militärpräsidenten versuchten sich zwischen 1966 und 1973 vergeblich an den Problemen einer Wirtschaft, die aus dem Tief nicht herauskam. Ebenso erfolglos waren ihre Versuche, das Biotop der peronistischen Gewerkschaften und Funktionäre auszutrocknen. Sie gaben entnervt auf, als die Straßenproteste gegen die Verschlechterung der Lebensverhältnisse überhandnahmen, und ließen Präsidentenwahlen zu. *Perón* selbst wurde die Einreise aber verwehrt. Er ließ 1973 seinen Statthalter *Héctor José Cámpora,* einen Zahnarzt aus dem kleinbürgerlichen Milieu italienischer Einwanderer, zur Wahl antreten. *Cámpora* wurde prompt gewählt. In den wenigen Wochen, die er amtierte, erließ er eine Amnestie für inhaftierte Peronisten und hob die Sperre für die Einreise *Peróns* auf. Dann trat er zurück und machte den Weg für eine neue Präsidentenwahl frei. *Perón* kehrte nach Argentinien zurück und erklärte seine Kandidatur.

Nach 18 Jahren, die er im Exil verbracht hatte, verstand *Perón* Argentinien nicht mehr und die Argentinier auch *Perón* nicht mehr. Die linke peronistische Jugend deutete *Perón* in einen Sozialisten um. Die peronistische Rechte erwartete die Restauration des autoritären Wohlfahrtsstaates. Bereits bei *Peróns* Ankunft auf dem Flughafen von Buenos Aires gab es blutige Auseinandersetzungen zwischen Anhängern beider Fraktionen. Sie dauerten bis nach dem erwarteten Wahlsieg *Peróns* (1973) an. Die peronistische Linke war enttäuscht. *Perón* ließ erkennen, dass er es mit der Rechten hielt. Neun Monate nach seiner Amtseinführung verstarb er. *Perón* hinterließ eine Gesellschaft, die noch zerstrittener war als bei seiner Rückkehr. Seine Frau *Isabel Martínez de Perón,* die ihr Brot als Tänzerin verdient hatte, bevor sie den Präsidenten ehelichte, war auf Vorschlag ihres Ehemannes 1973 zur Vizepräsidentin gewählt worden. Politisch gänzlich unerfahren, brachte sie weder den Staatsapparat noch die peronistische Bewegung unter Kontrolle. Das Land glitt ins Chaos. Die Interimspräsidentin war eine Marionette von Ratgebern, die ihre eigene Suppe kochten (Dávila 2013, S. 66–79).

Blicken wir jetzt auf die wirtschaftliche Situation: die Ursache des sinkenden Lebensstandards. Die USA und Kanada schützten ihre Agrarmärkte und stützten den Weizenexport. Im Vorläufer der Europäischen Union, der Europäischen Wirtschaftsgemeinschaft, entstand ab 1959 der Gemeinsame Europäische Agrarmarkt. Um die bäuerlichen Einkommen zu stabilisieren, wurden Agrarimporte nach Europa, auch hier wieder zunächst beim Weizen, künstlich verteuert und die Agrarexporte subventioniert. Umgekehrt waren die argentinischen Industrien seit je durch Zollmauern und eine überbewertete Landeswährung geschützt. Keine nachperonistische Militär- oder Zivilregierung wagte es, diesen Schutz zu lockern und Massenentlassungen in den wenig produktiven Industrien zu riskieren. Die Ausgaben für den aufgeblähten Verwaltungsapparat – eine Folge der Klientelpolitik – und soziale Versorgungsleistungen hielten längst nicht mehr Schritt mit der geringen Produktivität. Die hoffnungslos überbewertete Währung belebte schwarze Devisenmärkte. Das Militär dachte nicht daran, sich von seinen Industriebetrieben zu trennen oder die Rüstungsproduktion einzustellen (Mani 2011, S. 35–38). Wegen der absehbaren Proteste wurden aber weder die sozialen Sicherungssysteme angetastet noch die Notwendigkeit der zahlreichen staatlichen Behörden überprüft, die einer Vielzahl von Beschäftigten Lohn und Brot verschafften. So gelangte viel Geld in Umlauf, das die Inflation anheizte. Bis zur Rückkehr *Peróns* im Jahr 1973 hielt sich die jährliche Inflationsrate bei über 100 %. Immer noch recht wohlhabend im lateinamerikanischen Kontext, fiel Argentiniens Wirtschaftsleistung ab. Familien, denen es schon einmal besser gegangen war, drifteten in die Armut.

Vor diesem Hintergrund bekämpften sich linke und rechte Peronisten. Die Studierenden der großen Universitäten begeisterten sich mittlerweile an den Ideen und Vorbildern der europäischen Studentenbewegung und an Guerillastrategien à la *Che Guevara,* die mit Blick auf das urbane Argentinien zur Stadtguerilla – Montoneros – umstilisiert wurden. Entführungen und Attentate auf politische Repräsentanten häuften sich. Die Polizei schlug brutal und ziellos um sich. Ab 1975 regierte das blanke Chaos. Der katholische Oberhirte forderte die Streitkräfte öffentlich auf, für Ordnung zu sorgen. 1976 war es so weit: Die Militärs übernahmen die Regierungsgeschäfte. Dieses Mal aber begnügten sie sich nicht mehr damit, wie noch zehn Jahre zuvor, die Politik in den Leerlauf zu schalten. Sie gedachten mit der Politik überhaupt aufzuräumen. Das benachbarte Chile bot seit zwei Jahren reiche Anschauung, wie dabei vorzugehen war.

12.1.5 Die letzte Militärdiktatur (seit 1976)

Der Putsch von 1976 war der brutalste in der Geschichte des Landes. Die Großagrarier um die Sociedad Rural, die oberen Klassen und die Kirche begrüßten den Putsch und auch die Zielrichtung der umgehend einsetzenden Repression. Sie traf hauptsächlich Gewerkschafter, Studierende und Intellektuelle. Die Militärs und die privilegierten Klassen waren eins in der Überzeugung, alle Übel, die das Land plagten, hätten ihre Ursachen in marxistischen oder sonst irgendwelchen linken Ideen, im Atheismus und dem Willen zur Zerstörung der bestehenden Ordnung. Lange Haare, Popmusik, Gesellschaftskritik, Literaten, Regisseure etc. standen wie selbstverständlich unter Subversionsverdacht (Dávila 2013, S. 114–116).

Das Land lebte unter den Militärs weiterhin auf Pump. Einige unrentable Staatsbetriebe wurden geschlossen, andere der Leitung und Aufsicht von Offizieren unterstellt. Massenentlassungen blieben nicht aus. Die unproduktivste Industrie überhaupt, die Rüstungsindustrie, lief indes weiter. Gegen Ende der Militärherrschaft verfiel auch der mühsam gehaltene Lebensstandard der Mittelschicht. Die durch die Inflation bereits entwerteten Besitzstände der peronistischen Sozialgesetzgebung noch weiter abzubauen, war keine Option. Das Regime war am Ende, hatte sich aber so in den Machterhalt verrannt, dass es nach dem Strohhalm eines militärischen Abenteuers griff, um mit dem Schüren nationalistischer Emotion von der Unzufriedenheit abzulenken. Im eigenen Métier waren die Militärs kaum weniger kompetent als sonst auch. Der Versuch, 1982 die ungeschützten Falklandinseln zu okkupieren, auf die Argentinien historische Ansprüche erhob, ging daneben. Das Abenteuer demonstrierte einer vorübergehend im Patriotismus schwelgenden Öffentlichkeit die diplomatische und militärische Unfähigkeit der Generäle. Im Jahr 1983 zogen sich die Streitkräfte in die Kasernen zurück.

Im Rückblick hat Argentinien erst in den 1980er Jahren, als sich die Militärs allenthalben in Südamerika aus der Regierung zurückzogen, zum praktizierten Verfassungsstaat gefunden. Die Zeit davor lässt ein ähnliches Profil von Militärinterventionen erkennen wie in Bolivien, Ecuador und Peru (Tab. 12.1).

Tab. 12.1 Konstitutionelle und außerkonstitutionelle Abfolge der Präsidenten Argentiniens seit 1930

		Konstitutionell gewählt	Konstitutionell abgelöst	Interimspräsident
H. Yrigoyen	1928–1930	X		
J. Uriburu	1930–1932	X		
A. Justo[a]	1932–1938		X	
R. Ortiz[b]	1938–1942	X	XR[c]	
R. Castillo	1942/1943	X		X
A. Rawson[a]	1943			
P. Ramírez[a]	1943/1944			
E. Farrell[a]	1944–1946			
J. Perón	1946–1955	X		
E. Lonardi[a]	1955			
P. Aramburu	1955–1958			
A. Frondizi	1958	X		
G. Guido	1962/1963	X		X
A. Illia	1963–1966	X		
J. Onganía[a]	1966–1970			
R.Levingston[a]	1970/1971			
A. Lanusse[a]	1970–1973			
H. Campóra	1973	X	XR[c]	
J. Perón	1973/1974	X	XV[d]	
I. Perón	1974–1976	X		X
J. Videla[a]	1976–1981			
R. Viola[a]	1981			
R. Galtieri[a]	1981/1982			
R. Bignone[a]	1982/1983			
R. Alfonsín	1983–1989	X	X	
C. Meném	1989–1999	X	X	
F. de la Rùa	1999–2001	X	XR[c]	
A. Saá	2001	X		X
E. Duhalde	2002–2003	X		X
N. Kirchner	2003–2007	X	X	
C. Fernández	2007–2015	X	X	
M. Macri	Seit 2015	X		

[a]Militärpräsident
[b]Vom Militär gestützt
[c]Rücktritt
[d]Im Amt verstorben

12.2 Das politische System

12.2.1 Verfassung und Regierungssystem

Die Verfassung ist seit 1853 selten geändert worden. Sie konstituiert ein präsidiales System (zum Folgenden allgemein: Werz 2012, S. 56–76). Die letzten großen Verfassungsänderungen datieren auf das Jahr 1994. Das Abgeordnetenhaus, die größere Kammer, repräsentiert das Volk als Ganzes in seinen Wahlkreisen, der Senat das Volk in den 23 Provinzen. Der Präsident wird seit 1994 durch eine Volkswahl ermittelt. Im ersten Wahlgang ist der Kandidat mit einer qualifizierten Mehrheit der Wählerstimmen gewählt. Wird die erforderliche Mehrheit verfehlt, kommt es zu einer Stichwahl zwischen den Bewerbern mit den besten Ergebnissen. Für den Erfolg im ersten Wahlgang gelten drei Formeln: a) ein Kandidat erzielt mehr als 50 % der Stimmen, b) ein einziger Kandidat erreicht mehr als 45 % der Stimmen und c) ein Kandidat kommt auf 40 % der Stimmen, wobei der Abstand zum stärksten Mitbewerber mehr als zehn Prozent betragen muss. Bei allen anderen Ergebnissen wird eine Stichwahl zwischen den beiden Bewerbern mit den meisten Stimmen fällig, oder die Wahl wird wiederholt. Seit 2011 muss 60 Tage vor der eigentlichen Wahl eine öffentliche Vorwahl durchgeführt werden. Jeder Kandidat, der mindestens 1,5 % der Stimmen auf sich vereinigt, darf im Namen seiner Partei für das Präsidentenamt kandidieren, d. h. für dieselbe Partei gehen unter Umständen mehrere Kandidaten ins Rennen. Scheidet der Präsident vor der Zeit aus dem Amt, tritt bis zur nächsten Wahl ein Vizepräsident an seine Stelle.

Die einmalige direkte Wiederwahl des Präsidenten ist seit 1994 erlaubt (Tab. 12.2). Seither gibt es auch das Amt eines Ministerpräsidenten. Größere Bedeutung kommt ihm nicht zu. Trotz seines schönen Titels ist der Ministerpräsident nichts anderes als der politische Majordomus des Staatschefs. Laufen die Dinge schlecht für den Präsidenten und braucht die Öffentlichkeit ein sichtbares Opfer, bietet sich der Ministerpräsident als Blitzableiter an. Der Präsident ernennt und entlässt die Minister. Gegen Kongressbeschlüsse hat der Präsident ein lediglich weiches Vetorecht. Bevor er ein Gesetz in Kraft setzt, hat er die Pflicht, es zu begutachten. Die Verfassungspraxis hat sich dahin entwickelt, dass dieses Gutachten zu dem Ergebnis führen kann, das Gesetz als Ganzes oder in Teilen abzulehnen. Nimmt der Kongress die Einwände hin, bleibt der Beschluss unwirksam. Bestätigen beide Kammern des Kongresses ihren Beschluss mit Zweidrittelmehrheit, ohne dass es dazu allerdings einer Mehrheit der gesetzlichen Mitglieder bedürfte, tritt der Beschluss in Kraft.

Der Präsident hat das Recht zur Gesetzesinitiative und macht in der Praxis auch Gebrauch davon. Der Form nach brauchen Anordnungen und Initiativen des Präsidenten allerdings die Zustimmung der Minister. Einer Führungsrolle des Präsidenten in den Beziehungen zum Parlament kommen des Weiteren entgegen: ein großzügiges Verordnungsrecht, die unscharfe Abgrenzung legislativer und exekutiver Akte, eine politisierte Justiz und schließlich ein Parlament, das wenig aus seiner starken verfassungsrechtlichen Statur macht.

Tab. 12.2 Präsidentenwahlen: Argentinien 1994–2011 (Bewerber mit den meisten Stimmen [in v. H.])

2015		
Macri Cambiemos[a]	*Scioli* FPV-PJ	*Massa* Nueva Alternativa[b]
37,0	34,1	21,3
Stichwahl		
Macri	*Scioli*	
51,3	48,6	
2011		
Fernandez FPV-PJ[c]	*Binner* FP-PS	*Alfonsin* UCR
54,1	16,8	11,1
2007		
Fernandez FPV-PJ[c]	*Carrio* CC[d]	*Lavagna* UNA[e]
45,3	23,0	16,9
2003, 1. Wahlg.		
Kirchner FPV[c]	Menem UCD	*Murphy* Recrear para el Creciemiento[f]
22,2	19,5	16,3
Stichwahl entfällt[g]		
1999		
De la Rua, Alianza[h]	*Duhalde* PJ	*Cavallo,* Accíon para el República[i]
48,4	38,3	10,2
1995		
Menem PJ	*Bordon* FREPASO	*Massaccesi* UCR
44,9	29,3	17,0

[a] Ad hoc gebildete Wahlallianz mehrerer Parteien für Macri
[b]Wahlallianz
[c]Frente para la Victoria-Partido Justicialista
[d]Coalición Civica, von der Kandidatin gegründete Wahlplattform
[e]Una Nación Avanzada, vom Kandidaten gegründete Wahlplattform
[f]Wahlplattform des Kandidaten
[g]Wegen Rückzug des Mitkandidaten Menem
[h]Parteienbündnis als Wahlplattform für den Kandidaten
[i]Wahlplattform, vom Kandidaten gegründet

Präsident *Carlos Menem* (1989–1999) regierte mit Sondervollmachten, um seine Politik ohne legislatorische Querschüsse durchführen zu können. Er griff dabei auf

Regularien zurück, die für den Fall einer wirtschaftlichen Notlage ausgelegt und bis zu seiner Wahl im Jahr 1989 kaum in Anspruch genommen worden waren. Allein zwischen 1989 und 1994 erließ er mehr Dekrete als sämtliche Vorgänger in den 130 Jahren davor. Er machte sich praktisch zum Herrn des Haushalts (Teichman 2004, S. 32). Präsident *Néstor Kirchner* (2003–2007) erließ in den vier Jahren seiner Präsidentschaft 246 Notstandsdekrete, ohne dass tatsächlich eine Notsituation bestanden hätte. Er brachte aber lediglich 176 Gesetze auf den Weg.

Die parlamentarische Professionalität der Abgeordneten liegt im Argen (Hänsch und Riekenberg 2008, S. 88 f.). Die Karriere der Senatoren und Abgeordneten beginnt in den Provinzen und für ein Drittel geht sie dort weiter, wenn sie das Bundesparlament verlassen. Für Ambitionierte ist es lediglich eine Zwischenstation. Auf den Erwerb fachpolitischer Expertise legen die Parlamentsmitglieder üblicherweise keinerlei Wert (Jones 2008, S. 58 f., 70).

Der Präsident steht im Mittelpunkt des Regierungsgeschehens. In guten Zeiten ist er populär, in schlechten Zeiten wird er zur Hassfigur. Die Senatoren und Abgeordneten üben gewöhnlicherweise Parteidisziplin. Kandidaten, die keiner Partei angehören, lässt das Wahlrecht gar nicht erst zu. Die regierende Partei unterstützt ihren Präsidenten, die Opposition ihren Parteiführer. Bei Abstimmungen folgen die Parlamentarier den Anweisungen der Fraktionsführung. Die Geschäftsordnungen beider Parlamentskammern weisen den Fraktionsführern eine Schlüsselrolle zu (Jones und Hwang 2005, S. 127–129).

Die wichtigste Ebene für politische Karrieren ist die Provinz. Entsprechend groß ist die Bedeutung der Gouverneure für die Nominierung der Parlamentskandidaten. In das Parlament selbst regieren die Gouverneure nicht hinein. Aber sie nehmen Einfluss auf die Fraktionsführer ihrer Partei, und deren Abstimmungsempfehlungen müssen auf einen Nenner bringen, was die Provinzgouverneure erwarten (Jones 2008, S. 72 f.).

Ungeachtet der Anzahl der im Parlament repräsentierten Parteien stehen in der Bundespolitik entweder die inzwischen vielgestaltige peronistische Bewegung oder aber die liberalkonservative UCR im Mittelpunkt (Tab. 12.3). Beide allerdings, die UCR in geringerem Maße, sind in Gruppen und Grüppchen fragmentiert. Dazu stoßen gelegentlich Dissidenten, die andere Parteien verlassen. Beide Parteien, vor allem wieder die Peronisten, gleichen in sich zerstrittenen Lagern. Zwischen diesen Lagern verläuft allerdings eine klare Grenze. Was parlamentarische Abstimmungen betrifft, haben die argentinischen Präsidenten wenig Grund, sich um zuverlässige Mehrheiten Sorgen zu machen, wenn nicht gerade die Opposition die Mehrheit stellt.

Mit der Professionalität des Regierungsapparats steht es nicht zum Besten. Bei der Ernennung von Ministern und hohen Beamten waltet Patronage nach der Devise, bewährte und loyale Weggefährten zu belohnen. Die Ausnahme ist auch hier wieder der Sektor, der finanztechnokratische Expertise verlangt. Hier zählt eher die Qualifikation (Scherlis 2013, S. 75).

Mit der Überarbeitung der Verfassung im Jahr 1994 wurde die Position der Provinzen scheinbar gestärkt. Tatsächlich sind die Provinzen aber in vieler Hinsicht Agenten der Bundesregierung (Farelli 2010, S. 76–121). Die Kommunen haben im Gesamtstaat

Tab. 12.3 Parlamentswahlen: Argentinien 2005–2013 (in v. H., in Klammern Sitze)[a]

2013	
Frente para la Victoria[b]	29,4(40)
Frente Renovador[c]	16,7(16)
FPCyS[d]	8,8(9)
UCR	6,0(8)
FIT[e]	4,2(2)
PJ[f]	1,0(2)
Sonstige[g]	33,9(50)
2009	
Peronisten insges	30,8(47)
- PJ[f]	14,5(19)
- Frente para Victoria[b]	8,8(14)
- Frente Justicialista[h]	2,2(6)
- andere	5,3(8)
Wahlbündnis Mitte-Links	28,9(41)
- davon UCR	3,3(4)
Sonstige	40,3(39)
2005	
Frente para la Victoria	29,9(50)
UCR	8,9(10)
PJ	6,7(9)
Sonstige	45,5(58)

aNur Abgeordnetenhaus
[b]Linksperonistisch
[c]Peronistisch, Schwerpunkt in Buenos Aires
[d]Frente Progressista Civico y Social, linke Regionalpartei in Santa Fé, kandidierte mit Gouverneur Binner im selben Jahr für die Präsidentschaft
[e]Frente de Izquierda y de los Trabajadores, trotzkistisches Bündnis
[f]Ursprungspartei des Peronismus
[g]Darunter acht kleiner Regionalparteien
[h]Peronistische Partei um die früheren Präsidenten Duhalde und Sáa

eine schwache Position; sie stehen in vollständiger Abhängigkeit von der betreffenden Provinzregierung (Fenwick 2010, S. 166 f.). Das Verfassungsdokument enthält zwar eine alte Verfassungsbestimmung, die es dem Präsidenten erlaubt, einen Gouverneur, der sein Amt missbraucht, abzusetzen. Doch davon wird kaum noch Gebrauch gemacht. Die Provinzen haben ein geringes Eigensteueraufkommen. Ihr Anteil an den Bundessteuern ist

Verhandlungssache. Den Provinzen bleibt in der Regel genug Verfügungsmasse, um den Gouverneuren die Pflege der Wähler- und Unterstützerklientel zu ermöglichen (Manzetti 2014, S. 178–180; Eaton 2005, S. 91–111).

In den 23 Provinzen und in der Bundeshauptstadt gilt jeweils ein eigenes Wahlrecht. Es ist so zugeschnitten, dass es die Verweildauer des amtierenden Gouverneurs begünstigt. Die große Mehrheit der Provinzen erlaubt die einmalige Wiederwahl des Amtsinhabers. Die Provinzen haben große Freiheit zur Gestaltung ihres Budgets, müssen aber eben auch die Verwaltungsaufträge des Bundes ausführen. Alle Provinzen sind – mehr oder weniger – auf verwendungsgebundene Transferzahlungen der Bundesregierung angewiesen. Die Dominanz der peronistischen Bewegung relativiert das föderative Element. Die nicht-peronistische Opposition kann mit den wenigen Provinzen, die sie beherrscht, in der nationalen Politik kaum etwas bewirken (Eaton 2004). Die Gouverneure bringen ihre Parteigänger in den öffentlichen Verwaltungen unter. Diese werden für den Verwaltungsbetrieb oft nicht wirklich gebraucht, bekommen auf diese Weise für ihre Dienste an der Partei aber ein verlässliches Salär und haben in ihrem Job vielleicht noch die Möglichkeit, auf Staatskosten etwas für Freunde und Verwandte zu tun (Behrend 2011, S. 153–162; Scherlis 2013, S. 77).

Unterhalb der Bundesebene existiert ein Flickenteppich staatlicher Leistungen. Die Hauptstadtprovinz Buenos Aires gab 1999 39 % ihres Budgets für Gesundheit, 32 % für Bildung und 13 % für die Verwaltung aus. Die arme Provinz La Rioja am Fuß der Anden, Heimat des einstigen Präsidenten *Carlos Menem,* gab im selben Jahr 9,2 % für Gesundheitsleistungen, 23,7 % für Bildung und 40,2 % für die Verwaltung aus (Fenwick 2010, S. 170). Zerklüftet ist auch die Rechtsprechung. Die peronistisch kontrollierten Staaten besitzen eine politisierte Justiz. Falls erforderlich, wird sie durch die Ernennung zusätzlicher Mitglieder in den Richterkollegien, ferner durch Gehaltsreduktion und das Übergehen qualifizierten Personals bei Beförderungen gefügig gemacht. Die wenigen Staaten, in denen sich Peronisten und UCR als Mehrheitsparteien abwechseln, verzeichnen eine unabhängigere Justiz (Chávez 2003).

Menems politische Erfolge als Präsident basierten darauf, dass es ihm gelang, die Gouverneure auf seiner Seite zu halten. Als früherer Gouverneur einer armen Provinz im Hinterland wusste er nur zu gut, welche Anreize dabei gesetzt werden mussten (Jones und Hwang 2005, S. 116). Die Gouverneure sprechen bei der Nominierung der Kandidaten ihrer Partei für den Kongress und die Präsidentschaft ein gewichtiges Wort mit. Sie dürfen sich darauf verlassen, dass sich die gewählten Abgeordneten im Bundesparlament revanchieren, wenn es um die Interessen ihrer Provinz geht. Viel mehr wird von den Parlamentariern nicht erwartet.

12.2.2 Parteien und Medien

Parteien: Gilt es einen Kandidaten für die Präsidentschaft zu nominieren, kommt es in den großen Parteien, vor allem bei den Peronisten, zu einem Hauen und Stechen der vielfältigen Strömungen und Fraktionen, die einen der ihren platzieren wollen (Tedesco und Diamint 2014, S. 35 f.). Von allen Parteien hat der frühere peronistische PJ in den letzten Jahrzehnten die stärksten Veränderungen durchlaufen (allgemein zum Parteiensystem: Werz 2012, S. 103). Der Peronismus wandelte sich von einer Arbeiter- zu einer Maschinenpartei (Levitsky 2005, S. 193–195). Für klassische Sozialpolitik zur Armutsbekämpfung, einst Markenkern der Partei, war in den 1990er Jahren – im Zeichen des Staatsrückbaus – kein Geld mehr vorhanden. An ihre Stelle trat die klassische Klientelpflege für die Armen und sozial Abgestiegenen. Peronistische Funktionäre – Punteros – halten die Menschen eines Straßenzuges oder Wohnblocks bei Laune. Sie leben unter ihnen, kümmern sich um die Alltagsnöte in der Nachbarschaft, geben Rat bei Alltagsproblemen, spenden Lebensmittel an Bedürftige, Milch für die Kinder und Medikamente für Kranke, und sie vermitteln befristete Jobs an Arbeitslose. Der Puntero selbst macht dabei seinen Schnitt als Angestellter bei der Kommune oder indem er für die sozialen Leistungen, die er vermittelt, eine Art Gebühr verlangt. Als Gegenleistung organisiert er das erwünschte Wahlergebnis. Dieser politische Broker hat nicht das Image des ehrgeizigen und entrückten Politikers. Er wird als hilfreich, kontaktfreudig und warmherzig geschätzt. Man wird ihm den erwarteten kleinen Gefallen an der Wahlurne nicht verweigern, zumal bei der Stimmabgabe Begleitung und Fahrdienst angeboten werden. Grundstock des Angebots an die Klientel sind die staatlichen Sozialprogramme für die Armen, deren Leistungen von den lokalen Verwaltungen verabreicht werden (Zarazaga 2014). Die Tätigkeit der Punteros hat auch eine weniger appetitliche Seite. Falls erforderlich, arbeiten sie eng mit den Piqueteros zusammen.

Hier handelt es sich um kleine Gruppen, die Straßen und Wege blockieren, um dem politischen Protest Nachdruck zu verleihen. Einst eine originäre Form des Straßenprotests, sind die Piqueteros von den Parteien vereinnahmt worden, um die Kulisse einer Volkswut aufzubauen. Das Wahlsystem kommt der kommerziellen Stimmenvermarktung entgegen. Jede Partei gibt ihre eigenen Stimmzettel aus, auf dem der Name ihres Kandidaten vermerkt ist (Jones 2008, S. 49–51; Ayuero 2007, S. 55–73; Brusco et al. 2004; Ayuero 2000).

Die Leistungen dieser Klientelpolitik werden von der im lateinamerikanischen Vergleich immer noch recht großen Mittelschicht nicht gebraucht (Brusco 2004). Facharbeiter, Angestellte und Selbstständige erwarten stabiles Geld und sichere Arbeitsplätze. Die größte und einzige bedeutende Konkurrenz der PJ, die UCR, umwirbt diese Zielgruppen. Sie entspricht eher einer konventionellen Partei, in der die Statuten etwas gelten. Auch die Gouverneure der von der UCR regierten Provinzen sind innerparteiliche Schlüsselfiguren (Jones und Hwang, S. 117 f., 123)!

Medien: Die größte Tageszeitung des Landes ist Clarín, ein Blatt des Medienkonzerns Grupo Clarín. Die Zeitung wird von der Witwe des Konzerngründers, *Ernestina Herrera Noble,* geleitet. Sie ist außerdem die Mehrheitseignerin der Grupo Clarín, auch die Investmentbank Goldman & Sachs hält Anteile. Im Konzernbesitz befinden sich ferner das größte private TV-Netzwerk des Landes, El Trece, Kabel- und Radiosender, Filmproduktionen und Druckereien. Die Gruppe lag im Dauerstreit mit Präsidentin *Fernández*

Tab. 12.4 Inflation: Argentinien 1988–2005 (Verbraucherpreise, in v. H.). (Quelle: Siehe Angaben zu Tab. 6.6)

2005	2004	2003	2002	2001	2000	1999	1998	1997
10,6	30,7	10,5	30,6	−1,1	1,0	−1,8	−1,7	−0,5
1996	1995	1994	1993	1992	1991	1990	1989	1988
−0,1	3,2	2,8	−1,5	11,9	133,0	2076,8	3057,6	388,5

(siehe unten 12.2.2.), obgleich sonst eher in der Mitte des politischen Spektrums positioniert. Demgegenüber schießt die zweite große Zeitung des Landes, die konservative La Nación, in professioneller Hinsicht ein Qualitätsblatt, seit Beginn der 1990er Jahre aus allen Rohren gegen peronistische Präsidenten jeglicher Schattierung.

12.2.3 Die Präsidenten: Amtsinhaber, Kandidaten, Politik

Ära Alfonsín: Die politischen Auseinandersetzungen sind so eng mit der materiellen Politik verwoben, dass diese Schilderung beides miteinander verbindet. Nach den Militärs kehrten 1983 die altvertrauten Parteien UCR und PJ auf die politische Bühne zurück. Die Militärs hinterließen den nachrückenden Regierungen ein ökonomisches Trümmerfeld. Der IWF verlangte tief greifende Strukturreformen. Präsident *Raúl Alfonsín* (1983–1989), Sohn eines aus Spanien emigrierten Franco-Gegners, war der erste gewählte Präsident nach den Militärs. Er war ein Berufspolitiker, der sich gleich nach dem Ende seines Jurastudiums für die UCR engagiert hatte. *Alfonsín* erbte 1982 eine Inflation von 210 %. Er verschliss sich in Versuchen, die Beschäftigung zu halten, ohne die Preise zu treiben. Er wagte 1985 sogar einen Währungsschnitt (Plan Austral), um die Inflation zu bremsen. Erfolg war ihm nicht beschieden. Die Inflation kehrte als drastische Hyperinflation zurück (Tab. 12.4). Tausende Streiks quittierten die Härten dieser Politik.

Ära Menem: Als *Alfonsins* Amtszeit ablief, entschied sich das Wahlmännerkollegium für die schillernde Figur des *Carlos Menem.* Der neue Präsident war ein Kind muslimischer syrischer Einwanderer, sein Vater hatte mit Futtermitteln gehandelt. Er wuchs in der armen Provinz La Rioja auf und engagierte sich schon früh in der peronistischen Bewegung. Unter den Militärregierungen war er gelegentlich inhaftiert. 1983 wurde er für den PJ zum Gouverneur seiner Heimatprovinz gewählt.

Menem warb im Wahlkampf mit einem klassisch-peronistischen Programm. Noch im ersten Amtsjahr stand die Inflation bei Schwindel erregenden über 3000 %. Im Wahlkampf appellierte *Menem* in gut peronistischer Manier an die von der Krise am stärksten gebeutelten Klassen. Kaum gewählt, tat er genau das Gegenteil. Seine Politik hielt sich weitgehend an die Vorgaben des Washington-Konsenses (siehe oben Abschn. 5.2): Das Land kehrte 1991 zum Peso zurück, der jetzt im Verhältnis eins zu eins an den US-Dollar gebunden wurde; die Zentralbank gab nur so viel Geld aus, wie es dem Gegenwert der vorhandenen Dollarbestände entsprach. Beides brachte die Inflation abrupt zum Stillstand; es folgten Jahre des Preisverfalls (Tab. 12.4). Die neue Politik trieb freilich auch die Importrechnung in die Höhe. Vier Jahre in Folge (1994–1997) schrumpfte das Wachstum, 1995 und 1997 sogar um zehn Prozent, um dann wieder Fahrt aufzunehmen. Die Alltagsspekulation mit Devisen, ein gängiges Straßengeschäft mit hoher Gewinnspanne, lohnte nicht mehr. Für Lohnempfänger und Rentenbezieher bedeutete die Dollarparität, dass ihre Einkommen zwar nicht mehr von der Inflation aufgezehrt wurden. Aber ihre jetzt nach Dollars bemessene Kaufkraft sank ins Bodenlose. Die noch bestehenden Schutzbestimmungen für die heimische Industrie wurden beseitigt. Reihenweise gingen heimische Betriebe in die Knie. Dass es so weit kommen konnte, belegte nur die politische und organisatorische Schwäche der argentinischen Geschäftswelt und ihrer Verbände (Schneider 2004, S. 190–197). Viele inländische Unternehmen, die bei dieser Zäsur nicht einfach untergingen, wurden von ausländischen oder heimischen Großkonzernen aufgekauft. Im Zuge einer Verwaltungsrationalisierung verlor die Hälfte der Regierungsangestellten ihren Job.

Die internationale Bankenwelt war begeistert. Ergänzend betrieb *Menem* in klarer Voraussicht die förmliche Entmachtung der Gewerkschaften. Gesetze lockerten den Kündigungsschutz, der Rechtsanspruch auf Tarifverhandlungen entfiel, Verhandlungen wurden wieder zum Gegenstand eines regellosen Kräftemessens mit den Arbeitgebern. Schließlich wurde den Gewerkschaften auch die Regie der Sozialkassen entzogen (McGuire 2010, S. 138 f.). Sie war eine Errungenschaft der Ära *Perón*. Im Bemühen, die Gewerkschaften zu schwächen, wurden Gewerkschaftsführer mit Anreizen wie Häusern und Autos geködert, damit sie ihre Gefolgschaft beschwichtigten. Andere Gewerkschaftsführer verweigerten sich und rückten von *Menem* ab. Vom Kongress ließ sich *Menem* mit der Vollmacht ausstatten, per Dekret bestehende Gesetze zu ändern.

Prospektiven Querschüssen der Judikative beugte *Menem* vor, indem er die Zahl der Verfassungsrichter um vier vom Präsidenten zu ernennende auf neun aufstockte. Das Wirtschaftsministerium avancierte zum Schlüsselressort. Es erhielt grünes Licht, nach Gusto Staatsbetriebe zu privatisieren. Dort führte Wirtschaftsminister *Domingo Cavallo,* ein Harvard-Absolvent, die Regie (Silva 2009, S. 38–60, Levitsky und Murilla 2005, S. 32 f.; Teichman 2004, S. 32 f.). Er holte weitere in den USA ausgebildete Ökonomen in sein Ministerium.

Menem war eine autoritäre Primadonna. Er schickte *Cavallo,* dem das Gelingen des Reformprogramms zugeschrieben wurde, 1996 in die Wüste und ersetzte ihn durch einen blasseren Nachfolger, der denselben Kurs fortsetzte (Teichman 2004, S. 34–36). Die juristische Aufarbeitung der Militärdiktatur, die von seinem Vorgänger *Alfonsín* engagiert betrieben worden war, wurde von *Menem* abgebremst. Er gewann damit gleichzeitig freie Hand für die vom Vorgänger vorbereitete Verkleinerung der Streitkräfte. Die Wehrpflicht wurde de facto abgeschafft und das Militärbudget drastisch reduziert.

Von der in seiner Amtszeit überarbeiteten Verfassung profitierte als erster *Menem* selbst. Er kandidierte 1995 für die eigene Nachfolge. Politikinhaltlich hatte er sich zwar weit vom originären, arbeiterparteilichen Peronismus entfernt. Im Stil aber, mit theatralischer Rhetorik und Gestik und im öffentlich inszenierten Hype um seine Person war er ein Musterschüler des Parteigründers. Nach der Wiederwahl verlor er rasch an Zustimmung. In der ersten Amtszeit hatten die nach Schlagzeilen hungernden Medien noch das Image des zwar schillernden, aber zupackenden Reformers projiziert. Die Gunst der Medien ist eine Sache des Augenblicks. Werden Skandale ruchbar, ist es damit vorbei. Diese Erfahrung machte auch *Menem,* der in grandioser Selbstüberschätzung einen Skandal nach dem anderen produzierte.

Noch im Zeitpunkt der Wiederwahl zeigten sich die positiven Effekte der neoliberalen Politik, insbesondere die Stabilisierung des Geldwerts. Doch mit Arbeitslosigkeit und wachsender Armut machte sich auch der Preis dieser Politik bemerkbar. Die Stimmung wandte sich gegen *Menem.* Bereits um die Mitte der 1990er Jahre war ein Drittel der Gesamtbevölkerung arbeitslos oder unterbeschäftigt. Die Kriminalität verzeichnete einen rasanten Anstieg. Gegen Ende der 1990er Jahre waren 40 % der Hauptstadtbewohner schon einmal Opfer eines Verbrechens geworden, die Hälfte davon Gewaltverbrechen (Tedesco 2000). Während die Leidtragenden der Wirtschaftspolitik den Gürtel fortlaufend enger schnallten und viele in den Strudel sozialen Abstiegs gerieten, lebte der Präsident in Saus und Braus, zeigte sich mit den Schönen und Reichen des Landes und des internationalen Jetsets, inszenierte in aller Öffentlichkeit Ehekrach und Scheidung und bedachte Freunde, Verwandte und Unterstützer mit Posten und Aufträgen. Der einst gefeierte Reformer und sein Umfeld wurden bald nur noch als korrupte Selbstbedienungsclique wahrgenommen (Teichman 2004, S. 36). Schon 1994 bildete sich aus dem Zusammenschluss diverser Kleinparteien die neue politische Formation FREPASO (Frente País Solidario). Sie thematisierte die allgegenwärtige Korruption und machte sich für die Integrität der Institutionen stark. Als *Menem* nach Ablauf seiner zweiten Amtszeit die Politik verließ, steckte das Land wieder in einer schweren Krise.

Staat und Ökonomie am Tiefpunkt: Als *Menems* Nachfolger wurde Präsident *Fernando de la Rùa* (1999–2001) gewählt. *De la Rùa,* aufgewachsen im gehobenen bürgerlichen Milieu, der Vater ein Richter und Anhänger der UCR, ging eine Koalition mit dem FREPASO ein. Das Koalitionsmodell funktionierte nicht. Die politische Klasse hatte keine Erfahrung damit. Der schwache Präsident war außerstande, die herkömmliche Rolle des politischen Zentralakteurs auszufüllen. Er wollte aber auch den Eindruck vermeiden, dass er die Regierung nicht im Griff hatte. *De la Rùa* trat mit dem Versprechen an, den wirtschaftspolitischen Kurs des Vorgängers fortzusetzen, die sozialen Härten der neoliberalen Politik aber abzumildern. Er löste beides nicht ein. Die Probleme, die der Vorgänger hinterlassen hatte, wogen zu schwer. Die seit Jahren anhaltende Verarmung drückte die Steuereinnahmen. Das Land, das bereits einen großen Schuldenberg vor sich her schob, steuerte auf die Zahlungsunfähigkeit zu. In der Erwartung, dass die Dollarparität nicht mehr lange gehalten werden könnte, lebte ein aus der Not geborener Nationalsport wieder auf: der Tausch von Pesos in Dollars und der gewinnbringende Rücktausch in Pesos (Süddeutsche Zeitung vom 7.5.2014). In seiner Not holte *de la Rùa* den früheren Wirtschaftsminister des Vorgängers, *Domingo Cavallo,* in die Regierung.

Bei den Parlamentswahlen 2001 verlor die Allianz UCR-FREPASO die Hälfte ihrer Mandate. Die nicht enden wollenden sozialen Proteste explodierten, als der Präsident auf den Rat *Cavallos* den so genannten „Corralito" anordnete. Um die Banken durch Panikabhebungen nicht vollständig ausbluten zu lassen, durften nur noch kleine Beträge in Landeswährung abgehoben werden, Dollarkonten wurden vollständig gesperrt (Levitsky und Murilla 2005, S. 38). Dieser Schritt löste lokale Volksaufstände aus. Die Gewerkschaften streikten, Hausfrauen selbst aus den besseren Kreisen gingen Töpfe und Pfannen schlagend auf die Straße. Demonstranten – Piqueteros – errichteten Sperren an den Verbindungsstraßen zwischen Metropole und Hinterland. In den Städten kam es zu Plünderungen. Etliche wurden hinter den Kulissen von Peronisten inszeniert. Die Plünderer aus den Armenvierteln gelangten so an Konsumerlebnisse, die sonst weit außerhalb ihrer Möglichkeiten lagen. Ladenbesitzer, die den Initiatoren ein Schutzgeld zahlten, blieben verschont (Silva 2009, S. 94–99; Ayuero 2007, S. 73 f.; Ayuero 2005, S. 251–267).

Inmitten des innenpolitischen Chaos trat *de la Rùa* Ende 2001 zurück. Nach der Verfassung hätte jetzt der Vizepräsident einspringen müssen. Dieser aber war schon gleich nach dem Rücktritt des Präsidenten zurückgetreten. Nach der Verfassung war jetzt der Senatspräsident *Ramón Puerto* an der Reihe. Er sah sich von der Aufgabe allerdings überfordert und trat nach wenigen Tagen ebenfalls zurück. Jetzt kam, wie von der Verfassung für diesen Fall vorgesehen, das Parlament zusammen, um einen Interimspräsidenten zu wählen. Die Wahl fiel auf den peronistischen Gouverneur *Adolfo Rodríguez Saá.* Er gab schon nach einer Woche wieder auf, als ihm die Spielmacher seiner PJ die Unterstützung für einen eilig erarbeiteten Plan versagten, die Wirtschaftskrise zu bewältigen. In einer seiner letzten Amtshandlungen erklärte er noch schnell die Zahlungsunfähigkeit des Landes. Ihm folgte Anfang 2002 *Eduardo Duhalde,* der bis vor wenigen Jahren peronistischer Gouverneur der Provinz Buenos Aires gewesen war. Auch er wurde im Notverfahren vom Parlament gewählt. Inzwischen war die Auslandsschuld auf 128 % des BIP gestiegen. Im Bemühen, endlich Ruhe auf den Straßen einkehren zu lassen, gab *Duhalde* nach wenigen Tagen im Amt die Dollarparität auf. Der Peso sank in kürzester Zeit auf einen Wert von von „1:1" im letzten Jahr der Parität (2001) auf „1:3,8" ein Jahr später. *Duhalde* blieb nichts anderes mehr übrig, als in den Grenzen seiner Möglichkeiten die Vorgaben des IWF zu erfüllen. Zum Ende seiner Präsidentschaft standen nur noch 25 % der Argentinier in regulärer Arbeit.

Ära Kirchner: Für die reguläre Präsidentenwahl des Jahres 2003 brachte *Duhalde* seinen Parteifreund *Néstor Kirchner* ins Gespräch. *Kirchner,* ein erfolgreicher Rechtsanwalt, war erst spät in die Politik eingestiegen, hatte sich dann aber gleich in der linken Strömung des Peronismus engagiert. Vor seiner Wahl zum Präsidenten war er zehn Jahre lang Gouverneur der patagonischen Provinz Santa Cruz gewesen, wo er als Schuldensanierer und Wirtschaftsförderer eine gute Figur gemacht hatte. Auch der frühere Interimspräsident *Rodriguez Saá* und Altpräsident *Menem* erklärten ihr Interesse an einer Kandidatur. Um das Nominierungsverfahren entbrannte Streit. *Menem* wollte eine Vorwahl. Sie war nach den Statuten zulässig, bisher aber nicht praktiziert worden. *Menem* kalkulierte auf die Mobilisierungskraft des von ihm gut geölten Parteiapparats,

Kirchner hingegen vertrat in seiner Partei lediglich eine kleine Fraktion links des Mainstream. *Duhalde* hätte gern für eine reguläre Amtszeit kandidiert, scheiterte aber am Widerstand peronistischer Gouverneure, die eine zu große Macht der Hauptstadt-Peronisten befürchteten. *Duhalde* wandte ein, dann sollte er wenigstens selbst einen Kandidaten vorschlagen dürfen. Um den Streit beizulegen, entschied ein Parteikongress, alle drei peronistischen Kandidaten sollten im Namen der Partei kandidieren und den Wähler dann entscheiden lassen. Der von der Politik der Vorjahre unbelastete *Kirchner* vereinigte im ersten Wahlgang die meisten Stimmen auf sich. An sich war jetzt eine Stichwahl fällig, in der er gegen *Menem* hätte antreten müssen. Dieser zweite Wahlgang erübrigte sich, als *Menem* seine Kandidatur zurückzog (Werz 2012, S. 43; Luca 2008, S. 210 f.; Levitsky und Murilla 2005, S. 38–43). Eine späte Lehre aus diesem Vorgang war die Einführung der obligatorischen Vorwahl im Jahr 2011.

Nach der Abkehr von der Gewerkschaftsbewegung markierten diese Ereignisse den zweiten Strukturbruch in der peronistischen Partei. Die Freigabe konkurrierender Kandidaturen führte dazu, dass sich die seit langem vorhandenen innerparteilichen Faktionen jetzt als förmliche Vereinigungen, als „Parteien in der Partei", konstituierten. Die Kirchner-Fraktion bildete den Frente para la Victoria (FPV). Er besteht im Kern aus linken und gewerkschaftsnahen Peronisten, schließt aber – von Wahl zu Wahl wechselnde – Bündnisse mit anderen Parteien und zeitweise sogar mit Provinzverbänden der Konkurrenzpartei UCR. Der FPV ist eine eigene Partei. Er führt nur eben den Zusatz PJ im Namen. Unter dem breiten Dach des Peronismus existieren weitere kleinere konservative und liberale Strömungen, die sich um ehemalige Präsidenten sowie aktive oder frühere Gouverneure sammeln. De facto hat der FPV das Erbe der früheren PJ so gut wie vollständig vereinnahmt und damit auch das Netz der Punteros.

Mit der Wahl *Kirchners* kehrte auf den Straßen Ruhe ein. Mit der Wirtschaft ging es aufwärts, nicht nur wegen des neuen Präsidenten, sondern auch deshalb, weil die Weltwirtschaft günstige Impulse gab. *Kirchner* bemühte sich um die Leidtragenden der neoliberalen Politik. Er stellte auch den alten Zuschnitt des Obersten Gericht wieder her. Sein Generalziel war Politik für Argentinier, die entweder aus der Mittelschicht abgesunken waren oder noch nie dazu gehört hatte. Hatte *Menem* auf Privatisierung und Deregulierung gesetzt, so legte *Kirchner* Wert auf die Rückgewinnung wirtschaftspolitischer Souveränität.

Mit dem Argument, erst einmal die innenpolitische Situation zu stabilisieren, kündigte *Kirchner* sämtliche Vereinbarungen mit dem IWF auf. Programme zur Bekämpfung der Armut wurden aufgelegt. Dank der steigenden Nachfrage nach Agrarprodukten, insbesondere der gut eingeschlagenen Superpflanze Soja begann die Wirtschaft ab 2004 wieder zu wachsen. Als *Kirchner* sein Amt antrat, war das Land noch mit über 100 % des BIP verschuldet. Bereits zwei Jahre später war die Schuldenlast halbiert (Tab. 12.5). Heute hängt jeder dritte Arbeitsplatz im Lande direkt oder indirekt von der Landwirtschaft ab. Zwischen 2000 bis 2005 verdoppelte sich der Anteil der Landwirtschaft am Bruttoinlandsprodukt. Argentinien begann sogar mit der Rückzahlung seiner Schulden.

Tab. 12.5 Anteil der Auslandsschulden am BIP: Argentinien 2005–2014 (in v. H.). (Quelle: siehe Angaben zu Tab. 6.4)

2014	2013	2012	2011	2010	2009	2008	2007	2006	2005
27,0	22,6	23,1	25,5	28,1	30,7	30,5	37,8	43,1	47,4

Der Internationale Währungsfonds belohnte die politische und ökonomische Entwicklung mit einem abgewandelten Tilgungsplan. Sonst aber fuhr *Kirchner* einen dirigistischen Kurs. Um die Fleischpreise niedrig zu halten, verhängte die Regierung 2006 für die Dauer von sechs Monaten einen Exportstopp für Beef. Eine Exportsteuer auf Energie, die zur Drosselung des Exports der heimischen Energieträger bestimmt war, stabilisierte die Treibstoffpreise.

Ära Fernández: Der amtierende Präsident *Kirchner,* der 2007 noch für eine zweite Amtszeit hätte kandidieren dürfen, lancierte für seine Nachfolge die Kandidatur seiner Ehefrau *Cristina Fernández de Kirchner,* die wie ihr Mann früher als Anwältin gearbeitet hatte. Er hatte aber wohl vor, nach seiner Frau wieder anzutreten. In der Zwischenzeit übernahm er die Führung der Regierungspartei. Im Jahr 2010 starb er an einer Herzattacke. *Cristina Fernández* wurde 2007 gewählt. Die stärkste Mitbewerberin *Elisa Carrio* hatte gegen sie keine Chance. Sie vertrat eine Allianz liberaler und sozialistischer Parteien und einiger Vertreter des linken Flügels der UCR. *Fernández* kandidierte 2011 für eine zweite Amtszeit und wurde mit noch größerer Mehrheit wiedergewählt. In dieser Wahl traten gleich zwei ehemalige Präsidenten der eigenen Partei gegen sie an, *Duharte* und *Rodriguez Saá,* sowie aus den Reihen der UCR *Ricardo Alfonsin*, ein Sohn des früheren Präsidenten. *Fernández* erzielte im ersten Wahlgang abermals über 50 %, *Alfonsín* als stärkster Mitbewerber und Kandidat für die UCR kam auf lediglich zwölf Prozent.

Durch Subventionen, Preisregulierung und Sozialprogramme geriet die Ökonomie allmählich wieder in den Teufelskreis von Inflation und Abwertungsdruck (siehe oben 12.3).

Fernández schottete sich im Amt ab (SZ 1.8.2014). Vorzugsweise ließ sie sich von der Familie und den Führungskreisen der peronistischen Jugend „La Campora" beraten, an deren Spitze ihr Sohn *Maximo* stand. Die Nestorianer, das Team ihres verstorbenen Mannes, wurden ausgebootet. Die 2006 gegründete „Campora" mit ihren 30.000 Mitgliedern ist eine Mischung von Personalreserve, PR-Verein und Streetworkers (SZ 24./25.11.2015, S. 9).

Schon *Nestor Kirchner* war alles andere als konfliktscheu. *Fernández* jedoch polarisierte mit Methode und ließ mit tatkräftiger Hilfe der Parteijugend einen Kult um ihre Person sprießen (SZ 22.1.2015, S. 2). Die Präsidentin holte in ihrer zweiten Amtszeit nach, was ihr mangels parlamentarischer Mehrheit bisher nicht möglich war: die Domestizierung der Medien! Im Visier der Präsidentin stand die Mediengruppe Clarín, der größte Print- und TV-Konzern des Landes (siehe oben Abschn. 12.2.2). Mit dem Rückhalt einer satten parlamentarischen Mehrheit initiierte *Fernández* 2011 ein Gesetz, das als Beitrag zu größerem Pluralismus in der Medienlandschaft deklariert war. Wohin die Reise gehen sollte, zeigte der staatliche TV-Anbieter, der wie ein Propagandist der Regierung auftrat (Werz 2012, S. 129 f.).

Ein Drittel der Sendelizenzen großer Medienkonzerne sollten künftig an staatliche Betreiber, ein weiteres Drittel an Private und ein letztes Drittel an NGOs übereignet werden. Schließlich sollte die Regierung künftig auch die Papierzuteilung an die Print-Medien administrieren dürfen. Ein Gericht gab 2012 einer Klage der Grupo Clarín Recht, dass hier gegen die Pressefreiheit verstoßen werde. Die Präsidentin quittierte die Entscheidung mit Angriffen auf die Justiz (Chen 2014, S. 92 f.; Macrory 2013, S. 182–187; Schamis 2013).

Eine neue konservative Ära? Als Kandidat für die Nachfolge der Präsidentin, die nicht mehr kandidieren durfte, stand auf dem Ticket des FPV 2015 der Gouverneur von Buenos Aires bereit, *Daniel Scioli,* Vizepräsident zur Zeit *Nestor Kirchners* und danach Gouverneur der Provinz Buenos Aires, war eine frühe politische Entdeckung des Ex-Präsidenten *Menem. Fernández* war *Scioli* nicht sonderlich wohl gesonnen. Er galt als Befürworter einer weniger staatszentrierten Wirtschaftspolitik (SZ 13.8.2015, S. 4; SZ 26.6.2015, S. 8). In der Erwartung eines gewissen Sieges führte *Scioli* einen lahmen Wahlkampf. Als Unterstützerin setzte sich *Fernández* stärker in Szene als *Scioli* selbst. In der ersten Stichwahl seit Einführung der Direktwahl des Präsidenten gewann knapp der Gegenkandidat *Maurizio Macri.*

Macri ist Sohn eines der reichsten Industriellen des Landes und im engen Kreis der Superreichen des Landes sozialisiert. Der Vater, *Giorgio Macri,* ist Eigentümer des Mischkonzerns Grupo Macri, der unter anderem in der Bauwirtschaft, im Fahrzeugbau und in der Lebensmittel- und Ölindustrie tätig ist. Nach dem Studium unter anderem an US-amerikanischen Wirtschaftsfakultäten arbeitete *Maurizio Macri* als Chefmanager diverser Firmen. Er ließ sich zum Präsidenten des beliebten argentinischen Fußballklubs Boca Juniors wählen (1995–2007) und stieg 2003 in die Politik ein. Wie sein Herausforderer *Scioli* war er eine politische Entdeckung des Ex-Präsidenten *Menem.* Im Jahr 2005 gründete *Macri* den Compromiso para el Cambio, eine auf Buenos Aires konzentrierte Partei, mit der er 2007 die Bürgermeisterwahl gewann.

Für die Präsidentschaftswahl des Jahres 2015 kam *Macri* mit der UCR und einer kleinen christdemokratischen Partei überein, jede Partei sollte in der Vorwahl mit einem eigenen Kandidaten antreten, der Kandidat mit den meisten Stimmen dann aber von den übrigen unterstützt werden. Bis auf den peronistischen Politiker *Sergio Massa* war die Opposition damit geeint. Im Oppositionslager gewann *Macri* die Vorwahl. Anschließend gingen die mit ihm verbündeten Parteien auf der ad hoc-Plattform Cambiemos ins Rennen. Im Wahlkampf inszenierte sich *Macri* als Anti-Politiker (SZ 24.11.2015, S. 8). Ob sich sein Erfolg bei den Parlamentswahlen 2017 wiederholen wird, steht dahin. In der Wahlkoalition, die *Macri* ins Amt brachte, darf allenfalls die UCR als eine Partei mit „grassroots“ gelten. Der peronistische FPV kontrolliert nach wie vor viele Staaten und verkörpert weiterhin die Partei mit der breitesten Basisorganisation. Bei alledem ist auch zu bedenken, dass der FPV ein beträchtliches außerparlamentarisches Obstruktionspotenzial besitzt.

12.3 Wirtschafts- und Sozialpolitik

Wirtschaftspolitik: Vor dem Hintergrund der internationalen Bankenkrise verdüsterte sich 2008 die wirtschaftliche Szene. Durch Subventionen, Preisregulierung und Sozialprogramme geriet die Ökonomie allmählich wieder in den Teufelskreis von Inflation und Abwertungsdruck. 2011 wurden Kapitalverkehrskontrollen verhängt. Nur ein begrenzter Dollarbetrag durfte abgehoben werden, um Importkäufe und den Devisenabfluss zu drosseln. Die Maßnahme trieb den Schwarzhandelswert der US-Währung in die Höhe. Die Statistikbehörde wurde angewiesen, bessere Zahlen zu veröffentlichen. Um zusätzliche Einnahmen zu generieren, rückte *Fernández* der Milchkuh der Exportwirtschaft zu Leibe. Ölsaaten, Mais und Soja schlugen bei den Exporten zuletzt allein mit etwa einem Drittel zu Buche (Tab. 12.6).

Der kurze wirtschaftliche Aufschwung der Ära *Kirchner-Fernández* änderte nichts daran, dass das Land über seine Verhältnisse lebte. Der Peso verzeichnete starke Verluste und verlor von 2005 bis 2014 um das Dreifache an Wert (Tab. 12.7). Das Hauptproblem war nach wie vor die Inflation. Sie kletterte nach 2010 auf reale Kaufkraftverluste von 20 bis 25 %, während die amtliche Rechnung beschönigend etliche Prozente herunterrechnete (Tab. 12.8). Schon zehn Prozent Inflation waren zu dieser Zeit im lateinamerikanischen Vergleich ein immens hoher Wert (Tab. 12.5).

Tab. 12.6 Die wichtigsten Exportprodukte: Argentinien 1970–2014 (in v. H. am Gesamtexport). (Quelle: CEPAL/ECLAC: Statistical Yearbook for Latin America and the Caribbean 2014, External Sector, Tab. 3.3.2.16)

	2014	2013	2000	1990	1981	1970
Ölsaaten, Gemüse	18,0	14,4	8,8	9,3	3,2	3,8
Mais	5,3	7,8	3,9	2,7	14,3	15,0
Pkw	4,6	5,5	2,8	0	0	0
Lkw, Busse	5,8	5,5	2,2	0	0	0
Soja, Sojaöl	5,7	11,0	6,6	8,9	6,4	0
Rohöl	2,4	2,3	10,7	0	0	0
Autoteile	1,6	1,9	0	0	0	0

Tab. 12.7 Wechselkurs Argentinien: Peso: US$ 2006–2015. (Quelle: Fischer Weltalmanach, diverse Jahrgänge)

2015	2014	2013	2012	2011	2010	2009	2008	2007	2006
8,99	8,08	5,28	4,47	4,09	3,93	3,75	3,10	3,07	3,09

Tab. 12.8 Inflation: Argentinien 2006–2015 (Verbraucherpreise, in v. H.). (Quelle: siehe Angaben zu Tab. 6.6)

2015	2014	2013	2012	2011	2010	2009	2008	2007	2006
16,8	28,2	19,7	18,7	17,8	17,2	9,9	21,1	17,7	15,2

Tab. 12.9 Wachstum des BIP: Argentinien 2006–2015 (in v. H). (Quelle: siehe Angaben zu Tab. 6.5)

2015	2014	2013	2012	2011	2010	2009	2008	2007	2006
0,4	0,5	2,9	0,8	8,4	9,5	0,1	3,1	8,0	8,4

Quelle dieser Übel war das stark schwankende Wachstum: das kaum zu kurierende Gebrechen sämtlicher südamerikanischen Ökonomien. Eine zweite Ursache war freilich die politische Linie: das Versäumnis, die staatliche Ausgabenpolitik und die private Kaufkraft so zu justieren, dass diese Schwankungen besser verkraftet werden konnten.

Das Strohfeuer wirtschaftlicher Erholung verhalf *Fernández* zur Wiederwahl. Danach trübte sich das Bild erneut (Tab. 12.9 und 5.4). *Fernández* langte ins klassische populistische Repertoire, um die Stimmung zu drehen. Die Ölgesellschaft YPF, die sich mehrheitlich im Besitz spanischer Eigner befand, wurde 2012 in einer nationalistischen Geste rückverstaatlicht. Für bestimmte Warengruppen wurden die Preise gedeckelt, für wieder andere die Preise subventioniert und schließlich auch die Mindestlöhne angehoben – dies alles zu dem Zweck, die Geringverdiener, d. h. die Klientel der *Kirchner/Fernandez*' vor den Auswirkungen der Inflation zu schützen (Tab. 12.7 und 12.5).

Gegen die Proteste der Welthandelsorganisation wurden 2012 sogar Importbeschränkungen verfügt, und ein Jahr später die Zentralbank verpflichtet, 20 % ihrer Reserven in den Haushalt zu geben. Dem Land gingen die Dollars aus. Der einst aus der Not geborene Nationalsport, der Tausch von Pesos in Dollars, feierte traurige Urständ (SZ 7.5.2014, S. 3). Die Banken durften 2014 Euro und Dollar nur noch bei Vorlage der Personalpapiere ausgeben. Die tatsächliche Inflation belief sich nach Schätzungen im selben Jahr auf 40 %. Lohnsteigerungen und Rentenanpassungen zum Zweck eines Kaufkraftausgleichs blieben mit realen 30 % dahinter zurück.

Ab 2012 zeigten sich auf den Straßen von Buenos Aires wieder Topf schlagende Hausfrauen. Im Jahr 2014 ließ sich die Regierung auf einen Kampf mit der US-Justiz ein, weil sie sich weigerte, die Forderungen einiger US-Hedgefonds, darunter NML Capital des Milliardärs *Paul Singer,* zu bedienen, die eine Einigung mit anderen Instituten auf eine Umschuldung ablehnten. So berechtigt die argentinische Weigerung sein mochte, machte sie es nur noch schwieriger, auf den Finanzmärkten neues Geld zu beschaffen. Zu steigenden Preisen fiel der Regierung nicht mehr ein, als die Gouverneure zu ermächtigen, Maximalpreise festzusetzen. Im äußersten Fall sollte auch in die Unternehmen hineinregiert werden dürfen (Latin American Weekly Report, 4 September 2014, 35, S. 8 f.). Eine Streikwelle überrollte das Land.

Nach vielen Jahren kam es 2013 wieder zu Plünderungen und Streiks. Auslöser war ein Polizeistreik in Cordóba, der zweitgrößten Stadt des Landes. Als die Polizisten dort nach Gehaltssteigerungen ihren Dienst wieder aufnahmen, begann auch anderswo die Polizei zu streiken. Die Polizei ist notorisch unterbesetzt, die Raub- und Drogenkriminalität verzeichnet einen starken Anstieg, besonders in der Provinz Buenos Aires, in der allein ein Drittel der Argentinier leben (SZ 8.3.2014, S. 7). Im Präsidentenwahljahr 2015 bliesen die Gewerkschaften zum Streik gegen die Regierung, darunter auch die mächtige Transportarbeitergewerkschaft. Hier rührten sich wieder die Gewerkschaften als Besitzstandswahrer der Mittelschicht. Politik für die Armen im informellen Sektor bringt ihnen nichts (SZ 29.8.2014, S. 8).

Präsident *Macri* steuerte bereits nach wenigen Tagen im Amt, wie im Wahlkampf versprochen, in die Gegenrichtung. Sämtliche Deviseneinfuhrbeschränkungen wurden aufgehoben. Prompt fiel der Kurs des Pesos um die erwarteten 50 %. Die gehobenen Schichten dürfen wieder munter Dollars einführen und ausgeben, ohne dass der Fiskus ein Auge darauf hat. Mit steigenden Lebenshaltungskosten und einer höheren Importrechnung dürften die Bezieher kleiner Einkommen die Zeche für diese Korrektur zahlen (SZ 18.12.2015, S. 19). Die Aktion erinnert an Ex-Präsident *Menems* Radikalkur in den 1990er Jahren Eine Einigung mit internationalen Gläubigern, den größten Teil ihrer von *Fernández* noch abgelehnten Forderungen zu bedienen, wurde von der Finanzwelt umgehend mit der Aussicht auf frisches Geld belohnt (http://www.economist.com/news/americas/21963786-agreement-victory-countrys. Zugegriffen: 5.3.2016). Schon gut acht Wochen nach *Macris* Amtsantritt wurden 25.000 Staatsbedienstete entlassen. Die betroffenen Gewerkschaften riefen landesweite Streiks aus. Die Preise für Strom und Gas wurden freigegeben. Mit Blick auf die erwarteten Proteste wurde das Demonstrationsrecht eingeschränkt, um die Praxis der Straßenblockaden – Piqueteros – zu unterbinden. Das unter der Vorgängerin verabschiedete Gesetz zu Regulierung der Medienkonzentration wurde per Dekret aufgehoben. So stellt sich bereits in der frühen Phase der Präsidentschaft *Macri* der Eindruck einer brachialen Korrektur der Ära Kirchner/Fernández ein: ein rechtsgerichteter Backlash, der die seit mehr als dreißig Jahren bedenkenlos polarisierende Politik fortsetzt.

Sozialpolitik: Zielgruppen des linken Peronismus waren neben Menschen mit kleinen Einkommen die Landsleute mit einer Erwerbsbiografie im informellen Sektor. Ein Beispiel für die Korrektur: *Menem* öffnete 1994 die Altersversorgung, die bis dahin eine öffentliche Sache war, für private Rentenfonds. Neben eine seit je existierende Basissicherung, die nach dem Sozialversicherungssystem von Beschäftigten, Arbeitgebern und Regierung finanziert wird, trat ein komplementäres, allein von den Versicherten getragenes Element. Bei den Betreibern konnten sich die Bürger für private Träger, darunter auch die Gewerkschaften, oder für einen öffentlichen Träger entscheiden. Die Besserverdiener verabschiedeten sich aus dem öffentlichen System. Die absehbare Folge: Die öffentlichen Systeme verloren die ergiebigsten Beitragszahler und mussten ihre Leistungen reduzieren. Die privaten Rentenfonds wurden von *Fernández* 2008 aufgelöst und ihre Mittel in ein Regierungsprogramm überführt. Durch die Absenkung der Versicherungsjahre wurde ferner der Kreis der Argentinier, die Anspruch auf eine Rente hatten, von etwa 50 im Jahr 2005 auf 85 % im Jahr 2007 erweitert (Pribble 2013, S. 150–154).

Schon in der unglücklichen Präsidentschaft des linksperonistischen *Duhalde* wurde 2002 ein Programm aufgelegt, das Barzahlungen an Familien mit arbeitslosen Vätern vorsieht, die ihre Kinder impfen lassen und sie zur Schule schicken. *Fernández* erweiterte es 2009 auf sämtliche Familien, die ihre Existenz im informellen Sektor bestreiten. Das Programm wirkt. Kritiker bemängeln allerdings, dass die Geldleistungen von Nachbarschaftskomitees gezielt zur Pflege der peronistischen Wählerklientel verabreicht werden. Für Arbeiter im informellen Sektor wird bis zu fünf Kindern eine Beihilfe ausgezahlt (Pribble 2013, S. 155–158). Der jüngst gewählte Präsident *Macri*, der wirtschaftspolitisch sofort auf Gegenkurs zu *Fernández* ging, hatte im Wahlkampf versprochen, diese Programme nicht anzutasten.

Der Unterschied zu den Nachbarländern, in denen Regierungen links von der Mitte ähnliche Programme auflegten, liegt in folgendem Umstand: Die Marginalisierten waren 50 Jahre vorher noch eine Randgruppe. Damals noch hatte die argentinische Gesellschaft den Konsumzuschnitt einer europäischen Industriegesellschaft, nur eben nicht deren produktive Basis. Das drohende Absinken von Teilen der Mittelschicht sowie eine Generation von Kindern, deren Eltern es schon einmal besser ging, zeigt die „Lateinamerikanisierung" Argentiniens an. Die Mittelschicht hält es mit den bis 2015 oppositionellen Parteien. Die mangelnde Einigungsfähigkeit dieser Opposition hatte entscheidende Bedeutung für den Verbleib des Peronismus an der Regierungsmacht. Ihr Zusammengehen trug zum Erfolg des Gegenlagers mit seinem Kandidaten *Macri* bei.

Intervalle von fünf oder sechs Jahren Hochinflation und vorübergehender Stabilisierung, von neoliberaler Politik und Reaktivierung staatlicher Sozialpolitik, sowie Regierungen, die von heute auf morgen den wirtschaftlichen Kurs wechseln, mal den Geldhahn aufdrehen und dann wieder private Ersparnisse einfrieren, machen die persönliche Lebensplanung schwierig bis unmöglich (Waldmann 2002, S. 173–175). Was Staat und Politik nicht leisten: Berechenbarkeit, findet sich unter- und außerhalb der staatlichen Regularien in der kleinen und der großen Bestechung. Da ist es noch das Beste, sich mit Auslandskonten und Investitionen in fremde Ökonomien abzusichern. Die wenigsten sind dazu in der Lage (Waldmann 2002, S. 183–200). Die Tragik der argentinischen Politik ist der vom Peronismus beschworene Mythos einer verlorenen Zeit, als es den Menschen materiell tatsächlich besser ging. Dieser Mythos gründet sich rückblickend auf eine historische Momentsituation (Elena 2011, S. 59 f.).

Brasilien

13

Das größte Land Südamerikas gleicht in seiner landschaftlichen, klimatischen und kulturellen Vielfalt einem Kontinent. Neben den weißen Brasilianern gibt es eine große Zahl von Mulatten (Tab. 3.10). Es gibt eine brasilianische Identität in der portugiesischen Sprache, auch die Begeisterung für Karneval und Fußball verbindet (Telles 2004, S. 37). Die meisten Brasilianer dunkler Hautfarbe rangieren gesellschaftlich unten. Die wenigen Schwarzen, die es in der brasilianischen Gesellschaft zu einer mittelständischen Existenz gebracht haben, werden von den Nachbarn akzeptiert (Telles 2004, S. 95). In den Favelas leben arme Weiße und arme Schwarze Tür an Tür. Im Milieu der Mittelschicht, von der Oberschicht ganz zu schweigen, gibt es dieses Phänomen jedoch kaum, weil es dort so wenige Schwarze und Mulatten gibt (Telles 2004, S. 214). Die faktische Segregation nach der Rasse ist also weniger kulturell und auf Vorurteile gegründet, sondern ein soziales Phänomen. Je schwärzer, desto schlechter die Chance auf gute Jobs und gute Einkommen. Die indigene Bevölkerung beziffert sich auf kaum mehr als 0,2 %. Sie lebt hauptsächlich im menschenarmen Mato Grosso und im Amazonasgebiet.

13.1 Geschichte

13.1.1 Kaiserreich

Die portugiesische Kolonie Brasilien wurde lediglich der Form nach von Portugiesen verwaltet. Wirkliche Verwaltungskapazität stand nicht dahinter. Im Unterschied zur spanischen Praxis wurden die im Lande geborenen Portugiesen – Kreolen – schon in der Kolonialzeit nicht zurückgesetzt (Rinke und Schulze 2013, S. 24). Das einzig wirksame Gesetz verkörperten die großen Eigentümer, namentlich die Plantagenbesitzer. Zucker beherrschte die Wirtschaft, und wie überall, wo in Lateinamerika der Zucker regierte, waltete Sklavenarbeit. Bis weit über die Schwelle zur Unabhängigkeit gab es

J. Hartmann, *Die politischen Systeme Lateinamerikas*,
DOI 10.1007/978-3-658-14353-4_13

Sklavenaufstände und Kleinkriege zwischen bewaffneten entlaufenen Sklaven und Pflanzermilizen. Die koloniale Elite studierte an der Universität Coimbra. Sie erhielt dort ihren Schliff in der Mutterkultur und kehrte in die Kolonie zurück.

Das traditionell mit Großbritannien verbündete Portugal wurde 1807 von den Truppen *Napoléon Bonapartes* besetzt. Mit allem Personal und Archiven setzte sich der portugiesische Hof nach Brasilien ab. Nach 15 Jahren entschloss sich der König zur Rückkehr. Kurz darauf verlangte Brasilien die Unabhängigkeit. Der Bruder des Königs, *Pedro,* bot sich als Monarch des künftigen Staates an. Lissabon nahm die Unabhängigkeit hin (Rinke und Schulze 2013, S. 75–78). Die brasilianische Krone respektierte die Macht der großen Landbesitzer im Hinterland der großen Städte. Die Sklavenwirtschaft stand nicht zur Debatte. Das Kaiserreich war als Bundesstaat ausgestaltet. Als Erbmonarchie bot es keinerlei Ansatzpunkt für einen Caudillismo, wie er in den spanisch geprägten Republiken üblich war.

Wie im übrigen Lateinamerika setzte alles, was in Europa als modern und progressiv geschätzt wurde, auch in Brasilien die Maßstäbe. Deshalb geriet diese einzige Monarchie Amerikas bald unter Druck:

1. Unter den Gebildeten und Weltkundigen machte sich die Auffassung breit, mit einer Monarchie hinter der Zeit zurückzubleiben (Whitehead 2006, S. 30). Für Fortschritt standen das republikanische Modell und die Trennung von Kirche und Staat. Nicht die mit den Priestern eng verbandelten konservativen Fazendeiros, vielmehr aufgeklärte Bürger sollten das Sagen im Lande haben. Die Sklaverei wurde als beschämend empfunden. Selbst in den USA war sie nach dem Bürgerkrieg abgeschafft worden.
2. Unter den Gebildeten standen die Ideen *Auguste Comtes* hoch im Kurs (Abschn. 1.3). Fortschritt war nicht einfach in liberaler Manier ein Verfassungsprojekt, sondern die Anwendung der Wissenschaft mit dem Ziel, die Gesellschaft zu perfektionieren.
3. Das dritte Element im Fortschrittscocktail war der Gnostizismus des Freimaurertums – die Antithese zum Dogmatismus und der sozialen Enge der römisch-katholischen Kirche. Die Anfeindung der Freimaurerei durch die Kirche war für fortschrittliche Gesinnte geradezu eine Empfehlung, sich den Logen anzuschließen. Strategisch wichtige Eliten hatten in diesen Ideen ein Leitsystem vor Augen: Ärzte, Anwälte, Studenten und ganz allgemein die Gebildeten in den wenigen und noch nicht allzu großen Städten (Rinke und Schultze 2013, S. 111–113).

Auch Offiziere nahmen fortschrittliche Ideen auf. Nach Auffassung insbesondere jüngerer Offiziere bedurfte es des Lesens und Schreibens mächtiger Soldaten. Schulbildung, Eisenbahnen und Ingenieurskunst, so ließ sich an den europäischen Kriegen der Epoche und an der Entwicklung der Kriegsflotten beobachten, bestimmten den Wert auch der Streitkräfte. Die Modernisierer in Zivil und Uniform wurden sich darin einig, dass die Monarchie dem Fortschritt im Wege stand.

Eine erste Machtprobe der Fortschrittlichen mit der Monarchie, die Abschaffung der Sklaverei, ging 1888 zu ihren Gunsten aus. Die kaiserliche Regierung hatte sich gewehrt, stand in dieser Frage aber gegen den Rest der Welt. Zu diesem Zeitpunkt hatten Sklaven als Arbeitskräfte schon keine große Bedeutung mehr. Es bedurfte nur noch eines kleinen Anstoßes durch die Parteinahme des Militärs, um auch die Monarchie zu beseitigen. Brasilien wandelte sich mit der Abdankung seines zweiten und letzten Kaisers *Pedro II.* 1889 zur Republik; die bundesstaatliche Struktur wurde beibehalten.

Seit dem letzten Viertel des 19. Jahrhunderts beherrschte immer stärker der Kaffee die Wirtschaft. Mit dem Anbau von Zuckerrüben in Europa verlor die Zuckerwirtschaft im Nordosten des Landes an Bedeutung. Durch Dürren, Hungersnöte und Elendsaufstände kam dort eine Binnenwanderung in den südöstlichen Landesteil in Gang. Wegen der Abhängigkeit vom Kaffee war die Gesamtwirtschaft extrem verletzlich, zumal das Klima den Anbau der weniger anspruchsvollen Sorten begünstigte. Kolumbien und Mittelamerika begannen, höherwertige Kaffeesorten zu pflanzen. Eine zeitweilige Überproduktion machte Brasilien schwer zu schaffen. Um den Preis zu stabilisieren, wurden Teile der Ernte eingelagert oder gar vernichtet.

Vorübergehend avancierte Brasilien neben Peru auch zum Hauptproduzenten für Naturkautschuk. Kautschukbäume im Amazonasgebiet lieferten Isoliermaterial für die Elektrifizierung Europas und Nordamerikas, für Regenkleidung und für die Herstellung von Fahrrad- und Autoreifen. Der Boom, in dem die Amazonasmetropole Manaus ihre kurze Blüte erlebte, endete zwischen 1910 und 1920, als im belgischen Kongo und in den südostasiatischen Kolonien Großbritanniens Kautschukpflanzungen angelegt wurden.

13.1.2 Die Konsolidierung der Ersten Republik (seit 1890)

Die Republik hielt sich an die lateinamerikanische Norm. Analphabeten wurde das Wahlrecht bis 1988 vorenthalten, Frauen immerhin bereits 1932 einbezogen. Von den fünf republikanischen Verfassungen hielt die erste bis 1934, die aktuelle Verfassung gilt seit 1988 (Tab. 4.1). Die eine Kammer des Parlaments, der Senat, ist die Vertretung der Staaten, die andere repräsentiert die Wähler als Ganzes. Der Präsident wurde direkt gewählt. Erreichte kein Kandidat die absolute Mehrheit, fiel die Stichwahl zwischen den Kandidaten mit den beiden besten Ergebnissen ins Parlament.

Mit der republikanischen Verfassung stand einem Herzensanliegen der Fortschrittler, der Trennung von Staat und Kirche, nichts mehr im Wege. Außerhalb der großen Städte lief sie freilich ins Leere. Die Herren über die Latifundien wussten, was sie an den priesterlichen Gehorsamspredigern hatten. Entgegen den Vorstellungen der eifrigsten Befürworter der Republikidee entstand aber keine starke Zentralgewalt. Große Kompetenzumschichtungen zwischen dem Bund und den Einzelstaaten blieben aus. Sofern die Menschen im zeitgenössischen Brasilien überhaupt mit dem Staat in Berührung kamen, begegneten sie den Vertretern eines Gliedstaates.

Der Präsident und der Vizepräsident wurden auf der Grundlage eines extrem restriktiven Wahlrechts gewählt. Nach einer Amtsperiode musste der gewählte Präsident einem

Nachfolger Platz machen. De facto fiel die Wahlentscheidung zwischen den Gouverneuren der großen Staaten. Sie zeigten mithilfe der Coroneis (Obersten: ein bloßer Titel ohne militärische Bedeutung) auf den zu wählenden Kandidaten. Die Coroneis waren mächtige Landbesitzer. De facto bestimmten sie, wen die wenigen Wahlberechtigten in ihrem Machtbereich zu wählen hatten. Oft bekamen diese nicht einmal den Stimmzettel zu Gesicht. Die Kandidaten suchten die Gunst dieser „großen Elektoren", und wussten, was im Erfolgsfall von ihnen erwartet wurde. In der Ersten Republik waren drei Staaten gleicher als andere: Minas Gerais, Rio Grande do Sul und Sao Paolo. Es handelte sich um die Zentren des Kaffeeanbaus und der Vieh- und Milchwirtschaft (daher die Redensart des „Café com leite"). Neben Großgrundbesitz und bäuerlicher Wirtschaft zählten diese Staaten bereits eine größere Anzahl von Städten und Industrien. In dieser „alten" Republik wechselten sich nach einer ungeschriebenen Regel Politiker dieser drei Staaten im Präsidentenamt ab.

Reformfreudige Offiziere waren von dieser Republik enttäuscht. Nach 1920 flammten verschiedentlich Offiziersrevolten auf. Sie blieben zwar ohne Erfolg, zeigten aber, dass die Stimmung in den Kasinos brodelte. In der kleinen, rasch wachsenden Arbeiterschaft reiften in den bewegten Zeiten nach dem Ersten Weltkrieg sozialistische Systemgegner. Beflügelt von der Russischen Revolution und in Erwartung eines revolutionären Umbruchs in Europa, der aus zeitgenössischer Sicht nicht allzu weit hergeholt erscheinen mochte, bildete sich eine kommunistische Partei. In fataler Verkennung der Realitäten allerdings, die aber auch im damaligen Europa waltete, man denke an die kommunistischen Aufstandsversuche in Deutschland (1923), kam es hier und dort zu bewaffneten Aktionen. Bei den bürgerlichen und militärischen Reformern schrillten die Alarmglocken. Eine sozialistische Modernisierung wollten sie nicht! Umso dringender lag ihnen daran, den Staat neu zu ordnen. In diesem Kontext reifte die Bewegung der Tenentes. Junge Offiziere, die das überkommene System für marode hielten, revoltierten und lieferten sich 1922 in der Garnison von Rio de Janeiro, das damals noch Hauptstadt war, Schießereien mit loyalen Truppen (siehe auch Rinke und Schulze 2013, S. 121 f.).

Die Weltwirtschaftskrise erreichte 1929 auch Brasilien. In Europa drückten Arbeitslosigkeit und Deflation den Kaffeekonsum. Kaffee aber war der Exportschlager schlechthin. Die Kaffeebarone beklagten eine aus ihrer Sicht unzureichende preispolitische Stützung durch die Regierung.

13.1.3 Die Ära Vargas (seit 1930)

Ein Streit um das Präsidentenamt setzte der alten Republik ein Ende. Der Staat Sao Paolo hatte bis 1930 den scheidenden Präsidenten gestellt. Nun präsentierte er abermals einen eigenen Kandidaten, statt wie üblich dem Kandidaten Rio Grande do Suls, desjenigen Staates, der „dran" war, das Amt zu überlassen. Sao Paolo agierte hier als Interessenwalter der Mächtigen des ländlichen Brasilien, der Kaffeepflanzer und Rinderzüchter. Nicht nur in Sao Paolo, auch in anderen Staaten hatten sie Gewicht. Die Gegenseite beklagte die Rückständigkeit des Landes und appellierte an die Mittelklasse und die Arbeiterschaft. Sie setzte ihre Hoffnungen auf *Getúlio Vargas,* den amtierenden Gouverneur des Staates Rio Grande do Sul, der nach der Konvention der nächste Präsident hätte werden sollen. Dank des erfolgreichen Werbens um die Gouverneure der zahlreichen kleinen Staaten gewann der vom scheidenden Präsidenten *Washington Luís* favorisierte Nachfolgekandidat aus Sao Paolo, *Júlio Prestes,* die Mehrheit. Die unterlegene Seite nahm die Wahl nicht hin. Sie vergewisserte sich der Rückendeckung des Militärs und erklärte den Wahlverlierer *Vargas* zum Präsidenten (dazu und im Folgenden: Skidmore 2007). *Vargas* kam aus einer Familie von Landbesitzern, die in der Politik Rio Grande do Suls schon immer eine wichtige Rolle gespielt hatte.

Die Militärführung war eigentlich gegen den Verfassungsbruch. Sie besann sich eines anderen, als ein Teil der Generäle *Vargas* unterstützte. Dieser nahm prominente frühere Tenentes in seine Regierung auf und stellte sich 1934 einer regulären Wahl. Vier Jahre später hätte er nach der Verfassung nicht erneut kandidieren dürfen. Die Verfassung wurde 1937 suspendiert, und *Vargas* rief den Estado Novo aus. Er regierte bis 1945.

Mit *Vargas* schlug die Stunde des modernen Brasiliens. Zum Wohlgefallen der Kirche gab sich *Vargas* betont katholisch. Die Bundesgewalt wurde gestärkt und erhielt eine Planungskompetenz für die Landesentwicklung. Die Gewerkschaften verloren ihre Autonomie. Sie wurden aber keineswegs aufgelöst, sondern eng an den Staat gebunden, ihre links orientierten Aktivisten allerdings ausgebootet. *Vargas* nahm mit einigem Erfolg die Importsubstitution in Angriff, wie sie zu dieser Zeit auf dem Kontinent üblich war (Abschn. 5.1).

Sozialgesetze sprachen den Staatsbeschäftigten, den Arbeitern und den Angestellten Gesundheitsleistungen und Renten zu. Sie wurden nach dem Sozialversicherungsprinzip von Beiträgen finanziert. Begünstigt waren mithin – ganz im lateinamerikanischen Trend der Epoche – allein die Beschäftigten im formellen Sektor, d. h. nach den damaligen Verhältnissen hauptsächlich regulär Beschäftigte in den großen Bevölkerungszentren Rio und Sao Paolo. Im Jahr 1938 waren drei Millionen Beschäftigte versichert, sie machten aber gerade einmal neun Prozent der gesamten Arbeitsbevölkerung aus (Hunter 2014, S. 18–23; McGuire 2010, S. 159). Der wachsenden Mittelschicht und der Arbeiterschaft ging es materiell so gut wie nie zuvor. Flächendeckend wurde die Schulpflicht eingeführt. Für die Landbevölkerung blieb jedoch alles beim Alten, auch die Schulpflicht wurde dort nur spärlich implementiert.

Vargas' Vision eines brasilianischen Estado Novo, eines modernen Ständestaates, war nicht originell. Sie war von der Anschauung korporativer Regime inspiriert, die sich im Europa der 1920er Jahren etabliert hatten: *Benito Mussolini* in Italien, *Miguel Primo de Rivera* in Spanien und *António Salazar de Rivera* in Portugal. Sympathien mit dem nationalsozialistischen Deutschland gab es kaum. Die Minderheit deutscher Brasilianer stand ganz im Gegenteil unter scharfer Beobachtung, weil ihre Loyalität in Zweifel gezogen wurde. *Vargas* stellte sich 1942 an die Seite der Alliierten und entsandte sogar ein Kampfkontingent nach Italien. Kritik ging *Vargas* jedoch gegen den Strich. Anfänglich noch moderat autoritär, stützte sich das Regime immer stärker auf Polizeigewalt und schränkte die bürgerlichen Freiheiten ein. Die Agraroligarchie mochte bei alledem beklagen, dass ihr *Vargas* die Regierung des Landes entwunden hatte. Ihre Besitzstände standen nicht zur Debatte.

13.1.4 Die Zweite Republik (seit 1945)

Nach der Kriegsbeteiligung Brasiliens an der Seite der Demokratien ließen sich die autoritären Strukturen nicht mehr rechtfertigen. Presse- und Oppositionsfreiheit lebten wieder auf. Als Zweifel an *Vargas* vagem Versprechen aufkamen, die Präsidentschaft aufzugeben, sprachen die Generäle ein Machtwort, und *Vargas* trat 1945 zurück. Als Nachfolger wurde General *Eurico Gaspar Dutra* (1946–1951) gewählt: ein enger politischer Weggefährte von *Vargas* und zuletzt sein Kriegsminister. *Dutra* kandidierte auf der Plattform einer eigens gegründeten Partei, der Sozialdemokratischen Partei (PSD, Partido Social Demcrático). Sie appellierte an die Begünstigten des Estado Novo, an die Mittelschicht und die Staatsbediensteten. Eine neue Verfassung etablierte 1946 den liberalen Verfassungsstaat. *Vargas* selbst wurde 1946 in den Senat gewählt. Aus der Erbmasse der Vargas-Epoche entstand neben dem PSD die weitere neue Partei PTB (Partido Trabalhista Brasilierio). Ihre Zielgruppen waren die Arbeiterschaft und die Gewerkschaften. Das Gegenlager zu *Vargas* sammelte sich um die Partei UDN (União Democrática Nacional). Hinter ihr standen Großagrarier und die Geschäftswelt. Streng besehen hatte sie kein anderes Ziel, als die Kräfte um *Vargas* aus der Regierung zu verdrängen und selbst zu regieren. Ihr bevorzugtes Mittel war der persönlichkeitsschädigende Nahkampf – eine Disziplin, in der sich Politiker aller Couleur wenig schenkten. Ihr lautester Repräsentant war *Carlos Lacerda*. Er wurde in eine Familie geboren, die seit Generationen in der Politik mitmischte. *Lacerda* war Journalist und Zeitungsverleger in der Hauptstadt Rio und machte sich als Kommunistenfresser einen Namen.

Bevor sich *Vargas* nach der konstitutionellen Sperrzeit wieder für das Präsidentenamt bewerben durfte, vergewisserte er sich des Einverständnisses der Militärführung. Die Auffassungen im Offizierskorps waren geteilt. Im politischen Forum der Militärs, dem Offiziersklub, gab es heftige Debatten. Letztlich gab man *Vargas* grünes Licht, nachdem er einige Zusicherungen gegeben hatte. Mit knapper Mehrheit wurde er 1951 gewählt. Versuche *Lacerdas*, die Militärs nachträglich zu überzeugen, bei der Wahl sei es nicht mit rechten Dingen zugegangen, fruchteten nicht. Politikinhaltlich machte *Vargas* so weiter, wie er 1930 begonnen hatte. Er machte Sozialpolitik für das urbane Brasilien, unter anderem wurden die Mindestlöhne verdoppelt. *Vargas'* Gegnern wurden aus Armeekreisen Gerüchte zugespielt, die Offiziere glaubten sich zu schlecht bezahlt, ihre Ausrüstung sei mangelhaft, und die Unzufriedenheit in der Truppe treibe die Soldaten kommunistischer Agitation in die Arme. Die Schuld daran trage *Jão Goulart,* der Arbeitsminister. *Goulart,* Sohn eines reichen Gutsbesitzers in Rio Grande do Sul, war seit früher Jugend ein Anhänger *Vargas'*. Er hatte *Vargas'* Wahlkampf mit organisiert und war von diesem zum Arbeits- und Industrieminister ernannt worden. *Vargas'*

Kritiker spielten über Bande. Es ging ihnen darum, *Goulart* zu schlagen, um den Präsidenten zu treffen. Dieser geriet dermaßen unter Druck, dass er *Goulart* 1954 schließlich entlassen musste (Skidmore 2007, S. 127–131).

In dieser zweiten Vargas-Präsidentschaft entstanden zahlreiche Staatsbetriebe. Exemplarisch war der Staatskonzern Petrobras. Die öffentlichen Unternehmen waren als Entwicklungskerne geplant, um die herum nachgelagerte Industrien aufwachsen sollten. Leistungsfähige Großunternehmen traute die Mannschaft um *Vargas* und *Goulart* der Geschäftswelt nicht zu. In diesem Punkt zogen die Militärs mit. Sie waren ebenso an der industriellen Entwicklung interessiert. Auch die bestehenden privaten Telefon- und Eisenbahngesellschaften wurden in die neuen Staatskonzerne eingegliedert. Ein willkommener politischer Nebeneffekt des wachsenden öffentlichen Sektors war Patronage, die den Anhängern des Präsidenten zu Posten und Verdienstmöglichkeiten verhalf.

Trotz allem war *Vargas* persönlich nicht mehr auf der Höhe der Zeit. Das Land war komplizierter geworden. Die vertrauten autoritären Methoden kamen nicht mehr infrage, um Kritiker ruhig zu stellen. Die rechte Opposition reizte *Vargas* bis aufs Blut und stiftete Unruhe im Offizierskorps. Beim Präsidenten wiederum regten sich die autoritären Reflexe. Ereignisse, die auf *Vargas* als Anstifter eines – gescheiterten – Auftragsmordes an seinem Erzfeind *Lacerda* deuteten, brachten den Präsidenten zu Fall. Außerstande, sich von der Verantwortung zu entlasten, setzten ihn die Generäle unter Druck. Im vorletzten Jahr seiner Amtszeit beging *Vargas* Suizid (1954). Die Interimsphase bis zur nächsten regulären Wahl verlief holprig. Vizepräsident *Jão Café Filho,* der die Staatsgeschäfte übernommen hatte, verstarb selbst noch im Amt (1955). Den nächsten Nachrücker akzeptierte das Militär nicht, es setzte ihn nach nur zwei Tagen ab. Der nächste Platzhalter, *Nereu Ramos,* schaffte es immerhin bis zur regulären Wahl.

Juscelino Kubitschek gewann die Präsidentenwahl des Jahres 1955. Er kam aus einer armen Familie. Im Staat Minas Gerais geboren, wuchs er bei der früh verwitweten Mutter auf, studierte Medizin und arbeitete in Deutschland, Frankreich und Österreich als Arzt, bevor er in seine Heimat zurückkehrte. 1945 ließ er sich für den PSD in den Kongress wählen. Im Zeitpunkt seiner Wahl zum Präsidenten war er Gouverneur des Heimatstaates Minas Gerais. Seine Karriere hatte gleichwohl keinerlei Verbindung zu *Vargas.* Als Vizepräsident trat der bei der Rechten und den Militärs verhasste *Goulart* an seine Seite. Nach der Verfassung konnte sich der Präsident den Vize nicht aussuchen. Präsident und Vizepräsident kandidierten separat und wurden getrennt gewählt.

Kubitschek war ein Politiker mit großer Ambition. Mit einer gewaltigen Kraftanstrengung sollte Brasilien ins Format eines Industrielandes katapultiert werden. Auch Auslandinvestitionen war dabei ein Part zugedacht. So nahm Volkswagen in brasilianischen Werken die Produktion auf. Im Südosten des Landes entstand eine breite Industrielandschaft. Sao Paolo zog bei der industriellen Entwicklung in rasantem Tempo an den übrigen Staaten vorbei. Mit dem Rückenwind der nicht nachlassenden Binnenmigration aus den armen Staaten entstand hier eine Metropolregion europäischen Zuschnitts, die weit in angrenzende Staaten ausstrahlte.

Um einen Impuls für die Entwicklung des noch unerschlossenen Landesinneren zu geben, ließ *Kubitschek* einen Plan für die Verlegung der Hauptstadt in die neue Retortenstadt Brasilia erarbeiten. Brasilia wurde in Rekordzeit aus dem Boden gestampft und avancierte mit ihrer futuristischen Architektur zum internationalen Blickfang. Die Staatsagentur SUDENE (Superintendência do Desenvolvimiento do Nordeste) wurde dazu bestimmt, den notorisch von Armut geplagten ländlichen Nordosten mit staatlichen Anreizprogrammen aus seiner Rückständigkeit herauszuholen. Der Nordosten war das Sorgenkind aller brasilianischen Regierungen. Er wurde in unberechenbaren Abständen von Dürren heimgesucht. Die jahrzehntelange Abwanderung aus der bevölkerungsreichen Region hielt an, jetzt noch unterstützt durch die Arbeitsmöglichkeiten in der Industrie und in den wachsenden Städten. Ferner wurden eine Reihe neuer Universitäten gegründet und Großprojekte zur Energieversorgung in Angriff genommen.

Kubitschek war populär, er genoss sogar den Rückhalt der Militärs. Als er, wie von der Verfassung vorgeschrieben, sein Amt verließ, ging eine Ära zu Ende. Seinem Nachfolger hinterließ *Kubitschek* einen defizitären Haushalt und eine Wirtschaft, in die viel Geld hineingepumpt worden war, die aber immer noch stark auf Importe angewiesen und auf Inflation gepolt war.

Jânio Quadros, der 1960 regulär gewählte Nachfolger *Kubitscheks,* war von Beruf Lehrer. Er hatte für eine kleine populistische Arbeiterpartei kandidiert und warb mit dem Image des Antipolitikers. Zuletzt war er Gouverneur des Staates Sao Paolo gewesen. Die Wähler entschieden sich mit *Quadros* für ein unbeschriebenes Blatt, für einen Kandidaten, der nicht aus der seit Jahrzehnten regierenden politischen Klasse kam. *Goulart* indes, Buhmann der politischen Rechten und für die Militärs inzwischen eine Unperson, kandidierte abermals für das Amt des Vizepräsidenten und wurde gewählt. Als *Quadros* 1961 sein Amt antrat, drehte sich bereits munter die Inflationsspirale – mit allen üblichen Begleiterscheinungen: Geldanlage in Devisen, Flucht in Bodenwerte und Kaufkraftverlust insbesondere dort, wo das Einkommen gerade für die Alltagsausgaben reicht. Die Finanzierung teurer Projekte, die in der Ära *Kubitschek* angeschoben worden waren, überstieg inzwischen die Staatseinnahmen. Die Regierung besorgte sich Kredite bei ausländischen Banken.

Quadros' Präsidentschaft dauerte lediglich sieben Monate. Sie verlief nichts weniger als bizarr. Gänzlich unerwartet für Freund und Feind, stattete er gleich nach der Amtseinführung *Fidel Castro* einen Besuch ab. Prompt entzog ihm die rechte UDN ihre Unterstützung. Wirtschaftspolitisch steuerte *Quadros* von einem Extrem ins andere. Zunächst wurden die Staatsausgaben kräftig reduziert, nach dem Aufschrei der Betroffenen traten die Budgetverantwortlichen wieder aufs Gaspedal. Die Parlamentarier wussten bald nicht mehr, was es mit diesem Präsidenten auf sich hatte. Aus heiterem Himmel trat er schließlich zurück.

Nach der Verfassung kam jetzt sein Vize *Goulart* zum Zuge. Als *Quadros* 1961 seinen Rücktritt bekannt gab, hielt sich *Goulart* gerade in China auf. Die Militärführung erlaubte seine Rückkehr nur unter der Voraussetzung, dass zuvor die Verfassung geändert würde. Sie verlangte nichts weniger als die Ablösung des Präsidialsystems durch ein parlamentarisches. Die Regierungsgeschäfte sollten künftig von einem Ministerpräsidenten geführt werden, der vom Vertrauen einer Parlamentsmehrheit getragen war. Die Verfassung wurde dahin geändert, dass der Präsident nicht mehr direkt, sondern vom Parlament gewählt werden musste. Das Amt des Ministerpräsidenten trat *Tancredo Neves* an, ein erfahrener Finanzpolitiker und Repräsentant der Sozialdemokratischen Partei (PSD). *Neves*, dessen politische Karriere in Minas Gerais begonnen hatte, hatte in der Regierung *Kubitschek* zuletzt das Amt des Justizministers bekleidet. Es dauerte nicht lange, bis sich *Goulart* und *Neves* zerstritten und Letzterer frustriert das Handtuch warf. Es fand sich niemand, der bereit gewesen wäre, sich in dieser Funktion als Nachfolger zu verschleißen. *Goulart* bot sich damit die Chance, die Rückkehr zur Präsidialverfassung zu betreiben. Sie wurde 1963 in einem Referendum gebilligt.

Die Präsidentschaft *Goulart* wurde zu einem Wendepunkt in der jüngeren brasilianischen Geschichte. Ihr Scheitern markiert das Ende der Zweiten Republik. *Goulart* sah keinerlei Grund, von einer eigenständigen Außenpolitik abzusehen. Die USA erwarteten von den Ländern des südlichen Kontinents Gefolgschaft und verlangten, sich am Boykott Kubas zu beteiligen und in den Ost-West-Beziehungen ihrem Kurs zu folgen. Für *Goulart* war es ein Zeugnis brasilianischer Unabhängigkeit, sich nicht darum zu kümmern. Implizit lehnte er auch die auf Lateinamerika gemünzte These von der nationalen Sicherheit ab, die weltpolitische Bekämpfung des Kommunismus beginne mit der Bekämpfung der revolutionären Linken im eigenen Land.

Die kurze Interimspräsidentschaft *Goularts* stand im Schatten der inflationstreibenden Ausgabenpolitik der Vorjahre. In den Industrie- und Verwaltungszentren Sao Paolo und Rio kam es zu Streiks gegen den Kaufkraftverlust. Treibende Kraft der Proteste waren nicht die seit *Vargas* domestizierten offiziellen Gewerkschaften, sondern Gewerkschafter, die mit der Kommunistischen Partei verbunden waren. *Goulart* und seine Minister ließen Sympathien für die Demonstranten erkennen. Dies galt besonders für *Leonel Brizola,* den Gouverneur des Staates Rio Grande do Sul und jetzt Abgeordneter des Bundeskongresses. *Brizola* war in armen Verhältnissen als Sohn eines Kleinbauern aufgewachsen. Er hatte sich mit einfachsten Tätigkeiten durchs Leben geschlagen, dann durch Schule und Studium gekämpft, aber nie seinen Ingenieursberuf ausgeübt. Bereits mit Anfang Zwanzig hatte er eine politische Karriere eingeschlagen. Der volksnahe *Brizola* war nach *Vargas'* Tod Führer der Arbeiterpartei PTB geworden. Durch die Heirat mit einer Schwester *Goularts* wurde er reicher Landbesitzer, blieb aber ein scharfer Kritiker der Klasse, in die er eingeheirat hatte. Den politischen Kurs des Schwagers unterstützte *Brizola* nach Kräften.

Kein Regime der vergangenen Jahrzehnte hatte es gewagt, sich mit der mächtigen Agraroligarchie anzulegen. Damit kommen wir zu einer weiteren Ursache für die innenpolitischen Konflikte in der kurzen Ära *Goulart*: die beginnende Mobilisierung der Landbevölkerung. Sie hatte viele Gründe, darunter die einsetzenden Mechanisierung der Agrarproduktion. Sie verdrängte manuelle Landarbeit und erübrigte die konventionelle, wenig produktive Bewirtschaftung durch Pachtbauern. Landarbeiter und landlose Bauern besetzten brach liegendes Land. Brachen wurden als Produktionsreserven vorgehalten, sollten sich die Preise günstig entwickeln. Die Besetzer legten damit den Keim für die später sogenannte Bewegung der Landlosen. Hier ging es jetzt ums Eingemachte. Noch keine Regierung hatte es zugelassen, dass die ländlichen Besitzstände angegriffen wurden.

Aus Kreisen des Militärs kamen erste Warnungen, hinter alledem stecke kommunistische Subversion. Die rechte Opposition bekam in den Kongresswahlen des Jahres 1962 eine Mehrheit; sie blockierte den Präsidenten, wo sie nur konnte. Der Präsident ließ die parlamentarische Obstruktion ins Leere laufen, indem er seine Vorhaben per Exekutiventscheid auf den Weg brachte. *Goulart* dachte nicht daran, die sozialen Proteste zu ignorieren. Er kündigte 1963 Pläne zur Bekämpfung der Armut an. Des Weiteren stellte er eine Landreform in Aussicht. Alles Privatland ab einer bestimmten Größe sollte in einem Streifen entlang der Fernstraßen – den Verkehrsadern zu den Märkten – enteignet und an landlose Bauern verteilt werden. Schließlich sollte das Wahlverbot für Analphabeten und Soldaten fallen. *Brizola* unterstützte die Proteste der Bauern und Arbeiter. Sie setzten den Schwager von links her unter Handlungsdruck.

Dies alles schürte Unruhe in den Streitkräften. Die Differenzen im Offizierskorps, d. h. zwischen Generälen, Kommandeuren und Obristen sowie zwischen Verfassungsloyalisten und Interventionisten waren seit den 1920er Jahren wie in einer bürgerlichen Partei im Militärklub, der außerhalb der Streitkräftehierarchie stand, diskursiv ausgetragen worden. Unteroffiziere und Mannschaften kamen in der Welt der Offiziere nicht vor. Sie hatten keine Meinung zu haben und schon gar keine Forderungen zu stellen. Dabei waren sie schlecht bezahlt und litten ebenso wie die übrige Bevölkerung unter der Teuerung. Die Offiziere ließen es im Umgang an Respekt fehlen. Im Herbst 1963 rückten unzufriedene Unteroffiziere und Mannschaften in Brasilia auf das Regierungsviertel vor. Dieses Unternehmen hatte noch keine unmittelbaren Folgen. Im März 1964 wurde ein wehrpflichtiger Marinesoldat festgenommen. Er hatte zur Gründung einer Soldatengewerkschaft aufgerufen. Im Streit über diesen Fall entließ *Goulart* den Marineminister, der eine Bestrafung erlaubt hatte. Als dessen Nachfolger sich nicht nur weigerte, die von den Kommandeuren verhängten Strafe zu bestätigen und sogar eine Amnestie in Aussicht stellte, war das Maß für die Hardliner in der Militärführung voll. Nicht genug damit, zeigte *Goulart* in einer Rede vor Unteroffizieren auch noch Verständnis für die Disziplinverstöße.

Der Militärbefehlshaber des Staates Minas Gerais setzte seine Truppen in Richtung Rio in Marsch. *Lacerda,* der inzwischen zum Gouverneur des Staates Guanabara (d. h. Rio de Janeiros) gewählt war, igelte sich mit Bewaffneten in seinem Amtssitz ein. Der Militärbefehlshaber von Rio hielt indes still und wartete einen Befehl des Präsidenten ab. Er erreichte *Goulart* nicht, wollte aber ein Blutvergießen vermeiden und überließ den aufständischen Kommandeuren das Feld. Auch andere Kommandeure, die von einem Putsch nichts hielten, zögerten zunächst, schlossen sich letztlich aber an. Ein Generalplan zum Umsturz, der von einem geschlossenen Militär in die Tat umgesetzt worden wäre, war in alledem nicht zu erkennen. Die Entschlosseneren, die Putschoffiziere, setzen sich einfach durch. So endete unter dem Beifall der Agrarier, der Geschäftswelt und zum Wohlgefallen des US-amerikanischen Geschäftsträgers die kurze Präsidentschaft *Goularts* und mit ihr die zweite Republik.

13.1.5 Das Militärregime (seit 1964)

Die seit 1964 regierenden Militärs wollten keine Einmann-Diktatur. Sie entschieden sich für ein halb-konstitutionelles Regime (dazu und im Folgenden: Skidmore 1988). Alle fünf Militärpräsidenten wurden aus den Reihen der Generäle bestimmt, sie amtierten jeweils nicht länger als von der Verfassung vorgesehen. Der Kongress wurde nicht aufgelöst, seine Gesetzgebungsfunktion aber durch Dekrete eines von den Militärs gebildeten Nationalen Sicherheitsrates überlagert. Die Militärs strukturierten das Parteiensystem neu, die linken Parteien wurden verboten. Fortan wählte Kongress mit seiner herbeimanipulierten militärfreundlichen Mehrheit den Präsidenten, d. h. er bestätigte den Vorschlag, den ihm die höchsten Militärs präsentierten.

Der erste Militärpräsident, *Huberto de Alencar Castelo Branco,* war der Überzeugung, das politische System kranke daran, dass ambitionierte und unfähige Politiker das Land nicht zu regieren verstanden hätten. Sie hätten eine linke Politik betrieben, fahrlässig kommunistischen Umtrieben Raum gegeben, die Stützen der Gesellschaft angegriffen und den wichtigen Verbündeten USA verprellt. Als strukturelle Ursache für diese Entgleisungen galten allzu viele Parteien, darunter noch die falschen, d. h. linke Parteien, und instabile Regierungsmehrheiten. Nach dieser Diagnose wurde der noch lebenden Prominenz der späten Zweiten Republik, darunter *Kubitschek, Goulart* und *Brizola,* jede politische Betätigung verboten. Die Politiker der Rechten, auch *Lacerda,* durften weitermachen.

Die alten Parteien wurden aufgelöst, zwei neue traten an ihre Stelle, die ARENA (Alianza Renovadora Nacional) und das MDB (Movimiento Democrático Brasilierio). Die Erstere nahm Vertreter der früheren UDN und den rechten Flügel des PSD auf, die Letztere den linken, sozialdemokratischen Flügel des PSD sowie den PTB. Sozialistische und kommunistische Parteien wurden verboten, ebenso diejenigen Gewerkschaften, die nicht schon seit *Vargas* in den Staat integriert waren. In den konstitutionell vorgesehenen Intervallen durften sich die Wähler für eine der beiden Parteien entscheiden. Der Bundeskongress arbeitete weiter, ebenso die Parlamente der Einzelstaaten. Von den Militärpräsidenten erlassene so genannte „Institutionelle Akte“ hatten aber Vorrang vor den Parlamentsbeschlüssen. Die Gouverneure der Einzelstaaten wurden vom Militärpräsidenten ernannt. In diesem verordneten politischen Betrieb war der ARENA die Rolle der Regierungspartei, der MDB die der Oppositionspartei zugewiesen. Auf eine kurze Formel gebracht, verfügten die Militärs eine entpolitisierte Exekutive und einen eingeschränkten Parlamentsbetrieb. Generalsoffiziere, die sich als Sozialingenieure versuchten, schickten ein von ihnen erdachtes neues politisches System auf Probefahrt.

Castelo Branco (1964–1967) gehörte einer legalistischen Fraktion an. Sie setzte sich mit ihrer Vorstellung durch, keine Dauerpräsidentschaft einzuführen, Eckpunkte der Verfassungstradition zu beachten und die Politik zu reaktivieren, sobald den Politikern zugetraut werden konnte, wieder aus eigener Kraft für Ordnung zu sorgen (Dávila 2013, S. 31–51). Die Hardliner-Fraktion, die den Zivilisten kein vernünftiges Regieren mehr zutraute, hätte dem politischen Spiel am liebsten gänzlich den Garaus gemacht. Sie blieb in der Minderheit. Dessen ungeachtet schlugen die Hardliner-Präsidenten *Arturo da Costa e Silva* (1967–1969) und *Emílio Garrastazu Médici* (1969–1974) einen deutlich härteren Kurs ein als ihr Generalskamerad *Castelo Branco*. In ihrer Regierungszeit wurde Dissens gnadenlos unterdrückt, Folter und politischer Mord wurden Alltag. Erst mit den Präsidenten *Ernesto Geisel* (1974–1979) und *Jão Baptista de Oliveira Figuereido* (1979–1985) lockerte das Regime wieder die Zügel.

Im Regierungs- und Verwaltungsalltag ließen die Militärs Fachminister und Beamte gewähren, ausgenommen waren Polizei und Sicherheitsdienste. In politischen Ämtern trugen sie demonstrativ Zivilkleidung, um sich von den Counterparts in Argentinien und Chile zu unterscheiden, die sich Fernsehzuschauern und Pressefotografen als grimmig dreischauende Statuen mit hartem Gesichtsausdruck, in großer Dienstuniform mit viel Lametta, mit tief ins Gesicht gezogenen Mützen und am besten noch mit superdunkler Sonnenbrille zeigten. In den planungsintensiven und investitionsträchtigen Ressorts führten gut ausgebildete Wirtschaftstechnokraten die Regie. Doch selbst die hoch qualifizierten Technokraten in der Staatsverwaltung waren militäraffin. Die ESG (Escuela Superior de Guerra), eine Kaderschmiede der Hochbürokratie, ist zum einen Teil Militärakademie, zum anderen Teil aber eine Wirtschafts- und Managementhochschule von großem Renommee, die zu über 50 % von zivilen Studierenden besucht wird (Mani 2011, S. 39 f.). Es handelt sich um eine Institution von ähnlicher Bedeutung wie die ENA (École Nationale d'Administration) in Frankreich. Auf Verwaltungs- und Wirtschaftsamateure ließen sich die Militärs nicht ein. Trotzdem gelangten hier und dort ehemalige Offiziere in die Chefetagen der Staatskonzerne.

Wirtschaftspolitisch blieben die Militärs in der Spur, die *Vargas* vorgezeichnet hatte und von *Kubitschek* vertieft worden war. Auch die Generäle trauten dem privaten Kapital im eigenen Land nicht viel zu. Gewaltige Investitionen flossen in die Öl- und Gasindustrie, in die Hydroelektrik, Flughäfen und das Projekt einer Fernstraße durch das Amazonasgebiet. In den unerschlossenen Weiten des Mato Grosso wurde mit dem Anbau der flächenzehrenden, aber exportträchtigen Sojapflanze begonnen. Ausländische Investoren hatten eine gute Zeit. Die Haushaltsführung war notorisch defizitär, Mehreinnahmen durch Umverteilung waren Anathema. Kredite großer ausländischer Banken stopften die Haushaltslöcher. Der Ressourcenreichtum und die eindrucksvollen Wachstumsprognosen genügten den Bankern als Sicherheit. Das Wachstum in der Metropolregion Sao Paolo setzte sich fort, für Migranten aus den ärmeren Regionen war sie weiterhin ein Magnet. Die Verhältnisse auf dem Lande standen wie selbstverständlich unter Tabu. Zwar kam es auch unter den Militärs unablässig zu Protesten und Landbesetzungen. Nicht nur die Polizei, auch Paramilitärs schritten dagegen ein.

Je länger die Militärs regierten, desto schwieriger wurde auch für sie das Regierungsgeschäft. Die gleichen Probleme, die schon unter den Vorgängerregierungen Proteste und

Abstiegsängste in der Mittelschicht hatte aufkommen lassen, blieben akut, insbesondere die Inflation. Zum Ende der Militärherrschaft erreichte sie vierstellige Zahlen. Unter den regierenden Militärs machte sich die Erkenntnis breit, es sei besser, gewählte Politiker zu beteiligen. Die Gegenkräfte, die zu dieser Einsicht zwangen, waren neu. Maßgeblich waren die Veränderungen, die sich in der Arbeiterschaft und in der Kirche vollzogen. Die Bildung illegaler Gewerkschaften gelang in der Industriemetropole Sao Paolo so überwältigend gut, dazu noch in der wichtigsten, um die Autoproduktion entstandenen Branche, dass schließlich jeder Versuch, die wirtschaftlich und politisch motivierten Arbeitsniederlegungen mit Gewalt zu unterdrücken, unabsehbare Folgen gehabt hätte (Roett 1999, S. 77 f.). Und nicht mehr nur Priester, die sich für die Armen engagierten, sondern vereinzelt auch Bischöfe wandten sich – trotz aller innervatikanischen Agitation gegen die Befreiungstheologie – gegen das Regime. Sie praktizierten den Schulterschluss mit der Landlosenbewegung und den linken Gewerkschaften.

13.1.6 Übergang zur Dritten Republik (ab 1985)

Gegen Ende der 1970er Jahre ließen die Militär die Wahl der Staatengouverneure wieder zu, schließlich erlaubten sie auch die Gründung neuer Parteien. Prompt zerfielen die Regimeparteien ARENA und MDB wieder in die Elemente, aus denen sie zusammengefügt worden waren; nur die Namen änderten sich. Eine bedeutende Innovation gab es aber auch in der Parteienszene. Aus den oppositionellen freien Gewerkschaften in Sao Paolo ging der PT (Partido dos Trabalhadores), die Arbeiterpartei, hervor. An ihrer Spitze stand der charismatische Gewerkschaftsführer *Luíz Inácio Lula da Silva*. Anfang der 1980er Jahre kam als weitere oppositionelle Kraft die Bewegung der Landlosen (MST, Movimiento dos Trabalhadores Rurais sem Terra) hinzu: entwurzelte Bauern und Landarbeiter, die in der zunehmend – mit staatlicher Hilfe – technisierten Landwirtschaft keinen Platz mehr fanden. Sie machten mit spektakulären Landbesetzungen von sich reden und fanden Unterstützung auch in linkskatholischen Kreisen (Carter 2010).

Die Generäle kündigten 1982 ihren Rückzug an, stellten aber auch Bedingungen für eine neu auszuarbeitende Verfassung. Diese Verfassung hielt sich in den Grundzügen an die ältere des Jahres 1946 (Costa 2008, S. 117 f.). Es gab lediglich einige Korrekturen, darunter die Beseitigung der letzten Wahlrechtsbeschränkungen. Um die Frage, ob der Präsident künftig direkt gewählt werden sollte, führten die Militärs Rückzugsgefechte. Sie wollten die indirekte Wahl im Kongress erhalten. Um unliebsame Kandidaten zu verhindern, hätte man sich dort auf die Abgeordneten der Rechten verlassen können. Derselbe Grund bewog die Opposition, für die Direktwahl zu plädieren, also für die Rückkehr zur Verfassungstradition. Ein Referendum entschied die Sache zugunsten der Direktwahl. Das öffentliche Werben um ein Ja machte diese Abstimmung zum Votum für und wider den Einfluss der Militärs in der Politik.

13.2 Das politische System

13.2.1 Parteien

Der Entwicklungsökonom *Edmar L. Bacha* münzte den Begriff zweier Brasilien, eines „Bel-India", das sich erst im Verlauf der langen Militärdiktatur herausgeschält habe. Das erste Brasilien auf dem Niveau Belgiens zeige sich in Staaten wie Minas Gerais, Rio de Janeiro, Sao Paolo und Rio Grande do Sul. Dort erwarten die Menschen funktionierende Verwaltungen, einen bezahlbaren und intakten öffentlichen Nahverkehr und die bessere Ausstattung der Schulen und Krankenhäuser, also all das, was die moderne urbane Gesellschaft an Staatsleistung verlangt. Die große Mehrheit lebt dort schon lange nicht mehr in heilloser Armut. Sie hat einen Job, ein menschenwürdiges Dach über dem Kopf und kann sich einiges leisten. Die Landwirtschaft ist produktiv, Familienfarmer und Agro-Unternehmer prägen das Bild. Allein der Staat Sao Paolo zählt mit 40 Mio. so viele Einwohner wie jeweils Argentinien, Polen oder Spanien.

Das zweite Brasilien auf dem Niveau Indiens zeige sich in den Staaten des Nordostens, darunter dem großen Staat Bahia: überwiegend ländlich, arm und von periodischen Dürren geplagt. Heute sind sie bereits Opfer einer Klimaveränderung, zu der auch politisch gewollte oder geduldete Fehlentwicklungen wie die Vernichtung des Regenwaldes - zur Gewinnung von Ackerfläche - sowie Eingriffe in den natürlichen Verlauf großer Flüsse - für Wasserkraftwerke - beitragen (Bacha und Klein 1989, S. 3).

Im Norden und Nordosten, wo viele Menschen noch in ländlichen Verhältnissen leben, ist Klientelpolitik die Regel. Öffentliche Leistungen halten die Anhänger der regierenden Partei bei Laune, nicht zuletzt mit Jobs im öffentlichen Sektor. Teils werden diese Staaten seit Jahrzehnten von denselben Familien und Cliquen regiert (Melo und Pereira 2013, S. 69; Power und Mochel 2008, S. 234). Vielfach verkörpern noch große Landbesitzer das ungeschriebene Gesetz, ihre soziale Macht wird auch in den Wahlergebnissen spürbar (Montero 2005, S. 29).

Nach Freigabe der Parteigründungen ergriff der spätere Präsident *Enrique Cardoso* die Initiative für eine sozialdemokratische Partei (PSDB, Partido da Social Democracia Brasilieira). Der PSDB arbeitet für gewöhnlich eng mit den Liberalen zusammen. Er versteht sich als Partei der Mitte, wird heute aber eher als rechts davon wahrgenommen. Wir beobachten in Brasilien – wie in Frankreich – eine politische Namenskultur, die rhetorisch dem Progressismus huldigt. Der PSDB ist die bevorzugte politische Adresse der Geschäftswelt, findet aber Zuspruch bis tief in die Mittelschicht hinein. Seine großen Themen sind ein Staat, der sich zu stark in die Wirtschaft einmischt, eine aufgeblähte und ineffiziente öffentliche Verwaltung, unzureichende Infrastruktur und Korruption. Der PSDB regiert seit Längerem auch in früheren Hochburgen der Arbeiterpartei.

Die bedeutendste Partei auf der Linken ist die Arbeiterpartei (PT). Als einzige größere Partei hat sie eine nennenswerte Infrastruktur und verpflichtet sie ihre Parlamentskandidaten auf ein Programm (Samuels 2008, S. 80). Ihre vergleichsweise starke Organisation verdankt sie der Tatsache, dass sie im Gegenstrom einer Medienlandschaft entstand, die wie selbstverständlich die Parteien von rechts bis in die Mitte unterstützte. Die Wählerschaft des PT reicht von der gewerkschaftlich organisierten Arbeiterschaft bis in die Mittelschicht. Auch katholische Zirkel, die sich für die Armen engagieren, Kleinbauern und die allenthalben in Brasilien aktive Bewegung der Landlosen unterstützen den PT. Der PT kommt also aus der Organisationswelt der kleinen Leute. Entstanden als sozialdemokratische Programmpartei, verdankt er seine Wahlerfolge und die Eroberung der Präsidentschaft dem Wandel zu einer Catch-all Partei, die allen etwas bieten will (Hunter 2007). Mit dieser Entwicklung wurde sein Profil unschärfer. Die früheren Hochburgen des PT in den wirtschaftlich hoch entwickelten Staaten im Süden und Südosten sind heute geschleift. Dort steht der PT in einer harten Konkurrenz mit dem PSDB. In den letzten Jahren hat er dabei häufig den Kürzeren gezogen. Stark ist der PT noch in den Armutsgebieten des Nordostens. Dort ist es der Partei gelungen, ihren Namen mit der politischen Marke des Bolsa Familia zu verbinden, eines Sozialprogramms, das auf die Armen des Landes ausgelegt ist (siehe oben Abschn. 13.2.5). Die Wiederwahl Präsident *Lulas* im Jahr 2006 wird dem Erfolg dieser Operation zugeschrieben. Die Ausstrahlung dieses Präsidenten und sein Lebensweg, den arme Brasilianer als Rollenmodell nehmen mochten, kamen seiner Partei zugute (Samuels 2014, S. 148–152). Um aber die Unterstützung des PT von der Person *Lulas* zu lösen und sie zu verstetigen, baute die Partei eine örtliche Infrastruktur auf (Van Dyck 2014). Der Nordosten hält bei Präsidentenwahlen überwiegend zum PT. Besonders dort dankt man es ihm noch, dass in seiner Regie eine erfolgreiche Armutsbekämpfung stattgefunden hat (SZ, 28.10.2014, S. 8).

Selbst in der einzelstaatlichen Politik des Nordostens verzeichnete der PT Erfolge. Darunter ist besonders der wichtige Staat Bahia hervorzuheben. Bis 2006 wurde er vom Gouverneur *Antônio Carlos Magalhães* beherrscht. Dieser wurde noch von einer Militärregierung ernannt, blieb aber dank eines klientelistischen Netzwerks und der Unterstützung mächtiger Landbesitzer auch danach als nunmehr gewählter Gouverneur im Amt. Mit *Jacques Wagner* wurde er 2006 von einem PT-Gouverneur abgelöst. Der PT gewann mit dem Koalitionspartner PDMB auch die Mehrheit im Staatsparlament. Vier Jahre später wurde *Wagner* im Amt bestätigt. Beim Anfangserfolg spielte auch hier die Popularität des Bolsa Familia (siehe oben, Abschn. 13.2.5) eine Rolle. Die PT-Regierung versuchte aber gar nicht erst, gegen das politische Milieu von Bahia anzuregieren, in dem auch die Wähler des PT klientelistische Leistungen erwarten. Sie legte sich auch nicht mit den mächtigen Landbesitzern an. Ganz wie die nationale PT-Regierung förderte sie im Gegenteil die exportorientierte Agrarproduktion (Herrmann und Julián 2014).

Der PDMB (Partido do Movimiento Democrático Brasilieiro) war bislang der bevorzugte Koalitionspartner des PT. Seine Ursprünge liegen in der von den Militärs gebildeten offiziellen Oppositionspartei MDB (siehe oben Abschn. 13.1.5). Die Partei hat kein weltanschauliches Profil. Sie bietet sich als Koalitionspartner an, der im Bund wie in den Einzelstaaten mit allen Parteien kooperiert. Die gegenwärtige Präsidentin *Rousseff* begann ihre politische Karriere im PMDB. Als Partei, die ihre Aufgabe in der Mehrheitsbeschaffung sieht, ist sie eine begehrte Adresse für vermögende Interessenvertreter.

Die gängige Usance, Freunde und Förderer mit Patronage und öffentlichen Aufträgen zu belohnen, praktizieren alle Parteien, auch der PT, dem inzwischen ebenfalls Skandale zur Vorteilsbeschaffung anhaften. Als Regierungspartei geht der PT von Fall zu Fall Allianzen mit kleinen Parteien der linken Mitte und mit sozialistischen Parteien, ja sogar mit rechten Parteien ein. Selbst in seinen besten Zeiten besaß er keine Kongressmehrheit. Er akzeptiert den ordnungspolitischen Rahmen der Ökonomie, macht in diesem Rahmen aber die Armutsbekämpfung und den Erhalt der sozialen Sicherungssysteme zu seiner Sache. Von den im Bundesparlament vertretenen Parteien üben allein die Arbeiterpartei und der sozialdemokratische PSDB nennenswerte Fraktionsdisziplin (Aviles-Galan 2010, S. 20 f.; Costa 2008, S. 124).

13.2.2 Präsidenten und Kandidaten

Der erste noch vom Parlament gewählte Präsident der restaurierten Demokratie war *Tancredo Neves* (siehe oben, Abschn. 13.2.4). Er kam aus dem Staat Rio Grande do Sul, war jeglicher Kumpanei mit den Militärs unverdächtig und erfreute sich als Kandidat großen Zuspruchs. Gänzlich unerwartet verstarb er 1985 noch vor seiner Amtseinführung. Der mit ihm gewählte Vizepräsident *José Sarney* (1985–1990) füllte dann die Amtsperiode aus. *Sarney* war vor seiner Wahl Gouverneur des nordöstlichen Staates Maranhão gewesen. Beruflich Schriftsteller, hatte er sich zu Beginn der Militärherrschaft politisch engagiert und war zunächst in der ARENA und nach Freigabe der Parteigründungen im PDMB aktiv.

Der nächste, bereits direkt gewählte Präsident *Fernando Collor de Mello* (1990–1992) aus dem Staat Alagoa war ein politischer Außenseiter. *Collor*, dessen Vater ein TV-Unternehmen besaß, wurde der Öffentlichkeit erstmals als Präsident des größten Liga-Fußballklubs seines Staates, Centro Sportivo, bekannt. Er trat der kleinen katholisch-konservativen ARENA-Nachfolgepartei PRN (Partido da Reconstrução Nacional) bei. Im Wahlkampf inszenierte er sich als Anti-Politiker und Saubermann und avancierte zum Liebling des beherrschenden TV-Netzwerks Globo. *Collors* Amtsführung war mit persönlichen Skandalen gepflastert. Weil ihm Korruption nachgewiesen werden konnte, trat er 1992 zurück, um einem Amtsenthebungsverfahren zuvorzukommen. Der Vize- und Interimspräsident *Itamar Franco,* ein Vertreter des Staates Minas Gerais und gelernter Ingenieur, füllte die restliche Amtszeit aus (1992–1995). Er hatte in der Militärzeit der regimeoffiziellen Oppositionspartei MDB angehört und sich nach der Freigabe der Parteigründungen der Liberalen Partei angeschlossen. Mit ihm begann der politische Aufstieg *Fernando Enrique Cardosos,* der von *Franco* zum Finanzminister berufen wurde.

Cardoso (1995–2003) löste *Franco* als gewählter Präsident ab. Er kam aus einer der alten und reichen Familien des Landes. Er studierte in Frankreich, Großbritannien und den USA und lebte seit seiner Jugend im Staat Sao Paolo. Als Soziologe und Entwicklungstheoretiker hatte er weltweites Renommee; er lehrte an angesehenen europäischen und US-amerikanischen Universitäten. In der Militärära zunächst Abgeordneter des MDB, gründete *Cardoso* 1988 maßgeblich den PSDB mit. Als Akademiker stand *Cardoso* eher links von der Mitte. Als Finanzminister und Präsident zeigte er wirtschaftspolitische Kompetenz wie kein brasilianischer Politiker vor ihm. Sein erfolgreicher Plan Real – eine Währungsreform – bannte für längere Zeit die Gespenster der Inflation und Überschuldung.

Auf *Cardoso* folgte die Wahl des Arbeiterparteipolitikers *Luiz Ináco Lula da Silva*. Geboren in ärmsten Verhältnissen im nordöstlichen Staat Pernambuco, zog er im Alter von zwölf Jahren mit Mutter und Geschwistern im Strom der Armutsmigration nach Sao Paolo. Dort ließ sich zum Metallarbeiter ausbilden. In der Zeit der Militärdiktatur organisierte er Streiks und gründete eine – illegale – Metallarbeitergewerkschaft, aus der nach Freigabe der Parteigründungen die Arbeiterpartei hervorging.

Neben *Lula* kandidierte in der Präsidentenwahl des Jahres 2002 *José Serra,* ein Kandidat des PSDB. Als Kind italienischer Einwanderer im Staat Sao Paolo geboren, stieß er nach dem Ende der Militärherrschaft zu *Cardosos* PSDB und trat als Planungsminister in dessen Kabinett ein. Nach der Niederlage gegen *Lula* kandidierte er später mit Erfolg für das Bürgermeisteramt der Stadt Sao Paolo und wurde danach zum Gouverneur des Staates Sao Paolo gewählt.

Lulas Gegenkandidat bei der Wahl von 2006 war der Arzt *Geraldo Alckmin,* ein Mitgründer des PDSB aus dem Staat Sao Paolo, für den er in das Bundesparlament gewählt worden war. Im Jahr 2011 wurde er zum Gouverneur seines Staates gewählt und macht dort als erfolgreicher Privatisierer öffentlicher Unternehmen von sich reden.

Dilma Rousseff kam aus dem Staat Minas Gerais. Sie wuchs als Kind bulgarischer Kommunisten auf, die sich in brasilianische Exil geflüchtet hatten; der Vater wurde erfolgreicher Unternehmer. *Rousseff* hatte ein Studium aufgenommen, sich dann einer Guerillabewegung gegen das Militärregime angeschlossen, war zu einer Haftstrafe verurteilt worden und stürzte sich gleich nach dem Rückzug der Militärs für das PMDB in die Politik. Nach verschiedenen Regierungsfunktionen im Staat Rio Grande do Sul trat sie zum PT über und wurde Ministerin im Kabinett *Lula*.Tab. (13.1 und 13.2).

Rousseff knüpfte in vieler Hinsicht an die Politik *Cardosos* und *Lulas* an. Die Wiederwahl im Jahr 2014 gewann sie überaus knapp gegen *Aécio Neves* aus dem Staat Rio Grande do Sul. *Neves,* ein Enkel des verstorbenen Präsidenten *Neves,* war Ökonom. Er ließ sich schon in früher Jugend ins Abgeordnetenhaus seines Staates wählen. Danach amtierte er als Gouverneur von Rio de Janeiro, seit 2010 gehört er als Senator dem Bundesparlament an. *Neves,* den seine Gegner als verwöhnten Sohn aus reichem Hause charakterisieren, ist eng mit der Geschäftswelt von Sao Paolo verbunden.

Im Wahlkampf von 2014 bewarb sich auch die ehemalige Umweltministerin *Marina Silva,* Kind einer armen Indianerfamilie, Umweltaktivistin und Mitglied der evangelikalen Gemeinden Brasiliens. Sie kandidierte für die Sozialistische Partei PSB, nachdem deren Kandidat *Eduardo Campos* bei einem Unfall ums Leben gekommen war. Als scharfe Kritikerin der Korruption erreichte sie einen achtbaren dritten Platz. Für die Stichwahl empfahl sie ihren Wählern das Votum für *Aécio Neves* (SZ, 23./24.8.2014, S. 8; Glüsing 2014a, 94 f.).

Das biographische Merkmal einer Vorkarriere der Präsidenten und Präsidentschaftskandidaten im Staat Sao Paolo unterstreicht das besondere Gewicht dieses Staates nicht nur als wirtschaftliches Schwerstgewicht, sondern auch als ein politisches Biotop, das auf das übrige Land ausstrahlt (Tab. 13.1).

13.2.3 Medien und Militär

Rede Globo ist das mit Abstand größte TV-Netzwerk des Landes; es kontrolliert allein 70 % des Angebots (Costa 2008, S. 130). Es gehört zum Medienkonzern Organizaçoes Globo, zu dem auch die große Tageszeitung O Globo gehört. Eigentümer der politisch stramm konservativ geführten Mediengruppe ist die Familie *Marinho*. An der Spitze des Konzerns stehen Söhne des Unternehmensgründers. *Francisco Irineu Marinho,* der das Unternehmen leitet, wird auf ein Vermögen von über sechs Milliarden USD geschätzt. Die größte Tageszeitung des Landes, Folha de Sao Paolo, ist ein kämpferisch-konservatives Blatt. Auch sie ist ein Familienunternehmen. Die dritte einflussreiche Zeitung, O Estado de Sao Paolo, gilt als konservativ, aber seriös. Es gehört zur Mediengruppe Estado, die auch die größte Nachrichtenagentur des Landes ihr Eigen nennt.

Diverse Versuche, das Medien-Oligopol zu schwächen und eine Konkurrenz öffentlicher Anbieter aufzubauen, führten nicht weit. Selbst die PT-Präsidenten hielten es für klüger, auf diesem Feld keine Kämpfe zu eröffnen, die sich schwerlich hätten gewinnen lassen. Von 2005 bis 2010 stellte *Lula da Silvas* Koalitionspartner sogar den Kommunikationsminister; zuvor war er jahrzehntelang als Manager beim Medienkonzern Globo beschäftigt gewesen (ausführlich dazu: da Silva Lopes 2014).

Das Militär hat sich vollständig aus der Politik zurückgezogen. Die Bedeutung der Teilstreitkräfte wurde herabgestuft und ein gemeinsames Oberkommando gebildet (Costa 2008, S. 125). Der militärische Geheimdienst wurde aufgelöst (Garcia 2014, S. 493–496). Schwerpunkte militärischer Aktivität sind heute die Landesentwicklung und internationale Einsätze (Montero 2005, S. 46).

13.2.4 Parlament und Regierung

Das Wahlsystem für das Abgeordnetenhaus ist als Verhältniswahl bzw. Listenwahl konstruiert. Die Idee der Parteienwahl wird durch die Offenheit der Listen unterlaufen. Sie stattet das System mit starken Elementen einer Persönlichkeitswahl aus. Der Wähler hat die Möglichkeit, die Reihenfolge der Kandidaten auf der Liste selbst zu bestimmen oder aber einen Kandidaten einzutragen, der gar nicht auf der Liste steht. In allen Parteien gilt die Faustregel, dass ein Mandatsinhaber so lange erneut kandidieren darf, bis er eine Wahl verliert. Die drei Senatoren, die jeden Staat in der Zweiten Kammer vertreten, werden direkt gewählt. Ihr Mandat beträgt das Doppelte der Abgeordneten: acht Jahre.

Die nationalen Parteien sind Föderationen der Staatenparteien. Letztere erwarten von der Bundespolitik Ergebnisse, die ihrem Staat Vorteile bringen (Armijo et al. 2006, S. 762). Abgeordnete und Senatoren geben ihr Mandat im Regelfall nur dann auf, wenn

Tab. 13.1 Präsidentenwahlen: Brasilien 1994–2014 (Bewerber mit den meisten Stimmen [in v. H.])

2014, 1. Wahlg.		
Rousseff PT und Wahlplattform	*Neves*, PSDB und Wahlplattform	*Silva*, PSB[1] und Wahlplattform linker Parteien
41,6	33,5	21,3
Stichwahl		
51,6	48,4	
2010, 1. Wahlg.		
Rousseff, PT	*Serra*, PSDB	*Silva*, PV[b]
46,9	32,6	19,3
Stichwahl		
56,0	44,0	
2006, 1. Wahlg.		
Lula da Silva, PT u. a	*Alckmin*, PSDB u. a	*Helena*[3], P-SOL u. a
48,6	41,6	6,8
Stichwahl		
60,8	39,2	
2002, 1. Wahlg.		
Lula da Silva, PT u. a	*Serra*, PSDB u. a	*Garolinho*, PSB[1] u. a.
46,4	23,2	17,9
Stichwahl		
61,3	38,7	
1998		
Cardoso, PSDB	*Lula da Silva*, PT	*Gomez*.PPS[d]
53,1	31,7	11,0
1994		
Cardoso, PSDB	*Lula da Silva*, PT	*Carneiro*, PRONA[e]
54,3	27,0	7,4

[a]Partido Socialista Brasilieiro
[b]Partido Verde
[c]Partido Socialismo e Liberdade
[d]Partido Popular Socialista
[e]Partido da Reedifição de Ordem Nacional

sich die realistische Aussicht eröffnet, zum Bürgermeister einer bedeutenden Großstadt gewählt zu werden oder mit Erfolg für das Amt eines Gouverneurs zu kandidieren, oder beim Angebot, Minister in der Regierung des Bundes oder eines Staates zu werden. Die Latte für den Einstieg in die präsidiale Politik liegt hoch. Politiker ohne ein gerüttelt

Tab. 13.2 Konstitutionelle und außerkonstitutionelle Abfolge der Präsidenten Brasiliens seit 1930

		Konstitutionell gewählt	Konstitutionell abgelöst	Interimspräsident
W. Luís	1926–1930	X		
Junta	1930			
G. Vargas	1930–1934			X[a]
G. Vargas	1934–1937	X		
G. Vargas	1937–1945			
J. Linhares	1945/1946	X		X
G. Dutra	1946–1951	X	X	
G. Vargas	1951–1954	X	XV[b]	
G. Filho	1954–1956		XV[b]	X
C. Luz	1955			X
N. Ramos	1955/56			X
J. Kubitschek	1956–1961	X	X	
J. Quadros	1961	X	XR[c]	
J. Goulart	1961–1964	X		X
Castelo-Br.[d]	1964–1967			
Costa e. S.[d]	1969			
Junta	1969			
E. Medici[d]	1969–1974			
E. Geisel[d]	1974–1979			
J.Figueiredo[d]	1979–1985		X	
T. Neves	1985	X	XV[b]	
J. Sarney	1985–1990	X		X
F. Collor	1990–1992	X	XRA[e]	
I. Franco	1992–1994	X		X
F. Cardoso	1995–2002	X	X	
Lula da Silva	2003–2010	X	X	
D. Rousseff	seit 2010	X		

[a]Von einer Junta beauftragt, nicht als Vizepräsident gewählt
[b]Im Amt verstorben
[c]Rücktritt
[d]Militärpräsident
[e]Rücktritt, um einer Amtsenthebung zuvorzukommen

Maß an Regierungserfahrung – als Minister oder Gouverneur – haben so gut wie keine Chance auf die Nominierung (Power und Mochel 2008, S. 221).

Sonst aber gilt mit Blick auf das Parlamentsmandat die Devise, nichts aufzugeben, was man schon hat. Selbst Abgeordnete, die sich im Plenum oder in den Ausschüssen selten blicken lassen, suchen die Wiederwahl. Nicht wenige Abgeordnete verlassen das Parlament kurz nach ihrer Wahl schon wieder, wenn sich Besseres findet. Die parlamentarische Arbeit als solche, etwa in einer Karriere als Fachpolitiker, wird kaum geschätzt (Pereira und Rennó 2013, S. 76–78). Von Wahl zu Wahl scheidet etwa die Hälfte der Abgeordneten aus. Von den Übrigen, die sich um eine Wiederwahl bemühen, werden um die Zweidrittel im Amt bestätigt (Samuels 2008, S. 85 f.). In der übergroßen Mehrheit sind die Parlamentarier weiße Brasilianer, darunter viele Ärzte und Anwälte. Etliche kommen aus „politischen Familien", die schon in der Vergangenheit Minister und Abgeordnete hervorgebracht haben (Galvao 2012, S. 99).

Der brasilianische Präsident entspricht der lateinamerikanischen Norm; er steht im Mittelpunkt des politischen Prozesses (Costa 2008, S. 119). Nach der geltenden Verfassung werden Präsident und Vizepräsident als Team gewählt, nicht mehr wie nach der Verfassung von 1946 separat. Seit 1988 gilt wieder die direkte Wahl des Präsidenten durch das Volk (Tab. 13.2). Durch die Beseitigung der letzten Wahlrechtsbeschränkungen ist sie zur echten Volkswahl geworden. Gewählt ist die Kandidatin oder der Kandidat mit der absoluten Stimmenmehrheit. Kommt diese Mehrheit nicht zustande, entscheidet die Stichwahl über die beiden Kandidaten mit den besten Ergebnissen (Abschn. 13.3). Eine Änderung der aktuellen Verfassung erlaubte die einmalige Bestätigung im Amt. Initiiert wurde sie vom früheren Präsidenten *Cardoso*.

Der Präsident leitet die Innen- und Außenpolitik und ist Oberbefehlshaber der Streitkräfte. Bei seinen Aufgaben geht ihm ein enger Vertrauter im Präsidialamt, der Stabschef im Rang eines Ministers, zur Hand. Der Präsident hat das Recht zur Gesetzesinitiative, der Kongress aber nicht einmal die Möglichkeit, eine Abstimmung darüber zu verzögern. Der Präsident legt ferner den Haushalt vor und besitzt eine weit gefasste Verordnungsgewalt (Figuereido und Limongi 2012, S. 70).

Der Präsident ist eine nicht nur starke, sondern auch eine angreifbare Figur. Es gibt keine Entscheidung von größerer Tragweite, die nicht dem Präsidenten zugerechnet wird, obgleich förmlich Minister die Verantwortung tragen. Wie in aller Welt trägt die Medienszene dazu bei. Entsprechend arbeitet sich auch die Opposition am Präsidenten ab. Der zweite Präsident nach den Militärs, *Collor*, war anscheinend so stark in Korruption verstrickt, dass er der drohenden Amtsenthebung schließlich mit dem Rücktritt zuvorkam. Skandale und Skandälchen begleiteten auch die Präsidentschaften *Cardosos* und *Lula da Silvas*. Ging es unter diesen Präsidenten und auch noch in der ersten Amtszeit *Rousseffs* in einer der längsten Boomphasen der brasilianischen Wirtschaft wirtschaftlich stetig aufwärts, ließ das Wachstum am Wendepunkt zu *Rousseffs* zweiter Präsidentschaft deutlich nach. Entsprechend ging es mit der Popularität der Präsidentin schon wenige Wochen nach ihrer Wahl steil bergab. Der wichtige Koalitionspartner PMDB begann sich von der Präsidentin abzusetzen. Führende Politiker des PSDB heizten die Stimmung an, indem sie die Amtsenthebung der Präsidentin verlangten. Im März 2016 wurde ein Amtsenthebungsverfahren initiiert. Im April 2016 beschloss das Abgeordnetenhaus, den Senat zur Amtsenthebung aufzufordern.

Der Kongress gliedert sich, wie in allen präsidialen Bundesstaaten üblich, in Senat und Abgeordnetenhaus. Gesetzesbeschlüsse sind allein dem Kongress vorbehalten. Der Präsident hat ein Vetorecht gegen ein Gesetz als Ganzes oder lediglich einzelne Passagen. Das Veto kann von beiden Kammern in gemeinsamer Sitzung zurückgewiesen werden. So sehr dies vordergründig dem prototypischen Präsidialregime der USA gleicht, haben sich darunter Usancen und Handlungsmuster entwickelt, die materiell eher an die für das parlamentarische Regierungssystem typische Verschränkung zwischen Parlament und Regierung erinnern (Armijo 2006, S. 764 f.). So ist das Veto durch die Tatsache entwertet, dass der Präsident mit Koalitionen regieren muss. Die Senatoren und Abgeordneten halten sich bei aller Freiheit zum Abweichen, die ihnen zugebilligt werden, überwiegend an das Abstimmungsverhalten ihrer Parteikollegen. Für die Regierungsfähigkeit sind die Parteien trotz ihrer organisatorischen Schwäche elementar. Dies schlägt sich auch in der herausgehobenen Rolle der Fraktionsvorsitzenden des Parlaments nieder. In enger Zusammenarbeit mit dem Präsidenten bzw. dessen Stabschef beschließen sie die parlamentarische Agenda und besetzen sie Gremien und Ausschüsse (Figureido und Limongi 2012, S. 68 f., 77; Samuels 2008, S. 87).

Das Engagement der Bundesparlamentarier für die parlamentarische Arbeit ist mäßig. Leichten Herzens geben sie ihr Mandat auf, wenn sich die Chance bietet, Minister in einem der 26 Staaten zu werden oder gar mit guten Erfolgsaussichten für das Amt des Gouverneurs zu kandidieren. Dort gibt es dann die Chance, Anhänger in die Verwaltung zu holen, viel Geld zu bewegen und das Wohlwollen mächtiger Geschäftsleute zu gewinnen. Namentlich bei den kleinen Parteien in der Mitte des politischen Spektrums und rechts davon ist auch der Wechsel von Partei und Fraktion nicht ungewöhnlich (Galvao 2012, S. 91). Alle Parlamentarier müssen zwar einer Partei angehören. Es steht ihnen nach der Wahl aber frei, mit Freunden und Bekannten eine eigene Partei zu gründen (Samuels 2008, S. 80 f.). Bringen die alten Adressen nicht die gewünschten Ergebnisse oder trocknet ein Beziehungsgeflecht aus, weil die Freunde und Interessenten wechseln, gilt es als legitim, sich in eine Gruppierung einzubringen, die einen Neuanfang verspricht. Den Unmut einer Parteibasis müssen Wechsler nicht fürchten, besteht diese doch im Wesentlichen aus lokalen und regionalen Honoratioren, die von ihrem Abgeordneten oder Senator erwarten, dass er liefert, gleich unter welchem Parteilogo. Etliche Kleinstparteien treten nur in bestimmten Staaten auf, andere nur in wenigen Wahlkreisen. Eine Partei ist leicht gegründet, es genügen ein Name und die formale Voraussetzung für die Registrierung als Partei.

An Koalitionen führte in der Dritten Republik bislang kein Weg vorbei (Tab. 13.3). Dem Präsidenten bleibt nichts anderes übrig, als sich wie ein parlamentarischer Premierminister zu verhalten, d. h. Koalitionspartner bei der Stange zu halten und parlamentarische Mehrheiten zu organisieren (Power 2010 a, S. 26). Die brasilianische Koalition dreht sich – wie in aller Welt – um die Ressortzuweisung. Partnerparteien, die mit ihren Stimmenpaketen zur Regierungsmehrheit beitragen, erhalten ein Ministerium. Dort können sie etwas für ihre Klientel tun. Die Präsidenten legen es darauf an, möglichst viele, auch kleine Parteien ins Boot zu holen, mit denen es noch irgendwelche Schnittmengen gibt (Wiarda 2014, S. 119). Recht häufig wird die Verfassung geändert. Dafür braucht es in beiden Parlamentskammern eine Supermehrheit von 60 %. Die Verfassung ist ein hochdetailliertes Dokument mit Regelungen für alle Politikbereiche. Verfolgt ein Präsident sein Programm, braucht er dafür ggf. neue verfassungsrechtliche Grundlagen.

Neben den Zwang zur Koalition tritt das Kalkül, mehrheitspolitische Polster anzulegen. So lässt es sich besser verkraften, wenn sich Abgeordnete aus den Reihen der Koalition der Stimme enthalten oder mit der Opposition votieren oder wenn sie schlicht und einfach von der Fahne gehen. Findet der Präsident keine Mehrheit für ein Projekt, bleibt ihm immer noch das Instrument des MP (Medidas Provisórias): Ein Vorhaben wird per Dekret als Gesetz in Kraft gesetzt und dann so exekutiert wie jedes Gesetz auch. Die Rechtswirkung des MP kann nur durch Mehrheitsbeschluss des Parlaments aufgehoben werden. Von diesem Instrument wird häufig Gebrauch gemacht (Figureido und Limongi 2012, S. 70).

Der unglücklich agierende Präsident *Collor* versuchte, mit einer Koalition von 49 % der Abgeordneten zu regieren. Sein Nachfolger *Cardoso* startete mit einer Vierparteienkoalition. Er erweiterte sie dann rasch um Parteien der Rechten und der linken Mitte, bis er auf eine präsidiale Mehrheit von 75 % kam. Präsident *Lulas* Arbeiterpartei hatte im Zeitpunkt der Präsidentenwahl (2002) lediglich 29 % der Sitze im Abgeordnetenhaus. Mit Bündnisparteien der linken Mitte und der Linken gelang es ihm aber, die Schwelle zur parlamentarischen Supermehrheit von 60 % zu überschreiten. Genauso hielt es seine Nachfolgerin *Rousseff*. Kam *Cardoso* noch mit 21 Ministerien aus, um neben der eigenen Partei auch noch die Koalitionspartner zu bedienen, erweiterte *Lula* seine Regierung auf 35, *Rousseff* die ihre sogar auf über 40 Ministerien (Melo und Pereira 2013, S. 62–64; Power 2010 b, S. 231 f.). Die Bedeutung der Partnerpflege wurde dramatisch im Herbst 2015 deutlich: Das Ansehen der Präsidentin befand sich auf einem Tiefpunkt. Der PDMB drohte abzuspringen, um nicht in den Strudel ihrer schwindenden Popularität hineingezogen zu werden. *Rousseff* löste mit einer Geste, die ihren Sparwillen demonstrieren sollte, acht der immer noch 39 Ministerien auf und strich mehrere Tausende Beamtenstellen, schonte dabei aber die Ressorts des Koalitionspartners (SZ, 8.10.2015, S. 8). Es half nicht viel. Der Petrobras-Skandal (siehe unten 13.2.5) hatte bereits so viel Zwist in die Regierungsparteien getragen, dass die Regierungstätigkeit gelähmt war. Als der Koalitionspartner PMDB schließlich 2016 absprang, um sich an der Amtsenthebungsinitiative gegen *Rousseff* zu beteiligen, verlor die Präsidentin unabhängig vom weiteren Fortgang des Verfahrens bereits ihre parlamentarische Handlungsfähigkeit.

Die einschlägigen Ministerien im Bereich der klassischen Bürokratie, Justiz, Polizei, Schulen und Sozialsysteme, sind große und unübersichtliche Komplexe mit stark zersplitterten Teilzuständigkeiten, sehr viel Personal und mit intransparenten Verfahren, die politische Initiativen eher bremsen, als dass sie etwas ermöglichen. Hier lässt sich nur etwas bewegen, wenn die Prozeduren ignoriert und die richtigen Leute kontaktiert werden (Wiarda und Kline 2014, S. 118). Dieser Teil des Staatsapparats ist das Revier der sogenannten Burocratas. Davon sind die Técnicos zu unterscheiden. Ihr Métier sind Planung, Investitionen und Finanzen. In diesem Teil der Staatsverwaltung operieren hoch

Tab. 13.3 Parlamentswahlen: Brasilien 2006–2014 (Abgeordnetenhaus, in v. H.)[a]

2014	
Pro Präsidentin	
PT	14,0 (70)
PMDB	11,5 (66)
PSD	6,2 (37)
PP[b]	6,4 (36)
PR[c]	5,8 (34)
PRB[d]	4,5 (21)
PDT[e]	5,3 (19)
Sonstige	4,0 (21)
Oppositionsbündnis Wandel	
PSDB	11,4 (54)
PTB[f]	4,0 (25)
DEM[g]	4,2 (22)
Sonstige	4,8 (30)
Oppositionsbündnis Einheit	
PSB[h]	6,4 (34)
Sonstige	4,71 (53)
Bündnisfreie	5,66 (0)
2010	
Pro Präsidentin	
PT	16,9 (88)
PMDB	13,0 (79)
PSB[h]	7,1 (34)
PR[c]	7,6 (41)
PDT[e]	5,0 (28)
Sonstige	8,5 (41)
Oppositionsbündnis Pode Mas[a]	
PSDB	11,9 (53)
PTB[f]	4,2 (21)
DEM[g]	7,6 (43)
Sonstige	4,4 (19)
Oppositionsbündn. Einheit[a]	
PSB[g]	
Sonstige	
Bündnisfrei pro Regierung	

Tab. 13.3 (Fortsetzung)

PP[b]	6,6 (41)
Sonstige	8,5 (48)
Bündnisfreie Opposition	5,0 (18)
2006	
PT	15,0 (83)
PSDB	13,6 (89)
DEM[g]	10,9 (65)
PP[b]	7,1 (42)
PSB[g]	6,2 (27)
PDT[e]	5,2 (24)
PTB[f]	4,7 (22)
PL[i]	4,4 (23)
REST	513

aNur Parteien über vier Prozent, die Übrigen „Sonstige"
[b]Partido Progressista
[c]Partido da Republica
[d]Partido Republicano Brasilieiro
[e]Partido Democrático Trabalhista
[f]Partido Trabalhista do Brasil
[g]Democratas
[h]Partido Socialista Brasilieiro
[i]Partido Liberal

qualifizierte Wirtschaftstechnokraten, dic den Staat als Instrument betrachten, um politisch erwünschte und gleichwohl professionell vertretbare Ergebnisse zu erzielen (Roett 1999, S. 91). Diese Technokraten gibt es, wie die oben erörterten Länderbeispiele zeigen, überall in Lateinamerika. Neoliberale haben in Brasilien aber keinen ganz so guten Stand wie ihresgleichen sonst in Lateinamerika. Das moderne Brasilien setzt wie schon in der Vergangenheit auf die positive Rolle des Staates in Wirtschaft und Gesellschaft.

Die zweite große Kraft neben dieser technokratischen Elite sind Heerscharen von Lobbyisten, die auf Minister und Abgeordnete einreden. Die weiche Parteidisziplin im Parlament und die Abgeordnetenwanderung zwischen den Parteien weisen den Lobbyisten – ähnlich wie im US-Kongress – viele Wege. Die Unternehmer als Ganzes sind schwach organisiert, ihre Verbände wenig repräsentativ (Schneider 2004, S. 93–127). Als die stärkste „Partei" im Parlament gilt die Bancada Rural, d. h. die Gesamtheit der Abgeordneten aller Parteien, die zusammenstehen, wenn es um die Interessen der Großlandwirtschaft geht. Die Agrarier kämpfen nicht mit Windmühlen. Die Sozial- und Industriepolitik, d. h., die Agenda für das urbane Brasilien, interessiert sie nicht. Am liebsten ist ihnen eine Politik, die sich von ihren Geschäften fernhält (Roett 1999, S. 18 f.). Landreformen und verwandte Themen sind politische Tabuzonen (Pereira

2003). Bei den Agrariern selbst hat sich allerdings Gewaltiges getan: die Ablösung der Klasse konventioneller Fazendeiros durch ein technologisch anspruchsvolles und auf die internationalen Märkte orientiertes Agribusiness. Die evangelikalen Kongressmitglieder haben sich in einer Bancada Evangélica organisiert, einem der größten Parlamentarierzusammenschlüsse, von dem aber lediglich ein Drittel den vier größten Parteien angehört (Reich 2013, S. 2, 14 f.).

Der Blick allein auf die Bundespolitik vermittelt kein realistisches Bild des politischen Systems. Einige personal- und ausgabenintensive Politikbereiche entziehen sich der Bundespolitik, darunter auch Polizei und Justiz. Wichtiger aber: Die Staaten, ihre Regierungen, Verwaltungen und Parteien sind Startrampen und Schaltstellen für politische Karrieren (Eaton 2004). Aus dem Bestand der ursprünglichen 22 Staaten bildete das Militärregime vier neue tief im Landesinneren. Die Gemeinden sind im demokratischen Brasilien massiv aufgewertet. Sie genießen sogar Verfassungsrang. Zwar sind sie verpflichtet, die Verwaltungsaufträge der Staaten auszuführen. Seit den 1990er Jahren ist der Bund aber stärker dazu übergegangen, nicht mehr ausschließlich die Einzelstaaten zu beauftragen, seine Programme zu implementieren, als vielmehr auch die Gemeinden (Faletti 2010, S. 150–187).

13.2.5 Tagesübliche Deals und Staatskrise

Alle politischen Transaktionen sind mit skandalträchtigen Deals gepflastert, welche die Grenzen zur Illegalität strapazieren. Selbst die Arbeiterpartei mit ihrem einstigen Image der sauberen Partei für die kleinen Leute ist nicht davon ausgenommen. *Lulas* Stabschef wurde 2006 zusammen mit dem Geschäftsführer und dem Schatzmeister des PT wegen Bestechlichkeit angeklagt und zusammen mit weiteren Personen 2007 zu hohen Strafen verurteilt (Melo und Pereira 2013, S. 14). Zur gleichen Zeit wurde gegen 130 von 594 Parlamentariern wegen Korruption ermittelt. Vor der Verurteilung eines Parlamentsmitglieds errichtet die Verfassung hohe Hürden. Bei alledem ist das Traditionsgut einer „Politik nach Gutsherrenart" zu bedenken – eine Attitüde, mit öffentlichen Ressourcen so umzugehen, als wären sie das Eigentum derer, die im politischen Auftrag darüber verfügen (Montero 2005, S. 29).

Deals sind der Schmierstoff des politischen Betriebs. Die Stimme liegt auf der Angebotsrampe, geliefert wird gegen Patronage oder Haushaltsmittel für eine Klientel. Ansprechpartner sind die Fraktionsführer und die Minister der Regierungsparteien. Dieser Praxis kommt das großzügige Ermessen entgegen, das dem Präsidenten bei Verwendung der Haushaltsmittel eingeräumt ist (Kingstone 2003, S. 22 f.). Die Grenzen zur Bestechung sind unklar. Werden sie nachweisbar überschritten, regt dies im politischen Betrieb niemanden groß auf, es sei denn, die Verleger großer Zeitungen und die TV-Sender kommen auf die Geschäftsidee, damit Auflage und Einschaltquote zu steigern. Heikel wird es allemal, wenn große Summen auf private Konten fließen. Sonst aber bewegt sich diese Praxis bei allem öffentlichen Wettern gegen die Korruption im

Rahmen eines Alltags, in dem Gefälligkeit und Gegenleistung mehr zählen als Gesetze und Vorschriften.

Wie in aller Welt sind die Wahlkämpfe eine superteure Angelegenheit. Zwar gibt es eine staatliche Wahlkampffinanzierung. Diese reicht aber bei weitem nicht aus, um die Aufwendungen zu decken. Drei der größten Konzerne des Landes jeweils in der Brauerei-, Lebensmittel- und Baubranche – u.a. die Firmengruppe Odebrecht (Hoch- und Tiefbau, Maschinen, Petrochemie) – kamen 2014 allein für 65 % der privaten Wahlkampfspenden auf. Von diesen entfielen die größten Summen auf die beiden aussichtsreichsten Kandidaten *Rousseff* und *Neves,* eine kleinere auf die Präsidentschaftskandidatin *Silva*. Auch die Parteien erhalten regelmäßig Spenden (Latin American Weekly Report, 7 August 2014, 31, S. 8 f.). Die Folgen lassen sich in der Bautätigkeit besichtigen.

Fließen die Spenden der Geschäftswelt hauptsächlich an die Parteien der Mitte und der Rechten, bedient sich der PT bei den von der Privatisierungswelle der 1990er Jahre ausgesparten öffentlichen Unternehmen. Präsidentin *Rousseff* machte es kurz nach ihrer Wiederwahl schwer zu schaffen, dass ihr PT vom halbstaatlichen Energiekonzern Petrobras zwischen 2004 und 2012 150 Mio. USD an illegalen Geldern kassiert hatte. Die Empörung darüber steigerte sich 2015 sogar zur Forderung nach der Amtsenthebung. Die Präsidentin selbst hatte bis 2010 dem Aufsichtsrat des Unternehmens vorgestanden und diesen Posten danach einer Freundin zugespielt (SZ, 16.2.2015, S. 7; SZ, 9.9.2014, S. 8). Das Verfassungsgericht erklärte im September 2015 jegliche Privatspenden für illegal und stellte den ganzen politischen Betrieb vor die Frage, wie dann überhaupt noch Wahlkämpfe geführt werden könnten (http://www.wsj.com/articles/brazil-supreme-court-bans-corporate-donations. Zugegriffen 24.9.2015).

Beleuchten wir diesen Vorgang etwas genauer: In den skandalisierenden Aufschrei der Öffentlichkeit über die Enthüllungen bei Petrobras mischte sich der Ärger über die Einschränkungen, zu denen sich die Regierung entschloss, um die Folgen sinkenden Wachstums und steigender Preise in den Griff zu bekommen (siehe oben Abschn. 13.3). Begeistert stimmte die größte Oppositionspartei PSDB in den Chor der Empörten über den Skandal ein, obgleich auch ihre Politiker von Petrobras Spenden kassiert hatten. Diese Tatsache wurde indes von den konservativen Medien nicht thematisiert. Das Oppositionslager witterte die Chance, die inzwischen unpopuläre Präsidentin loszuwerden (SZ, 8.10.2015, S. 8).

Die Affäre steigerte sich zum Versuch, nicht nur *Rousseff* loszuwerden, sie war auch der Versuch, gleich noch ihren nach wie vor populären Vorgänger *Lula da Silva* mitzubeschädigen, der für 2018 bereits eine abermalige Präsidentschaftskandidatur signalisiert hatte. Mit einem spektakulären Polizeieinsatz und vor einem Wald von Kameras ließ ein Richter des Staates Sao Paolo das Haus des Ex-Präsidenten durchsuchen und diesen selbst zum stundenlangen Verhör abtransportieren (SZ, 5./6.3.2016, S. 8). Auf Straßendemonstrationen mit Teilnehmern der besser situierten Klassen wurden Rufe nach Haft für *Lula* und *Rousseff* und sogar nach dem Einschreiten der Streitkräfte laut. Die Präsidentin erklärte die Geschehnisse zum Versuch eines subkutanen Staatsstreichs.

Die Spendenaffäre konnte letztlich kein Fehlverhalten der Präsidentin nachweisen. Vielmehr brachte sie ans Licht, dass etliche Parlamentarier bei Petrobras die Hand aufgehalten hatten. *Marcelo Odebrecht*. Manager der Ölsparte des gleichnamigen Familienkonzerns und Vizepräsident des einschlägigen Industrieverbandes, wurde im März 2016 wegen krimineller Geschäfte mit dem Staatskonzern zu knapp 20 Jahren Haft verurteilt. Ersatzweise erhoben *Roussefs* Gegner jetzt den Vorwurf, sie habe verfassungswidrig den Haushalt manipuliert. In der Sache handelte es sich um Haushaltskosmetik, wie sie noch alle Regierungen betrieben hatten. Auf dieser Basis wurde dann eine Amtsanklage initiiert. Ein Hauptbetreiber der Anklage, der mächtige Abgeordnetenhauspräsident *Eduardo Cunha* aus den Reihen des Koalitionspartners PMDB war demgegenüber tatsächlich in Korruption verstrickt (SZ, 17.12.2015, S. 9). Im März 2016 kündigte Vizepräsident *Michel Temer*, ein korruptionsumwitterter und ultakonservativer, evangelikaler PMDB-Politiker, die Koalition mit der Präsidentin auf. *Cunha* gab grünes Licht für den Anklagebeschluss im Abgeordnetenhaus. Nach dem Beschluss trat er in Anbetrracht der Bestechlichkeitsvorwürfe gegen ihn selbst zurück.

Nach dem Anklagebeschluss musste *Rousseff* ihr Amt ruhen lassen. *Temer*, nunmehr als Interimspräsident, kündigte umfassende Privatisierungen und ein Umsteuern in der Sozialpolitik an. Die Geschäftswelt spendete Beifall. Frauen und nicht-weiße Brasilianer wurden bei der Regierungsbildung übergangen (SZ, 13.5.2016, S. 7). Recherchen der Zeitung Folha de Sao Paolo erhärteten kurz nach Einsetzung der Interimsregierung den Verdacht, die Amtsanklage sei davon motiviert gewesen, dass *Rousseff* nichts unternommen hatte, um Korruptionsermittlungen gegen prominente Parlamentarier der eigenen Koalition wie der Opposition zu verhindern. Keine vier Wochen nach *Temers* Regierungsbildung traten bereits zwei Minister unter der Beweislast von Korruptionsvorwürfen zurück (SZ, 25./26.5.2016, S. 6). Nach Auffassung einiger Beobachter ist die notwendige Zweidrittelmehrheit für den Amtsenthebungsbeschluss im Senat, über den sechs Monate nach der Anklage entschieden werden muss, so gut wie sicher (SZ, 10.8.2016, S. 7).

Die Schlechtwetterfestigkeit des oben geschilderten demokratischen Regimes steht mit diesen Vorgängen infrage. Die Amtsenthebung degeneriert von der konstitutionellen Notbremse zur richtungspolitischen Nahkampfwaffe. Sie wird wie ein parlamentarisches Misstrauensvotum eingesetzt, das in der Systemlogik des präsidentiellen Systems keinen Platz hat. Um Anstandsgrenzen und Fairness steht es allemal schlechter, als das scheinbare Funktionieren der Institutionen bis zu dieser Krise hätte vermuten lassen. Es bleibt abzuwarten, ob das Land wieder – wie in der Vergangenheit – in regellose Machtkämpfe zurückfällt.

13.3 Wirtschaftspolitik

Nach dem Abtreten der Militärs lag das Land wirtschaftlich am Boden. Die Lage wurde zunächst noch schlechter. Grund war der aussichtslose Versuch Präsident *Sarneys*, mit der erdrückenden Schuldenlast zu leben, die in den vergangenen Jahrzehnten aufgelaufen

Tab. 13.4 Inflation: Brasilien 1989–1996 (Konsumentenpreise in v. H.). (Quelle: Siehe Angaben zu Tab. 6.6)

1996	1995	1994	1993	1992	1991	1990	1989
15,8	66,0	2075,9	1928,0	951,6	423,8	2047,7	1430,7

war, gleichzeitig aber die politischen Folgen einer Ausgabenreduktion abzuwenden. Die Regierung ließ Geld drucken, Löhne und Gehälter steigen und verhängte begleitend Preiskontrollen. Sie trat also gleichzeitig aufs Gas- und Bremspedal, was selten gut geht, und sie war mit diesem Programm so erfolglos wie überall in der Welt, wo mit dergleichen experimentiert worden ist. Die Inflation geriet außer Kontrolle.

Vor diesem Hintergrund ragen drei Modernisierungsleistungen heraus:

1. Die Stabilisierung der Wirtschaft nach zwei Jahrzehnten Militärregime war das Verdienst Präsident *Cardosos*. Sein Plano Real, ein Währungsschnitt, band die neue Währung des Reals mit Schwankungstoleranzen an den US-Dollar, um die inflationstreibende Wirkung der überbewerteten Währung zu unterbinden. Hatte sich die Inflation Anfang der 1990er Jahre noch im vierstelligen Bereich bewegt, war sie 1997 bereits auf sieben Prozent reduziert und stand bei Auslaufen der Cardoso-Präsidentschaft 2002 bei gut acht Prozent (Tab. 13.4).

   Der Real wurde für die Leistungsfähigkeit der brasilianischen Wirtschaft zu hart. Exporterlöse und Devisenabfluss für Importkäufe gerieten in Schieflage. Mit drastischen Drehungen an der Zinsschraube kämpfte die Notenbank gegen den Kaufappetit der Konsumenten an: So wurden für private Bankkredite 1997: 78 %, 1998: 86 %, 1999: 80 % und noch 2000: 56 % berechnet. Zinsen auf diesem Niveau kamen binnenwirtschaftlichen Bremsklötzen gleich. Sie machten brasilianische Staatspapiere für ausländische Anleger wieder interessant. In später Einsicht wurde 1999 die Dollarbindung aufgegeben. Auf einen Schlag verlor der Real um 40 % an Wert gegenüber dem Dollar. Spätere Regierungen ließen von einer Hartwährungsbindung die Finger.
2. Der Regierung *Cardoso* gelang es, die Staatskonzerne bis auf einige – allerdings bedeutende – Ausnahmen zu privatisieren. Die meisten hatten ihren historischen Zweck erfüllt, die Industrialisierung anzuschieben und eine modernere Infrastruktur auf die Beine zu stellen. *Cardoso* und sein Team von Ökonomen folgten hier der liberalen Devise, die Leistungen staatlicher Unternehmen ließen sich ebenso gut, aber personal- und kostensparender auch von privaten Anbietern erbringen. Die von *Vargas* aus der Taufe gehobene öffentliche Gesundheits- und Altersversorgung hatte von jeher die gut bezahlten öffentlich Bediensteten im Auge. Schon weniger üppig waren die Versorgungsansprüche der Beitragszahler in der Privatwirtschaft. Die Privatisierungsoffensive *Cardosos* zielte darauf ab, den Staatshaushalt auch von diesem Ausgabentreiber zu entlasten. Die privatisierten Unternehmen würden Steuern und Sozialbeiträge zahlen. Der Erfolg des Projekts gab dem Präsidenten Recht.

Tab. 13.5 Zinsentwicklung bei kurz- und mittelfristigen Bankkrediten: Brasilien 2005–2014 (in v. H.). (Quelle: siehe Angaben zu Tab. 5.6)

2014	2013	2012	2011	2010	2009	2008	2007	2006	2005
32,0	27,4	36,8	43,9	40,0	44,7	47,3	43,7	50,8	55,4

Die Einzelstaaten und Gemeinden wurden von *Cardosos* Zentralregierung angehalten, Ausgabendisziplin zu üben. Bis dahin hatten die Staaten sogar noch das Recht, selbst Banknoten auszugeben (Reid 2014, S. 125–135). Die Tatsache, dass die Gouverneure der großen Staaten Rio Grande do Sul, Sao Paolo und Minas Gerais in den 1970er Jahren großzügig Kredite im Ausland aufgenommen hatten, hatte nicht unwesentlich zur Gesamtverschuldung des Landes beigetragen (Rey 2011, S. 51 f.). Dieses Privileg wurde kassiert. *Cardoso* gelang es mit diesen Maßnahmen, die Sanierungsauflagen des IWF vorzeitig zu erfüllen. Ein weiteres Projekt, das alte Arbeitsrecht zu reformieren, Entlassungen zu erleichtern und mehr Mobilität auf den Arbeitsmarkt zu bringen, kurz: Flexibilisierung, wurde angeschoben, konnte aber nicht mehr realisiert werden; *Cardosos* Amtszeit lief ab.

3. *Cardosos* Reformen verlangten Hunderte von Gesetzen und noch mehr Einzelabstimmungen im Kongress, für die häufig sogar noch die verfassungsändernde Supermehrheit erforderlich war (Cardoso und Graeff 2012, S. 20–22). Bereits als Finanzminister des Interimspräsidenten *Franco* hatte *Cardoso* diese Reformen eingeleitet. Als gewählter Präsident betrieb er eine Verfassungsänderung, die dem Präsidenten eine zweite Amtszeit erlaubt. Die vernünftige Überlegung dahinter: Ein tatkräftiger Präsident sollte mit Blick auf die Langfristigkeit großer politischer Projekte nicht mitten in der Arbeit aufhören müssen.

   Dies alles ging prozedural ganz im Sinne und nach den Verfassungsbuchstaben vonstatten, auf dem Gesetzgebungswege und ohne eine Generalvollmacht, mit der das Parlament – wie etwa in Argentinien – seinen gesetzgeberischen Gestaltungsauftrag an den Präsidenten abgetreten hätte. Wirtschaftspolitisch wie regierungstechnisch veränderte *Cardoso* das Land so stark wie sonst nur *Vargas* vor ihm (Montero 2005, S. 24). War der Staat in der Ära *Vargas* und *Kubitschek* Zentralakteur in der Ökonomie, trat jetzt eine Art Mixed Economy an seine Stelle. Auch bei der Armutsbekämpfung war *Cardoso* nicht untätig. Erste Programme wurden aufgelegt, um die Menschen in Stadt und Land, die durch die breiten Maschen der offiziellen Sozialsysteme fielen, nicht noch tiefer in die Armut absinken zu lassen. *Cardosos* Nachfolger *Lula* knüpfte an diese Politik des Vorgängers an, auch an dessen makroökonomische Politik, gegen die der IWF nichts einzuwenden hatte (Tab. 13.5).

Die aktuelle wirtschaftliche Lage und die von ihr diktierte Politik sind durch die folgenden Entwicklungen charakterisiert:

Die Inflation bewegt sich seit Beginn des Jahrhunderts auf gleichbleibend mäßigem Niveau (Tab. 13.6), und die Belastung mit Auslandsschulden ist von den exorbitanten

Tab. 13.6 Inflation: Brasilien 2006–2015 (Verbraucherpreise, in v. H.). (Quelle: siehe Angaben zu Tab. 6.6)

2015	2014	2013	2012	2011	2010	2009	2008	2007	2006
8,9	6,3	6,2	5,4	6,6	5,0	4,9	5,7	3,6	4,2

Tab. 13.7 Anteil der Auslandsschulden am BIP: Brasilien 2005–2014 (in v. H.). (Quelle: siehe Angaben zu Tab. 6.4)

2014	2013	2012	2011	2010	2009	2008	2007	2006	2005
14,4	12,5	12,7	11,4	11,6	11,9	11,7	13,8	15,6	19,0
2004	2003	2002	2001	1999	1998	1997	1996	1995	1994
30,1	38,5	41,3	37,5	31,1	38,4	26,5	23,0	21,4	20,7

Tab. 13.8 Wachstum des BIP: Brasilien 2006–2015 (in v. H.). (Quelle: siehe Angaben zu Tab. 6.5)

2015	2014	2013	2012	2011	2010	2009	2008	2007	2006
−3,8	0,1	2,7	1,8	3,9	7,6	−0,2	5,0	6,0	4,0

Tab. 13.9 Wechselkurs Brasilien: Real: US$ 2006–2015. (Quelle: Fischer Weltalmanach, diverse Jahrgänge)

2015	2014	2013	2012	2011	2010	2009	2008	2007	2006
3,18	2,24	2,13	2,02	1,58	1,82	1,97	1,63	1,93	2,30

Ausmaßen des vergangenen und vorvergangenen Jahrzehnts weit entfernt (Tab. 5.7 und 13.7). Der wunde Punkt ist – wie in den Nachbarländern – die Schwankung des jährlichen Wachstums. Sie bildet im Großen und Ganzen die Nachfrageveränderungen nach den wichtigsten Exportgütern ab. Seit 2014 ist das Wachstum rückläufig; die Wirtschaftsleistung schrumpfte allein 2015 um nahezu vier Prozent (Tab. 13.8). Der Schrumpfungsprozess geht ferner mit steigender Geldentwertung einher. Sie stieg im Februar 2016 auf 10,3 % und zieht auch die Parität zum USD nach unten (Tab. 13.9). Die Zinsen für konsumwirksame Kredite bewegen sich im südamerikanischen Vergleich weiterhin auf sehr hohem Niveau (Tab. 5.6 und 13.5). Sie werden gern als Hebel benutzt, um die Binnennachfrage je nach Lage zu stimulieren oder sie zu drosseln und einem allzu starken Abwertungsdruck zu wehren. Obgleich Brasilien insgesamt ein großer und diversifizierter Binnenmarkt ist, folgt die Politik wie überall auf dem Kontinent der Devise, die Ertragsfähigkeit der Exportwirtschaft zu schützen.

Die Exportstruktur hat sich in knapp fünf Jahrzehnten kräftig verändert. Das Eisenerz ist wertmäßig unverändert der ergiebigste Devisenbringer. Der Export lag 1990 beim

Tab. 13.10 Die wichtigsten Exportprodukte: Brasilien 1970–2014 (in v. H. am Gesamtexport). (Quelle: CEPAL/ECLAC: Statistical Yearbook for Latin America and the Caribbean 2015, External Sector, 2.2.2.20)

	2014	2013	2000	1990	1980	1970
Eisen[a]	11,6	13,6	5,6	7,7	7,8	7,7
Sojabohnen	10,4	9,5	4,0	2,9	2,0	0
Rohöl	7,3	5,4	2,8[b]	0	0	0
Zucker	3,3	3,8	0	0	0	4,6
Geflügel	3,2	3,0	0	0	0	0
Pkw	2,3	2,3	3,2	0	0	0

[a]Roh und verarbeitet
[b]2002

Öl noch bei null. Eine geradezu rasante Steigerung verzeichnete der Export von Soja (siehe Tab. 13.10). Der Anteil der Primärgüter am Export stand 2014 wieder so hoch wie 1980 (Tab. 5.2). Wichtigste Kunden sind heute China mit und weit dahinter die USA. An dritter Stelle folgt das Nachbarland Argentinien, die neben Brasilien selbst am stärksten diversifizierte Ökonomie Südamerikas. Der starke Export nach China birgt Risiken. Sie wurden im Laufe des Jahres 2015 offenbar, als dort das zweistellige Wachstum zu Ende ging (Tab. 5.9).

Die seit mehr als zehn Jahren regierende PT finanzierte ihre Sozialprogramme mit den Sekundäreffekten des Exports, d. h. Steuern und Abgaben. Der Agrarexport geht zu einem Preis vonstatten, den auch die Regierenden der Arbeiterpartei in Kauf nahmen: Das mit landwirtschaftlicher Hochtechnologie und in meist schwach besiedelten Gegenden verdiente Geld bleibt im Agri-Business und im Bankenzentrum Sao Paolo hängen. Die meisten Landbewohner haben nichts davon. Jahr für Jahr kommt es zu Landbesetzungen. Nach der Jahrtausendwende nahmen sie dramatisch zu und gingen nicht selten auch gewaltsam vonstatten. Sämtliche Regierungen, die der PT nicht ausgenommen, nehmen bei den Landbesetzungen Partei für die Eigentümer. Brasilien ist zweitgrößter Agrarproduzent der Erde. Dank der immensen Nachfrage insbesondere nach Soja ist die landwirtschaftlich genutzte Fläche allein um 30 % gewachsen. Als Folge schrumpft der Regenwald und häufen sich Konflikte mit den Indianervölkern im Landesinneren (Glüsing 2013, S. 90 f.). Die spätere Präsidentschaftskandidatin *Marina Silva* trat 2008 enttäuscht vom Amt der Umweltministerin zurück. Sie hatte zwar erreicht, dass die Vernichtung des Regenwaldes langsamer vonstatten ging, sollte dann aber erfahren, dass Präsident *Lula* eine Straße durch den Regenwald tief im Landesinneren befürwortete, die den Interessen der Sojafarmer entgegenkam (SZ, 29.9.2014, S. 3).

Hohe Energieimporte belasten die Handelsbilanz: Die Hälfte allein des Gasverbrauchs wird mit Importen aus dem Bolivien bestritten. Möglichst viel Energie soll im Land selbst produziert, Rohlöl aber auch noch exportiert werden. Diesem Zweck dient das Megaprojekt, Kraftstoff aus Ethanol zu gewinnen. Dazu ist die Anbaufläche für

Zuckerrohr vervielfacht worden. Nach gut 30 bis 40 Jahren Stillstand fällt dabei auch wieder Zucker für den Export an (Tab. 13.10). Des Weiteren sollen die großen Flüsse aufgestaut werden, um den heimischen Markt mit Energie zu versorgen. Präsident *Lula* befand das umweltbelastende Wasserkraftprojekt Belo Monte im Amazonasgebiet für wichtiger als den Schutz des Naturbiotops. Der große Rio São Francisco, der die ungleichen Landesteile des Südostens und Nordostens miteinander verbindet, trocknet wegen der vielen Stauwerke, aber auch wegen der nachlassenden Niederschläge aus, die von der Abholzung des Regenwaldes mitverursacht sind, seit geraumer Zeit aus (Glüsing 2014b).

Auf die lange Regierungszeit *Lulas* und noch die erste Amtsperiode seiner Nachfolgerin *Rousseff* schien ungeachtet der Weltfinanzkrise (seit 2008) die Sonne (Reid 2014, S. 143–163). Sozialprogramme holten Millionen aus der Armut. Bereits im Vorfeld von *Rousseffs* Wiederwahl im Jahr 2014 schoben sich tiefdunkle Wolken ins Bild. Das nachlassende Wachstum zeigte bloß das Ende einer langen, vom Export getriebenen Schönwetterperiode an. Mit dem massiven Einsatz der Fracking-Technologie im eigenen Land förderten die USA mehr Erdöl als in den Vorjahren, und Saudi-Arabien lässt nichts unversucht, um mit exorbitanten Fördermengen die Preise zu drücken und das Fracking unrentabel zu machen. Weltweit ist der Ölpreis auf den tiefsten Stand seit Jahren gesunken. Mitbetroffen ist auch Brasilien mit seinen hohen Betriebs- und Investitionskosten in der Offshore-Förderung. China hat sich inzwischen zubetoniert, die immense Nachfrage nach brasilianischem Eisenerz geht zurück, und in der Europäischen Union lahmt seit Jahren das Wachstum. Der Nachbar Argentinien (Abschn. 12.2.7), ein wichtiger Markt unter anderem für in Brasilien hergestellte Industrieprodukte, steckt selbst in Schwierigkeiten (Latin American Weekly Report, 10 July 2014, 27, S. 10). All diese Entwicklungen ziehen Brasilien, das von der weltweiten Wirtschaftspresse bereits als neuer Global Player gesehen wurde, nach unten. In der Mittelschicht macht es sich auf dem Konto bemerkbar, dass die Exportmaschine nicht mehr rundläuft.

Das Ende der wohligen weltwirtschaftlichen Großwetterlage wurde – obgleich durch die Fakten nicht gerechtfertigt – der amtierenden Präsidentin angelastet. Um die Folgen des absehbaren Abschwungs bis zum Großereignis der Fußballweltmeisterschaft 2014 und der kurz darauf anstehenden Präsidentenwahl hinauszuschieben, machte die Regierung Druck auf die Zentralbank, den Leitzins zu senken, und sie experimentierte vergeblich mit Steuerleichterungen und Preiskontrollen, nur um das meiste davon wieder zu kassieren, als es keine Wirkung zeigte (SZ/NYT-IW, 18.9.2015). Die Wirtschaftskrise traf in erster Linie die Jobs und den guten Lebensstandard der gewachsenen Mittelschicht. Beides war nach vielen Jahren stetiger Aufwärtsentwicklung Bestandteil der Lebensplanung. Wie überall, wo dergleichen geschieht, ging die Schuldzuweisung an die Regierenden. Die Opposition, insbesondere der PSDB, kassierte die politische Dividende der wachsenden Unzufriedenheit. Schon kurz nach der Wiederwahl *Rousseffs* zeigten Proteste in den Metropolen, dass ihr Ansehen und dasjenige ihres PT in der Mittelschicht auf einen Tiefpunkt gesunken waren (SZ, 8.10.2015, S. 8). Die Wirtschaftskrise bereitete erst den Boden für die politische Krise, die ihren vorläufigen Höhepunkt mit dem Amtsenthebungsverfahren gegen Rousseff erreicht hat (siehe oben Abschn. 12.2.5).

Nur die Armen sind für den PT noch eine sichere Bank: Sie konsumieren auf niedrigstem Niveau, zahlen keine Steuern und haben in den Armutsbekämpfungsprogrammen eine minimale Grundsicherung (SZ, 28.10.2014). Regional betrachtet, konzentriert sich die Armut wie seit je in den nordöstlichen Staaten. Dort ist der PT bei nationalen Wahlen vielerorts Favorit. Ohne die dort erzielten Stimmen wäre er längst in der Opposition. Im Vorfeld der Präsidentenwahl von 2014 führte die PT-Bewerberin *Rousseff* mit 36 % unter Landsleuten, die lediglich einen Mindestlohn beziehen. Sie führte auch in der Bevölkerung der Städte unterhalb des Metropolformats, d. h. unter einer halben Million Einwohner (Latin American Weekly Report, Nr. 37, vom 18.9.2014). Was Wunder also, wenn die Regierung des PT in der Herausforderung, die Folgen des wirtschaftlichen Abschwungs zu bewältigen, zunächst diese Klientel schonte, die weit von der Lebenswelt des wohlhabenderen Brasilien entfernt ist?

Rousseff blieb 2015 nichts anderes übrig, als harte Einsparungen und Steuererhöhungen zu verordnen. Ferner kündigte sie einen Einstellungsstopp und das Einfrieren der Gehälter im öffentlichen Dienst an. Es folgten Maßnahmen, um die Kosten des Rentensystems zu kontrollieren (SZ/NYT-IW, 30.10.2015). In regionaler Betrachtung waren vor allem die Menschen in den Metropolen des wohlhabenden Südosten betroffen, bei denen überhaupt so viel Einkommen vorhanden ist, um Kaufkraft abschöpfen zu können (SZ, 5.10.2015, S. 9). Die Wirtschaftspolitik wechselte in einen nicht einmal unkonventionellen Krisenmodus (Galvo 2014, S. 191–194)!

Vor diesem Hintergrund wurde das gleichzeitige Ringen um internationales Prestige zum politischen Bumerang. Während die Bürger selbst im wohlhabenden Teil des Landes hautnah mit steigenden Nahverkehrspreisen, schlecht ausgestatteten öffentlichen Schulen und Krankenhäusern konfrontiert waren (und sind), wuchsen im Vorfeld der Fußballweltmeisterschaften 2014 und der Olympischen Spiele 2016 teure Prestigeprojekte aus dem Boden (Taylor 2014, S. 62). Den Bürgern nützten sie nichts, wohl aber einer für die Politik spendablen Bauwirtschaft, die riesige Komplexe in die Gegend stellte, die für einige Wochen die Aufmerksamkeit der Welt auf sich zogen.

13.4 Armutsbekämpfung

Das arme Brasilien lebt mit geringen Einkommen und wurde auch in der Wirtschaftskrise nach Möglichkeit geschont. Die große Fehlverteilung von Einkommen und Vermögen, deren Korrektur vielleicht einen kaufkräftigeren Binnenmarkt fördern könnte, ist zwar parteiübergreifend kein Thema mehr. Die Politik ist aber nicht tatenlos. Sie lindert mit Sozialpolitik. Das Programm der Bolsa Familia gilt als eine Glanzleistung der Sozialreform. Es entfaltete seine volle Wirkung für etwa 50 Mio. Brasilianer erst in *Lulas* Präsidentschaft. Von den Begünstigten wird es deshalb der Arbeiterpartei zugeschrieben. Seine Ursprünge gehen aber bereits auf *Lulas* Vorgänger *Carodoso,* teils sogar bis in die Spätphase der Militärherrschaft zurück. Bolsa Familia integrierte 2003 existierende ältere Projekte zur Armutsbekämpfung und wurde der Verantwortung eines speziellen Ministeriums übertragen.

Die Durchführung des Programms wurde von der Regierung *Lula* in die Zuständigkeit der Gemeinden gestellt. Die Gemeinden genießen Verfassungsrang. Deshalb haben sie Anspruch auf einen Teil der in den Staaten erhobenen Steuern. Die Staaten hatten in der Vergangenheit auch in diesem Politikbereich die Hauptverantwortung für die Implementierung der Bundesgesetze. Sie besaßen damit die Möglichkeit, Leistungen aufgrund der Bundesgesetze so steuern, dass ihre positiven Wirkungen dem Gouverneur und seiner regierenden Partei zugerechnet wurden.

Anspruch auf Transfers im Rahmen des Bolsa Familia haben sämtliche Kommunen, die sich an den Kosten dieses Programms mit einem Beitrag im Umfang von einem Prozent beteiligen. Diese Implementationsregel entsprang politischem Kalkül. Die bei den Empfängern eingehenden Zahlungen konnten der in der Kommune regierenden Partei zugeschrieben werden (Fenwick 2009, 2010). Über die Frage, ob dieses Kalkül aufgeht, wird gestritten. In den großen Städten wählen die Armen ohnehin eher die Linke, und in den überlieferten ländlichen Machtstrukturen steckt nach wie vor viel konservatives Potenzial (Montero 2010, S. 118–120). Für Arbeit im formellen Sektor gilt nach wie vor das von *Vargas* eingeführte, beitragsfinanzierte Sozialversicherungssystem. Auf Brasilianer im informellen Sektor ist es nicht anwendbar.

Bolsa Familia ist eine steuerfinanzierte pekuniäre Leistung. Sie wird allein an Familien mit einem so geringen Einkommen ausgezahlt, dass sie als arm klassifiziert sind. Das Programmpaket zielt auf die künftige Generation. Eltern erhalten Geldleistungen, wenn sie die Kinder zur Schule schicken, sie impfen und regelmäßig ärztlich untersuchen lassen. Das Programm gilt als Erfolg. Namentlich in den Metropolen und nicht zuletzt in den bevölkerungsreichen Gebieten des Nordostens holte es Zig-Millionen Familien aus der Armut. Viele Nachbarländer ließen sich von diesem Programm zur Nachahmung inspirieren. Ferner haben alte Menschen in Armut Anspruch auf Unterhaltsleistungen in Höhe des Mindestlohns, und jedermann auf kostenlose Behandlung in öffentlichen Gesundheitszentren. Deren Leistungen sind aber bei weitem nicht mit der Gesundheitsversorgung der Sozialversicherten vergleichbar (Hunter 2014, S. 23–32).

13.5 Innenpolitik

Sicherheit: Bei der Bewältigung der Gewaltkriminalität versagten bisher alle Regierungen (Power 2010b, S. 223 f.). Die Mittelschicht hält das Thema auf der politischen Agenda. Quantitativ ist aber vor allem die arme Bevölkerung am Rande der etablierten Stadtgesellschaft betroffen. Sie sucht die Berechenbarkeit des Alltages, den ihr die Regierung nicht bietet, im Arrangement mit den Drogengangs, die in ihren Vierteln operieren (Fernandes 2013, S. 216–219). Dort ist in Jahrzehnten eine Kultur der Kriminalität entstanden, an der noch jeder Versuch einer polizeilichen Bekämpfung gescheitert ist.

Die Reichen ziehen sich in ihre gut gesicherten Apartments und in Exklusivsiedlungen zurück, wo private Anbieter Sicherheit zu Marktpreisen anbieten.

Die Polizei ist ein Teil des Problems (Costa 2011). Sie ist unterbezahlt und schlecht angesehen. Oft geht sie brutal gegen die Ärmsten der Armen vor, und hier und dort kooperiert sie mit dem organisierten Verbrechen. Ein anderes Problem ist der Umlauf von Schusswaffen. Allein 2006 gab es 36.000 Schussverletzte. Ein Gesetz, das den freien Waffenverkauf verbietet, hatte wenig Wirkung. Gelegentlich wird auch schon einmal Militär eingesetzt, um polizeiliche Razzien in den Basislagern der organisierten Kriminalität entweder zu decken oder sie gar selbst durchzuführen. Ist das Militär abgezogen, kehren die alten Zustände wieder ein (Montero 2005, S. 47 f.).

Eine Auswahl einschlägiger Ereignisse aus den letzten Jahren: In Rio de Janeiro schossen uniformierte Polizisten wahllos auf Zivilbeamte, die es gewagt hatten, einen Kollegen festzunehmen (2005). Bei Gewaltexzessen von Polizisten kamen in Rio tausend Menschen ums Leben (2007). In Sao Paolo kam es zu Zusammenstößen zwischen der Zivilpolizei (Kriminalpolizei) und der uniformierten Polizei (Militärpolizei). Erstere verlangten eine bessere Bezahlung (2008). Bei Ermittlungen gegen die organisierte Kriminalität wurden in Rio Militär- und Zivilpolizisten verhaftet (2011). In den Favelas Rios und ins Sao Paolos kam es zu Straßenschlachten: Der Anlass war Polizeigewalt. Die Sicherheitskräfte des Staates Bahía traten in den Streik. Prompt kam es Plünderungen. Die Armee wurde beordert, um ein Minimum von Sicherheit herzustellen (2014). Das Land hat also das Problem einer unterbezahlten, disziplinlosen und korrupten Polizei – wie auch etliche Nachbarländer.

Bildung: Gute Bildung ist ein Klassenprivileg. Exzellente Privatuniversitäten bedienen die Kinder reicher Eltern, die sich die immens hohen Studiengebühren leisten können. Das miserabel bezahlte Lehrpersonal der schlecht ausgestatteten öffentlichen Hochschulen ist teilweise auf Zweit- oder Drittjobs angewiesen, um über die Runden zu kommen (Wiarda 2014). Präsidentin *Rousseff* führte eine Affirmative action in der Art der US-amerikanischen Antidiskriminierungsgesetzgebung ein, um Afro-Brasilianern den Besuch höherer Schulen und Universitäten zu erleichtern. Auch ihr konservativer Gegenkandidat bei der Präsidentenwahl von 2014, *Aécio Neves,* ein Vertreter der Geschäftswelt und eng mit der neoliberalen Elite von Sao Paolo verbunden, stellte diese Maßnahme im Wahlkampf nicht infrage (Süddeutsche Zeitung, 25./26.10.2014; SZ, 7.12.2014). Seit 2012 müssen private Universitäten die Hälfte ihrer Plätze für Absolventen öffentlicher Schulen freihalten. Der Aufbau gleichwertiger öffentlicher Universitäten würde einiges kosten. Beim Konsens der wichtigsten Parteien, die Staatsausgaben unter Kontrolle zu halten, wäre er unrealistisch.

14 Paraguay

14.1 Geschichte

Mit den oben referierten Ländern hat Paraguay wenig gemeinsam. Bis heute sind allein die Gebietsteile östlich des Rio Paraguay sowie die Argentinien und Brasilien zugewandten Peripherien nennenswert besiedelt. Die Bevölkerung des Binnenstaates ist mestizisch geprägt. Paraguays Sonderweg begann bereits in der kolonialen Ära. Die spanische Krone überließ das Gebiet Missionaren des Jesuitenordens, von denen es in Gestalt sogenannter Reduktionen autonom verwaltet wurde. Die Ordensleute bemühten sich um die Christianisierung der dort lebenden Guaraní-Völker und bewahrten sie vor der Degradierung zu bäuerlichen Arbeitssklaven. Noch vor der Unabhängigkeit endete die jesuitische Epoche des späteren Paraguay 1767 mit der Ausweisung des Ordens aus Spanisch-Amerika. Es handelte sich um einen Mitnahmeeffekt des Ordensverbots in Spanien (Bernecker 2010, S. 51 f.). Das Gebiet war jetzt aber schon so stark auf seinen Sonderweg eingespurt, dass es seinen besonderen Charakter behielt.

Paraguay war eines der ersten Gebiete, welche die Unabhängigkeit von Spanien erklärten. Die 1811 mit dem Namen Paraguay gegründete junge Republik weigerte sich, der La-Plata-Föderation, dem späteren Argentinien beizutreten (Abschn. 12.1). Buenos Aires, das mächtigste Staatsgebilde im La-Plata-Verbund, reagierte feindselig. Es sperrte den Flussverkehr. Der erste langjährige Diktator und Präsident des Landes, *José Gaspar Rodríguez de Francia* (1814–1840), machte aus der Not eine Tugend. Er setzte auf Autarkie. Die Menschen seines Landes lebten weder arm noch reich und so gut wie ausnahmslos als Subsistenzbauern. Mit brachialen Methoden, aber durchaus erfolgreich betrieb *Rodríguez* Identitätspolitik. Das rassistische Kastensystem der spanischen Kolonialherrschaft wurde abgeschafft. Ehen zwischen Menschen europäischer Abkunft wurden verboten. Das Ergebnis war die gründliche Mestizisierung der Bevölkerung. Viele kreolische Paraguayer sind erst im 20. Jahrhundert aus den Nachbarländern

J. Hartmann, *Die politischen Systeme Lateinamerikas*,
DOI 10.1007/978-3-658-14353-4_14

zugewandert. Gleichwohl zählen sie nicht mehr als lediglich zwei Prozent der Bevölkerung (Tab. 3.10). Gut 80 % der Einwohner bedienen sich des indigenen Guaraní als Erstsprache, zwei Drittel beherrschen Spanisch als Zweitsprache.

Francia regierte mit harter Hand und so gut wie ohne politische Gegenspieler. Die Homogenität der kleinbäuerlichen Gesellschaft kam ihm dabei entgegen. Als er 1840 das Zeitliche segnete, gab es ein kurzes Zwischenspiel wechselnder Regenten und anschließend das Experiment einer Konsulatsverfassung. In diesem Interregnum schälte sich *Carlos Antonio López* als der kommende politische Führer heraus. Ab 1841 regierte er als Präsident und wie sein Vorgänger *Francia* als Diktator. *López* führte die Autarkiepolitik des Vorgängers fort. Er betrieb aber auch die Modernisierung des Landes, um mit der technologischen Entwicklung Schritt zu halten. Sein ältester Sohn *Francisco Solano López* wurde früh auf die Nachfolge vorbereitet. Im Auftrag des Vaters holte er 1855 Techniker und Verwaltungsspezialisten ins Land. Die Streitkräfte wurden grundlegend modernisiert und eine erste Eisenbahnverbindung gebaut. Die Familie *López* dachte auch an sich selbst, indem sie sich große Ländereien zu Eigen machte.

Als *Carlos López* starb, war das kleine, aber gut organisierte Land eine ernst zu nehmende Macht. Wie geplant übernahm *Francisco López* 1862 das Präsidentenamt und regierte als Diktator. Gegen die großen Nachbarn Argentinien und Brasilien hegte er tiefes Misstrauen. Im Kleinstaat Uruguay umwarb *Francisco López* einen künftigen Partner, von dem er glaubte, dass er die gleichen guten Gründe hätte wie er selbst, vor den Begehrlichkeiten Brasiliens und Argentiniens auf der Hut zu sein. Er knüpfte enge Beziehungen zur dort regierenden Blanco-Partei. Im instabilen Uruguay tobte 1863 wieder einmal ein Parteienkrieg. Argentinien und Brasilien, die keine Gelegenheit ausließen, um im kleinen Uruguay mitzumischen, unterstützten die Gegenpartei der Colorados (Abschn. 15.1). Als die Blancos in Bedrängnis gerieten, baten sie *López* um militärischen Beistand. *López* sagte seine Unterstützung zu.

Die Colorados in Uruguay wehrten sich gegen *López'* Parteinahme. Auch Brasilien, damals noch ein schwaches Staatsgebilde, wandte sich gegen Paraguay. Die Armee Paraguays besetzte daraufhin brasilianisches Territorium. Sie eroberte allerdings Gebiete ohne jeglichen militärischen Wert. Als paraguayische Truppen dann in Richtung Uruguay marschierten und dabei zwangsläufig argentinisches Staatsgebiet betraten, erklärte Argentinien den Krieg. Der sogenannte Tripel-Allianz-Krieg währte von 1864 bis 1870 und kostete sämtliche Beteiligte hohe Verluste. Das kleine Paraguay hielt sich erstaunlich gut, hatte letztlich aber keine Chance. Als es kapitulierte, war gut die Hälfte der Bevölkerung dem Krieg zum Opfer gefallen. Bis auf einige Zehntausende war die gesamte männliche Bevölkerung dezimiert. Auch *López* selbst wurde ein Opfer der Niederlage. Um diese Verluste wieder wettzumachen, brauchte das Land Jahrzehnte.

Nach dieser Katastrophe begann eine Zeit der Parteienherrschaft. Die Anhänger und Bewunderer der *López*-Präsidenten sammelten sich unter der Fahne einer Colorado-Partei, ihre Opponenten unter derjenigen einer Liberalen Partei. Die Liberalen waren in der Bevölkerung zunächst schlecht gelitten. Sie galten als Handlanger Brasiliens. Unter brasilianischem Einfluss gab sich das Land eine liberale Verfassung.

In den Parteienkämpfen dieser Epoche ging es um nichts anderes als um die Regierungskontrolle und damit um die Ressource für persönliche Bereicherung schlechthin. Bis 1904 hielten sich die Colorados als Regierungspartei im Sattel. Danach regierten liberale Präsidenten. Die großen Ländereien der Familie *López* wurden von den Liberalen zum Verkauf freigegeben und damit auch die Weichen für privaten Großgrundbesitz gestellt. Meistbietende bekamen den Zuschlag, Ausländer durften mitbieten. Im Laufe der Zeit gelangte über ein Drittel der Staatsfläche in ausländischen Besitz. Um die Bevölkerungsverluste aus dem desaströsen Tripel-Allianz-Krieg auszugleichen, wurden europäische Einwanderer umworben. Sie kamen nur spärlich: vor allem Deutsche und Mennoniten, von denen Letztere willkommen waren, weil sie im menschenleeren Chaco-Gebiet siedelten. Später kamen auch Japaner, die wegen ihres Fleißes und ihrer Disziplin geschätzt wurden, und schließlich in größerer Zahl auch Argentinier und Brasilianer.

Zwischen 1870 und 1938 lösten 34 Präsidenten einander ab (Tab. 4.2). Politik erschöpfte sich im Rangeln rivalisierender Cliquen. Regierung und Verwaltung wurden als Beute des Siegers angesehen, entsprechend korrupt wurde regiert. Die Parteien- und Faktionskämpfe arteten bisweilen in kleine Bürgerkriege aus. Der Chaco-Krieg (1932–1935) brachte weitere Verwerfungen mit sich. Paraguay ging aus dieser Auseinandersetzung immerhin als Sieger hervor (siehe Abschn. 10.1.3). Als Siegprämie durfte Paraguay ein Stück vormals bolivianischen Territoriums behalten.

14.2 Die Diktatur im 20. Jahrhundert

Mit einem Putsch gegen den liberalen Präsidenten *Eusebio Ayala* endeten sieben Jahrzehnte konstitutionellen, obgleich korrupten Regierens (1936). Die Brüder *Ayala,* Kinder von Kleinbauern, die mithilfe Verwandter hatten studieren können, waren exemplarisch für den oligarchischen Charakter des Landes. *Eusebio Ayala* (1921–1923, 1932–1936) und *Eligio Ayala* (1923–1924, 1924–1928) lösten sich beim Regieren ab.

Der Chaco-Krieg steigerte das Ansehen der Armee. General *Rafael Franco,* der im Chaco-Krieg Verdienste erworben hatte, wurde zum Idol. Er war in privilegierten Verhältnissen aufgewachsen, sein Vater war Hochschullehrer. Gestützt auf seinen Ruf, kritisierte er öffentlich den Präsidenten: *Eusebio Ayala* hatte ein von den Militärs verlangtes Aufrüstungsprogramm abgelehnt. *Ayala* befahl *Franco* wegen Ungehorsams ins Exil. *Francos* Kameraden, darunter auch der spätere Präsident *Stroessner,* nahmen diese Entscheidung nicht hin. Sie putschten *Ayala* 1936 aus dem Amt und setzten *Franco* an seine Stelle.

In seiner kurzen Amtszeit zeigte sich *Franco als* Reformer. Er ordnete eine – bescheidene – Landreform an, legalisierte den Arbeitskampf und zwang die Arbeitgeber zur Entlohnung ihrer Beschäftigten in Bargeld, um die betrügerische Praxis der Bezahlung in wertlosen Gutschriften zu beenden. Insofern stand er ganz in der Tradition der militärischen Reformpräsidenten, die auch sonst im Lateinamerika der 1930er und 1940er Jahre auftraten. Mit den „Febreristas" – benannt nach dem Monat des Putsches – gründete er auch eine eigene Partei. Seinen nationalistischen Offizierskameraden passte die Richtung dieses Präsidenten nicht. Sie vertrieben ihn schon 1937 mit einem weiteren Putsch aus dem Amt. Eine Reihe weiterer kurzlebiger Militärpräsidenten lösten einander ab, bis wieder eine Langzeitdiktatur einrastete.

Der langjährige Präsident *Higino Moríngo* (1940–1948), auch er ein Militär, sympathisierte offen mit dem Dritten Reich. Wie im Argentinien *Peróns* fanden zahlreiche Verantwortliche für die Verbrechen des Nationalsozialismus einen sicheren Unterschlupf. Nach seiner Wahl suspendierte *Moríngo* die liberale Verfassung. Er regierte zwar mit Unterstützung der Streitkräfte de facto als Diktator, beteiligte aber auch die Febreristen und die Colorados an seiner Regierung. Als *Moringo* mit dem Beginn des Kalten Krieges Rückenwind für einen härteren Kurs verspürte, provozierte er den Bruch mit den links orientierten Febreristen. Diese quittierten 1947 zusammen mit den wenigen Kommunisten ihre Ausbootung mit einem Aufstand. Im nachfolgenden Bürgerkrieg ließen die meisten Offiziere *Moringo* im Stich. Militärisch behielt er zwar die Oberhand, wurde selbst aber schon 1948 zum Opfer eines weiteren Putsches von Offizieren, die sich mit der Colorado-Partei verbündet hatten.

Das Karussell der Revolten und Putsche in Militärkreisen drehte sich weiter. Allein 1949 gab es drei Putsche, an denen stets auch *Alfredo Stroessner Matiauda* beteiligt war. Der General, amtierender Armeechef, machte den Turbulenzen 1954 schließlich ein Ende. Der Sohn eines bayerischen Brauereiangestellten und einer Kreolin aus reichem Hause etablierte die am längsten dauernde Diktatur in der Geschichte des Landes. Die Colorados wurden dabei zur Staatspartei umgebaut. Seither sind sie über alle politischen Zäsuren hinweg die politische Stimme der Militärs. Das Stroessner-Regime, das so genannte „Stronato", war weder eine Partei- noch eine Militärdiktatur, sondern ein autoritäres Regime neopatrimonialen Zuschnitts (Sondrol 1997, S. 113).

Stroessner regierte bis 1989. Wohl wissend, welches Unruhepotenzial in der Arbeiterschaft großer Industrien steckt, konservierte er zunächst den ländlich-kleinbäuerlichen Charakter des Landes. Der Modernisierung der Landwirtschaft und dem Entstehen eines Agro-Business wurden keine Steine in den Weg gelegt. Loyale Funktionäre des Präsidenten-Klans wurden mit Land belohnt. Der sich ausdehnende Großgrundbesitz produzierte die unvermeidlichen Konflikte mit den Bauern. Wo sie sich ereigneten, wurden sie mit aller Gewalt niedergeschlagen (Sondrol 2014, S. 261 f.; Grassi 2014, S. 125, 127).

Heute besitzt ein Prozent der Bevölkerung 77 % der landwirtschaftlich nutzbaren Fläche. Soja übertrumpft seit dem Siegeszug dieser Pflanze in den 1980er Jahren jedes andere Produkt. Es benötigt große Flächen, die sich für den Maschineneinsatz eignen. Produziert wird ohne Rücksicht auf Verluste. Waldflächen werden geopfert, und es werden massiv Pestizide eingesetzt, die Gesundheit und Umwelt schädigen. Mit Methoden, die einem Landraub ähneln, werden Bauern, deren Parzellen im Wege sind, zum Verkauf gedrängt. Noch 60 % aller Landwirte sind Kleinbauern, die meisten davon heute auf Land, an dem die Großlandwirtschaft kein Interesse hat. Für die meisten Bauern reicht es gerade zur Subsistenz. Ihre Kinder verzichten dankend auf das Landleben und suchen ihre Zukunft in den wenigen größeren Städten (Finnis et al. 2012, S. 181).

Ein Vertrag zwischen Paraguay und Brasilien über den Bau des grenzüberschreitenden Wasserkraftwerks Itaipú am Rio Paraná brachte frischen Wind mit unerwarteten Nebenfolgen. Der Bau des gigantischen Projekts dauerte von 1974 bis 1984 und gab Zigtausenden Paraguayern Beschäftigung. Als das Projekt in die technologische Fertigstellungsphase eintrat, wurden die angelernten Bauarbeiter nicht mehr gebraucht. Beim Versuch, wieder als Bauern Fuß zu fassen, stießen sie auf das Hindernis des knapp gewordenen Agrarlandes.

Das Stronato war eine Kleptokratie. Eine informelle Wirtschaft mit schwarzen Märkten und kriminellen Geschäften, an sich der Beamte und Offiziere beteiligten, machte der regulären Wirtschaftstätigkeit das Leben schwer. Auch der Umstand, dass Paraguay seit Mitte der 1980er Jahre als hässliches Relikt der lateinamerikanischen Diktaturen übrig blieb, zeigte Wirkung. In dieser Konstellation erhielt die schwache Opposition Auftrieb.

14.3 Regimewechsel, manipulierte Demokratie, Wirtschafts- und Sozialpolitik

In den 1980er Jahren kam es in den Reihen der Colorados zu einer Diskussion, ob es nicht ratsamer sei, die Zügel zu lockern, wenn das Regime Bestand haben sollte. Der Armeechef General *Andres Rodriguez* war jahrzehntelang die Nummer Zwei des Regimes gewesen. Durch eine Heirat ihrer Kinder war er mit *Stroessner* sogar verwandt. Mit anderen Militärs plädierte *Rodriguez* für den Wandel und distanzierte sich damit vom Präsidenten. *Stroessner* wiederum verlangte, dass *Rodriguez* das Kommando über die Armee abgeben sollte. Daraufhin wurde *Stroessner* 1989 von *Rodriguez* aus dem Amt gedrängt (Sondrol 1997, S. 116).

Mit Blick auf den politischen Wandel in der Region ließ sich *Rodriguez* auf freie Wahlen ein. Die Präsidentenwahl hatte freilich einen unfair kurzen Vorlauf. Als gewählter Präsident räumte *Rodriguez* anschließend mit der Clique um den Stroessner-Klan auf, um eigene Anhänger im Staatsapparat zu platzieren (dazu und im Folgenden: Sondrol 2007, S. 53–60). Zu einem wirklichen Regimewechsel kam es mit dem Ende der Stroessner-Epoche noch nicht. In der Camouflage scheinbarer Demokratisierer stach zunächst lediglich eine Militärclique eine andere aus (Tab. 14.1).

Eine 1992 verabschiedete neue Verfassung hat bescheidene Bedeutung. Sie besitzt den üblichen lateinamerikanischen Zuschnitt, verbietet aber gegen den Trend die Anschlusskandidatur des amtierenden Präsidenten. Außerdem führte sie das Amt eines Vizepräsidenten ein. Gewählt ist der Präsidentschaftskandidat, auf den die Mehrheit der Wählerstimmen entfällt. Das Zweikammerparlament wurde beibehalten (Tab. 14.2).

Mit *Rodriguez'* Erkrankung und Rücktritt wurde eine Präsidentenwahl erforderlich. In einem schmutzig geführten Wahlkampf setzte sich 1993 *Juan Carlos Wasmosy* als Kandidat der Colorados durch: Er war der von *Rodriguez* handverlesene Kandidat, reich geworden als Chef eines Firmenkonsortiums, das sich am Bau des brasilianisch-paraguayischen Staudammprojekts beteiligt hatte. *Wasmosy* war zwar der erste wirklich

Tab. 14.1 Konstitutionelle und außerkonstitutionelle Abfolge der Präsidenten Paraguays seit 1930

		Konstitutionell gewählt	Konstitutionell abgelöst	Interimspräsident
J. Guggian	1928–1932	X		
E. Ayala	1932–1936	X		
R. Franco	1936/1937			
F. Paiva	1937–1939			
Estigarribia	1939/1940	X	XV[a]	
H. Moriñigo	1940–1948			
J. Frutos	1948			X
J. Gonzalez	1948–1949	X		
R. Rolón	1949			
F. Molas	1949	X		
F. Cháves	1949–1954	X		
T. Romero	1954			X
A. Stroessner	1954–1989			
A. Rodriguez	1989–1993	X	X	
J. Wasmosy	1993–1998	X	X	
R. Cubas	1998/1999	X	XA[b]	
L. Gonzalez	1999–2003	X	X	
N. Duarte	2003–2008	X	X	
F. Lugo	2008–2012	X	XA[b]	
F. Franco	2012/2013	X		X
H. Cartes	Seit 2013	X		

[a]Im Amt verstorben
[b]Amtsenthebung

Tab. 14.2 Parlamentswahlen: Paraguay 1998–2013 (Abgeordnetenhaus, Ergebnisse in v. H.)

	Colorados	PLRA	UNACE	Andere
2013	40,9	29,2	6,5	
2008	32,9	28,2	18,7	
2003	35,3	25,7	14,7	15,3[a]
1998	53,8			42,8[b]

[a]PPQ, Partido Patria Querida, Partei des Präsidentschaftskandidaten Fadul
[b]Demokratische Allianz

frei gewählte Präsident seit Staatsgründung. Doch von der Wahl wurde von vornherein erwartet, die Militärs würden keinen anderen als einen Colorado-Präsidenten akzeptieren. Immerhin stand *Wasmosy* die volle Amtszeit (1993–1997) durch.

Wasmosy entließ 1996 General *Lino Oviedo,* den Militärchef und ein Schwergewicht in der Colorado-Partei. Der Grund: *Oviedo* arbeitete an seiner Präsidentschaftskandidatur, während er noch im aktiven Militärdienst war. *Oviedo* ignorierte seine Entlassung. Er verschanzte sich in einer Kaserne und drohte, den Präsidenten umzubringen. Unter dem kombinierten diplomatischen Druck der USA, der Nachbarregierungen, der OAS und des Mercosur sowie in einer Kulisse von Straßendemonstrationen gab *Oviedo* auf. Er wurde des versuchten Umsturzes angeklagt und verurteilt, ging aber umgehend in die Berufung. Seine Anhänger im Parlament bestritten, dass es überhaupt einen Putschversuch gegeben hätte. Unterdessen blieb *Oivedo* nicht untätig. Seine Anhänger, die sich in der Fraktion Ethischer Colorados (Colorados Eticos) zusammenschlossen, nominierten ihn Ende 1997 für die Präsidentschaft. Noch in der Haft bereitete *Oviedo* seinen Wahlkampf vor. Erst die Drohung Argentiniens und Brasiliens, das Land im Fall der Wahl *Oviedos* aus der gemeinsamen Freihandelszone (Mercosur) auszuschließen, brachte eine Wendung. Das Oberste Gericht bestätigte die Anklage und die zugemessene Haftstrafe; *Oviedos* Kandidatur wurde verboten.

Für die Colorados Eticos kandidierte nunmehr *Raúl Cubas Grau* (1998/1999). *Cubas,* der den Beruf eines Elektroingenieurs ausgeübt hatte, war in der Administration *Wasmosy* Finanzminister gewesen. *Oviedo* hatte ihn für den Fall seiner Wahl als Vizepräsidenten vorgesehen. Kaum gewählt, verfügte *Cubas,* dass *Oivedo* entlassen wurde. Das Militärgericht, das ihn verurteilt hatte, wurde neu besetzt und das Offizierkorps von Anhängern *Wasmosys* gesäubert. Das umbesetzte Oberste Gericht wurde angewiesen, nunmehr die Offiziere anzuklagen, die damals *Oviedos* Putschversuch verhindert hatten. Darüber kam es zum Streit mit Vizepräsident *Luiz Maria Argaña,* der zusammen mit *Cubas* gewählt worden war. *Argaña* wurde 1999 auf offener Straße erschossen. Seine Colorado-Fraktion machte den Präsidenten verantwortlich. Auf dem zentralen Platz der Hauptstadt lieferten sich die verfeindeten Colorado-Fraktionen Schießereien. Vor diesem Hintergrund entschied das Parlament, *Cubas* nur ein Jahr nach seiner Wahl per Amtsanklage abzusetzen.

Der Nachfolger *Luiz González Macchi* (1999–2003), auch er ein Colorado, stand die volle Amtszeit durch, ebenso sein Nachfolger und Colorado-Parteifreund *Nicanor Duarte Frutos* (2003–2008). Beide hatten mit denselben Schwierigkeiten zu kämpfen wie bereits *Wasmosy.* Die Wirtschaftskrise in Argentinien und Brasilien traf Paraguay mit gleicher Wucht, auch die Reaktion der Gesellschaft fiel ähnlich aus, allein die Währung blieb stabil (Tab. 14.3 und 14.4). Bauern und Arbeiter protestierten mit Straßendemonstrationen und Blockaden gegen den fallenden Lebensstandard. Ihr Protest kopierte Praktiken, die der Opposition in den Nachbarländern abgeschaut waren.

Mit über 90 % Anteil hauptsächlich landwirtschaftlicher Primärgüter am Export ist das Land denkbar schlecht gegen Nachfrageschwankungen abgesichert (Tab. 5.2 und 14.5). Über 50 % seiner Exporte bleiben in der Region, namentlich in Argentinien und Brasilien (Tab. 5.8, Anmerkungen).

Tab. 14.3 Wachstum des BIP: Paraguay 2006–2015 (in v. H.). (Quelle: Siehe Angaben zu Tab. 6.5)

2015	2014	2013	2012	2011	2010	2009	2008	2007	2006
3,0	4,7	14,0	−1,2	4,3	13,1	−4,0	6,4	5,4	4,8

Tab. 14.4 Inflation: Paraguay 2006–2015 (Verbraucherpreise in v. H.). (Quelle: Siehe Angaben zu Tab. 6.6)

2015	2014	2013	2012	2011	2010	2009	2008	2007	2006
3,3	5,0	2,7	3,7	8,3	4,7	2,6	10,2	8,1	9,6

Tab. 14.5 Die wichtigsten Exportprodukte: Paraguay 1990–2014 (in v. H. am Gesamtexport). (Quelle: CEPAL/ECLAC: Statistical Yearbook for Latin America and the Caribbean 2014, External Sector, Tab. 3.3.2.33)

	Sojabohnen[a]	Elektr. Strom	Rindfleisch	Ölsaaten
2014	23,9	22,6	13,3	11,5
2013	26,7	23,8	10,7	9,8
2000	32,9		8,1	8,8
1990	27,9		13,7	2,1

[a]Und Sojaöl

Viele Brasilianer erwarben Land im östlichen Paraguay, um wie auf ihrer Seite der Grenze mit der Pflanze Geld zu verdienen. Zwar sind die grenznahen Gebiete für brasilianische Kaufinteressenten gesperrt. Um dieses Hindernis zu umgehen, erwarben Brasilianer einfach die Staatsbürgerschaft. Die kleinbäuerliche Landwirtschaft in der Region kam durch diese Entwicklung noch stärker in Bedrängnis. Bauernaufstände wurden rigoros unterdrückt. Im Jahr 2007 kam es zu schweren Auseinandersetzungen, weil Bauern umgesiedelt wurden, um Platz für Sojafarmer zu schaffen. Auch der bereits stark ramponierte Waldbestand ging weiter zurück. Landbesetzungen auf Großgrundbesitz sind inzwischen an der Tagesordnung. Wir treffen hier eine ähnliche Situation an wie im ländlichen Brasilien.

Präsident *Nicano Duarte Frutos* (ab 2003) war so wenig wie seine Vorgänger willens, sich auf Veränderungen einzulassen, die ihn in Konflikte mit den Großfarmern hätten bringen können. Die mächtige Associación Rural de Paraguay wusste jeden Ansatz in Richtung Landreform zu verhindern (Sondrol 2007, S. 58 f.). In den Wahlen des Jahres 2008 traten die Kandidatin der Colorados, *Blanca Ovelar,* die vom scheidenden Präsidenten unterstützt wurde, und der skandalumwitterte *Oviedo* an; Letzterer hatte seine Haftstrafe inzwischen verbüßt und kandidierte für die Eticos (UNACE, Unión Nacional de Ciudadanos Éticos), seine frühere Colorado-Fraktion, die inzwischen als Partei auftrat. Des Weiteren präsentierten die flügellahmen Liberalen (PLRA, Partido Liberal Radiccál Auténtico), d. h. der unbenannte frühere Partido Liberal, und eine bunte

Tab. 14.6 Präsidentenwahlen: Paraguay 2000–2013 (Kandidaten mit den meisten Stimmen [in v. H.])

2013	*Cartes,* Colorado	*Alegre,* PLRA	*Ferreiro,* AP[a]
	48,4	39,0	6,2
2008	*Lugo,* APC	*Ovelar,* Colorado	*Oviedo,* UNACE
	40,9	30,6	21,9
2003	*Duarte,* Colorado	*Franco,* PLRA	*Fadul,* PPQ[b]
	38,3	24,7	21,9
2000	*Franco,* PLRA	*Agaña,* Colorado	*Buman*[c]
	49,6	48,8	1,5

[a]Alianza País, vom Kandidaten gegründete Partei
[b]Partido Patria Querida
[c]Humanistische Partei

Koalition linker Parteien sowie ökologischer und sozialer Bewegungen eigene Kandidaten, die Letztgenannten als Alianza Patriotica para el Cambio (APC). Diese APC unterstützte die Kandidatur des früheren Bischofs *Fernando Armindo Lugo Méndez. Lugo* kam aus einer Familie, die in der Vergangenheit die Repression des Stronato hautnah zu spüren bekommen hatte. In der Wahl erreichte *Oviedo* als Zweiter lediglich 22 %, *Lugo* 40 % (Tab. 14.6).

Die Regierung *Lugo* verabschiedete eine Reihe von Programmen zur Armutsbekämpfung. Wie ähnliche Programme in den Nachbarstaaten, die vom brasilianischen Beispiel inspiriert waren, zielten sie auf Familien in extremer Armut: Schulspeisung, Bekämpfung der Kinderarbeit und Förderung indigener Gemeinschaften (Grassi 2014, S. 128). Paraguay hat eines der geringsten Durchschnittseinkommen auf dem Subkontinent und zählt zwei Drittel Menschen, die nach offizieller Zählung als arm gelten (Tab. 3.4 und 3.5).

Mit dem Versprechen einer Landreform war *Lugo* zurückhaltend. Auch seine Regierung war eine Geisel der Besitzverhältnisse. Der Versuch, die Abgabenquote der Betreiber des Großwasserkraftwerks Itaipú zu steigern, um mehr Staatseinnahmen zu generieren, wurde zum internationalen Problem, weil es sich um eine binationale Anlage handelte. Der Versuch trug *Lugo* Ärger mit der heimischen Geschäftswelt ein (Sondrol 2014, S. 266). Wie schon in der Vergangenheit suchten viele Bürger die Zukunft in der Abwanderung – vor allem nach Argentinien. *Lugo* kam 2012 über einen Konflikt zwischen der Polizei und Landbesetzern zu Fall. Auf beiden Seiten gab es Todesopfer. *Lugo* nahm Partei für die Besetzer. Die Aktion war ein willkommener Vorwand, den unbequemen Präsidenten loszuwerden. Beide Kammern des Parlaments beschlossen, ihn des Amtes zu entheben.

Die Nachbarregierungen kommentierten das Ereignis als kalten Putsch. Mit *Horacio Cartes* kehrte 2013 ein Colorado in den Präsidentenpalast zurück. Ihm gehört eine Firmengruppe, die Grupo Cartes, die in den Branchen Fleisch, Softdrinks und Tabak tätig ist. *Cartes* gehören auch einige Banken; außerdem ist er Präsident eines Profi-Fußballklubs (Club Libertad) und Präsident des Fußballverbandes.

Uruguay 15

15.1 Geschichte

Mit gut 90 % Nachfahren europäischer Einwanderer ist Uruguay neben Argentinien *die* weiße Gesellschaft Südamerikas schlechthin (Tab. 3.10). Die Masse der Bevölkerung hat – darin dem benachbarten Argentinien vergleichbar – italienische und spanische Vorfahren. Auch Einwanderer aus anderen Teilen Europas waren stets hochwillkommen.

Seit den Anfängen der lateinamerikanischen Unabhängigkeit war Uruguay ein Zankapfel der Nachbarstaaten Argentinien und Brasilien. Das Gebiet gehörte in der Kolonialzeit als Banda Oriental mit Teilen des heutigen südöstlichen Brasilien zum Vizekönigreich La Plata. Es erklärte sich 1811 für unabhängig, brauchte aber einige Zeit, um die Unabhängigkeit zu praktizieren. Die junge Republik wurde 1820 von Brasilien, damals staatsrechtlich noch ein Teil Portugals, besetzt und auch nach der brasilianischen Unabhängigkeit besetzt gehalten.

Die Honoratioren Uruguays erklärten 1825 ihre Unabhängigkeit von Brasilien und traten den Vereinigten Provinzen von La Plata bei. Brasilien beantwortete die Sezession mit Krieg. Dieser endete 1828 mit einem von Großbritannien vermittelten Vergleich. Das Land kam weder zu Argentinien noch zu Brasilien; es wurde endgültig unabhängig. Auch London hatte etwas davon. In Uruguay, das die Protektion Londons schätzte, gewann es einen wertvollen strategischen Verbündeten im südlichen Südamerika. Dessen ungeachtet versuchte nunmehr die Republik Buenos Aires, Uruguay zu vereinnahmen. Montevideo als Konkurrenzhafen war ihm ein Dorn im Auge. Die nicht enden wollenden Streitigkeiten in der herrschenden Klasse Uruguays boten ausländischer Einmischung Gelegenheit in Hülle und Fülle.

Die Gründe für den Streit der uruguayischen Caudillos lagen kleinmaßstäblich ähnlich wie diejenigen zwischen Buenos Aires und den Hinterlandprovinzen des späteren Argentinien. Montevideo war reich, ein Zentrum von Handel, Banken und Hafenwirtschaft. Diesen Reichtum verdankte es dem Export der im Hinterland erwirtschafteten

J. Hartmann, *Die politischen Systeme Lateinamerikas*,
DOI 10.1007/978-3-658-14353-4_15

Produkte: Fleisch, Leder, Schafwolle. Zwei Parteien, die eher städtisch basierten Colorados und die ländlichen Blancos trugen ihre Kämpfe um die Regierungsmacht auch mit den Waffen aus.

Bei alledem hatte das Land ähnlich gute wirtschaftliche Voraussetzungen wie Argentinien. Aber die turbulente Innenpolitik störte die Geschäfte. Ab 1876 machten die Militärs dem Parteienstreit ein Ende. In der folgenden Ära der Militärpräsidenten kam es – parallel zur Entwicklung in den übrigen Ländern des Subkontinents – zu einer gründlichen Modernisierung der Infrastruktur, u. a. mit Eisenbahnen, einer Reform des Bildungswesens und der Trennung von Staat und Kirche. Zur Ruhe kam das Land erst mit dem Präsidenten *José Pablo Torcuato Battle y Ordóñez* vom Partido Colorado. Er war der Sohn des Generals und früheren Präsidenten *Lorenzo Battle* (1868–1872). *José Battle,* Journalist und Gründer einer bedeutenden Zeitung, amtierte zweimal als Präsident (1904–1907, 1911–1915). Bis 1929 war er auch ohne Regierungsamt *die* prägende Gestalt des modernen Uruguay. In seiner zweiten Amtszeit und bei seinen Colorado-Nachfolgern hagelte es umfassende Reformen: modernes Arbeitsrecht, Krankenversicherung, Arbeitslosenversicherung, zunächst für Staatsbedienstete, allgemeines Männerwahlrecht, Vollendung der Trennung von Kirche und Staat, kostenfreies Studieren, gleiche Partizipation von Frauen an den Bildungsangeboten. Im Jahr 1928 kam noch die Ausdehnung der Rentenversicherung auf Beschäftigte in der Privatwirtschaft hinzu; Landarbeiter und prekär Beschäftigung waren davon noch lange – wie bei den entsprechenden Reformen im übrigen Südamerika – ausgeschlossen.

Auch das politische System wurde umgebaut. Lange bevor die Nachbarländer im Zeichen der Großen Depression auf den gleichen Kurs einschwenkten, förderte *Battle* die Industrialisierung. Mangels privater Investoren, aber dank üppiger Zolleinnahmen war sie ein Regierungsprojekt. Infrastrukturbetriebe und Staatsunternehmen schufen weitere Arbeitsplätze und steigerten die Konzentration regulärer Beschäftigungsverhältnisse in der Metropolregion Montevideo.

15.2 Konkordanzverfassung und Zweiparteiensystem

Bis 1919 hatten die zur Generalversammlung vereinigten Kammern des Parlaments den Präsidenten zu wählen. Eine neue Verfassung bestimmte nunmehr die Volkswahl des Präsidenten. Für die Wahl genügte die einfache Mehrheit. Das Gesetz über die Lemas, d. h. die Parteien, gab der Wahl ihren besonderen Charakter. Mit Blick auf die nicht enden wollenden Eifersüchteleien zwischen den politischen Führern beider großer Parteien, der Colorados und der Nacionalistas (Nachfolgepartei der früheren Blancos), durften sich fortan nicht nur Parteien, sondern auch ihre Fraktionen, die Sublemas, zur Wahl stellen. Die Präsidentschafts- und Parlamentswahlen fanden zum selben Termin statt. Der Wähler hatte zwei Stimmen. Mit der ersten traf er eine Entscheidung für die präferierte Partei, mit der zweiten für die von ihm bevorzugte Faktion derselben Partei. Ein Überkreuzwählen, z. B. für den Präsidentschaftskandidaten der einen, aber für einen Parlamentskandidaten der anderen Partei war nicht erlaubt. Die abgegebenen Stimmen für die Lemas und die Sublemas wurden addiert. Auf diese Weise wurde das Präsidentenamt zum Gegenstand einer doppelten Konkurrenz, der Konkurrenz zwischen den Parteien, aber auch zwischen den Faktionen der Parteien selbst. Die Faktionen durften sich somit wie Parteien aufführen, ohne sich von der „Stammpartei" lösen zu müssen. An der Oberfläche entstand ein Zweiparteiensystem.

Diese Friedensformel funktionierte für Jahrzehnte. Ihr Preis: Parteien, die im Parlament noch nicht vertreten waren, durften mit nur einem Kandidaten antreten. Auf diese Weise entstand, durchaus gewollt, ein Kartell der Traditionsparteien, das es Außenseitern schwer machte. Solche Kartelle schützen für gewöhnlich oligarchische Strukturen – der Vergleich mit dem Frente Nacional in Kolumbien und dem Punto-Fijo-Pakt in Venezuela drängt sich auf. Der große und fundamentale Unterschied war hier allerdings: das Elektorat wurde nicht etwa großflächig ausgesperrt, sondern ganz im Gegenteil durch die Erweiterung des Wahlrechts kontinuierlich vergrößert (Wagner 2008, S. 520 f.).

Um den Parteien das Motiv zu nehmen, für die Regierungskontrolle zu kämpfen, wurde der Präsident nach der neuen Verfassung von einem Exekutivrat eingerahmt. Beide übten die Regierungsfunktion gemeinsam aus; am Exekutivrat wurde auch die Minderheitspartei beteiligt. Das Prinzip des „winner-takes-all", das in der Epoche *Battles* lateinamerikanischer Standard war, wurde damit ausgehebelt. Und nicht nur dies: Die Minderheitspartei, in Uruguay über Jahrzehnte hinweg die Nacionalistas, wurde darüber hinaus bei der Besetzung von Verwaltungspositionen und später auch in den Führungsgremien öffentlicher Unternehmen berücksichtigt. Eine Zeit lang einigten sich beide Parteien sogar darauf, jeweils bloß für die Hälfte der Senatssitze eigene Kandidaten aufzustellen.

Die Kehrseite dieser „südamerikanischen Schweiz", wie Uruguay gern tituliert wurde, zeigte sich in den ökonomischen Kosten dieser Arrangements. Die mächtigen innerparteilichen Faktionen ließen sich ihre Loyalität zur Gesamtpartei und ihre parlamentarische Disziplin mit geldwerten Gefälligkeiten für ihre Klientel bezahlen. Der Zugriff auf die Verwaltungen, der auch der Minderheitspartei zugebilligt wurde, blähte den öffentlichen Sektor auf.

Die Wähler lebten gut mit diesem System. Seine Leistungen, insbesondere im Bereich der Sozialpolitik, wurden hoch geschätzt. Daraus entstand ein Erwartungshorizont, hinter den keine Partei mehr zurückgehen konnte, ohne ihre Wähler zu verprellen. Bei den Wahlen hatten die Colorados dank ihres Rückhalts in der städtischen Mittelschicht und in der Arbeiterschaft stets die Nase vorn. Die Basis der Nacionalistas waren demgegenüber die Landgebiete. Als Minderheitspartei waren die Nacionalistas darauf bedacht, nichts zu tun, was einem Geländegewinn im städtischen Elektorat hätte im Wege stehen können.

15.3 Regimekorrekturen

Die Achillesferse dieses Modells war seine außenwirtschaftliche Verletzlichkeit. Sie trat erstmals – wie überall in Lateinamerika – in der Weltwirtschaftskrise zutage. Der 1931 gewählte Präsident *Gabriel Terra* aus dem gehobenen Bildungsbürgertum erklärte sich mit Unterstützung der Militärs, einer Mehrheit der Nacionalistas und sogar einiger Colorados 1933 zum präsidialen Diktator. Die Verfassung wurde außer Kraft gesetzt und zahlreiche Reformen der Battle-Ära rückgängig gemacht. *Terra* ließ 1934 eine maßgeschneiderte Verfassung verabschieden, die den Präsidenten wieder zum alleinigen Exekutivorgan machte. Darüber hinaus genehmigte er sich im Verstoß gegen die von ihm selbst betriebene Verfassung 1935 noch eine weitere Amtsperiode (González 1991, S. 35–37).

Als *Terra* schließlich den Platz räumte, ging aus den anschließenden Wahlen im Jahr 1939 sein Schwager *Alfredo Baldomir* als Sieger hervor: Der Berufssoldat, zuletzt im Rang eines Generals, hatte die militärische Laufbahn aufgegeben und sich als erfolgreicher Architekt einen Namen gemacht; zuletzt hatte er als Verteidigungsminister amtiert. Auch *Baldomir* verlängerte seine Amtszeit 1942 eigenmächtig um ein Jahr – allerdings nicht, um autoritär zu regieren, sondern ganz im Gegenteil, um hinter dem autoritären *Terra* aufzuräumen: Die Terra-Verfassung wurde überarbeitet und ihrer autoritären Elemente entkleidet. *Baldomir* machte danach (1943) einem gewählten Nachfolger Platz.

Juan José Amézaga, Juraprofessor und wie all seine Vorgänger seit *Battle* ein Colorado, restaurierte und modernisierte die Sozialgesetzgebung. So ging die Sozialverwaltung von beauftragten karitativen Organisationen auf die Regierung über, und sie wurde mit Elementen einer Familienförderung noch einmal kräftig ausgebaut (Grassi 2014, S. 124). Das Land konnte es sich leisten: Die Kriegswirtschaft der Alliierten hatte die Nachfrage nach den Landesprodukten wieder kräftig in Schwung gebracht. Landarbeiter wurden in das Rentensystem übernommen (1946), ein gesetzlicher Urlaubsanspruch für die arbeitende Bevölkerung beschlossen (1945) und Frauen den Männern rechtlich gleichgestellt (1947). Als letzte große Innovation folgte 1970 die allgemeine Sozialversicherungspflicht, welche die letzten sozialpolitischen Unterschiede zwischen Stadt und Land einebnete (Haggard und Kaufman 2008, S. 87–89).

Auf *Amézaga* folgte 1947 *Luis Battle Berres,* Journalist und Neffe des Reformpräsidenten. Uruguay profitierte noch einmal vom Wiederaufbau des zerstörten Europa, aber auch vom Koreakrieg. Für die politische Klasse schien es an der Zeit, das Konkordanzsystem der 1920er Jahre wiederzubeleben. In der Schweiz funktionierte ein konsensuales Regierungsmodell, das geeigneter erschien als das frühere.

Ein Referendum über eine neue Verfassung sanktionierte die vollständige Abschaffung des Präsidentenamtes. An dessen Stelle trat 1952 ein Regierungskollegium gleichberechtigter Mitglieder. Im Jahresrhythmus sollte eines davon – in Anlehnung an den Schweizer Bundesrat – als internationaler Ansprechpartner den Vorsitz übernehmen. Im Verhältnis zwei zu eins sollte das Kollegium von der parlamentarischen Mehrheits- und von der Minderheitspartei besetzt werden.

Das zweite Kollegialsystem blieb hinter den Erwartungen seiner Architekten weit zurück. Der Grund lag weniger im System selbst als in den Herausforderungen, mit denen das Land konfrontiert war. Im Laufe der 1950er Jahre zeigten sich – nach der Weltwirtschaftskrise – abermals die Belastungsgrenzen der Ökonomie. Die Weltnachfrage nach den Landesprodukten brach ein, dieses Mal aber, bedingt durch den Agrarprotektionismus Europas und der USA, dauerhaft. Die Arbeitslosigkeit zog an.

In diesem Kontext gewannen die Nacionalistas 1959 nach langer Zeit wieder eine Mehrheit im Parlament. Aber auch sie wussten der Krise nicht Herr zu werden. Das auf Konsens angelegte Regierungssystem blockierte klare Entscheidungen, die eigentlich geboten waren, weil der Wohlfahrtsstaat die wirtschaftlichen Möglichkeiten überforderte. Die Parteien kamen überein, zum Präsidialsystem zurückzukehren. Ein Verfassungsreferendum legitimierte das Vorhaben. Nach 15 Jahren wurde 1967 wieder ein Präsident gewählt. Im Frente Amplio, einem aus linken, christlich-demokratischen und weiteren Kleinparteien zusammengesetztes Bündnis, machte sich 1971 eine dritte Kraft bemerkbar.

An dieser Stelle ist ein Seitenblick auf das benachbarte Argentinien instruktiv. Dank der Industrialisierungsfortschritte in den 1930er und 1940er Jahren war es ein großer Binnenmarkt, der bei vielen Produkten längst nicht mehr allein mit Importwaren beliefert wurde. Demgegenüber war Uruguay für die Eigenproduktion industrieller Erzeugnisse schlicht zu klein. Umso schwerer trug es an der Last, das meiste zu importieren, was es für den lieb gewordenen Lebensstandard brauchte. Es wurde schwieriger, die sozialstaatlichen Standards zu halten. In den 1960er Jahren brach der Lebensstandard ein. Eine Generation, der es noch lange gut gegangen war, machte – darin Argentinien vergleichbar – die Erfahrung der Stagnation und des Abstiegs. Linke Parteien erhielten Auftrieb, Arbeitskämpfe wurden zum Alltag.

Politisierte Studenten und Intellektuelle, die unter dem Einfluss der westlichen Protestkultur standen, gelangten durch die Rezeption revolutionärer Ideen zum Terrorismus. Die Stadtguerilla der Tupamaros – der Name war Túpac Amaru entlehnt, einem Aufstandsführer im spätkolonialen Peru –, mordete und entführte Prominente, um das vermeintlich marode System zu erschüttern. Sie verstörten damit aber nur eine für lateinamerikanische Verhältnisse behäbige Mittelstandsgesellschaft. Der Terrorismus erreichte seinen Höhepunkt in der Präsidentschaft *Juan Maria Bordaberrys* (1972–1976). Die Familie *Bordaberry* zählte zu den größten Landbesitzern, der Vater des Präsidenten war früher einmal Senator gewesen. *Bordaberry* suspendierte 1972 die Verfassung und löste das Parlament auf, um sich extralegale Handhaben zur Bekämpfung der Stadtguerillas zu verschaffen. Polizei und Militär erhielten freie Hand. Die Streitkräfte mit ihren Geheimdiensten, die den Terror wie eine militärische Herausforderung bekämpften, wurden bald mit der Aufgabe fertig. Als der Terror besiegt war, blieben die Militärs im Spiel.

Die Militärs gedachten in dieser Epoche wie so viele ihresgleichen ein für alle Mal Ordnung zu schaffen. Sie führten einen Kampf gegen alles, was links und alternativ erschien, ohne sich um den politischen Betrieb zu kümmern. *Bordaberry* wurde 1976 von den Militärs abgelöst, als er noch förmlich im Amt war (González 1991, S. 38–43).

Danach lancierten die Militärs Präsidenten, die ihren Kurs scheinkonstitutionell absegneten. Die tieferen Probleme, die dem Terrorismus Auftrieb gegeben hatten, blieben: Arbeitslosigkeit, Verarmung, Verschuldung. Als die Militärregime in der Staatenumgebung schwächelten und sich auf Verfallsdaten einließen, besannen sich auch die uruguayischen Generäle eines anderen.

Um wenigstens eine Verfassung nach ihrem Geschmack, d. h. mit einer starken Präsidialgewalt zu hinterlassen, legten die Militärs einen Verfassungsentwurf vor, der ihnen allemal eine Wächterrolle belassen würde. Das Volk aber lehnte den Entwurf in einem Referendum ab (1980). Die Militärs verstanden das Signal. Sie verhandelten mit den Politikern nur noch über den Rückzug. Immerhin erreichten sie die Zusage, dass Menschenrechtsverletzungen, die sie zu verantworten hatten, strafrechtlich nicht verfolgt würden. Ein weiteres Referendum bestätigte diese Zusage. *Bordaberry* wurde später zu einer Haftstrafe verurteilt, weil er in seiner Amtszeit Morde an politischen Gegnern in Auftrag gegeben haben sollte.

Im Rückblick erscheint die Phase der Militärherrschaft wie ein historischer Ausrutscher in einer für die Verhältnisse der Region überaus seltenen verfassungsstaatlichen Tradition (Tab. 15.1).

15.4 Das aktuelle politische System

Die aktuelle Verfassung fußt formell zwar noch auf der alten Verfassung von 1967. Durch tief greifende Änderungen, die jeweils einem Referendum unterworfen wurden, ist sie materiell zu einer ganz neuen Verfassung geworden, sodass heute von der Verfassung von 1997 die Rede ist. Der Präsident wird auf vier Jahre gewählt und darf aufgrund einer Verfassungsänderung (2010) einmal unmittelbar wiedergewählt werden. Für die Wahl ist die absolute Mehrheit erforderlich. Wird sie im ersten Wahlgang verfehlt, findet eine Stichwahl zwischen den beiden Bestplatzierten statt. Der Präsident ernennt die Kabinettsminister. Gegen Parlamentsbeschlüsse darf er sein Veto einlegen. Das Veto wird unwirksam, wenn es von den zur Generalversammlung vereinigten Parlamentskammern mit einer Dreifünftelmehrheit abgelehnt wird. Ferner darf das Parlament einen Minister mit absoluter Mehrheit tadeln und ihn mit Zweidrittelmehrheit sogar entlassen. Das Abgeordnetenhaus darf ein Amtsenthebungsverfahren gegen den Präsidenten einleiten, das dann vor dem Senat verhandelt wird. Einmal in seiner Amtszeit darf der Präsident das Parlament auflösen, wenn er sich gegen die Absetzung eines oder mehrerer Minister zur Wehr setzt und es dem Parlament nicht gelingt, den Beschluss mit Dreifünftelmehrheit zu bestätigen. Diese Verfassung rückt Uruguay alles in allem wieder in ein lateinamerikanisches Standardformat.

Der Präsident ist die beherrschende Figur im Regierungsgeschäft. Er darf Gesetze initiieren und hat das ausschließliche Recht, den Haushalt sowie Steuer- und Rentengesetze vorzulegen, er darf ganze Gesetze oder Teile davon mit dem Veto belegen; schließlich ernennt und entlässt er die Minister. Mit der Zusammenstellung seiner Ministerriege spurt

Tab. 15.1 Konstitutionelle und außerkonstitutionelle Abfolge der Präsidenten Uruguays seit 1930

		Konstitutionell gewählt	Konstitutionell abgelöst	Interimspräsident
Campisteguy	1927–1931	X	X	
G. Terra	1931–1938	X		
A. Baldomir	1938–1943	X		
J. Amézaga	1943–1947	X	XR[a]	
T. Berreta	1947	X	XV[b]	
L. Battle	1947–1951	X		X
A. Trueba	1952–1955	X[c]	X[c]	
L. Battle	1955/1956	X[c]	X[c]	
A. Femín	1956/1957	X[c]	X[c]	
A. Lezema	1957/1958	X[c]	X[c]	
C. Fischer	1958/1959	X[c]	X[c]	
M.Echegoyen	1959/1960	X[c]	X[c]	
B. Nardone	1960/1961	X[c]	X[c]	
E. Haedo	1961/1962	X[c]	X[c]	
F. Harrison	1962/1963	X[c]	X[c]	
D. Fernández	1964/1964	X[c]	X[c]	
L.Giannatasio	1965/1965	X[c]	X[c]	
W. Beltrán	1965/1966	X[c]	X[c]	
A. Héber	1966/1967	X[c]	X[c]	
O. Gestido	1967	X[c]	X[c]	
J. Pacheco	1967–1972	X	X	
J. Bordaberry	1972–1976	X		
A.Demichelli[d]	1976			
A. Méndez[d]	1976–1981			
G. Álvarez[e]	1981–1985			
Sanguinetti	1985–1990	X	X	
L. Lacalle	1990–1995	X	X	
Sanguinetti	1995–2000	X	X	
J. Battle	2000–2005	X	X	
T. Vázquez	2005–2010	X	X	
J. Mujica	2010–2015	X	X	
T. Vázquez	seit 2015	X		

[a]Rücktritt
[b]Im Amt verstorben
[c]Präsident einer Kollegialregierung
[d]Präsident im Auftrag der Militärs
[e]Militärpräsident

Tab. 15.2 Parlamentswahlen: Uruguay 1999–2014 (Sitze im Abgeordnetenhaus)

	FA	PN	Colorado	Sonstige
2014	50	32	13	4
2009	50	30	17	2
2004	52	36	10	1
1999	40	33	22	4

er parlamentarische Koalitionen ein. Der Kongress, eine Zweikammerlegislative, ist ein legislatorisch aktives Parlament (Tab. 15.2). Seine Reaktionsmacht zwingt den Präsidenten, seine Pläne nicht einfach nur mit den Führern der Regierungspartei(en), sondern auch mit den auf der parlamentarischen Ebene noch vitalen innerparteilichen Faktionen abzustimmen (Chasquetti 2013). Das Regieren per Dekret ist im Rahmen der Verfassung nicht möglich. Der Präsident hat Zugriff lediglich auf die politischen Behördenspitzen. Die Personalpolitik der Minister ist allein deren Sache. Wichtige Entscheidungen fallen im kleinen Kreise zwischen dem Präsidenten, den Ministern sowie den Partei- und Fraktionsführern (Zucco 2013, S. 100–103). Großer Beliebtheit erfreut sich der Volksentscheid. Allein vier Volksentscheide galten seit 1989 der Sozial- und Wirtschaftspolitik (Wagner 2008, S. 518).

Nach der Rückkehr zur Demokratie lebte der Faktionalismus wieder auf. Der erste Präsident nach den Militärs war der Colorado *Juan Julío Sanguinetti* (1985–1990). Vor seinem Einstieg in die Politik war er ein erfolgreicher Journalist. Er hatte mit den Militärs den Übergang zur Demokratie ausgehandelt. Auf ihn folgte *Luis Alberto Lacalle de Herrera,* ein Nacionalista (1990–1995), Zeitungs- und Radiojournalist und verwandt mit einer Parteigröße der Nacionalistas. In dieser Wahl drohte der Frente Amplio (FA) bereits die Traditionsparteien auszustechen. Diese Aussicht wurde zum Anlass, das Wahlsystem zu überarbeiten. Bei den Colorados und den Nacionalistas (PN, Partido Nacionalista) traten 1990 jeweils drei Sublemas mit eigenen Kandidaten an, der FA mit lediglich einem Kandidaten: *Tabaré Vázquez.* Dank des Zusammenzählens aller Stimmen, die auf Kandidaten im Lager der Colorados entfallen waren, gewann *Sanguinetti* knapp seine zweite Präsidentschaft, obgleich *Vázquez,* der einzige Kandidat des FA, als Person die meisten Stimmen auf sich vereinigt hatte (Morgenstern 2001, S. 242).

Ein neues Wahlverfahren verbannt die Sublemas aus der Präsidentenwahl. Seit 1999 finden vor der Hauptwahl öffentliche Vorwahlen statt, in denen die Wähler selbst bestimmen, wer für die von ihnen präferierte Partei antreten darf. Die innerparteiliche Konkurrenz wird also ins Vorfeld der Präsidentenwahl verlagert. Jede Partei tritt danach mit nur noch einem Kandidaten an (Wagner 2008, S. 522). Der erste nach dem neuen Regularium gewählte Präsident war *Jorge Battle,* Sohn des Präsidenten *Luis Battle* und Urenkel des großen Reformers. Auch er war vor seiner politischen Karriere bei den Colorados Zeitungs- und Radiojournalist gewesen. Seit 2005 regieren Präsidenten des FA, zunächst *Vázquez,* danach *Mujica,* dann wieder *Vázquez.* Der Sohn des ehemaligen Präsidenten, *Pedro Bordaberry,* ein Colorado, kandidierte – jedes Mal vergeblich – 2009 und 2014 für das Präsidentenamt.

Taberé Vasquez Rosas, Arzt, vormals Bürgermeister der Hauptstadt, gewann 2005 als erster FA-Kandidat die Wahl zum Präsidenten. Der FA reichte inzwischen von Sozialisten über christliche Demokraten bis hin zu früheren Tupamaros. All diese Strömungen müssen immer wieder auf einen gemeinsamen Nenner gebracht werden (Luna 2014, S. 225–231).

Vasquez, der auf das Beispiel *Lula da Silvas* in Brasilien blickte, nahm als Präsident eine Blindstelle des Wohlfahrstaates aufs Korn. Arme Kinder sollten kostenfrei Gesundheitsleistungen in Anspruch nehmen dürfen. Das Programm wird durch geringfügige Steuererhöhungen finanziert. Selbst bei Unterstützern der Linken in der Mittelschicht war dieser Schritt unpopulär (McDonald und Weinstein 2014, S. 251 f.). Der Eingriff in Besitzstände jedweder Art, ob Steuerbelastung oder Sozialleistungen, so zeigt auch dieses Beispiel, ist heikel, mag die Gesellschaft nach den Maßstäben der Region auch egalitär sein.

Vasquez und sein Nachfolger *Mujica* stellten – wie auch andere Reformer in der Region – die Notwendigkeit einer strengen Haushaltsführung nicht infrage: Inflationsvermeidung hat Priorität. Politische Innovationen konzentrieren sich seit einigen Jahren auf die rechtliche Liberalisierung und Gleichstellung. Mit der Legalisierung des Schwangerschaftsabbruchs und gleichgeschlechtlicher Ehen, sonst in Lateinamerika noch weithin Tabuthemen, steht Uruguay in einer Reihe mit den fortschrittlichsten Ländern der Welt. Um den Drogenmissbrauch zu bekämpfen und dem Konsum das Potenzial einer Einstiegsdroge zu nehmen, wurde der Verkauf von Cannabis freigegeben (SZ, 23.3.2014, S. 3).

In den Vorwahlen des Frente Amplio setzte sich 2010 der frühere Tupamaro *José Mujica* durch. Sein Vorgänger, der nach der noch geltenden Verfassung nicht erneut kandidieren durfte, hätte gern einen anderen Kandidaten gesehen, machte aber gute Miene zu der Entscheidung. *José Mujica* wurde als Kind armer Bauern geboren, fuhr in seiner Jugend Radrennen, flirtete kurz mit dem linken Flügel der Nacionalistas und stieß in den 1960er Jahren zu den Tupamaros. Er beteiligte sich dort an Schießereien und wurde schließlich gefasst und inhaftiert. Dank einer Amnestie kam er nach dem Ende der Militärdiktatur wieder frei. *Mujica* gewann 2009 in einer Stichwahl gegen den Kandidaten der Nacionalistas (Tab. 15.2 und 15.3). Als Präsident regierte er pragmatisch und erfolgreich. In seiner Bescheidenheit, er lebte auf einem Bauernhof und fuhr selbst einen alten VW-Käfer, wurde er zu einer populären Gestalt. Auf eine erneute Kandidatur, die nach einer Verfassungsänderung vom Jahr 2010 möglich gewesen wäre, verzichtete der knapp 80-Jährige. Danach nominierte der FA abermals *Vazquez,* der 2014 erneut gewählt wurde.

Die Erfolge des FA gingen auf Kosten der Colorados. Sie verloren ihr Elektorat in den Städten, während sich die Nacionalistas als zweitstärkste Kraft behaupten konnten. Der FA setzte die sozialpolitische Tradition Uruguays fort. Er legt heute wie die übrige lateinamerikanische Linke den Akzent auf Geringverdiener und Menschen im informellen Sektor (Pribble 2013, S. 82 f., 106–117).

Tab. 15.3 Präsidentenwahlen: Uruguay 1999–2014 (Kandidaten mit den meisten Stimmen [in v. H.])

2014, 1. Wahlgang	*Vázquez,* FA 49,4	*Lacalle,* PN 31,9	*Bordaberry,* Color 13,3
Stichwahl	56,6	43,4	
2009, 1. Wahlgang	*Mujica,* FA 49,3	*Lacalle,* PN 29,9	*Bordaberry,* Color 17,5
Stichwahl	54,6	45,4	
2004	*Vázqez,* FA 51,7	*Larrañaga,* PN 35,1	*Stirling,* Colorado 10,6
1999, 1. Wahlgang	*Vázqez,* FA 40,1	*Battle,* Colorado 32,8	*Lacalle,* PN 22,3
Stichwahl	45,9	54,1	

15.5 Wirtschafts- und Sozialpolitik

Anfang der 2000er Jahre, als Argentinien in den Strudel deflatorischer Politik geriet und das Sozialprodukt schrumpfte, kam auch Uruguay an neoliberalen Remeduren nicht vorbei. Der Staat gab etliche Staatsunternehmen zur Privatisierung frei. Das Rentensystem blieb freilich unangreifbar.

Per Referendum hatten bereits 1989 85 % der Bürger entschieden, dass die Bindung der Renten an die Einkommenentwicklung Verfassungsrang erhält. Gemeinsam mit dem Gewerkschaftsbund machten die mächtigen Rentnerverbände Front gegen Pläne zur Privatisierung des Rentensystems. Sämtliche Anläufe in diese Richtung scheiterten im Parlament (1990–1995). Als Colorados und Nacionalistas einen weiteren Versuch wagten und dafür eine parlamentarische Mehrheit bekamen, initiierten die Rentnerverbände eine Volksabstimmung. Ihr Ergebnis annullierte den Beschluss. Schließlich kam eine Einigung zustande, das Rentensystem für private Gesellschaften zu öffnen, aber lediglich für Bezieher hoher Einkommen. Menschen ohne Erwerbsbiografie in regulärer Beschäftigung sind vom Rentensystem ausgeschlossen (Grassi 2014, S. 132–135). Der Anteil offiziell als arm geltender Bürger liegt mit fünf Prozent allerdings sehr niedrig (Tab. 3.4). Die Sozialausgaben erreichen mit einem Viertel des Inlandsprodukts das gleiche Niveau wie in Argentinien und Brasilien (Tab. 3.8). Das Prokopfeinkommen ist eines der höchsten in Lateinamerika (Tab. 3.5).

Mit der wirtschaftlichen Erholung Argentiniens und dem starken Wachstum in Brasilien ging es ab Mitte der 2000er Jahre wieder aufwärts (Tab. 15.4). Wegen der Umschuldungsbedingungen, die dem Land aus der Schuldenklemme halfen, kam von den öffentlichen Mehreinnahmen in der Mittelklasse und bei den Armen wenig an. Die Auslandsschulden sind mit 40 % des Inlandsprodukts die zurzeit zweithöchsten in ganz Lateinamerika (Tab. 5.7). Der Schwachpunkt der Ökonomie ist unverändert die nahezu

Tab. 15.4 Wachstum des BIP: Uruguay 2006–2015 (in v. H). (Quelle: siehe Angaben zu Tab. 6.5)

2015	2014	2013	2012	2011	2010	2009	2008	2007	2006
2,5	3,5	5,1	3,3	5,2	7,8	4,2	7,2	6,5	4,1

Tab. 15.5 Inflation: Uruguay 2006–2015 (Verbraucherpreise, in v. H.). (Quelle: siehe Angaben zu Tab. 6.6)

2015	2014	2013	2012	2011	2010	2009	2008	2007	2006
8,3	8,9	8,6	8,1	8,1	6,7	7,1	7,9	8,1	6,4

Tab. 15.6 Die wichtigsten Exportprodukte: Uruguay 1990–2014 (in v. H. des Gesamtexports). (Quelle: CEPAL/ECLAC: Statistical Yearbook for Latin America and the Caribbean 2015, External Sector, Tab. 3.2.2.37)

	Sojabohnen	Rindfleisch	Milchprodukte	Reis
2014	17,8	15,8	4,2	5,0
2013	20,9	14,5	5,1	5,0
2000		15,7	5,0	2,0
1990	12,7			

exklusive agrarwirtschaftliche Basis. 75 % aller Exporte sind – fast ausnahmslos landwirtschaftliche – Primärgüter (Tab. 5.2 und 15.5).

Die enge Verzahnung mit der argentinischen und brasilianischen Ökonomie birgt Risiken (Tab. 5.8, Anmerkungen). In den argentinischen Krisenjahren vom Anfang des 21. Jahrhunderts stieg die Inflationsrate vorübergehend von 4,4 % im Jahr 2001 auf 2002: 14 und 2003: 19,4 %, um dann auf hohem einstelligem Niveau zu verharren (Tab. 15.6). Die Agrarwirtschaft bestimmt die Art der vorhandenen Industrie. Menge und Qualität der Agrarproduktion, nicht zuletzt in der wichtigen Subsparte der Viehzucht, sorgen bisher für eine einigermaßen stabile Nachfrage. Agro-Unternehmer werben mit ökologischem Anbau. Der Tourismus ist eine bedeutende Einnahmequelle.

Panama 16

16.1 Geschichte

Die kolumbianische Provinz Panama wurde im Jahr 1903 in einer von den USA betriebenen politischen Operation unabhängig. Schon zuvor, seit dem Bau einer interozeanischen Eisenbahn, die 1855 in Betrieb genommen wurde, waren die USA ein Machtfaktor in der Provinz. Panama selbst ist von Gebirgen, Seen, Flüssen und tropischen Sumpfgebieten durchzogen und war vom kolumbianischen Kernland her damals schwer zugänglich. Den Anstoß für den Bahnbau gab die Menschenflut, die im Zuge des Goldrausches nach Kalifornien drängte. Angeregt vom Erfolg des Sueskanals, wurde der Bau einer künstlichen Wasserstraße in Angriff genommen. Die Arbeiten an dem Projekt wurden eingestellt, weil der französischen Betreibergesellschaft 1888 das Geld ausging. Washington beschloss, den Kanal zu Ende zu bauen. Die kolumbianische Regierung, die ein vom Bürgerkrieg (1899–1902) ermattetes Land regierte, weigerte sich, mit den USA einen Überlassungsvertrag abzuschließen. Daraufhin erklärten willige Handlanger in der Provinzelite 1903 die Unabhängigkeit von Kolumbien. Präsident *Theodore Roosevelt* schickte unter dem Vorwand, die eben gewonnene Unabhängigkeit zu schützen, Kriegsschiffe und ein Kontingent Marineinfanterie. Die panamaische Marionettenregierung unterzeichnete sämtliche Verträge, die ihr von Washington vorgelegt wurden. Die Hoheitsrechte in der Kanalzone wurden den USA zugestanden. Der Kanal wurde am Vorabend des Ersten Weltkriegs in Betrieb genommen.

16.2 Die Ära der Schattenregenten

Von 1931 bis 1968 prägte maßgeblich die Familie *Arias* die Politik des Landes. *Arnulfo Arias* hatte in den USA Medizin studiert. Er stieg in den 1920er Jahren zu einer Zeit in die Politik des Landes ein, da dieses materiell nichts anderes als ein US-amerikanisches

J. Hartmann, *Die politischen Systeme Lateinamerikas*,
DOI 10.1007/978-3-658-14353-4_16

Protektorat war. Er selbst amtierte dreimal kurz als Präsident (1940–1941, 1949–1951, 1968) und einmal sein Bruder *Hermodio* (1932–1936). Mit *Ricardo Arias* bekleidete ein weiteres Mitglied der Familie kurz das Präsidentenamt (1955/1956). *Arnulfo* wurde jedes Mal kurz nach seiner Wahl aus dem Amt geputscht. Hin und wieder übte er andere öffentliche Ämter aus, so etwa als Minister oder Botschafters seines Landes. Hinter den Kulissen war er dank seiner Partei und einer loyalen Gefolgschaft im Parlament meist der „eigentliche Präsident" (zum Folgenden: Ropp 2014, S. 434). Eine panamaische Armee gab es zu seiner Zeit nicht. Sie war bereits kurz nach der Unabhängigkeit aufgelöst worden, nachdem sie vergeblich einen Putsch versucht hatte. Die Polizei wurde bewusst nicht militärisch organisiert oder ausgebildet.

Die übermächtige Präsenz der USA in der Kanalzone überschattete alle panamaische Politik. Sie polarisierte auch die politischen Lager. Um *Arnulfo Arias* gruppierte sich das Lager der Nationalisten. Nach Kriegseintritt der USA wurde er in Washington unter anderem wegen seiner erklärten Sympathien für *Hitler* als Sicherheitsrisiko eingeschätzt. Washington unterstützte einen Putsch, der ihn 1941 sein Amt kostete. Präsident *Ricardo Adolfo de la Guardia Arango,* von dem er abgelöst wurde, zeigte sich erkenntlich. Er gewährte den USA weitere Militärstützpunkte im Lande und erklärte den Achsenmächten den Krieg. Dessen ungeachtet blieb *Arias* hinter den Kulissen hochaktiv. Schon zu seiner Zeit bestimmte eine kleine Geldelite die Geschicke des Landes.

So mächtig die Familie *Arias* auch war: vollständig hatte sie das Land nicht im Griff. Das Gegenlager der Liberalen hielt es mit den US-amerikanischen Overlords. Die Polizei wandelte sich bis 1952 unter ihrem putschfreudigen Kommandeur *José Remón* zu einer militärischen Truppe (Nationalgarde). Sehr zum Ärger Washingtons hielt die Stimmung an, das Protektorat abzuschütteln. In der Kanalzone kam es 1962 und 1964 zu Zusammenstößen zwischen panamischen und US-amerikanischen Studenten – Anlass war ein Streit um die Gleichberechtigung der panamischen Flagge. Einheiten der US Army schritten gegen die Demonstranten ein. Panama brach daraufhin die diplomatischen Beziehungen ab. Die Spannungen blieben auch, nachdem sich beide Regierungen wieder annäherten und in erste Gespräche über die Nationalisierung des exterritorialen Gebiets eintraten.

Arnulfo Arias wurde 1968 vom Chef der Nationalgarde, *Omar Efrain Torrijos,* kurz nach seiner letzten Wahl zum Präsidenten gestürzt. *Torrijos* kam aus einer kinderreichen armen Landlehrerfamilie. Die Militärkarriere hatte ihm den sozialen Aufstieg ermöglicht. *Torrijos* verzichtete von vornherein darauf, selbst das Präsidentenamt auszuüben und dirigierte die Politik des Landes als Chef einer Militärjunta. Diese Junta hielt sich allerdings im Hintergrund und bediente sich förmlich gewählter Präsidenten. *Torrijos* brach mit der Politik der Vorgänger, indem er sich um demonstrativ um die Sorgen der ländlichen Bevölkerung kümmerte. In bescheidenen Maßen kamen Sozialpolitik und Landreform in Gang. Gegenüber den USA nahm *Torrijos* eine harte Position ein. Dank der Vorarbeit seiner Vorgänger und mit dem Rückenwind internationaler Kritik an der protokolonialen Rolle der USA gelang es, das nationale Kernprojekt zu realisieren: die Überführung der Kanalzone in panamaische Souveränität. Sie wurde 1979 vertraglich besiegelt und war 1999 mit dem Auslaufen der letzten US-Sonderrechte Ende abgeschlossen. *Torrijos* kam 1981 bei einem mysteriösen Flugunfall ums Leben.

Im Machtgerangel ambitionierter Generäle um die Nachfolge setzte sich 1983 *Manuel Noriega,* Kommandeur der Nationalgarde, durch. Er kam aus ärmsten Verhältnissen. Auch *Noriega* zog die Rolle des Hintergrundregenten vor. Seine Karriere hatte mit dem Aufstieg von *Torrijos* begonnen. *Noriega* bot sich den USA für den Kampf gegen die kolumbianischen Drogenbanden an, die über die kaum gesicherte südliche Grenze einsickerten. Tatsächlich aber nutzten er und seine Offiziere die Gelegenheit, um am Drogenhandel zu mitverdienen, *Noriega* selbst avancierte zu einer Schlüsselfigur im Drogenhandel. Die USA ließen *Noriega* 1989 im Rahmen einer groß angelegten Militärinvasion festnehmen und vor Gericht stellen. Die Nationalgarde wurde 1990 aufgelöst. Seither werden militäraffine Aufgaben von der Polizei miterledigt. Mit *Noriega* endete eine Phase der politischen Entwicklung, in der die Verfassung lediglich formell Beachtung fand (Tab. 16.1).

Tab. 16.1 Konstitutionelle und außerkonstitutionelle Abfolge der Präsidenten Panamas seit 1930

		Konstitutionell gewählt	Konstitutionell abgelöst	Interimspräsident
F. Amosarena	1928–1931	X		
H. Arias	1931			X[a]
R. Alfaro	1932	X		X[b]
J. Arosamena				
H. Arias	1932–1936	X	X	
J. Arosamena	1936–1939	X	X[c]	
E. Fernández	1939	X		X[a]
A. Boyd	1939/1940	X		X[b]
A. Arias	1940/1941	X		
R. Guardia	1941–1945			
E. Jiménez	1945–1948			
D. Arosamena	1948/1949	X	XV[c]	
ChanisPinzón	1949	X		X[a]
Chiari Rémon	1949	X		X[b]
A. Arias	1949–1951	X		
A. Arosamena	1951/1952	X		X[a]
RémonCantera	1952–1955	X		
J. Guizado	1955	X		X[a]
R. Arias	1955/1956	X		X[b]
E. Guardia	1956–1960	X	X	
Chiari Rémon	1960–1964	X	X	

(Fortsetzung)

Tab. 16.1 (Fortsetzung)

		Konstitutionell gewählt	Konstitutionell abgelöst	Interimspräsident
M. Robles	1964–1968	X	X	
A. Arias	1968	X		
Junta	1968/1969			
D. Lakas[d]	1969–1978			
A. Royo	1978–1982			
R. Espriella[d]	1982–1984			
J. Illueca	1984			
R. Barletta[d]	1984/1985	X	XR[e]	
M. Solís[d]	1988/1989			
F. Rodríguez[d]	1989			
G. Endara	1989–1994	X	X	
E. Balladares	1994–1999	X	X	
M. Moscoso	1999–2004	X	X	
M. Torrijos	2004–2009	X	X	
R. Martinelli	1009–2014	X	X	
J. Varela	Seit 2014	X		

[a]Erster Vizepräsident
[b]Zweiter Vizepräsident
[c]Im Amt verstorben
[d]Von den Militärs beauftragt
[e]Rücktritt

16.3 Das aktuelle politische System

Die Verfassung Panamas hält sich an den lateinamerikanischen Standard mit mittelamerikanischer Note: Eine Anschlusskandidatur des Präsidenten ist nicht erlaubt, das Parlament besteht aus lediglich einer Kammer. Eine Besonderheit ist das Vorhandensein eines Ersten und eines Zweiten Vizepräsidenten mit jeweils abgezirkelten Vertreteraufgaben. Der Präsident muss zwar mit einem Kabinett regieren. Dieses liegt aber vollständig in seiner Kontrolle. Präsident *Balladares* ergriff 1998 mit der Begründung, er brauche noch Zeit, um sein politisches Programm vollenden zu können, die Initiative für die Wiederwahl des amtierenden Präsidenten. Er scheiterte an einem Referendum, das diese Frage entscheiden sollte. Darüber hinaus wurde die Verfassung – offenbar das Beispiel Costa Ricas vor Augen – dahin geändert, dass ein amtierender Präsident erst nach der übernächsten Präsidentschaft wieder kandidieren darf (Tab. 16.2 und 16.3). Das Parlament ist als gestaltende Kraft zu vernachlässigen (Hoffmann 2008b, S. 450–452).

Seit dem Sturz *Noriegas* verzeichnet das Land eine Kette korrekter Wahlen. *Arias* und *Torrijos* sind in der Traditionspflege beider großer Parteien weiterhin präsent. Der

Tab. 16.2 Präsidentenwahlen: Panama 1999–2014 (Kandidaten mit den meisten Stimmen [in v. H.])

2014	*Varela,* Partido Panameñista	Arias CD[a]	Navarro PRD
	39,0	31,3	28,1
2009	*Martinelli*[b] Koalition	*Herrera*[c] Koalition	*Endara,* Vanguardia Moral[d]
	60,0	37,6	2,3
2004	*Torrijos*[e] Koalition	*Endara,* Partido Solidaridad[d]	*Alemán,* Koalition[f]
	47,4	30,8	16,3
1999	*Moscoso* Koalition[f]	*Torrijos* Koalition	*Vallarino* Koalition[g]
	44,8	37,8	17,3

[a]Partei des Präsidenten Martinelli, der selbst nicht mehr kandidieren durfte
[b]Gemeinsamer Kandidat einer Wahlkoalition um Centro Democrático, christliche Demokraten und Partido Panameñista (vormals Partido Arnulfista)
[c]Gemeinsame Kandidatin einer Wahlkoalition um den PRD
[d]Vom Kandidaten Endara gegründete Partido Solidaridad
[e]Wahlkoalition um den PRD
[f]Koalition um den Partido Arnulfista
[g]Koalition um die christlichen Demokraten

Tab. 16.3 Parlamentswahlen: Panama 1999–2014 (Ergebnisse in v. H.)

	PP	CD	PRD	Sonstige
2014	20,2	33,7	31,5	14,6
2009	22,2	23,7	35,7	19,4
2004	19,2[a]	7,4	37,8	35,6
1999	28,7[a]	2,8	31,5	27,0

[a]Damals noch Partido Arnulfista

Partido Panameñista Auténtico (PPA) berief sich auf das Erbe des Ex-Präsidenten *Arias.* Die Partei wurde 1991 formell aufgelöst und entstand neu als Partido Arnulfista (PA), 2005 wurde sie abermals umbenannt: in Partido Panameñista (PP). Der PP und der 1978 von *Torrijos* gegründete Partido Revolucionario Democrático (PRD) sind Konstanten in der politischen Szene. Sie verbünden sich ad hoc mit kleineren Parteien, um Wahlen zu bestreiten (Hoffmann 2008b, S. 455 f.).

Arias' Witwe *Mireya Moscoso* wurde 1999 zur Präsidentin gewählt. Sie kandidierte gegen *Marin Erasto Torrijos Espino,* den Sohn des früheren Generals. Dieser kandidierte dann mit Erfolg in der nächsten Präsidentenwahl (2004). Das von ihm betriebene große Projekt einer Kanalerweiterung wurde 2016 vollendet.

Die dritte größere Partei ist das konservative Cambio Democrático (CD). Es wurde 1998 von *Ricardo Martinelli* gegründet, der 2009 zum Präsidenten gewählt wurde. *Martinelli* ist ein schwerreicher Unternehmer; er betreibt unter anderem eine Supermarktkette. Das Filialnetz des Unternehmens und seine zahlreichen Angestellten substituieren die Infrastruktur einer politischen Partei (Barndt 2014, S. 11–15). Seit 2014 regiert wieder ein Präsident aus den Reihen des PA, *Juan Carlos Varela.* Er ist Miterbe und Ko-Manager des großen Familienunternehmens Varela Hermanos. Es vertreibt ein weit über die Grenzen des Landes hinaus beliebtes alkoholisches Getränk. *Varelas'* politische Karriere begann mit dem Management des Wahlkampfes für die frühere Präsidentin *Moscoso.* Die Wahlplattform, auf der er gewählt wurde, schloss neben der eigenen und weiteren kleinen Parteien den Partido Panameñista und die christlichen Demokraten ein. Der CD hat sich als dritte Kraft im Parteiensystem etabliert, in letzter Zeit aber Wähler verloren.

Zeitungen und TV-Sender nehmen Partei in den politischen Auseinandersetzungen. Je nach Konstellation ist das Verhältnis zu den Regierenden gespannt. Die Firmengruppe Corporación Medcom ist der stärkste Akteur im Medienbereich. Sie gehört dem Unternehmer *Nicolas Gonzalez Revilla;* er ist eng mit der PRD verbunden.

16.4 Wirtschafts- und Sozialpolitik

Der „eigentliche" Militärpräsident *Torrijos* finanzierte seine Sozial- und Armutsbekämpfungspolitik mit Auslandskrediten. Als mit *Noriega* der jüngste Diktator in der Geschichte des Landes gestürzt wurde, war Panama längst in eine Schuldenkrise hineinschlittert. Seine Nachfolger öffneten das Land für Auslandsinvestitionen. Die kleine superreiche Klasse in der Hauptstadt war von den Militärs stets verachtet worden. Von den nunmehr frei gewählten Präsidenten wurde sie umworben. Die frühere US-Kanalzone mit ihrer brauchbaren Infrastruktur bot gute Voraussetzungen für investitionswillige Unternehmen. Staatsunternehmen wurden verkauft und das Arbeitsrecht gelockert. Um die Städte Ciudad de Panamá und Colón entstanden Sonderwirtschaftszonen, in denen ein Großteil des Inlandsprodukts erwirtschaftet wird (Ropp 2014, S. 436–438). Reedereien, die ihre Schiffe unter der panamaischen Billigflagge fahren lassen, sowie laxe Bankvorschriften und Briefkastenfirmen sind Bestandteile des wirtschaftspolitischen Geschäftsmodells. Die Kanalgebühren tragen knapp ein Zehntel zum Inlandsprodukt bei. Die Nebeneffekte des Durchfahrtgeschäfts liegen um ein Vielfaches höher. Der Warenexport spielt eine untergeordnete Rolle (Tab. 16.4). Die Landeswährung ist im Verhältnis 1:1 an den USD gekoppelt (Tab. 16.6): das Wachstum ist stabil (Tab. 16.5).

Panama hat alles in allem den Charakter eines Stadtstaates. Bevölkerung und Wohlstand konzentrieren sich in den Großstädten an beiden Enden des Kanals (Tab. 3.9).

Tab. 16.4 Die wichtigsten Exportprodukte: Panama 1990–2014 (in v. H. am Gesamtexport). (Quelle: CEPAL/ECLAC: Statistical Yearbook for Latin America and the Caribbean 2015, External Sector, Tab. 3.3.2.33)

	Viehfutter[a]	Tropenfrüchte	Schalentiere	Schrott	Fisch	Bananen
2014	5,0	3,9	10,1	5,6	10,3	12,0
2013	3,7	5,7	9,8	6,0	8,6	12,4
2000		–	10,4	–	17,9	19,3
1990		–	14,8	–	3,4	27,8

[a]Fischmehl und für den menschlichen Verzehr ungeeignetes Fleisch

Tab. 16.5 Wachstum des BIP: Panama 2006–2015 (in v. H.). (Quelle: Siehe Angaben zu Tab. 6.5)

2015	2014	2013	2012	2011	2010	2009	2008	2007	2006
6,0	6,2	8,4	10,2	10,8	5,9	4,0	9,1	12,1	8,5

Tab. 16.6 Inflation: Panama 2006–2015 (in v. H.). (Quelle: Siehe Angaben zu Tab. 6.6)

2015	2014	2013	2012	2011	2010	2009	2008	2007	2006
1,0	2,6	4,0	2,7	5,9	3,5	2,4	8,8	4,2	2,1

Der Anteil armer Bevölkerung liegt im Vergleich mit den mittelamerikanischen Nachbarn um mehr als die Hälfte niedriger und bezogen auf ganz Lateinamerika im unteren Bereich, allerdings bei immer noch deutlichen Stadt-Land-Unterschieden (Tab. 3.4). Das Prokopfeinkommen ist eines der höchsten in ganz Lateinamerika (Tab. 3.5).

17 Costa Rica

17.1 Geschichte

Costa Rica ist eine der wenigen lateinamerikanischen Gesellschaften ohne nennenswerte mestizische oder indigene Bevölkerung (Tab. 3.10). Die frühere spanische Besitzung wurde 1821 bzw. 1823 mit Nicaragua, Honduras, Guatemala und El Salvador unabhängig (zur Vorgeschichte (Abschn. 1.3). Beginnend mit Costa Rica zieht sich bis Mexiko die Reihe der mittelamerikanischen „Kaffeerepubliken". Bis in die 1940er Jahre bestimmten wenige Kaffeebarone die Geschicke des Landes. Große Konflikte zwischen Großgrundbesitz und Bauern blieben dem Land zunächst erspart. Dünn besiedelt, bot es lange auch kleinen Kaffeebauern genügend Platz, um ein Familieneinkommen zu erwirtschaften.

Um die Wende zum 20. Jahrhundert wurde Costa Rica als Anbaugebiet für Bananen entdeckt. Treibende Kraft war die 1899 gegründete mächtige United Fruit Company, die an der costa ricanischen Karibikküste große Plantagen anlegte. Als die United Fruit – begünstigt durch die Fertigstellung des Panamakanals – ihre Aktivität an die Pazifikküste Mittelamerikas ausdehnte, wandelten sich auch Honduras, Guatemala und El Salvador zu Bananenrepubliken. Die Bananenwirtschaft generierte Massen miserabel bezahlter Plantagen- und Transportarbeiter. Bei der Unterdrückung von Gewerkschaftsgründungen und Arbeitskämpfen machte sich die Regierung zur Komplizin der Bananenkonzerne.

Unter dem von der Weltwirtschaftskrise verursachten Preisverfall für Kaffee und Tropenfrüchte lockerte sich der Zugriff der Kaffeeoligarchen und Plantagenmanager auf die Politik (zum Folgenden: Seligson 2014, S. 363–366). Der 1940 gewählte *Angel Calderón Guardia,* ein Armenarzt, Kandidat des Partido Republicano Nacional (PRN), wagte sich an die Probleme der Ausbeutung und Armut heran. Die Bilanz: Legalisierung der Gewerkschaften, Mindestlöhne, Achtstundentag und die Anfänge einer Sozialversicherung. *Calderón* fand nichts dabei, ab 1943 auch Kommunisten an seiner Regierung zu beteiligen. Noch tobte in Europa und Asien der Krieg; die Sowjetunion

J. Hartmann, *Die politischen Systeme Lateinamerikas,*
DOI 10.1007/978-3-658-14353-4_17

und die USA waren Verbündete in der Anti-Hitler-Koalition. *Teodoro Pikado Michalski,* Juraprofessor aus einer Ärztefamilie, ein von *Caldéron* lancierter Kandidat, gewann 1944 auf einer abermals von den Kommunisten unterstützten Wahlplattform die nächste Präsidentenwahl.

In *Pikados* Amtszeit erreichte der Kalte Krieg das entlegene Costa Rica. Der Gunst der antikommunistischen USA gewiss, witterte die Rechte Morgenluft. Nach Ablauf der Sperrfrist der damals noch geltenden Verfassung kandidierte 1948 erneut *Calderón.* Er verlor eine schmutzige Wahl knapp gegen den reichen Zeitungsverleger *Otilio Ulate Blanco. Calderóns* Nationalisten erzielten in der gleichzeitigen Parlamentswahl aber eine große Mehrheit, und diese Mehrheit weigerte sich, das Wahlergebnis formal zu bestätigten. *José Figueres Ferrer,* ein reicher Kaffeepflanzer und entschiedener Gegner *Calderóns* und *Picados,* ging mit einer Privatarmee gegen die Regierung vor. Es kam zu einem kurzen Bürgerkrieg. Nachdem die Armee besiegt war, erklärte sich *Figueres* zum Interimspräsidenten. Er ließ eine neue Verfassung ausarbeiten, und als diese verabschiedet war, übergab er die Präsidentschaft an *Ulate,* den konstitutionellen Wahlsieger von 1948.

17.2 Die costa ricanische Demokratie

Eine neue, bis heute geltende Verfassung schaffte 1949 die Armee ab; ihre Aufgaben wurden von einer Polizeitruppe übernommen. Die Kommunistische Partei wurde wieder legalisiert, spielte politisch aber keine Rolle mehr. Das Regierungssystem ist mittelamerikanischer Standard: ein nicht unmittelbar wiederwählbarer Präsident, zwei Vizepräsidenten, Einkammerparlament und die Möglichkeit der Amtsenthebung. Die Verfassung ist darauf angelegt, durch rigide Mandatsbeschränkungen die Ansammlung persönlicher Macht zu verhindern. Ein amtierender Präsident darf erst nach zwei Amtsperioden wieder kandidieren. Auch für Verwandte des scheidenden Amtsinhabers gilt diese Sperrzeit, ebenso für die amtierenden Vizepräsidenten. Die Parlamentarier dürfen erst wieder für das übernächste Parlament kandidieren. Das Oberste Gericht ist mit einer speziellen Kammer ausgestattet, die sich als verfassungsrechtliche Prüfinstanz betätigt.

Die sozialpolitischen und arbeitsrechtlichen Reformen *Calderóns* und *Picados* wurden beibehalten, teils sogar ausgebaut. *Figueres* gedachte nicht, sich dauerhaft von der Politik fernzuhalten, nachdem er dem um die Präsidentschaft geprellten *Ulate* schließlich zu seinem Recht verholfen hatte. Er gründete den Partido Liberación Nacional (PLN); die Partei versteht sich als sozialdemokratisch. *Figueres* amtierte in den folgenden Jahren (1953–1958, 1970–1974) zweimal als Präsident. Aus diversen Oppositionsparteien entstand 1983 als Gegenkraft zum PLN der Partido Unidad Social Cristiana (PUSC). Der katholischen Soziallehre verpflichtet, trägt der PUSC den Sozialstaat mit. In der Wirtschaftspolitik setzt er liberalere Akzente als der PLN. Zu seinen Gründern zählte *Rafael Ángel Calderón,* der Sohn des früheren Präsidenten. Er hatte bereits 1976 einen Partido

Republicano Calderonista gegründet. Die Familien *Figueres* und *Calderón* waren in der Politik des Landes bis in jüngste Zeit präsent. *Rafael Ángel Calderón* (1990–1994) und *José Maria Figueres* (1994–1998) wurden nacheinander zu Präsidenten gewählt. Der jüngere *Calderón* wollte 2009 erneut kandidieren. Eine Anklage wegen Korruption, die mit einer Haftstrafe endete, durchkreuzte diesen Plan. Der Skandal kostete die PUSC ihren Wahlsieg. Korruption ist eine der Plagen in Politik und Verwaltung des Landes.

Miguel Ángel Rodríguez, ein Ökonomieprofessor, der unter anderem in Berkeley studiert hatte, wurde 1998 als Kandidat des PUSC zum Präsidenten gewählt. Ein überzeugter Anhänger neoliberaler Politik, rückte er der öffentlichen Wirtschaft zu Leibe. Indes vereitelten Proteste der öffentlich Beschäftigten die Privatisierung des Telefon- und Telekommunikationsnetzes. Dissidenten des PLN gründeten 2000 mit dem Partido Accíon Ciudadana (PAC) eine neue Partei. Gründungsimpulse waren die Ablehnung des neoliberalen Kurses, auf den der PLN eingeschwenkt war, aber auch die Unzufriedenheit mit der Korruption, von der beide Traditionsparteien befallen waren. Einer der Parteigründer und lange die beherrschende Figur des PAC war der Wirtschaftswissenschaftler und frühere Wirtschaftsminister *Ottón Solís Fallas*.

Der PAC zog binnen eines Jahrzehnts viele Stimmen von den Altparteien ab. Er stand an der Spitze der Proteste gegen eine Beteiligung an einer mittel- und US-amerikanischen Freihandelszone. *Ottón Solis* kandidierte dreimal vergeblich. Der PAC-Kandidat *Luis Guillermo Solís* – bloße Namensverwandtschaft –, Historiker, Publizist und Kritiker des Neoliberalismus, löste 2014 Präsidentin *Laura Chincilla* vom regierenden PLN ab. Bedrängt der PAC den PUSC von links, so der Partido Moviemiento Libertario (PML) den PLN von rechts (Gratius 2008, S. 173 f.). Der PML setzt einen offensiven Gegenakzent zum sorgenden Staat, in dem die übrigen Parteien – mit unterschiedlichen Akzenten – übereinstimmen. Führungsgestalt des PML ist *Otto Guevara:* Anwalt, Hochschullehrer, Touristikunternehmer und gern gesehener Gast in TV-Shows. Schließlich ist seit 2004 auch noch der Frente Amplio (FA) im Spiel, eine 2004 gegründete linke und ökologische Partei. Mit der Pluralisierung der Parteienlandschaft beschreitet Costa Rica den gleichen Weg wie so viele andere einstige Zweiparteiensysteme Lateinamerikas, die nach Jahrzehnten eines politischen Duopols verkümmert sind (Tab. 17.1 und 17.2).

Das TV-Angebot wird von der Mediengruppe Repretel, die auch im Rundfunkgeschäft tätig ist und sechs TV-Kanäle besitzt, sowie von der Gruppe Teletica mit zwei Kanälen beherrscht. Die Pressefreiheit ist vorbildlich. In den Tageszeitungen mit größerer Verbreitung sind alle politischen Richtungen vertreten.

17.3 Wirtschafts- und Sozialpolitik

Costa Rica ist so stabil wie nur wenige andere Länder in Lateinamerika (Tab. 17.3). Der Grund liegt im recht gut funktionierenden bescheidenen Wohlfahrtssystem. Hatte die Sozialpolitik anfänglich den epochenüblichen Bias zugunsten der Mittelschicht, bezogen

Tab. 17.1 Parlamentswahlen: Costa Rica 2002–2014 (Ergebnisse in v. H.)

	PLN	PAC	FA	PSUC	PML
2014	25,5	23,8	13,0	10,0	7,9
2010	37,1	17,6	3,6	8,0	14,4
2006	36,5	25,3	1,1	7,8	9,1
2002	27,1	22,0		29,8	9,3

Tab. 17.2 Präsidentenwahlen: Costa Rica 2002–2014 (Kandidaten mit den meisten Stimmen [Ergebnisse in v. H.])

2014, erster Wahlgang	*L. Solís* PAC	*Monge* PLN	*Flores-Estrada* FA
	30,6	29,7	17,2
Stichwahl	77,8	22,2	
2010	Chincilla, PLN	O. Solís, PAC	Guevara, FA
	46,7	25,1	20,8
2006	Arias, PLN	O. Solís, PAC	Guevara, FA
	40,9	39,8	8,4
2002	Pacheco, PUSC	Monge, PLN	O. Solís, PAC
	38,6	31,1	26,2

Korrekturen in jüngerer Zeit auch die ländliche Bevölkerung ein (Haggard und Kaufman 2008, S. 92). Dieser Wohlfahrtsstaat ist nicht üppig ausgestattet, aber er hat die Kindersterblichkeit verringert, den breiteren Zugang zu medizinischen Leistungen ermöglicht, und er hängt auch die Menschen im informellen Sektor nicht vollständig ab (McGuire 2010, S. 65–93). Die Armutsquote und das Prokopfeinkommen liegen auf dem Niveau Brasiliens (Tab. 3.3 und 3.4). Die Sozialausgaben bewegen sich mit einem Viertel des Inlandsprodukts zusammen mit Argentinien, Brasilien und Uruguay in der Spitzengruppe des lateinischen Amerika (Tab. 3.8). Gleichwohl gaben PUSC und PLN, die sich in den 1990er und 2000er Jahren in der Regierung abwechselten, dem Druck der Finanzwelt nach: Sie verschlankten den Staat und begannen mit der Privatisierung öffentlichen Eigentums. Allein der PAC opponierte gegen diese Politik. Er eroberte die Präsidentschaft aber erst 2014, als die Liberalisierung bereits gelaufen war. Trotz allem ging selbst diese nicht so rabiat vonstatten wie in den Nachbarländern; vor allem schonte sie den Kern des Wohlfahrtssystems. (Tab. 17.1, 17.2 und 17.4).

Costa Rica verzeichnet zwar kein sensationelles, aber doch ein recht gleichmäßiges Wachstum (Tab. 17.5). Es ist ihm auch gelungen, die Preisentwicklung stabil zu halten (Tab. 17.6). Bis heute muss fast alles, was das Land an industriell gefertigten Produkten braucht, importiert werden – dies alles bei Wohlfahrtsleistungen, die hohe Kosten verursachen.

Tab. 17.3 Konstitutionelle und außerkonstitutionelle Abfolge der Präsidenten Costa Ricas seit 1930

		Konstitutionell gewählt	Konstitutionell abgelöst	Interimspräsident
C. González	1928–1932	X	X	
R. Jimenez	1932–1936	X	X	
R. Cortés	1936–1940	X	X	
R. Calderón	1940–1944	X	X	
T. Picado	1944–1948	X	X	
S. Herrera	1948			X
S. Figueres[a]	1948/49			
O. Ulate	1949–1953	X	X	
J. Figueres	1953–1958	X	X	
M. Echandi	1958–1962	X	X	
F. Olrich	1962–1966	X	X	
J. Trejos	1966–1970	X	X	
J. Figueres	1970–1974	X	X	
D. Oduber	1974–1978	X	X	
R. Carazo	1978–1982	X	X	
L. Monge	1982–1986	X	X	
O. Arias	1986–1990	X	X	
R. Calderón	1990–1994	X	X	
J. Figueres	1994–1998	X	X	
M. Rodríguez	1998–2002	X	X	
A. Pacheco	2002–2006	X	X	
O. Arias	2006–2010	X	X	
L. Chinchilla	2010–2014	X	X	
O. Solís	seit 2014	X		

[a] Mitglied einer Junta, nicht gewählt, mit dem Auftrag, eine neue Verfassung ausarbeiten zu lassen

Tab. 17.4 Die wichtigsten Exportprodukte: Costa Rica 1980–2013 (in v. H. am Gesamtexport). (Quelle: CEPAL/ECLAC: Statistical Yearbook for Latin America and the Caribbean 2015, External Sector, Tab. 3.3.2.23)

	Schaltelemente	Medizintechnik	Tropenfrüchte	Bananen	Kaffee
2013	21,0	9,8	7,3	6,8	3,8
2000	–	3,3	2,3	10,1	5,3
1990	–	–	24,6	–	16,9
1980	–	–	20,8	–	24,0

Die sozialpolitischen Standards bezahlt Costa Rica mit einer hohen Auslandsverschuldung. Mit Uruguay und Honduras zählt es zu den am höchsten verschuldeten Ländern Lateinamerikas (Tab. 5.7). Das Land nutzte die Chancen der Freihandelsabkommen mit Mittelamerika und den USA. Dank seiner politischen Stabilität und Rechtssicherheit gelang es, Investoren anzuwerben und die Exportpalette zu erweitern (Tab. 17.4). Um die Hauptstadt entstanden technologische Fertigungsanlagen, die sich auf den US-Markt orientieren (Tab. 5.8, Anmerkungen). Im Tourismus – und vor allem als Anlaufpunkt von Kreuzfahrten – entstand ein weiteres Geschäftsfeld. Wie verschieden die Dinge im Vergleich mit den nördlichen mittelamerikanischen Nachbarn liegen, zeigt sich nicht zuletzt darin, dass Rücküberweisungen von Auslands-Costa Ricanern – ein Indiz für die von Armut getriebene Emigration – kaum eine Rolle spielen (Tab. 5.12). Dessen ungeachtet zählt Costa Rica zu den wenigen Ländern, in denen die Ungleichverteilung der Einkommen in den letzten zehn Jahren deutlich gestiegen ist (Tab. 5.11).

Tab. 17.5 Wachstum des BIP: Costa Rica 2006–2015 (in v. H.). (Quelle: Siehe Angaben zu Tab. 6.5)

2015	2014	2013	2012	2011	2010	2009	2008	2007	2006
3,0	3,5	3,4	5,2	4,5	5,0	−1,0	2,7	7,9	8,8

Tab. 17.6 Inflation: Costa Rica 2006–2015 (in v. H.). (Quelle: Siehe Angaben zu Tab. 6.6)

2015	2014	2013	2012	2011	2010	2009	2008	2007	2006
2,2	4,5	5,2	4,5	4,9	5,7	7,8	13,4	9,4	11,5

Nicaragua 18

18.1 Geschichte

Nach der Unabhängigkeit (1821/1823, Abschn. 1.3) vollzogen sich in Nicaragua die gleichen Prozesse wie im übrigen Mittelamerika. Die in den 1870er Jahren einsetzende Weltnachfrage machte auch Nicaragua zur Kaffeerepublik. Nach Haiti ist es heute das zweitärmste Land Lateinamerikas. Seine Wirtschaft hängt immer noch stärker von der Nachfrage nach Kaffee ab, als dies in den Nachbarländern der Fall ist. Gut 70 % der Bevölkerung sind Mestizen, Indigene fallen heute kaum noch ins Gewicht (Tab. 3.10).

Die Idee einer künstlichen Wasserstraße, um die Landenge zwischen Atlantik und Pazifik zu überwinden, reicht bis in die 1820er Jahre zurück. Mit dem Fortschritt der Ingenieurwissenschaft und dem erfolgreichen Beispiel des Sueskanals rückte sie in den Bereich des Machbaren. Zwei Optionen boten sich an, der Isthmus von Panama und der Süden Nicaraguas. Der Nicaragua-See als ein großes natürliches Gewässer erleichterte bereits den üblichen Überlandtransport zwischen den Ozeanen.

Wie die Nachbarrepubliken war auch Nicaragua von Parteikriegen zerrissen. Eine dieser Bürgerkriegsparteien bat 1854 den US-amerikanischen Abenteurer *William Walker* um Unterstützung. *Walker* hatte die fixe Idee, in Mittelamerika die angelsächsische Kultur zu verbreiten und dort eine Sklavenwirtschaft nach dem Modell der US-Südstaaten aufzuziehen. Er ließ sich von seinen Verbündeten sogar zum Präsidenten Nicaraguas wählen und fiel dann in die Nachbarstaaten ein. Die Truppen der Nachbarstaaten machten seinem Regime 1860 ein Ende.

In den 1870er Jahren begann die nicaraguanische Oligarchie, mit dem Anbau des Kaffeestrauchs Geld zu scheffeln. Bei der Expansion des Anbaus stand das noch geschützte indianische Gemeinschaftsland im Wege. Die Indianergemeinden wurden kurzerhand enteignet und ihr Land zum Kauf freigegeben. Es kam 1881 zu einem großen Indianeraufstand, der blutig niedergeschlagen wurde.

J. Hartmann, *Die politischen Systeme Lateinamerikas*,
DOI 10.1007/978-3-658-14353-4_18

In den 1890er Jahren begannen die Vorarbeiten für einen interozeanischen Kanal. Sie wurden eingestellt, als sich das Interesse der USA an einem künstlichen Wasserweg Panama zuwandte. Dort hatte ein europäisches Firmenkonsortium den Kanalbau mangels Kapital eingestellt. Um die Jahrhundertwende führte der nicaraguanische Präsident *José Santos Zelaya* mit Deutschland und Japan Gespräche über einen Kanaldurchstich; sie endeten ergebnislos.

Die Miskitoküste im Osten Nicaraguas war Indianerland. Der Miskitoherrscher erkannte bereits in den 1860er Jahren die Oberhoheit Guatemalas an, hatte sich aber Autonomie für sein Volk zusichern lassen. Entgegen der Absprache erlaubte es die nicaraguanische Regierung 1882 US-Gesellschaften, auch dort Bananenpflanzungen anzulegen. *Zelaya* machte der lästigen Autonomie des Gebiets 1894 förmlich ein Ende und vereinnahmte es als reguläre Verwaltungsprovinz. Der umtriebige *Zelaya* wärmte auch die Idee eines Zusammenschlusses der mittelamerikanischen Staaten wieder auf. Ein politisch vereinigtes Mittelamerika war unrealistisch, doch allein schon die Idee lief den Interessen der USA in der Region zuwider.

Zelaya wurde Washington lästig. Zunächst torpedierte es einen Kredit Nicaraguas bei französischen Banken. Dann unterstützte es *Zelayas* politische Gegner mit Waffen und sogar Söldnern. Unter fadenscheinigen Vorwänden ließ die US-Administration 1907 schließlich nicaraguanische Häfen besetzen und schob zwei Jahre später sogar Marinetruppen nach. *Zelaya* war dieser massiven Intervention nicht gewachsen. Er zog sich 1909 ins mexikanische Exil zurück.

Eine US-freundliche Regierung trat an seine Stelle (zum Folgenden: Millett 2014). Ihr Außenminister *Diego Manuel Chamorro* handelte 1912 einen Vertrag aus, der einer Totalkapitulation vor Washingtoner Interessen gleichkam. Er enthielt die Zusage, keinem anderen Land die Konzession auf den Bau eines künftigen Kanals durch Nicaragua zu erteilen. Auslandskredite durften künftig nur bei US-Instituten aufgenommen werden, und die Gläubiger erhielten das Recht, die Kreditkosten direkt von den Zolleinnahmen abzugreifen. Die liberale Opposition war empört, bewaffnete sich und schickte sich an, die konservative Regierung zu vertreiben. Diese wiederum wandte sich an die USA, die noch im selben Jahr unter dem Vorwand, den Schutz der im Lande weilenden Ausländer zu gewährleisten, postwendend wieder Kriegsschiffe und Marineinfanterie schickten.

Die US-Truppen blieben bis 1926 im Lande. Nach ihrem Abzug stellten die Liberalen die Kampfhandlungen ein und machten ihren Frieden mit der Regierung. Allein General *Augusto César Sandino* widersetzte sich und führte den Kampf weiter. Stärker bewaffnet als zuvor, kehrten US-Truppen schon ein Jahr später zurück. Sie stellten eine neue Regierungstruppe auf: die Nationalgarde. Ihr Kommando wurde *Anastasio Somoza García* übertragen, dem Sohn eines reichen Kaffeepflanzers, der ein Studium in den USA absolviert hatte. *Sandinos* Truppe war jedoch nicht zu besiegen und zwang die US-amerikanischen Militärs, die bei den Kämpfen auch Verluste einstecken mussten, im Lande zu bleiben. Die US-Militärpräsenz endete erst 1933, als Präsident *Franklin Delano Roosevelt* die Abkehr vom kruden Interventionismus seiner Vorgänger einleitete. Die Sandinisten legten die Waffen nieder. *Somoza* ließ *Sandino* 1934 ermorden.

18.2 Die Somoza-Diktatur und der Bürgerkrieg

Ohne schon selbst Präsident zu sein, war *Somoza* als Kommandeur der Nationalgarde fortan die beherrschende Macht im Lande. 1936 zwang er den schwachen amtierenden Präsidenten *Roberto Sacasa* zum Rücktritt, um sich selbst wählen zu lassen. Nach Ablauf der Amtszeit schickte er einen Sohn vor, der sich als Präsident wählen ließ, und danach kandidierte er wieder selbst. Als politische Adresse diente dabei der Partido Liberal Nacionalista (PLN). Im Reißverschlussverfahren regierte die Familie *Somoza* bis 1979 in drei Generationen. Sie nutzte ihre beherrschende Stellung im Lande, um auch große Teile der Wirtschaft unter ihre Kontrolle zu bringen. Die große Unternehmerfamilie der *Pellas Chamorro,* die traditionell eine starke Rolle in der Politik des Landes hatte, hielt sich unter den *Somozas* wie ein stiller Teilhaber zurück und arrangierte sich geschäftlich mit der Präsidentenfamilie. Der *Somoza*-Klan war der treueste Verbündete der USA in der Region. Als Präsident *Arbenz* im benachbarten Guatemala 1951 Reformen in Angriff nahm, die Washingtons Kreise störten, stellte *Somoza* der CIA Operationsbasen zur Verfügung, um von dort aus den Präsidenten des Nachbarlandes zu stürzen. Auch die misslungene Schweinebucht-Operation der CIA von 1961, die *Castro* auf Kuba stürzen sollte, ging von Nicaragua aus.

Die bewaffnete Opposition blieb in der ganzen Somoza-Ära auf geringem Niveau aktiv. Die Rebellen, die sich als Erben *Sandinos* verstanden, erhielten Zulauf, als die Hauptstadt Managua 1972 durch ein Erdbeben zerstört, die zahlreich eingehenden Hilfsgelder aber von den *Somozas* abgezweigt wurden. Noch Jahre später war die Hauptstadt ein Trümmerfeld. Auch andere Ursachen trugen zum Zerfall des Somoza-Regimes bei: Die Kirche distanzierte sich im Zuge des Zweiten Vatikanums vom Regime. Selbst die Geschäftswelt driftete ins Lager der Opposition. Die Grausamkeit, mit der das Regime gegen Oppositionelle vorging, löste in den westlichen Hauptstädten Empörung aus. Schließlich kündigte die US-Administration *Carter* die Unterstützung auf.

Kopf der bewaffneten Opposition des FSLN (Frente Sandinista de Liberación Nacional) war *Daniel Ortega.* Am Ende der 1970er Jahre war die Unzufriedenheit so weit gediehen, dass die Chancen stiegen, die *Somozas* in einer regulären Wahl zu besiegen. Der Oppositionskandidat *Pedro Joaqín Chamorro Cardenal,* Spross der großen Verleger- und Unternehmerfamilie, wurde – vermutlich auf Befehl der *Somozas* – ermordet. Die *Chamorros* hatten bis dahin allein fünf frühere Präsidenten und etliche hohe Militärs hervorgebracht. Nach diesem Mord explodierte die öffentliche Empörung. *Chamorros* Witwe rief dazu auf, die sandinistische Befreiungsbewegung zu unterstützen. Vor der geballten Volkswut suchte der letzte regierende *Somoza* 1979 das Weite.

Bis zur nächsten Wahl regierte eine Junta unter Führung der von *Ortega* dominierten Sandinisten, die sich nach dem Ende des des Bürgerkriegs als Partei konstituiert hatten. Auch *Chamorros* Witwe *Violeta* schloss sich der Junta an. Bald schon wurde klar, dass die sandinistische Führung ein anderes Nicaragua wollte – weniger Markt, Armutsbekämpfung, Alphabetisierung, Gleichberechtigung sowie die Zusammenarbeit mit Kuba und den sozialistischen Ländern. Enttäuscht zog sich *Violeta Chamarro* aus dem Bündnis mit den Sandinisten zurück. Zu dieser Zeit engagierte sich die späte Sowjetunion in Afrika, Angola, Mosambik und Afghanistan. Mit der Wahl *Ronald Reagans* gab es in der US-Politik ab 1981 einen Rechtsruck. Die Reagan-Administration spannte die Ereignisse in Nicaragua in den Deutungsrahmen sowjetischen Expansionsstrebens ein.

Mit der Bewaffnung *Somoza*-treuer Paramilitärs, der sogenannten Contras, gingen die USA in eine schlecht kaschierte Gegenoffensive. Dabei waren die politischen Vorhaben der Sandinisten unter den Armen des Landes populär. Der Krieg dauerte noch bis in 1990 an. *Ortega* kam aus einer Lehrerfamilie, die in Opposition zum Somoza-Regime stand. Er hatte nach der Schule ein Jurastudium begonnen, das er jedoch nicht zu Ende brachte, weil er sich dem bewaffneten Kampf gegen das Regime verschrieb. Er wurde 1985 regulär zum Präsidenten gewählt und setzte die von der Junta begonnene Politik fort. Das Land gab sich eine sozialistische Verfassung, tastete das liberaldemokratische Institutionengerüst und den Parteienpluralismus aber nicht an.

18.3 Das aktuelle politische System

Ein konstitutionelles Regieren, wie es sich in der Einsetzung und Ablösung der Präsidenten manifestiert, begann im Grunde genommen erst mit dem Sturz der Somoza-Dynastie (Tab. 18.1). Das Regierungssystem Nicaraguas zeigt den üblichen mittelamerikanischen Zuschnitt mit den Akzenten eines besonders starken Präsidenten und eines als Reserve vorgehaltenen Vizepräsidenten und sowie eines einkammrigen Parlaments. Verwaltung und Justiz sind hochgradig politisiert. Der FSLN ist stärker, als die Wahlergebnisse zeigen. Die Gewerkschaften sind sandinistisch orientiert, ebenso die bäuerlichen Organisationen. Die Armee indes ist kein starker Akteur. Unter den *Somozas* war sie das Instrument eines autoritär regierenden Familienklans, der im Mantel der Liberalen Partei agierte. Auf der Basis der früheren Guerillas entstand in der Sandinistischen Volksarmee abermals eine Art Parteiarmee, bei der Kuba und das sozialistische Osteuropa Aufbauhilfe leisteten. Es kostete *Ortegas* Nachfolger viel Mühe, die Armee in eine loyale Truppe umzubauen. Mit entsprechenden Verfassungsänderungen und einer drastischen Reduzierung von knapp 100.000 bis auf 15.000 Mann wurde dieser Umbau bis 1995 abgeschlossen. Die Militär- und Polizeiapparate wurden entflochten. Der FNSL nahm es hin. Nur so blieb es ihm möglich, als Partei zu überleben, ohne das Risiko eines neuen Bürgerkrieges einzugehen. Auf diese Weise gelang eine Demilitarisierung der Innenpolitik, die in den nördlichen Nachbarrepubliken in halbherzigen Schritten stecken geblieben ist (Cruz 2011, S. 19–21).

Bereits in den 1980er Jahren flaute in der Mittelschicht die Begeisterung für die Sandinisten ab. Die Sandinisten führten eine Landreform durch, Großbesitz wurde enteignet. In den 1990er Jahren, als die Sandinisten nicht mehr regierten, erhoben die ursprünglichen Eigentümer Restitutionsansprüche. Die Landverteilung wurde nicht vollständig annulliert, aber aus Genossenschaftsbauern wurden Privatbauern. Politisch gern gesehen und gewollt, drifteten die privat wirtschaftenden Campesinos auseinander. Wachsende

Tab. 18.1 Konstitutionelle und außerkonstitutionelle Abfolge der Präsidenten Nicaraguas seit 1930

		Konstitutionell gewählt	Konstitutionell abgelöst	Interimspräsident
J. Moncada	1929–1933	X	X	
J. Sacasa	1933–1936	X		
C. Brenes	1936–1937			X
A. Somoza	1937–1947			
L. Argüello[a]	1947			
B. Lacayo[a]	1947			X
Roman y R[a]	1947–1950			
M. Zurita[a]	1950			X
A. Somoza	1950–1956			
L. Somoza	1956–1963			
R. Schick[b]	1963–1966			
L. Guerrero[b]	1966/1967			X
A. Somoza D	1961/1972			
Junta[c]	1972–1974			
A. Somoza D	1974–1979			
F. Urcuyu[d]	1979			
Junta[e]	1979–1985			
D. Ortega	1985–1990	X	X	
V. Chamorro	1990–1997	X	X	
A. Alemán	1997–2002	X	X	
E. Bolaños	2002–2007	X	X	
D. Ortega	Seit 2007	X		

[a]Im Auftrag von A. Somoza
[b]Im Auftrag von L. Somoza
[c]Von A. Somoza Debalye arrangierte Interimsregierung zu dem Zweck, die scheinkorrekte Wiederwahl Somozas zu überbrücken
[d]Im Auftrag von A. Somoza Debayle
[e]Junta unter Führung des FSLN, zunächst als Allparteienjunta

Unterschiede zwischen erfolgreichen und armen Bauern sowie Neid und Streit um Ressourcen höhlten alle Solidarität aus, auf die es die staatlich-genossenschaftliche Landwirtschaftspolitik der Sandinisten abgesehen hatte (Horton 2013).

Trotz der großen Anzahl politischer Parteien zählen bis dato neben dem FSLN letztlich nur die in sich gespaltenen Liberalen, die sich von dem durch die *Somozas* beschädigten Namen verabschiedet haben. Sie treten seit 1984 als Partido Liberal

Constitucionalista (PLC) auf. Auch ein Partido Liberal Independiente (PLI), der bereits 1947 von liberalen Dissidenten gegründet worden war, hatte, ist als Sammelbecken der Opposition im politischen Spiel. Er trat 2011 mit einem zugkräftigen Kandidaten, dem Radiojournalisten *Fabio Gadea Mantilla,* auf. Auf ihn richteten sich die Hoffnungen aller, die mit den Kandidaten der Liberalen und der Sandinisten nicht zufrieden waren (zum Folgenden auch: Schobel und Elsemann 2008). Der PLC ist die Adresse der Geschäftswelt. Der FSLN wiederum tritt heute nicht mehr geschlossen auf. Beide großen Parteien, FSLN und PLC, einigten sich 2002 auf eine Reform des Wahlgesetzes. Die Schwelle für die Präsidentenwahl wurde auf ein Drittel bzw. 40 % der Stimmen abgesenkt (Tab. 4.7). Die Reform trug nicht unerheblich dazu bei, dass *Ortega* 2006 nach dreimaligen vergeblichen Versuchen letztlich doch wieder Präsident werden konnte.

Blicken wir an dieser Stelle auf die Medien- und Unternehmensszenerie. Die Verlegerfamilie *Chamorro* stand in der Ära *Somoza* mit ihrem Unternehmensflaggschiff La Prensa, einem konservativen Blatt, durchweg in Opposition zum Regime und wurde entsprechend schikaniert. Als *Violeta Chamorro* 1980 aus der Junta-Koalition mit den Sandinisten ausschied, schaltete die Redaktion von La Prensa auf Attacke gegen die sandinistische Regierung. Die übergroße Mehrheit der Redaktion machte diesen Kurswechsel nicht mit. Auf Initiative *Xavier Chamorros,* dem Schwager der späteren Präsidentin *Violeta,* gründeten Redakteure das Konkurrenzblatt El Nuevo Diario, das sich deutlich links von El Prensa positioniert und Sympathien für den Sandismus erkennen lässt. Ein weiterer Akteur von politischem Gewicht ist die Grupo Pellas, ein Unternehmen der Familie *Pellas Chamorro:* der größte Mischkonzern Mittelamerikas mit Firmen in den Bereichen Telekommunikation, Zucker, Banken und Fahrzeughandel.

Die Nachfolge *Ortegas* trat 1990 *Violeta Chamorro* an. Sie wurde auf einer Wahlplattform verschiedener Parteien gewählt (UNO, Unión Nacional Oppositora). Begleitet vom Wohlwollen der USA, schwenkte *Violeta Chamorro,* die den Job ihres Mannes als Verlegerin übernommen hatte, auf einen marktfreundlichen Kurs; sie leitete die Reform der Streitkräfte ein und demobilisierte die Contras.

Ihr Nachfolger *Arnoldo Alemán* (1997–2002) behielt den neoliberalen Kurs der Vorgängerin bei. Unter den *Somozas* hatte er hohe Ämter bekleidet. Selbst aus einer Cafétero-Familie kommend, war er lange als Funktionär für die Verbände der Kaffeepflanzer tätig gewesen. Er war von zweifelhafter Integrität und wurde mit der Veruntreuung von Staatsgeldern in Verbindung gebracht. Nach Ablauf seiner Amtszeit wurde er verurteilt und sein Vermögen eingefroren. Auch der liberale Präsident *Enrique Bolaños Geyer* (seit 2002) blieb in der politischen Spur der Vorgänger. Sohn aus reicher Familie, selbst erfolgreicher Unternehmer und Funktionär des Unternehmerverbandes, war er Vize unter *Alemán* gewesen und hatte als dessen handverlesener Nachfolgekandidat kandidiert. *Bolaños* ließ der juristischen Verfolgung des Vorgängers vollen Lauf. Dafür rächte sich *Alemán,* dem seine Strafe als Hausarrest zudiktiert worden war. Er bahnte ein Bündnis mit dem FSLN an, um *Bolaños* parlamentarisch zu blockieren (Tab. 18.2). Ein Teil der Liberalen machte bei dieser Blockade mit. In der Folge kam es praktisch zum Stillstand der Regierungstätigkeit.

Tab. 18.2 Parlamentswahlen: Nicaragua 1996–2011 (Ergebnisse in v. H.)

	FSLN	PLI	PLC	ALN, PCN[a]
2011	60,8	31,5	6,4	
2006	34,7		26,4	28,1[a]
2001	42,6		52,6	4,6[b]
1996	36,5	0,7	45,2 *(AL)*[c]	

[a]Der Partido Conservador Nacional (PNN) integrierte sich 2005 in die Alianza Liberal
[b]ALN (Dissidenten des PLC)
[c]Wahlbündnis von Libertären und Konstitutionalisten

Für die Präsidentenwahl von 2006 zerstritt sich der PLC bei der Kandidatensuche, und zwar mit der Folge, dass der FSLN an die Regierung zurückkehrte. Auch die Sandinisten waren bei dieser Wahl gespalten. Die „sandinistischen Erneuerer" stellten ihren eigenen Kandidaten, den Bürgermeister der Hauptstadt, auf. Er starb noch vor dem Wahltag. In dieser Konstellation machte der Altpräsident *Ortega* das Rennen. Die Verfassung verlangte nach der letzten Revision (2002) vom Gewinner nur mehr 35 % der Stimmen. Das Urteil gegen *Alemán* wurde 2009 vom Obersten Gericht kassiert. Prompt machten Gerüchte die Runde, es handele sich um eine Vorleistung *Ortegas,* um *Alemáns* Unterstützung für weitere Verfassungsänderungen zu gewinnen.

Schon 2009 hatte Ortega kundgetan, dass er das Wiederwahlverbot der Verfassung für obsolet hielt. Dasselbe Oberste Gericht, das *Alemáns* Urteil aufgehoben hatte, erklärte 2011, das Wiederwahlverbot der Verfassung gelte nicht für *Ortega;* die betreffenden Artikel seien auf ihn nicht anwendbar. Zuvor waren Mitglieder des Gerichts, die nicht als Parteigänger *Ortegas* bekannt waren, von den Beratungen ausgeschlossen und durch Ortega-freundliche Richter ersetzt worden.

Die Wiederholungskandidatur eines amtierenden Präsidenten wurde mit einer weiteren Verfassungsänderung 2014 vollständig entfristet. Mit dem Rückenwind der sich erholenden Wirtschaft war *Ortega* bereits 2011 mit großer Mehrheit, allerdings in einer unsauberen und teils manipulierten Wahl, wiedergewählt worden (Tab. 18.3).

Ortegas Präsidentschaft glitt in einen personalistischen Modus ab, der im Nepotismus und im ruppigen Umgang mit der Opposition wie ein Echo aus der autoritären Vergangenheit anmutet. Seine Frau *Sofia Murillo* tritt als eine schon nicht mehr „graue" Eminenz auf, begleitet ihn zu Pressestatements, ist im Fernsehen präsent, gibt ihre Auffassungen zum Besten und lässt ihrem Hang zum Luxus freien Lauf. Ein halbes Dutzend Verwandte bekleiden hohe Staatsämter. Trat *Ortega* früher als Befürworter der Abtreibung auf, macht er heute Front dagegen und kultiviert seine Beziehungen zu den Bischöfen des Landes.

Tab. 18.3 Präsidentenwahlen: Nicaragua 1996–2015 (Kandidaten mit den meisten Stimmen [Ergebnisse in v. H.])

2011	*Ortega*, FSLN	*Gadea*, PLI	*Alemán*, PLC
	62,4	31,5	5,9
2006	*Ortega*, FSLN	*Montealegre*, ALN[a]	*Castellón*, PLC
	32,5	28,3	27,1
2001	*Bolaños*, PLC	*Ortega*, FSLN	*Saborio*, PCN[b]
	53,6	46,3	1,4
1996	*Alemán*, PLC	*Ortega*, FSLN	*Osomo*[c]
	50,9	37,8	0,4

[a]Wahlallianz um Dissidenten der PLC
[b]Partido Conservador de Nicaragua
[c]Kandidat einer christlichen Partei

18.4 Wirtschafts- und Sozialpolitik

Ausländische Investoren schlugen wegen der Korruption, der Rechtsunsicherheit und der Hinwendung des FSLN zum Sozialismus in den 1980er Jahren einen Bogen um Nicaragua. Trotz eines Ausgabenprogramms, das den gesellschaftlichen Underdogs zugute kommt, ist das Land mit gut 30 % nicht übermäßig hoch verschuldet (Tab. 5.7). Der Anteil der Sozialausgaben am Inlandsprodukt und die Durchschnittseinkommen liegen auf dem Niveau der ärmeren Länder Mittelamerikas und des Subkontinents (Tab. 3.8). Zwei Drittel der Bevölkerung gelten als arm, und dies nicht nur in den Städten (Tab. 3.3 und 3.4).

Ein Großteil der Bevölkerung lebt noch auf dem Lande, in Dörfern und kleineren Städten (Tab. 3.9). Wie die Nachbarländer hat sich auch Nicaragua darauf besonnen, mit dem Pfund billiger Arbeit zu wuchern. Industrielle Produkte haben den Agrarexport wertmäßig überholt (Tab. 18.4). Alternative Partner wie noch in den 1980er Jahren gibt es nicht mehr, seitdem sich die sozialistische Staatenwelt in die Geschichte verabschiedet hat. Das Wachstum ist einigermaßen stetig und der Geldwert recht stabil (Tab. 18.5 und 18.6). Außer russland- und iranfreundlichen sowie israelfeindlichen Tiraden ist vom früheren Radikalismus *Ortegas* nichts übrig geblieben. Die Wirtschaftselite ist mehr als zufrieden mit diesem gewandelten Präsidenten, der ihnen alle Freiheiten zum Geldscheffeln lässt.

Große Hoffnungen setzten Regierungen aller Couleur in den Bau eines Nicaragua-Kanalas. Dahinter steht der Plan, eine künstliche Wasserstraße zu bauen, die auf die größten derzeit erwarteten Schiffe ausgelegt ist, für deren Abmessungen – nach der sogenannten Panamax-Norm – der Panama-Kanal trotz der jüngsten Erweiterung zu klein ist. Ende 2014 gab es den ersten Spatenstich für das Projekt, dessen Verlauf durch den Nicaragua-See führen soll: das größte Süßwasserreservoir Mittelamerikas. In der Umgebung

Tab. 18.4 Die wichtigsten Exportprodukte: Nicaragua 1980–2014 (in v. H.). (Quelle: CEPAL/ ECLAC: Statistical Yearbook for Latin America and the Caribbean 2015, External Sector, Tab. 3.3.2.32)

	Kaffee	Isolierstoffe[a]	Fleisch	Textilien	Krustentiere
2014	8,7	12,3	9,8	23,1	5,7
2013	8,5	13,8	11,0	24,5	4,4
2000	28,1	–	8,6	–	5,7
1990	23,4	–	20,7	–	2,7
1980	40,0	–	14,1	–	2,7

[a]Kabel und anderes

Tab. 18.5 Wachstum des BIP: Nicaragua 2006–2015 (in v. H). (Quelle: Siehe Angaben zu Tab. 6.5)

2015	2014	2013	2012	2011	2010	2009	2008	2007	2006
4,0	4,7	4,5	5,1	6,2	3,2	-2,8	2,9	5,3	4,2

Tab. 18.6 Inflation: Nicaragua 2006–2015 (in v. H.). (Quelle: Siehe Angaben zu Tab. 6.6)

2015	2014	2013	2012	2011	2010	2009	2008	2007	2006
5,3	6,0	7,1	7,2	8,1	5,5	3,7	19,8	11,1	9,1

des Kanals sollen eine Freihandelszone, Flughäfen und Tourismuszentren entstehen. Investor ist die Firmengruppe HKND aus Hongkong. Ihr wurde eine Betriebskonzession für 50 Jahre mit der Option auf weitere 50 Jahre erteilt. Das Projekt ist hochumstritten, und zwar nicht nur wegen des Kostenrahmens, sondern auch, weil es auf eine Entwicklung des globalen Seeverkehrs kalkuliert, zu der es womöglich nie kommen wird, zumal die Distanz, die der Panamakanal überwindet, geringer, das Revier den Spediteuren vertraut und die dortige Infrastruktur in hundert Jahren gewachsen und fortlaufend modernisiert worden ist.

Honduras 19

19.1 Geschichte

Honduras wurde 1821/23 unabhängig (Abschn. 1.3). Das Land ist mestizisch geprägt (Tab. 3.10). Bis ins letzte Quartal des 19. Jahrhunderts war seine Geschichte von den üblichen Kämpfen zwischen Konservativen und Liberalen gezeichnet. Die erste große, auch politische Zäsur war der Einstieg in den Kaffeeanbau mit seinem Land Grabbing auf Kosten der Campesinos und Indianervölker. Die zweite Zäsur war die Erschließung der karibischen Küste für die Bananenproduktion. Dank großzügiger Erteilung von Anbaulizenzen war das Land bis weit in die 1940er Jahre ein Tummelplatz US-amerikanischer Fruchtkonzerne. Die honduranische Regierung machte sich über Jahrzehnte hinweg zum Erfüllungsgehilfen der Gesellschaften.

Exemplarisch waren die Ereignisse um den General und Präsidenten *Tiburcío Carías Andino.* Dieser kandidierte 1923 für den Partido Nacional (PNH), wurde aber vom amtierenden Präsidenten *Rafael López Gutiérrez* vom Partido Liberal de Honduras (PLH), der illegal über seine Amtszeit hinaus blieb, um seine Wahl betrogen. *Carias'* PNH galt als politische Agentur der United Fruit, der PLH repräsentierte eher die Interessen der Kaffeewirtschaft. *Carias,* ein notorischer Putschist, vertrieb *López* daraufhin aus dem Amt, ließ neu wählen und begnügte sich vorerst mit der Rolle eines politischen Regisseurs hinter den Kulissen. Auf dem Höhepunkt der Weltwirtschaftskrise trat er 1932 erneut als Kandidat an, wurde regulär gewählt und regierte dann unter Missachtung der Verfassung als Diktator weiter. Bis 1949 war er die beherrschende Figur im Lande. Zu den Diktatoren *Somoza* in Nicaragua und *Ubico* (Kap. 18 und 22) in El Salvador unterhielt er beste Beziehungen. Unter den widrigen Umständen der Weltwirtschaftskrise versuchte die Regierung, die Bananenwirtschaft mit dem Drücken der Lohnkosten und der Niederschlagung von Arbeitskämpfen flott zu halten (dazu und im Folgenden: Ruhl 2014; Dietrich 2008).

J. Hartmann, *Die politischen Systeme Lateinamerikas,*
DOI 10.1007/978-3-658-14353-4_19

Gegen Ende der 1940er Jahre gelangte man in Washington zur Auffassung, ein jahrzehntelang herrschender Diktator mache sich nicht mehr gut als Verbündeter. *Carías* verzichtete darauf, sich vom sonst willfährigen Parlament noch eine weitere Amtszeit genehmigen zu lassen. Hinter den Kulissen gedachte er weiterhin die Fäden zu ziehen. Die politisierte und von den USA modernisierte Armee blieb in der Rolle einer Überpartei. In einer manipulierten Wahl – der Partido Liberal stellte keinen Kandidaten auf – wurde 1948 *Juan Manuel Gálvez Durón,* ebenfalls vom Partido Nacionalista, ein angesehener Anwalt und langjähriger Minister in der Regierung *Carías,* zum Präsidenten gewählt.

Gálvez enttäuschte die Erwartungen des Vorgängers, auf dessen Linie weiterzumachen. Er leitete im Arbeitsrecht und mit einer Einkommensteuer bescheidene Reformen ein. Aber auch *Gálvez* legte Wert auf ein gutes Verhältnis zu den Fruchtgesellschaften. Als er sich 1954 zur klinischen Behandlung in den USA aufhielt, nutzte sein Vize *Julio Lozano Díaz* die Gelegenheit zu einem Putsch. Anschließend kandidierte *Lozano* in einer vom Wahlkalender her noch nicht fälligen Wahl für die Präsidentschaft. Die Nacionalistas (PNH) waren über die Person *Lozanos* und den Putsch zerstritten. *Lozano* verfehlte die absolute Mehrheit, die Wahl fiel ins Parlament. Als er 1956 zum kalendarisch korrekten Wahltermin erneut antrat und eine unsaubere Wahl gewann, intervenierte das Militär. Der unpopuläre *Lozano* wurde abgesetzt und bis zur korrekten Wiederholung des Wahlvorgangs der Ex-Präsident *Galvez* zurückgerufen, der dann selbst kurz vor dem Ende seiner regulären Amtszeit abermals gestürzt wurde. Das Militär zog sich nach der anschließenden Präsidentenwahl wieder zurück, ließ sich zuvor aber das Recht zusichern, weiterhin in die Politik zu intervenieren.

Der 1957 gewählte Präsident *Ramon Villeda Morales* vom Partido Liberal (PLH), ein Armenarzt, war überzeugter Antikommunist, trug aber dem Erwartungsdruck der Arbeiter und Bauern auf Reformen Rechnung. Mit einem fortschrittlichen Arbeitsgesetz, mit den Anfängen einer Sozialversicherung und bescheidener Landreform verärgerte er die herrschenden Kreise. Die Militärs putschten ihn kurz vor Ablauf seiner Präsidentschaft 1963 aus dem Amt. Der eigentliche Adressat dieses Putsches war der avisierte Nachfolgekandidat des Partido Liberal für das Präsidentenamt, *Modesto Rodas Alvarado,* ein charismatischer Politiker. Er hatte die Fortsetzung des Reformkurses angekündigt und auch die Beschneidung der Macht des Militärs in Aussicht gestellt. Dabei blickte er offenbar auf das benachbarte Costa Rica, das mit sozialer Politik und der Abschaffung seiner Armee nicht schlecht gefahren war.

Den US-Fruchtkonzernen und der Kaffeepflanzeroligarchie war dieser Putsch willkommen. Die anstehende Wahl wurde abgesagt, das Präsidentenamt übernahm der Luftwaffenoffizier *Osvaldo López Arellano.* Er hatte bereits den Putsch von 1956 mit inszeniert. Zunächst zierte sich die US-amerikanische Regierung, den Putschpräsidenten anzuerkennen, tat es ein Jahr später aber doch. Erst 1971 ließen die Militärs wieder Wahlen zu. Mit dem Wahlsieger *Ramón Ernesto Cruz,* Kandidat für den PNH, war *López* aber nicht zufrieden. Mit dem Einverständnis der Armeeführung fegte er ihn schon ein Jahr später wieder aus dem Amt und richtete sich bis 1975 erneut im Präsidentenpalast ein. Anschließend regierten drei weitere Militärpräsidenten.

Welcher Druck sich unter den Militärs aufbaute, war schon 1969 im sogenannten Fußballkrieg deutlich geworden. Hochumstrittene Länderspiele zwischen El Salvador und Honduras führten zu Gewalttätigkeiten zwischen Anhängern beider Mannschaften. Sie waren lediglich das Ventil für ein Armutsproblem. Viele Bauern aus El Salvador, wo das Land für die bäuerliche Bewirtschaftung knapp wurde, hatten seit Jahrzehnten freies Land jenseits der Grenze bewirtschaftet. Zu Konflikten führte dies erst, als auch in Honduras das Agrarland für die bäuerliche Wirtschaft knapp wurde. Landreform war für die regierenden Militärs ein Tabu. Der Hundert-Tage- oder Fußballkrieg zwischen beiden Ländern gab der honduranischen Regierung den Vorwand, die salvadorianischen Bauern auszuweisen und das frei werdende Land unter den Landsleuten zu verteilen.

Auf Druck der USA zogen sich die Militärs schließlich vom Regieren zurück. Der 1982 gewählte liberale Präsident *Roberto Suazo Cordova* war ein treuer Verbündeter der USA und kooperierte eng mit den Militärs. Sein Reformprogramm versandete in einer desolaten Wirtschaftsentwicklung. Mit Blick auf den Bürgerkrieg im benachbarten Nicaragua und mit US-Unterstützung rüsteten die Generale ihre Truppe auf und räumten missliebige Kritiker unter dem Vorwand der Guerillabekämpfung aus dem Weg. Obgleich Honduras selbst ein Bürgerkrieg erspart blieb, räumte *Suazo* den Contras, die in Nicaragua gegen die sandinistische Regierung operierten, Rückzugsräume ein. Während die Armee expandierte, betätigten sich ihre Offiziere zunehmend in Geschäften und bereicherten sich am Drogenhandel. Der Stern der Streitkräfte sank abrupt, als Washington mit dem Zusammenbruch der Sowjetunion das Sicherheitsinteresse an Mittelamerika verlor. Die US-Waffenlieferungen wurden zurückgefahren, die Armee verkleinert und ihre Privilegien bis zum Ende des Jahrhunderts abgebaut.

19.2 Das aktuelle politische System

Das Regierungssystem entspricht der mittelamerikanischen Norm: Präsidialsystem, Einkammerparlament, Vizepräsident, Verbot der Anschlusskandidatur für den amtierenden Präsidenten. Erst seit den 1980er Jahren scheiden die gewählten Präsidenten meist korrekt aus dem Amt (Tab. 19.1, 19.2 und 19.3). Wie labil der Respekt vor der Verfassung aber noch ist, zeigte sich am Beispiel Präsident *Zelayas,* der 2009 gewaltsam abgesetzt wurde.

Blicken wir an dieser Stelle kurz auf die Medien. Ein großer TV-Sender, Canal 11, gehört zum Mischkonzern Grupo Continental. Er befindet sich im Besitz der Familie *Rosenthal.* Geleitet wird das Unternehmen von *Jaime Rolando Rosenthal,* der für die Liberalen mehrfach ins Rennen um die Präsidentschaft ging. Sein Sohn *Yani* war zeitweise Minister und koordinierte die Präsidentschaftsbemühungen seines Vaters. Der TV- Sender Canal 36 ist ein Familienunternehmen von *Esdra Amado Lopez,* der für die Liberalen schon einmal im Parlament saß. Auch der Sender Radio Globo ist ein Familienunternehmen. Kritische Journalisten leben gefährlich, etliche wurden ermordet.

Tab. 19.1 Konstitutionelle und außerkonstitutionelle Abfolge der Präsidenten von Honduras seit 1930

		Konstitutionell gewählt	Konstitutionell abgelöst	Interimspräsident
V. Meija	1929–1933	X	X	
T. Carías	1933–1949	X		
J. Gálvez	1949–1954	X		
L. Lozano	1954–1956	X		X
Junta	1956–1957			
R. Villeda	1957–1963	X		
O. López[a]	1963–1971			
E. Cruz	1971/1972	X		
O. López[a]	1972–1975			
Melgar Castro[a]	1975–1978			
Paz García[a]	1978–1982			
R. Suazo	1982–1986	X	X	
J. Azcona	1986–1990	X	X	
R. Callejas	1990–1994	X	X	
C. Reina	1994–1998	X	X	
C. Flores	1998–2002	X	X	
R. Maduro	2002–2006	X	X	
M. Zelaya	2006–2009	X		
R. Micheletti	2009–2010			X
P. Lobo	2010–2014	X	X	
J. Orlando	Seit 2014	X		

[a]Militärpräsident

Mit dem Liberalen *Carlos Roberto Reina* gelangte nach den Militärs wieder ein Reformer ins Präsidentenamt (1992–1998). Er rückte der Korruption zu Leibe. Sehr zum Missvergnügen der herrschenden Kreise gelangen ihm die Abschaffung der Wehrpflicht und die Übertragung der militärischen Befehls- und Personalgewalt auf die Regierung. Sein Nachfolger, ebenfalls von der Liberalen Partei, wurde *Carlos Roberto Flores Facussé* (1998–2002). Er war ein Neffe von *Miguel Facussé Barjum,* eines der reichsten Männer und größten Grundbesitzers im Lande und Eigentümer der Firmengruppe Corporación Dinant. Bevor *Facussé* in die Politik einstieg, leitete er den den von seinem Vater gegründeten Verlag, der die Zeitung La Tribuna herausgibt. In der Regierung des liberalen Präsidenten *Suazo* (1982–1986) bekleidete er ein Ministeramt.

Tab. 19.2 Präsidentenwahlen: Honduras 2001–2013 (Kandidaten mit den meisten Stimmen [Ergebnisse in v. H.])

2013	*Hernandez,* PNH	*Castro,* LIBRE[a]	*Villeda,* PLH
	36,8	28,7	20,3
2009	*Lobo,* PNH	*Santos,* PLH	*Martinez,* PINE
	56,5	38,1	1,8
2005	*Zelaya,* PLH	*Lobo,* PNH	*Almendares,* PUD[b]
	45,6	42,2	1,4
2001	*Maduro,* PNH	*Pineda,* PLH	*Valladares,* PINU[c]
	52,2	44,2	1,4

[a]Libertad y Refundación, 2011 gegründete Parteienallianz, die dem früheren liberalen Präsidenten Zelaya nahesteht
[b]Partido Unificación Democrática
[c]Partido Unificación y Unidad

Tab. 19.3 Parlamentswahlen: Honduras 2001–2013 (Ergebnisse in v. H.)

	PNH	LIBRE[a]	PLH	PINU
2013	33,6	27,5	16,9	
2009	53,3		30,7	6,4
2005	42,9		48,4	3,9[b]
2001	46,5		40,8	4,6[c]

[a]Libertad y Refundación, 2011 gegründete Parteienallianz, die dem früheren liberalen Präsidenten Zelaya nahesteht
[b]Partido Unificación Democrática
[c]Partido Unificación y Unidad

Nach dem Intermezzo des nationalistischen Präsidenten *Ricardo Maduro* (2002–2006), eines Agrar- und Bankenunternehmers, der mit drastischen Maßnahmen den Kampf gegen die Bandenkriminalität aufnahm, ging die Präsidentschaft in der nächsten Wahl mit *José Manuel Zelaya Rosales* wieder an die Liberalen.

Zelaya war Sohn eines Unternehmers, der in der Holzwirtschaft reich geworden war. Auch er kandidierte auf einer Law & Order-Plattform und versprach, die Polizei im Kampf gegen die Jugendbanden zu stärken, stellte gleichzeitig aber auch Programme in Aussicht, um sie durch Ausbildung und Arbeitsbeschaffung aus dem kriminellen Milieu zu lösen. *Zelaya* nahm den Faden wieder auf, den in den 1950er Jahre *Villeda* hatte fallen lassen müssen. Der Mindestlohn wurde erhöht und die Kleinbauern mit Zuschüssen bedacht. Dies alles stand quer zur politischen Richtung, in der das Land bisher geführt worden war. Auch außenpolitisch steuerte *Zelaya* einen anderen Kurs, so durch gute Beziehungen zu *Chávez* in Venezuela.

Zelaya betrieb auch das Projekt einer neuen Verfassung. Das Regierungssystem mit seinem präsidialen Zuschnitt stand dabei nicht zur Disposition, wohl aber das Dogma der Nicht-Wiederwählbarkeit des Präsidenten. Zu diesem Zweck sollten sich die Bürger in einer Volksbefragung entscheiden, ob eine Verfassunggebende Versammlung gewählt werden sollte, die unter anderem über das Wiederwahlverbot zu entscheiden hätte. Die Befragung sollte zeitgleich mit der für 2009 fälligen Präsidentenwahl stattfinden. *Zelayas* Gegner – auch in der eigenen Partei – wandten sich gegen diese Abstimmung. Sie führten einschlägige Beschlüsse des Parlaments, des Obersten Gerichts und des Wahlgerichts ins Feld: Das Wiederwahlverbot gehört zu den „Ewigkeitsbestimmungen" in der Verfassung, die auch künftige Verfassungsgeber binden.

Zelaya beharrte gleichwohl auf dem Vorhaben. Die Armee wurde angewiesen, bei der Abstimmung technische Hilfe zu leisten. Der Armeechef weigerte sich und wurde von *Zelaya* des Amtes enthoben. Das Oberste Gericht setzte ihn wieder ein und ordnete die Festnahme des Präsidenten an. Noch am Wahltag wurde *Zelaya* vom Militär festgenommen und auf einem Flughafen in Costa Rica abgesetzt. Die ihm nahestehenden Medien, Canal 5 und Radio Globo, durften vorübergehend nicht mehr berichten. An *Zelayas* Stelle wurde der Liberale *Roberto Micheletti,* der Parlamentspräsident, vom Parlament zum Interimspräsidenten bestimmt; das Amt des Vizepräsidenten war vakant. Es kam zu heftigen Protesten. Die Mehrheit der lateinamerikanischen Staaten protestierte gegen das Wiederaufleben des Putsches in der Region. Auf Druck der USA und anderer lateinamerikanischer Regierungen wurde *Zelaya* 2011 die Rückkehr ins Land erlaubt.

Unter Notstandsrecht wurde dann 2009 *Porfirio Lobo Sosa* (PNH) gewählt, von Beruf Eigentümer und Bewirtschafter eines Landgutes. In der letzten Wahl hatte er gegen *Zelaya* verloren. Auch *Lobo* nahm die Verfassung nicht allzu ernst. Das Oberste Gericht blockierte sein Vorhaben zur Säuberung der korrupten Polizei. Kurzerhand wurden vier Richter entlassen, das Parlament hieß den Schritt gut. Medienkritik wurde mit dem Kommentar beantwortet, die Presse schreibe einen Staatsstreich herbei. Als Nachfolger wurde 2014 der im Kaffeegeschäft tätige Unternehmer *Juan Orlando Hernández* gewählt, auch er ein Vertreter des Partido Nacionalista.

Nach dem Ende der mittelamerikanischen Bürgerkriege explodierte die Kriminalität. Sie bescherte den Regierungen ein Sicherheitsproblem größten Ausmaßes, das sie kaum weniger Legitimation kostet als die wirtschaftlichen Probleme. Den Herausforderungen des Drogentransits über Mittelamerika und der Jugendbanden (Maras), die Städte und ganz Landstriche terrorisieren, sind Polizei und Behörden so wenig gewachsen wie diejenigen der Nachbarländer. Mit 90 Morden je 100.000 Einwohner ist Honduras in Lateinamerika einsamer Spitzenreiter; die Tötungsdelikte haben sich in gut zehn Jahren fast verdoppelt (Tab. 4.12).

Tab. 19.4 Wachstum des BIP: Honduras 2006–2015 (in v. H). (Quelle: Siehe Angaben zu Tab. 6.5)

2015	2014	2013	2012	2011	2010	2009	2008	2007	2006
3,5	4,7	4,5	5,1	6,2	3,2	−2,8	2,9	5,3	4,2

Tab. 19.5 Inflation: Honduras 2006–2015 (in v. H.). (Quelle: Siehe Angaben zu Tab. 6.6)

2015	2014	2013	2012	2011	2010	2009	2008	2007	2006
3,7	6,1	5,2	5,2	6,8	4,7	5,5	11,4	6,9	5,6

Tab. 19.6 Die wichtigsten Exportprodukte: Honduras 1980–2012 (in v. H.). (Quelle: CEPAL/ ECLAC: Statistical Yearbook for Latin America and the Caribbean 2015, External Sector, Tab. 3.3.2.29)

	Kaffee	Isolierstoffe	Palmöl	Naturgas	Schalentiere
2012	29,8	11,1	6,2	4,5	4,0
2001	11,1	–	4,3	–	–
1990	26,2	–	5,8	–	–
1980	25,5	–	2,9	–	–

19.3 Wirtschafts- und Sozialpolitik

Mit einem Anteil von über Zwei Dritteln armer Bevölkerung liegt Honduras weit vorn in der Spitzengruppe der lateinamerikanischen Armenhäuser (Tab. 3.4). Das Durchschnittseinkommen ist das niedrigste des Kontinents (Tab. 3.5). Mit einer Belastung von knapp 39 % war Honduras 2014 das dritthöchst verschuldete Land in der Region (Tab. 5.7) bei sonst stabiler Entwicklung (Tab. 19.4 und 19.5).

Während es in den Nachbarländern gelang, sich von der extremen Abhängigkeit vom Kaffee-Export zu lösen, wird der Export wie schon seit Jahrzehnten stark vom Kaffee und neuerdings auch vom Palmöl bestimmt (Tab. 19.6). Die USA sind der wichtigste Exportadressat, aber Honduras liefert auch in die benachbarten mittelamerikanischen Länder (Tab. 5.8, Anmerkungen). Honduraner verlassen das Land in Scharen in Richtung USA. Rücküberweisungen von Honduranern, die im Ausland arbeiten, beliefen sich 2014 auf über 17 % des Inlandsprodukts (Tab. 5.12).

Mit Blick auf die Abhängigkeit von preisclastischen Agrarprodukten und familiärer Nothilfe aus dem Ausland hat die Politik wenig Spielraum und im Grunde genommen keine andere Möglichkeit, als sich mit billiger und wenig qualifizierter Arbeit internationalen Investoren als günstiger Standort anzudienen, wie es die Nachbarn El Salvador und Guatemala mit einigem Erfolg bereits getan haben.

20 Guatemala

20.1 Geschichte

Das seit 1821/23 unabhängige Guatemala (Abschn. 1.3) ist das bevölkerungsreichste Land Mittelamerikas. Die Bevölkerung besteht zu gleichen Teilen aus Mestizen und Indigenen (Tab. 3.10). Letztere zählen zur großen Völkerfamilie der Maya. Wie überall in der Region brach mit dem Kaffeeboom in den 1870er Jahren die Außenwelt in das abgelegene Land ein. Politisch schlug die Stunde der Liberalen: Ein erstes Gesetz, dem weitere mit ähnlicher Bestimmung folgten, erlaubte 1876, Indianer für bis zu 150 Tage für die Zwangsarbeit auf den arbeitsintensiven Kaffeeplantagen zu rekrutieren. Bereits ein Jahr später verfügte ein weiteres Gesetz die Privatisierung indianischen Kommunallandes. Den Nutzen hatte die schmale weiße Kaffeepflanzeroligarchie, darunter viele Deutschstämmige, die sich als Ausbeuter und Verächter der Indigenen von den hispanischen Standesgenossen keineswegs unterbieten ließen.

Neben die Kaffeeplantagen trat um die Jahrhundertwende – parallel zur Entwicklung in den Nachbarländern – die Bananenwirtschaft. Zu günstigsten Bedingungen erwarb die United Fruit zunächst an der schmalen karibischen Küste Flächen für ihre Plantagen. Präsident *Estrada Cabrera* sicherte die Geschäfte der Gesellschaft ab. Er hatte das Land von 1898 bis 1920 als Diktator im Griff. In manipulierten Wahlen verschaffte er sich ein förmliches Mandat. Die Verachtung der Weißen und der Ladinos – der guatemaltekischen Mestizen – für die des Spanischen kaum oder gar nicht mächtigen Indianer, denen Falschheit und Arbeitsscheu zugeschrieben wurde, ist in den politischen Konflikten bis heute eine Konstante (Figueroa Ibarra 2013, S. 171). Im Jahr 1906 kam es zu einem vom Elend getriebenen Aufstand von Indianern und Campesinos. Er wurde mithilfe Mexikos und der USA niedergeschlagen. Die USA sprangen zum Nutzen der im Lande tätigen United Fruit ein, und der mexikanische Diktator *Porfirio Diaz* wollte keinen Unruheherd,

J. Hartmann, *Die politischen Systeme Lateinamerikas*,
DOI 10.1007/978-3-658-14353-4_20

der auf die ähnlich strukturierten Teilstaaten im Süden seines Landes hätte übergreifen können.

Das Parlament enthob *Estrada* 1920 des Amtes, als es keine andere Möglichkeit mehr sah, die Unzufriedenheit mit dem Dauerpräsidenten zu dämpfen. Als Nachfolger wurde *Carlos Herrera y Luna* (1920/1921) gewählt. Er hatte die Unterstützung eines Teils des Partido Liberal und des erst 1919 gegründeten Partido Unionista. Letzterer trat für die Verbesserung des Loses der Indigenen ein und verlangte das Ende des Zwangsarbeitsregimes. *Herrera* selbst war ein erfolgreicher Agrarunternehmer, der mit Zuckerfabriken ein Vermögen gemacht hatte.

Zu Beginn der 1920er Jahre wollte United Fruit an die Pazifikküste expandieren. *Herrera* weigerte sich, die Konzessionsverträge zu ratifizieren, die noch sein Vorgänger *Estrada* ausgehandelt hatte. Mit dem Segen der US-Administration *Coolidge* stiftete United Fruit daraufhin Armeechef *José Maria Orellana Pinto* an, den amtierenden Präsidenten zu stürzen. *Orellana* tat wie geheißen und gab der United Fruit, was sie wollte. Zunächst erklärte er sich zum provisorischen Präsidenten, dann stellte er sich 1922 einer Wahl, für die er unter der Fahne des Partido Liberal kandidierte.

Treuer Diener seiner US-amerikanischen Herren, kümmerte sich *Orellana* um die Verbesserung der Infrastruktur, so unter anderem im Straßenbau. Streiks auf den Plantagen und bei den Eisenbahnunternehmen, die sich im Besitz der United Fruit befanden, wurden niederschlagen. 1926 verstarb *Orellana.* Für die Nachfolge kandidierten *Jorge Ubico Castañeda,* der amtierende Verteidigungsminister, der dafür eigens den Partido Liberal Progressista gegründet hatte, sowie *Lázaro Chacón González* vom Partido Unionista. *Chacón* gewann die Wahl und ließ eine Konstituante wählen. Die neue Verfassung schrieb vor, dass kein amtierender Präsident wiedergewählt werden dürfe. *Chacón* selbst manipulierte dann 1930 seine Wahl als erster Präsident nach der neuen Verfassung herbei. Die USA weigerten sich, *Chacón* als Präsidenten anzuerkennen. Nachdem sich einige Kurzzeitpräsidenten aus den Reihen der Militärs verschlissen hatten, denen Washington sämtlich die Anerkennung verweigerte, gab es 1931 eine korrekte Wahl. Aus dieser ging schließlich *Ubico,* der in diesem Wahlgang keinen Gegenkandidaten hatte, als Sieger hervor (dazu und im Folgenden: Wilson 2014, Grundberger und Hoffmann 2008). *Ubico* kam aus einer bildungsbürgerlichen Familie, genoss selbst eine gute Erziehung und wurde unter anderem an europäischen und US-amerikanischen Militärakademien ausgebildet. Bei der Aufstandsbekämpfung im Grenzgebiet zu Mexiko hatte er sich einen Namen gemacht. In der indianischen Bevölkerung war er wegen seiner Brutalität gefürchtet.

Erst einmal gewählt, regierte *Ubico,* der sich nach 1933 als Hitlerverehrer bekannte, als Diktator. Das Land war bereits von der Weltwirtschaftskrise betroffen. Die Regierung, die Kaffeepflanzer und die United Fruit versuchten, mit der Senkung der Produktionskosten durch die Krise zu kommen. Die United Fruit hatte kaum noch Steuern zu zahlen. Ein Arbeitsgesetz löste 1934 die anrüchige Zwangsarbeit mit einem vorgeblichen Programm zur Bekämpfung der Landstreicherei ab. Es verfolgte den gleichen Zweck: Indianer ohne Landbesitz und ohne bezahlte Arbeit auf einer der Latifundien galten als

Herumtreiber. Sie mussten 120 Tage im Jahr ohne Bezahlung für einen Grundbesitzer arbeiten, von dem sie angefordert wurden. Die Strafgewalt für Ungehorsam und Arbeitsverweigerung wurde den Eigentümern übertragen. Gleichzeitig wurde ihnen Immunität zugesichert.

Für *Ubico* kam das politische Ende, als die Lehrer 1944 im Protest gegen sein Regime auf die Straße gingen. Dabei wurde eine Lehrerin erschossen. Die Hauptstadtbevölkerung schämte sich des regierenden Despoten. Sie solidarisierte sich in einem Generalstreik, vor dem der Präsident schließlich kapitulierte (Kap. 21). *Ubicos* Nachfolger wurden frei gewählt. Für die US-Interessen im Lande waren sie eine Enttäuschung. *Juan José Arevalo* (1944–1951), Sohn eines Rinderzüchters, gab ungenutztes Land für die Bearbeitung durch die Campesinos frei und erweiterte die Schulbildung. Mit einer Landreform nahm er die United Fruit auf Korn. Ein erstes Arbeitsgesetz mit Schutzrechten für Lohnarbeiter wurde verabschiedet. Zum Ärger der United Fruit erlaubte es auch die Organisation der Plantagenarbeiter.

Noch beherzter ging sein Nachfolger *Jacobo Arbenz Guzmán* (1951–1954), Offizier im Rang eines Hauptmanns, auf Reformkurs. Er hatte die Präsidentenwahl 1950 mit 65 % gegen General *Miguel Ydígoras Funtes* gewonnen, der auf nicht mehr als 20 % der Stimmen gekommen war. *Arbenz* hatte vor, Ländereien der United Fruit zu enteignen, um sie in Bauernland umzuwandeln. Als Entschädigung bot er die geringe Summe an, mit der sich die United Fruit selbst bewertet hatte, um Steuern zu sparen. Außerdem legalisierte er die kommunistische Arbeiterpartei, die unter Bauern und Arbeitern an Einfluss gewann. Die United Fruit bearbeitete Präsident *Eisenhower,* die CIA und die US-Banken, einzuschreiten, da *Arbenz* offensichtlich ein Kommunist sei. Eine Lieferung deutscher Beutewaffen aus der Tschechoslowakei nahm die CIA als letzten Beweis, dass hier Moskau Regie führte. Ein Militärputsch brachte *Arbenz* 1954 um sein Amt.

Nach 1954 regierten Offizierspräsidenten. Zunächst übernahm 1954 *Carlos Castillo Armas,* der den Putsch gegen *Arbenz* organisiert hatte, das Präsidentenamt. Drei Jahre später wurde er im Auftrag von General *Ydígoras Fuentes* ermordet. In den folgenden 18 Monaten gaben sich zwei Kurzzeitpräsidenten und eine Militärjunta die Klinke in die Hand. Danach wurde erneut gewählt (1958). Trotz einer unsauber arrangierten Wahl verfehlte *Ydígoras* die Mehrheit. Er ließ die Wahl umgehend für ungültig erklären und veranlasste eine Wiederholung. Zwar verfehlte er in der Volkswahl abermals die erforderliche absolute Mehrheit, erhielt aber in der parlamentarischen Stichwahl die meisten Stimmen (1958). *Ydígoras,* ein enger Mitarbeiter des langjährigen Diktators *Ubico,* regierte ganz nach dem Geschmack Washingtons. Jüngere Offiziere, die *Ydígoras'* Regierung und dessen Liebedienerei vor Washington ablehnten, unternahmen 1960 einen Putschversuch. Der Putsch selbst misslang. Ein Teil der Putschisten nahm Kontakt zu Guerillas auf, die im Hinterland aktiv waren, und schlossen sich dem bewaffneten Kampf an.

Ydígoras' wurde den USA nach einiger Zeit lästig. In der Kennedy-Administration setzte sich die Auffassung durch, seine brutale Herrschaft gebe den linken Guerillas weiteren Auftrieb und drohe die ganze Region zu destabilisieren. 1963 wurde *Ydígoras* von Offizierskameraden gestürzt. Die nachfolgenden Militärpräsidenten regierten in einem

Bürgerkrieg, in dem Polizei und Militär freie Hand bekamen, ohne die bewaffnete Opposition allerdings bezwingen zu können. Wie nach dem Sturz von *Arbenz* waren Indigene die primären Opfer staatlicher und parastaatlicher Gewalt. Das rassistische Vorurteil gegen die Indigenen kleidete sich schon damals in die wohlfeile Rechtfertigung, einen Kampf gegen den Kommunismus zu führen. Die Gewalt erreichte unter Präsident *José Efrain Rios Montt* einen Höhepunkt. Er hatte sich 1982 an die Staatsspitze geputscht. Schon ein Jahr später wurde er gestürzt. Einer der Gründe waren die Grausamkeiten der Armee, die das Land international in ein schlechtes Licht rückten. In seiner kurzen Amtszeit war *Montt* für etwa die Hälfte aller Gräuel und Opfer des Bürgerkrieges verantwortlich. Die primären Opfer der Gewalt waren Indianer, gegen die *Montt* eine Art Genozidkampagne führte. Ab 1984, während die Militärs noch im Sattel waren, ebbte die letzte große Gewaltwelle gegen die Indigenen ab (Figueroa Ibarra 2013, S. 162–166).

Etliche Präsidenten, die nach dem Ende Militärherrschaft (1986) korrekt gewählt wurden (Tab. 20.1), kamen aus den Reihen der früheren Unterdrücker. Sie tauschten die Uniform lediglich gegen den Maßanzug. Gegen mehrere Präsidenten wurde nach Ablauf ihrer Amtszeit wegen Menschenrechtsverletzungen ermittelt, die sie sich im Bürgerkrieg hatten zuschulden kommen lassen.

20.2 Das aktuelle politische System

Auch in Guatemala haben wir es mit dem mittelamerikanischem Standard zu tun: Präsidialsystem, Vizepräsident, Einkammerparlament und Verbot der Anschlusskandidatur für den amtierenden Präsidenten. Halbwegs stabile Parteien gibt es nicht. Parteien sind in der Regel das Sprungbrett für die politische Ambition einer Persönlichkeit, die auf die Wahl zum Präsidenten spekuliert (Tab. 20.1, 20.2 und 20.3). Zur Gründung einer Indigenenpartei wie in Bolivien und Ecuador kam es in Guatemala nicht. Nicht nur die Vielfalt der Maya-Völker und ihrer Sprachen behindert eine kollektive Repräsentanz, sondern auch die Aktivität früherer Militärs und Paramilitärs, die im politischen Auftrag Regierungskritiker ermorden (Pallister 2013). Der Bürgerkrieg spielte sich hauptsächlich in Gegenden mit mehrheitlich indigener Bevölkerung ab (Argueta 2012, S. 329). Zahlreiche Firmen der Private Security nahmen frühere Kämpfer im Dienste der Regierung auf, die nach dem Ende der Bürgerkriegsauseinandersetzungen nicht mehr gebraucht wurden (Argueta 2012). Über die Hälfte des Personals der alten, durch die Militärdiktatur diskreditierten Polizeitruppe wurden in eine neu gebildete Polizeiformation übernommen. Die Einschüchterungswirkung dieser „Sicherheitskulisse" für politische Mobilisierung und Protest darf nicht unterschätzt werden (Cruz 2011, S. 15 f.). Gegen die überbordende Kriminalität war und ist der Polizeiapparat machtlos.

Mit den ersten korrekten Wahlen endete 1986 die Epoche der Putschgeneräle und der Präsidenten von Militärs Gnaden (Tab. 20.1). *Jorge Antonio Serrano Elias* (1991–1993), der auf der Plattform einer evangelikalen Bewegung kandidiert hatte, lud die Guerillabewegung, die inzwischen mit dem Rücken zur Wand stand, zu Friedensgesprächen

Tab. 20.1 Konstitutionelle und außerkonstitutionelle Abfolge der Präsidenten von Guatemala seit 1930

		Konstitutionell gewählt	Konstitutionell abgelöst	Interimspräsident
L. Chacon	1926–1931	X	X[a]	
J. Andrade	1931			X
J. Ubico	1931–1944	X		
F. Ponce	1944			X
Junta	1944/1945			
J. Arévalo	1945–1951	X	X	
J. Árbenz	1951–1954	X		
C. Díaz	1954			X
Junta	1954			
C. Castillo[b]	1954–1957			
L. González[b]	1957			X
Junta	1957			
G. Flores[b]	1957/1958			X
M. Ydígoras[b]	1958–1963			
A. Peralta[b]	1963–1966			
J. Méndez[c]	1966–1970	X	X	
C. Arana[b]	1970–1974			
K. Laugerud[b]	1974–1978			
Lucas García[b]	1978–1982			
Rios Montt[b]	1982/1983			
O. Mejía	1983–1986[b]			
V. Cerezo	1986–1991	X	X	
J. Elías	1991–1993	X	X[d]	
G. Espina	1993	X		X
R. León	1993–1996			X
A. Arzú	1996–2000	X	X	
A. Portillo	2000–2004	X	X	
Ó. Berger	2004–2008	X	X	
A. Colom	2008–2012	X	X	
O. Pérez	2012–2015	X	X[d]	
A. MacDonaldo	2015–2016	X		X
J. Morales	seit 2016	X		

[a]Rücktritt
[b]Militärpräsident
[c]Unter Aufsicht der Militärs
[d]Rücktritt

Tab. 20.2 Präsidentenwahlen: Guatemala 2003–2015 (Kandidaten mit den meisten Stimmen [Ergebnisse in v. H.])

2015, 1. Wahlgang	*Morales*, FCN[a]	*Torres*, UNE[b]	*Baldizon*, LIDER[c]
	23,8	19,7	19,6
Stichwahl	67,4	32,5	
2011, 1. Wahlgang	*Molina*, PP[d]	*Baldizón*, LIDER[b]	*Suger*, CREO[e]
	36,0	23,2	16,3
Stichwahl	*53,7*	*63,3*	
2007, 1. Wahlgang	*Colom*, UNE[b]	*Pérez*, PP[d]	*Giammattei*, GANA[f]
	28,2	23,5	17,2
Stichwahl	52,8	47,2	
2003	*Berger*, GANA[f]	*Colom*, UNE[b]	*Montt*, PRI[g]
	34,3	26,4	19,3
Stichwahl	54,1	45,9	

[a]Frente de Convergencia Nacional
[b]Unidad Nacional de Esperanza, sozialdemokratisch
[c]Libertad Democrática Renovada, Gründung von Dissidenten der UNE
[d]Partido Patriota
[e]Compromiso, Renovación y Orden
[f]Gran Alianza Nacional
[g]Partido Republicana Institucional

Tab. 20.3 Parlamentswahlen: Guatemala 2003–2015 (in v. H.)

	LIDER[a]	UNE[b]	GANA[c]	PP[d]
2015	19,1	14,8		9,3
2011	9,5		22,5	26,2
2007		22,8	16,5	15,9
2003		26,4	34,3	19,3 *(PRI)*[e]

[a]Libertad Democrática Renovada, Gründung von Dissidenten der UNE
[b]Unidad Nacional de Esperanza, sozialdemokratisch
[c]Gran Alianza Nacional
[d]Partido Patriota
[e]Partido Republicana Institucional, Partei des früheren Präsidenten und abermaligen Präsidentschaftskandidaten Montt

ein. Die wachsende Drogenkriminalität nahm er zum Anlass, ein Notstandsregime zu verhängen. Das Parlament wurde geschlossen und die Gebäude des Parlaments und des Obersten Gerichts vom Militär besetzt. Die Gründe für seinen Alarmismus wurden *Serrano* nicht abgenommen. Es kam es zu heftigen gesellschaftlichen Protesten; die

US-Administration distanzierte sich. Der Armeechef, ein Vertrauter des Präsidenten, fürchtete Schaden zu nehmen, wenn er als Putschgehilfe wahrgenommen würde. Er ließ *Serrano* mitteilen, für alle Beteiligten sei es das Beste, wenn er zurücktrete.

Der 1996 gewählte Nachfolger *Álvaro Arzú Irigoyen,* aufgewachsen in einer reichen Unternehmerfamilie und selbst erfolgreicher Unternehmer, brachte die Friedensgespräche zu einem guten Ende. Mit der Privatisierung staatlicher Unternehmen – Eisenbahn-, Telefon- und Fluggesellschaft, Stromversorgung – machte er Wirtschaftspolitik im Sinne des Washington-Konsenses. Die Karriere des christdemokratischen Nachfolgers *Alfonso Antonion Portillo Cabrera,* der als Strohmann *Montts* galt, endete unrühmlich. Er überstand zwar achtbar seine Amtszeit (2000–2004). Einige Jahre später wurde er aber an die USA ausgeliefert, die ihn verurteilten, weil er über US-amerikanische Konten Bestechungsgelder gewaschen hatte (2013). Auch sein Nachfolger *Óscar José Rafael Berger Radomo,* Spross einer Kaffee- und Zuckerdynastie, überstand die Amtszeit selbst ohne Blessuren.

Mit dem Geschäftsmann *Álvaro Colom Caballeros* wurde 2008 erstmals nach *Arbenz* wieder ein Präsident ohne irgendwelche Affinität zur guatemaltekischen Oligarchie gewählt. Er war Chef der von ihm 2002 selbst gegründeten christlich-sozialdemokratischen Parteienallianz UNE (Unidad Nacional de Esperanza). *Colom* brachte als erster Präsident überhaupt Armutsbekämpfungsprogramme auf den Weg. Sie waren augenscheinlich vom Beispiel der Politik des brasilianischen Bolsa Familie inspiriert. Nach Lage der Dinge krankten sie aber daran, dass Guatemala viel zu arm und auch zu desorganisiert ist, um mit einschlägigen Gesetzesbeschlüssen Wirkung zu erzielen.

Coloms Frau *Sandra Torres* inszenierte sich als die soziale Gestalt an seiner Seite. Im Vorfeld der nächsten Präsidentenwahl ließ sie sich 2011 scheiden und kündigte dann ihre eigene Kandidatur für die Präsidentschaft an: Nach der Verfassung sind enge Verwandte des amtierenden Präsidenten von der Kandidatur ausgeschlossen. Die Absicht war offensichtlich. Die Familie *Colom* gedachte – wie die *Kirchners* in Argentinien – in neuer Aufstellung weiterzuregieren. Zum Spott der Öffentlichkeit, *Sandra Torres* hätte sich die Scheidung schenken können, untersagte das Oberste Gericht ihre Kandidatur.

Otto Pérez Molina gewann 2012 die Präsidentschaft auf der Plattform einer von ihm selbst gegründeten Patriotischen Partei. Zur Zeit der Militärherrschaft war er Chef des Militärgeheimdienstes gewesen. Familie und Mitarbeiter waren Zielscheiben zahlreicher ungeklärter Mordversuche. *Pérez* gab 2015 auf massiven öffentlichen Druck vorzeitig sein Amt auf. Ihm wurde die Verwicklung in ein kriminelles Netz vorgeworfen, das die Zollverwaltung um große Beträge betrogen hatte. Zuvor hatte das Parlament seine Immunität aufgehoben. Er sitzt zurzeit in Haft, der Vizepräsident füllte die Restlaufzeit des Mandats aus. Aus seiner früheren Zeit als Chef des Militärgeheimdienstes wird auch wegen Menschenrechtsverstößen gegen ihn ermittelt. *Sandra Torres* unterlag 2015, als sie regulär kandidieren durfte, dem bekannten TV-Komiker und Evangelikalen *Jimmy Morales,* der auf der Plattform einer kleinen rechten Partei antrat (SZ, 27.10.2015, S. 8).

Die TV-Sender des Landes befinden sich im Besitz der Familie des US-Bürgers *Remigio Ángel Gonzaléz,* der seine Geschäfte von Miami aus betreibt. Seine in Guatemala tätige Kette Albavisión hält sich aus der Politik des Gastlandes heraus. Die Regierung gibt eine Staatszeitung heraus. Kritischen Journalismus pflegt die seit 1996 erscheinende Zeitung El Periódica. Ihr Gründer und Herausgeber *José Ruben Zamora* wie auch seine Familie wurden mehrfach attackiert, als Geiseln genommen oder zusammengeschlagen. Unbequeme Journalisten leben gefährlich (Tab. 20.3).

Das größte Alltagsproblem des Landes ist – wie in Honduras und El Salvador – die Sicherheitslage. Die Zahl der Tötungsdelikte ist in nur zehn Jahren von 25 auf nahezu 40 je 100.000 Einwohner gestiegen; sie erreicht einen der höchsten Werte in ganz Lateinamerika (Tab. 4.12). Die Drogenkriminalität und die Aktivität der Pandillas, der Jugendbanden, die in einem Klima der Perspektiv- und Arbeitslosigkeit gedeihen, treiben die Kriminalität in die Höhe. Jugendbanden kontrollieren ganze Landstriche und Stadtviertel.

20.3 Wirtschafts- und Sozialpolitik

Über die Hälfte der Bevölkerung ist als arm klassifiziert (Tab. 3.4). Bei der Ungleichverteilung der Einkommen erreicht Guatemala einen lateinamerikanischen Spitzenwert (Tab. 5.11). Die Sozialausgaben sind mit die geringsten in ganz Lateinamerika (Tab. 3.8) Die Kaffeeökonomie mit allen ihren Unwägbarkeiten eines preisflexiblen Produkts ist immer noch ein wichtiger Wirtschaftszweig. Das Gleiche gilt für die traditionellen tropischen Agrarprodukte Rohrzucker und Bananen (Tab. 20.4).

Die ANACAFÉ, der Verband der Kaffeepflanzer, ist ein politisches Schwergewicht. Klima und Lage bestimmen die Qualität des Kaffees. Angebaut werden nicht die billigen Sorten für den Massengeschmack (Robusta). Das Klima erlaubt die Produktion der edleren Sorte Arabica. Die klimatische Vielfalt im Bergland ermöglicht auch den Anbau begehrter Spezialsorten, die allerdings in schwer zugänglichen Höhenlagen wachsen (Fischer und Victor 2014, S. 158–162). Solange die Caféteros bloß neue Plantagen in besserer Lage aufziehen mussten, um der Nachfrage nach Spezialkaffees nachzukommen, wurden die Bauern, die dort lebten, brutal verdrängt (Land Grabbing). Irgendwann wurde es zu aufwendig und technisch zu schwierig, um kapitalintensiv in Höhenlagen zu arbeiten, wohin sich die Campesinos zurückgezogen hatten. Nunmehr bauen diese selbst Kaffee an, der an die Caféteros verkauft wird (Edelman 2013, S. 1701–1707).

Weil sich die Produktion minderklassiger Kaffeesorten vielfach nicht mehr lohnt, steigen Agro-Unternehmer auf den Anbau von Palmöl um (Fischer und Victor 2014, S. 165). Guatemala ist Mitglied der Freihandelszone zwischen den USA und Mittelamerika. Seit 2011 lebt der Abbau von Gold und Silber wieder auf (Tab. 20.4). Die Lizenzvergabe betrifft hauptsächlich Indianergebiete mit Haupterwerbsquellen in der Milch- und Weidewirtschaft. Die lokale Bevölkerung wehrt sich gegen die absehbare Naturzerstörung und Verdrängung, und die Regierung antwortet mit Einschüchterung und Kriminalisierung.

Tab. 20.4 Die wichtigsten Exportprodukte: Guatemala 1972–2014 (in v. H. am Gesamtexport). (Quelle: CEPAL/ECLAC: Statistical Yearbook for Latin America and the Caribbean 2015, External Sector 2.2.2.28)

	Zucker	Kaffee	Bananen	Edelmetall[a]	Textilien
2014	8,7	6,1	6,6	6,5	9,3
2013	7,8	9,5	6,1	5,6	10,0
1998	12,3	22,7	7,5	–	–
1982	2,1	32,7	6,0	–	–
1972	4,9	32,3	5,0		

[a]Unter anderem Silber, Platin

Tab. 20.5 Wachstum des BIP: Guatemala 2006–2015 (in v. H.). (Quelle: Siehe Angaben zu Tab. 6.5)

2015	2014	2013	2012	2011	2010	2009	2008	2007	2006
3,8	4,7	4,5	5,1	5,2	3,2	−2,8	2,9	5,3	4,2

Tab. 20.6 Inflation: Guatemala 2006–2015 (in v. H.). (Quelle: Siehe Angaben zu Tab. 6.6)

2015	2014	2013	2012	2011	2010	2009	2008	2007	2006
2,9	3,4	4,3	3,8	6,2	3,9	1,9	11,4	6,8	6,6

Heute gibt es Sonderwirtschaftszonen, eine Variante der mexikanischen Maquiladoras, die vom guatemaltekischen Arbeits- und Abgabenrecht ausgenommen sind. Wegen ihrer schlechten Arbeitsbedingungen und der geringen Bezahlung stehen sie in schlechtem Ruf. Guatemala ist exportwirtschaftlich eng mit der wichtigsten mittelamerikanischen Werkbank, dem Nachbarstaat El Salvador, aber auch mit Honduras und Mexiko verzahnt (Tab. 5.8, Anmerkungen, Tab. 5.9). Nach wie vor wandern Guatemalteken in Scharen in die USA aus. Ihre Rücküberweisungen an die daheim gebliebenen Familien belaufen sich auf gut zehn Prozent des Inlandsprodukts (Tab. 5.12). Wie in den mittelamerikanischen Nachbarrepubliken verläuft das Wachstum stetig, der Geldwert ist stabil (Tab. 20.5 und 20.6).

El Salvador 21

21.1 Geschichte

Das seit 1821/23 unabhängige El Salvador (Abschn. 1.3) ist eines der am dichtesten besiedelten Länder der Welt. Im Unterschied zum benachbarten Ecuador ist die Zahl der Indigenen sehr gering (Tab. 3.10). Wir haben es abermals mit einer historischen „Kaffeerepublik" zu tun. Kaffee löste in den 1870er Jahren das Indigo als wichtigstes Exportprodukt und Einkommensquelle ab. Auf Druck der Kaffeepflanzer, die nach Fläche gierten, wurden auch hier die Campesinos enteignet und verbliebenes indianisches Gemeindeland privatisiert. Die Vorgänge legten wie dort den Keim für nicht enden wollende Aufstände. Vierzehn Cafetero-Familien kontrollierten den Anbau des klassischen Exportprodukts. Mit dem Kaffee wurden in den 1920er Jahren über 90 % der Exporte bestritten. Arbeitskämpfe wurden mit aller Brutalität bekämpft, meist von den Plantageneignern selbst, die zu diesem Zweck Bewaffnete anheuerten (dazu und im Folgenden: Wade 2014; Luther 2008).

Mit der Weltwirtschaftskrise schrumpfte der Absatz von Kaffee, die Gewinne brachen um die Hälfte ein. Die Kaffeebarone zahlten keine Steuern mehr, während das Zollaufkommen schrumpfte. Präsident *Arturo Araujo* (1931) aus einer Großgrundbesitzerfamilie zeigte guten Willen, etwas zu unternehmen. Er schaffte es aber weder, die Verarmung zu bekämpfen, noch gelang es ihm, die Erwartung der Kaffeewirtschaft zu erfüllen, die Unruhen zu unterdrücken. Nicht einmal die Sicherheitskräfte funktionierten. Sie warteten vergeblich auf ihre Lohnzahlungen.

Mit dem Segen der Oligarchie wurde *Araujo* 1932 aus dem Amt geputscht. Die Putschisten hatten nichts dagegen einzuwenden, dass Vizepräsident *Maximiliano Hernández Martínez* die Regierung übernahm. *Hernández* selbst dachte aber gar nicht daran, sich an die Verfassung zu halten. Er verlängerte seine Stellvertreterrolle in diejenige eines Langzeitdiktators. Formell tat er der Verfassung dadurch Genüge, dass er nach Ablauf einer Amtszeit kurz einen Platzhalter einsetzte, um danach wieder selbst zu regieren.

J. Hartmann, *Die politischen Systeme Lateinamerikas*,
DOI 10.1007/978-3-658-14353-4_21

Gegen die Indianervölker, die sich an den Rebellionen der Landbevölkerung beteiligten, führte *Hernández* einen Vernichtungsfeldzug. Ein in den herrschenden Kreisen als aufsässig geltendes Indianervolk wurde im großen Matanza (Massaker) vollständig ausgelöscht. Es geriet in der kollektiven Erinnerung zu einem Zentralereignis der jüngeren Geschichte (Moodie 2010, S. 22–25). Der Gebrauch indianischer Sprachen in der Öffentlichkeit wurde verboten. *Hernández* machte keinen Hehl aus seiner Verehrung für *Hitler.* Die Einwanderung von Juden, Orientalen und Asiaten wurde verboten. Selbst zur Kirche, die sonst keine Schwierigkeiten mit den Diktatoren in der Region hatten, wenn sie nur öffentlich den guten Katholiken heuchelten, hatte er ein schlechtes Verhältnis. Theosoph, Vegetarier und Abstinenzler, lag *Hernandez'* Lebensart mit derjenigen der Menschen seines Landes überkreuz. Die Sympathien für das nationalsozialistische Deutschland musste er – wie sein Präsidentenkollege *Ubico* in Guatemala – zurückstecken, als die USA in den Krieg eintraten. Im Jahr 1944 verließ er fluchtartig das Land. Studenten, die einen Generalstreik organisierten, führten ihm die Grenzen seiner Macht vor Augen. Die Armee kündigte den Gehorsam auf. *Hernández* setzte sich nach Guatemala ab, wo Studenten und Hauptstadtbevölkerung nach dem gleichen Drehbuch noch im selben Jahr ihren Diktator *Ubico* in die Wüste schickten.

General *Salvador Castaneda Castro* (1945) ließ sich in einem manipulierten Verfahren zum Nachfolger wählen; er war Kandidat der Militärs und der Caféteros. Auch er unterdrückte die Opposition. Er betrieb auch das Projekt einer neuen Verfassung. Sie sah als wichtigsten Punkt die Verlängerung der präsidialen Amtszeit von vier auf sechs Jahre vor. Das Parlament reduzierte diese Frist nachfolgend aber zunächst auf fünf, dann wieder auf vier Jahre. *Castaneda* ignorierte diese Korrekturen. Er blieb im Amt und provozierte den Sturz durch andere Militärs.

In den Folgejahren bedienten sich die Militärs einer eigenen Partei, des PCN (Partido de Conciliación Nacional), mit dem sie demokratische Verfahren für die manipulierte Wahl genehmer Präsidenten vorspielten. Nach einem Putsch reformorientierter Offiziere (1960) wurden neue Parteien zugelassen, darunter eine Christlich-Demokratische Partei (PDC, Partido Democrático Cristiano). Hier handelte es sich um eine in der Substanz sozialdemokratische Partei. Im Jahr 1972 gelang es ihrem Kandidaten *José Napoleon Duarte,* Bürgermeister der Hauptstadt, in der Präsidentenwahl die Mehrheit zu gewinnen. Die Militärs legten sich aber quer und verhinderten, dass *Duarte* sein Amt überhaupt antreten konnte. Die Militärs ließen *Duarte* nach der Wahl festnehmen, foltern und dann zum Tode verurteilen. Wegen der Proteste des Auslands wurde er nach Venezuela abgeschoben. Die Wahlen des Jahres 1977 wurden wieder von vorherein zugunsten des Militärkandidaten manipuliert. Als Folge dieser Ereignisse wandte sich die Opposition dem bewaffneten Kampf zu. Der Militärpräsident *Carlos Humberto Romero* wurde 1979 von derselben Offiziersclique, die ihn eingesetzt hatte, schon wieder aus dem Verkehr gezogen. Bis 1980 regierte eine Militärjunta.

21.2 Der Bürgerkrieg und das aktuelle politische System

Ab 1981 begann die Opposition mit militärischen Operationen gegen die Regierung. Sie waren der Auftakt zu einem dauerhaften Krieg. Bereits 1979 hatten die regierenden Offiziere die großen Grundbesitzer wissen lassen, sie hätten sich von nun an selbst um ihre Sicherheit zu kümmern. Finanziert vom Geld reicher Geschäftsleute, sprossen Paramilitärs aus dem Boden. Todesschwadronen räumten missliebige Politiker, Priester und Journalisten aus dem Weg. Als Drahtzieher dieser Aktivitäten galt der Chef des Militärgeheimdienstes, *Roberto d'Aubuisson Arrieta.*

Im Vorfeld der Wahl zu einer Verfassunggebenden Versammlung gründete *d'Aubuisson* 1981 die Partei ARENA (Alianza Republicana Nacionalista), eine politische Agentur der Militärs und der Geschäftswelt. Exil- und Oppositionspolitiker wurden zur Mitarbeit an einer neuen Verfassung eingeladen, darunter auch *Duarte,* dem die Militärs 1972 den Sieg gestohlen hatten; *Duarte* ließ sich sogar auf eine Mitgliedschaft in der regierenden Junta ein. Die Opposition wand sich über dieses Angebot. Mehrheitlich machte sie nicht mit. Wenig überraschend gewann die ARENA in der Verfassunggebenden Versammlung die Mehrheit. Gestützt auf diese Mehrheit, erwartete *d'Aubuisson* seine Wahl zum Übergangspräsidenten. Jetzt allerdings war selbst in Washington das Maß voll. Es mochte sich nicht dem Verdacht aussetzen, durch sein Schweigen einem für zahllose Verbrechen Verantwortlichen in den Sattel zu helfen. Ein anderer Übergangskandidat wurde gewählt. Trotzdem ließ sich *d'Aubuisson* die Kandidatur für die nächste reguläre Präsidentenwahl nicht nehmen. In der Wahl unterlag er 1984 jedoch *Duarte,* der einen Zweitstart als Präsident unternahm. Mit dieser Wahl endete die Phase scheinkonstitutionellen Regierens, das sich in der Beachtung blanker Formalien erschöpfte (Tab. 21.1).

Duarte gab sich alle Mühe, einen Waffenstillstand zwischen Regierung und Guerillas nicht nur im eigenen Land, sondern auch im benachbarten Guatemala und Nicaragua zu vermitteln. Dabei hatte er sich mit Querschüssen sowohl seitens der linken Guerillas als auch der *Reagan*-Administration in Washington auseinandersetzen. Nach der Verfassung durfte *Duarte* 1988 kein weiteres Mal kandidieren. Seither finden regelmäßig Wahlen statt (Tab. 21.2 und 21.3). Über aller Politik liegt nach wie vor der Schatten der Militärs. *Duartes* Nachfolger wurde *Alfredo Cristiani Burkard,* ein ARENA-Kandidat.

Cristiani war ein von Washington wohlgelittener Unternehmer, einer der großen Caféteros im Lande. Im Zeitpunkt seiner Wahl ließ das Interesse der USA an El Salvador bereits nach: der Kalte Kriege war vorbei. Der Bürgerkrieg gelangte denn auch in der Präsidentschaft *Cristianis* an sein Ende. Die Guerillas legten die Waffen nieder und durften sich als Partei in die legale Politik integrieren (1991). Der alte Sicherheitsapparat wurde aufgelöst. Nunmehr in Zivil mischten Militärs, die mit einer großzügigen Amnestie entlastet wurden, weiterhin in der Politik mit (Cruz 2011, S. 17).

Die Wahl von *Mauricio Funes* läutete 2009 einen spürbaren Kurswechsel ein. Er löste den ARENA-Präsidenten *Antonio Saca* (2004–2009) ab, einen Medienunternehmer in der Radiobranche. *Funes,* ein kritischer Fernsehjournalist, kandidierte für den Frente

Tab. 21.1 Konstitutionelle und außerkonstitutionelle Abfolge der Präsidenten El Salvadors seit 1930

		Konstitutionell gewählt	Konstitutionell abgelöst	Interimspräsident
P. Romero	1927–1931	X	X	
A. Araujo	1931	X		
M. Hernández	1931–1934	X		X
A. Menéndez	1934/1935			X
M. Hernández	1935–1944			
A. Menéndez	1944			X
O. Aguirre[a]	1944/1945			
S. Castaneda[a]	1945–1948			
Junta	1948–1950			
O. Osorio[a]	1950–1956	(X)[b]	(X)[b]	
J. Lemus[a]	1956–1960	(X)[b]	(X)[b]	
Junta	1960–1962			
J. Rivera[a]	1962–1967	(X)[b]	(X)[b]	
F. Sánchez[a]	1967–1972	(X)[b]	(X)[b]	
A. Molina[a]	1972–1977	(X)[b]	(X)[b]	
C. Romero[a]	1977–1979	(X)[b]		
Junta	1979–1982			
Á. Magañá	1982–1984			X
J. Duarte	1984–1989	X	X	
A. Cristiani	1989–1994	X	X	
A. Calderón	1994–1999	X	X	
F. Pérez	1999–2004	X	X	
A. Saca	2004–2009	X	X	
M. Funes	2009–2014	X	X	
S. Sánchez	seit 2014	X		

[a]Militärpartei

[b]Formell unter Beachtung des Wahlgebots und der Wahlperiode, aber bei verfälschten Wahlen und dem bestimmenden Einfluss der Militärs

Farabundo Martí para la Liberación Nacional (FMLN). Es handelte sich um eine Partei, die aus den Guerillagruppen des Bürgerkriegs hervorgegangen war. Die lateinamerikanische Linke vor Augen, schob *Funes* nach dem Muster des brasilianischen Bolsa Familia Programme zur Armutsbekämpfung, zum Wohnungsbau, zur medizinischen Versorgung und zur Verbesserung der Kleinlandwirtschaft an. Die Grundlinien der neoliberalen

Tab. 21.2 Präsidentenwahlen: El Salvador 1999–2014 (Kandidaten mit den meisten Stimmen [Ergebnisse in v. H.])

2014	*Sánchez,* FMLN	*Quijano,* ARENA	*Saca,* Unidad
1. Wahlg.	48,9	38,9	11,4
Stichwahl	*50,1*	*49,9*	
2009	*Funes,* FMLN	*Ávila,* ARENA	
	51,3	48,6	
2004	*Saca,* ARENA	*Handal,* FMNL	*Silva,* PCS[a]
	47,7	35,6	3,0
1999	*Flores,* ARENA	*Guardado,* FMNL	*Zamora,* CDU[b]
	51,9	29,0	7,5

[a]Centro Democrático Unido-Partido Democráta Cristiano, Wahlbündnis um den PDC
[b]Centro Democrático Unido, Wahlbündnis

Tab. 21.3 Parlamentswahlen: El Salvador 2006–2015 (Ergebnisse in v. H.)

	ARENA	FMLN	GANA[a]	PCN
2015	38,7	37,2	9,2	6,7
2012	39,7	36,7		8,7
2009	38,5	42,6	9,6	7,1
2006	39,4	39,7		11,0

[a]Gran Alianza por la Unidad Nacional

Politik wurden aber nicht infrage gestellt. Forderungen aus seiner Partei, die Privatisierungen der vergangenen Jahre rückgängig zu machen, fanden kein Gehör. Als Nachfolger wurde 2014 der ehemalige Guerillaführer *Salvador Sánchez Céren* gewählt, ein Lehrer aus armen Verhältnissen; auch er kandidierte unter der Flagge des FMLN. Der Wahlkampf verlief denkbar schmutzig.

Im Anbieteroligopol der Medien operieren durchweg Familienunternehmen, die der ARENA nahestehen. Die größte Tageszeitung La Prensa Grafica, die in ganz Mittelamerika verkauft wird, gehört der Familie *Dutríz.* Sie nennt auch Druckereien, Radiosender und Kabelsender ihr Eigen. Das zweite bedeutende Blatt El Diario de Hoy gehört zum Mischkonzern der Familie *Altamirano,* zu dem unter anderem große Baumwoll- und Kaffeeplantagen zählen. Das Blatt steht auf der äußersten Rechten und vertritt offensiv die Interessen der Großlandwirtschaft. Die einzige kräftige linke Gegenstimme in der Zeitungslandschaft ist Diario co Latino, ein genossenschaftlich betriebenes Blatt. Die Gesellschaft Telecorporación Salvadoreña des ultrakonservativen Medienunternehmers *Boris Eserski* betreibt drei TV-Kanäle und weitere Radiosender. Auch *Eserskis* Medienbesitz ist in einen großen Mischkonzern eingebettet.

Dass größte Problem des Landes ist die Kriminalität. Sie ist – wie in den Nachbarländern – außer Kontrolle geraten. Die Zahl der Morde wird nur noch in Venezuela und Honduras überboten (Tab. 4.12). Das Phänomen der Jugendbanden trat zuerst in El Salvador auf und breitete sich dann in die Nachbarländer aus. Einige dieser Jugendgangs, vor allem die Maras (Mara Salvatrucha) und Barrio 18, operieren teils bis nach Süd- und Nordamerika. Ihr Markenzeichen sind Mord, Körperverletzung und bewaffneter Raub (Bruenau 2014). Der rechtsgerichteten ARENA verschafft die hohe Kriminalität die Gelegenheit, sich als Law & Order-Partei in Szene zu setzen und andere Themen wie Armut und ungerechte Verteilung von der politischen Agenda auszublenden (Holland 2013).

21.3 Wirtschafts- und Sozialpolitik

Bereits die Präsidenten der Militärpartei ARENA bemühten sich, nach den Vorstellungen der Weltbank die extreme Abhängigkeit vom singulären Exportprodukt Kaffee zu überwinden. Mit dem Maquiladora-Modell, d. h. mit billiger Arbeit, Steuervorteilen und Vorleistungen wurden ausländische Investoren angeworben – mit allen Vorteilen, was Arbeitsplätze betrifft, aber schlechten Lohn- und Sozialstandards (Tab. 21.4). El Salvador ist industriell weiter entwickelt als die unmittelbaren mittelamerikanischen Nachbarn, in die ein Gutteil seiner Exporte geht.

Tab. 21.4 Die wichtigsten Exportprodukte: El Salvador 1971–2014 (in v. H. am Gesamtexport). (Quelle: CEPAL/ECLAC: Statistical Yearbook for Latin America and the Caribbean 2015, External Sector 2.2.2.27)

	Textilien	Plastikartikel	Kaffee	Zucker
2014	30,1	4,9	2,1	3,4
2013	30,4	4,3	5,7	3,2
2000	1,0	1,0	10,1	1,4
1990	–	–	44,0	3,6
1980	–	1,5	36,4	1,9
1971	–	1,5	40,0	4,1

Tab. 21.5 Wachstum des BIP: El Salvador 2006–2015 (in v. H.). (Quelle: Siehe Angaben zu Tab. 6.5)

2015	2014	2013	2012	2011	2010	2009	2008	2007	2006
2,3	2,0	1,8	1,9	2,2	1,4	−3,1	1,3	3,8	3,9

Tab. 21.6 Inflation: El Salvador 2006–2015 (in v. H.). (Quelle: Siehe Angaben zu Tab. 6.6)

2015	2014	2013	2012	2011	2010	2009	2008	2007	2006
−1,1	1,1	0,8	1,7	5,1	0,9	1,1	6,7	4,6	4.0

Die Auslandsverschuldung El Salvadors erreicht mit über 50 % (2014) den lateinamerikanischen Spitzenwert (Tab. 5.7). Die Sozialausgaben zählen zu den niedrigsten im südlichen Amerika (Tab. 3.8). Die Armutswerte liegen hoch, aber immer noch unter denen der mittelamerikanischen Nachbarn (Tab. 3.3). El Salvador steht ungleich besser dar als die Nachbarrepubliken, mit denen es inzwischen eng verflochten ist (Tab. 5.8, Anmerkungen, und Tab. 5.9). Das Prokopfeinkommen liegt fast doppelt so hoch wie in Honduras und Nicaragua (Tab. 3.5). Die Maquiladora-Politik hat viele Menschen in Lohn und Brot gebracht, koppelt das Land aber auch eng an weltwirtschaftliche Schwächeanfälle, die sich in schwachem Wachstum manifestieren (Tab. 21.5 und 21.6). Die Ungleichheit ist nach wie vor extrem, hat sich im Zeitraum einer Dekade aber deutlich verringert (Tab. 5.11). Dennoch treiben Arbeitsmangel und Kriminalität die Menschen in Massen außer Landes. Ihre Rücküberweisungen an die Verwandtschaft daheim belaufen sich auf beinahe 17 % (Tab. 5.12). Diese Größenordnung dokumentiert nur eine neue Variante der Auslandsabhängigkeit, die sich der politischen Steuerbarkeit kaum weniger entzieht als die Preisentwicklung an den Kaffeebörsen.

22 Mexiko

Die Teilstaaten in der Mitte und im Süden Mexikos gehören in ethnischer, geografischer und wirtschaftsgeografischer Hinsicht eher zu Mittelamerika. Der Norden zeichnet sich durch Ähnlichkeiten mit den südlichen Grenzstaaten der USA aus. Die Geografie ist aber nur das eine und nicht maßgeblich. Gravierender sind die Unterschiede der Hispanität zum angelsächsischen Amerika. Nach der letzten Zählung von 2010 waren über die Hälfte der Bevölkerung Mestizen. Das knappe Drittel Indigene lebt konzentriert in den südlichen Staaten des Landes (Tab. 3.10). Lediglich gut ein Prozent Mexikaner sprechen noch ausschließlich indigene Sprachen.

22.1 Geschichte

22.1.1 Frühe Republik und Caudillismo

In vorkolonialer Zeit gehörte der Süden des heutigen Mexiko zusammen mit Mittelamerika zum Siedlungsgebiet der Mayas. In der Kolonialzeit war das spätere Mexiko Teil des Vizekönigtums Neu-Spanien. Das unabhängige Mexiko entstand in den Grenzen der kolonialen Audiencia Mexiko. Diese dehnte sich weit in den heutigen Westen und Südwesten der USA aus. Mit dieser Kolonie gelangten die spanischen Eroberer an eine Geldmaschine. Die Silbervorkommen pumpten über Jahrhunderte Geld in die spanische Staatskasse.

Der Priester *Miguel Hidalgo y Costilla* stellte die Autorität der seit 1808 von Spanien abgeschnittenen geschwächten Kolonialregierung auf eine harte Probe. Er lag im Zwist mit seiner Kirche und begeisterte sich an den Ideen der Aufklärung und der Freimaurerei. Es bedurfte einigen militärischen Aufwands, um einen von ihm geführten großen Aufstand (1810) niederzuschlagen. Nach seiner Verhaftung und Ermordung führten *José María Morelos* und später *Vicente Guerrero,* beide Mestizen, den Aufstand gegen

J. Hartmann, *Die politischen Systeme Lateinamerikas,*
DOI 10.1007/978-3-658-14353-4_22

Spanien fort. Diese Aufstände verfolgten keine sozialrevolutionären Ziele. Es ging um die Unabhängigkeit, einigen auch um die Befreiung von der intellektuell erstickenden Dominanz der Kirche, anderen wieder um das Replikat einer Republik, wie sie im nahen Norden Amerikas existierte.

Ein Abkommen verschiedener Aufstandsführer mündete 1821 in die Gründung des unabhängigen Mexiko, das zu diesem Zeitpunkt noch das Gebiet des heutigen Mittelamerikas umfasste. Indianer und Mestizen waren im Unabhängigkeitsplan der Kreolen nicht vorgesehen. Die Trennung von Spanien erleichterte Kreolen den Erwerb des geschützten Indianerlandes. Sie übernahmen auch den einst von der Krone monopolisierten Bergbau und stiegen in den Handel mit der nordamerikanischen Republik ein.

Über die Staatsform des unabhängigen Mexiko waren sich die Kreolen uneins. Darüber hinaus gab es Streit, wer an die Spitze des neuen Staates treten sollte. Jetzt brach die Epoche der Caudillos an. Das Rennen machte zunächst ein Caudillo namens *Agustín de Iturbide,* ein noch in Spanien geborener Konservativer. Er krönte sich mit dem Segen der Kirche 1822 zum Kaiser. Liberale Widersacher stürzten ihn ein Jahr später. Sie riefen die Republik aus und verordneten im liberalen Geist der Zeit die Trennung von Kirche und Staat. Daraufhin trennten sich die mittelamerikanischen Gebiete von Mexiko (1823). Die Unterschiede zwischen Kreolen und Mestizen verloren in dieser Zeit bereits an Schärfe. Status bemaß sich nach Reichtum, militärischem Können und der Nähe zu den Mächtigen. Erfolgreiche Mestizen kopierten kreolische Lebensart und blickten auf die armen Teufel unter ihresgleichen herab. Der rasche Wechsel der Präsidenten und die zur Schau gestellten weltanschaulichen Etiketten, liberal und konservativ, lohnen hier kein detailliertes Referieren. Kaum weniger wechselhaft war der Tausch der bundes- gegen die einheitsstaatliche Struktur – auch dies das Ergebnis eines Elitenstreits, der die Gesellschaft nicht erreichte. Der gemeinsame Nenner der politischen Klasse war ein eingefleischter Sozialkonservatismus. Von substanzieller Staatlichkeit mit allem, was dazu gehört, insbesondere einer Staatsgewalt, die jeden Winkel des Landes erreicht hätte, blieb Mexiko noch auf Jahrzehnte entfernt.

Einen genaueren Blick verdient der bedeutendste Caudillo des 19. Jahrhunderts, *Antonio Lópe*z *de Santa Ana.* Aus bescheidenen Verhältnissen kommend, sein Vater war ein „Pensinular", die Mutter Französin, hatte er als Offizier in der spanischen Truppe gedient. Er hatte dann die Seiten gewechselt und sich *Iturbide* angeschlossen. Zwischen 1833 und 1854 war er fünfmal Präsident. Jedes Mal eroberte er die Regierungsgewalt durch Putsch, und jedes Mal wurde er selbst durch einen Putsch abgelöst. In der Ära *Santa Ana* schrumpfte Mexiko auf seine heutigen Grenzen. Noch in den 1820er Jahren gehörten weite Teile des heute US-amerikanischen Westens und Südwestens zu Mexiko. Es handelte sich freilich um Indianergebiet, in dem nur wenige Mexikaner lebten.

Ebendort siedelten aber immer mehr Menschen, die aus dem Osten der USA zuwanderten. Einige Trecks landhungriger Nordamerikaner bogen auf dem großen Zug nach Westen, der sie ins gelobte Land Oregon führen sollte, nach Süden und Südwesten ab. Vor irgendwelchen Gebäuden in entlegenen Ortschaften waren Fahnen aufgezogen, die sie nicht kannten. Es störte sie nicht groß. In diesen fernen Gebietsausläufern Mexikos prallten gegensätzliche Vorstellungen von Landnahme aufeinander. Seit der frühesten Kolonialzeit gedachten Spanier und arrivierte Mestizen nicht als Bauern zu leben. Land war in ihrer Vorstellungswelt nur als Latifundie der Rede wert, auf der man andere für sich arbeiten ließ. Der Bauer war Bauer aus Not oder weil er nichts anderes kannte. Die wenigen Mexikaner in den nördlichen Gebieten zogen das Leben in den meist kleinen Städten vor. An den englischsprachigen Zuzüglern nahmen die mexikanischen Behörden zunächst keinerlei Anstoß. Umgekehrt wähnten sich die US-amerikanischen Neusiedler den Mexikanern zivilisatorisch überlegen. Je zahlreicher sie wurden, desto weniger wollten sie sich von Vertretern des mexikanischen Staates sagen lassen. Einige liebäugelten bereits mit dem Anschluss an die USA. Im Jahr 1845 erklärte sich Texas für unabhängig, 1846 auch Kalifornien. Unter fadenscheinigen Vorwänden erklärten die USA Mexiko 1846 den Krieg.

In den innermexikanischen Kriegen war *Santa Ana* ein tüchtiger Militärführer. Den US-amerikanischen Truppen, die sogar die mexikanische Hauptstadt einnahmen, war er nicht gewachsen. Als Ergebnis der Niederlage musste Mexiko im Friedensvertrag von Guadelupe-Hidalgo die Hälfte seines damaligen Territoriums an die USA abtreten, auf dem später die Staaten Kalifornien, New Mexico, Arizona, Utah und Nevada und Teile der Staaten Colorado, Wyoming und Kansas entstanden. Darüber hinaus verkaufte Mexiko 1853 im Gadsen-Kauf einen weiteren Gebietsstreifen im Norden des Staatsgebiets.

Diese Ereignisse haben sich im mexikanischen Geschichtsbild als Trauma verewigt, das breites Ressentiment gegen den großen Nachbarn im Norden erzeugte. Die Niederlage brachte *Santa Ana* um sein Amt. Doch schon 1853 wurde er von Putschisten als Präsident zurückgerufen, um im Inneren Ordnung zu schaffen. Im Jahr 1854 endete seine letzte Präsidentschaft. Sie war zuletzt in eine ungezügelte persönliche Diktatur ausgeartet. Wenige Jahre später erhielt das Land eine moderne Verfassung (1857).

Ab 1861 regierte Präsident *Benito Juarez* (1806–1872), ein liberaler Politiker indigener Herkunft. Er betrieb eine antiklerikale Politik und förderte unter dem wohlklingenden Logo einer Bodenreform die offizielle Auflösung und den Verkauf indianischen Gemeindelandes. In seiner Amtszeit rächte sich die Finanzpolitik der vergangenen Jahrzehnte. Gedeckt allein vom Bergbau (Silber), hatten die Regierungen ihre Ausgaben unter anderem mit Anleihen bei europäischen Banken finanziert. Als das Parlament 1861 beschloss, die Zinszahlungen einzustellen, schickten Briten, Franzosen und Spanier Kriegsschiffe und Soldaten, um materielle Pfänder zu nehmen. Jetzt kam Frankreich ins Spiel.

Napoleon III. hatte die säkulare Republik Frankreich in eine Monarchie umgewandelt und die Kirche mit Privilegien überhäuft. Eben erst hatte er damit begonnen, das ferne Indochina zu erobern. Nun witterte der Kaiser, ein Parvenü im Schatten des berühmten Onkels, die Chance, auch in Amerika Einfluss zu gewinnen. Ab 1862 mischte sich Frankreich militärisch in die innermexikanischen Händel ein, während die übrigen europäischen Mächte ihre Truppen abzogen. Mit dem Widerstand der USA, die sich mitten im Bürgerkrieg befanden, war nicht zu rechnen. *Napoleon III.* lancierte mit dem Beistand der Kirche *Ferdinand Maximilian von Habsburg* zum Kaiser von Mexiko. Der Norden des Landes blieb unter Kontrolle der Liberalen um *Juarez*. In Zentralmexiko kam es zu einem zermürbenden Guerillakrieg. Das Unternehmen endete mit einem Fiasko. Nach dem Ende des Bürgerkriegs machten auch die USA wieder Druck, Europa vom Kontinent fernzuhalten. *Ferdinand* endete 1867 vor einem Erschießungskommando. Danach zog wieder *Juarez* in den Präsidentenpalast ein (Ruhl und Garcia 2007, S. 142–156).

22.1.2 Das Porfiriat (seit 1876)

Erst nach *Juarez* begann die Periode einer nennenswerten Staatswerdung. Sie ist mit dem Namen des Juarez-Nachfolgers *Porfirio Diaz* verbunden. *Diaz* putschte 1876 mithilfe der Streitkräfte den amtierenden Präsidenten *Lerdo de Tajara* (1872–1876) aus dem Amt. *Diaz,* gebürtig aus dem südmexikanischen Staat Oaxaca, kam aus bettelarmen Verhältnissen. Er trat in die Armee ein, kämpfte in diversen Kriegen und gelangte durch einen Förderer, der mit dem Ex-Präsidenten *Juarez* bekannt war, in die Politik. *Diaz* war ein Positivist reinsten Wassers, wirtschaftsliberal bis auf die Knochen und aufgeschlossen für moderne Technik und Städtebau. Eisenbahnen brachten in der Ära *Diaz,* im sogenannten Porfiriat, die vielfältigen Landesteile und Wirtschaftsräume enger zusammen.

Das Land wurde zum Dorado des Gründerzeitkapitalismus. Blendet man die politischen Grenzen einmal aus, war das südliche Mexiko Teil des mittelamerikanischen Wirtschaftsraumes: von Gebirgen durchzogen, mit fast ausschließlich indigener Bevölkerung, großer Armut, Subsistenzlandwirtschaft und Zucker- und Kaffeeplantagen. Der indigenen Bevölkerung blieb keine Alternative zur Existenz als Lohnpächter, Landarbeiter oder Kleinbauern. Als das Porfiriat alle Hindernisse für ausländische Investitionen beiseite räumte, nahm vor allem der Norden Mexikos eine rasante Entwicklung. Der seit spanischer Zeit rückständige Bergbau wurde mit moderner Grubentechnik wieder aufgenommen. Hacendados züchteten auf den Flächen der Hochebenen Rinder. Lohnarbeit spielte eine größere Rolle als im rückständigen Süden. Um die Wende zum 20. Jahrhundert wurden am Golf von Mexiko Ölfelder entdeckt und ausgebeutet Die Epoche des Verbrennungsmotors kündigte sich an.

Diaz' führte eine persönliche Diktatur. Die teure Armee wurde reduziert. An ihre Stelle trat als wichtigste Gewaltagentur die paramilitärische Truppe der Rurales oder Federales. Ihr war die Aufgabe zugedacht, Bauernaufstände niederzuschlagen und diese möglichst schon durch den Ruf ihrer Brutalität zu verhindern. Die rigide Trennung von Kirche und Staat wurde von *Diaz* rückgängig gemacht (dazu und zum Folgenden: Edmonds-Poli und Shirk 2009, S. 30–77; Ruhl und Garcia 2007, S. 167–188; Tobler 1984, S. 56–143).

22.1.3 Revolution und Entstehung des PRI-Staates (seit 1910)

Diaz' Herrschaft dauerte über vier Jahrzehnte (1877–1880, 1884–1911). Sie endete mit der ersten großen Revolution des 20. Jahrhunderts. Das Porfiriat wurde im Laufe der Zeit zu einer Oligarchie alter Männer, die sich dagegen sperrten, Jüngere an der Macht teilhaben zu lassen. Für Letztere sprach der liberale Exilpolitiker *Francisco Madero,* Sohn eines reichen Grundbesitzers und Spirituosenfabrikanten in dem an Texas grenzenden Staat Coahuila. Vom Leben und Studium in den USA geprägt, kritisierte *Madero,* dass sich der Präsident jedem Ansatz in Richtung auf Demokratie verweigerte, also eben jenem Aspekt der Moderne, den das für den technischen Fortschritt so aufgeschlossene Porfiriat ausklammerte.

Madero war nicht der Typ des begeisternden politischen Führers. Er bot den zahlreichen Unzufriedenen lediglich eine Projektionsfläche. Bei der Suche nach Verbündeten fand er zunächst die Unterstützung *Pancho Villas. Villa,* der aus dem nordwestlichen Staat Durango kam, war eine Art Sozialbandit. Er hatte Charisma, aber kein politisches Programm. Seine Anhängerschaft im nördlichen Mexiko umfasste ein breites Spektrum vom Viehhirten bis hin zum Marodeur, Deklassierten und Entwurzelten. Der Typus seines Anhängers charakterisierte in ähnlicher Weise die Banden, welche die Gegenden des nördlichen Mexiko unsicher machten. Zur Politik zog *Villa* das Ressentiment gegen die großen Landbesitzer. Anders verhielt es sich mit *Emiliano Zapata:* Gebürtig aus einem Dorf im indianisch geprägten Staat Morelos, schwang er sich zum Sprecher der Campesinos und Landarbeiter auf. Landraub und straflose Willkür bedrohten ihre Existenz. *Zapata* gewann seine Anhänger mit dem Versprechen, den großen Grundbesitz zu zerschlagen. Außer der Opposition zu *Diaz* hatten *Villa* und *Zapata* wenig gemeinsam. Sie verstanden es aber, das Regime militärisch in die Enge zu treiben. Den bäuerlichen Bewaffneten war das Militär nicht gewachsen. *Diaz* hatte die Armee vernachlässigt, um sie als Putschquelle auszutrocknen. Als dritte oppositionelle Kraft waren schließlich noch die Intellektuellen um *Madero* im Spiel. Was den sozialrevolutionären Bauernführern fehlte, war hier vorhanden: Kenntnis des Verwaltungsapparats, der Wirtschaft und der Welt um Mexiko herum.

Madero war nach dem Sturz *Diaz'* nur kurze Zeit als Präsident vergönnt (1911–1913). General *Victoriano Huerta* ließ ihn 1913 ermorden und ließ sich statt seiner in der Präsidentenresidenz nieder (1913–1915). Sein Putsch mobilisierte umgehend eine Gegenkoalition. An ihrer Spitze stand *Venustiano Carranza,* Gouverneur des Staates Coahuila. Er übernahm 1914 die Präsidentschaft (zum Folgenden auch: Fischer 2015). Nach dem Sturz *Huertas* zündete unter den Bauern des südlichen Mexiko die von *Zapata* ausgegebene Parole, sich den früheren indianischen Gemeinbesitz wieder anzueignen. Der sozialrevolutionäre Gestus *Zapatas* und sein Auftreten in der Art der armen und ungebildeten Landbevölkerung behagten der Gruppe um *Carranza* nicht. Sie wollte eigentlich nur die Linie *Maderos* fortsetzen: das Land politisch modernisieren und es von der im Porfiriat entstandenen und inzwischen verjüngten bürgerlichen Elite regieren lassen. Für soziale Veränderungen hatte sie nichts übrig.

Carranzas Bündnis mit *Villa* und *Zapata* zerbrach. Der Bürgerkrieg lebte wieder auf. Nachdem *Villa* 1916 die Grenze zu den USA überschritten und die Kleinstadt Columbus überfallen hatte, gab es eine militärische Strafexpedition des nördlichen Nachbarn. Die USA, die nach dem Eintritt in den Ersten Weltkrieg militärisch in Europa gebunden waren, unterstützten ab 1917 *Carranza* und belieferten ihn mit Waffen.

An diesem Punkt trat *Alfaro Obregón* auf. Er war Gouverneur des Staates Sonora und – obgleich Autodidakt – ein guter Militärführer. Für Revolutionäres hatte auch er nichts übrig. Im Unterschied zu *Carranza* verstand er aber, dass es nützlich war, die unteren Schichten einzubinden. Die Arbeiter der Öl- und Bergbauindustrie waren bis dahin kaum am Bürgerkrieg beteiligt. Sie hatten andere Sorgen als Bauern und Landarbeiter. Durch industrielle Arbeit an Disziplin gewöhnt, bargen sie ein militärisch nutzbares Potenzial. *Obregón* setzte gekonnt alle Mittel der modernen Kriegsführung ein. Darüber hinaus überzeugte er, selbst ein Großrancher, die Arbeiterorganisationen mit dem Versprechen, dass im künftigen Mexiko auch ihre Interessen beachtet würden. Eine neue Verfassung, die 1917 in Kraft trat, trug seine Handschrift. Unter den zeitgenössischen Verfassungen ragte sie als fortschrittliches Dokument heraus. Erster Präsident unter dieser Verfassung wurde abermals *Carranza* (1971–1920). Die gewaltsame Phase der Revolution endete 1920 in dieser zweiten Präsidentschaft *Carranzas* mit dem Sieg über *Villa* und *Zapata. Zapata* wurde in der Gefangenschaft ermordet.

Als *Carranzas* reguläre Amtszeit endete, hätte gern sein Kriegsminister *Obregón* für die Nachfolge kandidiert. *Carranza* aber lancierte einen anderen Nachfolger. *Obregón* nahm dies nicht hin. Er stürzte *Carranza* und ließ sich nach einer Übergangszeit, in welcher der frühere Putschist *Huerta* als kommissarischer Präsident amtierte, zum Nachfolger wählen. Als Präsident regierte *Obregón* im Geist der neuen Verfassung, die erstmals Arbeitern und Bauern Rechte zugesprochen hatte. Als seine Amtszeit 1924 ablief, favorisierte er als Nachfolger *Plutarco Elias Calles* aus seinem Heimatstaat Sonora.

Calles (1924–1929) setzte andere Akzente als der Vorgänger. Die von *Obregón* betriebene Reformpolitik schlief ein. Als Anhänger der europäischen Aufklärer und Freimaurer ging *Calles* mit radikalen Gesetzen gegen die Kirche vor und provozierte damit sogar einen Krieg mit den Cristeros: mit Bauern, die Priester und Kirche als Teil des dörflichen Gemeinschaftslebens verehrten (1926–1929). Nach *Calles* durfte *Obregón* erneut kandidieren. Noch vor der Wahl wurde er ermordet.

Calles gründete 1929 den PNR (Partido Nacional Revolucionario). Hinter den Kulissen führte er unter verschiedenen Präsidenten die Regie. Drei Interimspräsidenten lösten einander ab. *Lázaro Cardénas* (1934–1940), von Beruf Offizier und im Zeitpunkt seiner Wahl Gouverneur seines Heimatstaates Michoacán, nahm *Obregóns* Reformpolitik wieder auf. *Calles,* der nicht davon lassen konnte, hinter den Kulissen zu agieren, wurde 1936 ins Exil gezwungen. *Cardénas,* der selbst vom Dorf kam, hatte ein Gespür für die Bedürfnisse der Landbevölkerung. Er unterstützte die Gewerkschaften und erwarb originäre Popularität. *Cardénas,* der den PNR 1938 in PRM (Partido de la Revolución Mexicana) umbenannte, wurde zum Architekten des späteren PRI-Systems. Es sollte bis zum Ende der 1980er Jahre Bestand haben.

In dieser Zeit gewann Mexiko ein fortschrittlich-linkes Image. Um die wichtigsten Punkte hervorzuheben:

1. Die Fläche für landwirtschaftlichen Grundbesitz wurde limitiert.
2. Die US-amerikanischen Ölgesellschaften wurden enteignet, für den Weiterbetrieb 1938 die staatliche Ölgesellschaft PEMEX gegründet.

3. Das Bildungs- und das Gesundheitssystem wurden erweitert und auf die Bedürfnisse der ärmeren Bevölkerung eingestellt.
4. Für die städtische Bevölkerung, d. h. Angestellte und Arbeiter, wurden soziale Sicherungssysteme eingeführt.

22.1.4 Der PRI-Staat (seit 1938)

Mit der Rekonstruktion der 1946 in PRI (Partido Revolucionaro Institucional) umbenannten Staatspartei PRM wurde das aus der Revolution hervorgegangene politische System neu organisiert. Formal war das Land eine Demokratie. Linke Konkurrenzparteien wurden aber nicht erlaubt. Um Bauern, Arbeiter und Mittelschicht an das Regime zu binden, griff *Cardénas* in den Baukasten des korporativen Staates. Die Staatspartei erhielt das Monopol auf die Regierung im Bund, in Staaten und den Gemeinden. Wahlen sollte es weiterhin geben, aber das Wahlgesetz würgte die Chancen der übrigen Parteien ab. Allein für den PAN (Partido Accíon Nacional) wurde eine Ausnahme gemacht. Die Duldung dieser konservativen, 1939 im Nordwesten des Landes entstandenen Partei war eine Geste an Milieus, welche die PRI ohnehin nicht hätte erobern können: die Verlierer der egalitären und laizistischen Politik, im Einzelnen Privatwirtschaft, Landbesitz und kirchennahes gehobenes Bürgertum! Wie später das MDB im brasilianischen Militärregime der 1960er und 1970er Jahre war der PAN dazu bestimmt, den Schein der Oppositionsfreiheit zu verbreiten (Gertschen 2015, S. 337).

Der PRI selbst wurde 1946 in einen Gewerkschafts-, Bauern- und Mittelstandssektor gegliedert. Jeder Sektor sollte in allen Parlamenten repräsentiert sein und durch Rotation bei der Besetzung des Präsidentenamtes und der Gouverneurs- und Bürgermeisterämter zum Zuge kommen (Watt und Zepeda 2012, S. 24 f.). Nach der Verfassung von 1917 durften Amts- und Mandatsträger ohnehin nicht länger als für eine Periode gewählt werden. Der Präsident stand an der Spitze von Partei und Staat.

Mit *Cardénas* bürgerte sich der Brauch ein, dass sich der scheidende Präsident aus der Politik zurückzog. Seine letzte wichtige Aufgabe bestand darin auszuloten, welcher Nachfolger akzeptiert werden könnte, ohne die Balance der Parteisektoren zu stören. Hatte er seine Wahl getroffen, deutete er mit einer Geste des „Dedazo" (Daumenzeigen) auf den Erwählten. Auch wer zum Gouverneur eines Staates oder zum Bürgermeister einer großen Stadt aufsteigen durfte, hing vom Fingerzeig des Präsidenten ab (zum PRI-System Mols 1981). Mit dieser Usance, die einen Superpräsidenten in die Welt setzte, der als Amtsträger selbst auf ein Verfallsdatum festgelegt war, geriet ein zentralistischer Zug in den Regierungsapparat.

Zur wichtigsten Person nach dem Präsidenten avancierte der Innenminister. Er hatte den Auftrag, die Wahlen so zu organisieren, dass sie die Vorauswahl des Präsidenten bestätigten. Das Amt prädestinierte ihn meist für die engere Auswahl des präsidialen Nachfolgers (Edmonds-Poli und Shirk 2009, S. 71–77). Bis in die 1960er Jahre fuhr das Land scheinbar gut damit. Es war in dieser Zeit nicht nur politisch stabil, es prosperierte auch ökonomisch. Staatsbetriebe und Autarkiepolitik waren Trumpf. Die Regierung betrieb eine effektive importsubsituierende Industrialisierung. Obgleich im Inneren alles andere als demokratisch, erwarb das mexikanische Regime in den 1930er und 1940er Jahren Verdienste als sicherer Hafen für Verfolgte des Dritten Reiches, als Exil für die Anhänger der spanischen Republik sowie für zahlreiche lateinamerikanische Linke, die in ihrer Heimat nicht mehr sicher waren.

Das PRI-System war unter den schwach institutionalisierten politischen Systemen Lateinamerikas ein Unikum. Es zeigte im Laufe der Zeit aber zweierlei Schwächen:

1. Der Rotationszwang in Ämtern und Mandaten heizte die Bildung von Klientelen an. Als das PRI-System „eingefahren" war, hielt es die Korruption in Schwung. Der PRI und seine Fraktionen brachten Anhänger in Behörden und Staatsunternehmen unter. Patrone und Klienten bedankten sich für politische Leistungen mit Gefälligkeiten, Gegenleistungen und Barzahlungen.
2. Die festen Verfallsdaten für Amt und Mandat und die Eventualität, aus dem Ämterkarussell ganz herausgeschleudert zu werden, ließen es ratsam erscheinen, mit den Möglichkeiten des Amtes für die Zeit danach vorzusorgen.

Im Übrigen hielten Verfassung und Staatsaufbau den lateinamerikanischen Standard: Ein Präsidialsystem mit strikter Amtszeitbegrenzung, ein Zweikammersystem und wie in den anderen großen Flächenstaaten des Kontinents auch die Ausgestaltung als Bundesstaat. Die wohl stärkste Abweichung vom Standard ist die bis heute beibehaltene Beschränkung sogar der Mandatsdauer für die Parlamentarier auf eine Wahlperiode. In eine Zeit, da es Kontinuität braucht, um parlamentarische Mitwirkungs- und Kontrollfähigkeit zu entwickeln, passt diese Bestimmung eigentlich nicht mehr hinein. Wie die zahlreichen Beispiele der größeren Nachbarländer zeigen, hat dort die Überlegung Früchte getragen, dem Chef der Exekutive mit der Wiederwahlmöglichkeit die Chance einzuräumen, sein Programm über einen längeren Zeitraum verfolgen zu können. Diese Möglichkeit wird von der mexikanischen Verfassung verbaut. Sie hält sogar die zeitlich gestaffelte Teilwahl zum Parlament bei, sodass ein Präsident inmitten seiner Regierungszeit seine parlamentarische Mehrheit einbüßen kann. Der PRI fing diese Defizite unter autoritärem Vorzeichen in der Rolle einer Staatspartei auf, oder um es anders auszudrücken: um dem Preis einer parallelen Machtstruktur, von der die staatlichen Institutionen überlagert wurden.

22.1.5 Die neoliberale Erosion des egalitären PRI-Staates (seit 1988)

Gegen die egalitären Ideale von *Cardénas* und Gleichgesinnten behauptete sich am Ende die Wertewelt des nachrevolutionären Bürgertums. In den ersten Nachkriegsjahrzehnten verzeichnete das Land eine stetige wirtschaftliche Aufwärtsentwicklung. Der linke Präsident *Cardenás* blieb ein Unikat. Sein Nachfolger *Manuel Ávila Camacho* (1940–1946) verdankte die Präsidentschaft allein der Entscheidung seines Vorgängers. Bis in die 1960er Jahre standen Industrialisierung, Infrastruktur und soziale Politik im Mittelpunkt des Regierungshandelns. Noch in zweiter und dritter Reihe, als Offiziere, Beamte, Kommunal- und Staatenpolitiker waren diese Präsidenten Zeitzeugen und Mitgestalter des nachrevolutionären Mexiko. Mit *Gustavo Diaz Ordaz* (1964–1970) machte sich der rechte PRI-Flügel bemerkbar. *Diaz* regierte mit großer Härte.

Zur positiven Wirtschaftsentwicklung trug die Ölförderung bei. Das Öl pumpte Geld in den Wirtschaftskreislauf, und der PRI wuchs mit den Geldmaschinen der staatlichen Ölgesellschaft und anderer Staatsbetriebe zusammen. Hohe PRI-Funktionäre lebten zunehmend ihr Bedürfnis aus, sich die gleichen Wohlstandsattribute zuzulegen wie die überschaubare Zahl ihrer Landsleute, die als private Unternehmer Vermögen geerbt oder erarbeitet hatten und in großen Häusern, gern auch als Eigentümer eines Landguts lebten. Verständnisvoll und in Erwartung einer Gegenleistung blickten die Behörden weg, wenn die amtlichen Beschränkungen für den Landbesitz – meist durch Überschreibung von Eigentumstiteln auf Familienangehörige – unterlaufen wurden.

In den 1960er Jahren überkam den PRI die Revolutionsangst. In der Hauptstadt gingen 1968 Studenten auf die Straße, um vor der Kulisse der Olympischen Spiele für Demokratie zu demonstrieren. Präsident *Gustavo Díaz Ordaz,* ein PRI-Berufsfunktionär, der vor seiner Wahl Innenminister war, ließ das Militär anrücken und scharf schießen. Tausende kamen ums Leben. Verantwortlich für den Einsatz war *Luis Echeverría Álvarez,* der amtierende Innenminister. Es ging bei der Repression nicht nur um die Störung der schönen Außendarstellung als Olympia-Gastgeber. Längst dementierte die Realität das progressive Image des Landes. Die Staatselite führte sich wie die herrschenden Kreise allenthalben in Lateinamerika konservativ und machohaft auf. Eine Hippie-Kultur wie in den USA der 1960er Jahre, weiche Drogen, politisierte Universitäten und feministische Aktivitäten sollten sich gar nicht erst entfalten.

Dessen ungeachtet war es gerade *Echeverría,* zuvor noch hartleibiger Innenminister, der als letzter Präsident im PRI-System (1970–1976) noch substanzielle Sozialpolitik betrieb. *Echeverría,* ein Berufsfunktionäre im Dienste der Staatspartei, goss Öl auf die Wogen, als er selbst Präsident wurde. Er erließ eine großzügige Amnestie und ließ Gesetze beschließen, die versprachen, der Armut zu Leibe zu rücken.

Bereits in den 1970er Jahren protestierten Bauern im Staat Guerrero, später auch im Nachbarstaat Oaxaca gegen ihre Lebensbedingungen. Beide Staaten, stark indigen geprägt und enge geografisch-kulturelle Verwandte der mittelamerikanischen Republiken, sind bis heute Armenhäuser im Kreise der mexikanischen Staaten. Auch Guerillas wurden dort aktiv. Die Armee rückte ein, um für Ruhe sorgen. Sie verschlimmerte die Lage aber nur. Sie wütete gegen die indianischen Bauern, die unter Generalverdacht gestellt wurden, die Kämpfer zu unterstützen. Beide Teilstaaten wurden einem harten militärischen Besatzungsregime unterworfen (Hermann 2010). Die Guerillas sind seit Langem besiegt, die Besatzung wurde bis in jüngste Zeit aufrechterhalten. Als nachgeschobene Begründung hielt die Bekämpfung des Drogenproblems her. Tatsächlich dürfte die Überlegung den Ausschlag gegeben haben, das im ländlichen Elend lauernde Auflehnungspotenzial zu dämpfen (Watt und Zepeda 2012, S. 38–40).

Schon zu dieser Zeit besaß Mexiko – wenn auch nicht im heutigen Format – die am stärksten diversifizierte Ökonomie Lateinamerikas. Die Nähe zum großen US-amerikanischen Markt zeigte Wirkung. Armut, Arbeitslosigkeit und Unterbeschäftigung blieben gleichwohl dauerhafte Probleme. Dies zeigte sich, als 1964 Vereinbarungen mit den USA über die Arbeitsmigration ausliefen. Das sogenannte Bracero-Programm hatte die Arbeitsmigration in die USA gefördert, als diese im Krieg dringend auf Arbeitskräfte angewiesen waren. Als Auffanglösung für das auslaufende Programm entstanden ab 1970 die ersten Maquiladoras. Es handelte sich um Wirtschaftszonen gleich hinter der Grenze. Mit steuer- und arbeitsrechtlichen Sonderkonditionen warben sie um Investoren bzw. Arbeitsplätze. US-Unternehmen griffen allzu gern zu und ließen dort zu unschlagbar niedrigen Löhnen und ohne die lästige Intervention von Gewerkschaften produzieren. Das Maquiladora-Modell machte Jahrzehnte später in Mittelamerika Schule.

Die Staatsfinanzierung verschob sich in dieser Zeit immer stärker auf die Ölförderung am Golf von Mexiko. In ihren Glanzzeiten erwirtschaftete allein die PEMEX ein Drittel der Staatseinnahmen. Die Mehrbesteuerung der großen Einkommen war für den PRI kein Thema mehr. Inzwischen war die Geschäftswelt Partner des PRI. Die Ölrente wurde vollständig konsumiert und nicht einmal mehr nennenswert umverteilt, um die vorhandene Armut zu bekämpfen. Das PRI-Regime verhielt sich in dieser Beziehung nicht anders als das Punto Fijo-Regime in Venezuela. Taten sich vorübergehend Haushaltslöcher auf, wurden sie mit Krediten am internationalen Kapitalmarkt gestopft. Als Sicherheiten genügten die stattlichen Wachstumsraten und die Ölreserven.

Nach der zweiten großen Ölkrise am Ende der 1970er Jahre gingen die Einnahmen aus der Ölwirtschaft dramatisch zurück.

Am Ende konnten nicht einmal mehr die laufenden Kredite bedient werden. Als die Präsidentschaft *Lopez Portillo y Pachecos* (1976–1982) auf ihr Ende zusteuerte, erklärte das Land 1982 seine Zahlungsunfähigkeit. Mit einer kruden Reaktion wurden die Banken verstaatlicht. Mexiko wurde zum ersten dramatischen Opfer einer Schuldenkrise, an der bis zur Jahrtausendwende alle übrigen lateinamerikanischen Staaten laborieren sollten. Mexiko wurde damit auch zum ersten großen Rettungsfall für die internationalen Finanzinstitutionen. Diese verordneten die damals üblich werdende neoliberale Radikalkur nach den Maßgaben des Washington-Konsenses (Abschn. 5.2). Die Medizin tat ihre Wirkung: Die Inflation ging vom drei- in den zweistelligen Bereich über. 1985 lag sie bei 57 %, stieg dann rasant auf 86 % (1986) und 131 % (1987) und fiel dann auf bloße 20 % (1989), um ab 1995 in den einstelligen Bereich zu driften und dort zu verharren.

Unter Präsident *Miguel de la Madrid Hurtado* (1982–1988) steuerte das Land schließlich fort von der Staatswirtschaft. *De la Madrid* war zuvor Hochschullehrer, dann Manager beim Staatskonzern PEMEX und zuletzt Haushalts- und Planungsminister seines Vorgängers; er glänzte unter anderem mit einem Harvardabschluss. Ihm saßen die internationalen Finanzinstitutionen im Nacken. Bevor *de la Madrid* 1988 sein Dedazo gab, bestellte er die sechs infrage kommenden Kandidaten nacheinander zum Gespräch mit den Granden des Unternehmerverbandes ein. Der Vorgang kam einer Vorwahl gleich. Dann bekam *Carlos Salinas de Gortari* (1988–1994) den Zuschlag (Schneider 2004,

S. 79). Auch *Salinas,* der den Wahlkampf seines Vorgängers gemanagt hatte, war ein Harvardabsolvent. Zuletzt hatte er verschiedene wirtschaftliche Kabinettsressorts geleitet; er setzte den neuen Kurs mit voller Überzeugung fort.

Der Übergang zur neuen Wirtschaftspolitik ging mit einem Generationswechsel auf den Kommandohöhen der Staatsbürokratie einher. In den USA ausgebildete junge Ökonomen übernahmen die Regie in den wirtschaftlichen Schlüsselministerien. Dort praktizierten sie kompromisslos die neoliberalen Lehrsätze (Edmonds-Poli 2009, S. 104; Diaz Santana 2015, S. 73).

Im letzten Amtsjahr *Salinas'* (1994) trat Mexiko unter dem stürmischen Beifall der Privatwirtschaft, welche die Chancen des nordamerikanischen Marktes witterte, der NAFTA bei. Das Unternehmen NAFTA war den USA so wichtig, dass sie gar nicht erst die Chance für Konditionen ausloteten, die eine Demokratisierung des PRI-Systems hätten fördern können (Calderon Martinez 2013, S. 184 f.). Mit dem Beitritt zur NAFTA entfielen zahlreiche Schutzbestimmungen für Landwirtschaft und Industrie. Die Staatsunternehmen wurden veräußert, insbesondere die Filetstücke. Darunter befand sich auch die staatliche Telefongesellschaft. Mit ihrem Erwerb (1997) wurde der Käufer *Carlos Slim* zum reichsten Mann des Landes. Die PEMEX blieb von der Privatisierungsoffensive ausgenommen.

Entlassungen und Konkurse, das Wachstum der heimischen Großkonzerne und das Vordringen US-amerikanischer Firmen, fermer die Flexibilisierung der Arbeitsverhältnisse, Freihandel und Privatisierung brachten die Pfeiler des Cardénas-Sozialismus' zum Einsturz. Der korporative Pakt mit den Gewerkschaften wurde darüber hinfällig. Die offiziellen Gewerkschaften verloren an Bedeutung. Unabhängige, aber auch arbeitgeberfromme Gewerkschaften veränderten das Bild (Manz 2015, S. 324–329). Im Schatten der NAFTA wurde der Schutz indianischen Gemeinschaftslandes (Ejidos) aus der Verfassung gestrichen. Begründung: geringe Produktivität. Die aktuellen Nutzer der Kommunalparzellen wurden Eigentümer und bekamen das Recht, ihr Land zu verkaufen (Watt und Zepeda 2012, S. 124 f.). Der seit je wirtschaftsliberale PAN verschaffte dem PRI die erforderlichen verfassungsändernden Mehrheiten.

Im bettelarmen Süden des Landes kam es wiederholt zu Protesten der indigenen Bevölkerung. Die Milliardenbeträge, welche die Zentralregierung zwecks Armutsbekämpfung und Verbesserung der Infrastruktur dorthin transferiert hatte, versickerten in der gefräßigen Partei- und Staatsbürokratie. Die NAFTA weckte Befürchtungen, Kleinbauern könnten der Konkurrenz der US-Agrarindustrie nicht standhalten. Am Tage des Inkrafttretens der NAFTA erhoben sich 1994 indigene Bauern im Staat Chiapas. Sie bewaffneten sich und erklärten sich zum zapatistischen Befreiungsheer (EZLN, Ejercito Zapatista de Libercación Nacional). Die PRI-Regierung reagierte hart und schickte die Armee. Chiapas wurde zur Militärzone erklärt. Als *Vicente Fox* als erster Präsident seit 1917, der nicht aus den Reihen des PRI kam, im Jahr 2000 sein Amt antrat, nahm das Befreiungsheer das Gesprächsangebot der Regierung an und stellte die Kämpfe ein. Ein Lehrerstreik im Staat Oaxaca wurde 2006 zur Initialzündung für einen weiteren, allerdings unbewaffneten Volksaufstand, der in die Vertreibung der Staatsvertreter mündete.

22.2 Das politische System

22.2.1 Parteien und Medien

Der Wandel zum pluralistischen Parteiensystem: Mit der ökonomischen Liberalisierung verflüchtigten sich Stück für Stück die Errungenschaften, die einmal – wenn auch nicht gerade unter demokratischen Vorzeichen – vom Bemühen um eine gerechtere Politik getragen waren. Die Wende zur liberalen Politik veränderte auch den PRI. Der traditionalistische Flügel war unzufrieden; er sah die Partei nach rechts abdriften. Privatisierungen und Personaleinschränkungen schmälerten die politisch verfügbaren Ressourcen. Heute sind 80 % der früheren Staatsbetriebe privatisiert. Das Klientelsystem brach zwar nicht zusammen. Es wurde aber kurzatmig und anfälliger für die Zusammenarbeit mit den mächtigen Drogenkartellen. Die Bevölkerung verarmte (Tab. 3.2 und 3.4). Der PRI ließ sich darauf ein, mit begrenzten politischen Reformen Druck abzulassen. Die Einschränkungen für ein Mehrparteiensystem wurden gelockert. Die Staatsführung nahm es hin, dass in einigen Staaten Oppositionskandidaten zu Gouverneuren gewählt wurden.

Der Zerfall des PRI-Systems wurde bereits in der Präsidentenwahl des Jahres 1988 erkennbar. Exponenten des linken Flügels fanden sich in einem Centro Democrático zusammen. Der Grund: Kritik an der neoliberalen Wende der Partei- und Staatsführung und auch an den üblichen Entscheidungen im kleinen Zirkel (Wuhs 2008, S. 25–27). Als Kandidaten für die Präsidentenwahl präsentierten sie *Cuautemoc Cardénas,* einen Sohn des PRI-Gründers. Der Zuspruch für *Cardénas* war überwältigend. Als die Stimmenzählung bereits den Erfolg der Opposition anzeigte, fielen die Zählcomputer aus. Die Wahlbehörde erklärte den PRI-Kandidaten *Carlos Salinas de Gortari* zum Sieger. Im Gefolge dieser Ereignisse entstand 1989 auf Initiative von *Cardenás* eine neue Partei, der PRD (Partido de la Revolución Democrática). Er sollte sich als dritte größere Kraft im Parteiensystem behaupten (Edmonds-Poli und Shirk 2009, S. 105).

Nach der alten Praxis des Dedazo nominierte der scheidende Präsident *Salinas* 1992 den Nachfolgekandidaten seiner Partei, *Luis Donaldo Colosio.* Dieser aber wurde aus ungeklärten Gründen ermordet. Die Nominierung ging dann an den Bildungsminister *Ernesto Zedillo Ponce de León. Zedillo* war ein Politiker von integrem Ruf. Er war in der Grenzstadt Mexicali aufgewachsen, hatte einen Abschluss der Yale University und war zeitweise Angestellter einer US-Großbank. Auf sein Betreiben wurden weitere Lockerungen des PRI-Systems in Angriff genommen. Die Wahlbehörde wurde aus der Abhängigkeit vom Innenminister erlassen, und die Umrechnungsformel der Wählerstimmen in Mandate, die dem PRI bislang seine Mehrheit gesichert hatte, verändert. Der oppositionelle PAN unterstützte die notwendigen Verfassungsänderungen. Die liberale Wirtschaftspolitik des Vorgängers setzte *Zedillo* aber fort. In den Parlamentswahlen des Jahres 1997 verlor der PRI erstmals seine Mehrheit im Kongress.

Zedillo brach mit der Usance, vor seinem Ausscheiden einen Nachfolger zu nominieren. So war der PRI gezwungen, sich ein förmliches Nominierungsverfahren einfallen zu lassen. Die an Vorabsprachen, Deals und Machtworte des Präsidenten und

Tab. 22.1 Konstitutionelle und außerkonstitutionelle Abfolge der Präsidenten Mexikos seit 1930

		Konstitutionell gewählt	Konstitutionell abgelöst	Interimspräsident
E. Portes Gil	1928–1930	X[a]		X
P. Ortíz	1930–1932	X	XR[b]	
A. Rodríguez	1932–1934	X[a]		X
L. Cardénas	1934–1940	(X)[c]	X	
M. Ávila	1940–1946	(X)[c]	X	
M. Aléman	1946–1952	(X)[c]	X	
A. Ruiz	1952–1958	(X)[c]	X	
A. López	1958–1964	(X)[c]	X	
G. Díaz	1964–1970	(X)[c]	X	
L. Echeverria	1970–1976	(X)[c]	X	
J. López	1976–1982	(X)[c]	X	
M.de la Madrid	1982–1988	(X)[c]	X	
C. Salinas	1988–1994	(X)[c]	X	
E. Zedillo	1994–2000	X	X	
V. Fox	2000–2006	X	X	
F. Calderón	2006–2012	X	X	
Peña Nieto	seit 2012	X		

[a]Wahl durch den Kongress für den Rest der Amtsperiode
[b]Rücktritt
[c]Von der Staatspartei gelenkte Wahl

Parteivorsitzenden gewöhnte Partei zerstritt sich. Als Kandidaten präsentierte sie schließlich *Labastida Ochoa,* den amtierenden Innenminister. Die Wahl selbst entschied aber 2000 erstmals ein Kandidat des PAN. Der Wahlsieger *Vicente Fox Quesada* war im Zeitpunkt seiner Wahl Gouverneur des mittelmexikanischen Staates Guanajuato. Davor war er Manager bei Coca Cola México. Weil sein PAN nach der gleichzeitigen Teilwahl zum Parlament die parlamentarische Mehrheit schon wieder einbüßte, war *Fox* auf die Zusammenarbeit mit dem PRI angewiesen (Tab. 22.1). Alle übrigen Parteien verweigerten die Zusammenarbeit. Das Koalitionsgeschäft war keinem politischen Akteur geläufig. Entsprechend holprig geriet das Regieren.

Bevor der PAN die Präsidentschaft eroberte, hatte er bereits in verschiedenen Staaten regiert. An Regierungserfahrung mangelte es also nicht. Politikinhaltlich bedeutete der Wechsel nicht viel. Die enge Verbindung mit der Privatwirtschaft war dem PAN von Nutzen. Aber auch der PRI hatte sich in den Vorjahren stark ändern müssen, um mit der von außen erzwungenen Liberalisierung fertig zu werden. Mit *de la Madrid* und *Salinas* hatte er, wie oben beschrieben, bereits das alte Parteierbe der Autarkie und den Primat der öffentlichen Wirtschaft mit beiden Händen über Bord geworfen. Allein im PRD lebten die egalitären Ideale des linken PRI-Flügels weiter. Der PRD aber weigerte sich, mit einer der beiden großen Parteien zu koalieren. Vielerorts, auch im Bund, blieb dem PAN deshalb nichts anderes übrig, als den PRI als Mehrheitsbeschaffer ins Boot zu holen. Als er sich darauf einließ, traf der PRI eine pragmatische Entscheidung. Besser den Fuß in der Tür behalten als im Schmollwinkel stehen!

Der populäre PRD-Bürgermeister der Hauptstadt, *Andrés Manuel López Obrador*, ein ehemaliger linker PRI-Funktionär und Leiter eines Instituts für indigene Fragen, war ein scharfer Kritiker beider Altparteien. Im Unterschied zu den grauen Gestalten der etablierten Parteien verstand er es, die Straße zu mobilisieren. Beide Altparteien versuchten – vergeblich –, den lästigen Konkurrenten mithilfe der Justiz zu diskreditieren.

Als der PAN im Jahr 2000 die Präsidentschaft eroberte, war er in vielen Staaten Regierungspartei. In weiteren Staaten regierte einige Jahre nach seiner Gründung sogar der PRD. Beide hatten das gleiche Problem. Der PRD als ehemals linker Flügel des PRI hatte keine nennenswerte Oppositionserfahrung, der PAN eine zwar lange Oppositionserfahrung, aber weder das Personal noch das Know-how, um in den jahrzehntelang vom PRI kontrollierten Regierungsapparaten viel zu bewegen. Gewachsene PRI-Seilschaften blieben, und die bewährte Regierungsweise des PRI wurde von den nunmehr regierenden Konkurrenzparteien kopiert (Olvera 2010, S. 88).

Der PRI hat sich in einer von ihm zuletzt selbst tatkräftig geförderten Ökonomie eingerichtet, in der eine reiche Unternehmerklasse den Ton angibt. Der PAN fühlt sich in dieser Halbwelt seit je zu Hause. Nur mit dem PRD kommt die Geschäftswelt nicht gut klar. Der PRI hat immer noch den Zuschnitt einer Volkspartei. Sein überlegener Apparat trägt einiges dazu bei. Er zehrt noch davon, dass er über 80 Jahre lang die beherrschende Kraft des Landes gewesen ist. Der PRD ist die Partei des armen Mexiko; er ist in allen Regionen, in der Hauptstadt und vor allem bei den Indigenen des Landes vertreten. Der PAN repräsentiert die besser situierte Mittelschicht. Zuspruch findet er vor allem bei Wählern im nördlichen Mexiko. Dort wirkt die ökonomische Ausstrahlung der benachbarten USA (Gentleman 2014, S. 320; Moreno 2010, S. 39).

Als Folge der Demokratisierung haben die auf dem Ticket des PRI gewählten Gouverneure an Macht gewonnen. Hier zahlt sich die Kontrolle über Haushalte und Verwaltungen aus. Sie garantieren dem PRI die Pflege seiner Klientel selbst dann, wenn er auf nationaler Ebene die Macht verliert oder diese mit einem Partner teilen muss (Prud'homme 2010, S. 63; Braig und Müller 2008, S. 396).

Medien: Wie fast überall in Lateinamerika treffen wir im Mediensektor superreiche Geschäftsleute mit breit gestreuten Geschäftsinteressen an. Die TV-Gesellschaft Televisa gehört *Emílio Azcárraga*, und der TV-Komplex Azteka befindet sich im Besitz von *Roberto Salinas*. Televisa kontrolliert 70, Azteka 30 % des TV-Marktes. Am Journalismus haben beide Konzerne kein Interesse. Als Werbeträger sind Telenovelas die Seele des Geschäfts. Das Geld der Eigentümer steckt in vielen anderen Unternehmen, und sie sichern ihre vielfältigen Geschäftsinteressen ab, indem sie Politiker unterstützen, die ihre Kreise nicht stören. *Azcárrago* und *Salinas* setzen ihre Karte auf den PRI, aber eher diskret. Der Dritte im Bunde superreicher Mexikaner ist *Carlos Slim*. Er gilt als einer der Reichsten der Welt.

Neben Beteiligungen an anderen lateinamerikanischen Telekommunikationsgesellschaften beherrscht er 70 % des mexikanischen Mobilfunkmarktes sowie 80 % des Festnetzes. Sein Vermögen verdankt er dem früheren PRI-Präsidenten *Salinas*. Dieser hatte ihm zu günstigen Konditionen den Erwerb der vormals staatlichen Telefongesellschaft Telmex ermöglicht (Gertschen 2015, S. 342–344; SZ, 5.9.2014, S. 8). Die meisten Tageszeitungen vermeiden es, den PRI als die immer noch mächtigste Partei anzugreifen. Auch die Zeitung mit der größten Leserschaft, El Universal, gibt sich richtungspolitisch ausgewogen.

22.2.2 Regierungssystem

Regierungssystem: Seit den 1930er Jahren ist die Verfassung im Wesentlichen beibehalten worden (siehe auch oben, Abschn. 22.1.4). Sie konstituiert ein präsidentielles Regierungssystem. In alter lateinamerikanischer Tradition darf der Präsident kein zweites Mal in Folge gewählt werden. Neben Chile ist Mexiko das einzige Land Lateinamerikas, das auch keinen Vizepräsidenten kennt. Für den Fall, dass der Präsident sein Amt nicht mehr ausüben kann, wählt das Parlament mit Zweidrittelmehrheit einen Interimspräsidenten nach. Der Präsident hat das Recht zur Gesetzesinitiative und ernennt seine Minister. Diese unterliegen allerdings keinem Tadelsrecht des Kongresses und bleiben so lange im Amt, wie der Präsident es wünscht (Braig und Müller 2008, S. 393–397). Beim Wahlrecht gab es die stärksten Veränderungen. Mit der Abkehr von der reinen Listenwahl werden heute auch die Mitglieder des Abgeordnetenhauses – wie im personalisierten Verhältniswahlsystem Deutschlands – teils über Listen, teils als Wahlkreiskandidaten direkt gewählt.

Das Verbot der konsekutiven Wiederwahl gilt weiterhin für sämtliche Mandats- und Amtsträger. Verhielt es sich aber in der vordemokratischen Ära so, dass sich die Inhaber politischer Funktionen rechtzeitig im PRI umtun mussten, wenn sie im politischen Geschäft bleiben wollten, bietet das Mehrparteiensystem neue Möglichkeiten. Der Parteiwechsel hilft weiter, wenn die eigene Partei keine aussichtsreiche Perspektive für Amt oder Mandat mehr bietet. Die Profiteure dieses Wandels sind Kleinparteien mit einer schmalen Personaldecke, bei denen Wechsler mit politischer Erfahrung willkommen sind (Kerevel 2014). Die vier kleineren zurzeit im Parlament vertretenen Parteien kamen 2012 auf zusammen 19 % (Tab. 22.2). Sie haben nicht den Ehrgeiz, zu den Großen aufzuholen. Es geht ihnen um parlamentarische ad-hoc-Koalitionen, in denen sie etwas für sich herausschlagen können (Huaracha 2015, S. 239 f.).

Die große Anzahl der vom PRI beherrschten Staaten stellt darüber hinaus sicher, dass gegen sein Votum keine Verfassungsänderung Aussicht auf Erfolg hat. 80 % der gesamten Staatseinnahmen gehen an die Bundesregierung, die einen Teil davon an die Staaten weiterreicht. 68 % der gesamten Staatsausgaben werden von den Staaten und Gemeinden getätigt, von den Gouverneuren allein 56 %. Die Abhängigkeit der Staaten von Transferzahlungen aus der Hauptstadt variiert zwischen 35 % im wohlhabenden Staat Tamaulipas an der US-amerikanischen Grenze und 95 % im Staat Tabasco, einem armen Staat im Süden des Landes (Groll 2015, S. 206, 208).

Tab. 22.2 Parlamentswahlen: Mexiko 2009–2015 (Abgeordnetenhaus, in v. H., Sitze in Klammern)[a]

2015	Wahlkreise	Liste
PRI	4,2 (25)	29,2 (47)
PAN	22,1 (55)	21,0 (53)
PRD	5,1 (5)	10,9 (28)
MORENA	8,8 (14)	8,4 (21)
PVE[b]		6,9 (18)
M. Ciudadano[c]		6,1 (16)
Sonstige	59,2 (201)	17,5 (17)
2012	Wahlkreise	Liste
PRI	31,1 (163)	31,9 (49)
PAN	27,2 (52)	25,9 (62)
PRD	27,0 (60)	18,5 (44)
PT[d]	(5)	4,5 (10)
PVE[b]	1,5 (14)	6,1 (15)
Sonstige	(6)	17,2 (20)
2009[e]		Liste
PRI		36,7 (241)
PAN		28,0 (147)
PRD		12,0 (72)
PVE[b]		6,7 (17)
Sonstige		16,6 (23)

aNur Parteien über vier Prozent, der Rest „Sonstige“
[b]Partido Verde de México
[c]Moviemiento Ciudadano
[d]Partido de Trabajo
[e]Noch reine Listenwahl

22.2.3 Die Präsidenten: Amtsinhaber, Kandidaten, Politik

Als Präsident *Fox’* Amtszeit dem Ende zuneigte, sponserte er einen Nachfolgekandidaten. Seine Partei verweigerte ihm jedoch die Gefolgschaft. In einer Vorwahl setzte sich *Felipe Jésus Calderón Hinajosa* gegen *Fox’* Wunschkandidaten durch. *Calderón* war ein Berufspolitiker des PAN; er hatte einen Harvardabschluss. Beruflich hatte er nie etwas anderes als Politik gemacht. Mit knapper Not siegte *Calderon* 2006 – mit 0,5 % Stimmenvorsprung – gegen die Kandidaten des PRI und des PRD. Der stärkste Mitbewerber war *López Obrador*, Mitglied des PRD und einst auf dem linken Flügel der PRI beheimatet. *Obrador* akzeptierte die Wahlniederlage nicht, er warf der PAN-Regierung Fälschung vor. Seine Anhänger wurden aufgerufen, die Hauptstadt zu besetzen. In einer bizarren Zeremonie ließ sich *Obrador* zum legitimen Präsidenten ausrufen. Die

Tab. 22.3 Präsidentenwahlen: Mexiko 1994–2012 (Bewerber mit den meisten Stimmen [in v. H.])

2012		
Nieto PRI	*Obrador* PRD in einer Wahlallianz[a]	*Vásquez Mota* PAN
38,1	31,6	25,4
2006		
Calderon PAN	*Obrador* PRD in einer Wahlallianz[b]	*Madrazo* PRI
35,9	35,3	22,3
2000		
Fox Allianz für Wandel	*Ochoa* PRI	*Cardénas* Wahlallianz[c]
45,2	36,1	16,6
1994		
Zedillo PRI	*Fernández* PAN	*Cardénas* PRD
48,7	25,9	16,6

[a]Allianz MORENA
[b]Movimiento Ciudadano
[c]Alianza por México

Ereignisse lähmten das Hauptstadtleben und kosteten den PRD Sympathien (Olvera 2010, S. 90–92). *Obrador* trat 2012 noch einmal als Kandidat für die Präsidentschaft an und verlor abermals, diesmal gegen den PRI-Kandidaten *Nieto*. Zur Überraschung von Freund und Feind trat er danach aus dem PRD aus. Die Wahlplattform MORENA (Movimiento de Regeneración Nacional), auf welcher der PRD und andere Parteien seine Kandidatur unterstützt hatten, wurde 2014 auf sein Betreiben in eine Partei umgewandelt (Tab. 22.3).

Zwischen dem „neuen PRI" und dem PAN gibt es politikinhaltlich kaum noch Unterschiede. Dies wird am gegenwärtigen Präsidenten *Enrique Peña Nieto* deutlich (Serra 2013, S. 145 f.). Der Kandidat wurde zwar vom PRI nominiert. Er bestritt den Wahlkampf aber mit TV und neuen Medien, ohne den Parteiapparat des PRI groß einzuspannen, und er stellte weniger auf die Partei als seine Persönlichkeit ab. Der Erfolg gab ihm Recht. Die Unterstützung des größten TV-Netzwerks trug ihm den Ruf des Televisa-Kandidaten ein. *Nieto* ist in einer Mittelschichtfamilie aufgewachsen, der Vater Ingenieur, die Mutter Lehrerin. Nach Jura- und BWL-Studium stürzte er sich in die Politik seines Heimatstaates México, der den Hauptstadt- und Bundesbezirk Ciudad de México umschließt. Ein telegener Glamour boy und verheiratet mit einer bekannten Telenovela-Schauspielerin, trat er mit dem Versprechen an, Leistung und Wettbewerb zu fördern. Die dringend kapitalbedürftige PEMEX, die mit der teuren Offshoreförderung an ihre technischen und finanziellen Grenzen stieß, wurde 2014 zur Privatisierung freigegeben; auch ausländische Investoren dürfen sich bewerben. Darüber hinaus wurden die Märkte für Telefon, Mobilfunk und Fernsehen liberalisiert (SZ 5.9.2014, S. 8; SZ, 22./23.11.2014, S. 11).

22.3 Wirtschafts- und Sozialpolitik

Nach 20 Jahren Wirtschaftspolitik mit der Handschrift des Washington-Konsenses geht es den Mexikanern mehrheitlich schlechter als in der Vergangenheit. Die Schere zwischen Arm und Reich hat sich geweitet (Tab. 5.11), ebenso die Unterschiede zwischen den weiterhin extrem armen südlichen und den übrigen Regionen. Die arme Bevölkerung konzentriert sich in den Landgebieten (Tab. 3.4). Die Sozialausgaben konsumieren lediglich ein Zehntel des Inlandsprodukts und liegen damit etwa auf dem Niveau der drei Hochandenländer und nur geringfügig über demjenigen der mittelamerikanischen Armenhäuser (Tab. 3.8). Die Auslandsverschuldung steigt mäßig (Tab. 22.4). Die Inflation hat in den letzten zehn Jahren dreimal leicht die Fünf-Prozent-Marke überschritten (Tab. 22.5). Der mexikanische Peso hält sich recht stabil gegenüber dem Dollar, und das jährliche Wirtschaftswachstum schwankt mäßig (Tab. 22.6 und 22.7). Rücküberweisungen von Auslandsmexikanern spielen in der Gesamtbilanz – im Unterschied zu den benachbarten mittelamerikanischen Ländern – so gut wie keine Rolle (Tab. 5.12). Aus der Sicht neoliberaler Ökonomen ein erfreuliches Bild. Auf der anderen Seite verzeichnet Mexiko – darin kaum unterschieden vom übrigen Lateinamerika – knapp unter 50 % prekär Beschäftigte im informellen Sektor (Tab. 3.2).

Die Wende zur neoliberalen Politik und der Freihandel gingen mit dem markanten Schrumpfen des Öls im Mix der exportierten Güter einher. Mexiko exportiert

Tab. 22.4 Anteil der Auslandsschulden am BIP: Mexiko 2005–2014 (in v. H.). (Quelle: siehe Angaben zu Tab. 6.4)

2014	2013	2012	2011	2010	2009	2008	2007	2006	2005
21,5	20,7	19,3	17,9	18,8	18,6	11,8	12,3	12,3	14,8

Tab. 22.5 Inflation: Mexiko 2006–2015 (Verbraucherpreise in v. H.). (Quelle: siehe Angaben zu Tab. 6.6)

2015	2014	2013	2012	2011	2010	2009	2008	2007	2006
2,8	3,2	3,8	4,1	3,4	4,2	5,3	5,1	4,0	3,6

Tab. 22.6 Wachstum des BIP 2006–2015 (in v. H.). (Quelle: Siehe Angaben zu Tab. 6.5)

2015	2014	2013	2012	2011	2010	2009	2008	2007	2006
2,3	2,2	1,4	4,0	3,9	5,2	−4,7	1,4	3,2	4,9

Tab. 22.7 Wechselkurs Mexiko: Peso: US$ 2006–2015. (Quelle: Fischer Weltalmanach, diverse Jahrgänge)

2015	2014	2013	2012	2011	2010	2009	2008	2007	2006
15,39	12,86	12,80	14,29	11,57	12,93	13,18	10,33	10,75	11,38

Tab. 22.8 Die wichtigsten Exportprodukte: Mexiko 1970–2014 (in v. H. am Gesamtexport). (Quelle: CEPAL/ECLAC: Statistical Yearbook of Latin America and the Carribbean 2015, External Sector, 2.2.2.31)

	2014	2013	2000	1990	1980	1970
Rohöl	9,2	11,4	9,0	34,0	61,2	0
Motoren[a]	14,0	14,1	13,4	11,5	0	0
Lkw	5,5	4,8	2,9	0	0	0
Spechermedien	5,3	4,7	4,9	1,3	0	0
TV-Geräte	4,3	4,4	3,5	0	0	0

[a]Einschl. Autoteile

Industrieprodukte (Tab. 22.8). Gleichwohl setzt der niedrige Ölpreis den Peso seit einiger Zeit massiv unter Druck (Tab. 22.7, siehe auch SZ/NYT-IW, 26.2.2016, S. 5). Mit seinen Maquiladoras ist Mexiko ein kostengünstiger Zwischen- und Endmontagestandort für Produkte meist US-amerikanischer Konzerne, die auf dem nahen US-Markt verkauft werden. Über die Hälfte der Importe bestehen – wie auch im übrigen Lateinamerika – aus industriellen Vorprodukten, Energie, Investitionsgütern und chemischen Erzeugnissen, darunter forschungsintensiven und teuren Arzneimitteln (Tab. 5.3).

Die positiven Effekte dieser Entwicklung – Arbeitsplätze, Lebensstandard – strahlen kaum auf die südlichen Regionen aus. Die starke Fixierung auf die US-Wirtschaft zeigt sich auch im geringen Handelsverkehr mit China, das als Ziel mexikanischer Exporte so gut wie überhaupt nicht ins Gewicht fällt (Tab. 5.9).

22.4 Der Drogenkrieg

Das gravierendste Problem des gegenwärtigen Mexiko ist die innere Sicherheit. Mit 20 Morddelikten je 100.000 Einwohner (2013) gehört Mexiko zwar noch keineswegs in die lateinamerikanische Spitzengruppe. Diese Zahl bedeutet jedoch immerhin eine Verdoppelung in knapp mehr als zehn Jahren (Tab. 4.12). In dieser Steigerung drückt sich auch die im weitesten Sinne mit der Drogenwirtschaft und insbesondere mit dem Kokain verbundene Kriminalität aus.

Ungeachtet der Erfolge der kolumbianischen Regierung bei der Bekämpfung der großen Kartelle läuft das Drogengeschäft weiter. Nach der Störung der Schiffs- und Luftrouten in die südlichen USA hat der Handel neue Wege gefunden (siehe oben Abschn. 1.9 und 6.3). Sie führen über die mittelamerikanischen Kleinstaaten und Mexiko. Mexiko selbst ist ein Produzentenland von Cannabis, das zu Marihuana verarbeitet wird, sowie von Mohn, der zu Heroin verarbeitet wird. Auch dabei wirkt die Armut in den südlichen Teilstaaten als Antrieb für den Anbau (Ahmed 2015). Das Verbot des Drogenkonsums wurde 2010 durch ein Gesetz und 2015 durch ein Urteil des Obersten Gerichts gelockert. Kleine Mengen zum persönlichen Gebrauch sind nicht mehr strafbar. Inzwischen erlauben 20 Einzelstaaten der USA den freien Verkauf von Cannabis mit dem Effekt, dass der Preis für den Erwerb gesunken ist. Die Liberalisierung kommt bei den bäuerlichen Produzenten als Einkommensverlust an.

Das Kokain ist die Seele des Geschäfts. Beim Produzenten bringt das Kilo Kokain bereits 1500 USD, der Verkauf in die USA mindestens 20.000 und nach Europa gar 50.000 USD (SZ, 28.2/1.3.2014, S. 14). Um die Verlagerung der Drogenroute nach Mittelamerika bildeten sich in Mexiko selbst Kartelle. Das gegenwärtig mächtigste ist das Sinaloa-Kartel mit seinem Chef *Chapo Guzmán*. Er inszeniert sich als eine Art Robin Hood und findet dabei durchaus Beifall bei einer Bevölkerung, die es schätzt, dass vieles von dem, was eigentlich der Staat leisten sollte, vom Kartell besorgt wird. *Guzmán* war bis zu seiner letzten Verhaftung im Januar 2016 der gar nicht einmal so heimliche Herrscher Sinaloas (SZ, 12.8.2015, S. 3). Sein Kartell, dessen Bestand wie ein großes Unternehmen schon nicht mehr vom inzwischen inhaftierten Gründer abhängig ist, kontrolliert die mexikanische Westküste; es liegt im Dauerstreit mit dem zweitmächtigsten Kartell Los Zetas, dem Golfkartell, das aus einer Eliteeinheit der Armee hervorgegangen ist; Letzteres hat sein Standbein im Staat Tamaulipas gleich vor der Grenze zu Texas. Die Tempelritter kontrollieren den Staat Michaoacán; auch die Grenzstadt Juarez ist Basis eines Drogenkartells (SZ, 28.2./1.3.2015, S. 13; Morton 2012, S. 1639 f.). Die Reviergrenzen sind instabil. Immer wieder kommt es zu Bandenkriegen, die in geradezu militärischer Weise ausgetragen werden. Gewalttaten zielen auf die Medien und ein Klima der Angst. Sie unterstreichen bei den Hauptbetroffenen, den Ärmeren, die Schwäche des Staates. Die organisierte Drogenkriminalität hat ein Ausmaß von Gewalt in die Gesellschaft getragen, das in der nicht gerade gewaltarmen Geschichte des Landes ohne Beispiel ist (Knight 2013, S. 45 f.).

Das Drogengeschäft ist volatil. Chemische Drogen machen dem Kokain inzwischen Konkurrenz. Die mexikanischen Kartelle verkraften diese Entwicklung. Ihre Aktivität hat sich längst auf andere Geschäftsfelder ausgedehnt. In Gestalt legaler Unternehmen, die nicht einfach nur Geld waschen, mischen sie im regulären Geschäftsleben mit. Konkurrenten legaler und illegaler Art werden vom Markt gebissen, nicht verkaufswillige Landbesitzer beispielsweise unter Druck gesetzt. Politiker halten die Hand auf, um ihre Wahlkämpfe zu finanzieren und sich persönlich zu bereichern. Beamte, Polizisten und auch Soldaten leisten Beihilfe. Sie vertuschen und verschaffen sich Zuverdienst, indem sie wegschauen (Blasberg 2015b). Funktionieren Drohung und Erpressung nicht, etwa bei investigativen Journalisten, sauberen Staatsanwälten und Richtern, bleibt als Ultima Ratio immer noch der Mord. Die Grenzen zwischen organisierter Kriminalität und Terrorismus sind schwer zu bestimmen, geht es doch darum, staatsfreie Räume zu schaffen, sie zu verteidigen und Konkurrenten um die Kontrolle dieser Räume auf Abstand zu halten (Campbell und Hansen 2014).

Als Hintergrund der mexikanischen Kartelle ist die Pluralisierung der politischen Szene zu bedenken. Der PRI-Staat ließ es zu, dass Teile der Gesellschaft im Zuge der neoliberalen Wende ins Abseits gerieten. Dank seiner jahrzehntelangen Rolle als Staatspartei war der PRI aber immerhin fähig, den Drogenimperien einige Regeln aufzuzwingen. Fiel es ihnen ein, die Justiz anzugreifen, wenn der Staat ihnen zu nahe kam, hatten sie mit geballten Gegenschlägen zu rechnen. Dann geriet der PRI in die Opposition, ernst zu nehmende politische Konkurrenz und Kandidatenwerbung heizten den Geldbedarf der Parteien an. Von den unteren Verwaltungsebenen ausgehend, spielte sich eine Art Modus Vivendi ein. Wohlwollend ließ es die Regierung geschehen, als sich der Chef des Sinaloa-Kartells in einem wilden Bandenkrieg anschickte, die lästige Konkurrenz der Zetas wegzubeißen (Duncan 2014, S. 23, 40).

Die Regierung doktert an der Polizei herum, um sie effizienter zu machen, bekommt aber nicht einmal die Rivalität zwischen lokalen, einzelstaatlichen und Bundespolizeien in den Griff. Die Armee wird in martialischen Aktionen eingesetzt, um der Feuerkraft der Kriminellen etwas entgegenzusetzen. Auf der anderen Seite bilden sich Bürgerwehren, um ihre Gemeinden zu schützen, weil die Bevölkerung jegliches Vertrauen in die Polizei verloren hat (SZ, 15.1.2014, S. 8). Präsident *Calderón* hatte bei Amtsantritt versprochen, dem Problem mit staatlicher Härte beizukommen. Er übergab seinem Nachfolger *Nieto* 2012 ein Sicherheitsproblem, das nur noch größer geworden ist. Die Integrität des Militärs, einst Schutztruppe des autoritären PRI-Systems, gilt inzwischen als zweifelhaft (Manaut 2010, S. 163–168).

Haiti 23

23.1 Geschichte

Die spanische Insel Hispaniola beherbergte im 17. Jahrhundert Stützpunkte der Piratengemeinden, die in der westindischen Inselwelt Beute machten. Als die Piraterie wirksamer bekämpft wurde, gerieten Freibeuter im Osten der Insel in Bedrängnis. Sie baten die französische Krone um Schutz. Der westliche Teil der Insel wurde 1692 Frankreich überlassen. Die östliche Inselhälfte blieb spanisch. Ganz Hispaniola, auch der spanische Osten, war mit Zuckerplantagen überzogen. Die schwere Arbeit wurde von afrikanischen Sklaven besorgt. Im Gefolge der Französischen Revolution war es mit der Autorität der Kolonialbehörden nicht mehr weit her. Die Revolutionsregierung in Paris hatte andere Prioritäten als die Ereignisse im fernen Westindien. Ein Sklavenaufstand fegte 1791 die weiße Herren- und Verwalterschicht hinweg. Die Pariser Regierung erklärte sämtliche Schwarzen getreu ihren revolutionären Idealen zu Freien.

Der Aufstandsführer *Toussaint Louverture* – ein frei gelassener Sklave – wurde von der französischen Regierung 1792 als Gouverneur der Kolonie eingesetzt. De facto war die Insel zu diesem Zeitpunkt bereits autonom. Noch auf Jahre hinaus war Frankreich von den Machtkämpfen im Gefolge der Revolution und den europäischen Revolutionskriegen in Anspruch genommen. Als aus den Revolutionswirren schließlich *Napoléon Bonaparte* als autoritärer Herrscher über Frankreich – Erster Konsul – hervorging, wanderte die französische Karibik wieder ins Blickfeld. Paris schickte Truppen, die Haitianer wehrten sich. Und dies mit gutem Grund: Es stand zu befürchten, dass mit der Restauration der französischen Herrschaft die Sklaverei wieder eingeführt wurde. Paris hatte sich bereits geweigert, auf den übrigen französischen Karibikinseln die Sklaven freizulassen. *Louverture* wurde 1802 gefangen genommen und nach Frankreich deportiert. Sein Kampfgefährte *Jean-Jacques Dessalines*, ein noch in Afrika geborener Sklave, führte den Kampf weiter. Die großen Verluste zwangen Frankreich schließlich, den Rückeroberungsversuch abzubrechen. Im Jahr 1804 wurde die unabhängige Republik Haiti – die

J. Hartmann, *Die politischen Systeme Lateinamerikas*,
DOI 10.1007/978-3-658-14353-4_23

erste Republik im südlichen Amerika – ausgerufen. *Dessalines* ließ die Franzosen und Kreolen, die nicht bereits nach Kuba und Louisiana emigriert waren, umbringen. Das Ereignis wurde zum Propagandacoup für die Befürworter der Sklaverei in der Region (Ferrer 2014). Zunächst wurde versucht, die Plantagenwirtschaft weiterzutreiben. Mit dem Misslingen des Versuchs kehrte in Haiti weithin die Subsistenzlandwirtschaft ein. Der Handel mit der Außenwelt wurde mit Tabak und Blauholz bestritten, das vor der Erfindung synthetischer Produkte in der Farben- und Tintenherstellung Verwendung fand. *Dessalines,* der sich zum Kaiser des unabhängigen Haiti ausrief, wurde 1806 ermordet. Danach teilte sich der junge Staat in eine von Mulatten beherrschte Republik im Süden der Insel und einen nördlich davon gelegenen Afrikanerstaat mit einem König an der Spitze. Erst 1820 fanden beide Hälften wieder zusammen. Von 1822 bis 1844 besetzte Haiti die junge Dominikanische Republik. Diese Episode schürte unter den Kreolen und Mulatten der späteren Dominikanischen Republik das Ressentiment gegen die schwarze Nachbarrepublik. Erst nach der Restauration der dominikanischen Unabhängigkeit fand Haiti zu seinen heutigen Grenzen.

Haiti besaß zwar alle üblichen Staatsattribute. Für einen wirksamen Staat fehlten in Anbetracht der analphabetischen Bevölkerung, die seit Generationen zu stumpfer Landarbeit gezwungen war, die Voraussetzungen. Haitianer aus denselben afrikanischen Herkunftsvölkern und Sprachfamilien ließen sich in denselben Gegenden nieder und pflegten dort ihre Eigenarten. Untereinander hatten sie wenig Kontakt. Regionale Potentaten, die haitianische Variante der hispanischen Caudillos, waren die eigentliche Macht im Lande. Gelang es einem darunter, sich zum Präsidenten aufzuschwingen, beherrschte er effektiv doch allein sein Stammgebiet, und er musste stets gewärtig sein, dass sich seine Rivalen gegen ihn verbündeten. Die Präsidenten wechselten im Takt nicht enden wollender Intrigen und Bürgerkriege.

Es brauchte auch lange, bevor es wenigstens zum Konsens über die republikanische Staatsform kam. Präsident *Faustin Soulouque* regierte zehn Jahre lang als Kaiser *Faustin I.* (1849–1859). Dann blieb es wenigstens bei der Republik. Machtkämpfe wurden in aller Regel mit den Waffen ausgefochten. Das Land hatte dem Weltmarkt wenig zu bieten; es besaß keine Finanzverwaltung, die den Namen verdient hätte. Alles, was die bäuerliche Gesellschaft brauchte, aber nicht selbst produzierte, musste importiert werden. Als Folge häuften sich Schulden bei europäischen Banken. US-Präsident *Woodrow Wilson* ließ das instabile Haiti 1915 besetzen. Er wollte verhindern, dass die Krieg führenden europäischen Mächte im Vorfeld des Panama-Kanals in Erscheinung traten. Von 1915 bis 1934 wurde das Land unter Aufsicht der US-Militärbehörden regiert. Als die Truppen 1934 schließlich abzogen, hinterließen sie eine von ihnen trainierte Armee, die Garde d'Haiti. Fortan sprach das Militär mit, wer in Haiti Präsident werden durfte und wie lange.

23.2 Die Gesellschaft

Die Masse der Bevölkerung sind dunkelhäutige Nachfahren afrikanischer Sklaven aus Westafrika (Tab. 3.10). In der Umgangssprache vermischen sich das Französische und afrikanische Sprachen. Ähnlich verbindet die Volksreligion Elemente des Christlichen mit animistischen Religionen aus Afrika. Sprachlich hat sich daraus das Créole, religiös der Kult des Voodoo entwickelt. Eine Minderheit von Mulatten orientiert sich an der weißen Kultur. Sie beherrschten bis in die 1950er Jahre Verwaltung und Militär. Auch die politischen Rivalitäten spielten sich hauptsächlich in ihren Reihen ab. Mulatten sind noch heute überproportional in den Wirtschafts- und Bildungseliten vertreten. Die hellhäutigen Haitianer sprechen Hochfranzösisch, schicken ihre Kinder, wenn die Mittel es zulassen, auf elitäre Schulen und zum Studium nach Frankreich und in die USA. Wer allein des Créole mächtig ist, hat in aller Regel keinerlei Aussicht auf gutes Einkommen und Karriere.

23.3 Das aktuelle politische System

Das Grundschema der zahlreichen kurzlebigen Verfassungen (Tab. 4.1) war die für das ganze südliche Amerika typische Präsidialverfassung. Seit 1950 wird der Präsident direkt vom Volk gewählt. Im selben Jahr wurde ein vermögensbasiertes Männerwahlrecht vom allgemeinen Wahlrecht abgelöst. Noch länger genügte für die Wahl des Präsidenten die einfache Mehrheit. Erst seit der Verfassung von 1987 gilt: Erzielt kein Kandidat im ersten Wahlgang die absolute Mehrheit, kommt es zur Stichwahl zwischen den beiden bestplatzierten Kandidaten. Diese Verfassung stellte dem Präsidenten auch einen Regierungschef an die Seite. Er braucht den Rückhalt der Parlamentsmehrheit, wird vom Präsidenten ernannt und übt gemeinsam mit ihm die Regierungsfunktion aus. Hier hat das Modell des semi-präsidentiellen Systems der V. Französischen Republik eine Spur hinterlassen (dazu näher: Gliech 2008).

Der Regierungschef war bislang eher ein Bauernopfer. Er wurde vom Hof gejagt, wenn der Präsident in Bedrängnis kam. Das Zweikammerparlament hat keine Bedeutung. Es wird in anachronistisch anmutender Weise indirekt gewählt: Die Urwähler in den Gemeinden bestimmen Vertreter in einer Primärversammlung, die ihrerseits einen Abgeordneten wählt. In den größeren Gebietseinheiten der Departements werden nach dem gleichen Verfahren die Senatoren gewählt. Wenn nach dem Prinzip der absoluten Mehrheitswahl kein Parlamentskandidat im ersten Wahlgang die Hälfte der Stimmen erzielt, findet zwischen den Bestplatzierten eine Stichwahl statt.

Im Jahr 1946 wurde mit *Léon Dumarsais Estimé* erstmals ein Präsident aus der schwarzen Bevölkerungsmehrheit gewählt. Die machtgewohnten Mulatten wurden bei der Bildung seiner Regierung übergangen. *Estimé* wurde 1950 von *Paul Magloire,* auch er ein schwarzer Haitianer, gestürzt. Der Grund: *Estimé* gedachte seinen Verbleib im Amt über das Mandat hinaus zu verlängern.

Magloire kandidierte anschließend für die Nachfolge und wurde mit zweifelhaften 99 % Mehrheit gewählt. Er lebte in Saus und Braus. Zunächst sah man es ihm nach, weil er den Tourismus ankurbelte, das Frauenwahlrecht forcierte, Straßen bauen ließ und in den Städtebau investierte. Sein Stern begann zu sinken, als 1954 ein katastrophaler Wirbelsturm über das Land zog, die Hilfsgelder aber auf wundersame Weise verschwanden, bevor sie die Hilfsbedürftigen erreichten (dazu und im Folgenden: Fauriol 2014).

Als dann noch Zweifel aufkamen, ob nicht auch *Magloire* über das Mandat hinaus im Amt bleiben wollte, kam es in der Hauptstadt zu schweren Demonstrationen. *Magloire* rettete sich vor der Volkswut ins Exil. In einer relativ sauberen Wahl eroberte 1957 *François Duvalier* das Präsidentenamt. Wie *Estimé,* unter dem er als Minister gedient hatte, war er ein Aufsteiger aus der afrikanisch-amerikanischen Bevölkerungsmehrheit. Sein Vater war Bäcker und nachbarschaftlicher Friedensrichter. Die väterlichen Mittel reichten für ein Gymnasium. Später studierte *Duvalier* Medizin und betätigte sich danach als Armenarzt („Papa Doc"). Als Minister machte er sich um die Bekämpfung von Krankheiten verdient, die vor allem die Ärmsten im Lande plagten. Als Präsident widmete er sich aber ganz der Sicherung seiner Herrschaft, um die ein grotesker Personenkult organisiert wurde. Mit einer für ihre Brutalität berüchtigten Miliz, den Totons Macoutes, wurde jeglicher Dissens – oft durch Mord – bereits im Keim erstickt. Die Wirtschaft wurde vernachlässigt, der Lebensstandard verfiel. Wahlen wurden abgeschafft. *Duvalier* erklärte sich 1964 zum Präsidenten auf Lebenszeit und seinen Sohn *Jean-Claude* zum legitimen Nachfolger. Der seit 1971 regierende jüngere *Duvalier* behielt den Herrschaftsmodus des Vaters bei. Er heiratete 1980 „nach oben" in eine reiche Mulattenfamilie. In dem mit großem Abstand ärmsten Land Lateinamerikas empörte er seine Landsleute mit verschwenderischem Lebensstil. Ab 1985 erschütterten Hungeraufstände das Land. Unter dem geballten Druck der haitianischen Geschäftswelt und der US-Administration *Reagan* entschloss sich der jüngere *Duvalier* 1986 für das Exil. Danach drehte sich abermals das Putschkarussell (Tab. 23.1).

Tab. 23.1 Konstitutionelle und außerkonstitutionelle Abfolge der Präsidenten von Haiti seit 1930

		Konstitutionell gewählt	Konstitutionell abgelöst	Interimspräsident
L. Roy	1930			X
S. Vincent	1930–1941	X		
É. Lescot	1941–1946	X		
Junta	1946			
D. Estimé	1946–1950	X		
Junta	1950			
P. Magloire	1950–1956	X	XR[a]	
J. Pierre Louis	1956/1957		X	X
6 Kurzzeitpräs.	1957			X
F. Duvalier	1957–1971	X		

(Fortsetzung)

Tab. 23.1 (Fortsetzung)

		Konstitutionell gewählt	Konstitutionell abgelöst	Interimspräsident
J. C. Duvalier	1957–1986			
Junta	1986–1988			
2 Kurzzeitpräs.	1988			X
P. Avril	1988–1990			X
H. Abraham	1990			X
E. Pascal-T.	1990/1991			X
J.-B. Aristide	1991	X		
Junta	1991			
3 Kurzzeitpräs.	1991–1994			X
J.-B. Aristide	1994–1996			
R. Préval	1996–2001	X	X	
J.-B. Aristide	2001–2004	X	XA[b]	
B. Alexandre	2004–2006			X
R. Préval	2006–2011	X	X	
M. Martelly	2011–2016	X	X	

[a]Rücktritt
[b]Amtsenthebung

Im Jahr 1991 stellte sich *Jean-Bertrand Aristide,* ein Priester, zur Wahl. Mit seiner Partei Fanmi Lavala gelang es ihm, die Armen der Hauptstadtregion zu mobilisieren. Noch im selben Jahr wurde er gestürzt. Während Ultrakurzzeitpräsidenten durch die Präsidentenresidenz rotierten, wurden auf der Straße gewaltsame Machtkämpfe ausgetragen. Um das innenpolitische Chaos zu beenden, intervenierten 1994 Frankreich und die USA mit Expeditionstruppen. Danach durfte *Aristide* für die verbleibende reguläre Amtszeit wieder die Geschäfte übernehmen. Da er selbst anschließend nicht erneut kandidieren durfte, stellte sich 1995 sein Premierminister *René Preval* zur Wahl: Sohn eines früheren Landwirtschaftsministers, Agronom und Besitzer einer Kaffeeplantage. Mit der Privatisierung von Staatsunternehmen betrieb *Préval* liberale Politik, wirtschaftlich ging es in seiner Amtszeit aufwärts. Noch im Wahljahr wurde die politisierte Armee aufgelöst.

Aristide kehrte nach der verfassungsmäßigen Sperrzeit und in einer unsauberen Wahl im Jahr 2000 wieder ins Präsidentenamt zurück, brachte sich dann aber mit korrupter Regierungsführung und hemmungsloser Bereicherung in kürzester Zeit um jeden Kredit. Seine Parteimiliz der Chimères hielt in der Hauptstadtregion, die wenig mehr als eine Ansammlung elender Slums darstellt, den Dissens auf kleiner Flamme. Im Hinterland kam es jedoch zu Hungerrevolten. Auch in der Gewaltanwendung erfahrene frühere Totons Macoutes wandten sich gegen die Regierung. Um der Gewaltorgie ein Ende zu machen, entsandten Chile, Frankreich, Kanada und die USA mit dem Einverständnis der Vereinten Nationen 2004 eine robuste Friedenstruppe. Sie wurde von einer UN-Truppe abgelöst, die bis heute im Lande steht

Tab. 23.2 Parlamentswahlen: Haiti 2015 (Abgeordnetenhaus [Ergebnisse in v. H.]). (Nur Parteien mit mehr als vier Sitzen)

2015	PHTK[a]	Verité	KID	OPL	FL	AAA[b]	Sonstige
	26	13	7	7	6	6	14

[a]Parti Haitien Tèt Kale, Partei des noch amtierenden Präsidenten Martelly
[b]Einzige Partei, die unter diesem Namen in der letzten Abgeordnetenhauswahl von 2011 auftrat

In einer umstrittenen Wahl kandidierte 2006 erneut *Préval* für die Präsidentschaft. Nur noch wenige Haitianer beteiligten sich jetzt überhaupt noch an der Wahl. Der hilflose Präsident quittierte die Proteste gegen steigende Preise und überbordende Kriminalität mit dem Wechsel der Regierungschefs. Zu allem Überfluss ereignete sich 2010 noch ein schweres Erdbeben, das große Teile des Landes, darunter auch die Hauptstadt, in Schutt und Asche legte. Bei abermals minimaler Wahlbeteiligung wurde 2011 *Michel Martelly* gewählt: ein populärer Schlagerkomponist, Sänger und Bühnendarsteller. Sein unterlegener Gegenkandidat *Jude Célestin* war vom scheidenden Präsidenten *Préval* gesponsert worden. *Martelly* amtierte in einer Gerüchtekulisse um Käuflichkeit und Drogengeschäfte. Weil keine ordnungsgemäße Wahl eines neuen Parlaments zustande kam, regierte er per Dekret. Die Mehrheitsverhältnisse im Parlament lassen keine Struktur erkennen. In der Parlamentswahl des Jahres 2015 gab es lediglich eine einzige Partei, die unter demselben Namen bereits vier Jahre zuvor Kandidaten ins Parlament entsandt hatte (Tab. 23.2).

Als Ende 2015 die Wahl eines Nachfolgers anstand, unterstützte *Martelly* die Kandidatur *Jouvenel Moïses,* eines skandalumwitterten Geschäftsmannes im Bananengeschäft (Marke „Banana Man"). Abermals kandidierte *Célestin,* das Ergebnis verlangte eine Stichwahlentscheidung. Mit dem Vorwurf, *Moïse* habe die Stimmenauszählung fälschen lassen, zog er sich von der Stichwahl zurück. Der Wahlprozess war damit blockiert. Für die Zeit bis zur Wiederholung der Wahl wurde ein Interimspräsident bestimmt (Tab. 23.3).

Wie diese Verlaufsskizze zeigt, spielen Institutionen keine nennenswerte Rolle im politischen System. Die politische Auseinandersetzung gleicht einem regellosen Machtgerangel. Die Dauerpräsenz der UN-Friedenstruppe unterstreicht ein chronisches Staats- und Politikversagen.

23.4 Wirtschafts- und Sozialpolitik

Die wenigen zuverlässigen Informationen über die wirtschaftliche Befindlichkeit zeichnen ein düsteres Bild (Tab. 23.4 und 23.5). Nahezu 60 % der Bevölkerung leben nach landeseigenen Maßstäben unter der Armutsschwelle (Tab. 3.4). Das Pro-Kopf-Einkommen unterbietet selbst die ärmsten Länder Lateinamerikas um ein Vielfaches (Tab. 3.5). Ein Großteil der Haitianer lebt als Subsistenzbauern. Tabak und Kaffee beherrschen die Exportpalette. Unter Präsident *Préval* sprang das Land auf den Maquiladora-Zug auf. In steuerbegünstigten Sonderwirtschaftszonen und bei superniedrigen Löhnen ist eine Textilproduktion in Gang gekommen. Rücküberweisungen von Auslandshaitianern an Familien und Angehörige beliefen sich 2014 auf knapp 23 % des Inlandsprodukts (Tab. 5.12).

Tab. 23.3 Präsidentenwahlen: Haiti 2000–2015 (Kandidaten mit den besten Ergebnissen [in v. H.])

2015–2016[a]	*J. Moïse,* PHTK[b] 32,8	*Célestin,* LAPEH[c] 25,2	*J.C. Moïse,* CDP[d] 14,2
2011–2012 Stichwahl	*Martelly,* RP[e] 21,8 65,5	*Manigat,* RDNP[f] 31,3 31,7	*Célestin,* IP[g] 22,4
2006[h]	*Préval,* FE[i] 51,2	*Manigat,* RDNP[f] 12,4	Baker, Respè[j] 8,2
2000[k]	*Aristide,* FL[l] 91,7	*Duma,* unabhängig 2,0	*Nicola* 1,6

[a]Stichwahl fällt aus, Wahl wird 2016 wiederholt
[b]Parti Haitien Tèt Kale, steht dem bis 2015 regierenden Präsidenten Martinelly nahe
[c]Ligue Alternativ pour le Progrés et l'Émancipation Haitienne, geführt vom Kandidaten (Wahlboykott der meisten Mitkandidaten aus Protest gegen Wahlmanipulation)
[d]Platform Pitit Desalin (Versöhnungsunion)
[e]Repons Peyizan (Réponse Paysanne)
[f]Rassemblement des Démocrats Nationaux Progressistes
[g]Initi Patriyotik, gegründet vom Ex-Präsidenten René Préval
[h]Bei dieser Wahl galt noch die relative Mehrheit
[i]Lepswa, Front d'Éspoir
[j]Respect
[k]Die Wahl wurde von den meisten Parteien wegen Manipulationsvorwürfen boykottiert
[l]Fanmi Lavalas, gegründet 1996 vom Kandidaten

Tab. 23.4 Wachstum des BIP: Haiti 2006–2015 (in v. H.). (Quelle: siehe Angaben zu Tab. 6.5)

2015	2014	2013	2012	2011	2010	2009	2008	2007	2006
2,3	2,7	4,2	2,9	5,5	–5,5	3,1	0,8	3,3	2,3

Tab. 23.5 Inflation: Haiti 2006–2015 (in v. H.). (Quelle: siehe Angaben zu Tab. 6.6)

2015	2014	2013	2012	2011	2010	2009	2008	2007	2006
7,3	4,6	5,9	6,3	8,4	5,7	0	15,5	8,5	13,1

Über 80 % der Exporte gehen in die USA. Ein zuverlässiges Indiz für die desolate Lage ist die massive Auswanderung, teils nach Nordamerika, aber auch in die benachbarte Dominikanische Republik. Selbst dieses nicht eben reiche Land wirkt mit seinen Lebensverhältnissen und Arbeitsmöglichkeiten wie ein Magnet. Zu allen Schwierigkeiten kommt hinzu, dass es die Natur auf die Karibikinsel abgesehen hat. Haiti wird im Abstand von einigen Jahren von verheerenden Wirbelstürmen heimgesucht; darüber hinaus liegt es in einer hochaktiven Erdbebenzone. Das letzte große Beben von 2010 machte viele kleine Fortschritte beim Ausbau der Infrastruktur zunichte.

Dominikanische Republik

24

Die Dominikanische Republik ist die am stärksten von Mulatten geprägte Gesellschaft im südlichen Amerika (Tab. 3.10). Die Mulatten kultivieren ähnlich wie viele Mestizen im übrigen Süd- und Mittelamerika ihr europäisches bzw. weißes Erbteil. Die historisch ohnehin privilegierten Weißen pflegen ihre Exklusivität. Das gute Zehntel schwarzer Dominikaner steht am Rande der Gesellschaft.

24.1 Geschichte

Der östliche Teil Hispaniolas stand bis 1821 unter spanischer Herrschaft. Dann erklärten dort die Kreolen ihre Unabhängigkeit als Dominikanische Republik. Schon ein Jahr später wurde dieser Teil der Insel von Haiti annektiert und auch dort die Sklaverei abgeschafft. Für eine Koexistenz zwischen beiden Gebilden erwiesen sich die Unterschiede als zu groß. Der Ostteil der Insel erkämpfte 1844 die Wiederherstellung der Unabhängigkeit. Dann wurde die Republik zunächst in einer Art nachholender Entwicklung zum Dorado rivalisierender Caudillos. Das Staatsgebiet ist zwar nicht groß, aber durch Gebirge zerklüftet, die sehr unterschiedliche Räume abgrenzen.

Die Schwäche der Zentralgewalt und wiederholte Einfälle haitianischen Militärs veranlassten Präsident *Pedro Santana* 1861, Spanien die Wiederherstellung seiner Souveränität anzubieten; er selbst wurde von Madrid als Generalgouverneur eingesetzt. Gegen diesen Souveränitätsverzicht gab es von vornherein große Widerstände. Das ungeschickte und herablassende Auftreten der Verwalter Madrids sorgte für weitere Empörung unter den dominikanischen Kreolen. Im Jahr 1863 kam es schließlich zur Rebellion gegen die spanische Verwaltung. Die politische Klasse erklärte 1865 zum dritten Mal die Unabhängigkeit. Die Suche nach einem starken Partner, der Schutz gegen das bevölkerungsreiche schwarze Haiti bieten könnte, ging indes weiter. Man beantragte 1870 die Aufnahme in die Vereinigten Staaten. Der US-Senat lehnte ein Jahr später mit knapper Mehrheit ab.

J. Hartmann, *Die politischen Systeme Lateinamerikas*,
DOI 10.1007/978-3-658-14353-4_24

Erst mit Präsident *Ulises Heureaux* (1882–1884, 1889–1899), einem Militär, kam das Land zur Ruhe. Er regierte als Diktator und nahm mit dem Ausbau der Infrastruktur die Modernisierung des Landes in Angriff. Er bereicherte sich allerdings auch schamlos selbst und ging rücksichtslos gegen seine Kritiker vor. In seiner Regierungszeit wurden die US-Fruchtkonzerne im Lande aktiv, um Bananen anzupflanzen, auch der Anbau von Tabak florierte. Durch die Ausgabenpolitik liefen hohe Schulden bei europäischen Banken auf. Als *Heureaux* wurde 1899 von Gegnern ermordet wurde, fiel das Land in das Chaos des Caudillismo zurück.

Der US-Administration *Theodore Roosevelts* missfiel diese Entwicklung. Nicht nur die Rückzahlung US-amerikanischer Kredite stand infrage. Die europäischen Gläubigernationen waren nicht zimperlich, säumigen Schuldnern mit einer Militärexpedition auf die Finger zu klopfen, wie zuletzt 1899 in Venezuela geschehen. Die USA übernahmen 1905 die Zollverwaltung, um mit deren Einnahmen die Gläubigerforderungen zu bedienen. In Präsident *Ramón Caceres* hatten sie es dabei immerhin mit einem kooperativen Präsidenten zu tun. *Caceres* wurde 1911 ermordet, und abermals stürzte das Land ins Chaos. Die US-Administration verlangte 1915 praktisch die Übernahme der Staatsgewalt: die Kontrolle über den Staatshaushalt, die Auflösung der Streitkräfte und die Reorganisation der bewaffneten Organe. Als das dominikanische Parlament seine Zustimmung verweigerte, wurde die Republik 1916 von US-Marinetruppen besetzt. Sie blieben bis 1930 im Lande. Als sie abzogen, hinterließen sie eine weiter verbesserte Infrastruktur, eine modernisierte Polizei und eine neue Armee. Chef dieser Armee war *Rafael Trujillo*. Er war in armen Verhältnissen aufgewachsen, hatte sich als Krimineller durchs Leben geschlagen und diese Karriere mit der Gründung einer Bande gekrönt, die Raubüberfälle verübte.

Kaum waren die US-Marines abgezogen, putschte *Trujillo* 1930 den gewählten Präsidenten aus dem Amt. Bis 1961 herrschte er als Diktator. Um einen konstitutionellen Schein zu wahren, überließ er die Präsidentschaft vorübergehend einem Platzhalter, um dann wieder selbst zu amtieren. Als letzter von *Rafael Turjillo* dirigierter Stellvertreter amtierte sein Bruder *Héctor* (1952–1960). *Rafael* blieb auch als Präsident seinen Ursprüngen als gewalttätiger Plebejer treu. Gegen schwarze Haitianer im Grenzgebiet veranstaltete er 1937 ein Massaker. Es war deutlich rassistisch motiviert, verursachte wegen der verbreiteten Ressentiments gegen Afro-Amerikaner aber keine große Aufregung. Gegen Kritiker ging *Trujillo* mit äußerster Grausamkeit vor. Er ließ sich in einem grotesken Personenkult feiern, gab der Hauptstadt seinen Namen, bereicherte sich ohne Maß, er lebte seine gewalttätigen Launen aus und brachte unterwürfige Verwandte in den Spitzen von Verwaltung und Armee unter. Bald war er der reichste Mann im Land und Mitglied im Klub der Superreichen in aller Welt, kurz: ein sultanistischer Diktator in Reinkultur (dazu, auch zum Folgenden Tab. 24.1).

Dessen ungeachtet kam die Landesentwicklung unter *Trujillo* voran. Staatliche Lebens- und Genussmittelmonopole erwirtschafteten die Mittel, um Infrastrukturprojekte zu realisieren. Die bäuerliche Bevölkerung sah *Trujillo* Personenkult und Machtmissbrauch nach; seine Verachtung für die Oligarchie und der Kult um seine einfache

Tab. 24.1 Konstitutionelle und außerkonstitutionelle Abfolge der Präsidenten der Dominikanischen Republik seit 1930

		Konstitutionell gewählt	Konstitutionell abgelöst	Interimspräsident
R. Ureña	1930			X
R. Trujillo	1930–1938	X	X	
J. Bienvenido	1938–1940	X[a]	XV[b]	
M. Tronsoco	1940–1942	X[a]	X	
R. Trujillo	1942–1952	X[a]	X	
H. Trujillo	1952–1960	X[a]	XR[c]	
J. Balaguer	1960–1961			X
R. Bonelly	1961–1962			X
H. Bogaert	1962			X
R. Bonelly	1962–1963			X
J. Bosch	1963	X		
Junta	1963–1966			
J. Balaguer	1966–1978	X	X	
A. Guzmán	1978–1982	X	X[b]	
J. Mailuta	1982			X
S. Blanco	1982–1986	X	X	
J. Balaguer	1986–1996	X	X	
H. Mejia	1996–2000	X	X	
L. Fernández	2000–2012	X	X	
D. Medina	2012–	X		

[a]Manipulierte Wahl
[b]Im Amt verstorben
[c]Rücktritt

Herkunft zeigten Wirkung. *Trujillo* unterhielt beste Beziehungen zu den mittelamerikanischen Diktatoren *(Hernández, Somoza, Ubico)* und zum kubanischen Präsidenten *Batista.* Mit Hintergrundbeteiligung der USA, die das Regime inzwischen als Belastung für ihre Interessen empfanden, wurde er 1961 von Offizieren ermordet.

24.2 Das aktuelle politische System

Drei Parteien beherrschen seit dem Sturz des Trujillo-Regimes die politische Bühne. Die älteste ist der 1939 gegründete PRD (Partido Revolucionario Dominicano). Es handelt sich um eine sozialdemokratische Partei, die sich in den 1960er Jahren zur politischen

Tab. 24.2 Parlamentswahlen: Dominikanische Republik 1998–2010 (beide Kammern, drei stärkste Parteien [Ergebnisse in v. H.])

	PLD	PRD	PRSC
2010	54,6	41,9	1,4
2006	46,4	31,3	10,9
2002	28,8[a]	42,2[a]	24,4[a]
1998	31,3	51,4[a]	16,8[a]

[a]Mit verbündeten kleineren Parteien

Mitte hin bewegte. Ihr linker Flügel verselbstständigte sich 1973 als PLD (Partido de Liberación Dominicana). Der PRSC (Partido Reformista Social Cristiano) steht rechts von der Mitte. Alle drei Parteien haben ihre Gründer überdauert (Tab. 24.2).

Die Verfassung ist mittelamerikanischer Standard: Präsidialsystem und Einkammerparlament. Mit formal korrekten Beschlüssen wird allerdings das Recht gebogen, wenn sich die Mehrheit davon Vorteile beim Machterhalt verspricht. Die Amtsdauer des Präsidenten beträgt vier Jahre. Bis 1970 galt das noch Verbot der Wiederwahl. Dann wurde das für die Wahl des Präsidenten erforderliche Stimmenquorum zur absoluten Mehrheit erweitert und ggf. eine Stichwahl verlangt. Ferner durfte ein amtierender Präsident fortan so oft kandidieren, wie er wollte. Hauptprofiteur dieser Regelung war der langjährige Präsident *Joaqín Balaguer*. Als dessen Stern zu sinken begann, wurde das Verbot der Anschlusskandidatur restauriert. Sein populärer Nachfolger *Fernandez* musste deshalb im Jahr 2000 einmal aussetzen. In der Ägide seines Nachfolgers und Parteifreundes *Hipólito Meíja* wurde 2002 die geltende Regelung beschlossen, dass der Amtsinhaber für eine weitere Periode gewählt werden darf (Grundberger 2008).

Das Rechts- und Wahlsystem diskriminiert Einwanderer aus Haiti, bei denen es sich zumeist um Schwarze handelt, sowie Bürger, die mit Haitianerinnen oder Haitianern verheiratet sind. Für die Ausübung des Wahlrechts braucht es Personalpapiere. Arme Dominikaner, darunter die schwarze Minderheit, besitzen keine Papiere oder sehen keinen Grund für die mühsame Antragstellung. Die Einbürgerung der Einwanderer ist nicht erwünscht. Umgekehrt wird Dominikanern, die im Ausland leben, großzügig die Ausübung des Wahlrechts zuerkannt (Morgan 2011, S. 13–16). Die Zahl der Auslandswähler belief sich 2015 auf fünf Prozent des Gesamtelektorats. Allein 225.000 Auslandswähler leben in den USA und davon wieder allein 100.000 in New York; 62.000 weitere leben in Spanien. Die Habenichtse, das heimische Subproletariat und Einwanderer, insgesamt ein latentes Unruhepotenzial, sollen vom Wahllokal ferngehalten werden. Auswanderer mit dominikanischem Pass, die nach aller Erfahrung die etablierten Parteien wählen, erhalten mit dem Wahlrecht einen politischen Gegenwert für die Rücküberweisungen an die Verwandten daheim, die erheblich zum Inlandsprodukt beitragen.

Nach dem Ende des Trujillo-Regimes wurde 1963 *Juan Bosch,* ein Literat und jahrzehntelanger Führer der Exilopposition, zum Präsidenten gewählt. Er kandidierte mit einem sozialistischen Programm. Den rauen Bräuchen seines Landes war er im langen US-Exil entfremdet. *Boschs* Wahl alarmierte Militärs und Oligarchen. Nach wenigen Monaten putschten sie ihn aus dem Amt. Die Anhänger *Boschs,* der abermals ins Exil geschickt wurde, revoltierten. Es kam zum Bürgerkrieg. Die US-Administration traute der Verfassungspartei nicht, weil sie für einen linken Präsidenten stritt. In der Furcht, auf der Nachbarinsel könnte sich der Verlust Kubas wiederholen, ließ US-Präsident *Johnson* die Republik 1965 von US-Streitkräften besetzen. Die nächste Präsidentenwahl gewann 1966 *Boschs* Gegenspieler *Balaguer,* der sich sich einen Namen als Lyriker gemacht hatte. Durch vielfältige Funktionen im Trujillo-Regime war er reich an politischer Erfahrung und Kontakten. Wenige Monate nach seiner Wahl zogen sich die US-Interventionstruppen zurück (dazu und im Folgenden: Jordan 2014).

Balaguer regierte unter formaler Beachtung der Verfassung, sonst aber autoritär. Er wurde zweimal wiedergewählt. Eine dritte Amtszeit wurde ihm 1978 von den Wählern verweigert. Gewählt wurde statt seiner *Antonio Guzmán* vom PRD, ein reicher Viehzüchter. In seiner Regierungszeit ging es liberaler zu, aber die übliche klientelistische Versorgungspolitik ging weiter. In *Guzmáns* Präsidentschaft fielen die Energiekrise der späten 1970er und die weltwirtschaftliche Flaute der 1980er Jahre. Hinzu kam ein verheerender Wirbelsturm, der Teile des Landes verwüstete. Noch bevor seine Amtszeit endete, beginn *Guzmán* Suizid. Auch sein Nachfolger *Salvador Jorge Blanco,* Anwalt und Schriftsteller, ebenfalls vom PRD (1982–1986), laborierte vergeblich an den Problemen, welche die weltwirtschaftliche Schlechtwetterlage dem Land bescherte. Nach ihm wurde erneut der inzwischen hochbetagte *Balaguer* gewählt. Eine weitere Wahl, die *Balaguer* im Amt bestätigte (1994), war so stark manipuliert, dass der Gegenkandidat *José Francisco Peña* zum Generalstreik aufrief. *Balaguer* willigte ein, bereits 1996 den Weg für eine vorgezogene Wahl freizumachen. Er selbst trat nicht mehr an.

Das Rennen machte 1996 der Juraprofessor *Leonel Fernández* von der PLD. Er war in der dominikanischen Auslandsgemeinde in New York aufgewachsen und hatte sich gleich nach der Rückkehr in sein Heimatland in die Politik gestürzt. Weil die Verfassung eine Anschlusskandidatur inzwischen untersagte, schied *Fernández* im Jahr 2000 aus. Dafür warf der inzwischen 94jährige *Balaguer* ein letztes Mal seinen Hut in den Ring, steckte aber eine Niederlage ein. Der statt seiner gewählte *Hipólito Meíja* vom PRD, ein angesehener Agrarwissenschaftler, fuhr sich in der anhaltend schlechten Wirtschaftslage fest. Obgleich er mutige Schritte wagte wie Rentenversicherung und bescheidene Körperschaftssteuern, wurde seine Präsidentschaft von Korruptionsvorwürfen und einer fatalen Bankenpleite überschattet. Die Wähler versagten ihm die Bestätigung im Amt, die jetzt, nach einer weiteren Verfassungsänderung möglich gewesen wäre. Sein Nachfolger wurde *Fernandez,* der 2004 seine zweite Amtszeit antrat und 2008 im Amt bestätigt wurde. Sein liberaler Parteifreund, der gleich nach seinem Studium in die Politik eingestiegen war, *Danilo Medina,* gewann 2012 die nächste Präsidentenwahl (Tab. 24.3).

Tab. 24.3 Präsidentenwahlen: Dominikanische Republik 2000–2012 (Kandidaten mit den besten Ergebnissen [in v. H.])

2012	*Medina,* PLD 51,2	*Meijía,* PRD 46,9	*Moreno* 1,3
2008	*Fernández,* PLD 58,3	*Vargas,* PRD 40,4	*Castro,* PRSC 4,5
2004	*Fernández,* PLD 57,1	*Meijía,* PRD 33,7	*Estrella,* PRSC 8,7
2000	*Meijía,* PRD 49,8	*Medina,* PLD 24,9	*Balaguer,* PRSC 24,6

24.3 Wirtschaftspolitik

Das Prokopfeinkommen der Dominikanischen Republik liegt beim Achtfachen des haitianischen, die Zahl der Bürger unter der Armutsgrenzen um ein Drittel unter der Quote im Nachbarstaat (Tab. 3.4 und 3.5). Die Ungleichverteilung der Einkommen erreicht gleichwohl einen der höchsten Werte im südlichen Amerika (Tab. 5.11). Rücküberweisungen aus dem Ausland belaufen sich auf 7,5 % des BIP und liegen damit sehr deutlich unter den Werten für Haiti und die ärmeren mittelamerikanischen Republiken (Tab. 5.12). Zwar gehen 50 % der Exporte in die USA, aber immerhin 14 % ins benachbarte Haiti. Der Exportmix schließt Bergbauprodukte der wertvolleren Art ein. Hinzu kommen Maquiladoras, die für Arbeitsplätze im Exportgeschäft sorgen (siehe auch Tab. 24.4 und 24.5). Das gewaltige Wohlstandsgefälle zwischen beiden Inselstaaten zieht Scharen haitianischer Migranten an. Immer wieder kommt es zu Übergriffen gegen die unerwünschten Zuwanderer, die bestenfalls Schmutzjobs finden.

Tab. 24.4 Wachstum des BIP: Dominikanische Republik 2006–2015 (in v. H.). (Quelle: siehe Angaben zu Tab. 6.5)

2015	2014	2013	2012	2011	2010	2009	2008	2007	2006
5,5	7,3	4,8	2,6	2,8	8,3	0,9	3,1	8,5	10,7

Tab. 24.5 Inflation 2006–2015: Dominikanische Republik (in v. H.). (Quelle: siehe Angaben zu Tab. 6.6)

2015	2014	2013	2012	2011	2010	2009	2008	2007	2006
1,1	3,0	4,8	3,7	8,5	6,3	1,4	10,6	6,1	7,6

25 Kuba

25.1 Geschichte

Kuba war bis 1898 – mit Puerto Rico – die letzte spanische Kolonie in Amerika. Seit der frühen Kolonialzeit war Havanna ein Haupthafen für Ozeanüberquerungen und eines der großen Handels- und Verwaltungszentren Spanisch-Amerikas. Sonst aber war die Insel nicht sonderlich wichtig. Mit der Unabhängigkeit des übrigen Spanisch-Amerika erfuhr sie eine dramatische Aufwertung. Dabei kamen verschiedene Entwicklungen zusammen. Spanien versuchte Kuba als letztes großes Besitztum im südlichen Amerika zu halten und kam den Interessen der kubanischen Kreolen weit entgegen. So wurde der Zuckeranbau noch gesteigert. Auf der Insel gab es bereits im 18. Jahrhundert Zuckerplantagen, die in Massen afrikanische Sklavenarbeiter verbrauchten. Als das spanische Kolonialimperium zerfiel, ging auf den britischen Antilleninseln die Zuckerproduktion durch jahrzehntelangen Raubbau zurück. Auf der benachbarten „Zuckerinsel" Santo Domingo kam die Produktion mit der Unabhängigkeit Haitis zum Erliegen. Spanien weigerte sich ganz im Sinne der kubanischen Kreolen, denen sich inzwischen emigrierte haitianische Pflanzer und Geschäftsleute zugesellt hatten, die Sklaverei auf Kuba abzuschaffen (Abschn. 22.1). Madrid räumte ferner alle Hindernisse aus dem Wege wie z. B. den für den Flottenbau verordneten Bestandsschutz der Wälder, die der Expansion der Zuckerwirtschaft entgegenstanden. Die Produktion verlagerte sich dann in den unwirtlichen, teils gebirgigen, aber klimatisch hervorragend geeigneten Osten der Insel. Am Zucker verdienten Kreolenfamilien in Havanna, ihre Plantagen ließen sie von Verwaltern im fernen Hinterland bewirtschaften (dazu und im Folgenden: Zeuske 2007b).

Wegen der weltweiten Anti-Sklaverei-Politik kam der Sklavenimport zum Erliegen. Zunehmend wurden Arbeit suchende Menschen aus China und Mittelamerika unter Vertrag genommen. Schließlich wurde sogar die Werbetrommel für Emigranten aus den Armutsgebieten Spaniens und von den Kanarischen Inseln gerührt, um eine bäuerliche

J. Hartmann, *Die politischen Systeme Lateinamerikas*,
DOI 10.1007/978-3-658-14353-4_25

Zuckerproduktion anzukurbeln und Personal für Verarbeitung und Transport zu gewinnen. Unerwünscht, aber unvermeidlich wuchs neben den freigekauften und versklavten Schwarzen eine größere mulattische Bevölkerung heran.

Der Kreole *Carlos Manuel de Céspedes* initiierte 1868 einen Aufstand, um die spanische Herrschaft abzuschütteln. Der gut zehn Jahre währende Krieg, der im Wesentlichen im Osten der Insel stattfand, endete 1880 mit einer Niederlage. Immerhin beschloss Madrid 1886, die Sklaverei abzuschaffen, und es räumte der Insel eine gewisse Autonomie ein. Gleichwohl verließen viele Oppositionelle die Insel und schlossen sich der kubanischen Exilgemeinde in New York an. Im Exil organisierte der Literat *José Julian Martí y Pérez* 1895 den zweiten Aufstand gegen Spanien. *Martí* war ein militärischer Dilettant. Er fand gleich zu Beginn des Aufstands 1895 den Tod. Der Mythos um seine Person wurde zum festen Bestandteil des kubanischen Geschichtsbildes. Obgleich die Regierung in Madrid alle verfügbaren militärischen Kräfte mobilisierte, waren die Aufständischen, die jetzt auch im Westen Kubas Erfolge erzielten, gleichermaßen von der Landesnatur wie von der Verhasstheit des spanischen Regimes begünstigt.

Im Jahr 1898 schalteten sich die USA in den Konflikt ein. Eigentlich waren sie mit den Verhältnissen ganz zufrieden. Die Zuckerwirtschaft war auf den US-Markt ausgerichtet, und das Letzte, was sie auf Kuba wollten, war mit Blick auf die eigenen Südstaaten eine Republik von Afro-Amerikanern und Mulatten. Ein Nebenziel des Krieges, den die USA gegen Spanien planten, waren die spanischen Philippinen. Sie boten sich als Sprungbrett an, um im handelsträchtigen China mitzumischen, wo sich bereits Briten, Franzosen, Russen und Deutsche ihre Pfründen sicherten (Open door policy). Die in voller Blüte stehende stehende, nach Sensationen gierende Yellow Press in den USA schürte die Stimmung gegen Spanien. Eine mysteriöse Explosion im Hafen von Havanna, die den US-Kreuzer „Maine" versenkte, wurde zum willkommenen Anlass, um Spanien den Krieg zu erklären. Mit großem propagandistischem Tamtam landeten Marinetruppen an der kubanischen Küste. Den kubanischen Aufständischen, die militärisch schon die Oberhand gewannen, blieb nichts anderes übrig, als an ihrer Seite zu kämpfen. Publizistisch wurde das Eingreifen der USA so dargestellt, dass es den Befreiungskampf der Kubaner selbst überlagerte.

Von 1898 bis 1902 waren US-amerikanischen Truppen auf der Insel stationiert. Die kubanische Elite war uneins, was sie mit dem Abzug der Spanier anfangen sollte. In die Friedensverhandlungen mit Spanien, die auch Kuba betrafen, wurden sie nicht einbezogen. Es gab Stimmen unter den Kreolen, welche die Annexion durch die USA begrüßt hätten. In den USA selbst fanden sie kein Echo. Washington genügte es, das kleine Puerto Rico als strategischen Vorposten zu vereinnahmen. Für Kuba schien ein informelles Protektorat geeigneter, das eine materielle und wirtschaftliche Kontrolle gewährleistete, die vordergründige politische Verantwortung für das Geschehen auf der Insel aber Kubanern beließ. In der Sache gut gemeint und auch gut gemacht, gaben US-Experten Impulse für überfällige Innovationen in der Verwaltung und der Infrastruktur. Sie brachten damit allerdings wieder Kubaner um die Chance, Verdienste um die Landesentwicklung an die eigene Brust zu heften. Die Infrastruktur – Eisenbahn, Elektrizität, Strom – wurde im Übrigen durchaus eigennützig in der Regie gewinnorientierter US-Gesellschaften aufgebaut. US-Fruchtkonzerne, darunter United Fruit, errichteten Zuckermühlen und übernahmen Zuckerpflanzungen.

Im Jahr 1902 erhielt Kuba seine Unabhängigkeit. Sie hatte den Schönheitsfehler des Platt-Amendments: Washington behielt sich vor, in die kubanische Innenpolitik einzugreifen, sollten die Unabhängigkeit, die individuellen Freiheiten und privates Eigentum gefährdet sein. Die US-Truppen zogen erst ab, als das kubanische Parlament dieses Amendment nach heftigen Kontroversen gebilligt hatte. Nahe der ostkubanischen Stadt Guantánamo durften die USA einen Marinestützpunkt unterhalten. Zwar wurde das Platt-Amendment 1934 von den USA widerrufen. Die Stützpunktvereinbarung, die zunächst nur für 99 Jahre galt, wurde allerdings entfristet und als Ausgleich bis heute eine Pachtgebühr von jährlich 4000 USD (!) entrichtet, die aus Protest gegen den Stützpunkt aber nicht mehr kassiert wird.

Die Ergebnisse der ersten Präsidentenwahl im Jahr 1902 quittierten die Verlierer mit bewaffnetem Protest. Unter Berufung auf das Platt-Amendment kehrten US-Truppen zurück; sie blieben bis 1909. Der erste Präsident, der sich länger halten konnte, war *Gerardo Machado,* ein Rinderzüchter, der sich im Krieg gegen die Spanier als Kommandeur beteiligt hatte, anschließend in diversen Geschäften reich wurde und sich dann der Politik zuwandte. Erstmals 1925 gewählt, schob er nach seiner Wiederwahl 1928 die Verfassung beiseite, um dauerhaft im Amt zu bleiben. *Machado* etablierte ein Schreckensregime mit Folter und Mord an politischen Gegnern. Das Ende seiner Präsidentschaft kam 1933, als ihm Streiks, auch der Landarbeiter, die von der Kommunistischen Partei unterstützt wurden, ferner Studentenproteste und wachsende Unzufriedenheit im Militär über den Kopf wuchsen. Den Ausschlag gab eine Revolte der Unteroffiziere, die *Machado* ins Exil zwang. Mit ihr betrat *Fulgencio Batista* die politische Bühne.

Batista, der zur Bevölkerungsgruppe der Mulatten gehörte, war in Armut aufgewachsen. Er eignete sich Stenografiekenntnisse an und arbeitete sich als Schreibstubensoldat ins Vorzimmer eines höheren Offiziers vor. Mit seinen Kenntnissen geradezu ein Intellektueller unter den Sergeanten, wurde er zum Sprecher eines untergründigen Netzwerks unzufriedener Unteroffiziere, die fehlende Anerkennung und schlechte Aufstiegsmöglichkeit beklagten. Als Scharnier zwischen Offizieren und einfachen Soldaten hatten sie Gelegenheit, Truppenteile ohne Wissen der Vorgesetzten auf ihre Seite zu ziehen.

Zu den Putschisten gehörte auch *Ramón Grau,* der Sohn eines reichen Tabakpflanzers. Er hatte sich gegen die Bewirtschaftung des väterlichen Guts entschieden, dann Medizin studiert und eine Medizinprofessur an der Universität Havanna angetreten. *Grau* war eng in die studentischen Proteste gegen *Machado* involviert, die der Diktator mit der Schließung der Universität quittiert hatte. *Grau* bekämpfte als glühender Nationalist die US-Vormundschaft. De facto führte aber bereits *Batista* die Regie, der sich eng mit dem US-Diplomaten *Sumner Welles* abstimmte.

Die beiden Hauptfraktionen der Putschisten, Militärvertreter und Oppositionelle aus den Reihen der Bildungselite, kamen überein, zunächst *Carlos Manuel de Céspedes y Quesada* das Präsidentenamt zu übertragen. *Céspedes* setzte die Verfassung umgehend wieder in Kraft. Schon nach drei Wochen drängten ihn die Putschisten aus dem Amt. Jetzt wurde *Grau* die Präsidentschaft übertragen. In lediglich hundert Tagen zündete *Grau* ein Feuerwerk von Reformen, Achtstundentag, Mindestlohn und Kündigung des Platt-Amendments. Unterdes stellte *Batista* die Kontrolle über die Streitkräfte her. Offiziere der alten Armee wurden entlassen, etliche liquidiert. *Batista* verlieh sich den Rang eines Obersten und übernahm das Kommando über die Streitkräfte. Aus dieser Position heraus und im Einvernehmen mit den USA, die durch den Sonderbotschafter *Sumner Welles* mehr oder weniger diskret mitmischten, bestimmte fortan *Batista,* wer Präsident sein durfte. Die Oligarchie der Pflanzer und Kommerzkönige empörte sich über *Grau. Batista* als williger Vollstrecker ließ ihn wissen, seine Zeit sei abgelaufen. *Grau* blieb aber mit der Gründung einer Partei, dem PRC-A (Partido Revolucionario Cubano-Auténtico), kurz: Auténticos, im politischen Spiel. Alle nachfolgenden Präsidenten waren von *Batistas* Gnaden.

Eine breite Parteienkoalition, die Liberale, Nationalisten und auch die Kommunisten einschloss, wählte *Batista* 1940 zum Präsidenten. Zum Erstaunen der Beobachter betrieb er eine soziale Politik und wurde damit zeitweise sogar populär. *Batista* stieg es zu Kopf, als er nun von US-Politikern hofiert wurde und bei den karibischen und mittelamerikanischen Diktatoren zu Gast war. Gegen Ende seiner Amtszeit kam es zur Plünderung der Staatskasse. Unter dem Vorwand, nur dort sei er sicher vor seinen Widersachern, zog sich *Batista* in die USA zurück, wo er sich ein schönes Leben machte. Die Nachfolgerpräsidenten, zunächst abermals *Ramón Grau* (1944) und dann *Carlos Prío* (1948) von den Auténticos brachten weitere Reformen auf den Weg. Doch beide Präsidenten ließen der Korruption und Vetternwirtschaft freien Lauf. Die Auténticos wurden als Selbstbedienungsclique wahrgenommen, die ihr nationalistisches Programm mit Füßen trat. 1947 verselbstständigten sich unzufriedene Anhänger als Ortodoxos (Partido del Pueblo Cubana [Ortodoxo]). Ihr Parteigründer *Eudardo Chibás* grenzte sich freilich von den Kommunisten ab. Die kleine kommunistische PSP (Partido Socialista Popular) hatte einen gewissen Anhang unter Arbeitern und Studenten, erlangte aber keine große Bedeutung. *Prio* konnte sich in der Präsidentenwahl von 1948 nur mit Mühe gegen den Kandidaten der Ortodoxos behaupten. Die Unzufriedenheit kochte wieder hoch, als er Exponenten der Machado-Diktatur in seine Regierung holte.

Batista kehrte 1948 nach Kuba zurück und wärmte seine Kontakte zur Armee auf. Er bewarb sich 1952 um die Präsidentschaft. Als aussichtsreichster Kandidat galt jedoch *Chibás* von den Ortodoxos. Mit Attacken auf *Prio* und dessen Verbindungen zur kubanischen Mafia Wirkung erzielte er Wirkung. *Chibás* versprach im Vorfeld der Wahlen in einer Radiosendung, einen Zeugen für die Veruntreuung von Regierungsgeldern zu präsentieren. Als dieser aber einen Rückzieher machte, erschoss sich *Chibás* 1951 vor dem Mikrofon, um mit diesem Akt der Verzweiflung seine Glaubwürdigkeit zu retten. Dabei verdarb er noch die Pointe, weil es ihm entging, dass die Sendezeit abgelaufen war. Die Weiterungen dieses operettenhaft anmutenden Ereignisses waren beträchtlich.

Zeitgleich mit der Präsidentenwahl wollte auch der junge Anwalt *Fidel Castro* als Ortodoxo für das Parlament kandidieren. *Castro* und sein jüngerer Bruder *Raúl* waren als uneheliche Kinder eines reichen Zuckerpflanzers im Osten der Insel geboren. Der Vater schickte sie auf gute Schulen und ließ sie studieren. Der rhetorische begabte *Fidel* profilierte sich schon während seines Jurastudiums als radikaler Studentenpolitiker, der sich keineswegs auf die Universität beschränkte. In seinem revolutionären Tatendrang hatte sich *Fidel* bereits an einem Invasionsversuch in der Dominikanischen Republik beteiligt und war dann Zeuge des *Bogotázo* in Bolivien geworden (Abschn. 6.1.4).

Die Stimmung für die Wahl *Batistas* stand nicht gut. Als Favorit zeichnete sich *Roberto Agramonte,* ein Schwager des suizidierten *Chibás,* ab. Um die Wahl gar nicht erst stattfinden zu lassen, putschte *Batista* den noch amtierenden *Prío* aus dem Amt (Tab. 25.1). Proteste regten sich kaum. Die Gesellschaft war erschöpft und wollte überwiegend nichts als ein Ende der Korruption und der gewaltträchtigen politischen Kämpfe.

Zu dieser Zeit stand Kuba ökonomisch im Vergleich mit dem übrigen Lateinamerika gut da. Um die 80 % aller Exporte gingen in die USA, auch die Masse der Importe kam von dort. Das ärmste Drittel der Kubaner lebte allerdings in elendesten Verhältnissen. Seit je waren die US-Mafiafamilien auf Kuba präsent, zunächst, in der Prohibitionsära mit dem Alkoholschmuggel, nach Aufhebung der Prohibition stiegen sie auf das Glücksspiel um.

Tab. 25.1 Konstitutionelle und außerkonstitutionelle Abfolge der Präsidenten Kubas seit 1930

		Konstitutionell gewählt	Konstitutionell abgelöst	Interimspräsident
G. Machado	1925–1933	X		
C. Céspedes	1933			X
Junta	1933			
R. Grau	1933–1934			
C. Hevia	1934			X
M. Marquez	1934			X
C. Mendieta	1934–1935	X	XR[a]	X
J. Agripino	1935–1936		X	X
M. Gómez	1936	X	XA[b]	
F. Laredo	1936–1940	X	X	X
F. Batista	1940–1944	X	X	
R. Grau	1944–1948	X	X	
C. Prio	1948–1952	X	X	
F. Batista	1952–1959			
M. Urrutia	1959			
O. Dorticós[c]	1959–1976	X	XR[a]	
F. Castro[c]	1976–2006	X	XR[a]	
R. Castro[c]	2006–	X		

[a]Rücktritt
[b]Amtsenthebung
[c]Sozialistische Verfassung

Wie weiland in den USA selbst verbissen sich die Mafiosi in Revierkämpfe. Um das kubanische Geschäft zu retten, das von US-Touristen lebte, vermittelte *Meyer Lansky* als „die“ Vertrauensperson der Mafia-Familien 1946 eine Einigung, mit der alle Beteiligten leben konnte. In Havanna entwickelte sich ein scheinbar sauberer Großkommerz mit Kasinos, Hotels und Vergnügungsbetrieben wie in allen Spaßmetropolen der Welt. Gut geschmierte kubanische Politiker und Verwalter verdienten mit. *Batistas* Rückflug in die aktive Politik störte nicht groß. Schecks und Bargeld wanderten nur eben auf andere Konten.

Batistas zweite Präsidentschaft ließ die soziale Note vermissen, die noch seine erste Amtszeit charakterisiert hatte (zum Folgenden auch: Thomas 1984, S. 17–44, 185–227). Wegen des Kommunismusverdachts in der US-Administration war alles tabu, was im Verdacht linker Politik stand. An dieser Stelle kommt die kubanische Opposition ins Spiel. Der spontihafte, durch *Batistas* Putsch um die große politische Bühne gebrachte *Castro* kam auf die Idee, mit einem Angriff auf den zweitgrößten Militärstützpunkt Moncada im notorisch unruhigen Osten der Insel ein Fanal des Widerstands zu setzen (1953). Die miserabel bewaffneten und dilettantisch geführten Rebellen erlitten die absehbare Niederlage. Die Castro-Brüder überlebten, erhielten hohe Haftstrafen und kamen, weil sie letztlich wohl als ungefährlich galten, nach einer Amnestie wieder frei. Sie folgten indes der selbst gesteckten Lebensaufgabe, die Insel zu befreien. In Mexiko trafen sie 1954 den argentinischen Arzt *Ché Guevara,* einen überzeugten Marxisten, der sich zuletzt im Guatemala des Reformpräsidenten *Arbenz* betätigt hatte (Abschn. 20.1). Auf der Jacht „Granma“ nahmen die *Castros, Guevara* und gut 80 Gleichgesinnte von Mexiko aus Kurs auf Kuba. Der Tag der Landung am 26. Juli 1956 ist heute Regimefeiertag. Im Osten der Insel entwickelte sich ein langwieriger Guerillakampf, in dem sich die ländliche Bevölkerung zunehmend auf die Seite der Rebellen schlug. Je größer deren Erfolge, desto härter schlug das Regime mit Gewaltexzessen auch gegen gegen Kritiker und Oppositionelle in der Hauptstadt zurück. In Anbetracht des bald ziellos um sich schlagenden Sicherheitsapparats, dessen Grausamkeit *Batistas* US-Schutzmacht in Mitleidenschaft zu ziehen drohte, stellte Washington Waffenlieferungen an das Regime ein. Unterdes erzielten die Guerillas um *Castro* immer größere Erfolge gegen die Armee. Als die Kämpfe die Hauptstadt erreichten, floh *Batista* am ersten Tag des Jahres 1959 außer Landes.

Der wortmächtige und schauspielerisch begabte *Fidel Castro* verstand es in der Art eines modernen Caudillos, sich als Verkörperung des neuen Kuba zu inszenieren. Sein Bruder *Raúl* hielt sich im Hintergrund: Er war ein fähiger militärischer Autodidakt und ein guter Organisator. Der Sieg der Rebellen wurde quer durch alle Schichten begeistert als der Beginn einer wirklichen Unabhängigkeit aufgenommen. Noch viele Jahre nach der Revolution wurde *Fidel Castro* bei stundenlangen Reden begeistert von den Menschenmassen gefeiert. Als erste Geste für das Ende der Fremdbeherrschung wurden die Plantagen amerikanischer Süßwarenkonzerne verstaatlicht. Noch war *Fidel Castro* ein radikaler, den Ortodoxos nahestehender Nationalist. In der Revolutionärsprominenz war allein *Raúl Castro* Mitglied der Kommunistischen Partei (bis 1952 PSP, danach in PURSC, Partido Unido de la Revolución Socialista de Cuba, umbenannt). Die Reaktion Washingtons, wo gleich das grobe Geschütz des Kommunismusverdachts aufgefahren, mit Sanktionen hantiert und herablassend und schulmeisterlich mit der Revolutionsregierung umgegangen wurde, führte zur Einschätzung, die US-Regierung wolle sich mit einem wirklich unabhängigen Kuba einfach nicht abfinden. Weitere US-Unternehmen wurden in öffentliche Hand überführt. Das laienhafte Schweinebucht-Abenteuer (1961) der Kennedy-Administration, der stümperhafte Versuch der CIA, mit Exilkubanern auf der Insel zu landen und das Regime zu stürzen, war ein letzter Anstoß, sich nach mächtigen Verbündeten umzusehen. In der weltpolitischen Konstellation bot sich dafür allein die Sowjetunion an. Damit fiel innenpolitisch die Entscheidung für einen sozialistischen Kurs.

Die Integration des Landes in die sowjetisch dominierte sozialistische Wirtschaftsgemeinschaft kompensierte die Ausfälle durch den US-amerikanischen Wirtschaftsboykott. *Ché Guevara,* ein kommunistischer Romantiker im Führungstrio des neuen Kuba, deutete die Revolution auf der Insel in ein Modell für Lateinamerika um. Kuba inspirierte etliche Nachahmer: Nirgendwo freilich wiederholte sich der Erfolg. *Guevara* scheiterte höchstpersönlich am Desinteresse bolivianischer Landbewohner, welche die kümmerlichen Reste einer von ihm geführten Guerillatruppe ans Messer lieferten. Eingehegt von sowjetischen Interessen, hüteten sich die Castro-Brüder davor, das Weltteilungsschema der Nachkriegsordnung durcheinander zu bringen.

25.2 Das aktuelle politische System

Das kubanische politische System hat mit den übrigen Lateinamerikas nichts gemeinsam (zum Folgenden: Krämer und Krüger 2008; del Aguila und Mora 2014, S. 349–354). Die Kenntnis der leninistischen Systeme in der Epoche des Kalten Krieges hat besseren Erklärungswert. Die Kommunistische Partei, seit 1965 in PPC (Partido Comunist de Cuba) neu benannt, ist nach ihrem Anspruch eine Avantgardepartei. Nach der Verfassung von 1976 ist sie auch die einzige legale Partei. Die Führungsrolle legitimiert sich formal – in der Sache indes so erschöpft und hohl wie in China – aus dem leninistischen Anspruch zu wissen, wo die Gesellschaft steht und wohin sie sich bewegt. Als richtungsweisende Institution ist der PPC Staat und Wirtschaft vorgeordnet. Der Führungsanspruch wird durch Kaderpolitik eingelöst: Alle führenden Positionen in Behörden, Schulen, Hochschulen und Wirtschaftsbetrieben werden mit Parteimitgliedern besetzt. Diese unterliegen der Parteidisziplin, d. h. sie sind an die Direktiven der Parteiführung gebunden. Die Parteiführung wiederum legitimiert sich ihrerseits an den Beschlüssen des in Intervallen tagenden Zentralkomitees und des Parteikongresses. Tatsächlich sind diese Organe Zierat. Die bestimmende Gestalt in der Parteiführung ist – nach sowjetsozialistischem Vorbild – der Generalsekretär. Deren gab es in Gestalt der Castro-Brüder lediglich zwei. Der Generalsekretär ist gleichzeitig Vorsitzender des Staatsrates und damit Inhaber eines Amtes, das dem eines Staatspräsidenten gleichkommt. Schließlich hat er in dieser Eigenschaft auch den Befehl über die Streitkräfte. Bis zum Ende der 1980er Jahre funktionierten nach diesem Modell sämtliche Länder des real existierenden Sozialismus.

In der Frühzeit des sozialistischen Kubas war neben *Fidel Castro* selbst sein Kampfgefährte *Che Guevara* noch eine wichtige Figur. Nach den Maßstäben der regierenden Kommunistischen Parteien war er ein Ultraradikaler. Zunächst betätigte er sich als „kubanischer Tschekist", der Revolutionstribunale einsetzte und reihenweise reale und vermeintliche „Konterrevolutionäre" hinrichten ließ. Im Richtungsstreit mit *Castro* über die Wirtschaftspolitik zog er den Kürzeren. Er begeisterte sich am „Großen Sprung nach Vorn" im China *Mao Zedongs,* einer voluntaristischen Hauruck-Industrialisierung, während *Castro* realistischer und im Einklang mit den sowjetischen Wünschen weiterhin auf die Zuckerwirtschaft setzte, die nach sozialistischem Vorbild genossenschaftlich umorganisiert wurde.

Das sowjetische Modell wurde zwar kopiert. Doch davon abgesehen, dass es überall, selbst in China und Europa eher schlecht als recht funktioniert hat, wurde es auf Kuba unter anderen Voraussetzungen übernommen. Die sozialistischen Systeme Osteuropas entstanden nach dem letzten Weltkrieg nach den in Jalta 1945 abgesteckten Einflusssphären der Siegermächte und unter dem beherrschenden politisch-militärischen Einfluss der Sowjetunion. Diese konnte dabei auf auf kommunistische Parteien zurückgreifen, die bereits vor dem Krieg auf Moskau ausgerichtet wurden. In Moskau geschulte Basiskader gab es auf Kuba nicht. Die maßgeblichen Urheber des kubanischen Regimewechsels waren nationalistische Revolutionäre. Sie verdankten ihre Legitimität der Tatsache, dass sie der halbkolonialen Bevormundung durch die USA und der erdrückenden Korruption ein Ende gesetzt hatten.

Die persönliche Autorität *Fidel Castros* überlagerte die parteistaatlichen Strukturen. Sein Bruder, das Organisationstalent *Raúl Castro,* waltete im Maschinenraum des Herrschaftsapparats. Er setzte ergebene Kader ein, um die erwünschte Richtung zu realisieren. Die bestorganisierte Kraft im politischen System war nicht etwa die Partei, sondern die nach der Revolution aufgebaute neue Armee, das ureigene Ressort *Raul Castros.* Nach einem Besuch des US-Präsidenten *Barack Obama,* der im Frühjahr 2016 mit einem symbol- und bildträchtigen Ereignis die Lockerung der jahrzehntelang gespannten Beziehungen unterstrich, wurde eine Differenz zwischen den *Castros* sichtbar. *Fidel Castro* sprach sich in der Parteizeitung Granma gegen die Reformpolitik des Bruders aus. Auf einer regulären Parteikonferenz bekräftigte *Raúl Castro* zwar die Richtigkeit der diplomatischen Entspannung und der wirtschaftlichen Reformen, ließ aber keine Zweifel an der Entschlossenheit, am überkommenen Parteiregime der PCC festzuhalten.

25.3 Das Wirtschaftssystem

Mit der Planwirtschaft sowjetischen Typs wurde zwar kein effizientes Wirtschaftsmodell aufgezogen, aber der Lebensstandard der Bevölkerung verbesserte sich zunächst merklich, nicht zuletzt durch ein funktionierendes Gesundheits- und Bildungssystem (zum Folgenden: O'Toole 2011, S. 522–534). Wirtschaftspolitisch wurde zwischen

Pragmatismus und Dogmatismus so ziemlich alles versucht, womit auch in der Sowjetunion oder beispielsweise in der DDR experimentiert wurde: Zentralismus, Dezentralisierung, erneutes Straffen der Zügel (Mesa-Lago und Pérez-López 2013, S. 1–26).

Bei alledem hatte Kuba den Vorteil zu beobachten, was dort funktionierte oder auch nicht, um dann entsprechend nach- oder umzusteuern. Die Perestroika *Gorbatschows,* die mit dem Abbau der staatlichen Lenkung, aber ohne wirklichen Plan dahinter ein Chaos anrichtete, kam in Kuba nicht gut gut an. Anfang der 1990er Jahre kam es zu einer Rezentralisierung, die dann allerdings wieder gelockert wurde. Immer stärker wurden die Streitkräfte in die wirtschaftlichen Reformen einbezogen. Sie galten als effiziente Institution und korruptionsfrei; bereits in den 1980er Jahren wurden Offiziere entsprechend aus- und weitergebildet. Ab Mitte der 1990er Jahre arbeiteten die militärindustriellen Betriebe, die auch Konsumgüter herstellten und Reparaturleistungen anboten, effizient und profitabel (Mani 2011, S. 40–42). Dissidenten in der Partei und Opponenten, die das Regime ablehnten, wurden gnadenlos unterdrückt. Die mit der Mangelwirtschaft einhergehende Korruption verschonte zwar auch die Streitkräfte nicht. Deshalb wurden harte Exempel statuiert. Der angesehene General *Arnoldo Ochoa* wurde 1989 wegen Korruption und der Verwicklung in Drogengeschäfte hingerichtet.

Der Zusammenbruch der sozialistischen Staatenwelt markierte einen Wendepunkt. Das Land wurde seine Zuckerernte nicht mehr los, und selbst dort, wo es ausländische Kunden hätte finden können, war die kollektivwirtschaftliche Produktionsweise nicht konkurrenzfähig. Mit der Lieferung billiger Energie aus der Sowjetunion war es zu Beginn der 1990er Jahre vorbei. Osteuropäische Partnerbetriebe fielen den Marktreformen in ihren Ländern zum Opfer, Experten aus den vormals sozialistischen Ländern kehrten in ihre Heimat zurück. Binnen weniger Jahre verschlechterten sich die Lebensbedingungen. Ab 1994 gab es nach vielen vorherigen kleineren Auswanderungswellen einen abenteuerlichen Massenexodus von Kubanern über See in Richtung Florida. Die Flüchtlinge verstärkten die Exilkubanergemeinden in den USA. Diese sind extrem konservativ. Sie nehmen großen Einfluss auf die mediale Wahrnehmung Kubas in der Öffentlichkeit und haben eine starke Lobby im US-Kongress.

In dieser Situation blieb dem Regime nichts anderes übrig, als sich der veränderten Umwelt anzupassen. Um die Jahrtausendwende begann die Staatsführung umzusteuern, Dollars durften eingeführt werden und Verwandte in den USA Überweisungen tätigen; der Tourismus wurde angekurbelt. Die Regierung lieh gut ausgebildete Vertragslehrer und -ärzte nach Mittel- und Südamerika aus, um Devisen zu erwirtschaften. Bescheidene Wirtschaftsreformen griffen Platz. Mit billigen Energielieferungen verschaffte die kurze Liaison mit *Chávez'* Bolivarischem Sozialismus lediglich eine Verschnaufpause. Die Krise des sozialistischen Experiments in Venezuela führte bald vor Augen, dass auch dieser Partner keine tragfähige Perspektive bot.

Der einzige Wechsel an der Spitze des Staates war eine Familienangelegenheit. Die *Castros* stehen seit knapp 60 Jahren auf der Kommandobrücke des kubanischen Sozialismus. *Stalin* brachte es in der Sowjetunion auf knapp 30 Jahre und *Mao Zedong* in China auf etwa 25 Jahre. Der hoch betagte und gesundheitlich angeschlagene *Fidel Castro* zog sich 2006 aus der Führung von Partei und Staat zurück. Der nicht viel jüngere Bruder *Raúl* trat an seine Stelle (zum Folgenden: Frank 2013). *Raúl* stellte umgehend eine eigene Führungscrew zusammen. Er bediente sich aus dem Militärkomplex. Sein Kurs in der Wirtschaft ging in Richtung auf Reform und Lockerung (siehe auch Tab. 25.2 und 25.3). Kaum jünger als sein Bruder, sorgte er auch für die Zeit nach der „Castro-Dynastie" vor (de Aguila und Mora 2014, S. 356–358). Für 2018 kündigte er seinen Rückzug aus allen Staats- und Parteiämtern an und präsentierte 2012 beim Parteikongress als prospektiven Nachfolger *Miguel Díaz-Canel*. Dieser begann seine Karriere als Offizier, wurde dann Funktionär des Jugendverbandes und später in diversen Parteiverwendungen eingesetzt.

Raúl Castros Entspannungsavancen in Richtung USA zeitigten Erfolg. Im Jahr 2015 wurde die Wiederaufnahme der diplomatischen Beziehungen beschlossen; Washington lockerte die Wirtschaftssanktionen. Zuvor schon war das Verhältnis zum Vatikan verbessert worden. Europäische und US-Investoren gingen an den Start, um auf der Insel Geschäfte zu machen. Bei der unumgänglichen Anpassung an die weltpolitischen Veränderungen, die dem kubanischen Regime ins Gesicht blasen, lassen sich ähnliche Korrekturen der Staatswirtschaft erkennen wie vor 40 Jahren in China: die Zulassung kleinparzellierter privater Landwirtschaft sowie privat geführter Läden und Handwerksbetriebe (Mesa-Lago und Pérez-López 2013, S. 169–214). Die Liberalisierung der Einreise von US-Touristen schwemmt Mengen von Dollars ins Land. Auf einer Parteikonferenz, auf der *Raúl Castro* im April 2016 das Festhalten am Einparteiregime bekräftigte, nannte er das Nebeneinander von Parteiherrschaft und Marktwirtschaft in China und Vietnam als Vorbild für das eigene Land.

Blicken wir zuletzt noch das Phänomen der Rücküberweisungen. In den armen Ländern Mittelamerikas und den karibischen Republiken stellen sie inzwischen ein beträchtliches Teils des Inlandseinkommens dar. Seit den 2000er Jahren lockerte Washington die Bedingungen für Überweisungen nach Kuba. Im Jahr 2013 erreichten sie ein Volumen von drei Milliarden USD, übersandt von den dort lebenden 1,2 Mio. Auslandskubanern, entsprechend – bei allerdings schwierigen Daten – knapp vier Prozent des Inlandsprodukts (Tab. 25.2 und 25.3).

Tab. 25.2 Wachstum des BIP: Kuba 2005–2013 (in v. H.). (Quelle: siehe Angaben zu Tab. 6.5)

2013	2012	2011	2010	2009	2008	2007	2006	2005
2,7	3,0	2,8	2,4	1,4	4,1	7,3	12,1	11,1

Tab. 25.3 Inflation: Kuba 2005–2014 (Konsumentenpreise in v. H.). (Quelle: http://de.statista.com/statistik/daten/studie. Zugegriffen 16.3.2016)

2014	2013	2012	2011	2010	2009	2008	2007	2006	2005
5,3	6,0	5,5	3,5	3,4	3,1	−0,8	2,8	5,7	3,7

Kuba hat das dauerhafteste autoritäre Regime des Kontinents. Gleichzeitig stellt es die am stärksten egalitäre Gesellschaft dar. Es ist das einzige Regime, dem eine Begegnung mit der neoliberalen Politik erspart blieb. Die *Castros* sind seit zwei Generationen einfach da. Das politische System steht im Grunde genommen vor der gleichen Herausforderung wie andere autoritär regierte Länder, in denen jahrzehntelang derselbe Präsident regiert: dem Nachfolgeproblem! Schon weniger personalisierte sozialistische Systeme, ob in Osteuropa oder China, bieten Beispiele zuhauf für Machtkämpfe mit ungewissem Ausgang.

Resümee 26

Es ist ratsam, mit lateinamerikanischen Verallgemeinerungen behutsam zu hantieren. Argentinien, Brasilien und Mexiko, die drei Schwergewichte im lateinischen Amerika, praktizieren ungefähr gleich lange Demokratie. Während aber die wechselnden Regierungen Argentiniens eklatant polarisieren, indem sie wirtschafts- und verteilungspolitisch jeweils in die Gegenrichtung lenken, ließ sich in Brasilien bis vor kurzem eher das Bemühen um Kontinuität erkennen. Die Wetterfestigkeit friedlich-schiedlich wechselnder Mehrheiten wird dort aktuell einem Belastungstest unterzogen. In Mexiko wird der Wert demokratischer Verfahren und Entscheidungen durch die Macht krimineller Kartelle unterlaufen, welche die des Staates teilweise bereits in den Schatten stellt.

Das nördliche Dreieck Mittelamerikas, El Salvador, Guatemala und Honduras, laboriert an den Folgeproblemen jahrzehntelanger Bürgerkriege und überbordender Alltagskriminalität. Ihre demokratische Praxis ist labil. Kolumbien zeichnet sich in weiten Teilen des Landes durch die geringe Durchsetzungskraft seiner Institutionen aus. Haiti sprengt jeden Vergleich mit dem übrigen Lateinamerika. Es handelt sich um einen Failed State, wie er sich in großer Zahl im westlichen und mittleren Afrika besichtigen lässt. Die benachbarte Dominikanische Republik zeigt ein anderes Bild. Kurz: Jedes Land will für sich betrachtet sein. Unverkennbar sind historische Prägungen, die bis in die Gegenwart durchtragen.

Blicken wir auf die beiden sozialistischen Laboratorien: Venezuela und Kuba. Während Ersteres den amateurhaften und gescheiterten Versuch verkörpert, in extremer Abhängigkeit von kapitalistisch organisierten Weltmarkt eine autarke, dem sozialistischen Ideal verpflichtete Ordnung aufzubauen, ist Kuba seit dem Zusammenbruch der sozialistischen Staatenwelt die Halbwelt der staatswirtschaftlichen Handelspartner abhanden gekommen.

Um das aktuelle Lateinamerika als Ganzes zu verstehen, ist es hilfreich, seine Vergangenheit zu kennen. Zu diesem Zweck soll hier abschließend das „neue" dem „alten"

J. Hartmann, *Die politischen Systeme Lateinamerikas*,
DOI 10.1007/978-3-658-14353-4_26

Lateinamerika gegenübergestellt werden. Als das „alte“ Lateinamerika sollen die Strukturen verstanden werden, die in den 1930er Jahren entstanden und bis in die Mitte der 1980er Jahre Bestand hatten. Das neue Lateinamerika reifte nach dem Zusammenbruch der Diktaturen in den 1980er Jahren.

Die Wirtschaft: Rohstoffe und Agrarprodukte waren und sind bis heute die Basis der lateinamerikanischen Ökonomien. Beim Export stehen in Südamerika Öl, Kupfer und Eisen sowie in Mittelamerika Zucker, Bananen und Kaffee am Ende einer kurzen Wertschöpfungskette. Im exportierenden Land tragen sie nicht allzu viele Arbeitsplätze. Dafür generieren sie aber umso mehr Arbeit und Kapital in den Ländern, die Energie und Rohstoffe verbrauchen. Die dort aufsummierten Produktionskosten schlagen sich in der Importrechnung der Exportökonomien nieder. Im Extremfall, den Venezuela verkörpert, resultiert daraus das „Paradox of Plenty“: Ressourcenreichtum, Fehlverteilung, Armut (Karl 1997).

Das „alte“ Wirtschaftsmodell: Die Rohstoff- und Agrarökonomien des „alten“ Lateinamerika hatten dieselbe Achillesferse: Unerwartete Einnahmenrückgänge, aber auch technisch-ökonomische Entwicklungen, welche die Weltnachfrage nach einem Landesprodukt dauerhaft entwerteten! Die natürliche Ressource und ihr Verkaufswert auf den Weltmärkten diktierten den Spielraum der Politik.

Grundlegend für die Wirtschaftspolitik war der Versuch, mit staatlich geförderter Aktivität einen Binnenmarkt zu generieren. Die wirtschaftspolitische Devise reimte sich auf Interventionismus, Wechselkurssteuerung, Schutzzölle, Preissubventionen, Abschöpfung der Exportgewinne und Verbrauchssteuern.

Das „neue“ Wirtschaftsmodell: Politik in der Weltmarktfalle. Die alte Exportpalette beschränkte sich auf eines oder zwei der folgenden Produkte – Kupfer, Eisen, Zinn, Rindfleisch, Kaffee, Kakao, Bananen. Mit Soja, Erdöl, Gas, Palmöl und billiger Arbeit sind neue Geldbringer hinzugekommen. Für linke wie für rechte Regierungen ist der Export gleichermaßen wichtig. Er spielt die Mittel für staatliche Programme ein, mit denen die Armut gelindert wird oder Wege aus der Armut erleichtert werden. Wie im alten Lateinamerika liegt die Veränderung der Terms of Trade weit außerhalb der politischen Möglichkeiten.

Bis in die erste Dekade des 21. Jahrhunderts hatten sich die Regierungen mit einer immensen Verschuldung herumzuschlagen, die ihnen die politischen Bankrotteure in Uniform hinterlassen hatten. Selbst linke Nachfolgeregierungen hatten keine andere Wahl, als sich auf die neoliberalen Rezepturen für Schuldenerlass, Schuldenstreckung und Neukredite einzulassen. An überzeugten Vollstreckern in den wirtschaftspolitischen Schaltstellen fehlte es nicht.

Der praktizierte Neoliberalismus veränderte das politische Format der Region. Seine Härten mobilisierten eine Mittelschicht, die in den Abgrund des sozialen Abstiegs blickte, Arbeiter, die den Verlust ihrer Arbeitsplätze befürchteten, und Indigene, die der Rohstoffwirtschaft zu weichen hatten. Auch linken Regierungen bleibt nichts anderes übrig, als in einem weltwirtschaftlich gesteckten Rahmen zu handeln, der wenig Spielraum für Umverteilung ließ. Bei der Nutzung dieses Spielraums ergibt sich ein Dilemma.

Welchen Teil ihrer Klientel können sie am ehesten enttäuschen, ohne die Mehrheit zu verlieren? Die Mittelschicht, darunter die Gewerkschaften, oder Menschen, die mit dem Verlust von Gesundheit und Lebensraum für die Ressourcenausbeutung zahlen? Von den Letzteren gibt es nicht allzu viele, und dazu leben sie noch weit von den Wirtschafts- und Bevölkerungszentren entfernt. Die größere Zahl derer, bei denen ein Lebensstandard auf dem Spiel steht, reagiert auf Härten nicht anders, als wenn das Gegenlager regiert: Sie kehren den Regierenden den Rücken. Das Gleiche geschieht in den etablierten Demokratien – allerdings mit dem Unterschied, dass sie wirtschaftlich zumeist stabiler und insbesondere exportwirtschaftlich weniger verletzlich sind. Beim Blick auf Lateinamerika stellt sich der Eindruck weltwirtschaftlich induzierter, zyklischer Krisen ein, die je nach der politischen Richtung mal der regierenden Rechten, mal der Linken schaden oder nützen.

Die „alte" Sozialpolitik: Die „alte" Sozialpolitik diente dem hehren Ziel, die Mittelschicht, darunter Angestellte und Arbeiter, als Regimestützen zu gewinnen und sie bei der Stange zu halten. Nicht einmal die Progressiven in der politischen Elite interessierten sich groß für die Kleinbauern, das Landproletariat, die Indigenen und all die übrigen wirklich Armen, die vielerorts überhaupt noch kein Wahlrecht hatten.

Die „neue" Sozialpolitik: Armutsbekämpfung: Im „neuen" Lateinamerika gerieten die vernachlässigten Bürger ins Blickfeld. Ursachen: Die politische Neutralisierung der Militärs, die Erweiterung des Wahlrechts, die konsequentere Ausgestaltung der Volkswahl des Präsidenten und das Entstehen einer Organisationswelt der kleinen Leute. Anders ausgedrückt: Arme, Landbevölkerung und Indigene avancierten wie im demokratietheoretischen Bilderbuch zu politisch relevanten Größen. Eine Erweiterung der bestehenden sozialen Sicherungssysteme auf diese Gruppen ist unbezahlbar. Es handelt sich um Menschen, die weder Sozialbeiträge noch Steuern zahlen.

Aus diesem Dilemma entstand das neue Politikfeld der Armutsbekämpfung. Es will die Wege aus der Armut erleichtern und das Existenzminimum garantieren, es ist steuerfinanziert und arbeitet mit einem schmalen Leistungsprogramm. Brasilien ist in dieser Hinsicht für viele Länder der Region ein Vorbild. Freilich fehlen in weniger leistungsfähigen Ländern, namentlich in Mittelamerika, die Mittel, anderswo fehlt der Wille, den brasilianischen Standard zu kopieren.

Die Armutsbekämpfung kommt der sozialen Grundsicherung in Europa gleich. Der grundlegende Unterschied aber: Bei den Nutznießern der Grundsicherung in der wohlhabenden Welt handelt es sich meist um eine überschaubare Größe, in Lateinamerika aber um große Teile, wenn nicht gar die Mehrheit der Bevölkerung.

Der politische Prozess: In der politikwissenschaftlichen Literatur werden die Beziehungen zwischen Politik und Gesellschaft unter dem Stichwort des Regimes abgehandelt (Fishman 1990). Das Regime lässt sich mit einer politischen Arena vergleichen. Die exklusive Arena steht für ein autoritäres Regime. Viele mögen dort mitspielen, aber eben nicht alle. Im demokratischen Regime dürfen zwar alle teilhaben. Ob sie es tun und mit welchem Erfolg, ist eine andere Frage. Gerät ein autoritäres Regime in die Krise, mag es versuchen, seinen Bestand zu retten, indem es weitere Spieler auf den Platz lässt. Das

Regelset, dem sich die politischen Akteure unterwerfen, mag so schlicht ausfallen, dass gerade die Ergebnisse einer Wahl und einige Eckpunkte der Verfassung respektiert werden, oder aber es schließt Konventionen bzw. Prozess- und Anstandsregeln ein, die um nichts weniger verbindlich gelten als Verfassung und Gesetz (Linz 2009/1975, S. 129–132; Dahl 1989, S. 262 f., 1971, S. 8, 20).

Die „alten" strategischen Gruppen: Unter den Präsidenten und Präsidentenanwärtern der „alten Politik" dominierten bürgerliche Politiker aus den besseren Kreisen der Gesellschaft und höhere Offiziere. Die Reformpolitiker der 1930er und 1940er Jahre gründeten Parteien. Diese Parteien hatten meist keine Massenbasis. Es handelte sich um politische Instrumente der progressiv Gesinnten unter den Happy Few an der Spitze der sozialen Statuspyramide. Als Anwälte und Mediziner hatten sie für die klassischen Prestigeberufe des „alten" Lateinamerika studiert, etliche betätigten sich als Hochschullehrer, Zeitungsverleger oder Journalisten. Häufig kamen sie aus „politischen Familien", die bereits etliche Politiker (Präsidenten, Minister, Abgeordnete) hervorgebracht hatten.

Das Ideal war eine Gesellschaft, die dem bewunderten industrialisierten und sozialstaatlichen Europa ähnlicher würde. Die progressive Elitenfraktion glich den sozial aufgeschlossenen Liberalen in Europa: Sie waren keine fundamentalen Kritiker der gegebenen Verhältnisse, aber doch Advokaten von Freiheiten und Rechten auch für Kleinbürger, Arbeiter und Bauern. Die konservative Fraktion fand Gefallen am autoritären Korporatismus Europas: eine hierarchisch aufgebaute Volksgemeinschaft, in der jeder Klasse ihr Platz zugewiesen ist.

Die Militärs waren ein Fall für sich. Unter den sozialen Aufsteigern im Offizierkorps, die im Laufe der Zeit in Führungspositionen aufrückten, gab es etliche Fürsprecher nicht nur einer technischen Modernisierung, sondern auch einer sozialen Politik. Doch auch sie waren illiberal: Anhänger einer Ideologie der Effizienz, die Gesellschaftspolitik wie eine technokratisch zu lösende Aufgabe in Angriff nahmen, bei deren Bewältigung die Zivilisten nur im Wege standen. Andere Teile der militärischen Elite, die Traditionalisten, waren tief im Sozialkonservatismus der Privilegierten verwurzelt. Unter dem Einfluss des Kalten Krieges geriet die reformistische Strömung ins Hintertreffen. So oder so verhielten sich die Militärs wie eine Überpartei. Nach Gutdünken verschafften sie sich Zutritt zur politischen Arena, um diese vorübergehend oder auf längere Dauer zu schließen.

Die „neuen" strategischen Gruppen: Von den strategischen Gruppen des „alten" Lateinamerika ist nicht viel übrig geblieben. Blicken wir abermals auf den Hintergrund der Präsidenten. Auf der Rechten und in der Mitte des Richtungsspektrums treffen wir heute Unternehmer und Manager an. Sie sind vom Wirtschaftsstudium in den USA geprägt, haben elterliche Firmen übernommen oder selbst Unternehmen gegründet. Etliche nennen Verlage und TV-Sender ihr Eigen, andere haben auch Erfahrung als TV-Unterhalter, sogar die die Schirmherrschaft über populäre Fußballmannschaften generiert politisches Kapital. Ambitionierte Ehefrauen und Witwen zehren vom Ruf ihrer prominenten Ehepartner und versuchen sich selbst an einer politischen Karriere. Die Einstellung zur Politik geht dahin, dass, wer immer ein Unternehmen leitet und ein Vermögen verwaltet oder wer es aus eigener Kraft zu Reichtum und Bekanntheit bringt, auch die Fähigkeit besitzt, in der Politik zu reüssieren, sei es in einer existierenden Partei, mit der Gründung einer Partei oder mit dem Zimmern einer Parteienallianz, die als Startrampe für eine Präsidentschaftskandidatur taugt. Der Neoliberalismus ist das politische Evangelium. Das Ansehen eines Wirtschaftsstudiums, zumal in den USA oder an Fakultäten, die von US Business Schools zertifiziert sind, brachte Anhänger dieser Denkungsart auch in die Führungsetagen der Wirtschafts- und Finanzministerien. Auf der linken Seite des neuen Elitenensembles finden sich Funktionäre der Indigenenorganisationen, linker Gewerkschaften und Bauernverbände. Auch sie arbeiten, wenn sie die Präsidentschaft anstreben, mit dem Allianzmodell.

Kaum irgendwo ist aber eine Partei – unabhängig von der politischen Richtung – so stark und die Strahlkraft einer Persönlichkeit so groß, dass sie ohne weitere Unterstützung aus den Parteienspektrum realistische Erfolgschancen hätte. In Anbetracht der Widrigkeiten des wirtschaftlichen Umfeldes stehen linke Präsidenten in einem Dilemma. Sie müssen sich den Realitäten fügen. Dazu gehört eine Medienwelt, die fest im politischen Gegenlager steht. Politische Veränderungen lassen sich nur in Konkordanz mit dem Weltfinanzsystem und in der tradierten Rolle der Exportökonomie verwirklichen. Und das bedeutet kleine Schritte, vielerlei Rücksichten und absehbare Enttäuschung bei Wählern und Anhängern, die sich mehr versprochen haben und sich deshalb womöglich auf neue Hoffnungsträger umorientieren.

Das „alte" Spiel mit der Verfassung: Schon in der Vergangenheit war die gewaltenteilige Verfassung, insbesondere das Wiederwahlverbot für die Zentralfigur des Präsidenten, manchem Amtsinhaber ein Dorn im Auge. Und doch gab es gerade in diesem Punkt einen Konsens über die politischen Lager hinweg: Demokratie und Verfassung wurden oberflächlich auf die Frage verkürzt, ob der Amtsinhaber das Verfallsdatum seines Mandats respektiert. Einige Präsidenten hielten sich daran. Andere ignorierten die Vorgabe und scherten sich nicht darum, dass man sie Diktatoren nannte. Wieder andere arbeiteten mit dem Trick des braven regulären Scheidens aus dem Amt. Sie versuchten dann aber einen Nachfolger zu lancieren, der sich der Rolle eines Steigbügelhalters für die erlaubte nächste Kandidatur nicht verweigern würde. Mit Blick auf die Tatsache, dass Politik vielerorts das Exklusivgeschäft einiger mächtiger Familien war, wurden gern auch Verwandte als Platzhalter ins Auge gefasst. Manchem Ex-Präsidenten spielte seine Ungeduld einen Streich: Intrigierte er gegen den Nachfolger, indem er zu einem Putsch anstiftete, war er diesen zwar los. Der lachende Dritte war aber oft ein Militärpräsident, der sich in einer manipulierten Wahl die scheinkonstitutionelle Legitimation besorgte.

Das „neue" Spiel mit der Verfassung: Heute entscheiden nicht mehr die Militärs, wer regiert, sondern allein die Wahl. Die Gewaltenteilung indes spitzt sich auf die Frage zu, wie lange ein Präsident regieren darf. In Südamerika ist das Wiederwahlverbot mit einigen Ausnahmen gefallen, in Mittelamerika einschließlich Mexiko wird ihm unverändert gehuldigt. Im Präsidialsystem der USA und Europas ist das Drohpotenzial der Amtsenthebung so vergilbt wie die Monstranz des Erstdrucks der geltenden Verfassung.

In Lateinamerika liegen die Dinge anders. Bietet sich die Gelegenheit, eine legitime, aber unpopulär gewordene Regierung loszuwerden, fällt der Blick gern auf die konstitutionelle Notbremse: die Amtsenthebung des Präsidenten. Sie ist nicht ganz leicht zu bedienen. In den politischen Machtspielen ist sie eine Option, und diese Option, die der Amtsenthebung ihren Ausnahmecharakter nimmt, befeuert politische Schlammschlachten gegen missliebige Regierungen. Es gilt die Stimmung zu schüren, bis der öffentliche und parlamentarische Rückhalt für die Zielperson schwindet. Entschließt sich die Rechte zur Attacke, darf sie darauf zählen, dass ihr die Gebieter über große Medienimperien zur Seite stehen. Eine anomische Verwaltungskultur sowie eine mit Gefälligkeiten und Gegenleistungen gespickte Regierungspraxis produzieren fortlaufend Anlässe, die sich für eine Skandalisierung anbieten.

Die „alte" Präsidentenwahl: Im „alten Lateinamerika" schützte das Arrangement der Präsidentenwahl vor allzu großen Überraschungen. Da war zum einen die großzügige Ausschließung der gesellschaftlichen Habenichtse vom aktiven Wahlrecht, oft im Deckmantel der verlangten Lese- und Schreibfähigkeit. Die meisten Verfassungen begnügten sich für die Volkswahl mit dem Erfordernis der einfachen Mehrheit. Und selbst dort, wo bereits die absolute Mehrheit verlangt war, traf nicht das Wahlvolk die letzte Entscheidung, falls kein Kandidat die absolute Mehrheit erzielte, sondern vielmehr das Parlament, das dann als Ersatzwahlkörper in Funktion trat. Im Parlament waren die Spitzen der politischen Klasse unter sich, und sie wählten den Stichwahlkandidaten, der ihre Kreise am wenigsten stören würde.

Die „neue" Präsidentenwahl: Hier genügen wenige Worte, um die Veränderung zu beschreiben. Die letzten Wahlrechtsbeschränkungen sind gefallen. Wo für die Wahl des Präsidenten eine qualifizierte oder die absolute Mehrheit verlangt ist, hat inzwischen auch in der Stichwahl das Volk selbst das letzte Wort.

Die „alten" Parteien: Bei den alten Parteien handelte es sich meist um Honoratiorenzirkel, die im Vorfeld einer Wahl ein Fußvolk von Werbern auf die Reise schickten. Sie zogen einige Strippen, um eine treue Klientel zu aktivieren und machten Geld locker, um Plakate, Zeitungsannoncen und Radio- und TV-Werbeminuten zu bezahlen. Das zentrale Werbemoment für das Spitzenamt des Präsidenten war schon damals die Persönlichkeit. In einigen Ländern, exemplarisch in Uruguay, Kolumbien und Venezuela, gab es sogar Parteienkartelle, die es sich leisten konnten, den Persönlichkeitsfaktor klein zu schreiben. Genauso verhielt es sich im staatsparteilichen System Mexikos.

Die „neuen" Parteien: Auch im „neuen" Lateinamerika sind Persönlichkeiten Trumpf. Ideologisch verwandte oder bloß kompatible Parteien scharen sich um einen vermeintlich zugkräftigen Kandidaten, der mit den üblichen Pfunden wuchert: Bekanntheit, privates Vermögen, Gunst der Medien und Fehlerstrecke des Vorgängers, wenn dieser erneut kandidieren darf. Vielleicht hilft sogar der Abglanz eines Präsidenten, der von Verfassungs wegen aus dem Amt scheiden muss und bei vielen Wählern in positiver Erinnerung ist. Linke Kandidaten müssen sich auf den Gegenwind der Medienwelt einstellen. Die Unterschiede zu den parteienschwächeren Demokratien Europas und zu den geradezu parteienlosen USA sind nicht mehr allzu groß. Das Problem dabei: Dem politischen Bündnis, das den Präsidenten ins Amt gehoben hat, droht der Zerfall, wenn sein Architekt, der Amtsinhaber, nicht mehr kandidieren darf.

Regimewandel: Politik war „alten Lateinamerika" Sache der höheren Kreise, vorzugsweise mächtiger Familien. Diese sozial recht homogene Elite war ideologisch uneins. Marxisten und Sozialdemokraten waren nicht darunter, aber immerhin Knochenkonservative, die kein Jota am Status quo geändert wissen wollten, aber eben auch auch Liberale, die so einsichtig waren, den gesellschaftlichen Veränderungen Rechnung zu tragen. Die Akzeptanz der Letzteren ließ zu wünschen übrig. Den alten Mächten wurden sie zu stark. Umso bedeutsamer wurden die Militärs, welche die politischen Kämpfe seit je von der Seitenlinie aus beobachtet hatten. Seit den 1930er Jahren griffen sie ein, um das Spielgeschehen zu unterbrechen, einige Spieler des Platzes zu verweisen und sich dann wieder auf ihren Beobachterposten zurückzuziehen. In den 1960er Jahren begnügten sie sich schon nicht mehr mit punktuellen Eingriffen. Enttäuscht oder empört über das Gerempel in der politischen Arena, verfestigte sich die Überzeugung, den Politikern überlegen zu sein. Sie etablierten knallharte und auf Dauer angelegte autoritäre Regime. Künftig entschieden Generäle, welche Zivilisten ihnen aus der zweiten Reihe zuarbeiten durften. In den Militärregimen wurde indes nicht besser regiert als vorher. Die Militärs warfen hin, als ihnen die Schwierigkeiten über den Kopf wuchsen. Die Aufräumarbeiten überließen sie denen, die nach ihnen kamen.

Zu einer Neuauflage des oligarchischen Pluralismus sollte es nach den Militärs nicht mehr kommen. Die wieder gewählten Regierungen kamen allenthalben zur gleichen Zeit, als die Suppe, die ihnen die Militärs eingebrockt hatten, ausgelöffelt werden musste. Die Härten dieser Aufräumpolitik veränderten den politischen Aggregatzustand. Vertraute Parteien und Persönlichkeiten aus der Zeit der „alten Politik", die hier und dort noch einmal ihren Auftritt hatten, gingen dabei unter.

Von Armut und Verelendung bedrohte Akteure, Indigene, Gewerkschaften und Landarbeiter bahnten sich ihren Weg in die politische Arena. Sie hoben schließlich linke Präsidenten wie *Lula da Silva, Correa, Morales, Chávez, Kirchner* und *Ortega* ins Amt. Arbeiterschaft und Indigenenbewegungen verschafften sich meist auf rabiate Weise den Zutritt zur politischen Arena. Ernst genommen wurden sie erst, als sie sich mit Straßenprotesten, mit der Lähmung des öffentlichen Lebens und mit der Störung des Wirtschaftsverkehrs zu Gehör brachten.

Deutungsrahmen der lateinamerikanischen Politik: Lateinamerika ist das beliebteste Spielfeld der Demokratieforschung. Akribisch wird vermessen und sortiert, um aus den Abständen zur europäisch-nordamerikanischen Idealdemokratie mit angeschlossener Marktwirtschaft Schlüsse zu ziehen. Für Lateinamerika kommt dabei meist irgendeine Minus-Variante der Demokratie oder aber eine weiche Variante des autoritären Systems heraus. Für das Verstehen der politischen Systeme Lateinamerikas sind die alten Theorien (siehe oben Kap. 2) immer noch tauglich. Dies gilt insbesondere für die These, dass Wirtschaft und Politik des mittleren und südlichen Amerika grundlegend von der Rolle der Länder in der Weltwirtschaft bestimmt werden.

Auch die These von der Anlehnung Lateinamerikas an die westliche Kultur ist noch brauchbar, um die lateinamerikanische Politik zu verstehen. Mochte das Modell, dem früher elitäre Kreolen und Mestizen nacheiferten, Europa sein, heute stärker die USA, steckt in beiden doch allemal ein Leitbild von Herrschaft, das die liberale Demokratie impliziert. Das Problem dabei: Ihr wird stärker formal gehuldigt als mit ihrer Konsensbotschaft, dass auch im demokratischen Machtkampf nicht alles erlaubt ist.

Die älteren Theorien bedürfen in einigen Punkten der Korrektur. Sie bezogen sich auf eine Epoche, in der die Oligarchien mit wechselnden zivilen oder militärischen Hauptakteuren das politische Geschehen beherrschten. Seit 30 Jahren werden die Regierenden per Wahl bestimmt. Dies macht die eigentliche Qualität der gegenwärtigen lateinamerikanischen Demokratien aus. Deftige Mängel oder bloß politikästhetische Schönheitsfehler wie schlecht funktionierende Justiz, Korruption und die fragwürdige Verbindung von Wirtschafts- und Medienmacht treten dahinter zurück.

Literatur

Aguila, J M d, & Mora, F. O. (2014). Cuba: Revolution in the balance. In H. Wiarda & H. F. Kline (Hrsg.), *Latin American politics and development* (S. 335–360). Westview: Boulder.

Ahmed, A (4. September 2015). Young hands help in Mexico's Opium fields as heroin market soars. *Süddeutsche Zeitung/New York Times International Weekly.*

Albro, R. (2005). The Indigenous in the plural in Bolivian oppositional politics. *Bulletin of Latin American Research, 24,* 433–453.

Altman, D. (2008). Political recruitment and candidate selection in Chile, 1990–2006. In P. M. Siavelis & S. Morgenstern (Hrsg.), *Pathways to power: Political recruitment and candidate selection in Latin America* (S. 241–270). University Park: The Pennsylvania State University Press.

Anderson, B. (1983). *Die Erfindung der Nation. Zur Karriere eines erfolgreichen Konzepts.* Frankfurt a. M.: Campus.

Arce, M. (2008). The repoliticization of collective action after neoliberalism in Peru. *Latin American Politics and Society, 50*(3), 37–62.

Arce, M. (2014). The persistance of the two Perus (Deeply divided Peru). *Current History, 113,* 70–75.

Argueta, O. (2012). Private security in Guatemala: Pathway to its proliferation. *Bulletin of Latin American Research, 31,* 320–336.

Armijo, L. A., Faucher, P., & Dembinska, M. (2006). Compared to what? *Brazil's Political Institutions, Comparative Political Studies, 39,* 759–786.

Auyero, J. (2005). Protest and politics in contemporary Argentina. In S. Levitsky & M. V. Murilla (Hrsg.), *The politics of institutional weakness: Argentine democracy* (S. 250–268). University Park: Penn University Press.

Avilés, W. (2008). US intervention in Colombia: The role of transnational relations. *Bulletin of Latin American Research, 27,* 410–429.

Avilés, W. (2009a). Despite insurgency: Reducing military prerogatives in Colombia and Peru. *Latin American Politics and Society, 51*(1), 57–86.

Avilés, W. (2009b). Policy coalitions, economic reform and military power in Ecuador and Venezuela. *Third World Quarterly, 30,* 1549–1564.

Avilés-Galan, M. (2010). Optimism, pessimism, and coalitional presidentialism: Debating the institutional design of Braziliandemocracy. *Bulletin of Latin American Research, 29,* 18–33.

Ayuero, J. (2000). The logic of clientelism in Argentina. *Latin American Research Review, 35*(3), 55–82.

J. Hartmann, *Die politischen Systeme Lateinamerikas,*
DOI 10.1007/978-3-658-14353-4

Ayuero, J. (2007). *Routine politics and violence in Argentina: The gray zone of state power*. Cambridge: Cambridge University Press.

Bacha, E. L., & Klein, H. S. (1989). Introduction. In E. L. Bacha & H. S. Klein (Hrsg.), *Social change in Brazil* (S. 1945–1985). Albuquerque: University of New México Press.

Barandíarán, J. (2012). Researching race in Chile. *Latin American Research Review, 47*(1), 161–177.

Barr, R. (2003). The persistance of neopopulism in Peru? From Fujimori to Toleda. *Third World Quarterly, 24,* 1161–1178.

Barraca, S. (2007). Military coups in the post-cold war era: Pakistan, Ecuador and Venezuela. *Third World Quarterly, 28*(1), 137–154.

Barndt, W. T. (2012). Destroying the opposition's livelihood: Pathways to violence in Bolivia since 2000. *Journal of Politics in Latin America, 1,* 3–39.

Barndt, W. T. (2014). Corporation-based parties: The present and future of business politics in Latin America. *Latin American Politics and Society, 56*(3), 1–22.

Barton, J., Román, A., & Fløysand, A. (2012). Resource extraction and local justice in Chile: Conflicts over the commodification of spaces and the sustainable development of spaces. In H. Haarstad (Hrsg.), *New political spaces in Latin American natural resource government* (S. 109–128). New York: Palgrave MacMillan.

Becker, M. (2008). *Indians and leftists in the making of Ecudor's modern indigenous movements.* Durham: Duke University Press.

Becker, M. (2013). The stormy relations between Rafael Correa and social movements in Ecuador. *Latin American Perspectives, 40*(3), 43–62.

Behrend, J. (2011). The unevenness of democracy at the subnational level: Provincial closed games in Argentina. *Latin American Research Review, 46*(1), 150–177.

Bernecker, W. L. (2010). *Spanische Geschichte. Vom 15. Jahrhundert bis zur Gegenwart* (5. Aufl.). München: Beck.

Beyhaut, G. (1969). *Süd- und Mittelamerika II. Von der Unabhängigkeit zur Krise der Gegenwart.* Frankfurt a. M.: Fischer Taschenbuchverlag.

Birdsall, N., Lustig, N., & McLeod, D. (2012). Declining inequality in Latin America. In P. Kingstone & D. J. Yashar (Hrsg.), *Routledge handbook of Latin American politics* (S. 158–180). New York: Routledge.

Blasberg, M. (2015a). Land ohne Milch. *Der Spiegel, 10,* 96–100.

Blasberg, M. (2015b). Der Herr der Tunnel. *Der Spiegel, 31,* 78–80.

Boas, T. C. (2005). Television and neopopulism in Latin America: Media effects in Brazil and Peru. *Latin American Research Review, 40*(2), 27–49.

Bollinger, A. (1972). *Spielball der Mächtigen. Geschichte Lateinamerikas* (2. Aufl.). Stuttgart: Kohlhammer.

Bonvecchi, A. (2014). The organization of the executive branch in Latin America: What we know and what we need to know. *Latin American Politics and Society, 56*(1), 144–165.

Borsutzky, S. (2010). Socio-economic policies: Taming the market in a globalized economy. In S. Borsuzky & G. B. Weeks (Hrsg.), *The bachelet government: Conflict and consensus in post-pinochet Chile* (S. 87–116). Gainesville: University of Florida Press.

Bowen, J. D. (2011). The right in „New Left" in Latin America. *Journal of Politics in Latin America, 3*(1), 99–125.

Brady, R. (2014). From passive to radical revolution in Venezuela's populist project. *Latin American Perspectives, 41*(6), 48–64.

Braig, M., & Müller, M.-M. (2008). Das politische System Mexikos. In K. Stüwe & S. Rinke (Hrsg.), *Die politischen Systeme in Nord- und Lateinamerika* (S. 388–414). Wiesbaden: VS Verlag.

Brands, H. (2010). *Latin America's Cold War*. Cambridge: Harvard University Press.
Brown, M., & Pacquette, G. (2013). Introduction: The age of Atlantic revolutions and the age of empire. In M. Brown & G. Paquette (Hrsg.), *Connections after colonialism: Europe and Latin America in the 1820s* (S. 1–28). Tuscaloosa: University of Alabama Press.
Bruneau, T. C. (2013). Civilians and the military in Latin America: The absence of incentives. *Latin American Politics and Society, 55*(4), 143–160.
Bruneau, T. C. (2014). Pandillas and security in Central America. *Latin American Research Review, 49*(2), 152–172.
Brusco, V., Nazareno, M. & Stokes, S. C. (2004). Vote buying in Argentina. *Latin American Research Review, 39*(2), 66–88.
Buisson, I., & Schottelius, H. (1980). *Die Unabhängigkeitsbewegungen in Lateinamerika* (S. 1788–1826). Stuttgart: Klett-Cotta.
Burchardt, H.-J., & Dietz, K. (2014). (Neo)Extractivism – a new challenge for development theory from Latin America. *Third World Quarterly, 35,* 468–486.
Burt, J.-M. (2007). *Political violence and the authoritarian state in Peru.* Houndmills: Palgrave MacMillan.
Burton, G. (2012). Hegemony and frustration: Education policy making in Chile under the concertación, 1990–2010. *Latin American Perspectives, 39*(4), 34–53.
Bustamante, M., & Chaske, S. (2008). Colombia's precarious progress. *Current History, 107,* 77–83.
Buxton, J. (2005). Venezuela's contemporary crisis in historical context. *Bulletin of Latin American Research, 24,* 328–347.
Cadena, M. (1998). Silent racism and intellectual superiority in Peru. *Bulletin of Latin American Research, 17*(2), 143–164.
Calderon Martinez, P. (2013). Internationalisation as a democratic tool: Revisiting México's double transition. *Bulletin of Latin American Research, 33,* 174–188.
Call, C. T. (2002). War transitions and the new civilian security in Latin America. *Comparative Politics, 35,* 1–20.
Camp, R. A. (2002). *México's mandarins: Crafting a power elite for the twenty-first century*. Berkeley: University of California Press.
Campbell, H., & Hansen, T. (2014). Is narco-violence in Mexico terrorism? *Bulletin of Latin AmericanResearch, 33,* 158–173.
Cardoso, F. H., & Faletto, E. (1976). *Abhängigkeit und Entwicklung in Lateinamerika.* Frankfurt a. M.: Suhrkamp.
Cardoso, F. H., & Graeff, E. (2012). Political leadership and economic reform: The Brazilian experience in the context of Latin America. In J. Santiso & J. Dayton-Johnson (Hrsg.), *Latin American Political Economy* (S. 13–42). New York: Oxford University Press.
Carey, J. M. (2003). Policy issues – the reelection debate in Latin America. *Latin American Politics and Society, 45*(1), 119–134.
Carranza, L. (2012). Politics of fiscal reform in Peru. In J. Santiso & J. Dayton-Johnson (Hrsg.), *Latin American Political Economy* (S. 42–67). Oxford: Oxford University Press.
Carreras, M. (2013). The impact of criminal violence on regime legitimacy in Latin America. *Latin American Research Review, 48*(3), 85–107.
Carreras, M. (2014). Outsiders and legislative conflict in Latin America. *Latin American Politics and Society, 56*(3), 70–92.
Carrión, J. F., & Palmer, D. S. (2014). Peru in the twenty-first century: Confronting the past, charting the future. In H. Wiarda & H. F. Kline (Hrsg.), *Latin American politics and development* (S. 181–205). Westview: Boulder.

Carter, M. (2010). The landless rural workers movement and democracy in Brazil. *Latin American Research Review, 45*(4), 186–218.
Chasquetti, D. (2013). Cabinets and legislative cartels in Uruguay: Examining the legislative consequences of government formation. *Journal of Politics in Latin America, 5*(1), 67–85.
Chávez, R. B. (2003). The construction of the rule of law in Argentina: A tale of two provinces. *Comparative Politics, 36,* 417–437.
Chen, L. (2014). Argentina in the twenty-first century. In H. Wiarda & H. F. Kline (Hrsg.), *Latin American politics and development* (S. 75–96). Westview: Boulder.
Collier, S., & Sater, W. F. (2004). *A history of Chile, 1808–2002* (2. Aufl.). Cambrige: Cambridge University Press.
Collins, J. N. (2014). Ecuador: From crisis to left turn. In H. Wiarda & H. F. Kline (Hrsg.), *Latin American politics and development* (S. 287–303). Westview: Boulder.
Conaghan, C. M., Malloy, J. M., & Abugattas, L. A. (1990). Business and the „Boys". *Latin American Research Review, 25,* 3–30.
Contreras, D., & Sehnbruch, K. (2014). Social policies: From social debt to welfare state. In K. Sehnbruch & P. M. Siavelis (Hrsg.), *Democratic Chile: The politics and policies of a historic coalition 1990–2010* (S. 243–262). Boulder: Lynn Rienner.
Corrales, J. (2012). Neoliberalism and its alternatives. In P. Kingstone & D. J. Yashar (Hrsg.), *Routledge handbook of Latin American politics* (S. 133–157). New York: Routledge.
Corrales, J. (2013). Venezuela's crisis. *Current History, 112,* 56–63.
Costa, A. T. M. (2011). Police brutality in Brazil: Authoritarian legacy or insitutional weakness? *Latin American Perspectives, 38*(5), 19–32.
Costa, S. (2008). Das politische System Brasiliens. In K. Stüwe & S. Rinke (Hrsg.), *Die politischen Systeme in Nord- und Lateinamerika* (S. 114–136). Wiesbaden: VS Verlag.
Crabtree, J. (2000). Populisms old and new: The Perúvian case. *Bulletin of Latin American Research, 19,* 163–176.
Crabtree, J. (2005). *Patterns of protest: Politics and social movements in Bolivia.* London: Latin American Bureau.
Crabtree, J. (2014). Funding local government: Use (and abuse) of Peru's canon system. *Bulletin of Latin American Research, 33,* 452–467.
Crow, D. (2009). The Party's over: Citizen conceptions of democracy and political dissatisfaction in México. *Comparative Politics, 41,* 41–63.
Cruz, J. M. (2011). Criminal violence and democratization in Central America: The survival of the violent state. *Latin American Politics and Society, 53*(4), 1–33.
Da Silva Lopes, I. (2014). Political culture and the democratization of communications in Brazil. *Latin American Perspectives, 41*(5), 129–140.
Dahl, R. A. (1971). *Polyarchy, participation, and opposition.* New Haven: Yale University Press.
Dahl, R. A. (1989). *Democracy and its critics.* New Haven: Yale University Press.
Dargent, E. (2011a). Democracy against parties? Party system deinstitutionalization in Colombia. *Journal of Politics in Latin America, 3*(2), 43–71.
Dargent, E. (2011b). Agents or actors? Assessing the autonomy of economic technocrats in Colombia and Peru. *Comparative Politics, 43,* 313–332.
Dargent, E. & Mufloz, P. (2011). Democracy against parties? Party system deinstitutionalization in Colombia. *Journal of Politics in Latin America, 3*(2), 43–73.
Dávila, J. (2013). *Dictatorship in South America.* Malden: Wiley.
Díaz-Santana, H. (2015). Mexikos Weg von der abgestimmten transition zum Musterbeispiel der demokratischen Konsolidierung. In B. Schröter (Hrsg.), *Das politische System Mexikos* (S. 69–88). Wiesbaden: VS Verlag.

Dietrich, W. (2014). Das politische System von Honduras. In K. Stüwe & S. Rinke (Hrsg.), *Die politischen Systeme in Nord- und Lateinamerika* (S. 293–313). Wiesbaden: VS Verlag.

Domínguez, J. I. (Hrsg.). (1997). *Technopols: Freeing politics and markets in Latin America in the 1990s*. University Park: Pennsylvania State University Press.

Dugas, J. C. (2003). The emergence of neopopulism in Columbia? The case of Alvaro Uribe. *Third World Quarterly, 24,* 1117–1136.

Dugas, J. C. (2012).Paramilitaries and the economic origins of armed conflict in Colombia, *Latin American Research Review, 47*(1), 205–214.

Duncan, G. (2014). Drug trafficking and political power: Oligopolies of coercion in Colombia, *Latin American Perspectives, 41*(2), 18–42.

Durazo H., J. (2010). Neopatrimonialism and subnational authoritarianism in México: The case of Oaxaca. *Journal of Politics in Latin America, 2*(2), 85–13.

Eaton, K. (2004a). Risky business: Decentralization from above in Chile and Uruguay. *Comparative Politics, 37,* 1–22.

Eaton, K. (2004b). The politics of recentralization in Argentina and Brazil, *Latin American Research Review, 39*(1), 90–112.

Eaton, K. (2005). Menem and the governors: Intergovernmental relations in the 1990. In S. Levitsky & V. M. Murilla (Hrsg.), *The politics of institutional weakness: Argentine democracy* (S. 88–112). University Park: Penn University Press.

Eaton, K. (2007). Backlash in Bolivia: Regional autonomy as a reaction against indigenous mobilizations. *Politics & Society, 35,* 71–102.

Eaton, K. (2011). Conservative autonomy movements: Territorial dimensions of ideological conflicts in Bolivia and Ecuador. *Comparative Politics, 43,* 291–310.

Eaton, K. (2012). Decentralization and federalism. In P. Kingstone & D. J. Yashar (Hrsg.), *Routledge handbook of Latin American politics* (S. 33–47). New York: Routledge.

Edelman, M. (2013). Cycles of land grabbing in Central America: An argument for history and a case study in the Bajo Aguán, Honduras. *Third World Quarterly, 34,* 1697–1722.

Edmonds-Poli, E., & Shirk, D. A. (2009). *Contemporary Mexican politics*. Lanham: Rowman & Littlefield.

Elacquia, G., & Gonzalez Soto, P. (2014). Education: Freedom of choice or enterprise. In K. Sehnbruch & P. M. Siavelis (Hrsg.), *Democratic Chile: The politics and policies of a historic coalition 1990–2010* (S. 281–304). Boulder: Lynn Rienner.

Elena, E. (2011). *Dignifying Argentina: Peronism, citizenship, and mass consumption*. Pittsburgh: University of Pittsburgh Press.

Ellner, S. (2013). Social and political diversity and the democratic road to change in Venezuela, *Latin American Perspectives, 40*(3), 63–82.

Farelli, T. G. (2010). *Decentralization and subnational politics in Latin America*. Cambridge: Cambridge University Press.

Faundez, J. (2007). *Democratization, development, and legality. Chile, 1831–1973*. New York: Palgrave MacMillan.

Fauriol, G. A. (2014). Haiti: Conflict and the search for democratic governance. In H. Wiarda & H. F. Kline (Hrsg.), *Latin American politics and development* (S. 459–470). Boulder: Westview.

Fenwick, T. B. (2009). Avoiding governors: The success of the Bolsa Familia. *Latin American Research Review, 44*(1), 102–131.

Fenwick, T. B. (2010). The institutional feasability of national-local policy collaboration: Insights from Brazil and Argentina. *Journal of Politics in Latin America, 2*(2), 155–182.

Fernandes, F. L. (2013). Youth gang members in Rio de Janeiro: The face of a „lost generation" in an age of fear and mistrust. *Bulletin of Latin American Research, 32,* 210–223.

Ferrer, A. (2014). *Freedom's mirror: Cuba and Haiti in the age of revolution*. New York: Cambridge University Press.

Figueroa Ibarra, C. (2013). Genocide and state terrorism in Guatemala, 1954–1996. *Bulletin of Latin American Research, 32,* 151–173.

Figureido, A. C., & Limongi, F. (2012). Politische Institutionen und Performanz der Exekutive in der brasilianischen Demokratie. In D. de la Fontaine & T. Stehnken (Hrsg.), *Das politische System Brasiliens* (S. 65–84). Wiesbaden: VS Verlag.

Finnis, E., Benítez, C., Candio Romero, E. F. & Aparicio Meza, M. J. (2012). Changes to agricultural decision making and food procurement strategies in rural Paraguay. *Latin American Research Review, 47*(2), 180–191.

Fischer, E. & Victor, B. (2014). High-end coffee and smallholding growers in Guatemala. *Latin American Research Review, 49*(1), 155–177.

Fischer, T. (2015). Die Mexikanische revolution und ihre Bedeutung. In B. Schröter (Hrsg.), *Das politische System Mexikos* (S. 27–52). Wiesbaden: VS Verlag.

Fishman, R. R. (1990). Rethinking state and regime: Southern Europe's transition to democracy. *World Politics, 42,* 422–440.

Fontana, L. B. (2014). Indigenous peasant „Otherness": Rural identities and political processes in Bolivia. *Bulletin of Latin American Research, 33,* 436–451.

Fraenkel, E. (1974–1964). *Deutschland und die westlichen Demokratien* (6. Aufl.). Stuttgart: Kohlhammer.

Franceschet, S. (2010). Explaining domestic violence policy outcomes in Chile and Argentina. *Latin American Politics and Society, 52*(3), 1–30.

Frank, A. G. (1975). *Kapitalismus und Unterentwicklung in Lateinamerika* (2. Aufl.). Frankfurt a. M.: Europäische Verlagsanstalt.

Frank, M. (2013). *Cuban revelations: Behind the scenes in Havanna.* Gainesville: University of Florida Press.

Frazier, L. J. (2007). *Salt in the sand: Memory, violence, and the nation-state in Chile, 1890 to the present.* Durham: Duke University Press.

Galvão, A. (2012). Der brasilianische Kongress und die parlamentarische Elite unter der Regierung Lula. In D. de la Fontaine & T. Stehnken (Hrsg.), *Das politische System Brasiliens* (S. 85–102). Wiesbaden: VS Verlag.

Galvo, A. (2014). The Brazilian labor movements under PT governments. *Latin American Perspectives, 41*(5), 184–199.

Garcia, D. (2014). Not yet a democracy: Establishing civilian authority over the security sector in Brazil – lessons for other countries in transition. *Third World Quarterly, 35,* 487–504.

Gay, R. (2012). Living conditions of the poor in Latin America. *Latin American Research Review, 47*(2), 200–208.

Gentleman, J. A. (2014). México: Democratization, development, and internal war. In H. Wiarda & H. F. Kline (Hrsg.), *Latin American politics and development* (S. 307–333). Boulder: Westview.

Gerlach, A. (2003). *Indians, oil, and politics: A recent history of Ecuador.* Wilmington: SR Books.

Gertschen, A. (2015). Akteure gesellschaftlicher Veränderung und Stabilität. In B. Schröter (Hrsg.), *Das politische System Mexikos* (S. 335–352). Wiesbaden: VS Verlag.

Gliech, O. (2008). Das politische system Haitis. In K. Stüwe & S. Rinke (Hrsg.), *Die politischen Systeme in Nord- und Lateinamerika* (S. 269–292). Wiesbaden: VS Verlag.

Glüsing, J. (19. August 2013). Das Leben geraubt. *Der Spiegel, 34,* 90–91.

Glüsing, J. (29. September 2014). Die moderne Amazone. *Der Spiegel, 40,* 94–95.

Glüsing, J. (20. Oktober 2014). Dilmas sterbender Fluss. *Der Spiegel, 43,* 92–94.

González, L. E. (1991). *Political structures in Uruguay.* Notre Dame: University of Notre Dame Press.

González, V. (2013). Development dynamics of Chinese resource-based investment in Peru and Ecuador. *Latin American Politics and Society, 55*(1), 46–72.

Gootenberg, P. (2012). Cocaine's long march north. *Latin American Politics and Society, 54*(1), 159–180.

Gott, R. (2007). Latin America as a white settler society. *Bulletin of Latin American Research, 26*, 269–289.

Graham, C. (1992). *Parties, politics, and the elusive quest for democracy*. Boulder: Lynn Rienner.

Gramsci, A. (1967): *Philosophie der Praxis. Eine Auswahl*. Frankfurt a. M.: Fischer.

Grandin, G. (2006). *Empire's workshop: Latin America, the United States, and the rise of the new imperialism*. New York: Holt.

Grassi, D. (2014). Democracy and social welfare in Paraguay and Uruguay. *Latin American Politics and Society, 56*(1), 120–143.

Gratius, S. (2000). Das politische system Costa Ricas. In K. Stüwe & S. Rinke (Hrsg.), *Die politischen Systeme in Nord- und Lateinamerika* (S. 167–180). Wiesbaden: VS Verlag.

Gray, V. J. (2014). Colombia: Unfading glory and furrows of pain. In H. Wiarda & H. F. Kline (Hrsg.), *Latin American politics and development* (S. 155–180). Boulder: Westview.

Grisaffi, T. (2010). We are originarios … „we just aren't from here": Coca leaf and identity production in the Chapare, Bolivia. *Bulletin of Latin American Research, 29*, 425–439.

Groll, C. (2015). Mexikos Föderalismus im Wandel. In B. Schröter (Hrsg.), *Das politische System Mexikos* (S. 191–212). Wiesbaden: VS Verlag.

Grundberger, S. (2000). Das politische System der Dominikanischen Republik. In K. Stüwe & S. Rinke (Hrsg.), *Die politischen Systeme in Nord- und Lateinamerika* (S. 181–197). Wiesbaden: VS Verlag.

Grundberger, S., & Hoffmann, K.-D. (2014). Das politische System Guatemalas. In K. Stüwe & S. Rinke (Hrsg.), *Die politischen Systeme in Nord- und Lateinamerika* (S. 245–267). Wiesbaden: VS Verlag.

Guzmán-Gallegos, M. A. (2012). The governing of oil extraction, oil enclaves and indigenous responses in the Ecuadorian Amazon. In H. Haarstad (Hrsg.), *New political spaces in Latin American natural resource government* (S. 155–176). New York: Palgrave MacMillan.

Haarstad, H. (2012). Extracting justice? Critical themes and challenges in Latin American natural resource governance. In H. Haarstad (Hrsg.), *New political spaces in Latin American natural resource government* (S. 1–16). New York: Palgrave MacMillan.

Haarstad, H. & Andersson, V. (2009). Backlash reconsidered: Neoliberalism and popular mobilization in Bolivia. *Latin American Politics and Society, 51*(4), 1–28.

Hänsch, L., & Riekenberg, M. (2008). Das politische system Argentiniens. In K. Stüwe & S. Rinke (Hrsg.), *Die politischen systeme in Nord- und Lateinamerika* (S. 59–85). Wiesbaden: VS Verlag.

Haggard, S., & Kaufman, R. K. (2008). *Development, democracy, and welfare states: Latin America, East Asia, and Eastern Europe*. Princeton: Oxford University Press.

Hartlyn, J. (2008). *The politics of coalition rule in Colombia*. Cambridge: Cambridge University Press.

Hartmann, J. (2014). *Die Religion in der Politik. Judentum, Christentum, Islam*. Wiesbaden: VS Verlag.

Hawkins, K. A. (2010). *Venezuela's Chavismo and populism in comparative perspective*. Cambrige: Cambridge University Press.

Heisig, C. (2015). Die exekutive Gewalt in Mexiko. Präsidentialismus. In B. Schröter (Hrsg.), *Das politische System Mexikos* (S. 123–140). Wiesbaden: VS Verlag.

Hellinger, D. (2003). Political overview: The breakdown of Puntofijismo and the rise of Chavismo. In S. Ellner & D. Hellinger (Hrsg.), *Venezuelan politics in the Chávez era: Class, polarization, and conflict* (S. 27–53). London: Lynn Rienner.

Herrmann, D. & Julián, F. (2014). Reflections on regime change and democracy in Bahia, Brazil. *Latin American Research Review, 49*(3), 23–44.

Hobson, J. A. (1968[1902]). *Der Imperialismus*. Köln: Kiepenheuer & Witsch.

Hochstetler, K. (2006). Rethinking presidentialism: Challenges and presidential fall in South America. *Comparative Politics, 38,* 401–418.

Hochstetler, K. (2009). Failed presidencies: Identifying and explaining a South American anomaly. *Journal of Politics in Latin America, 1*(2), 31–59.

Hoffmann, K.-D. (2008a). Das politische system Ecuadors. In K. Stüwe & S. Rinke (Hrsg.), *Die politischen Systeme in Nord- und Lateinamerika* (S. 198–224). Wiesbaden: VS Verlag.

Hoffmann, K.-D. (2008b). Das politische System Panamas. In K. Stüwe & S. Rinke (Hrsg.), *Die politischen Systeme in Nord- und Lateinamerika* (S. 442–465). Wiesbaden: VS Verlag.

Holland, A. (2013). Right on crime? Conservative party politics and mano dura policies in El Salvador. *Latin American Research Review, 48*(1), 44–67.

Holmes, J. S., & de Pinero, S. A. G. (2006). The illegal drug industry, violence and the Colombian experience: A departmental level analysis. *Bulletin of Latin American Research, 25,* 104–118.

Horton, L. R. (2013). From collectivsm to capitalism: Neoliberalism and rural mobilization in Nicaragua, *Latin American Politics and Society, 55*(1), 119–140.

Huaracha, M. A. (2015). Parteiensystem und politische Parteien in Mexiko. Von der Hegemonie zum Pluralismus. In B. Schröter (Hrsg.), *Das politische System Mexikos* (S. 227–248). Wiesbaden: VS Verlag.

Huarcaya, S. M. (2014). Imaging Ecuadorians: Historicising national identity in twentieth-century Otavalo, Ecuador. *Latin American Research Review, 59*(3), 64–84.

Huber, E. (2004): Successes and failures of neoliberalism. *Latin American Research Review, 39*(3), 150–164.

Hunter, W. (2007). The normalization of an anomaly. *World Politics, 59,* 440–475.

Hunter, W. (2014). Making citizens: Brazilian social policy from Getúlio to Lula. *Journal of Politics in Latin America, 6*(3), 15–39.

Isacson, A. (2011). Why Latin America is rearming (why the region's militaries are rearming). *Current History, 110,* 62–67.

Jaskoski, M. (2012). The Ecuadorian army: Neglecting a porous border while policing the interior. *Latin American Politics and Society, 54*(1), 127–158.

Johnson, O. A. (2012). Race, politics, and Afro-Americanism. In P. Kingstone & D. J. Yashar (Hrsg.), *Routledge handbook of Latin American politics* (S. 302–318). New York: Routledge.

Jones, M. P. (2008). The recruitment of legislative candidates in Latin America. In P. M. Siavelis & S. Morgenstern (Hrsg.), *Pathways to power: Political recruitment and candidate selection in Latin America* (S. 41–75). University Park: The Pennsylvania State University Press.

Jones, M. P. (2012). Presidentialism and legislatures. In P. Kingstone & D. J. Yashar (Hrsg.), *Routledge handbook of Latin American politics* (S. 21–32). New York: Routledge.

Jones, M. P., & Hwang, W. (2005). Provincial party bosses: Keystone of the Argentine congress. In S. Levitsky & V. M. Murilla (Hrsg.), *The politics of institutional weakness: Argentine democracy* (S. 115–138). University Park: Penn University Press.

Jordan, E. S. (2014). The Dominican Republic: A winding road to democracy. In H. Wiarda & H. F. Kline (Hrsg.), *Latin American politics and development* (S. 443–457). Boulder: Westview.

Jost, S. (2014). Das politische system Boliviens. In K. Stüwe & S. Rinke (Hrsg.), *Die politischen Systeme in Nord- und Lateinamerika* (S. 86–113). Wiesbaden: VS Verlag.

Kaltwasser, C. R. (2011). Toward post-neoliberalism in Latin America? *Latin American Research Review, 46*(2), 225–235.

Karcher, S., & Schneider, B. R. (2012). Business politics in Latin America: Investigating structures, preferences and influence. In P. Kingstone & D. J. Yashar (Hrsg.), *Routledge handbook of Latin American politics* (S. 273–284). New York: Routledge.
Karl, T. L. (1997). *The paradox of plenty: Oil booms and petro states*. Los Angeles: University of California Press.
Kay, C. (2001). Reflections on rural violence in Latin America. *Third World Quarterly, 22,* 741–755.
Kennemore, A., & Weeks, G. (2011). Twenty-first century socialism? The elusive search for a neoliberal development model in Bolivia and Ecuador. *Bulletin of Latin American Research, 30,* 267–281.
Kerevel, Y. P. (2014). Loyalty and disloyalty in the Mexican party system. *Latin American Politics and Society, 56*(3), 93–117.
Kestler, T. (2008). Das politische System Venezuelas. In K. Stüwe & S. Rinke (Hrsg.), *Die politischen Systeme in Nord- und Lateinamerika* (S. 581–600). Wiesbaden: VS Verlag.
Kingstone, P. R. (2003). Privatizing telebras: Brazilian political institutions and policy performance. *Comparative Politics, 36,* 21–40.
Kitzberger, P. (2012). The media politics of Latin America's leftist governments. *Journal of Politics in Latin America, 4*(3), 123–141.
Klein, H. S. (2003). *A concise history of Bolivia.* Cambridge: Cambridge University Press.
Kline, H. F. (2009). *Showing teeth to the dragon: State-building by Colombian president Álvaro Uribe Vélez, 2002–2006.* Tuscaloosa: University of Alabama Press.
Knight, A. (2013). War, violence and homicide in modern Mexico. *Bulletin of Latin American Research, 32,* 32–58.
Koenings, K., & Kruijt, D. (2003). Latin American political armies in the twenty-first century. *Bulletin of Latin American Research, 22,* 371–384.
Konetzke, R. (1965). *Süd- und Mittelamerika I. Die Indianerkulturen Altamerikas und die spanisch-portugiesische Kolonialherrschaft. Fischer-Weltgeschiche* (Bd. 22). Frankfurt a. M.: Fischer Taschenbuchverlag.
König, H.-J. (2008). *Kleine Geschichte Kolumbiens.* München: Beck.
König, H.-J., & Schuster, S. (2008). Das politische System Kolumbiens. In K. Stüwe & S. Rinke (Hrsg.), *Die politischen Systeme in Nord- und Lateinamerika* (S. 341–361). Wiesbaden: VS Verlag.
Krakau, Knud (Hrsg.). (1992). *Lateinamerika und Nordamerika. Gesellschaft, Politik und Wirtschaft im historischen Vergleich.* Frankfurt a. M.: Campus.
Krämer, R., & Krüger, D. (2008). Das politische System Kubas. In K. Stüwe & S. Rinke (Hrsg.), *Die politischen Systeme in Nord- und Lateinamerika* (S. 362–387). Wiesbaden: VS Verlag.
Kreutzer, W. (2013). *Geschichte Portugals.* Stuttgart: Reclam.
Krumwiede, H.-W. (1980). *Politik und katholische Kirche im gesellschaftlichen Modernisierungsprozess. Tradition und Entwicklung in Kolumbien.* Hamburg: Hoffmann & Campe.
Kubal, M. R. (2010). Challenging the consensus: The politics of protest and policy reform in Chile's education system. In S. Borsuzky & G. B. Weeks (Hrsg.), *The bachelet government: Conflict and consensus in post-Pinochet Chile* (S. 117–135). Gainesville: University of Florida Press.
Landerretche Moreno, Ó. (2014). Economic policy and stability. In K. Sehnbruch & P. M. Siavelis (Hrsg.), *Democratic Chile: The politics and policies of a historic coalition 1990–2010* (S. 173–198). Boulder: Lynn Rienner.
Lazar, S. (2004). Personalist politics, clientelism and citizenship: Local elections in Elt Alto. *Bulletin of Latin American Research, 23,* 228–243.
Lazar, S. (2008). *El Alto, Rebel city. Self and citizenship in Andean Bolivia.* Durham: Duke University Press.

Lehoucq, F. (2014). Bolivia: From neoliberal democracy to multiethnic plebiscitarian politics. In H. Wiarda & H. F. Kline (Hrsg.), *Latin American politics and development* (S. 271–286). Boulder: Westview.

Lenin, W. I. (1975 [1917]). *Der Imperialismus als höchstes Stadium des Kapitalismus* (15. Aufl.). Berlin: Dietz.

Lessmann, R. (2010). *Das neue Bolivien. Evo Morales und seine demokratische Revolution.* Zürich: Rotbuch.

Levine, D. H. (2003). Undemocratic Venezuela. *Bulletin of Latin American Research, 22*(3), 231–236.

Levitsky, S. (2005). Crisis and renovation: Institutional weakness and the transformation of Argentine Peronism, 1983–2003. In S. Levitsky & V. M. Murilla (Hrsg.), *The politics of institutional weakness: Argentine democracy* (S. 181–206). University Park: Pennsylvania State University Press.

Levitsky, S. (2012). Informal institutions and politics in Latin America. In P. Kingstone & D. J. Yashar (Hrsg.), *Routledge handbook of Latin American politics*(S. 88–100). New York: Routledge.

Levitsky, S., & Murilla, V. M. (2005). Building castles in the sand? The politics of institutional weakness in Argentina. In S. Levitsky & V. M. Murilla (Hrsg.), *The politics of institutional weakness: Argentine democracy* (S. 31–44). University Park: Pennsylvania State University Press.

Levitt, H. S. (2012). *Power in the balance: Presidents, parties, and legislatures in Peru and Beyond.* Notre Dame: University of Notre Dame Press.

Linz, J. J. (2009–1975). *Totalitäre und autoritäre Regime* (R. Krämer (Hrsg.), 3. Aufl.). Potsdam: welttrends.

López, R. (2014). Fiscal policy: Promoting Faustian growth. In K. Sehnbruch & P. M. Siavelis (Hrsg.), *Democratic Chile: The politics and policies of a historic coalition 1990–2010* (S. 199–220). Boulder: Lynn Rienner.

Love, J. I. (1980). Raúl Prebisch and the origin of the doctrine of unequal exchange. *Latin American Research Review, 15*(3), 45–72.

Luca, M de. (2008). Political recruitment and candidate selection in Argentina: Presidents and governors. In P. M. Siavelis & S. Morgenstern (Hrsg.), *Pathways to power: Political recruitment and candidate selection in Latin America* (S. 189–217). University Park: Pennsylvania State University Press.

Lucero, J. A. (2012). Indigenous politics: Between democracy and danger. In P. Kingstone & D. J. Yashar (Hrsg.), *Routledge handbook of Latin American politics* (S. 285–301). New York: Routledge.

Luna, J. P. (2014). *Segmented representation: Political party strategies in unequal democracies.* Oxford: Oxford University Press.

Lupien, P. (2013). The media in Venezuela and Bolivia: Attacking the bad left from below. *Latin American Perspectives, 40*(3), 226–246.

Luther, I. (2014). Das politische System El Salvadors. In S. Rinke & K. Stüwe (Hrsg.), *Die politischen Systeme in Nord- und Lateinamerika. Eine Einführung* (S. 235–244). Wiesbaden: VS Verlag.

MacNeish, J. A. (2006). Stones on the road: The politics of participation and the generation of crisis in Bolivia. *Bulletin of Latin American Research, 25,* 220–240.

Macrory, R. (2013). Dilemmas of democratisation: Media regulation and reform in Argentina. *Bulletin of Latin American Research, 32,* 178–193.

Madrid, R. L. (2008a). Ethnic cleavages and electoral volatility in Latin America. *Comparative Politics, 38,* 1–20.

Madrid, R. L. (2008b). The rise of Ethnopulism in Latin America. *World Politics, 60,* 475–508.

Madrid, R. L. (2011). Bolivia: Origins and policies of the Moviemiento al Socialismo. In S. Levitsky & K. M. Robert (Hrsg.), *The resurgence of the Latin American left* (S. 239–259). Baltimore: Johns Hopkings University Press.

Madrid, R. L. (2012). *The rise of ethnic politics in Latin America.* New York: Cambridge University Press.

Manaut, R. B. (2010). Reforming civil-military relations during democratization. In A. Selee & J. Peschard (Hrsg.), *México's democratic challenges: Politics, government, and society* (S. 162–185). Washington: Woodrow Wilson Centre Press.

Mani, K. (2011). Military entrepreneurs: Patterns in Latin America. *Latin American Politics and Society, 53*(3), 25–55.

McDonald, R. H., & Weinstein, M. (2014). Uruguay: Balancing growth and democracy. In H. Wiarda & H. F. Kline (Hrsg.), *Latin American politics and development* (8. Aufl., S. 237–270). Boulder: Westview.

McGuire, J. W. (2010). *Wealth, health, and democracy in East Asia and Latin America.* Cambridge: Cambridge University Press.

Manz, Thomas. (2015). Gewerkschaften in Mexiko – fern der Basis, nahe der Macht. In B. Schröter (Hrsg.), *Das politische System Mexikos* (S. 315–334). Wiesbaden: VS Verlag.

Manzetti, L. (2014). Accountability and corruption in Argentina during the „Kirchner" era. *Latin American Research Review, 49*(2), 173–195.

Mauceri, P. (2006). An authoritarian presidency: How and why did presidential power run Amok in Fujimori's Peru? In J. F. Carrión (Hrsg.), *The Fujimori legacy: The rise of electoral authorarianism in Peru* (S. 39–60). University Park: Penn State University Press.

McGuire, J. W. (2013). *Wealth, health, and democracy in East Asia and Latin America.* Cambridge: Cambridge University Press.

Melo, M. A., & Pereira, C. (2013). *Making Brazil work: Checking the president in a multiparty system.* New York: Palgrave Mac Millan.

Mesa-Lago, C., & Pérez-López, (2013). *Cuba under Raúl Castro.* Boulder: Rienner.

Migdal, J. S. (1988). *Strong societies, weak states. State-society relations and state capabilities in the third world.* Princeton: Princeton University Press.

Millet, R. L. (2014). Nicaragua: The politics of frustration, In H. J. Wiarda & H. F. Kline (Hrsg.), *Latin American Politics and Development* (8. Aufl., S. 375–386), Boulder: Westview.

Mols, M. (1981). *Mexiko im 20. Jahrhundert. Politisches system, Regierungsprozess und politische Partizipation.* Paderborn: Schöning.

Mols, M. (1985). *Demokratie in Lateinamerika.* Stuttgart: Kohlhammer.

Montero, A. P. (2005). *Brazilian politics: Reforming a democratic state in a changing world.* Cambridge: Polity.

Montero, A. P. (2010). No country for leftists? Clientelistic continuity and the 2006 vote in the Brazilian Northeast. *Journal of Politics in Latin America, 2*(2), 113–155.

Moodie, E. (2010). *El Salvador in the aftermath of peace.* Philadelphia: University of Pennsylvania Press.

Moreno, A. (2010). Citizens' values and beliefs toward politics: Is democracy growing attitudinal rootes? In A. Selee & J. Peschard (Hrsg.), *México's democratic challenges: Politics, government, and society* (S. 29–49). Washington: Woodrow Wilson Centre Press.

Moreno, A., & Escobar-Lemmon, (2008). Political entrepreneurs in Colombia. In P. M. Siavelis & S. Morgenstern (Hrsg.), *Pathways to power: Political recruitment and candidate selection in Latin America* (S. 119–142). University Park: The Pennsylvania State University Press.

Morgan, J. (2007). Partisanship during the collapse of Venezuela's party system. *Latin American Research Review, 42*(1), 78–98.

Morgan, J. (2013). Dominican party system continuity amid regional transformations: Economic policy, clientelism, and migration flows. *Latin American Politics and Society, 53*(1), 1–32.

Morgenstern, S. (2001). Organized factions and disorganized parties. *Party Politics, 7,* 235–256.

Morley, M., & McGillion, C. (2006). Soldiering on: The reagan administration and redemocratisation in Chile, 1983–1986. *Bulletin of Latin American Research, 25,* 1–22.

Morton, A. D. (2012). The war on drugs in Mexico: A failed state. *Third World Quarterly, 33,* 1631–1645.

Mücke, U. (2008). Das politische System Perus. In K. Stüwe & S. Rinke (Hrsg.), *Die politischen Systeme in Nord- und Lateinamerika* (S. 487–506). Wiesbaden: VS Verlag.

Munck, R. (2013). The precariat: A view from the south. *Third World Quarterly, 34,* 747–762.

Murillo, M. V. (2005). Partisanship amidst convergence: The politics of labor reform in Latin America. *Comparative Politics, 37,* 441–458.

Myers, D. (2014). The legacy of charisma: Venezuelan politics after Hugo Chávez, In: H. Wiarda & H. F. Kline (Hrsg.), *Latin American Politics and Development* (S. 207–236), Boulder: Westview.

Myers, D. J. (2014). Liberal democracy, populism, and beyond: Elite circulation in Bolivarian Venezuela. *Latin American Research Review, 49*(3), 231–245.

Navia, P. (2008). Legislative candidate selection in Chile. In P. M. Siavelis & S. Morgenstern (Hrsg.), *Pathways to power: Political recruitment and candidate selection in Latin America* (S. 92–118). University Park: The Pennsylvania State University Press.

Navia, P. (2012). Chile's middle class flexes its muscles (why chileans protest). *Current History, 111,* 75–76.

Navia, P., & Godoy, R. (2014). The Alianza's quest to win power democratically. In K. Sehnbruch & P. M. Siavelis (Hrsg.), *Democratic Chile: The politics and policies of a historic coalition 1990–2010* (S. 43–68). Boulder: Lynn Rienner.

Nohlen, D. (1973). *Chile. Das sozialistische experiment.* Hamburg: Hoffmann & Campe.

O'Donnell, G. (1973). *Modernization and bureaucratic-authoritarianism: Studies in South American Politics.* Berkeley: University of California Press.

O'Donnell, G. (1994). Delegative democracy. *Journal of Democracy, 5,* 55–59.

Oertzen, E. v., & Goedeking, U. (2004). *Peru* (5. Aufl.). München: Beck.

Olvera, A. J. (2010). The elusive democracy: Political parties, institutions, and civil society in México. *Latin American Research Review, 45*(4), 78–108.

Oppenheim, L. H. (2007). *Politics in Chile: Socialism, authoritarianism, and market democracy* (3. Aufl.). Westview: Perseus.

O'Toole, G. (2011). *Politics Latin America* (2. Aufl.). Harlow: Pearson.

Palacios, M. (2006). *Between legitimacy and violence: A history of Colombia, 1875–2002.* Durham: Duke University Press.

Pallister, K. (2013). Why no mayan party? Indigenous movements and national politics in guatemala, *Latin American Politics and Society, 55*(3), 117–138.

Palmer, D. S. (1985). Rebellion in rural Peru: Sendero Luminoso. *Comparative Politics, 18,* 127–146.

Pampuch, T., & Echalar, A. (2009). *Bolivien* (4. Aufl.). München: Beck.

Panizza, F. (2000). Neopopulism and its limits in collor's Brazil. *Bulletin of Latin American Research, 19,* 177–192.

Pereira, A. (2003). Brazil's agrarian reform: Democratic innovation or oligarchic exclusion redux? *Latin American Politics and Society, 45*(2), 41–66.

Pereira, C. & Rennó, L. (2013). „Should I stay or should I go?" explaining political ambition by electoral success in Brazil. *Journal of Politics in Latin America, 5*(3), 73–97.

Pérez, O. J. (2013). Gang violence and insecurity in contemporary Central America. *Bulletin of Latin American Research, 32*, 217–234.

Pérez-Liñan, Ánibal. (2007). *Presidential impeachment and the new political instability in Latin America*. Cambridge: Cambridge University Press.

Pietschmann, H. (1980). *Die staatliche Organisation des kolonialen Lateinamerika*. Stuttgart: Klett-Cotta.

Pion-Berlin, D., & Trinkunas, H. (2010). Civilian praetorianism and military shirking during constitutional crises in Latin America. *Comparative Politics, 42,* 395–413.

Ponce, A. F. & McClintock, C. (2014). The explosive combination of inefficient local bureaucracies and mining production: Evidence from localized societal protests in Peru. *Latin American Politics and Society, 56*(3), 118–140.

Portes, A. & Hoffmann, K. (2003). Latin American class structures: Their composition and change during the neoliberal era. *Latin American Research Review, 38*(1), 41–82.

Posada-Carbo, E. (2007). Language and politics: On the Colombian establishment. *Latin American Research Review, 57*(2), 110–155.

Postero, N. G. (2007). *Now we are citizens: Indigenous politics in postmulticultural Bolivia*. Stanford: Stanford University Press.

Power, T. J. (2010a). Optimism, pessimism, and coalitional presidentialism: Debating the institutional design of Brazilian democracy. *Bulletin of Latin American Research, 29,* 18–33.

Power, T. J. (2010b). Brazilian democracy as a late bloomer. *Latin American Research Review, 45*(4), 218–248.

Power, T. J., & Mochel, M. G. (2008). Political recruitment an executive-centric system: Presidents, ministers, and governors. In P. M. Siavelis & S. Morgenstern (Hrsg.), *Pathways to power: Political recruitment and candidate selection in Latin America* (S. 218–250). University Park: The Pennsylvania State University Press.

Prevost, G., & Vanden, H. E. (2011). *Latin America: An introduction*. New York: Oxford University Press.

Pribble, J. (2013). *Welfare and party politics in Latin America*. New York: Cambridge University Press.

Prud'homme, J.-F. (2010). The restructuring of the party system in the wake of the 2006 elections. In A. Selee & J. Peschard (Hrsg.), *México's democratic challenges: Politics, government, and society* (S. 50–67). Washington: Woodrow Wilson Centre Press.

Rebbington, D. H., & Binghamton, A. (2012). Post-what? extractive industries, narratives of development and socio-environmental dispures across the (ostensibly changing) andean region. In H. Haarstad (Hrsg.), *New political spaces in latin American natural resource government* (S. 17–38). New York: Palgrave MacMillan.

Reich, G. & Santos, P. dos (2013). The rise (and frequent fall) of evangelical politicians: Organization, theology and church politics. *Latin American Politics and Society, 55*(4), 1–22.

Reid, M. (2014). *Brazil: The troubled rise of a global power*. New Haven: Yale University Press.

Rey, R. (2011). *Geschichte Lateinamerikas vom 20. Jahrhundert bis zur Gegenwart*. München: Beck.

Ribeiro, D. (1985/1969). *Amerika und die Zivilisation. Die Ursachen der ungleichen Entwicklung der amerikanischen Völker*. Frankfurt a. M.: Suhrkamp.

Richani, N. (2012). The agrarian rentier political economy: Land concentration and food insecurity in Colombia. *Latin American Research Review, 47*(2), 51–79.

Riekenberg, M. (2009). *Kleine Geschichte Argentiniens*. München: Beck.

Rinke, S. (2007). *Kleine Geschichte Chiles*. München: Beck.

Rinke, S. (2008). Das politische system Chiles. In K. Stüwe & S. Rinke (Hrsg.), *Die politischen Systeme in Nord- und Lateinamerika* (S. 137–166). Wiesbaden: VS Verlag.

Rinke, R., & Stüwe, K. (2008). Politische Systeme Amerikas. Ein Vergleich. In S. Rinke & K. Stüwe (Hrsg.), *Die politischen Systeme in Nord- und Lateinamerika. Eine Einführung* (S. 9–58). Wiesbaden: VS Verlag.

Rinke, S., & Schulze, F. (2013). *Kleine Geschichte Brasiliens.* München: Beck.

Roberts, K. M. (1995). From the Barricades to the ballot box. *Politics & Society, 23,* 495–519.

Roberts, K. M. (1998). *Deepening democracy: The modern left and movements in Chile and Peru.* Stanford: Stanford University Press.

Roberts, K. M.(2006). Populism, political conflict, and grass-roots organization in Latin America. *Comparative Politics, 38,* 127–148.

Roberts, K. M. (2012). Parties, party systems, and political representation. In P. Kingstone & D. J. Yashar (Hrsg.), *Routledge handbook of Latin American politics* (S. 48–60). New York: Routledge.

Robinson, J. A. (2013). Colombia: Another 100 years of solitude. *Current History, 112,* 43–48.

Rodriguez, F. (2009). Anarchy, state, and Dystopia: Venezuelan economic institutions before the advent of oil. *Bulletin of Latin American Research, 28,* 102–121.

Roett, R. (1999). *Brazil: politics in a patrimonial society* (5. Aufl.). Westport: Praeger.

Rojas, C., & Tubb, D. (2013). La Violencia in Colombia, through stories oft he body. *Bulletin of Latin American Research, 32,* 136–150.

Romano, R., & Tenenti, A. (1967). *Die Grundlegung der modernen Welt. Spätmittelalter, Renaissance, Reformation. Fischer Weltgeschichte* (Bd. 12). Frankfurt a. M.: Fischer Taschenbuchverlag.

Ropp, S. C. (2014). Panama: The challenge of governance in boom times. In H. Wiarda & H. F. Kline (Hrsg.), *Latin American politics and development* (S. 429–441). Boulder: Westview.

Rosales, A. (2013). Going underground: The political economy of the ‚left turn' in South America. *Third World Quarterly, 34,* 1443–1457.

Ruhl, K.-J. (2007). *Kleine Geschichte Mexikos. Von der Frühzeit bis zur Gegenwart* (2. Aufl.). München: Beck.

Ruhl, J.-M. (2014). Honduras: fragile democracy. In H. J. Wiarda & H. F. Kline (Hrsg.), *Latin American politics and development* (8. Aufl., S. 417–428). Westview: Boulder.

Salman, T. (2006). The Jammed democracy: Bolivia's troubled political learning process. *Bulletin of Latin American Research, 25,* 163–182.

Samuels, D. (2008). Legislative politics in Brazil. In P. M. Siavelis & S. Morgenstern (Hrsg.), *Pathways to power: Political recruitment and candidate selection in Latin America* (S. 76–89). University Park: The Pennsylvania State University Press.

Samuels, D. (2014). Lulismo, petismo, and the future of brazilian politics. *Journal of Politics in Latin America, 6*(3), 129–159.

Sanchez, O. (2012). *Taxation and society in twentieth-century Argentina.* New York: Palgrave MacMillan.

Sándor-John, S. (2009). *Bolivia's radical tradition. Permanent revolution in the andes.* Tucson: University of Arizona Press.

Schaefer, T. (2009). Emerging modernity: The political making of indigneous movements inBolivia and Ecuador, 1900–2008. *Third World Quarterly, 30,* 397–413.

Schamis, H. E. (2013). Argentina's Democratic decay (Argentina and the decay of democracy), *current history. Nr., 112,* 70–74.

Scherlis, G. (2013). The contours of party patronage in Argentina. *Latein American Research Review, 48*(3), 63–84.

Schneider, B. R. (2004). *Business politics and the state in twentieth-century Latin America.* Cambridge: Cambridge University Press.

Schobel, K., & Elsemann, N. (2008). Das politische system Nicaraguas. In K. Stüwe & S. Rinke (Hrsg.), *Die politischen systeme in Nord- und Lateinamerika* (S. 415–441). Wiesbaden: VS Verlag.

Schröter, B. (Hrsg.). (2015). *Das politische System Mexikos*. Wiesbaden: VS Verlag.

Sehnbruch, K. (2014). Reducing poverty. In K. Sehnbruch & P. M. Siavelis (Hrsg.), *Democratic Chile: The politics and policies of a historic coalition 1990–2010* (S. 231–242). Boulder und London: Lynn Rienner.

Seligson, M. A. (2014). Costa Rica. In H. J. Wiarda & H. F. Kline (Hrsg.), *Latin American politics and development* (8. Aufl., S. 361–373). Westview: Boulder.

Serra, G. (2013). Demise and resurrection of a dominant party: Understanding the PRI's comeback in Mexico. *Journal of Politics in Latin America, 5*(3), 133–155.

Seveso, C. (2011). Millions of small battles: The peronist resistance in Argentina. *Bulletin of Latin American Research, 30,* 313–327.

Siavelis, P. (2010). What it takes to win and what it takes to govern: Michelle bachelet and the concertatión. In S. Borsuzky & G. B. Weeks (Hrsg.), *The bachelet government: Conflict and consensus in post-pinochet Chile* (S. 27–49). Gainesville: University Press of Florida.

Siavelis, P. M. (2014). From a necessary to a permanent coalition. In K. Sehnbruch & P. M. Siavelis (Hrsg.), *Democratic Chile: The politics and policies of a historic coalition 1990–2010* (S. 15–42). Boulder: Lynn Rienner.

Sigmund, P. E. (2014). Chile: Alternative approaches to development. In H. Wiarda & H. F. Kline (Hrsg.), *Latin American politics and development* (8. Aufl., S. 127–154). Boulder: Westview.

Silva, E. (2009). *Challenging neoliberalism in Latin America.* Cambridge: Cambridge University Press.

Skidmore, T. E. (1988). *The politics of military rule in Brazil, 1964–1985.* New York: Oxford University Press.

Skidmore, T. E. (2007). *Politics in Brazil, 1930–1964: An experiment in democracy.* Oxford: Oxford University Press (Erstveröffentlichung 1967).

Skidmore, T. E., & Smith, P. H. (2005). *Modern Latin America* (6. Aufl.). New York und Oxford: Oxford University Press.

Smith, H. J. M. (2014). State building and taxation in Latin America. *Latin American Research Review, 49* (3), 256–262.

Sondrol, P. C. (1997). Paraguay and Uruguay: Modernity, tradition and transition. *Third World Quarterly, 18,* 100–125.

Sondrol, P. C. (2007). Paraguay: A semi-authoritarian regime. *Armed Forces & Society, 34*(1), 46–66.

Sondrol, P. C. (2014). Paraguay: The problems and politics of democratization. In H. J. Wiarda & H. F. Kline (Hrsg.), *Latin American politics and development* (8. Aufl., S. 255–270). Boulder: Westview.

Stark, R. Smith, B. G. (2012). Pluralism and the churching of Latin America. *Latin American Politics and Society, 54*(2), 35–50.

Stepan, A. (1978). *The State and society: Peru in comparative perspective.* Princeton: Princeton University Press.

Tate, W. (2011). Paramilitary forces in Colombia. *Latin American Research Review, 46*(3), 191–201.

Taylor, L. (2007). Politicians without parties and the parties without politicians: The foibles of the Perúvian political class, 2000–2006. *Bulletin of Latin American Research, 26,* 1–23.

Taylor, M. M. (2014). Brazil's ebbing tide (Brazil at Ebb Tide). *Current History, 113,* 57–63.

Taylor, S. L., Jaramillo, F. B., & Crisp, B. F. (2008). Precandidates, candidates, and presidents: Paths to the Colombian presidency. In P. M. Siavelis & S. Morgenstern (Hrsg.), *Pathways to power: Political recruitment and candidate selection in Latin America* (S. 271–291). University Park: The Pennsylvania State University Press.

Tedesco, L. (2000). La nata contra el vidrio: Urban violence and democratic governability in Argentina. *Bulletin of Latin American Research, 19,* 52–545.

Tedesco, L., & Diamint, R. (2014). Latin American democracy: What to do with the leaders. *Bulletin of Latin American Research, 33,* 31–45.

Teichman, J. (2004). Merging the modern and the traditional market reform in chile and Argentina. *Comparative Politics, 38,* 22–49.

Telles, E. E. (2004). *Race in another America: The significance of skin color in Brazil.* Princeton: Princeton University Press.

Telles, E.-E. (2013). Mestizaje and public opinion in Latin America. *Latin American Research Review, 48*(3), 130–152.

Thomas, H. (1984). *Castros Kuba.* Berlin: Siedler.

Tobler, H.-W. (1984). *Die mexikanische Revolution. Gesellschaftlicher Wandel und politischer Umbruch 1876–1940.* Frankfurt a. M.: Suhrkamp.

Tockman, J. (2014). Indigenous autonomy and the contradictions of plurinationalism in Bolivia. *Latin American Politics and Society, 56*(3), 46–69.

Torre, C. de la (2013). El technopopulismo de Rafal Correa. *Latin American Research Review, 48*(1), 24–43.

Trinkunas, H. A. (2002). The crisis in Venezuelan civil-military relations: From Punto Fijo to Fifth Republic. *Latin American Research Review,37*(1), 41–76.

Uribe Mallarino, C. (2014). The positioning of economic rationality in Colombia. *British Latin American Review, 33*(1), 46–59.

Valdés, J. G. (1995). *Pinochet's economists: The Chicago School in Chile.* Cambridge: Cambrige University Press.

Van Cott, D. L. (2006). *From movements to parties in Latin America: The evolution of ethnic politics.* Cambridge: Cambridge University Press.

Van Cott, D. L. (2008). *Radical democracy in the Andes.* Cambridge: Cambridge University Press.

Van Cott, D. L. (2010). Indigenous peoples' politics in Latin America. *Annual Review of Political Science, 56,* 385–406.

Van Dyck, B. (2014). Why party organization still matters: The workers' party in northeastern Brazil. *Latin American Politics and Society, 56*(2), 1–26.

Velasco, A., & Parrado, E. (2012). The political economy of fiscal policy: The experience of Chile. In J. Santiso & J. Dayton-Johnson (Hrsg.), *Latin American political economy* (S. 68–99). Oxford: Oxford University Press.

Villalbal, U. (2013). Buen Vivir vs development: A paradigm shift in the andes. *Third World Quarterly, 34,* 1427–1442.

Wade, C. J. (2014). El Salvador: Civil war to uncivil peace. In H. J. Wiarda & H. F. Kline (Hrsg.), *Latin American politics and development* (8. Aufl., S. 387–403). Boulder: Westview.

Wade, P. (2004). Images of Latin American mestizaje and the politics of comparison. *Bulletin of Latin American Research, 23,* 355–366.

Waldmann, P. (1974). *Der Peronismus 1943–1955.* Hamburg: Hoffmann & Campe.

Wampler, B., & Avritzer, L. (2004). Participatory publics: Civil society and the new institutions in democratic Brazil. *Comparative Politics, 37,* 291–312.

Watt, P., & Zepeda, R. (2012). *Drug War México: Politics, neoliberalism and violence in the new narcoeconomy.* London: Zed Books.

Webber, J. R. (2011). *From rebellion to reform in Bolivia: Class struggle, indigenous liberation, and the politics of evo morales.* Chicago: Haymarket Books.

Weeks, G. B. (2014). The military and twenty years of the concertación. In K. Sehnbruch & P. M. Siavelis (Hrsg.), *Democratic Chile: The politics and policies of a historic coalition 1990–2010* (S. 103–118). Boulder: Lynn Rienner.

Weeks, G. B., & Borsutzky, S. (2010). Introduction. In S. Borsuzky & G. B. Weeks (Hrsg.), *The bachelet government: Conflict and consensus inpost-Pinochet Chile* (S. 1–23). Gainesville: University of Florida Press.

Weeks, G. B. & Borsutzky, S. (2012). Michelle Bachelet's government: The paradoxes of a Chilean president. *Journal of politics in Latin America, 4*(Bd.3), 97–123.

Werz, N. (2012). *Argentinien.* Schwalbach: Wochenschau-Verlag.

Werz, N. (2013). *Lateinamerika. Eine politische Landeskunde.* Baden: Nomos.

Weyland, K. (2001). Clarifying a contested concept: Populism in the study of Latin American politics. *Comparative Politics, 34,* 1–22.

Weyland, K. (2005). The diffusion of innovations: How cognitive heuristics shaped Bolivia's pension reform. *Comparative Politics, 38,* 21–42.

Whitehead, L. (2006). *Latin America: An interpretation.* Houndmills: Palgrave MacMillan.

Wiarda, H. J., & Kline, H. F. (2014a). The Latin American tradition and process of development. In: H. J. Wiarda & H. F. Kline (Hrsg.), *Latin American politics and development* (8. Aufl, S. 1–72), Boulder: Westview.

Wiarda, H. J. & Kline, H. F. (2014b). The context of Latin American politics, In: H. J. Wiarda & H. F. Kline (Hrsg.), *Latin American Politics and Development* (8. Aufl., S. 72), Boulder: Westview.

Wiarda, I. S. (2014). Brazil: A unique country. In: H. Wiarda & H. F. Kline (Hrsg.), *Latin American Politics and Development* (8. Aufl., S. 97–126). Boulder: Westview.

Wilson, D. (2014). Guatemala: Progress and peril in an age of globalization. In: H. J. Wiarda & H. F. Kline (Hrsg.), *Latin american politics and development* (8. Aufl., S. 411–416). Boulder: Westview.

Wuhs, S. T. (2008). *Savage democracy: Institutional change and party development in Mexico.* University Park: Pennsylvania State University Press.

Zarazaga, R. (2014). Brokers beyond clientelism: A new perspective through the Argentinian case. *Latin american politics and society, 56*(3), 23–45.

Zeuske, M. (2007a). *Kleine Geschichte Venezuelas.* München: Beck.

Zeuske, M. (2007b). *Kleine Geschichte Kubas* (3. Aufl.). München: Beck.

Zuber, Helene (23. Juni 2014). Frieden auf Probe. *Der Spiegel, 53,* 88–90.

Zucco, C. (2013). Legislative coalitions in presidential systems: The case of uruguay. *Latin american politics and society, 55*(1), 96–118.

Printed by Printforce, the Netherlands